JN492552

시심詩心과 문정文情

: 김성탄과 함께 수호전 읽기

시심詩心과 문정文情

: 김성탄과 함께 수호전 읽기

이승수 지음

한양대학교 출판부

서

이 책은 열아홉 해에 걸쳐 쓴 김성탄(金聖嘆, 1608-1661) 관련 논문 14편을 모은 것이다. 그를 알게 된 것이나, 이 글들을 쓴 것 어느 하나 계획하거나 의도했던 일이 아니다. 알지 못할 인연 따라 일어난 연기(緣起)의 연속일 뿐이다. 지나고 보니 그간 내 관심과 작업이 어떤 방향과 윤곽을 지니고 있음을 알게 되었다. 그러니 이 글들을 내가 썼다기보단, 이 글들이 나를 쓴 것이다. 이 글들의 한 문장, 한 단락, 한 편을 쓰면서 나는 조금씩 달라지고 새로워졌다. 이 글들은 내가 벗어놓은 허물이고, 내 역사의 기록인 셈이다.

하여 허망한 일인 줄 알면서도, 이들을 묶어 책의 형태를 만들고 이름을 붙여줄 욕심을 냈다. 여러 해에 걸쳐 쓴 글이다 보니 수준에 편차가 있었다. 하나로 모아놓고 보니, 논문이 수록된 학술지에 따라 편집된 체제는 뒤죽박죽이고, 사유의 빈곤을 메우기 위해 인용한 똑같은 글들이 곳곳에 널려 있다. 눈에 띄는 대로 중복 내용을 덜어내고, 응급처치하듯 체재를 맞췄다. 하지만 김성탄 서사론의 핵심이 인물과 구성이기에, 각 편에서 비중 높은 인물과 구성 관련 논의는 그대로 둘 수밖에 없었다.

김성탄은 명말청초 소주(蘇州)를 거의 벗어나지 않았던 문인이다. 그는 문사들에게 별로 대접받지 못하던 소설 『수호전』과 희곡 『서상기』에 평점(評點)을 더해 각각 제오재자서(第五才子書)와 제육재자서(第六才子書)라는 이름을 달아 1641년과 1656년에 간행하였는데, 이는 독서계에 큰 파장을 일으켰다. 이 파장은 조선에까지 밀려왔으며, 이후 200여 년 동안 지속되었다. 그의 이름을 가탁한 평점 본 소설이 간행되었으며, 그의 이름이 붙은 책 한두 권이 없는 집이 없다는 말이 나돌 정도였다.

하지만 오랫동안 그는 명성은 높아도 실체는 불분명한, 신비감을 띤 풍문의 존재였다. 그는 1661년 곡묘(哭廟) 사건에 휘말려 7월에 돌연 처형되었고, 가족들은 멀리 영고탑(寧古塔)에 유배되었다. 출신이 본디 대단하지 않았던 데다 이런 일까지 당했으니, 그의 생애 및 원고들이 제대로 평가받고 정리될 기회를 잃었기 때문이다. 하여 실상이 은폐된 가운데 풍문이 부풀려지고 신비화되면서 흥미로운 이야기들이 만들어져 전승된 것이다. 역사 인물 김성탄의 실체는 20세기 초에서야 본격적으로 탐구되기 시작했고, 21세기에 들어와서야 어느 정도 윤곽을 갖추게 되었다.

김성탄과 언제 어떻게 처음 만났던가? 많은 것들이 망각의 깊은 바다에 가라앉아 기억나지 않는다. 다만 한 장면은 지금껏 선명하게 남아 있다. 늦봄 또는 초여름 오후였으며, 아파트 정원 느티나무 그늘의 나무 의자였다. 손에는 「여섯 번째 재자서 서상기를 읽는 법 讀第六才子書西廂記法」(이상엽 역주, 『중국어문역총』 7, 1997)이 들려 있었다. 난 깊은 감동, 일종의 법열(法悅)에 사로잡혔다.

그 법열은 평범한 언어로는 표현하기 힘들다. 그것은 조셉 캠벨(Joseph Campbell, 1904-1987)이 말한바, 석양 앞에서 탄성을 지르며 신성(神聖, divinity)을 인식하는 것, 마찬가지로 예술작품을 대하며 삶에 대한 의지와 열망을 자각하는 행위였다. (*The MythicDimension: SelectedEssays 1959-87*) 조금 더 구체적으로는 영화 Amazing Merry의 마지막 장면, 석양을 배경으로 수학 천재인 어린 Merry와 그의 인간다운 삶을 지켜주려는 삼촌 Frank가 나누는 대화—"예수는 신인가?"에 대한—의 장면이 주는 감동 같은 것이었다. 그로부터 김성탄과의 우정, 동행, 합일이 시작되었다.

김성탄의 글은 어떤 방식으로 쓰였고 어떤 형태로 존재할까? 이를 알기 위해선 평점(評點)—평비(評批)라고도 함—에 대한 설명을 빠트릴 수 없다. 여기서 '평(評)'은 텍스트에 대한 여러 형태의 평어(評語)를 의미한다. 평어는 텍스트 시작 전, 새로운 회의 머리 부분, 본문 사이, 본문의 난외(欄外, 경계선 밖), 한 회가 끝난 다음 등 여러 자리에 놓인다. '점(點)'은 본문 중 표현이 아름답거나 주의해서 읽어야 할 문장의 글자 옆에 찍는 비점(批點, 점에 가까운 빗 긋는 줄)이나 권점(圈點, 동그라미)을 뜻한다. 평점은 독서에서 행해지는 밑줄 긋기와 여백에 메모하기가 비평과 출판의 문화 형식으로 발달한 것이다. 오늘날 우리가 사용하는 단어 '비평(批評)'의 계보를 거슬러 올라가면 영어 criticism에 닿지만, 그 이면의 보이지 않는 긴 내력을 추적하면 그 위에 평점이 있다.

평점은 중국의 전통 학술 출판에서 '주석(註釋)'의 전통에 뿌리를 두고 있다. 오늘날 자주 사용하는 '註(주)' 자는 『설문해자』에 보이지 않으니, 한대 이후에 만들어진 글자이다. 그 이전에는 '注(주)' 자가 있었다. 갑골문에서 '주(注)'는 그릇에 물을 따르는 모양을 본뜬 형태로 나타난다. 여기서 본문에 삽입 설명하는 것으로 의미가 확장되었고, 사용이 많아지면서 '註' 자가 만들어져 그 기능을 이어받았다. 놓이는 위치에 따라 두주(頭註), 미주(尾註), 미주(眉註), 협주(夾註), 각주(脚註) 등으로 불린다. 본문만으로 설명이 충분치 않으나, 본문으로 처리할 경우 문맥이 일탈하거나 이완되는 경우, 본문과 다른 형태로 보완 설명하는 것을 뜻한다.

평점은 크게 보아 주석의 전통 속에 있으며, 형태와 방식은 다르지만 동서에 보편으로 보인다. 평점과 주석은 어떻게 다를까? 보통 주석은 텍스트 원문에 대한 존중도가 높으며, 고증과 훈고에 더 집중한다. 주희의 '사서집주(四書集註)'를 떠올리면 쉽게 이해할 수 있다. 이에 반해 평점, 특히 소설 평점은 평점가의 위치와 역할이 높고도 많다. 평점가들은 훨씬 공격(창의)적으로 텍스트를 해석 평가하는데, 그 과정에서 원문의 자구를 변경·첨가·삭제하거나, 상당 분량을 통째로 빼고 지어 넣기도 한다. 원본의 변형은 작가가 분명하지

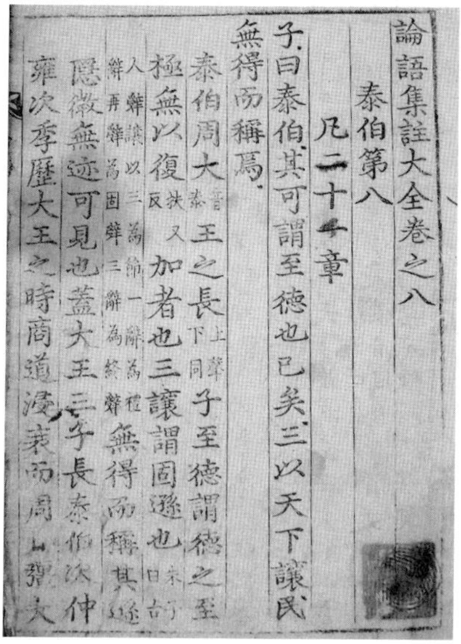

論語集註大全卷之八

泰伯第八

凡二十一章

子曰泰伯其可謂至德也已矣三以天下讓民無得而稱焉

泰伯周大王之長子至德謂德之至極無以復加者也三讓謂固遜也

隱微無迹可見也蓋大王三子長泰伯次仲雍次季歷大王之時商道浸衰而周日彊大

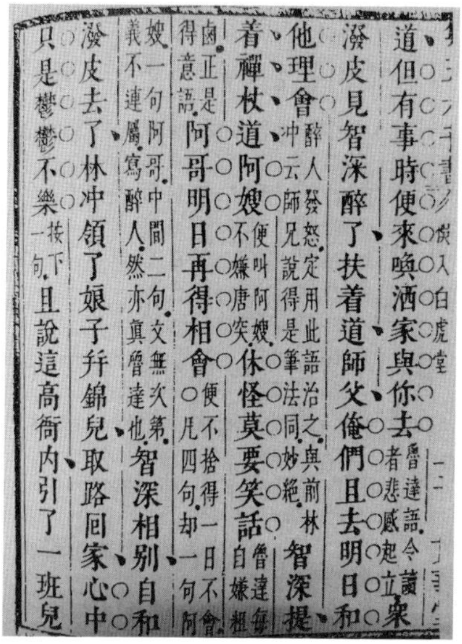

道但有事時便來喚酒家與你去

潑皮見智深醉了扶着道師父俺們且去明日和

他理會 … 智深提着禪杖道阿嫂休怪莫要笑話

阿哥明日再得相會

智深相別自和潑皮去了林冲領了娘子幷錦兒取路回家心中只是鬱鬱不樂且說這高衙內引了一班兒

왼쪽은 『논어집주』, 오른쪽은 평점본 『수호전』이다. 형태와 체제가 비슷하다.

않은, 상대적으로 문화적 권위가 낮은 통속문학에서 활발하게 시도되었다.

주석 본도 그렇거니와, 평점 본 소설은 본문과 평어(비점 포함)가 하나의 텍스트로 구성되어 있는데, 평어가 부(部)와 편(編)과 장(章)의 단위에서 단(段)과 구(句)와 자(字)에 이르기까지 여러 층위에서 그 지점에 따라 더해졌으며, 각 층위의 평어들은 상황에 따라 서로 연결되어 있다. 또 원문과 평어는 한 몸으로 결합되어 서로를 지탱하며 비춰준다. 이들을 분리하여 읽는 건 별 의미가 없거나 매우 불편한 일이다. 김성탄의 비평은 '읽기의 방법 또는 정신'에 대한 실천적 안내서이다. 바르트는 '참여와 건축, 즉 쓰기로서의 읽기'를 강조했는데, 김성탄의 비평에 잘 부합한다.

김성탄은 작품에서 작가가 의도하거나 생각하지 못한 의미들을 발견하였고, 독자들이 헤아리지 못한 세계를 난외(欄外)에 구축하였다. 그의 비평에 독자들은 물론 작가도 깜짝 놀랐다. "내 글에 이런 기이한 뜻이 있었다니!" 작가가 세계와의 만남에서 1차로 언어의 시경(詩境)을 빚어낸다면, 비평가는 작품과의 만남에서 2차로 언어의 시경을 건축한다. 2차 시경이야말로 의미의 세계이다. 김성탄은 작품의 꽁무니를 따라다니며 설명하거나, 작품 세계를 저 멀리 버려둔 채 자기만의 난해한 언어의 감옥을 만들지 않는다. 원래의 작품을 더 크고 풍요로운 의미의 세계로 만든다. 그의 글은 비평의 본질과 의의, 그리고 책무를 실천으로 보여준다.

이 책은 옛날의 김성탄이 오늘날 다시 태어나 자기 글에 단 주석이다. 아니다, 이 책은 옛날 내가 쓴 글들을 정리해서 편집한 자서전이다. 아니다, 이 책은 그림자와 허깨비를 잡는 과정을 담은 포영록(捕影錄) 또는 집환기(執幻記)이다. 아무래도 좋다! 여기는 소주시(蘇州市) 대석두항(大石頭巷)의 작은 정원이 예쁜 객잔이다. 벽에는 오관중(吳冠中, 1919~2010)의 태호(太湖) 그림이 걸려 있고, 창밖엔 박수(樸樹)의 그늘이 좋다. 그리고 옆방에는 이야기 친구들이 있다.

시심(詩心)과 문정(文情)을 내 걸고 한 수 시가 없을 수 없다.

강남땅
물의 고장
운석이 떨어진 마을
박수(樸樹)의 그늘이 좋고, 벽에는
오관중(吳冠中)의 그림에서 태호(太湖)가 일렁이는
작은 원림의 객잔
동정산(洞庭山) 비파 빛의 노을을 보며
나그네가 지친 발길을 쉬고
한산사(寒山寺) 아련한 풍경소리에
몽중몽(夢中夢)에 달콤히 젖어 드는,
비가 내리면
귀양(貴陽)에서
제남(濟南)에서
항주(杭州)에서

그리고 먼 북쪽 설국에서 오는 기차가
문밖에 멈추어 서는,
작은 등이 켜지고
하야연회(夏夜宴会)가 펼쳐지면
윗마을의 성탄(聖嘆)과
아랫마을 진운(陳芸) 부부가
마실 오는 곳
여기는 강남의 수향(水鄉)
바람 불면 박수(樸樹)가
월금을 켜고
검은 고양이가 낮잠을 자는
작은 원림의 객잔.

(「작은 원림의 객잔, 소무(小巫)의 노래」)

시흥이 남았으면 애써 거두지 않아도 좋다. 수향(水鄉)의 언어로 여흥을 풀어내 본다.

憩橋徘徊無蹤迹
虎丘周觀不見影
水畔抱膝哭迷路
太湖何處棹歌聲
게교항 거닐어도 자취는 간데없고
호구산 둘러보나 그림자 아니 뵈네
길 잃어 물가에서 무릎 안고 우는데
태호 어디선가 뱃노래 소리

2023년 초여름

수록 글의 원 출전과 제목

김성탄의 사유와 글쓰기 방식 -『貫華堂批第六才子書』의 평어를 중심으로-, 한국언어문화 26, 2004

「호질」과 「허생전」의 독법 하나 - 김성탄서사론의 적용 - 고소설연구 20, 한국고소설학회, 2005

동아시아 문학사의 反儒 전통 일고, 한국언어문화 31, 한국언어문화학회, 2006

『수호전』 林沖 서사의 김성탄 독법, 한국한문학연구 40, 한국한문학회, 2007

『수호전』 武松 평에 나타난 김성탄의 비평의식: 武十回를 중심으로, 고소설연구 24, 한국고소설학회, 2007

김성탄 소설독법의 실제, 한국언어문화 38, 한국언어문화학회, 2009

도시문화의 모세혈관, 골목길의 발견 - 李彦瑱의 「胡同居室」 연작 小考 -, 고전문학연구 38, 한국고전문학회, 2010

黑旋風 李逵의 인물 형상과 서사 기능 - 김성탄 비평의 관점에서 -, 고소설연구 29, 한국고소설학회, 2010

김성탄과 박지원, 두 거인의 묵언 대화, 한국한문학회발표논문집, 2014

三打祝家莊'의 구성과 인물 - 김성탄의 비평을 중심으로 -, 한국한문학연구 68, 한국한문학회, 2017

김성탄의 『수호전』 비평 (8), 한국한문학연구 80, 한국한문학회, 2020

김성탄의 『수호전』 비평 (9), 동아시아문화연구 86, 한양대 동아시아문화연구소, 2021

『관촌수필』의 독법 두 가지, 동악어문학 84, 동악어문학회, 2021

김성탄의 시, 시 속의 성탄 (미발표)

수호전 서사의 전환 하나, 黃泥岡 사건과 三阮의 등장

차례

제1장

김성탄의 생애와 글쓰기 방식

『서상기』는 왕실보 한 사람이 지어낸 것이 아니다. 스스로 마음을 고르게 하고 혈기를 안으로 모아 읽으면, 내가 막 지어낸 것이 되고, 그 한 글자 한 구절 모두 내 마음속에서 지어내려던 것임을 확인하게 된다.

김성탄의 시, 시 속의 성탄

『침음루시선(沈吟楼詩選)』의 풍경과 마음 조각들

1. 서언

이 글은 김성탄의 시집 『침음루(沈吟樓詩選)』을 개관하고, 그 속에 나타나는 시인의 몇몇 모습을 정리하여, 역사 인물 김성탄의 형상을 빚어내는 것을 목적으로 한다.

김성탄은 독특한 비평으로 당대 문단에 큰 파장을 일으킨 인물로 생존 시기부터 그 영향력이 대단했다. 그의 평점(評點) 비평은 아(雅)와 속(俗) 사이 높은 담장을 허물었고, 창작과 비평을 구획하는 경계석을 치웠으며, 글쓰기(문학)와 상업 출판을 아울렀다. 그가 평점을 더해 출판한 『수호전』(1641)과 『서상기』(1656)는 한 시대 독서계를 풍미했고, 그 파장은 이후 200여 년 동안 줄어들지 않았다. 김성탄 식 글쓰기가 유행했고, 김성탄을 모의한 여러 평점본 소설이 널리 읽혔다. 한 시대의 학자들은 그의 글을 애독하여 김성탄의 책 한두 권쯤 갖추어지지 않은 집이 거의 없을 정도였다.[1] 김성탄 열풍은 조선에서도 매우 뜨거웠으니, 그 영향의 흔적이 오랜 시간 넓은 범위에서 발견되고 있다.[2]

하지만 명망과 달리 김성탄 자신은 세상에 거의 알려지지 않았다. 누구나 '김성탄'[3] 이름 석 자를 알았지만, 그를 설명할 수 있는 사람은 하나도 없었다.[4] 가장 큰 이유를 꼽자면, 그의 마지막이 비참했고 사후 정황이 매우 어수선했기 때문이다. 김성탄은 1661년 신흥 왕조 청의 국법에 의해 참형되었고, 가산은 적몰되었으며 처자는 멀리 영고탑(寧古塔, 지금의 흑룡강성 寧安市)으로 유배되었다. 이런 상황에서 그의 비평 저술들은 대략 보존되었지만, 창작 저술들은 수습·정리되지 못한 채 방치·산실되었다. 행장(行狀)이나 전(傳), 제문이나 묘지문 등 생애를 담은 글도 지어지지 못했다. 국법으로 참형된 인물이니 그를 기리는 어떤 일도 공공연히 진행되기 어려웠을 것이다. 이런 흐름 속에서 김성탄은 안개 속으로 자취를 감추었다.

그런 가운데서도 그의 평점본 『수호전』과 『서상기』의 인기는 더 많아졌고, 명망과 실상 사이의 거리는 갈수록 멀어졌다. 김성탄은 상상되었고, 개인의 소망과 집단의 이념 등이 투영되어 꾸며지고 만들어졌다. 사람들은 천재 문인의 망실된 삶의 자리를 상상으로 채워 넣어 실현하기 어려운 자신들의 욕망을 대리 충족시키는 표상으로 삼았다. 이 과정을 거쳐 김성탄은 왕

---

1 王應奎(1683~1759), 『柳南隨筆』. "顧一時學者, 愛讀聖嘆書, 幾於家置一編 …." (孫中旺 편, 『金聖嘆研究資料匯編』, 廣陵書社, 2007 23쪽)

2 이러한 현상을 다룬 대표 논문 몇 편만 소개한다. 韓梅, 「朝鮮後期 金聖嘆 文學批評의 受容樣相 研究」, 성균관대 박사학위논문, 2002; 정선희, 「조선후기 소설비평론과 문예미학의 발전 - 金聖嘆의 小說評批本 독서와 관련하여 -」, 『어문연구』 35-1, 한국어문교육연구회, 2007; 윤지양, 「江天閣銷夏綠 所載 李載運의 문장에 나타나는 金聖嘆에 대한 인식」, 『대동한문학』 44, 대동한문학회 2015. 하지만 해명된 것은 작은 일부에 지나지 않는다.

3 문헌과 연구자에 따라 嘆과 歎이 혼용된다. 이 글에서는 '嘆'으로 통일하여 사용한다.

4 梁章鉅(1775~1849), 『歸田瑣記』. "今人鮮不閱三國演義, 西廂記, 水滸傳, 卽無不知有金聖嘆者, 而皆不能道其詳." (孫中旺 편, 앞의 책, 29쪽)

조가 바뀌자 이름과 호를 바꾼 강렬한 반청(反淸) 지사(志士), 제도권 교육과 과거제도를 조롱하는 반체제주의자, 그리고 죽음 앞에서도 초연하게 유머를 구사하는 초인으로 거듭났다. 이러한 김성탄이 태어나고 유통되는 영역은 그가 사랑했던 패설(稗說)이었다. 사람들은 자신들의 자화상 김성탄을 사랑했으며, 그 김성탄은 사실로 굳어졌다.

김성탄은 20세기 들어 잇단 연구를 통해 실상을 드러내기 시작했고, 21세기에 들어와서는 그 형체가 한층 분명해졌다. 본고는 이러한 연구의 흐름 속에서 시 읽기로 김성탄의 형상을 드러내 보고자 한다.

2. 생애, 일념원겁(一念遠劫)의 관념과 두 왕조 체험

김성탄의 생애와 행적에 대해서는 20세기 이후 꾸준히 논의되어왔는데, 21세기에 들어 괄목할 만한 성과가 보고되면서 최근 관련 논의가 급증하고 있다. 김성탄의 생애 관련 글 중 그 의의가 특히 두드러진 성과는 아래와 같다.

요연(廖燕, 1644~1705), 「김성탄선생전(金聖嘆先生傳)」, 『二十七松堂集』 권 14.

진등원(陳登原, 1900~1975), 『김성탄전(金聖嘆傳)』, 香港太平書局, 1935.

손중왕(孫中旺) 편, 『김성탄 연구 자료 모음(金聖嘆研究資料匯編)』, 廣陵書社, 2007.

육림(陸林) 편, 『김성탄전집(金聖嘆全集)』(6책), 鳳凰出版社, 2008.[5]

육림(陸林) 저, 『김성탄 사실 연구(金聖嘆史實研究)』, 人民文學出版社, 2015.

---

5 이 전집의 제6책에 부록으로 육림이 작성한 「金聖嘆年譜簡編」이 실려 있다. 육람은 그 뒤로도 김성탄 관련 자료를 보완하여 「事迹編年訂補」을 지었다. (『金聖嘆史實研究』 제4장 130~180쪽)

요연(廖燕)의 글은 김성탄 사후 얼마 안 있어 지어진 첫 번째 전기이다. 이 글은 이후 200여 년 동안 김성탄 이해의 기초 자료 역할을 했다. 진등원(陳登原)의 책은 개별 사안에 상세한 주석을 다는 방식으로 구성되었는데 그 항목이 100개나 된다. 적잖은 의문을 남겨놓기는 했지만, 이 책으로 김성탄을 감싸고 있던 안개의 많은 부분이 걷혔다. 진등원 이후 김성탄 연구의 태두는 육림(陸林, 1957~2016)이다. 그는 1990년대부터 죽기 전까지 30여 편의 김성탄 관련 논문을 발표했고 이들을 책으로 묶어냈는데, 여기에 김성탄의 생애와 외연에 관한 고증은 물론 김성탄 연구사도 망라되어 있다. 2008년에는 『김성탄전집』을 편집 교열하여 간행하면서 연보를 부록으로 실었다. 그의 성과는 최근 김성탄 연구 활황의 토대가 되었다. 이 절에서는 『침음루시선』 논의의 효율성을 높이기 위한 예비 작업으로 김성탄의 전기 대략을 살피려고 한다. 기존의 성과를 수용하되 항목을 간결하게 추리고 그 의미를 해석하여, 인물의 입체적 재생에 주력할 것이다.

김성탄은 명말인 1608년 태어난 것으로 추정된다. 원래 태어난 해가 알려지지 않았으며, 한때 민간에서 그의 생일이 문창제군(文昌帝君)의 생일인 3월 3일이라는 이야기가 유전되었다.[6] 그의 생년이 1608년으로 추정된 해는 1936년이다. 그 근거는 『가추당시(葭秋堂詩)』(혜영인嵇永仁)에 실린 김성탄 편지의 내용이었다.[7] 하지만 이 사실이 알려지지 않아 20세기가 끝나가도록 김성탄의 생년은 물음표로 처리되거나 3월 3일로 소개되곤 했다. 그가 활동한 곳은 오현(吳縣), 장주현(長洲縣)으로 조금 다르게 소개되는데 모두 오늘날 소주(蘇州)의 옛 지명이다.[8] 살았던 마을은 낙교(樂橋) 근처 게교항(憩橋巷)으

---

6 張小芳·陸林, 『話說金聖嘆』, 江蘇人民出版社, 2011, 11쪽.

7 孌調甫(1889~1972), 「金聖嘆生年考」, 『華北日報』(1936)

8 오늘날의 소주는 전국시대 오나라의 도읍지이다. 오나라가 멸망한 뒤에는 오현(吳縣), 오군(吳郡) 등으로 불렸는데, 시대에 따라 그 동쪽에 장주현(長洲縣)을 따로 설치하기도 했다. 지금도 간장동로(干將東路) 변—상문(相門) 서쪽—에는 장주현학(長洲縣學)의 대성전(大成殿)이 남아 있다.

김성탄이 살았던 곳으로 알려진 게교항(憩橋巷), 동쪽에서 찍은 것이다. 오른쪽이 낙교공원(樂橋公園)이다.

로 알려져 있다.[9] 연구자들은 김성탄의 섬세하고 분방한 성향이 명나라 말기 탐미와 저항을 기조로 하는 '오중사풍(吳中士風)' 속에서 형성되었을 것이라고 추단한다.[10] 예나 지금이나 김성탄은 소주의 사람이고, 소주는 김성탄의 장소라 할 수 있겠다.

그 이름도 논란거리 중의 하나였다. 왕조 교체 후 채(采, 이름)와 약채(若采, 자)를 각각 인서(人瑞)와 성탄(聖嘆)으로 고쳤으며, '성탄(聖嘆)'은 『논어』에

9 吳翌鳳(1742~1819)의 『東齊脞語』에 "김성탄이 게교항에 살았다. 金聖嘆居憩橋巷."이라는 기록이 있다(육림, 「김성탄연보간편」, 전집 제 6책 부록 9쪽). 게교항(憩橋巷)은 오늘날 그 이름 그대로 남아 있다. 그 북쪽 지척에 간장로(干將路)를 따라 서쪽에서 동쪽으로 흐르는 작은 물줄기가 있고, 그 위에 낙교(樂橋)가 있다. 옛날에는 아주 작은 다리였을 것이다. 김성탄은 5언 율시 「집 근처 작은 다리 위에서 덕보를 그리워하는데, 어디 있는지 모르겠다 閑坐舍邊小橋上, 思德輔, 不知在何處」, 6언 절구 「날이 개인 오전 짝 없이 서성거리다가 집 근처 다리 위에 혼자 앉아 사방에 드리워진 하늘을 보다, 新晴上午, 躑躅無侶, 獨坐舍邊小橋, 看天四垂」를 남겼는데, 이 다리가 낙교였을 것으로 추정된다.

10 吳子林, 「金聖嘆與吳中文化」, 『浙江学刊』, 2005. 5.

서 가져왔다고 하는 요연(廖燕)의 말[11]은 별 의심 없이 통용되었다. 이는 김성탄을 신비화하는 데 일조했다. 하지만 '성탄'이라는 이름이 1644년 이전부터 빈번하게 사용되었음이 1993년 서삭방(徐朔方)에 의해 밝혀졌다.[12] 그 출처 또한 『법화경』으로 추정되었다.[13] 김성탄은 어려서부터 불교를 배웠으며, 『법화경』을 읽었다고 고백한 바 있다.[14] 이중화(李重華)도 그를 '학불인(學佛人)' 석 자로 규정하였다.[15] 여기에 김성탄은 '성탄'이 법호임을 언명한 바 있으며,[16] 김성탄 벗들의 법호는 '성(聖)' 자 돌림이다. '성탄'은 불경에서 가져온 법호(法號)이지만, 왕조 교체 후 유교의 맥락에서 이해되었다는 육림의 설명이 적실하다.

김성탄의 가문에 대해선 알려진 바 없다. 대단하지는 않되 10살에 학숙에서 글을 읽을 정도의 경제력은 갖추었던 집안으로 추정된다. 김성탄의 유년 시절과 성장 과정에 대해서는 최근 약간의 상상이 더해진 매우 과감한 추정이 시도되어 흥미를 끈다. 육비(陸飛)는 『침음루시선』을 면밀히 분석하여, ①김성탄은 쌍둥이였고, ②원래 고향은 금서(金墅)였는데, ③8살 무렵 사고로 부모를 여의고 오현(吳縣)으로 이사했으며, ④이후 고모부이자 외삼촌

---

11 「金聖嘆先生傳」. "鼎革後, 絕意仕進, 更名人瑞, 字聖嘆. … 或問聖嘆二字何義? 先生曰, 論語有兩'喟然歎曰, 在顏淵爲歎聖, 在與點爲聖嘆. 予其爲點之流亞歟!"

12 '성탄'을 20대부터 사용했을 것이라는 추정도 제기되었는데, 논거는 아직 충분치 않다. 陳洪, 『滄海蠡德-陳洪自選集』, 南開大學出版社, 2004, 223쪽. (陳蕾 논문에서 재인용)

13 「譬喻品」. "汝等當知, 此三乘法, 皆是聖所稱歎." 陸林, 앞의 책(2015), 58, 9쪽.

14 「魚庭聞貫, 與邵蘭雪點」. "弟固不肖無似, 然自幼受得菩薩大戒, 讀過梵網心地一品."(『김성탄전집』 제1책, 107쪽, 「연보」 11세 조); 『서상기』 권 7, 「酬簡」 평어. "聖嘆自由學佛, 而往往如湯惠休綺語未除." 이 책에서 김성탄 글의 출처로 인용되는 『수호전』과 『서상기』는 모두 평점본이다. 번거로움을 피하기 위해 『수호전』, 『서상기』로만 표기한다.

15 「沈吟樓詩選序」. "顧其人, 冥心學佛人." (上海古籍出版社, 『清人別集叢刊』, 1979)

16 評語唐詩 自序의 낙관 "易學人金仁瑞法名聖嘆述撰." 陸飛, 「金聖嘆早年事探測-相關詩文讀解」, 『화남사범대학보』 2016년 제6기 160쪽.

에게로 입양되어 성장했는데, 그가 바로 한주(韓住)[17], 한준(韓俊) 형제의 아버지라는 것이다. 또 ⑤김성탄에게 수계(授戒)한 스승은 천우법사(天雨法師)이며, ⑥『제오재자서』 서문 3에서 말한 '대인(大人)'은 아버지가 아니라 고모부라고 주장했다.[18] 이렇게 볼 경우 「고아음(孤兒吟)」(5언 고시) 2수는 김성탄의 어린 시절 자화상이 된다.[19] 제시된 해석만으로는 ③과 ⑤의 주장을 받아들이기 어렵지만, 나머지는 그 개연성이 높아 보인다.

유년기에서 주목할 건 매우 도전적인 '회의(懷疑) 정신'의 발아이다. 1641년 김성탄은 어린 시절을 회고했다. 여기 따르면 10살에 향숙(鄉塾)에 들어가 관례에 따라 사서를 읽었는데, 뜻을 잘 이해하지도 못했고, 이런 글 읽기의 효용성에 대한 의문을 동학에게 입버릇처럼 말했다고 했다. 또 천하의 무수한 책들의 내용이 다 그 밥에 그 나물이라는 의문이 풀리지 않았다고 했다.[20] 상업 출판 소설 서문의 발언이니, 여기에는 다소 자극적인 광고의 의도가 담겨 있음을 감안해도 발언 내용은 자못 파격적이다. 의문은 통념에 대한 도전의 출발이고, 관습을 파괴하는 최후의 동력이기 때문이다. 뒷날 김성탄이 구현한 혁신 비평의 근원을 거슬러 올라가면, 유년기 '부처를 만나면 부처를 죽이고, 의심이 없으면 깨달음도 없다. 逢佛殺佛, 無疑無悟.'의 회의 정신에 닿게 된다.

20대의 김성탄에게서 보이는 두드러진 행적은 부계강신(扶乩降神)—또는 부란청선(扶鸞請仙)—활동이다. 이는 도교 법술의 일종이다. 술사가 분향,

---

17 그의 호는 貫華堂인데, 김성탄 평점 본『수호전』과『서상기』가 간행된 곳이기도 하다. 김성탄 평생의 주요 지기이자 동업자였던 것으로 추정된다.

18 陳飛, 「金聖嘆幼年家難探測-相關詩文讀釋」, 『상해사범대학보』, 제46권 제5기, 2017.

19 하지만 이 시는 큰집에 맡겨진 아이의 고초를 노래하고 있어 논자의 설명과 앞뒤가 맞지 않는다.

20 「서 3」. "吾年十歲, 方入鄉塾, 隨例讀大學·中庸·論語·孟子等書, 意惛如也。每與同塾兒竊作是語, 不知習此將何為者, 又窺見大人徹夜吟誦, 其意樂甚, 殊不知其何所得樂, 又不知盡天下書, 當有幾許, 其中皆何所言, 不雷同耶。如是之事, 總未能明於心。" 이 글은 열 살 된 아들 雍에게 주는 형식으로 씌어졌다.

염주(念呪), 송경(誦經) 등의 의례를 통해 여러 신선이나 정령, 또는 죽은 이의 혼령 등을 강단으로 청하여 예언 점복, 가르침을 들으며, 재앙을 물리치고 복을 부르며 흉액을 피하여 길상으로 나아감을 목적으로 한다. 다만 그의 강신 의례는 도교보다 불교의 성격이 짙다. 1627년 5월 김성탄에게 17살에 죽은 진씨(陳氏) 소녀의 귀신이 들렸다.[21] 이후 그는 10여 년 천태늑법사(天台泐法師)로 활동했는데, 그 사회에서의 영향력이 적지 않았다.[22] 김성탄은 저승을 여행하거나 사자를 불러오는 일종의 샤먼[法師]이었던 셈이다.[23] 김성탄의 비평에는 한 시대의 윤리와 법규에 얽매이지 않는 벗어나는 샤먼의 기운이 작용한다.[24]

1641년(34세)과 1656년(49세)에 『제오재자서수호전(第五才子書水滸傳)』과 『제육재자서서상기(第六才子書西廂記)』를 간행했는데, 이는 김성탄 개인은 물론 동아시아 문학사에서도 획기적인 사건이었다. 당대 세평은 신(神)과 마(魔), 두 극단으로 엇갈렸다.[25] 귀장(歸莊, 1613~1673)은 두 책을 각각 '창란지서(倡亂之書, 변란을 부르는 책)', '회음지서(誨淫之書, 음란을 가르치는 책)'라고 맹비난했

---

21 陳씨의 정체 등 당시 김성탄의 부계 활동에 대해서는 陳蕾, 「論金聖嘆扶乩降神活動及其影響」, 『南京師範大學文學院報』, 2020년 제2기 참조. 이 글에서는 또 '聖嘆'의 출전이 도교 전적 『黃泉救苦十齋轉經義』이며, 이 이름은 20대 扶乩 활동 기간에 사용되었을 것이라고 추정했다. 김성탄의 부계 활동에 불교 성격이 짙고, 문헌 논거의 일치도가 높지 않아, 앞에서 논의하지 않았다.

22 김성탄의 강신 경위와 활동에 대해서는 錢謙益(1582~1664)의 「天台泐法師靈異記」, 『初學集』에 상세하다. 이 글에는 1635년 6월 김성탄이 제자들과 함께 葉紹袁의 집에서 17세의 나이로 혼례 닷새 전에 죽은 그의 셋째 딸 葉小鸞의 귀신을 불러 대화가 소개되어 있는데, 의례의 성격과 분위기를 이해하는 데 도움을 준다. 지면 부족으로 다 소개하지 못한다.

23 이 시기 소주를 포함한 강남 일대의 불학 분위기에 대해서는 吳正嵐, 「金聖嘆與明清之際江南佛學-以月愛三昧說爲視覺-」, 『中山大學學報』 62권 295기, 2022년 참조.

24 당대에도 그런 지적이 있었다. 王應奎. 앞의 글. "性故穎敏絕世, 而用心虛明, 魔來附之. 某宗伯天台泐法師靈異記所謂, '慈月宮陳夫人, 以天啟丁卯五月, 降於金氏之卟者', 即指聖嘆也. 聖嘆自爲卟所憑, 下筆益機辨瀾翻, 常有神助."

25 徐增. 「送三耳生見唱經子序」(1660). "三耳生曰, 我見世之貶聖嘆者, 不但欲殺之, 而必使之入十八地之下而後已; 間又見稱聖嘆者, 若恐形容之不盡, 而非推之到三十三天之上而不快."

다.[26] 동함(董含, 1624~1697)도 김성탄을 극혐하여, 그가 화를 당한 것이 당연하다고 했다.[27] 이는 두 책의 인기와 영향력에 대한 반작용이었다. 독서계는 김성탄의 새로운 스타일 글에 열광했으며, 그러한 글쓰기 방식과 출판이 널리 유행했다. 『수호전』이 널리 읽히고 집집마다 그 책을 구비하게 되었다.[28] 이로써 하층 문학으로 간주되던 소설과 희곡 등이 일약 대아(大雅)의 마루에 오르게 되었다. 재자서(才子書) 중 뒷 시대 책을 먼저 비평·간행한 것은 김성탄의 의중이자 시대 변화의 징후이다. 만약 제일 제이 재자서(『초사』와 『장자』) 먼저 작업했다면, 뒤 시대 책까지 작업이 이어지지 못했을 뿐 아니라 문학사의 의의 또한 대단치 않았을 것이다.

그 사이 1644년(37세)에 왕조가 바뀌었다. 4월 22일 산해관이 함락되었고, 25일 숭정제(崇禎帝)가 자진했다. 소식은 며칠 뒤 소주에도 전해졌다. 이때까지만 해도 강남에는 청(淸)의 통치력이 미치지 못했다. 이듬해 사정이 급변했다. 청군은 4월 25일 양주(揚州)를 점령했고, 5월 16일 남경에 진입하면서 홍광(弘光) 정권이 무너졌다. 윤6월 7일 치발령(薙髮令)이 공포되었다. 문화 자부심과 저항의식이 강했던 소주 문사들은 충격에 사로잡혔다. 김성탄은 이 와중에서 강렬한 유민(遺民) 의식을 견지했지만, 1660년(53세) 본인 글에 대한 순치제의 칭찬 소식을 접한 이후 묘한 변화를 보인다. 가난으로 인한 오랜 생활고, 궁극 출사를 지향하는 사대부 기질이 복합 작용했던 것이다. 기실 명조 멸망 이후 김성탄의 삶은 이로부터 자유롭지 못했던 것으로 보인다. 아래 두 시구는 역사의 수레 위 김성탄의 움직이는 내면을 잘 보여준다.

---

26 王應奎, 앞의 글.

27 『三岡識略』. "乃聖嘆恣一己之私見, 本無所解, 自謂別出手眼, 尋章摘句, 瑣碎割裂. 觀其前所列八十餘條, 謂自有天地, 卽有妙文, 上可追配風雅, 貫串馬莊, 或證之以禪語, 或擬之於制作, 忽而吳歌, 忽而經傳, 雜亂不倫." 또 이렇게도 말했다. "讀聖嘆所批西廂記, 是聖嘆文字, 不是西廂記文字." 直欲竊爲己有. 噫, 可謂迂而愚矣. 其終以筆舌賈禍也, 宜哉!" (孫中旺 편, 앞의 책, 14쪽)

28 昭槤, 『嘯亭續錄』, 「小說」. "自金聖嘆好批小說, 以爲其文法畢具, 逼肖龍門. 故世之續編者, 汗牛充棟, 牛鬼蛇神, 至士大夫家幾上, 無不陳水滸傳金瓶梅以爲把玩." (孫中旺 편, 앞의 책, 28쪽)

이르길 뒤에는 다른 뒤가 없고	云無後在後
앞에도 다른 앞이 없다 하시네	亦無前在前

이 시간 이 광경이 소중하거니	此時此景應珍重
내일 내년 일일랑 의심을 말자	明日明年不用猜

위는 고악부 10행 「천행편(天行篇)」의 5, 6구이다. 연구자에 따라 부계(扶乩) 의례를 반영한 것으로 보기도 한다. 금선(金仙)에게 세상살이의 근심을 토로하자, 해결 방법으로 알려준 내용이다. 과거를 돌아보며 되씹거나 미래를 당겨 앞서 걱정하지 말라는 뜻이다. 아래는 왕조 교체 직후 작품으로 추정되는 7율 「제야유감(除夜有感)」의 미련(尾聯)이다. 병중에 이런저런 시름에 싸여 제야를 보내다가, 이제 곧 필 매화를 떠올리며 마음을 다잡는 구절이다. 또한 미리 앞일을 걱정하지 말자는 다짐을 담았다.[29] 두 구절 모두 '순간이 영원이며, 티끌이 우주'라는 관념을 담고 있다. 이는 입버릇처럼 전생(신)과 후생(신)을 말하곤 했던 시간관의 반어적 표현이다. 김성탄의 사유는 여러 차원으로 끝없이 이어지는 시간의 질서 위에서 펼쳐지곤 했는데, 순간에 대한 이런 집착은 그가 떠올리기 끔찍할 만큼 고뇌에 휩싸여 있었음을 의미한다. 이 고뇌를 헤아리는 것이 김성탄에게 다가가는 과정이다.

가난과 질병에 시달리던 김성탄은 1661년 예기치 않은 사건으로 참형에 처해진다. 54세 때의 일이다. 2월 4일 오현(吳縣)의 제생(諸生) 100여 명이 문묘(文廟)에 모여 통곡하며[哭廟] 현령 임유초(任維初)의 학정을 고발했다. 그런데 2월 1일 순치제의 애조(哀詔)가 이르렀다. 곡림(哭臨)이 막 끝난 시점인

---

29 참고로 두 편 시의 전문을 제시한다. 「天行篇」. "皇天與壽命, 而其勢顛延. 今夜是何處, 持憂問金仙. 金仙知我憂, 秘侖開靈篇. 云無後在後, 亦無前在前. 稽首辭大道, 吾將與之然."; 「除夜有感」. "除夜去年愁裏過, 今年除夜病中來. 艱難世事皆如此, 金鐵身軀能幾回. 爆竹何辜催漏盡, 春風無賴逼梅開. 此時此景應珍重, 明日明年不用猜."

소주시 서쪽 오봉산(五峯山) 서산오(西山塢)에 있는 김성탄 무덤 표지석. 손중왕(孫仲旺)의 책에서 가져옴.

데다, 같은 해에 주초안(奏銷案)과 통해안(通海案)이 일어나는 등 강남 일대의 정국이 불안했다. 이에 순무(巡撫) 주국치(朱國治)는 사안을 심중하게 파악, 주모자 11명을 즉각 체포하여 감금했다. 김성탄은 2월 5일, 체포된 사람들의 억울함을 호소하는 2차 곡묘를 주도했다가 4월 26일 구속되었다. 이어 강녕(江寧, 남경)으로 압송되었고 7월 13일 삼산가(三山街)에서 참형에 처해졌다.[30] 가산은 이내 적몰되었고, 가족은 18일 영고탑으로 유배되었다. 옥중에서 지은 시문 몇 편이 전해진다.[31]

---

30 곡묘(哭廟) 사건과 김성탄의 죽음에 대해서는 빈번하게 반복 논의되어왔다. 그런데 최근 곡묘 사건을 정밀하게 분석한 논문이 보고되어, 세부 내용은 여기에 따랐다. 陸飛, 「關于金聖嘆與"哭廟案'的兩點辨正」, 『華南師範大學學報』, 2018년 제6기.

31 「獄中見茉莉花」에는 경솔했던 언행을 후회하는 내용이 담겼다. 나머지 3수는 5절에서 소개. 이밖에

김성탄의 시신은 제자 심영계(沈永啟, 1621~1699)에 의해 수습되어 고향으로 옮겨졌으며, 무덤은 송릉(松陵) 두 번째 보(保, 보갑제의 단위)에 조성된 것으로 전해진다.[32] 이후 방치되었던 이 무덤은 동치(同治) 연간(1861~1875) 편찬된 『소주부지(蘇州府志)』(권 49)를 통해 세인의 관심으로 돌아왔으며, 그 소재지가 오봉산(五峰山) 박사오(博士塢)란 설이 민국 연간(1912~1949)에 유행했다. 1925년경 『오현지(吳縣志)』(1918) 편찬자 중 하나였던 오음배(吳蔭培, 1851~1931)에 의해 서산오(西山塢)로 옮겨져 다시 조성되었다. 이근원(李根源, 1879~1965)은 1926년 3월 이곳을 찾아본 경위를 기록으로 남겼는데, 여기 오음배가 세운 묘비와 그 오른쪽에 있던 승려 아각(阿覺)의 무덤 등에 대한 소상한 정보가 담겨 있다.(「오군서산방고기(吳郡西山訪古記)」)[33] 그 사이 무덤과 옛 비석은 사라졌고, 현재 그 자리에는 1986년 오현에서 세운 문물보호단위 '김성탄묘(金聖嘆墓)' 표지석만 서 있다.[34]

3. 시집, 『침음루시선(沈吟樓詩選)』의 전승과 내용

김성탄이 형장에서 죽고, 이어 가족마저 원방으로 유배되면서, 그의 원고는 산실될 위기에 놓였다. 다행히 족형 김창(金昌)의 힘으로 원고가 보존되었지만, 흩어진 시편들에까지는 손길이 닿지 못했다. 시편들이 모여 책의 형태를 갖게 된 것은 사후 70년 가까이 지난 시점이다. 김성탄 사후 그의 막내

패설에 실려 전하는 이야기들은 모두 뒷 시대에 상상력이 더해져 부회된 것으로 보인다.

32 시신 수습 경위는 『震澤縣志』(沈彤 찬)에 자세하고, 무덤에 대해서는 趙時揖의 강희 초년 증언이 전한다. 陸林, 앞의 책(2015), 275쪽.

33 陸林, 「金聖嘆基本史實考論 - '沈吟樓詩選讀後記'史實探源與辨誤」, 『南京師範大學文學院學報』(2007). 이 글은 앞의 책(2015)에 다시 수록되었다. (675~694쪽)

34 孫中旺 편, 앞의 책, 8쪽.

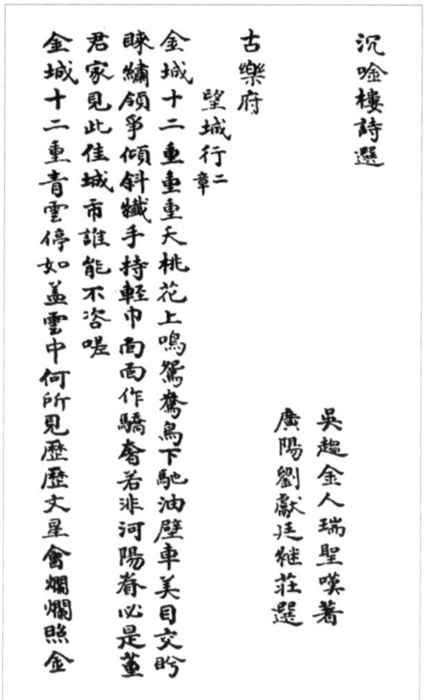
沉唫樓詩選
吳趨金人瑞聖嘆著
廣陽劉獻廷繼莊選
古樂府
望城行二章
金城十二重重重天桃花上鳴鴛鴦鳥下馳油壁車美目交盼
睞繡領爭傾斜纖手持輕巾兩兩作驕奢若非河陽春必是董
君家見此佳城市誰能不咨嗟
金城十二重青雲停如蓋雲中何所見歷歷文星會爛爛照金

필사본 『침음루시선』. 오추(吳趨)는 오문(吳門)이란 뜻으로, 오현(吳縣)을 가리킨다.

딸 법연(法筵, 1652~1702)과 혼인한 심중희(沈重熙, 1650~1722)가 흩어진 시들을 모아 초록해두었고, 그가 죽은 뒤 두 아들 배사(培祉, 1676~1743)와 배복(培福, 1682~1738)이 그 원고의 교정을 유헌장(劉獻廷, 1648~1695)에게 부탁하였다. 이렇게 하여 필사본 『침음루시선』이 만들어졌다. 이중화(李重華, 1682~1755)의 서문(1727)에 출간 경위가 담겨 있다.[35] 남아 있는 『침음루시선』 첫 면에는 '오추김인서성탄저(吳趨金人瑞聖嘆著)'와 '광양유계장헌장선(廣陽劉繼莊獻廷選)'이 나란히 적혀 있다. 오추(吳趨)는 소주의 다른 이름이다.

생전 김성탄의 최고 변호인이 서증(徐增)이라면, 사후 제일 포양자는 이 유헌정이다. 그는 북경 태의원(太醫院) 태의(太醫)의 후손으로, 장자의 인품을

35 시선집 출간 과정과 체제 등에 대해서는 李姝雯, 「金仁瑞『沈吟樓試選』詩歌流傳與編訂過程考略」, 『文教資料』 2014년 제 11기 참조.

사모하여 계장(繼莊)이라 자호하였다. 1666년 부친 사후 오현(吳縣)으로 이주, 오랫동안 성수사(聖壽寺)—성수원(聖壽院)이라고도 한다—에서 머물렀다. 재산이 많았지만 교유와 시사(施舍)에 탕진하고 평생 가난하게 살았다고 한다. 김성탄의 생전 벗들과는 물론 아들 옹(雍), 두 외손과도 교유하였다. 글을 읽고 그 사람을 흠모하게 되었으니, 그에게 김성탄은 빼어난 봉우리에 사는 신선이며 천 리를 환하게 비추는 보름달이었다.[36] 유헌정의 이러한 김성탄 추숭을 두고, 전조망(全祖望, 1705~1755)은 그의 전기를 쓰며 크게 의아해했다.[37]

곡절 끝에 책으로 묶인 건 다행이지만, 불행히도 이 시들은 그 뒤로 250년이 지나서야 세상의 빛을 보게 된다. 1959년 등지성(鄧之誠, 1887~1960)은 김성탄 관련 글을 지으며 『침음루시선』을 소개했는데, 이 글은 1965년에야 발표되었다. 하지만 여전히 시집의 내용은 알려지지 않은 상태였다. 시집 전편은 1979년에야 영인 간행되어 세상에 공개된다.[38] 김성탄 사후 317년, 이중화 서문 뒤 251년이 지나서의 일이다. 여기에 일시(逸詩)를 수집하는 작업이 이어졌고, 그 결과는 2006년 간행된 전집에 반영되었다. 『침음루시선』의 공개를 기점으로 시 해석을 통한 생애 연구가 활발해졌다. 시집이 진작 세상에 알려졌다면, 김성탄의 면모와 행적에 대한 억측과 상상은 훨씬 적었을 것이다.

시 자체에 대한 논의는 아직 소략한 편이다. 홍극이(洪克夷)는 김성탄의 반봉건 정신을 높이 샀으며, 봉건사회의 하층 지식분자가 보여주는 동요반복(動搖反復), 모순복잡(矛盾復雜)의 한 전형으로 김성탄을 정의했다.[39] 애군(艾

---

36 「題唱經先生像」(『廣陽詩集』 권 하). "忽有仙人在別峰, 通身香氣似芙蓉. 碧天明月一千里, 獨上瑤臺十二重." (上海古籍出版社, 『清人別集叢刊』, 1979)

37 劉仲華, 「清初學者劉獻廷的游歷與交友」, 『唐都學刊』, 제29권 제5기, 2013.

38 『清人別集總刊』(上海古籍出版社, 1979). 여기에 대해서는 陸林, 앞의 책(2015)의 부록 중, 「鄧之誠對沈吟樓詩選的披露」(671~674쪽) 참조.

39 洪克夷, 「從'沈吟樓詩選'看金聖嘆」, 『杭州大學學報』 11권 1기, 1981.

軍)은 김성탄을 양조인(兩朝人)의 전형으로 규정했으며, 즉흥의 진심 표백이 많아 심리의 모순이 자주 드러난다고 했다. 경물 묘사에서 드러나는 허정공소(虛靜空疏)함, 자기 조롱에 수반되는 골계와 유머를 특징으로 꼽았다.[40] 유용강(劉勇剛)은 입세(入世)와 출세(出世)의 모순 감정에 주목했는데,[41] 이는 앞의 연구자들도 주시했던 특징이기도 하다. 등서(鄧瑞)는 '시연정(詩緣情)'의 개념으로 해석을 시도했는데, 짧은 지면에 너무 많은 작품을 다루었기에 분류에서 나아가지 못한 아쉬움이 있다.[42] 시집 수록 개별 작품들에 대한 해제나 정밀한 주석 작업의 결과는 아직 보고된 바 없다.

『침음루시선』은 분권되지 않은 필사본 1책으로 전해진다. 건륭 초년의 초본이다. 시들은 체재 별로 분류되어 있다. 창작 연대 확인이 가능한 시들로 거칠게 살펴보면, 작품들은 체재 안에서 연대 순으로 배열되어 있다. 이 사실은 여러 연구자가 언급한 바 있다. 영인본 말미에는 유홍주(兪鴻籌)의 「독후기(讀後記)」(1951)가 붙어 있다. 제목 아래 '침음루일시(沈吟樓逸詩)'와 '일시(逸詩)'가 부기된 작품이 많은데, 각각 심중희와 유헌정에 의해 수습된 것으로 판단된다. 전체 작품의 수는 283제 384수인데, 여기에 육림이 모은 일시 14제 16수를 더하면 297제 400수가 된다. 글씨 등으로 전하는 대련(對聯)은 제외하였다. 옛 시에 기대 지은 의고시(擬古詩)가 27제 28수인데,(고악부 제외) 그중 두보에 의탁한 시가 21제 21수나 된다. 또 이상은(李商隱)을 모의한 시가 3제 19수에 달해, 김성탄의 애호와 시풍을 짐작할 수 있게 한다.[43]

시는 대체로 이해가 어려운 것들이 많다. 두보와 이상은 애호에서 짐작할 수 있는 정교한 구법(句法)과 난해한 용전(用典)—서곤체(西崑體)를 표방한

---

40 艾軍, 「金聖嘆詩風初探」, 『贛南師範學院學報』 제 5기, 1990.

41 劉勇剛, 「金聖嘆的詩歌創作」, 『懷化師專學報』, 21권 1기, 2002.

42 鄧瑞, 「金聖嘆詩學精神與創作實踐交叉研究」, 遼寧師範大學 석사논문, 2008.

43 김성탄의 두시 학습과 평해, 그리고 거기서 받은 영향에 대한 논문은 많다. 이상은과의 관련에 대해서는 劉春景, 「論金聖嘆對李商隱詩的接受」, 『江蘇科技大學學報(社會科學版)』, 2020 참조.

제목도 있음—, 언어 관습에 얽매이지 않는 김성탄 특유의 개성 표현 등이 그 이유로 꼽힌다. 여기에 매우 빈번하게 또 은미하게 사용되는 불교 문자도 한 이유로 꼽을 수 있다. 김성탄의 시에는 불(佛), 금선(金仙), 승(僧), 수율(受律), 제천(諸天), 유마(維摩), 게(偈), 가타(伽佗), 범향(梵香), 범서(梵書), 만법(萬法), 법사(法師), 원(院), 상방(上方), 서림(西林), 금서(金書), 연화(蓮花), 대덕(大德), 공왕(空王), 방광(方廣), 석가(釋迦), 대사(大士), 선송(禪誦), 사(寺), 하원(下院), 타화천(打化天), 납의(納衣), 치류(緇流), 약사(藥師), 원공(遠公), 산문(山門), 선상(繩床), 사자좌(獅子座), 인수(仁壽), 천축(天竺), 법륜(法輪) 등 불교 문자가 난무한다. 연구자를 곤혹스럽게 하는 것은, 이처럼 단어로 드러나는 구절들이 아니라, 잠복해 있거나 변형된 표현들이다.

『침음루시선』은 김성탄의 교유 양상, 즉 사회생활의 너비를 가늠하는 데에도 유효하다. 시집에는 가족을 제외하고, 제목에만 70여 인물의 이름이 100회 남짓 등장한다. 근래 이들의 문집이나 저술이 검토되고, 각종 지지(地志)와 패설 자료들이 조명되면서, 이들 인물의 실체와 김성탄과의 교유 양상이 속속 드러나고 있다. 가장 높은 비중을 차지하는 신분은 승려 또는 불교 인사이다. 아예 ○○(법)사((法)師)로 표기된 10명 외에도, 내용으로 보아 승려로 간주되는 인물은 22, 3명, 등장 횟수는 38차례에 이른다. 이름 없이 '승(僧)'으로만 표기된 경우를 더하면 비중은 더 높아진다. 이에 반해 관리로 분류되는 인물의 등장은 10명 16회에 지나지 않는다. 이러한 불교 친화의 성향에는 우선 개인의 관심과 기질이 반영되었겠지만, 왕조 교체 이후 소주 지역 문인 사회의 탈속과 은둔 풍조도 크게 작용했던 것으로 보인다.

전반적으로 이런 분위기 속에서, 산사를 배경으로 하는 선기(禪機)와 농기(弄氣)가 어우러진 시들이 여럿 있다. 아래 시에 그러한 풍격이 잘 나타난다. 김성탄은 종종 노승(老僧)이나 빈승(貧僧)으로 자칭했고, 산사 생활이나 산사에 대한 동경을 여러 번 드러냈다. 두 번째 시의 마지막 구절은, 수행에 몸이 쑤셔 볼일도 없는 해우소를 일부러 다녀오는 태도에 대한 가벼운 농담이 담겨 있다.

삼경에 서 점이라 중천에 달 떴는데　　三更三點月中天
상방과 하방 모두 시름에 젖었어라　　上方下方同悄然
하방서 잠드는데 풍경소리 들리니　　下方方眠又聞磬
상방도 아직까지 잠들지 못했구나　　方解上方還未眠

「효봉의 하원에서 묵으며 宿堯峰下院」

사흘간 눈이 내려 문 앞이 고요한데　　門前不動雪三日
종소리 이따금씩 창으로 드는구나　　窗裏時聞鍾一聲
선정에 들어 있기 스님도 괴로우니　　應是高僧禪定苦
짐짓 몸을 일으켜 경내를 걸으시리　　衲衣私起暫經行

「병중에 해 스님에게 그리움을 부치다 病中寄懷解師」

『침음루시선』을 개관하면 김성탄 행적의 지리 범위도 파악할 수 있다. 400여 수 시에는 천지산(天池山), 보림사(寶林寺), 호구산(虎邱山)(7회), 효봉산(曉峰山), 등위산(鄧尉山), 현묘산(玄墓山), 고소대(姑蘇臺), 한산사(寒山寺), 혜경사(慧慶寺), 서산(西山), 송릉(松陵), 남조사(南朝寺), 청지산(青芝山), 오송(吳淞), 자운사(慈雲寺) 등 창작 또는 상황 장소의 지명이 들어간 경우가 있다. 모두 소주 지역에 있었던(있는) 지명들이다. 간혹 남경(南京), 장수사(長壽寺, 太倉), 성도(成都), 서시고촌(西施故村) 등 소주 외의 지명이 들어 있기도 한데, 누군가를 전송하거나 외부의 소식을 듣고, 또는 간절하게 동경하거나 꿈에서 체험한 장소이다. 시집의 내용으로만 판단하면 김성탄은 한 번도 소주 지역을 벗어난 적이 없다. 그의 유일한 여행은 1661년 남경으로 압송된 것이다. 이 여행은 김성탄이 처음이자 마지막으로 소주를 떠난 것인데, 끝내는 시신으로 돌아와 오늘까지 소주의 한 구석을 차지하고 있다.[44]

44　이러한 사실에 주목한다면, 陸林이 모은 逸詩 중 黃山에 있는 正一派 도교사원을 읊은 「題太素宮」,

4. 눈길, 미생(微生)에 보내는 마음과 인간상의 두 모형 —유마힐(維摩詰)과 도연명(陶淵明)

"잎새에 이는 바람에도 / 나는 괴로워했다." 윤동주는 실제 바람에 흔들리는 나약한 나뭇잎에 괴로워했을 것이다. 옛 시 300수를 한마디로 간추리면 '생각에 거짓이 없음, 思無邪'라는 공자의 명제는 윤동주에게 적용된다. 김성탄도 시를 가리켜, "한 구절의 참말일 뿐. 詩非異物, 只是一句眞話."(「여고장환(與顧掌丸)」)라고 정의했다. 시는 자기도 모르게 천지의 기밀을 발설하기도 하고, 의도치 않게 시인 내면의 바닥을 드러내기도 한다. 마음의 작용을 잘 아는 사람이 아니면 시를 제대로 읽지도 짓지도 못한다.[45]

살펴 사람을 알 수 있는 근거는 많다. 그가 사귀는 사람, 그가 좋아하는 물건, 그가 물러나고 나아가는 행태, 그가 읽는 책 등을 통해 우리는 한 사람을 알 수 있다. 시 또한 마음에서 나와 언어로 드러나는 것이니 사람을 알 수 있는 매우 유력한 근거이다. 가이관(可以觀), 시를 살펴 알 수 있는 것도 많다. 우리는 시를 통해 풍속과 정치, 사물과 역사를 알기도 하지만, 무엇보다 잘 알 수 있는 건 누군가의 마음이다. 아주 오래전부터 시를 '언지(言志)'로 설명해온 이유이다. 우리는 시를 살펴 그 사람을 알 수 있는데,[46] 그중에서 유심히 봐야 하는 것 눈길의 방향과 착점이다. 이 절에서는 세 눈길을 살펴 김성탄의 마음을 건져보고자 한다.

첫째, 작은 것에 보내는 눈길과 그 바탕의 고운 감성이다. 김성탄은 뒷날 7, 8세 무렵의 두 기억을 떠올린 적이 있다. 하나는 깊은 우물을 들여다

陝西省에 있는 繡嶺 등반 체험을 담은 「登繡嶺」은 그 진위가 의심된다.

45 李重華, 「沈吟樓試選序」. "自古讀書作文, 識爲尙至. 韻語一道, 尤貴神解. 以韻語緣情而生, 非直說理, 而理固苞含周通, … 固知非神解者, 不能讀, 不能作矣."

46 서거정, 『四佳文集』 권 6, 「桂庭集序」. "詩言志. 志者, 心之所之也. 是以讀其詩, 可以知其人."; 채제공, 『번암집』 권 56, 「書耳溪洪尙書良浩燕雲雜詠後」. "夫詩者, 性情之出也. 觀其詩, 可以知其人, 亦可以知其世."

보며 기와 조각을 손에 쥐고 던져 떨어뜨리고 싶었는데 그것이 영원히 나올 수 없다는 생각이 머리에서 떠나지 않았고, 그만두려 하면 또 이 정도 일도 못 하나 우스워, 한동안 손에서 만지작거리다가 갑자기 던져 넣고는 돌아와 크게 울었던 일이다.[47] 다른 하나는 두보의 시구 "벗들은 한 번 곡을 마치고, 말 타고 작은 성 떠나가누나. 親朋盡一哭, 鞍馬去孤城."(「送遠」)을 읽고 열흘이나 가슴이 답답하여 고생했던 일이다.[48] 두 사례는 김성탄의 감성이 유년기부터 일종의 활물론(活物論)에 입각해 있으며, 세상의 크고 작은 이별 사연에 과민했음을 잘 보여준다.

잎 아래 파란 벌레 위에는 서리 오니	葉底青蟲葉上霜
예 이른 미물의 삶 참으로 맘 아파라	微生到此最堪傷
두터운 땅 높은 하늘 힘 모두 빌려다가	願將厚地高天力
천추 만년 오래도록 널 살게 하고 싶네	令汝千秋萬歲長

「작은 목숨 微生」

창작 시기를 가늠하기 어려운 이 시는, 이념과 윤리에 굳지 않고 관습과 생활에 매몰되지 않은, 김성탄의 섬약하여 살아 있는 내면을 잘 보여준다. 서리가 내리는 가을 어느 날, 시인은 서리 앉은 나뭇잎 아래 아직 살아 있는 파란 벌레를 발견하고, 연민의 감정에 사로잡힌다. 이어 할 수만 있다면 온

---

47 李商隱의 「曲池」에 대한 평어이다. 『選批唐才子詩』. "某嘗憶七歲時, 眼窺深井, 手持瓦片, 欲竟擲下, 則念其永無出理 ; 欲且已之, 則又笑便無此事. 既而循環摩挲, 久之久之, 瞥地投入, 歸而大哭. 此豈宿生亦嘗讀此詩之故耶? 至今思之, 尚爲惘然!"

48 『小題才子書』 중 顧贊의 「四飯缺適秦」를 설명하는 가운데 언급한 것이다. "幼讀杜子美'親朋盡一哭, 鞍馬去孤城', 不知何故, 便胸前十日作惡." 김성탄은 이를 7, 8세 때의 일로 기억하였으며, 이 뒤에 아래 구절을 덧붙였다. "조금 자라 『남화경』의 '그대를 보낸 자 물가에서 돌아온다. 送君者自厓而返' 구절을 읽고, 무슨 까닭인지 눈 귀가 멀었으며, 병도 잊고 술에 취한 듯 어지러운 상태가 100일이 지나도록 멈추지 않았다. 이제 늙어서도 이 구절을 읽으면 더욱 그런 상태에 젖어든다."

천지의 기운을 다 가져와 천년만년 살게 해주고 싶다고 한다. 아이다운 이런 감상은 유한한 생명의 세계에 대한, 근원을 거슬러 가면 찰나의 자기 삶에 대한 연민의 발로이다. 김성탄의 독서와 비평(글쓰기)이 그 시대까지의 인습을 깨고 새로운 지평을 열었다고 하면, 그것을 가능하게 한 힘 중의 하나는, 작은 것들에 보내는 관심과 시선, 그리고 과감한 은유적 연결이다.

같은 맥락에서 — 특수 경우이긴 하지만 — 1635년(28세) 6월 엽소원(葉紹袁)의 집에서 늑법사(泐法師)의 신분으로, 혼례 닷새 전날 17살에 죽은 그의 셋째 딸 소란(小鸞)의 귀신을 불러 주고받은 대화도 눈길을 끈다. 김성탄은 수계(授戒)를 위해 평소의 계행(戒行)을 확인한다며 십선(十善)을 어겼는지를 물었다. 이에 소란은 10번의 물음에 모두, 어긴 적이 있다며 7언 대련의 형식으로 답변한다. 아래는 처음부터 차례로 불살생(不殺生), 불투도(不偷盜), 불사음(不邪淫)의 계율 위반 여부에 대한 답변이다.

소옥을 불러 꽃의 벌레를 없앴고	曾呼小玉除花虱
경환을 시켜 꽃잎도 지게 했지요	也遣輕紈壞蝶衣
파릇한 새 잎은 뉘 집 나무였으며	不知新綠誰家樹
피리 맑은 소리 어디서 들려왔던가	怪底清簫何處聲
저물녘 거울 속의 고운 눈썹 훔쳐보았고	晚鏡偷窺眉曲曲
봄 치마에 짝지어 노는 새를 수놓았어요	春裙親繡鳥雙雙

소란의 답변이지만 일종의 가탁이고, 7언 대련의 형식을 지녔으니, 김성탄의 시로 보아 무방하다. 소란은 대답한다. 시녀를 불러 꽃의 벌레를 잡게 하고 꽃잎을 다치게 한 것이 생전의 살생이다. 어느 해 봄날 남의 집 뜰의 나무에 돋아나는 새잎에 마음을 빼앗겼고, 또 어디선가 들리는 피리 소리에 귀를 기울였으니, 이것이 생전 소녀의 도둑질이다. 거울 속 자신의 고운 모습에 마음을 빼앗기고, 치마에 한 쌍 다정한 새를 수놓은 것이 생전의 사음(邪

淫)이다. 나머지 7번의 답변도 다 이런 식이다. 엄밀히 보면 틀린 말이 아니지만, 통념상 인정되기 어려운 내용이다. 이는 미숙한 유년기의 감성이 아니다. 김성탄이 눈길을 보내는 극미 세계는 대개 극대 우주와 연결되어 있거나 심중한 의미를 지니고 있다. 그의 비평 기저에는 이런 연결과 의미 작용이 깔려 있는데, 이는 세계관의 반영 또는 작용이라 하겠다.[49]

나머지 두 개의 장면은, 역사 인물에 자신을 투영하거나, 그 인물을 끌어와 자기를 대신하게 하는 것이다. 이 경우 그 인물의 행적과 시대, 고뇌와 지향 등은 고스란히 시인의 것이 된다. 우리는 시에 드러나는 바, 그가 좋아하는 역사 인물 또는 그 인물을 드러내는 방법을 살핌으로써, 한 사람을 이해할 수 있다. 김성탄에게 있어 그런 역할을 하는 두 인물은 유마힐(維摩詰)과 도연명(陶淵明)이다,

유마힐의 원래 이름은 Vimalakīrti로 석가모니의 재가 제자이다. 출가하지 않았지만 출가 제자들이 모두 어려워했을 만큼 법력이 높았다. 방편으로 자기 몸을 병들게 하여 찾아오는 사람들에게 법설을 베풀었다. 이때 제자들이 각양 이유를 들어 석가의 문병 지시를 사양하고, 마지막 문수보살만이 문병하러 대화를 나누는 이야기가 『유마경』에 실려 있다. "중생이 아프면 보살도 아프고, 중생이 나으면 보살도 낫는다."[50]는 말, 불이법문(不二法門)에 들어가는 방법을 말해보라는 요구에 끝까지 침묵을 지켜 문수보살의 찬사를 받아낸 일[51] 등이 특히 유명하다. 유마힐의 사상은 ①현세가 정토이고, ②자비 실천이 중요하고, ③만물은 평등하며, ④중생도 부처가 될 수 있

---

49 김성탄이 문장 비평에서 반복해서 강조하는 것 중 하나는 작은 부분, 또는 생략된 부분의 중요성이다. 이 생각은 『제육재자서서상기』의 「酬韻」 평어에서 논리적으로 서술되었다. 김성탄 비평의 극미론에 대해서는 丁利榮, 金聖嘆美學思想硏究, 武漢大 박사학위논문, 2007, 122~130쪽 참조.

50 「文殊師利問疾品」. "衆生病, 則菩薩病. 衆生病愈, 菩薩亦愈."

51 「入不二法門品」. "時維摩詰默然無言. 文殊師利歎曰: "善哉! 善哉! 乃至無有文字語言, 是真入不二法門."

다는 것으로 요약되는, 대승불교 시대의 특징이다.[52] 김성탄은 자신이나 벗들을 유마힐로 지칭하곤 했다. 『침음루시선』에는 그 이름이 7번 등장한다.

시 지으면 구절마다 유마힐이요	作詩句句維摩詰
아침마다 취하기는 맹자의 진국이라	中酒朝朝孟子醇
벼루를 깨뜨려서 술상의 다리 삼고	捽去硯台支榻腳
칡 베를 마름하여 두건을 만든다네	多裁葛布制疏巾

「시를 짓다 作詩」

삼경에 석 점이라 밤공기 차가운데	寒夜寒更三點三
유마경 다 읽은 뒤 경연을 그만둔다	淨名讀盡閉經筵
어린아인 잠들고 향불도 사위어서	啞童子睡沉香息
깊은 칠흑 감실의 부처를 보는도다	觀佛深深髹漆龕

「추운 밤 寒夜」

위 시는 구절마다 고사를 활용했는데,[53] 나머지 세 구절의 내용을 포괄하며 지휘하는 주제는 첫 구절에 언명되었다. 자신이 짓는 시는 구절마다 유마힐이라 함은, 재가 수행자인 거사 신분에서부터 불이법문(不二法門)의 평등사상, 그리고 중생 구제의 보살심을 구현하였음을 뜻한다. 김성탄은 한주(韓住)에게 보낸 시에서, 그를 유마힐에 견주며 눈앞에 가득한 중생을 어떻게 구

52 여기에 대해서는 鳩摩羅什 한역(406), 조수동 국역, 『유마경』, 지만지, 2008, 「해제」.

53 승구(承句)의 맹자순(孟子醇)은 공자의 뜻을 가장 잘 이어받은 사람은 맹자라는 뜻이다. (韓愈, 「讀荀子」) 결구의 내용으로 미루어 전구(轉句)의 탑(榻)은 술상[酒榻]으로 풀이하였다. 결구에는 도연명이 술이 익을 때마다 갈건(葛巾)을 벗어 술을 걸러 마신 뒤에 다시 썼다는 도연명의 고사가 담겨 있다. (『晉書』, 「陶潛傳」)

제해야 할지 망망하다고 했다.[54] 아래 시에서 정명(淨名)은 유마힐의 다른 이름이다. 한겨울 밤이 깊도록 『유마경』을 읽은 뒤에야 독서 자리를 걷고, 또 불도 향도 다 꺼진 칠흑 속에서 부처를 만나는 광경을 그렸는데, 이러한 생활 속 독실한 수행자 유마힐이 곧 김성탄의 자화상이다. 김성탄은 종종 자신을 재가 수행자로 지칭했으며, 한밤중 오랜 절에 혼자 앉은 모습으로 그리곤 했다.[55]

김성탄이 자아를 투영한 또 한 인물은 도연명(陶淵明, 365~427)이다. 『침음루시선』에는 모두 94명의 역사 인물이 나오는데 그중 20여 명의 위진 시기 인물이 54회에 걸쳐 등장하며, 그중 도연명은 19회나 출연한다.[56] 도연명의 귀거래(歸去來)와 도화원(桃花源), 그리고 승려 혜원(慧遠)과의 교유는 문사들에게 매우 인기 있는 주제였으며, 소동파 이후 문사들의 도연명 애호가 특별한 것은 아니다.[57] 도연명은 여러 차례 혜원과 나란히 등장하는데, 두 사람의 관계는 김성탄이 특별히 사랑했던 면모이며,[58] 이는 유마힐 애호와도 관련이 있다.[59] 하지만 이 시기 김성탄이 받아들인 도연명은 앞의 면모들보다도 왕조 교체기의 처신이 두드러지게 짙었다. 도연명이 귀거래한 해는 405년이었고, 이로부터 5년 뒤에 동진(東晉)이 멸망하고 남조(南朝) 송(宋)이

---

54 「貫華先生病寓寒齋, 予亦苦略不已」. "客有維摩詰, 身非妙吉祥. 高秋同得病, 清晝坐敷床. 用乳新開禁, 消香未有方. 衆生滿眼是, 何以濟茫茫."

55 「月夜獨坐」. "水晶宮殿寂無人, 古寺疏窗月一輪. 獨鶴林中偏自去, 亂螢牆外故來頻."

56 盧潔, 「金聖嘆詩歌中的魏晉人物探析」, 『陝西理工大學學報』, 제38권 제1기, 2020. 이는 도원(桃源)이나 삼경(三徑) 등 관련 고사까지 헤아려 포함한 것이고, 도잠(陶潛) · 도연명(陶淵明) · 연명(淵明) · 도령(陶令) · 도공(陶公) 등의 이름이 나오는 경우는 13회이다.

57 여기에 대해서는 위안싱페이 지음, 김수연 옮김, 『도연명을 그리다』, 태학사, 2012 참조.

58 「失題」. "饑驅陶令叩山門, 慧遠慈悲出酒樽. 佛說花開非有相, 青天鶴過並無痕. 說經夜夜鷄三唱, 圓夢朝朝水一盆. 笑殺昔人圖冥報, 枉將絲綫繡平原."

59 「爲斫山題菊花」 其 2. "木落霜高天地哀, 陶家偏報有花開. 老僧結習從來盡, 便約維摩去看來." 이밖에 도연명은 曾點, 林逋, 慧遠과도 짝지어 나온다.

들어선다. 김성탄의 도연명은 두 왕조의 교체 와중에서 진퇴를 고민하고 처신을 숙고했던 인물이었던 것이다.[60]

김성탄은 왕조 교체 직후 상원절에 「상원사, 당나라 최액의 시를 모의하다 上元詞 擬唐崔液」 2수를 지었다. 1645년 정월의 강남은 아직 청조의 통치권이 미치지 않았지만 왕조 교체의 먹구름이 잔뜩 드리워진 불안한 상태였다. 두 수 노래에는 등회(燈會)가 화려한 가운데 잡극 공연과 청루의 환락이 요란한 원소절 풍경이 담겼다. 노래 끝에 이런 후기를 붙였다.

> 이건 남에게 할 말은 아니다. 눈에 가득한 게 이러하니 살아갈 방도가 빡빡하여 비단같은 말을 지어 마음을 풀어본다. 옛날 도잠(陶潛)은 (「오류선생전(五柳先生傳)」에서) "때로 글을 지어 마음을 달래며 의지를 보였다고 했으니", 나의 이 노래도 돌아가신 신종의 마지막 해의 일이 아니랴! 처사는 불행하여 진(晉)과 송(宋) 교체기에 살았고 나 또한 변혁의 시기를 만났으니, 소리 내어 울고 싶어도 할 수가 없다. 시에게 무슨 죄가 있으랴만, 남에게는 부치지 못하고 그저 동지와 한 번 보려고 한다.[61]

앞뒤로 남에게 할 수 있는 말이 아니라고 하여 조심스러운 마음을 드러냈다. 문맥상 눈에 가득한 것도, 원소절의 아름다운 광경이 아니라 발설하기 어려운 세상 형편으로 읽힌다. 진과 송의 교체기를 살았던 도연명과 자신의 처지를 동일시하여, 처신과 표현이 모두 어려운 상황을 말한 것이다. 밑줄 부분의 해독이 어렵다. 신묘(神廟)를 신종(神宗)으로 본다면, 신종 말년은 1620년이니, 그 시절 김성탄이 13살의 나이에 이런 시를 지은 셈이다. 이렇

---

60 盧潔, 「論金聖嘆詩歌中的陶淵明」, 『江蘇科技大學學報』 제 19권 제2기, 2019.

61 "此非道人語. 既滿目如此, 生理逼側, 略開綺語, 以樂情抱. 昔陶潛自言, 時制文章自娛, 頗示其志, 身此詞, 豈非先神廟末年耶! 處士不幸, 丁晉宋之間, 身亦適遭變革, 欲哭不敢, 詩即何罪, 不能寄他人, 將獨與同志者一見也.

게 보면 어린 시절 지은 시를 가져와 국멸의 위기 속 슬픈 원소절 풍경을 말한 것이 되는데, 석연치 않은 점이 있다. (도연명이 「오류선생전」을 지은 시점은 동진(317~420) 말기 392년으로 추정된다.) 노래 속 분위기는 화려하고 즐겁지만, 시절과 시인의 마음을 고려하면 그 안엔 슬픔이 가득하니, 두목(杜牧)의 「진회하에 배를 대다 泊秦淮」를 떠오르게 한다.

후토가 심고 길러 이 나무 남아 있고	后土栽培存此樹
상천이 유배 보내 이 사람 있었도다	上天謫墮有斯人
의지를 바로 세워 진(秦) 봉호 안 받았고	不曾誤受秦封號
기꺼운 마음으로 진(晉)의 유민 되었어라	且喜終爲晉逸民
날 찬데 세 줄기 길 눈만이 쌓여 있고	三徑歲寒唯有雪
여섯 해 눈물 속에 봄날을 못 만났네	六年眼淚未逢春
그대를 사랑하여 함께 살고픈	愛君我欲同君住
똑같이 미쳐버린 두 몸이러라	一樣疏狂兩個身

「도연명이 소나무를 어루만지는 그림에 적다 題淵明撫孤松圖」

「귀거래사」의 구절인 "한 그루 소나무를 어루만지며 서성거리다, 撫孤松而盤桓"을 표현한 그림에 적은, 도연명과 소나무를 나란히 두어 상찬한 시이다. 그림 속 소나무가 진시황이 태산에서 봉선을 거행할 때 오대부(五大夫) 작위를 내린 그 나무가 아니고, 도연명이 끝내 새 왕조(남조 송)에서 벼슬하지 않은 사실을 짝 지워 절로 주제가 드러나도록 했다. 눈만 쌓여 있는 세 갈래 오솔길의 전원은 그림의 풍경이면서 김성탄의 처지이고, 여섯 해 동안 봄을 만나지 못했다는 말은 명나라가 멸망한 지 6년이 지난 해의 작품임을 알려준다. 마지막 두 구절에서 시인은 우회하지 않고, 자신과 도연명이 같은 처지에 놓인 같은 마음을 지닌 똑같은 사람임을 직절하게 토해낸다. 김성탄은 진송간(晉宋間) 도연명이 되어보기도 했고, 도연명을 명청 교체기 자기 자리에 두기도 했던 것이다.

김성탄의 인물 형상을 간추리면 미물에 애정의 눈길을 보내며 시대의 변화에 당황하는 유마힐과 도연명이었다. 이밖에 김성탄은 두보를 강렬하게 흠모하여 문득 성도(成都)에 가고 싶은 열망에 사로잡히기도 했고,[62] 평생 열복한 사람은 두보 한 사람이라고 고백하기도 했다.[63] 하지만 이는 존숭하고 열복한 것이지, 자신과 동일시한 것이 아니기에 다른 차원에서 접근해야 한다.

5. 가족, 아내의 신음과 아이들 글 읽는 소리

현재 김성탄의 가문과 가족을 알 수 있는 근거로서 전장(傳狀) 비지(碑誌) 류 글은 남은 게 없으며, 김성탄이 가문이나 부모 등을 전면으로 거론한 글도 전해지지 않는다. 새 자료가 발견되지 않는 한 그의 생장 환경과 내력은 알 길이 없다. 연구자들은 평문과 시에 제시된 지극히 파편적인 언급으로 몇 가지 사실을 추정한다. ①그의 가문은 대단하지는 않았어도 경제적으로 여유가 있는 집안이었다.[64] ②하지만 김성탄의 유년기에 갑자기 부모가 세상을 떠났으며, 형제들은 흩어져 고통을 겪었다.[65] 그렇다면 두 수의 시에 나

---

62 「病中, 無端極思成都, 憶得舊作, 錄出自吟」. "蔔肆垂簾新雨霽, 酒壚眠客亂花飛. 餘生得到成都去, 肯爲妻兒一灑衣."

63 「苦客投詩」. "關門對雨坐焚香, 到地垂簾孟夏長. 庭草春深迷石井, 客詩投滿没繩床. 老夫泛愛仍依舊, 心力衰微却異常. 若問藥山遮眼法, 生平唯服浣花堂."

64 김성탄은 10살 전후 학숙에 들어가 글을 읽었는데 소년 주인을 섬기던 창두(蒼頭)가 있었고고(『제오재자서』, 「서 3」, 56회 총평), 돌에 할머니로부터 옥고리를 받았으며(같은 책, 56회 평어), 집안에 조식(曹植)의 글씨가 새겨진 동경(銅鏡)과 진단(陳摶)의 그림이 있었다고 한다. (같은 책, 47회 총평)

65 시 「念師弟」에서 8살 시절을 회고하면서 "어머니 아버지가 돌아가신 뒤, 이제껏 우리 형제 어긋나 있네. 一自耶娘爲畏物, 至今兄弟並差池."라고 하였다. 또 『수호전』 48회 고대수(顧大嫂)가 감옥에 갇힌 친척 해진(解珍) 형제를 구하기 위해 애쓰는 장면에 "나는 나이가 어렸어도 가족들의 주음을 겪어 혼자일 때가 많았으니 … 我年雖幼, 而眷屬凋傷, 獨爲至多, 驟讀此言, 不覺淚下."라는 평어를 달았다. 또 50회에서는 "천

타나는, 아버지의 시점에서 그려진 바 큰집에 맡긴 아이의 꾀죄죄한 모습, 형과 형수에게 구박당하는 장면—빗질도 못한 채 머리에 부스럼이 가득하고, 얼굴엔 침 자국이 얼룩져 있으며 옷 위에는 이가 스멀거린다. 또 밤중에 여우로부터 닭을 지키지 못하면 닭 신세가 되리라는 폭언을 듣는다—은, 김성탄의 유년기 자화상으로 보는 것이 가능하다.[66]

김성탄에게는 최소한 두 명의 남자 형제와 한 명의 누이가 있었던 것으로 보인다. 『침음루시선』에는 「아우를 생각하다 念舍弟」 외에도 아우를 떠올리며 지은 시 1수, 아우에게 답으로 보낸 시 2수가 더 있는데, 대상이 모두 같은 인물로 보인다. 그중 한 수에서 "진나라 적 치초(郗超)와 왕순(王珣)이 뛰어났지만, 우리 형님과 셋째 아우 더 기이하다."고 했으니, 김성탄은 세 형제 중 둘째였을 것인데, 형에 대한 언급은 더 보이지 않는다. 김성탄은 형제에 대한 자부가 강해, 자기 집이 가난하지만 가난하지 않다고 했다.[67] 형제의 재능이 경제상의 빈곤함을 채우고도 남았다는 뜻이다. 하지만 아우 가족은 멀리서 끼니 걱정을 하며 유리하고 있다.[68] 빈한한 형편은 김성탄이라고 다를 바 없었으니, 그저 이 혹독한 시련이 지나면 좋은 날이 올 것이라며 막연하게 자위할 수밖에 없었다.[69] 이 밖에 태어난 지 이레 만에 죽은 외조카 사연을 담은 「외조카의 이레 外甥七日」이란 시가 있어 누이의 존재를 추정할

하에 어머니 없는 사람이 어디 있을까, 읽으면 눈물을 참을 수 없다. 天下豈有無母之人哉, 讀之其能不淚下也."는 평어를 두 차례나 달아, 그의 처지를 가늠하게 한다.

66 「孤兒吟」 2章. ① "孤兒非嫂生, 安望嘗嫂羹. 自不勤梳沐, 乃欲頭創平. 唾涕面上繪, 蟣虱衣外行. 爺娘忍心死, 誠哉累阿兄." ② "野狐無仁義, 中宵入雞棚. 嫂驚雞亂叫, 樓上槌床聲. 兄嫂一齊罵, 雞死汝亦並. 孤兒眼迷離, 夢娘裁花繃."

67 「十六日, 三弟岸先, 手劄並詩, 率答二絕」 2 . "髯珣超群又絕倫, 大哥三弟更奇人. 人家只道我家富, 這樣貧來未是貧."

68 「憶舍弟」. "舍弟西風裏, 流離數口家. 近聞棲水泊, 托庇在天涯. 火食何由得, 兒童那不嘩? 何須逢盜賊, 多恐化蟲沙!"

69 각주 61번 시의 기 1. "貧僧永與舍親違, 年老身孤心事微. 昨夜夜寒寒殺後, 蜜蜂蝴蝶滿堂飛."

수 있다.

김성탄이 언제 누구와 혼인하여, 몇 명의 자녀를 두었는지를 정확하게 알려주는 자료는 없다. 다만 남은 시를 통해 그가 아내와 자녀들에게 매우 다정한 사람이었음은 알 수 있다. 먼저 아내와 관련한 시를 보자. 『침음루시선』에서 아내를 대상으로 한 시로 판단되는 작품은 「병부(婦病)」 2수를 포함, 「빈부음(貧婦吟)」, 「고기를 잘라 늙은 아내에게 보내다 割肉餉老妻」, 「규방의 원망 閨怨」 등 5수이다. 이밖에 「원앙송(鴛鴦誦)」은 짝지어 다니는 한 쌍의 원앙을 그린 시로, 빽빽한 연잎과 연꽃 사이 그윽한 곳을 원앙의 사랑 행위가 이루어지는 것으로 표현한 것이 인상적인데. 김성탄의 부부관 또는 아내에 대한 생각이 담겨 있는 것으로 볼 수 있다.[70]

이 새의 이름을 무엇이라나	此鳥何名氏
수컷은 원, 암컷은 앙이라네	雄鴛雌曰鴦
짝지어 맑은 물 찾아와서는	雙雙來玉潋
둘이 함께 연못을 돌아다니네	兩兩轉金塘.
잎들은 겹겹으로 환락 금침 되어주고	葉密成歡被
꽃들은 그윽하여 화촉 밝은 신방이라	花深亦洞房
천 년 만세가 지난다 한들	千秋與萬歲
어찌 잠시도 잊을 수 있나	那得暫相忘

하지만 김성탄의 부부 생활은 이렇게 아름답지는 못했던 듯하다. 살림은 늘 가난했고, 아내는 병들어 있을 때가 많았기 때문이다. 시의 내용이 김성탄의 실상을 반영한다는 전제 아래 그 정황을 살펴보자.

---

70 이러한 생각은 소사(小史, 제자인지, 書童을 가리키는지 미상)가 혼인을 축하는 시에도 잘 드러난다. 「小史婚 小史, 翩也. 去年婚, 未有詩, 今補作」. "花裏秦宮豔, 窗中碧玉微. 天桃初巧笑, 蛺蝶早雙飛. 定是同窺鏡, 無妨誤著衣. 房中多秘戲, 所惜一人違."

해를 이어 아내 병 낫지 않으니　　婦病連年月
입고 있는 옷들도 온전치 않네　　襟裾不復全
자녀를 대함에는 엄정하여도　　降嚴隨子女
돌아서면 비녀도 풀어버리지　　背眼棄釵鈿
한낮에도 머리맡엔 쥐가 다니고　　晝鼠驕遊枕
향렴에서 벌레가 기어 나오네　　春蟲化出奩
신음소리 차마 듣지 못하여　　呦呦聽不得
애틋한 웃음만 지어 보이네　　一笑當相憐

「아내의 병 婦病」

해를 넘기며 앓는 병인지라 몸이 바짝 여의어 옷을 입어도 볼품이 없다. 자녀들을 대할 때는 애써 단정한 차림새를 지키지만, 아이들이 눈 밖으로 벗어나면 풀썩 주저앉아 비녀를 풀어놓는다. 그마저도 힘겹기 때문이다. 기운 없이 누워 있기만 하니 쥐들도 사람을 겁내지 않고, 화장한 지 오래라 향렴에서 벌레가 생길 정도다. 아픈 사람의 정황이 남김없이 그려졌다. 아내가 끙끙거리는 소리는 차마 듣기 어려운지라, 눈이 마주치면 옅은 웃음으로 애써 고통스러운 신세를 달랠 뿐이다.

시 속의 아내는 대개 이런 모습이다. 병이 오래니 신음은 습성이 되었다. 지아비는 무능하고 아이들은 아직 어리니, 가난해도 몸을 쉬일 수 없고, 병을 숨기고 일하느라 몸이 더 상한다. 시인은 그게 모두 자기 탓이라며 괴로워한다.[71] 아내는 원래 봄바람 속 들꽃처럼 젊고 아름다웠다. 하나 생계를 꾸리느라 머리도 제대로 빗지 못했고, 자기가 늙어가는 줄도 모르고 손마디가 닳도록 베를 짜고 또 짠다.[72] 병은 한 해 한 해 깊어갔고, 그렇게 보낸 세월

---

71 「婦病」. “婦老周旋久, 呻吟入性情. 貧窮因諱疾, 井臼且傷生. 夫子漸衰暮, 兒曹全未成. 百端寒熱裏, 誤汝一身嬰.”

72 「貧婦吟」. “貧婦如野花, 亦向春風好. 千計求晨炊, 梳頭只草草. 織麻複織麻, 麻多織未了. 不知美容顏,

이 최소한 열네 해나 되었다.[73] 김성탄은 그런 아내를 부덕(婦德)의 상징인 맹광(孟光)에 견주었고, 염주를 짚어 돌리다가 문득 섬뜩한 느낌에 고기를 사서 귀가하기도 했다.[74] 김성탄의 집은 고달프게 생계를 꾸리느라 몸이 아픈 아내와, 아내의 신음이 있는 곳이었다. 하지만 그게 집안 풍경의 전부는 아니었다.

가난한 선비에게 무엇이 있나	貧士何所有
아이들 소리 집에 가득하다오	兒女一屋聲

「가난한 선비의 노래 貧士吟」

김성탄의 집은 자녀들의 소리로 가득한 곳이기도 했다. 김성탄에게 1632년에 태어난 아들 옹(雍)과 1651년에 태어난 딸 법연(法筵)이 있었던 것은 분명하다. 그 사이에 자녀가 더 있었을 가능성이 있지만 확실한 정보는 없다. 다만 만년에 지은 시 중 「병중에 딸들이 달 구경하는 것을 보고 불러 창문을 열게 하고는 달을 바라보며 관화를 떠올렸다 病中見諸女玩月, 便呼推窗一望, 有懷貫華」로 보아 딸은 최소한 둘 이상이었고, 이 딸들은 만년의 김성탄 곁을 지켰던 것으로 보인다. 또 21세기에 김성탄의 시로 수습된 「무제(無題)」(5언 고시 32구)도, 만년의 김성탄이 남편의 질병으로 고생하는 딸을 걱정하고 위로하는 내용을 담고 있어, 그즈음 10살이 넘지 않았던 법연 외에 다른 딸이 있었음을 알게 해준다.

김성탄은 딸과 아들 가리지 않고 자녀들에게 글을 가르쳤던 것으로 보

竟向機中老."

73 「閨怨」. "湖洲鏡子淨於天, 照病臨愁十四年. 銅亦命中無福蔭, 不教一遍得鮮妍."

74 「割肉餉老妻」. "舍南舍北侏儒死, 年尾年頭德曜齋. 正掐數珠驚指動, 槁砧拔劍早歸來." 해석이 쉽지 않은 시이다. '侏儒死'는 東方朔의 고사(『한서』 권 65)에 따라 "창우들은 죽도록 배가 부르다 侏儒(飽欲)死"로 풀이했다. '正掐數珠'는 염주를 돌리는 행위로 보았는데, 전거가 충분치 않아 오독의 여지가 있다.

인다. 『수호전』(1641)의 「서문 3」은 10살 때 일의 회고로 시작하는, 10살 아들 옹에게 주는 형식의 글이다. 아버지는 아주 곡진하게 문장의 법도를 설명한다. 이 아들은 글을 터득하기도 전에 시를 읊조리곤 했는데, 김성탄은 시가 자연스러운 천기(天機)의 발로임을 전제하면서도 혹시 법도를 잃을까 걱정되어 시를 고쳐주기도 했다.[75] 남경에 수감되어 죽음을 기다리며 아들에게 시 한 수를 지어주었는데, 아들이 독서종자(讀書種子)이며 제대로 된 학도인(學道人)이라고 했다.[76] 죽기 직전에도 누군가에 서종(書種) 아들을 잘 보살펴 줄 것을 당부했다.[77] 김성탄은 자기 부자의 정체성을 문인 학사로 규정했던 것이다. 김성탄이 처형된 뒤 아들 옹은 영고탑으로 유배되었고, 뒷날 돌아와 아버지의 글 일부를 정리한다. 하지만 아버지의 기대대로 크게 문명을 날리진 못 했다.

김성탄의 딸 사랑은 유별나서 사람들의 핀잔을 들을 정도였다. 어떤 일을 앞두면 딸의 의견을 들었고, 군주가 유능한 재상의 도움을 받듯 딸에게 의지했다.[78] 막 뛰어놀기 시작한 딸의 눈만 보아도 웃음이 났고, 눈썹은 모든 시름을 풀어주었다. 다소곳이 앉은 모습도, 밖에서 뛰어노는 모습도, 날렵한 몸맵시를 자랑하며 다락에 뛰어 올라가는 모습 어느 것도 사랑스럽지 않은 게 없었다.[79] 딸에게 보내는 김성탄의 눈길에는 따스함과 흐뭇함이 그득하다.

---

75 「改兒子詩吟此」. "詩自何人造, 天機忽蕩成. 至今無字句, 空裏出音聲. 童子興殊異, 晨朝篇已盈. 得題隨屬草, 多恐失章程."

76 「與兒子雍 吾兒雍, 不惟世間真正讀書種子, 亦是世間本色學道人也」. "與汝爲親妙在疏, 如形隨影只於書. 今朝疏到無疏地, 無著天親果宴如."

77 「臨別又口號, 遍謝彌天大人, 謬知我者」. "東西南北海天疏, 萬里來尋聖嘆書. 聖嘆只留書種在, 累君青眼看何如" 이 시에서 아들을 부탁하는 '彌天大人'은 陸林에 의해 計百 周令樹(1634~1688)로 비정되었다. 다만 당시 周令樹의 나이가 28세로 金雍보다 2살이 적었던 사실이 마음에 걸린다.

78 「無題」. "說是我愛女, 青眼異衆嬌. 既當世故熟, 又復慧心調. 百凡聽籌畫, 相倚若顛夭. 吾素破此說, 俗見總難消. …." 이 시는 21세기 필적에서 수습한 것으로 전집의 『침음루시선』, 「輯佚」에 실려 있다. 시의 후반부는 남편의 질병으로 힘들어하는 딸을 위로하고 격려하는 내용이다.

79 「女兒曲」. "女兒初蕩漾, 春日復優柔. 秋水真宜笑, 輕蛾詎解愁. 薰香籠袖坐, 開戶弄春遊. 自說腰肢軟,

어여쁜 막내딸이 지는 봄 아까워서	左家嬌女惜餘春
짙은 잎 바랜 꽃잎 가지를 꺾었구나	剩碧殘紅采折新
두서넛 꽃송이는 날렵한 조황후요	數朵輕身趙皇后
한 가닥 꽃가지는 창백한 이부인이라	一枝善病李夫人
늙은이 아침이라 마음은 흥겹다만	老夫早起雖乘興
백발은 꽃 꽂기에 맞지가 않는구나	白髮斜簪已不倫
잘 자라렴, 뒷날 다시 이날이 되면	珍重他年臨此日
아비의 이 애틋한 마음 알게 되리라	見爺滿腹是車輪

「늦봄 아침에 앉아 있는데, 막내딸이 꽃을 꺾어 머리에 꽂으라기에 고마운 마음으로 暮春早坐, 小女折花勸簪, 謝之」

또한 만년에 지은 것으로, 여느 시와 같이 구절구절 전고가 많다.[80] 어느 아침 어린 막내딸이 꽃가지를 꺾어와 아빠 머리에 꽂아주려 한다. 늦은 봄인지라 꽃잎은 바래가고 잎의 녹색이 짙은 가지이다. 꽃송이는 여전히 날렵하지만, 꺾인 가지는 벌써 시들시들한다. 어린 딸 하는 짓이 마냥 예뻐 일순 기분이 고조되었지만, 곧바로 늙고 병든 자기 백발과 꽃이 어울리지 않음을 자각한다. 이 아이를 얼마나 더 볼 수 있을까, 시인은 아이가 잘 자라주기를 당부한다. 그리고 생각에 잠긴다. 뒷날 다시 (자신은 이미 세상에 없는)이 계절이 되면, 아버지가 얼마나 사랑했는지(그리워하고 있을지) 알게 될 것이라고. 머지 않은 자기 죽음과 이별이 감지되는, 하여 시참(詩讖)으로 읽히기도 하는, 늙은 아버지와 어린 딸 사이의 고운 풍경이다.

君看上翠樓."

80 1구의 左家嬌女는 左思의 시 「嬌女」에서 가져온 것으로 어여쁜 소녀를 의미한다. 趙皇后와 李夫人은 한나라 때의 황후이다. 수나라 楊廣의 「喜春遊歌」에 "輕身趙皇後, 歌曲李夫人."이란 구절이 있다. 8구는 한나라 악부시의 구절 '배 안에서 수레가 간다 腹(腸)中車輪轉'을 활용한 것으로, 누군가를 간절하게 그리워한다는 뜻이다.

김성탄은 부모의 죽음으로 불우하게 자랐고, 가정을 꾸린 뒤에도 가난에 시달렸다. 집에는 가난한 살림을 도맡은 병든 아내의 신음과, 마음을 다해 가르친 아이들 글 읽는 소리가 가득했다. 아내에게는 늘 미안했고, 자녀들을 보는 마음도 애잔했다. 그의 시에는 그런 아내와 자녀가 종종 함께 등장한다. 1641년 김성탄의 가족이 도연명의 처자마냥 마주 보고 주려 있을 때 승려 무동(無動)이 쌀을 보내왔다. 그러자 문 두드리는 소리만 듣고도 아이들은 웃음을 터뜨렸고, 아내는 솥을 씻으며 고마움을 말했다.[81] 왕이(王伊)가 된장과 식초를 보내오자, 굶주리던 아이들은 안 보이게 침을 흘렸고 아내는 자기도 모르게 눈썹을 찡그렸다.[82] 상업 출판으로 한 시대에 문명이 높았음에도, 김성탄 가족이 그토록 가난에 시달린 이유가 의아하다.

그럼에도 이들 가족 사이는 무척이나 다정하고 애틋했던 것이 느껴진다. 밖에서 영락한 신세에 낙심하여 집으로 돌아오면 자녀들이 다투어 모여들곤 했다.[83]

6. 처세, 유민(遺民) 의식 / 경세(經世) 포부의 교차와 아이러니

김성탄이 살았던 시대는 명청 교체기였다. 그는 두 왕조에서 각각 36년과 17년을 살았으니, 사회 인식이 눈뜨는 청년기 이후는 두 왕조에서 거의 똑같은 세월을 보낸 셈이다. 유학을 공부하여 인식의 바탕에 중화 의식과

---

81 「辛巳大饑, 無動惠米, 誌謝」. "先生奇策不堪論, 亭午清齊水一盆. 彭澤妻孥相對餓, 鷲山主伴自稱尊. 叩門無故聞兒笑, 洗釜當知說爾恩. 羊角叔牙成市道, 此心容易向人言."

82 「道樹遺人, 送醬醋各一器」. "籬豆畦蔬一例遲, 瓶空罍倒四鄰知. 正留僧飯水淘盞, 驚得公書唾滿頤. 饞子背人先染指, 老妻報我只攢眉. 無鹽三月東坡急, 汲水求薪鬧晚炊."

83 「古墓吟」. "誰家古墓田, 草滿乳羊眠. 物理自無定, 曾孫非不賢. 舉頭見餘照, 低頭生暮煙. 歸來兒女競, 不語坐窗前."

삼강 이념이 깔려 있는, 여기에 문화 자부심이 특히 강했던 소주의 전통 문사에게 청조의 성립은 매우 감당하기 어려운 충격이었다. 더구나 청조는 처음부터 만주 식 변발령을 내려 사람들을 압박했다. 김성탄은 이러한 압박 앞에서 절망했지만 비교적 일관되게 유민 의식과 태도를 견지했던 것으로 보인다. 김성탄은 내면으로 완강한 저항하는 한편, 복명(復明)의 가능성이 사라진 현실에 절망하기도 했다.[84] 수사의 차원에서 주목할 만한 두세 작품만을 살펴본다.

원림의 요즘 사정 묻지를 마라	休問園林近若何
꽃과 버들 시절 다 지나갔다오	柳期花事已全過
말벌은 애벌레들 남김없이 잡아먹고	胡蜂取盡青蟲子
밤 쥐는 제비 둥지 구멍을 내었구나	昏鼠明穿社燕窠
훈풍이 어디 있어 문 앞에 불어오려나	豈有薰風來戶牖
피리 불고 노래할 장소도 다시 없어라	更無閑地坐笙歌
어떻게 글을 지어 천상에 보낼 건가	作書何計通天上
청황과 헤어진 뒤 눈물이 그치잖네	自別青皇墮淚多

「묻지 마라 休問」

'휴문(休問)' 두 글자로 제목을 삼고 시상을 열었다. 아예 물어보지도 마라, 생각하고 싶지도 않다는 절망감이 뼈째 드러나는 표현이다. 겉으로는 봄날이 지난 원림의 풍경을 말하고 있지만 의미가 거기에 그치지 않는, 우의로 가득한 시이다. 3, 4의 애벌레를 다 잡아먹은 호봉(胡蜂, 말벌)과 파손되어 속

84 5언 율시 「題徐松之詩」 2의 마지막 두 구절, "결 수레도 맞지 않았고, 세 집마저 없어졌구나. 副車皆不中, 三戶又淪亡."에 단적으로 드러난다. 두 구절은 각각 장량이 창해역사를 사주한 진시황 저격이 실패로 끝난 일과, 초나라 南公의 말 "초나라에 비록 세 집만 남았어도, 진나라를 멸망시키는 것은 분명히 초나라 사람들일 것이다. 楚雖三戶, 亡秦必楚也."에서 가져온 것이다.

이 다 보이는 연과(燕窠, 제비집)는 아주 자연스럽게 각각 호족(胡族)과 연경(燕京)으로, 둘은 다시 청(淸)과 명(明)으로 읽힌다. 김성탄은 청나라가 북경에 정도한 1644년에 지은 시에서도, 제비를 연호하며 좋은 집을 두고 어디로 갔느냐며 탄식했는데, 이때 제비도 단지 새 제비로만 들리지 않는다.[85] 이렇게 보면 원림은 천하이고, 애벌레는 백성이며, 밤 쥐는 부패 관료나 내란 세력 등으로 그 의미가 정리된다.

이제 다시 따스한 봄바람은 불어오지 않을 것이고, 편히 앉아 노래하고 피리 불 만한 땅도 사라졌다. "지금은 남의 땅 / 빼앗긴 들에도 봄은 오는가", 5, 6구의 가장 정확한 번역이다. 마지막 두 구절은 의미 파악이 쉽지 않다. 청황(靑皇)은 목성(木星)의 아홉 청제(靑帝)를 통어하는 신격이다. 그런데 명나라의 국성 '朱(주)'에는 '木(목, 나무)'이 들어 있고 청(淸)은 금(金)을 내세운 왕조인데, 쇠가 나무를 이긴다는 금극목(金克木)의 오행의 원리를 대응하면, 청황은 망한 명나라 또는 마지막 숭정제를 가리키는 것으로 읽힌다. 김성탄은 무력하게 눈물을 흘렸다. 세상은 망했고, 이는 김성탄의 불교 성향을 부추겼으니, 그는 산속에 들어가 승려가 되기를 희구했다.[86] 실제 당시 소주 지역엔 변발을 하느니 차라리 머리를 밀고 승려가 되기를 선택한 사인들이 많았다.[87]

하지만 청나라 조정은 신속 과감하게 문물을 정비했고 통치를 안정시켰다. 유교를 학습한 사인들은 관리를 지향했고, 포장만 달라진 봉건 질서에 어렵지 않게 적응해나갔다. 청조는 명대의 제도를 준용하고 포용 정책을

---

85 「甲申秋興」 4. "제비야 제비야 넌 어디 갔느냐, 봄이 온들 다시 올 수 있을까. 화려한 들보와 문 눈에 그대로거늘, 작은 목숨 어디서 날고 있느냐! 燕子燕子汝竟去, 莫擬春至還來歸. 雕梁繡戶都在眼, 微命未知何處飛."

86 「有感, 呈諸同學」. "世事已如此, 吾儕不隱居. 幹戈隨地有, 禮樂與時疏. 學士宜飛錫, 深山可結廬. 還同林下宿, 晨夕論金書."

87 김성탄과 교유한 盛王贊(1588~1652)도 그러한 인물 중의 하나였다.

펼쳐 다수 한인의 불만을 무마했다. 과거를 통해 관리가 되지 않는 한, 사인들은 궁핍에 시달릴 수밖에 없었다. 상업이 발달했던 소주도, 출판으로 문명이 높았던 김성탄도 예외가 아니었다. 김성탄은 가족과 함께 가난했고, 화려한 허명에 걸맞은 실질 보상이 필요했다. 그러던 차에 생각 못한 작은 사건이 김성탄의 마음을 뒤흔들었다. 1660년 정월, 북경에서 돌아온 사람이 황제가 자기 글을 극찬했다는 소식을 전한 것이다. 김성탄은 감읍했고, 북쪽을 향해 머리를 조아리며 감격의 시 8수를 지었다.[88] 김성탄은 금세라도 중앙의 관료가 되어 황제의 지척에서 일대의 성사를 맡을 것처럼 흥분했다.

조반에 따른다면 어디에 서나	借問隨班何處立
향로 북쪽 오르면 경연이겠지	香爐北上是經筵 (제4수 7, 8구)

만 권의 비장 도서 천록각 담당하고	萬卷秘書攤祿閣
한 시대 큰 사업은 문원에 맡겨지리	一朝大事屬文園 (제6수, 5, 6구)

여러 연구자는 이 전후로 김성탄의 내면에 출세의 포부와 함께, 막연한 기다림과 소식이 없는 데서 발생한 초조감과 낙망감이 자리 잡은 것으로 입을 모은다. 태평성대에 궁궐의 위엄을 표상하고, 바다에선 풍랑을 이겨내는 큰 배가 될 자질을 갖춘 채, 칩룡(蟄龍)을 품고 '그날'을 대망하는 소나무를 읊은 시,[89] 재색을 갖추었지만 시골에 버려진 시골 여인의 탄식을 그린 시는,[90] 출세의 포부를 담고 있는 것으로 해석된다. 기분에는 금방이라도 칙

---

88 「春感八首, 有序」. "順治庚子正月, 邵子蘭雪從都門歸, 口述皇上見某批才子書, 諭詞臣, 此是古文高手, 莫以時文眼看他等語, 家兄長文具爲某道. 某感而淚下, 因北向叩首敬賦."

89 「詠松」. 青桐黑石透深泉, 鳳翅親鱗到碧天. 后土生時無萬物, 秦皇封後有千年. 聖朝堂殿須喬木, 陸海風濤仗大船. 顧盼一朝逢匠石, 蟄龍肯向此中眠."

90 「村婦豔」. "西施盡住黃金屋, 泥壁蓬窗獨剩儂. 寄語梁間雙燕子, 天涯可有好房櫳."

지가 내려올 것 같았지만, 달콤한 백일몽은 오래가지 않았다. 김성탄은 금생에는 세상의 인정을 받을 수 없음을 자각하고 후생을 기약했다. 아래는 위응물(韋應物)의 「장안에서 풍저를 만나다 長安遇馮著」에서 시상을 빌려 지은 것으로, 후반 3구는 화자를 대신하는 객의 답변이다.

손님이 동방에서 오시었는데	客從東方來
낯빛은 기쁨으로 가득 차 있네	容顔一何喜
기이한 보배라도 지니셨나요	借問持貨無
가슴에 교룡을 품고 있지요	懷抱蛟龍子
금생에는 제값에 팔지 못하니	今世不得價
후생에나 저자에 두어야 하리	來生定當市

「동방에서 온 손님 客從東方來」

1661년 봄 진제생(陳濟生, 1618~1664)이 아들을 낳았다. 마침 민간에서 관음보살의 생일로 알려진 2월 19일이었다. 같은 날 강희제의 등극을 알리는 조서가 소주 관부에 도착했다. 김성탄은 마음을 다해 축시를 지어 주었다.[91]

태복이 아들을 점지한 날이	泰卜占熊日
하늘에서 코끼리 내려온 때라	中天降象時
살구꽃은 상원에 잇달아 피고	杏花連上苑
버들가지 물병에 한들거렸네	楊柳媚軍持
선조의 난대업이 끊이지 않고	不拔蘭台業
아버지의 포부도 온전하리라	無邪太僕思

---

91 「陳定齋太僕, 辛丑春初, 索得雄, 正值普門誕日, 是日郡縣恭接今上登極詔書適至, 賦詩紀瑞 文莊藏書悉在潛確居, 故五有"不拔"之句」. 文莊은 陳濟生의 호로 보인다. 潛確居는 그의 부친 陳仁錫(1581~1636)의 호이다. 그가 國子監 벼슬을 했기에 蘭臺 운운한 것이다.

바람과 구름까지 서로 구하니　　風雲有相濟
강희제 등극 조서 선포되었네　　新詔布康熙

수련은 진제생의 아들이 태어난 일과 관음보살이 코끼리를 타고 내려온 일을 나란히 말했다. 함련은 불가의 경사를 그렸고, 미련은 진씨 집안의 번성을 축원했다. 난대(蘭台)와 태복(太僕)은 태어난 아이의 할아버지와 아버지의 관직명이다. 여기에 새 황제가 등극하는 경사가 겹쳤다. 풍운상제(風雲相濟)는 『주역』, 「풍산점(風山漸)」의 괘사 중 하나로, 군주와 신하가 서로 잘 모이는 형상을 나타낸다. 새 황제와 진씨 집안이 앞으로 힘을 모아 성세를 만들어가리라는 축원을 담은 것이다. 김성탄은 매우 기꺼운 마음으로 이 모든 일을 축하했다. 진제생은 승려 영암(靈巖)으로부터, 아들을 얻었으니 살생을 해서 안 된다는 법지(法旨)를 받았다. 이에 감동한 김성탄은 합장하는 마음으로 한 수의 시를 더 지어, 여러 부처와 사우들이 축복하는 새 생명 탄생의 경이로움을 노래했다.[92]

김성탄이 곡묘(哭廟)한 2월 5일부터 14일이 지난 시점이다. 그 직후 김성탄은 호구산에서 회안(淮安)의 친구들을 만나 놀았다. 이어 4월 26일 구금되었고, 남경에서 7월 13일 처형된다. 새 황제의 등극을 경하했지만 그 황제의 명에 의해 참형에 처해지고, 새 생명의 태어남에 불살생의 계율을 경건하게 노래했지만, 정작 자신은 공권력에 의해 목숨을 빼앗긴 것이다. 상상조차 못했던 일이다. 누군가 그 일생을 설계한 것이라면 김성탄의 삶은 완연한 비극이며, 360년이 지난 오늘 시점에서 그는 아이러니의 인물이 된다. 우리는 역사에서 종종 그런, 바로 뒤에 일어날 정반대의 결과도 알지 못한 채 어떤 주장을 호언하거나, 예기치 못한 상황에 직면하여 자기 말을 몸으로 부정하

---

92 「定齋敬奉靈巖法旨生子不得殺生, 合十再賦」. "一子初生日, 諸天共喜時. 屍羅交口唱, 秧(禾+屈)敬心持. 師友蒙諄切, 親朋盡諦思. 上方借湯餅, 香佛笑顏熙." 제4구의 두 번째 글자는 김성탄이 만들어 쓴 것이다.

는, 아이러니의 인물들을 보곤 한다.

7. 결어

김성탄은 생전에도 풍문의 존재였고, 사후에는 그 양상이 더 심화되었다. 그의 이름 아래 출간된 책 두어 권 없는 집이 없었다. 그 정도로 그의 이름 석 자는 세상에 널리 알려졌지만, 정작 누구도 그 실체를 알지 못했다. 김성탄의 실체에 대한 접근은 1930년대 와서야 시도되었고, 그의 실제 면모를 두루 밝힌 성과를 거둔 것은 21세기의 일이다. 이 글은 김성탄의 시집『침음루시선』을 텍스트로 삼아, 시집의 전승 및 구성 등을 검토하고, 나아가 시에 담긴 시인의 내면과 행적을 조명한 결과이다. 입론의 토대로 그 생애의 대략을 먼저 서술하였다.[93]

텍스트 이해를 위해『침음루시선』의 편찬과 전승 경위, 편제 등을 개관하였으며, 행적과 교유의 범위와 경향, 그리고 수사상의 특징을 검토하였다. 이를 통해 김성탄은 평생 소주를 벗어나지 않았으며, 불교에 깊이 경도되었음을 알 수 있었다. 은미한 눈길의 방향도 주목하였다. 김성탄은 작고 여린 것에 특별한 마음을 보냈는데, 이는 김성탄이 지녔던 고유의 정서이며, 소설과 희곡 비평에서 '작거나 보이지 않는 부분'의 효용성을 강조하는 극미론(極微論) 등으로 구현되었다. 역사 인물 중 유마힐과 도연명을 자신과 동일시했다. 여기에는 각각 평등 불이(不二)의 대승 사상 지향, 왕조 교체기 유민(遺民) 또는 일민(逸民)으로서의 시대 정체성이 함유되어 있다.

---

93 김성탄의 생애에 대한 국내 논의로는 민혜란,「김성탄 연구」, 전남대 박사논문, 1993의 25~55쪽, 조숙자,「제육재자서서상기 연구」, 서울대 박사학위논문, 2004의 27~45쪽이 있다. 전자에서는『침음루시선』의 시 일부를 텍스트로 활용하였다. 2절의 논의는 두 논문의 성과 위에서 출발하되, 그 이후 중국의 연구 성과를 대폭 반영하였으며, 회의 정신의 발현 등을 추가하였다.

김성탄의 가문에 대해서는 알려진 바 없으며, 가족 구성도 일부만이 밝혀져 있다. 그의 집안은 대단한 가문이 아니었던 데다, 그나마 김성탄 유년기에 몰락했던 것으로 추정된다. 그럼에도 김성탄은 학숙을 다니며 글을 읽었는데, 여기에 대해서는 과감한 추론이 제기되어 있다. 이 글에서는 그중 일부를 수용하였다. 김성탄의 가족은 아내와 둘 이상의 딸, 그리고 아들로 구성되었다. 그의 여러 시에서는 가족에 대한 매우 애틋한 마음이, 또 다정한 부부에 대한 염원이 느껴진다. 하지만 집은 늘 가난했고, 아내는 오랫동안 질병에 시달려 집에서는 신음이 그치지 않았다. 이런 가운데서 자녀들의 글 읽는 소리가 집안을 울리며 명랑한 기운을 자아내곤 했다. 김성탄은 독서인을 자처했고, 이런 태도는 딸 아들 가리지 않고 자녀들에게도 적용되었다.

마지막으로 왕조 교체의 시대를 맞이하는 내면의 진동을 유심히 살펴보았다. 김성탄은 명청 교체의 와중에서 비교적 일관되게 강렬한 유일(遺逸) 의식을 견지하였다. 이는 강남 지역에서도 특히 문화 예술의 중심 도시였던 소주 지역 문사들의 경향이기도 했다. 하지만 좀처럼 생활고는 풀리지 않았고, 청조는 빠르게 사회를 안정시켜갔으며, 관료를 지향하는 뿌리 깊은 儒者의 기질은 그대로 남아 있었다. 여기에 1660년 초 황제의 자기 글에 대한 언급 소식을 접하면서, 김성탄은 출세의 희망과 포부를 지니게 된다. 상호 모순의, 다소 흥분된 이중 감정에 빠진 것이다. 1661년 2월 김성탄은 지인 집 아기의 탄생과 새 황제의 등극을 경하하고 불살생의 계율을 축원했다. 하지만 그 즈음 끔찍한 재앙이 김성탄의 몸을 휘감고 있었다. 불과 두어 달 뒤 그는 체포되어 구금되었고, 그로부터 석 달도 되지 않아 국법에 의해 처형되고 만다. 그 명을 내린 사람은 자신이 마음을 다해 칭송했던 황제였으니, 그야말로 아이러니의 희생자라 아니 할 수 없다.

김성탄은 오랫동안 풍문 속 환상이나 서책의 저자인 우상으로 존재해왔다. 이 글은 풍문의 안개와 문자의 숲림을 지나 일상의 생활인 김성탄을 만나, 숨 쉬고 말하며 웃고 웃는 그의 두세 면모를 되살려본 것이다.

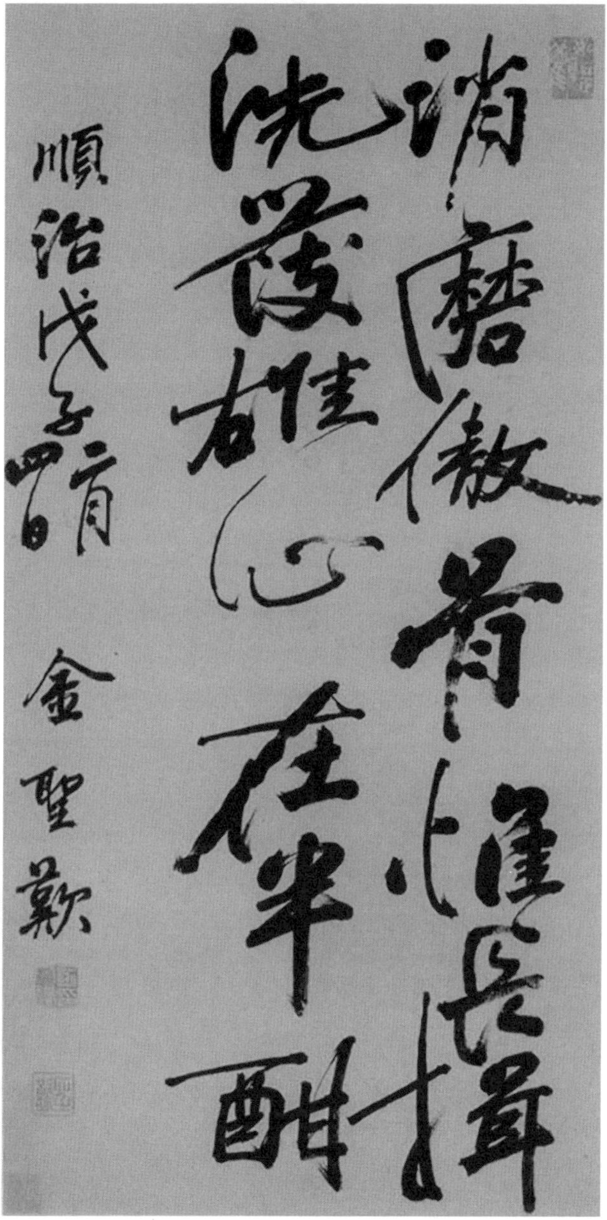

김성탄 유묵

김성탄의 글씨(상해박물관 소장, 1648년 41세), "消磨傲骨惟長揖, 洗落雄心在半酣." 대략 "뻣뻣한 뼈 녹고 닳아 길게 읍하고, 영웅 마음 다 씻겨져 취해 있노라."는 뜻이다. 내용뿐 아니라 글씨도 취한 듯, 춤추는 듯, 날아갈 듯하다. 여위고 날렵한 예각의 획에서 경쾌한 재기가, 또 어떤 비애가 느껴진다. 어쩌면 김성탄의 온 삶은 이 글씨의 필획과 내용에 다 표현된 것인지도 모른다.

김성탄의 사유와 글쓰기 방식

『제육재자서서상기(第六才子書西廂記)』의 평어 읽기

1. 서언

1784년 유만주(兪晚柱, 1755~1788)는 당대 문단의 조류를 아래처럼 간명하게 정리했다.

> 박지원의 문장은 참으로 외도(外道)요 이단이지만, 이 또한 재주가 지나치고 깨달음이 깊어 나타난 현상일 뿐이다. 근대의 문장에는 기가(奇家)와 정가(正家) 두 부류가 있다. 정가는 당송팔가이니 일정한 법도를 잘 준수할 뿐이다. 기가는 시내암과 김성탄의 사서(四書)로 현묘함을 투시하고 훔쳐낼 따름이다. 당송팔가의 여파는 흘러 사대부의 문장이 되었고, 시내암과 김성탄의 여파는 흘러 남인(南人) 서류배(庶流輩)의 문장이 되었다. 요즘 남(南, 남용익)과 황(黃, 황경원)은 당송의 규범을 따르고, 두 이씨(이용휴와 이덕무)는 시내암과 김성탄의 현묘함을 모의하였다. 함부로 날뛰는 자들이 법도를 따르는 자들로부터 공격을 받는 것은 당연한 일이다. 혹자는 말한다. 시내암, 김성탄의 사서를 본받는 사람은 반드시 재주가 뛰어난 자이고, 당송팔가를 스

> 승 삼는 사람은 재주가 단약한 자이다. 재주가 뛰어난 사람은 기이함을 성취하여 고정된 틀에서 벗어나려 하는데, 기이함을 성취한 뒤에 다시 정도로 돌아가는 것은 매우 쉽다. 재주가 단약한 사람은 정도를 고수할 수밖에 없어 현묘함에 어두운데, 정도를 가지고 기이한 경지로 돌이키는 것은 지극히 어려운 일이다.[94]

문장가를 정가와 기가로 대별한 것은 문학사에서 매우 이례적인 견해이지만, 당대 문단의 실상을 적확하게 지적한 것으로 보인다. 여기에 따르면 시내암과 김성탄은 기가의 원류가 되고, 박지원과 이용휴와 이덕무는 18세기 조선에서 이 흐름 속에 놓여 있는 대표적인 문인이 된다. 이들은 당송팔가 류의 문장을 익힌 여느 사대부들과는 달리, 출중한 재주로 관습의 규범을 뛰어넘는 새로운 문학 세계를 구축하였다. 시내암과 김성탄의 네 책이 무엇인지는 정확하지 않지만, 『수호지』와 『서상기』 등 오랫동안 정통 지식인 문학의 외곽에 있던 민간 서사문학 작품인 것은 분명하다. 중요한 것은 시내암과 김성탄 등이 이 시기 문단의 핵심 화두였다는 사실이다. 유만주는 다른 곳에서도 "성탄 외서(外書)의 문장이 동국에 이르러 박지원의 문장이 되었다."[95]고 하였는데, 이때 외서의 문장이란 평점본 『수호전』과 『서상기』를 가리킨다.

김성탄이 18세기 조선 문단의 새로운 조류를 형성했던 근거는 다른 데

---

94 유만주, 『欽英』 제 18책, 1784년 7월 6일 조. "美公文章, 固外道異端, 而此亦因才過而悟深故然耳. 近代文章有奇正二家. 正則唐宋八家, 循軌遵轍是已. 奇則施金四書, 透玄竊妙是已. 唐宋餘波, 流而爲士大夫文章, 施金餘波, 流爲南庶輩文章. [則如今世]南黃(不過)倣效唐宋之軌轍, 二李[惠寰, 懋官](不過)摹擬施金之玄妙. 橫騖者宜爲範駈者所攻, 或謂法四書者, 必其才强者也. 師八家者, 必其才弱者也. 才强者必欲其奇而脫乎臼, 而其奇而反以之正則甚易. 才弱者不得不正而昧乎妙, 故以其正而反以之奇也極難."

95 앞의 책, 제 22책, 1786년 9월 24일 조. "明世評學, 流爲聖嘆外書之文, 至東國而爲祗文. 盖聖嘆輩所爲文章, 每一半法南華, 一半學內典, 止如此而已." 『흠영』의 김성탄 관련 기사에 대해서는 강명관, 「한 지식인의 독서 체험과 조선후기 문학」; 김영진, 「유만주의 한문단편과 기사문에 대한 일고찰」[모두 『대동한문학』 13, 대동한문학회, 2000] 참조.

서도 발견된다. 본인 자신 김성탄 류로 평가된 이덕무는 박제가에게 보낸 편지에서, 김성탄은 재인(災人)이고 『서상기』는 재서(災書)라 규정한 뒤, 박제가가 눈과 마음과 붓 모두 김성탄에 빠져 벗어나지 못하고 있다며 아프게 충고했다.[96] 비교적 보수적인 문학관을 지녔던 정약용도 당송팔가의 문장은 진부하다고 버려둔 채, 나관중, 시내암, 김성탄 등을 하늘처럼 떠받드는 당대의 문단 풍조를 비판했다.[97] 이는 앞 유만주의 발언을 뒷받침한다. 정약용은 시내암이나 김성탄 류의 문예사조에는 부정적이었지만 그가 쓴 「불역쾌재행(不亦快哉行)」 20수는 김성탄의 『서상기』 평어(권 7 「고염(拷艶)」)중 의 평어 중 '불여괘재(不亦快哉, 또한 통쾌하지 아니한가)'로 끝나는 33칙(則)의 글을 모의한 것이다. 김정희 또한 공식적으로는 김성탄의 문장을 부정했지만,[98] 1811년 그가 언해한 것으로 밝혀진 『서상기』의 서문에서는 자신을 '후성탄(後聖嘆)'으로까지 표현했다.[99] 그런가 하면 이옥(李鈺)의 「독초사(讀楚辭)」는 김성탄의 「독제육재자서서상기법(讀第六才子書西廂記法)」을 효칙한 것으로 밝혀졌다.[100] 이러한 예들은 18세기 후반에서 19세기 초에 이르는 시기, 대표적인 문객들은 표면적인 부정에도 불구하고 김성탄에 깊이 침윤되어 있었음을 잘 보여준다.

김성탄의 등장은 동아시아 문학사의 시기를 구획 지을 만한 일대 사건이다. 조선으로 국한시켜 약간 과장하여 말한다면, 조선의 한문학사는 김성탄 이전과 이후로 구분하는 것이 가능하다. 그는 오랫동안 엄연하게 다른 줄기로 전개되어 왔던 민간 문학과 지식인 문학을 한 차원으로 통합했고, 산

---

96 고전번역원, 『국역 청장관전서』, 「아정유고 권 7, 與朴在先書」.

97 고전번역원, 『국역 다산시문집』 권 12의 「五學論 3」, 권 14의 「跋漫殊傳」, 권 17의 「爲李仁榮贈言」, 권 22의 「陶山私淑錄」 등 참조.

98 고전번역원, 『국역 완당전집』 권 6, 「題黙庵稿」 참조.

99 이가원 역주, 『서상기』, 일지사, 1974의 서문 참조.

100 한매, 「조선후기 김성탄 문학비평의 수용양상 연구」, 성균관대 박사학위논문, 2002.12, 62~67쪽.

문사에 있어 진한(秦漢)과 당송(唐宋)의 구분도 무색하게 하였다. 용어, 문장, 대상, 방식 등 글쓰기의 여러 차원에서 그는 이전의 규준으로는 설명하기 힘든 독자적인 영역을 구축했다. 그의 문장은 오직 '김성탄식'으로 밖에는 설명할 수 없다. 조선후기의 한문학은 김성탄의 세례를 받은 것과 그렇지 않은 것으로 나눌 수 있다. 양에 있어 전자는 극히 일부이지만, 질적인 영향력에 있어서는 후자를 압도하였다.

하지만 문학사에 끼친 강력한 파장에도 불구하고, 아직까지 김성탄은 많은 부분 풍문으로만 존재하고 그의 실체는 많은 부분 미확인으로 남아 있다. 모반죄에 걸려 1661년 처형된 이래, 김성탄의 평점 본『수호전』과『서상기』는 창란(倡亂), 회음(誨淫)의 책으로 지목되어 배척되었다. 청말민초에 이르러서도 1920년 호적(胡適)에 의해 부정적으로 평가된 뒤 그에 대한 인식은 별로 좋아지지 않았다. 중국에서 김성탄에 대한 연구가 본격적으로 이루어진 것은 1980년대부터이다.[101] 한국에서 김성탄에 대한 최초의 관심은 1974년 양주동이 양주동,「김성탄 명문선」이란 제목으로『수필문학』에 몇 차례에 걸쳐 번역 소개한 것이다. 학술적인 접근은 1990년대에 이르러서야 시작되어, 중문학계와 국문학계에서 각각 한편씩의 박사학위논문이 제출되었다.

그럼에도 김성탄의 많은 부분이 풍문으로 존재하는 듯한 느낌을 주는 이유는 다음과 같다. 첫째, 한국은 물론이고 중국에서도 아직 온전하게 교주된 김성탄 문집의 판본을 구하기가 힘들다. 이는 김성탄 텍스트에 대한 1차 문헌학 작업이 이루어지지 않았음을 뜻한다.[102] 둘째, 김성탄의 평어는『수호전』과『서상기』와 불가분의 관계이기에 통합적으로 고찰해야 하는 텍스트이다. 조선 후기의 문인들은『수호전』,『서상기』와 김성탄을 따로 읽지

---

101 1990년대 초까지 중국에서의 김성탄 문학의 연구 현황에 대해서는 민혜란, 앞의 논문, 1993, 8~11쪽 참조.

102 이 논문이 쓰인 2004년 이후 문헌학의 성과가 발표되어, 관련 연구를 진작시켰다.

않았다.[103] 하지만 아직까지 김성탄의 평점 본은 한 번도 번역, 소개된 적이 없다. 특히 후자의 경우 전체의 형식인 희곡, 작품의 주요 구성 요소인 사(詞), 그리고 작품에 빈번하게 사용된 원대 이후의 속어 등이 걸림돌로 작용하고 있다.[104] 『서상기』에 대한 이해가 부족하면 김성탄을 제대로 알았다고 말하기 어렵다. 김성탄이 2, 3차 문헌을 통해 알려지게 된 이유이다. 셋째, 국문학자와 중문학자 사이의 대화 부족도 한 이유이다. 중문학자는 중국 문학으로서 김성탄을 고찰하고, 국문학자는 국문학에 남은 김성탄의 흔적을 연구하고 있지만, 둘 사이의 운동 과정에 대해서는 아직 연구자들의 관심이 미치지 못하고 있다.

이 글은 조선 후기의 문단과 김성탄 사이의 운동 양상을 규명하기에 앞서 김성탄의 사유 원리와 문학적 성취를 정리해 본 것이다. 김성탄의 문장을 다시 정리한 것은, 기왕의 논의가 비평에 초점을 맞추고 있어 그의 문장관과 문장작법을 관류하는 커다란 원칙을 해명하는 작업이 미흡하다고 판단했기 때문이다. 전통적인 문학 비평 용어로는 김성탄 문장의 심미 특징을 제대로 잡아내기 어려운 점을 감안하여, 김성탄 식 글쓰기를 시도하였다. 논의는 크게 이론(二論) 삼법(三法)으로 나누어 전개할 것이다. 전자는 문장 인식(문장에 대한 사유)을, 후자는 문장 작법을 주로 살펴본 것이다.

---

103 조선 후기에 『서상기』는 순수한 희곡작품으로서가 아니라 거의 모두 김성탄의 평점본으로 수용되었다. 현재 각 도서관에 소장되어 있는 『서상기』 대부분이 김성탄 평점 본이라는 점과, 많은 문헌기록의 내용이 그러한 사실을 뒷받침한다.

104 『서상기』는 고전 문헌에 자주 등장하는 작품임에도 불구하고 우리는 아직도 이 작품을 무의식중에 '소설'이라고 지칭할 정도로 그 장르에 대한 이해가 부족하다. 이는 이를 언해한 김정희의 태도에서도 그대로 드러난다. 19세기 이래 『서상기』는 여러 차례에 걸쳐 번역되었지만, 작품의 실상을 제대로 전달한 것은 거의 없을 정도로 수준이 낮았다. 여기에 대해서는 김학주, 「조선 간 서상기의 주석과 언해」, 『조선시대 간행 중국문학 관계서 연구』(서울대출판부, 2002) 참조. 최근 중문학 연구자에 의해서 『서상기』가 번역되긴 했지만(양회석, 1996년 진원출판사) 김성탄 평점 본이 아니어서 아쉽다.

2. 일각착주론(一刻捉住論)-문장의 성패는 순간의 포착에 달려 있다

김성탄의 사유는 언제나 시공의 무한성을 전제로 전개된다. 시간의 영원성을 전제하면 모든 존재는 순간적일 수밖에 없다. 시시각각으로 변화하는 모든 존재는 확고부동한 자기 정체성을 내세우지 못한다. 영원 속에서 모든 사물의 존립은 불안하고 허무한 대신에 매 순간의 실존을 확보할 수 있다. 공간의 무한성을 전제하면 모든 존재는 극미(極微)할 수밖에 없다. 인간의 지각과 경험으로 재구되는 세계상은 작으면서 거칠다. 하지만 지각과 경험 밖의 세계를 상상하게 되면, 세계상은 무한대로 확장되고 미세해진다. 김성탄은 글쓰기와 글 읽기를 포함한 문학의 존재를 언제나 무한대 시공 속의 한 점으로 배치한다. 여기에는 당연히 일반적 규범성보다는 주관적 즉흥성이 주로 작용하며, 그는 반대로 그러한 주관적 즉흥성의 영속화를 꾀한다. 이러한 점에서 김성탄의 사유 기반은 다분히 불교 또는 도가적이다.[105]

시공의 무한성 속에서 모든 가치와 의미와 역할은 상대화된다. 시간과 공간은 끝없이 분절되며, 분절된 단위들이 자리를 바꿀 때마다, 또 시점을 어디에 두느냐에 따라, 관계 양상이 달라지고 의미가 변한다. 과거와 현재와 미래는 계속 교체되고, 화자와 청자의 고유한 역할이 지워지며, 작자와 독자(또는 글쓰기와 독서 행위) 사이에도 역동적인 상호 교섭이 가능해진다. 사물과 이름 사이의 관계도 절대성을 상실한다. 좌표상의 모든 점은 균등하다는 이러한 논리는 아무래도 모든 사물에는 올바른 이름이 있어야 하고[正名], 모든 사물에게는 자기의 고유한 자리가 있으며[其所], 모든 존재에게는 정해진 수가 있다는[分數] 유가의 논리와는 정면으로 배치된다. 김성탄은 끊임없는 분절과 자리 바꾸기를 통해 존재의 순간을 포착하려고 하였으며, 이는 자연

---

105 유만주는 김성탄 무리의 문장이 반은 『장자』를 본받고 반은 불전을 배웠다고 했는데,[각주 94번과 같은 곳. "盖聖嘆輩所爲文章, 每一半法南華, 一半學內典, 止如此而已."] 이는 글쓰기의 방식뿐만 아니라 사유 원리도 다르지 않았던 것이다.

기존의 질서에 균열을 내는 작용을 했다. 지배 계층이 김성탄을 이단으로 배척한, 많은 문사가 김성탄을 수용하면서도 공식적으로 지지하지 못한 이유이다.

무한 시공 속에서 존재를 파악하는 태도는 그의 두 서문에서부터 나타난다. 김성탄은 『서상기』에 두 편의 서문을 붙였는데, 각각의 제목은 「옛사람을 통곡하다 慟哭古人」과 「뒷사람에게 남겨주다 留贈後人」이다. 자신의 존재를 고인(古人)과 후인(後人)의 사이에 둔 것이다. 앞 글에서 그는, 모든 존재는 물이 흘러가고 구름이 흩어지고 바람이 지나고 번개가 치는 것처럼 사라지지 않는 것이 없다며, 자신 또한 유구한 세월 속에서 '잠깐 존재하는 것[暫有之我]'이라 하였다. 하지만 이 '나'마저도 불안정하기 그지없다. '나'는 내 의지와 무관하게 세상에 존재하게 된 것이며, 그나마 한순간 존재하고 사라져야 하기 때문에 실체가 있는 것도 아니다.

그리고 '나'를 포함하여 순간 존재하고 명멸해가는 모든 존재 사이에는 아무런 필연적 관계도 없다. 그러니 누군가에게 메시지를 전달하고 교훈을 주는 것 또한 아무런 의미가 없다. 그는 각고의 노력을 기울여 『서상기』를 정밀하게 평점을 더해 간행하지만, 이 또한 세월을 보내는 방법에 지나지 않는다고 하였다. 그것은 순간의 '행위'일 뿐이고, 순간의 '사건'에 지나지 않는다. 각고의 노력과 시간을 죽이는 행위 사이에는 순간과 영원의 사이에서와 같은 불일치와 모순이 존재한다. 김성탄은 이러한 모순과 불일치를 존재의 본질로 통찰하고 인정한 것인데, 이는 자기일관성 내지 자기통일성을 생명으로 하는 유자들의 태도와는 엄연히 다르다.

같은 맥락에서 김성탄은 작가와 독자 사이의 규격적 관계도 부정하였다. 그는 작품의 모든 세계는 작가의 상상력으로 귀속시켜, 창작 행위의 절대성을 긍정하였다. 그에 따르면 모든 이야기는 교묘하게 옛사람의 일을 빙자하여 자기 이야기를 하는 것이고, 자기 흉중의 곡절을 풀어내는 것에 지나지 않는다. 지금 옛사람의 옛일을 곡진하게 묘사하지만, 이는 옛사람 옛일과는 하등 상관 없는 것으로, 모두 자기의 일을 묘사하는 것이다. 궁극적으로 작품을 묘사하고 수용하는 것은 모두 작가이며, 창작 행위는 작가 내면의 대화와 소통이라고 하였다.[106] 아래 인용문은 작품 세계의 근거는 모두 작가의 내면이라는 김성탄의 생각을 잘 말해준다.

> 천하 후세에 내 글을 읽는 사람들이 있을 텐데, 그들이 어찌 이 책에서 지어낸 옛사람의 명색(名色), 이를테면 장군서와 최앵앵과 홍랑과 백마 등이 모두 나 한 사람의 마음과 입 속에서 뱉지도 삼키지도 못하여, 살을 꼬집고 긁으며 취몽 중에라도 누설될까 걱정하다가, 끝내는 부득이하게 문득 옛사람의 일을 교묘하게 빌려와 자기 가슴 속 사연을 구절구절 곡진하게 풀어낸 것임을 왜 깨닫지 못하겠는가? … 천하 후세에 내 글을 읽는 사람들은 장군서는 곧 글을 지은 사람의 표현이고, 앵앵은 글을 지은 사람의 심중에 있는 사람이며, 홍랑과 백마는 글을 지은 사람이 힘써 주선해낸 사람이라는 사실을 깊이 깨달을 것이다.[107]

이는 객관적인 사실은 부재하며 모든 사상(事象)은 주관 이념과 상상의 지배를 받는 것이라는 통찰을 보여주지만, 역사적으로 새로운 생각은 아니다. 그런데 이러한 생각은 다음과 같이 발전한다. 모든 사물은 작가에 의해

---

106 『서상기』 권 5, 제1본 제1절 「驚艷」의 평어. "今夫提筆所寫者古人, 而提筆寫古人之人爲誰乎? 有應之者曰 : 我也. 聖嘆曰 : 然, 我也, 則吾欲問此提筆所寫之古人, 其人乃在十百千年之前, 而今提筆寫之之我, 爲信能知十百千年之前真曾有其事乎, 不乎? 乃至真曾有其人乎, 不乎? 曰 : 不能知. 不知, 而今方且提筆曲曲寫之, 彼古人於冥冥之中, 爲將受之乎, 不乎? 曰 : 古人實未曾有其事也. 乃至古亦實未曾有其人也. 即使古或曾有其人, 古人或曾有其事, 而彼古人既未嘗知十百千年之後, 乃當有我將與寫之而因以告我, 我又無從排神禦氣, 上追至於十百千年之前, 問諸古人. 然則今日提筆而曲面所寫, 蓋皆我自欲寫, 而於古人無與."

107 위와 같은 곳. "天下後世之讀我書者, 彼豈不悟此一書中, 所撰爲古人名色, 如君瑞 · 鶯鶯 · 紅娘 · 白馬, 皆我一人心頭口頭呑之不能, 吐之不可, 搔爬無極, 醉夢恐漏, 而至是終竟不得已, 而忽然巧借古之人之事而自傳, 道其胸中若干日月以來七曲八曲之委折乎. … 夫天下後世之讀我書者, 然則深悟君瑞非他君瑞, 殆卽著書之人焉是也, 鶯鶯非他鶯鶯, 殆卽著書之人之心頭之人焉是也, 紅娘白馬悉復非他, 殆卽爲著書之人力作周旋之人焉是也."

새롭게 탄생하는 것처럼, 모든 작품은 또 다른 작가 즉 독자에 의해 별개의 존재로 거듭날 수 있다는 것이다.

> 『서상기』는 왕실보 한 사람이 지어낸 것이 아니다. 스스로 마음을 고르게 하고 혈기를 안으로 모아 읽으면, 내가 막 지어낸 것이 되고, 그 한 글자 한 구절 모두 내 마음속에서 지어내려던 것임을 확인하게 된다. 『서상기』는 곧 이렇게 지어진 것이다.[108]

> 나는 『서상기』를 지은 사람의 첫 마음이 과연 이와 같은지 다른지 알지 못한다. 설령 이와 같다고 한다면, 오늘에야 비로소 『서상기』를 보았다고 해도 괜찮을 것이다. 설령 이와 같지 않다고 한다면, 오래전에 『서상기』를 보았는데 오늘 또 그와 다른 성탄의 『서상기』를 보았다고 하면 될 것이다.[109]

문학 텍스트는 작가에 의해서 완성된 뒤에, 독자에 의해 다시 쓰인다는 사실을 김성탄은 간파하고 있었다. 두 번째 인용문은, 후세 사람들을 위해 남길 만한 가치가 있는 것으로 이 책을 저술하여 간행한다는 말 뒤에 나온 것이다. 자신은 독자의 한 사람으로서 『서상기』에 평점을 더해 간행하는데, 자신의 의도가 원 저자의 그것과 갖고 다른 것은 중요한 문제가 아니라는 것이다. 이렇게 되면 『서상기』는 언제라도 다시 쓰일 수 있는 가능성을 지닌 셈이다. 이는 일견 "독서는 소비가 아니라 창조 행위이고, 한 언어를 받는 것이 아니라 그것을 건축하는 것이며, 의미를 발견하고 명명하는 것."이라

---

108 『서상기』 권 2, 「독제육재자서서상기법」 제 73則. "西廂記不是姓王字實父此一人所造. 但自平心斂氣讀之, 便是我適來自造. 便是我適來自造. 親見其一字一句, 都是我心裏恰正欲如此寫, 西廂記便如此寫." 김성탄의 「독제육재자서서상기법」은 이상엽에 의해서 역주되었다. (『중국어문역총』 7, 영남대 중국문학연구실, 1997) 이 글의 번역은 모두 1차 이 역주를 참고하였다.

109 위의 책 권 1, 「留贈後人」. "我眞不知作西廂記者之初心, 其果如是其果不如是也. 設其果如是, 謂之今日始見西廂記可. 設其果不如是, 謂之前日久見西廂記, 今日又別見聖嘆西廂記可."

는 롤랑 바르트의 견해를 연상시킨다. 바르트에 의하면 "작품은 저자의 '자기를 위함'의 표현일 뿐만 아니라, 내가 그 작품을 읽음으로써 작품은 불가피하게 '나를 위함'으로 변하는 것이다.[110] 이는 『서상기』를 대하는 김성탄의 태도와 부합한다.

무한 시공의 우주관 아래 끊임없는 분절과 자리 바꾸기를 통해 순간의 존재를 포착하려 한 김성탄의 태도는 아래 인용문에 잘 나타난다.

> 문장에 있어 가장 절묘함은, 한순간 영감의 눈에 발견된 것을 즉시 영감의 손으로 잡아내는 일이다. 한순간 전에도 뒤에도 보이지 않는 것이, 무슨 이유인지는 몰라도 어느 한순간에 홀연 나타나니, 이때 바로 잡아내지 못한다면 다시는 찾아내지 못할 것이다. 지금 『서상기』의 약간 문자는 모두 작자가 자기도 모르는 순간 영감의 눈이 발견한 것을 잽싸게 잡아낸 것이고, 그로 인해 지금까지 이렇게 전해진 것이다. 정밀하게 생각하면, 수천 수만 년 이래 얼마나 많은 절묘한 문장이 발견되었는지 모른다. 하지만 잡아내지 못한 것들은 진흙으로 빚은 소가 바다로 들어간 뒤 영영 소식이 없는 격이다.[111]

모든 사물은 특정 지점에 순간적으로 존재하는 것이며, 그 지점과 순간은 반복과 대체 불가능한 일회성을 지닌다. 따라서 모든 순간은 독자적인 의미와 가치를 지닌다. 인용문에서는 시간만을 말했지만, 시간 속에는 이미 공간도 포함되어 있다. 글쓰기는 사건이나 사물의 순간 포착인 셈이다. 그렇

---

110 여기에 대해서는 벵상 주브, 하태환 옮김, 『롤랑 바르트』, 민음사, 1994, 147~157쪽.

111 권 2, 「독제육재자서서상기법」 제 18則. "文章最妙, 是此一刻被靈眼覷見, 便於此一刻放靈手捉住. 蓋於略前一刻亦不見, 略後一刻便亦不見, 恰恰不知何故, 却於此一刻忽然覷見, 若不捉住, 便更尋不出. 今西廂記若干文字, 皆是作者於不知何一刻中靈眼忽然覷見, 便疾捉住, 因而直傳到如今. 細思萬千年以來, 知他有何限妙文, 已被覷見, 却不曾捉得住, 遂總付之泥牛入海, 永無消息."

기에 『서상기』 작자가 다시 태어나 같은 작품을 짓는다 해도 별개의 다른 책이 나올 수밖에 없다.[112] 보는 것은 자연이고 잡는 것은 인위이기 때문에 배워야 할 것은 잡는 방법이다.[113] 죽을 먹을 때 떠오른 착상을 순갈을 놓고 잡아야지, 다 먹은 뒤에 잡으려고 한다면 안 된다.[114] 김성탄은 이를 바람과 구름의 관계로 비유하였다. 하늘에 구름이 없는 때는 없지만, 한 번도 똑같은 모양을 할 때가 없다. 본디 바람과 구름에는 일정한 규칙이 내재하지 않는 데다[風無成心, 雲無正規], 둘이 만나는 조건이 매 순간 다르기 때문이다. 『서상기』는 특정 순간 불규칙한 조건의 산물이며 그 세계는 고유하다. 우리는 이러한 주장에서, 예술작품은 일회적으로 창작된 고유한 세계로 복제와 모방을 허용치 않는다는 전통 예술론의 면모를 발견할 수 있다.

3. 무비동천론(無非洞天論)－세상에는 동천 복지 아닌 곳이 없다

순간과 영원은 불가분의 양면 관계이다. 천체 망원경으로 우주를 살피는 일과 현미경으로 세포를 관찰하는 일이 같은 원리의 지배를 받는 것처럼, 무한 영역에 대한 사유는 극미의 세계에 대한 탐색과 분리될 수 없다. 수많은 문학작품이 보여주듯, 광막한 천체나 벌판이 인간의 극미함을 환기시

---

112 앞의 글, 제 19則. "今後任憑是絕代才子, 切不可云此本西廂記我亦做得出也. 便教當時作者而在, 要他燒了此本, 重做一本, 已是不可復得. 縱使當時作者他卻是天人, 偏又會做得一本出來, 然既是別一刻所覷見, 便用別樣捉住, 便是別樣文心, 別樣手法, 便別是一本, 不復是此本也."

113 앞의 글, 제 20則. "僕今言靈眼覷見, 靈手捉住, 卻思人家子弟何曾不覷見, 只是不捉住. 蓋覷見是天付, 捉住須人工也. 今西廂記實是又會覷見, 又會捉住, 然子弟讀時, 不必又學其覷見, 一味只學其捉住. 聖嘆深恨前此萬千年, 無限妙文已是覷見, 卻捉不住, 遂成泥牛入海, 永無消息. 今刻此西廂記遍行天下, 大家一齊學得捉住, 僕實遙計一二百年後, 世間必得平添無限妙文, 真乃一大快事!"

114 앞의 글, 제 21則. "僕嘗粥時欲作一文, 偶以他緣不得便作, 至於飯後方補作之, 僕便可惜粥時之一篇也. 此譬如擲骰相似, 略早略遲, 略輕略重, 略東略西, 便不是此六色, 而愚夫尚欲爭之, 真是可發一笑."

키고, 영원에 대한 사유가 삶의 순간성에 대한 통찰을 가능하게 한다. 수학에서 더 이상 분절되지 않는 단위와 무한대의 영역에 대한 인식이 병행하고, 계산이 정밀하지 않으면 거대한 규모의 건축이 불가능한 것도 같은 이치이다. 의상(義湘)은 일찍이 이러한 통찰을 "무량 원겁이 한 생각이요, 한 생각이 곧 무량 원겁이다. 無量遠劫卽一念, 一念卽是無量劫."(「화엄일승법계도(華嚴一乘法界圖)」)이라는 말로 설파한 바 있다.

김성탄은 문학에서 존재의 순간상 포착을 가장 중요하게 생각했다. 상투화된 구조, 시공의 변화와 무관한 고정된 메시지, 운동의 섬세한 결, 잠복된 작용을 고려하지 않는 정형화된 이야기 방식 등을 그는 과감하게 부정했다. 최소한으로 분절된 순간순간의 작은 세계가 무한 세계를 구성하기 때문에 중요하듯이, 문학작품에서도 전체의 구조나 궁극적인 메시지를 만들어내는 세밀한 과정과 방식이 중요하다고 보았다. 그래서 『서상기』를 통해 배워야 하는 것은 '보는 눈'이 아니라 오직 '잡아내는 방식'이라고 하였다.[115] 그는 문학의 생명은 오로지 '형식'에 있음을 간파했던 것이다.

『서상기』의 1본 3절은 최앵앵과 장군서가 보구사(普救寺) 화원에서 우연히 시를 주고받는 내용이다. 이 앞 절은 우연히 먼발치에서 앵앵의 모습을 본 장군서가 이튿날 아침 보구사 주지에게 앵앵이 묵고 있는 집 옆에 방 한 칸을 내어달라고 다짜고짜 요구하는 내용이고(「차상(借廂)」), 뒷 절은 앵앵이 부친의 재(齋)를 지내는 날 장군서도 자기 부모의 재를 빙자하여 가까이서 앵앵을 보는데, 그녀의 미모 때문에 재가 엉망이 된 사건이 주를 이룬다(「요재(鬧齋)」). 두 이야기 다 사건이 분명하고 분위기가 요란스럽다. 김성탄이 「수운(酬韻)」이라 명명한 1본 3절은 그 사이에 있으며 상대적으로 그 분위기가

115 앞의 글, 제 18則. "文章最妙, 是此一刻被靈眼覷見, 便於此一刻放靈手捉住. 蓋於略前一刻亦不見, 略後一刻便亦不見, 恰恰不知何故, 卻於此一刻忽然覷見, 若不捉住, 便更尋不出. 今西廂記若干文字, 皆是作者於不知何一刻中靈眼忽然覷見, 便疾捉住, 因而直傳到如今. 細思萬千年以來, 知他有何限妙文, 已被覷見, 卻不曾捉得住, 遂總付之泥牛入海, 永無消息."

정적이고 차분하다.

김성탄은 「수운」 앞 부분의 평어를 만주실리보살(曼殊室利菩薩, 문수보살)이 극미한 세계를 논하기 좋아하였다는 말로 시작하여, 전체 글의 대부분을 극미론(極微論)에 할애하였다. 보살의 설법에 따르면, 사바세계의 크기는 무한대이지만 그 기원은 지극히 작은 것에 있다고 한다. 김성탄은 이 한마디로 글 짓는 사람의 마음을 살펴보겠다 하고, 다음 네 가지 비유를 들었다. ①늦가을 맑은 날 비늘 같은 구름 무늬, ②청둥오리의 배에 난 털의 빛과 모양, ③초목의 뿌리에서 줄기가 자라고 꽃받침에서 꽃잎이 생기는 과정, ④등잔 불꽃의 모양과 빛이 변해가는 과정. 이는 모두 천하에서 지극히 절묘한 것이지만, 세상 사람들은 의식의 풍족만을 추구하지 도무지 이런데 이런 데 마음을 쓰지 않는다는 것이다.

무엇이 지극히 절묘하다는 것인가? 사람들은 맑은 가을날 구름의 비단결 같은 비늘 무늬를 두고 단순히 있는 부분과 없는 부분의 사이[有無相間]로만 본다. 하지만 땅 위에서는 그렇게 보여도, 실제 비늘 무늬 사이에는 무한한 층절(層折)이 있어 서로 얽히고설켜 있으니, 이를 잘 살피지 않으면 안 된다. 비늘 무늬 사이에 얽히고설킨 무한 층절, 이것이 극미의 세계이다. 청둥오리 배에 털이 곱게 난 모양도 단순히 있고 없음의 사이로만 보아 세필에 먹물을 묻혀 하나하나 그려내면, 그 비슷하지 않음에 삼척동자도 웃을 것이다. 잔털과 잔털 사이에도 한 자 한 길의 거리가 있으니, 여기가 또한 극미의 세계이다. 초목의 꽃이 피는 과정도 사람의 눈으로 보면 눈 깜짝할 사이에 지나지 않지만, 꽃의 입장에서는 여러 대에 걸친 수 겁의 긴 세월이니, 이 또한 살피지 않을 수 없다고 하였다. 등잔의 불꽃도 담벽(淡碧) → 담백(淡白) → 담적(淡赤) → 건홍(乾紅)의 순서로 빛이 변했다가 나중에는 흑연(黑煙)이 되고 세말(細沫)처럼 내뿜는데, 담벽과 담백, 담백과 담적, 담적과 건홍의 사이[相際]에도 극미한 세계가 있으니 살펴야 한다고 하였다. 앞의 둘은 공간 뒤의 둘은 시간을 말했는데, 결국은 경험이나 지각의 한계를 넘어서 시공의 단위를 끝없이 분절하고 거기서 사물의 모습을 살펴야 한다는 주장이다.

이런 논리라면 큰 것만이 큰 게 아니고, 중요한 것만이 중요한 게 아니게 된다. 모든 사물은 자기 기준을 내포하고 있으며, 여기에 따르면 모두가 세계의 중심이다. 이 명제를 삶과 사회의 차원으로 끌어오면, 삶의 자잘한 일상사 모두가 중요한 문학의 대상일 수 있다는 논리가 성립된다. 그래서 김성탄도 "이런 마음으로 살펴 가면, 시골에서 장 담은 항아리를 보내주는 한마디 말, 시어머니와 며느리가 다투는 말, 길에서 사람이 읍하며 이별하는 모습을 묘사해도 반드시 문치(文致)가 있기 마련이다. 길가에서 사탕 부스러기 하나를 주워도 하나하나 항아리에 넣어서 그게 가득해진다면, 천하의 어떤 주제나 제목이 압박해 와도 두려울 것이 없다."[116]고 하였다.

『서상기』 2본 2절은 「청연(請宴)」이다. 앞 절은 장군서가 기이한 계책을 내어 앵앵을 납치하러 온 도적 손비호(孫飛虎)를 물리쳐 앵앵과의 혼인 허락을 받아내는 내용이고, 뒷 절은 앵앵의 어머니가 혼약을 파기하는 장면이 주 내용이다. 「청연」은 앵앵의 시비 홍낭(紅娘)이 연회에 장군서를 초청하러 가는 대목인데, 홍낭의 창사(唱詞)를 통해 장군서와 앵앵의 들뜬 마음이 잘 드러난다. 이 편의 구조상 위치에 대한 김성탄의 견해는 앞 「수운」에 대한 그것과 비슷하다. 성격이 뚜렷한 사건 사이에서 자칫 싱거워지기 쉬운 부분이지만, 극미한 세계에 대한 정미한 묘사로 독자적인 생동감을 얻었다는 것이다.

그러한 근거를 설명하기 위해 펼친 것은 '선유론(善游論)'이다. 그 논리 전개의 양상이 또한 앞의 '극미론'과 유사하다. 여행을 잘하는 사람, 선유인(善游人)은 천하의 모든 산과 바다 동천과 복지는 천 리 만 리를 머다 않고 반드시 찾아가 구경한다. 하지만 가슴 속에 한 덩이 별재(別才)가 있고 눈썹 아래 한 쌍의 별안(別眼)이 있으면 꼭 그곳에 가본 뒤에 기경을 찾았다고 말하지

---

116 권 4, 「酬韻」 평어. "人誠推此心也以往, 則操筆而書鄉黨饋壺漿之一辭, 必有文也, 書人婦姑勃溪之一聲, 必有文也, 書途之人一揖遂別, 必有文也. 何也? 其間皆有極微, 他人以粗心處之, 則無如何, 因遂廢然以閣筆耳. 我既適向曼殊室利菩薩大智門下, 學得此法矣, 是雖于路傍拾取蔗滓, 尚將涓涓焉壓得其漿, 漫于一石, 彼天下便有何逼迮題能縛我腕, 使不動也哉?"

않는다. 그는 그 동천과 복지 사이 2, 30리나 7, 8리나 1, 2리 모든 지점을 동천 복지를 대하는 법으로 대한다. 천하의 모든 존재는 아무리 작은 것이라도 조화자(造化者)의 대본령(大本領), 대총명(大聰明), 대기력(大氣力)으로 만들어지지 않은 것은 없기 때문이다.

이를 위해 또 세 가지 논거를 들었다. 하나는 "사자는 코끼리를 잡을 때도, 토끼를 사냥할 때도 전력을 다한다."는 속담이다. 외관상 대단치 않은 공간에도 조화자의 대본령이 작용하고 있기에 충분한 묘미가 있다는 뜻이다. 다른 하나는 "부분 부분으로 해체하면 한 마리 말이 못 되지만, 지금 앞에 매여 있는 것은 온갖 신체 부위가 유기적으로 구성된 것이니 말이라 할 수 있다. 指馬之百體非馬, 而馬系于前者, 立其百體而謂之馬也."는 『장자』, 「칙양(則陽)」의 말이다. 산은 낮은 것들이 쌓여 높아진 것이고 강하는 작은 물들이 합쳐져 큰물이 된 것이니, 작은 것이라도 어느 하나 소중하지 않은 게 없다는 논리다. 마지막 하나는 "수레바퀴의 서른 개 살이 하나의 바퀴통에 꽂혀 있지만, 바퀴통의 텅 빈 것이 구르는 바퀴의 작용을 가능하게 한다. 三十輻共一轂, 當其無, 有車之用."는 『노자』 11장의 말이다. 높은 산은 평지를 전제로 해서 기묘하기 때문에, 그 산의 기묘함을 가능하게 하는 평지가 사실은 중요하다는 논리이다. 이렇게 본다면 세상에 동천 복지 아닌 곳이 없게 되고, 덜 중요한 것이 더 중요해지는 역설이 성립된다.

> 나는 이로써 기묘함의 근거는 진실로 비어 있는 곳(또는 평범한 곳)에 있음을 알았다. 평범한 곳에는 큰 산이나 재, 절벽이나 시내, 언덕이나 다리 놓인 골짜기도 없다. 하지만 그곳에 이르면 내 가슴속의 한 자락 별재(別才)가 나래를 펴고 눈썹 아래 한 쌍의 별안(別眼)이 동탕한다. 내 가슴속에 별재가 있고 눈썹 아래 별안이 있지만, 이는 모두 평범한 곳에서 나래를 펴고 동탕한다. 그렇다면 내 어찌 꼭 동천 복지에 갈 필요가 있으랴. 앞에서 말한 것처럼 동천을 떠나 다음 복지에 이르기 사이 중간 2, 30리나, 적으면 1리 반 사이 어느 곳인들 나의 별재가 나래를 펴고 별안이 동탕하는 곳이 아니겠

는가. 한줄기 작은 외나무 다리, 한 그루 나무, 한 개울과 한 마을, 울타리 하나와 개 한 마리를 대하고도 나의 별재는 나래를 펴고 별안이 동탕한다. 그렇다면 동천 복지의 기기묘묘한 풍광은 과연 저기 있는 것이냐 아니면 여기 있는 것이냐?[117]

시공 단위의 무한한 분절을 통해 생기는 극미한 세계와 그 사이의 복잡 미묘한 운동 과정에 대한 통찰은, 전통적인 필삭론(筆削論)과 연결되기도 하고, 등장 인물의 처지와 성격에 대한 독특한 분석으로 이어지기도 한다.[118] 이 부분에 대해서는 그간 충분히 논의되었기 때문에 재삼 거론하지 않는다.

4. 좌고우휘법(左顧右揮法) – 왼쪽을 보면서 오른쪽을 노린다

김성탄은 『서상기』를 한 개인의 소작이 아닌, 천지가 스스로 허공을 갈라 지어낸 묘문(妙文)이라 극찬했다.[119] 이 작품이 문장의 이상적인 작법을 보여준다고 보았기 때문이다. 이를 몇 가지 비유로 설명하였다. 원호문(元好文)

---

117 권 5, 「請宴」 평어. "吾有以知其奇之所以奇, 妙之所以妙, 則固必在于所謂當其無之處也矣. 蓋當其無, 則是無峯無嶺, 無壁無溪, 無坪坡梁磵之地也. 然而當其無, 斯則眞吾胸中一副別才之所翺翔, 眉下一雙別眼之所排湯也. 夫吾胸中有其別才, 眉下有其別眼, 而皆必于當其無處而後翺翔, 而後排湯. 然則我眞胡爲必至于洞天福地, 正如傾所云, 離于前未到于後之中間三二十里, 卽少至于一里半里, 此亦何地不有所謂當其無之處耶. 一略彴小橋, 一槎枒獨樹, 一水一村, 一籬一犬, 吾翺翔焉, 吾排湯焉, 此其于洞天福地之奇奇妙妙, 誠未能知爲在彼而爲在此也."

118 예컨대 1장 2절의 「借廂」편은 전통적인 필삭론으로 설명할 수 있고, 2장 3절의 「賴婚」에서 제기한 '心·地·體論'은 아주 독특한 인물론에 해당된다. 이 중에서 후자의 경우는, 민혜란의 논문을 비롯한 많은 논저에서 집중적으로 조명된 것이다.

119 권 2, 「독제육재자서서상기법」 제 1則. "有人來說西廂記是淫書. 此人後日定墮拔舌地獄. 何也? 西廂記不同小可, 乃是天地妙文, 自從有此天地, 他中間便定然有此妙文. 不是何人做得出來, 是他天地直會自己劈空結撰而出. 若定要說是一個人做出來, 聖嘆便說, 此一個人即是天地現身."

은 「논시(論詩)」에서 "원앙을 수놓아 보여는 주어도, 금침을 그대에게 주지는 않네. 鴛鴦繡出從君看, 不把金針度與君."라고 하였다. 시인은 아름다운 세계는 보여주어도, 작시의 오묘한 방법인 금침(金針)까지는 주지 못한다는 것이다. 하지만 김성탄은 이 견해를 일축하며, 『서상기』는 금침까지도 남김없이 준다고 하였다.[120] 또 이런 예도 들었다. 옛날에 평생 신선 여동빈(呂洞賓)을 신실하게 숭배한 가난한 사람이 있었다. 여동빈은 그의 가난을 구제하려고 큰 바위를 손가락으로 가리켜 황금으로 만들어 주려고 했지만 그는 거절하였다. 그가 원한 것은 여동빈의 손가락이었다. 김성탄에 따르면 『서상기』는 여동빈의 손가락이다.[121] 많은 사람이 『서상기』의 작법을 배우면 1, 2백 년 뒤에 세상에 절묘한 문장이 많아지게 되리니, 이것이 바로 김성탄이 『서상기』에 평점을 더하여 간행한 이유라는 것이다.[122] 그는 평점으로 『서상기』의 작법을 세밀하게 설명하였는데, 그 과정에서 그 작법을 실천하기도 했다.

곧장 주제로 돌입하는 것은 문장의 묘가 아니다. 미감을 기준으로 한다면, 좋은 글은 주제를 단번에 알몸으로 노출시키지 않는다. 독자가 능동적으로 참여하여 주제를 찾아갈 수 있도록 형식적 장치를 가한다. 이 장치는 물론 주제와 유기적으로 관련되어 있으며, 미적 효과는 이 장치를 거치면서 발생한다. 인용문은 게임(운동경기)의 방법을 연상시킨다. 모든 운동 경기는 점수를 얻어 이기는 것이 목적인데, 규칙을 어기지 않는 선에서 상대방의 동작을 빼앗는 속임수가 관건이다. 시선 유도나 헛동작을 포함한 모든 행위

---

120 앞의 글, 제 23則. "僕幼年最恨'鴛鴦繡出從君看, 不把金針度與君'之二句, 謂此必是貧漢自稱王夷甫, 口不道阿堵物計耳. 若果知得金針, 何妨與我略度. 今日見西廂記, 鴛鴦既已繡出, 金針亦盡度, 益信作彼語者, 真是脫空謾語漢."

121 앞의 글, 제 24則. "僕幼年曾聞人說一笑話云 : 昔一人苦貧特甚, 而生平虔奉呂祖. 感其至心, 忽降其家, 見其赤貧, 不勝憫之, 念當有以濟之, 因伸一指, 指其庭中磐石, 粲然化爲黃金, 曰 : 汝欲之乎? 其人再拜曰 : 不欲也. 呂祖大喜, 謂 : 子誠如此, 便可授子大道. 其人曰 : 不然, 我心欲汝此指頭耳. 僕當時私謂此固戲論耳, 若真是呂祖, 必當便以指頭與之. 今此西廂記便是呂祖指頭, 得之者處處遍指, 皆作黃金."

122 앞의 글, 제 20則.

는 물론 모두 하나의 목적(득점)으로 수렴된다. 이 속임수가 성공했을 때, 상대방은 많은 빈틈을 드러낼 수밖에 없으며, 이를 이용하여 빠르고 안전하게 득점했을 때 '예술'이라는 평가를 얻는다.

김성탄은 『서상기』가 이러한 방법을 잘 보여준다고 했는데, 실제 그는 『서상기』의 16편 평어에서 대부분 이 방식의 글쓰기를 실천하고 있다. 그의 글을 읽었을 때, 처음에는 왜 이런 이야기가 나오는지 짐작하기 어렵다. 대부분의 경우 처음에는 주제와 멀리 떨어진 이야기로 시작한다. 하지만 어느 지점에 이르면 처음의 이야기는 주제와 합류한다.

1본 1절 「경염(驚艶)」에서 김성탄은 잘 알려진바 홍운탁월(烘雲托月)의 화법(畵法)을 소개한다. 그림의 목적은 달이지만, 달만 그려서는 충분한 효과를 낼 수 없기 때문에 구름을 그린다. 의도는 달에 있지만, 그렇다고 구름을 소홀하게 처리할 수는 없다. 구름이 조금이라도 짙거나 엷어지면 달을 망치기 때문이다. 농도가 잘 맞고 먼지 만한 작은 흔적도 없게 하여, 멀리서 보면 있는 듯하지만 잡으려고 하면 없고, 다가가면 가버릴 듯하고 불면 흩어질 듯한 것이 구름의 절묘함이다. 이렇게 구름을 절묘하게 그리면 보는 사람들마다, "참 아름다운 달이로다!"라고 감탄한다. 이 이야기를 꺼낸 의도는 1본 1절의 인물 묘사의 특징을 설명하자는 것이다. 1본 1절에는 주로 장군서에 대한 묘사가 주를 이룬다. 원래 제일 중요한 인물은 앵앵이지만, 그녀는 너무 아름답고 훌륭하여 직접 제시하기가 어려워, 장군서를 먼저 내세웠다는 것이다. 장군서의 인물이 훌륭하면 할수록 그가 사랑하게 되는 앵앵의 면모는 그리지 않아도 저절로 나타난다는 뜻이다. 앵앵은 달이고 장군서는 구름이 되는 셈이다. 화법으로 출발했지만 어느새 인물 결구법(結構法)에 도착해 있다.

2본 1절 「사경(寺驚)」에서는 '이당취수(移堂就樹)'와 '월도회랑(月度回廊)'과 '갈고해예(羯鼓解穢)' 세 가지 방법을 설명했다. 여기서는 가장 이해하기 쉬운 '월도회랑'을 살펴보자. 화창한 봄날 밤, 잠들지 못한 미인이 향을 사르고 발을 걷어 올린 채 달이 뜨기를 기다리고 있다. 날이 저물자 동산 위에 달이 솟는데 맑고 차가운 빛이 처마 아래로부터 기둥을 지나고, 다시 굽은 난간을 거친 뒤 조금씩 조금씩 사이의 계단을 지나고, 다시 닫힌 창문에 이르러 미인을 비춘다. 만약 미인이 갑자기 달빛 아래 있게 된다면 전연 운치가 없을 것이다. 이 예화는 최앵앵과 장군서의 사랑이 차츰차츰 진전되어 가는 과정을 설명하기 위해 든 것이다. 두 사람이 서로를 보고 마음이 움직였다고 하지만, 이들의 신분과 처지로 보아 사랑이 급진전되는 것은 불가능한 일이다. 이에 작자는 늦봄에 공연한 시름에 젖고, 춘정이 일어 꽃 그림자 너머에 있을 님을 그리고, 전날 밤 장군서를 만나 시를 주고받은 뒤, 갑자기 정이 드는 과정을 차례로 은근히 묘사하였다는 것이다. '월도회랑'의 예화는 봄바람도 범접치 못하는 천하의 미인인 앵앵이 사랑에 빠져가는 과정을 구체적으로 보여주기 위한 비유 장치인 셈이다.

3본 1절 「전후(前候)」는 혼약을 파기 당한 장군서가 병들어 누웠다는 소식을 듣고, 앵앵이 홍낭을 보내 문병하는데, 이때 홍낭이 장군서를 찾아가며 부르는 노래와 장군서로 더불어 수작하는 것이 주 내용이다. 혼약이 파기된 후 최앵앵은 몹시 안타까웠지만 처지 상 어쩌지 못하고 애만 태우다가 홍낭을 보낸다. 장군서 또한 도리가 없어 몸져눕는다. 이렇게 두 사람의 마음은 애절하기 짝이 없지만 당사자가 아닌 홍낭은 급할 이유가 없다. 이에 그녀는 느릿느릿 지난 일들을 하나하나 서술하고, 두 사람의 애타는 그리움을 묘사하고, 짐짓 장군서의 편지를 거절하고, 후일 돈으로 보답하겠다는 장군서를 질책하고, 편지를 즉필로 써 내리는 장군서의 솜씨에 감탄하고, 사랑에 마음 잃지 말고 열심히 공부해서 과거에 급제하라고 의젓한 충고까지 덧붙인다.

이 편의 평어에서 김성탄은 진자예(陳子豫)와 나눈 쌍륙에 관한 대화로 이야기를 시작한다. 진자예는 쌍륙의 도로 '나전법(那輾法)'을 소개한다. '나전(那輾)'은 쌍륙에서 사용되는 주사위를 손으로 비비고[挪] 굴려 펼치는[輾] 행위이다. 비벼서 일각을 얻었으면 굴려서 일각을 얻고, 비벼 일보를 얻었으면 굴려서 일보를 얻는다. 다음 단계를 질러 알 수 없다. '나전'은 상대방이

성급하게 또 크게 승부를 보려고 할 때일수록, 이쪽에서는 비비고 굴리면서 느긋하게 대응할수록 승부에 유리하다는 것이다. 애타는 두 당사자나 어서 빨리 결말을 보고 싶은 독자들의 심리를 위반하면서, 일부러 이야기 흐름의 속도를 늦춰 유장하게 이끌어가는 홍낭, 즉 작가의 솜씨를 말하는 것이다. 홍낭은 두 당사자의 흐름에 말리지 않고 짐짓 느긋하게 사건을 이끌어간 덕분에 두 사람 모두에게 있어 정신적 우위를 확보하게 된다. 김성탄은 나전의 효과를 진자예의 입을 빌어 이렇게 설명한다.

> 나전을 하면 기운이 고르게 되고, 기운이 고르게 되면 마음이 정밀해지며, 마음이 정밀하면 안목이 이른다. 무릇 사람의 기운이 고르고 마음이 정밀하며 안목이 이르면, 기장 한 알의 크기라도 뿌리와 끄트머리를 구분할 수 있고, 기침 소리도 성(聲)과 음(音)을 가릴 수 있게 된다. 남들이 보지 못하는 것을 그는 볼 수 있고, 남들은 간직하지 못하는 것을 이리저리 놀릴 수 있으며, 남들이 처리하지 못하고 남겨둔 것을 들어가서 다 긁어내어 펼쳐놓을 수 있다. 한 시각도 그에게는 1년이 될 수 있고, 먼지 하나 들어갈 만한 공간에도 그는 나라를 세울 수 있게 된다. 한 마디 소리를 듣고도 서늘한 바람이 서쪽에서 이르고 검은 구름이 북쪽에서 왔음을 안다. 열매 하나 떨어지는 것을 살펴 직도(直道)가 1을 얻고 횡도(橫道)가 9를 잃었음을 살핀다. 이와 같은 사람은 참으로 스승 없이 모두 마음으로 깨달은 자라고 할 수 있다.[123]

김성탄은 많은 글에서 이러한 쓰기 방식을 보여준다. 그의 글을 읽을 때는 처음에 나오는 이야기의 구조와 의미를 잘 파악하고, 화제가 전환되는 시

---

123 3본 1절「前候」의 평어. "那輾則氣平, 氣平則心細, 心細則眼到. 夫人氣平心細眼到, 則雖一黍之大必能分本分末, 一咳之響必能辨聲辨音. 人之所不睹, 彼則瞻矚之, 人之所不存, 彼則盤旋之, 人之所不悉, 彼則入而剔抉, 出而敷布之. 一刻之景, 至彼而可以如年, 一塵之空, 至彼而可以立國. 展一聲而驗, 涼風之所以西至, 玄雲之所以北來. 落一子而審, 直道之所以得一, 橫道之所以失九. 如斯人則眞所謂無有師傅, 都由心悟者也."

점을 기준으로, 첫 번째 이야기가 궁극적으로 말하고자 하는 바에 어떻게 작용하는가를 잘 살펴야 한다. 두 편의 이야기 사이에는 구조나 의미의 상동성이 있거나, 아니면 논리의 연속성이 있다. 때로 상동성이 희미하고 연속성이 느슨하면, 글을 풀어내기 위해 독자는 더 많은 사유와 상상력을 동원할 수밖에 없다. 그건 곤혹스럽지만 즐거운 일이다.

5. 망이불포법(網而不捕法) - 그물을 치되 잡지는 않는다

'좌고우휘(左顧右揮)'는 출발이다. 그는 주목하는 곳과는 다른 방향에서 서술을 시작하는데, 여기서 바로 한번을 꺾어 주제로 나가지 않는다.

> 문장에서 가장 절묘한 것은 이런 점이다. 눈은 여기를 주시하면서 곧 묘사하지 않고 멀고 먼 곳으로 물러나 출발해 온다. 이리저리 곡진하게 묘사하다가 주목한 곳에 막 이르려고 할 때 문득 멈추어 다시 멀고 먼 곳으로 물러나 발단을 바꾸어 다시 출발해 온다. 또 이리저리 곡진하게 묘사하다가 막 이를 때가 되면 문득 또 멈춘다. 이와 같이 발단을 바꾸기를 여러 차례 한다. 매번 멀고 먼 곳으로 가서 출발하여 곡진하게 묘사하다가 시선이 머무는 곳에 이를 때쯤 문득 멈추기를 반복하다가, 그곳을 묘사하지 않고 짧은 순간 문장 밖에서 직접 볼 수 있도록 한다. 『서상기』는 순전히 이 방법을 썼다.[124]

124 권 2, 「독제육재자서서상기법」 제 16칙. "文章最妙, 是目注此處, 却不便寫, 却去遠遠處發來, 迤邐寫到將至時, 便且住, 却重去遠遠處更端再發來, 再迤邐又寫, 到將至時, 便又且住. 如是更端數番, 皆去遠遠處發來, 迤邐寫到將至時, 卽便住, 更不復寫出目所注處, 使人自於文外瞥然親見. 西廂記純是此一方法. 左傳史記, 亦純是此一方法. 最恨是左傳史記, 急不得呈教."

다른 방향에서 서술을 시작하여 주제에 접근한 뒤에 돌연 방향을 바꾸어 멀리 물러나 다시 주제로 접근해 간다. 이때 화제를 바꾸는 것이 중요하다.[更端] 바뀐 화제는 앞의 화제와 구조적 상동성을 지닐 수도 있고, 앞 논리를 보강하거나 진전시키기도 한다. 이런 식으로 여러 차례 방향을 바꾸어 주제에 접근하지만, 결정적인 순간에 이르면 자습서의 모범답안처럼 정답을 꼭 집어주지 않는다. 비유하면, 사냥개가 양떼를 이리저리 몰아 우리 안으로 가두기만 하고, 장수가 적군을 성채에 가두어 포위하고 항복을 기다리며, 어부가 큰 그물을 드리워 언제라도 잡을 수 있지만 그물 안에서 마음껏 놀도록 내버려두는 형세와 같다. 다른 방향에서의 접근이 되풀이될수록 주제는 점점 더 분명해지지만, 마지막 순간에 잡기를 유예하는 것은, 잡는 순간 주제는 생명을 잃기 때문이다. 『서상기』가 독자들로 하여금 말 밖의 묘처를 살짝 엿보게 한다고 지적했던 것처럼, 김성탄도 이러한 방법을 즐겨 사용했다. 이러한 사유는 언어는 의미를 가둘 수 없다는 전통 언어관에 연원을 두고 있으며, 언어는 형태이지 실체가 아니며, 차이의 체계일 뿐이라는 소쉬르의 언어관[125]과도 닿아 있다.

주제에 반복적으로 접근하면서 결정적인 순간에 포착을 포기하는 이러한 방법을, 김성탄은 다른 말로 '곡절(曲折)'이라고 하였다. 그에 의하면 이러한 곡절이 가장 잘 구사된 곳이 3본 3절 「뇌간(賴簡)」이다. 앵앵은 홍낭을 통해 장군서에게 보낸 시에 밤에 그를 초대하는 뜻을 담았다. 이를 본 장군서는 뛸 듯이 기뻐하며 홍낭에게 그 사실을 자랑하고 약속 장소에 가지만, 앵앵으로부터 심한 무안만 당한다. 장군서는 그 연유를 알지 못해 끙끙 앓는다. 하지만 그토록 심하게 장군서를 질책한 앵앵은 다시 은근한 편지를 보낸다. 이러한 과정에서 사건은 몇 차례 복잡하게 구부러지고 꺾인다. 김성탄은 이러한 곡절이 생긴 이유를 앵앵의 심리를 분석하여 해명했다. 앵앵은 장

---

125 소쉬르, 최승언 옮김, 『일반언어학강의』, 민음사, 1992, 143~145쪽.

군서와의 은밀한 감정 사이에 누구도 끼어드는 것을 바라지 않았는데, 홍낭의 행동을 보면 장군서가 자신의 편지 내용을 다 홍낭에게 말해버린 것이 틀림없다. 앵앵은 자신의 마음이 홍낭에게 노출된 것, 자신과 장생 사이의 애정 회로에 홍낭이 끼어든 것이 무참하여, 속마음과는 모순된 행동을 과장되게 취했던 것이다. 김성탄은 이 편을 설명하며 "문장의 묘는 곡절에 있으니, 천 번 만 번 구비치는 문장에서 일어나고 끝나는 지점을 찾으며 그 안에 잠기는 것이 천하의 지극한 즐거움"이라고 했다.

서사 규모가 큰 작품에서처럼 복잡한 곡절을 나타내기에 충분하지는 않지만, 김성탄 스스로도 자신의 문장에서 이야기를 주제로 몰아가되 가두기만 하고 잡지 않는 방법을 자주 실험하였다. 3장에서 살핀 「수운」의 평어에서처럼, 먼저 문수보살의 극미론을 던져놓은 뒤, 구름의 비늘 무늬와 청둥오리 배의 솜털과 꽃이 피는 과정과 등잔 불꽃의 색이 변하는 예를 차례차례 제기하고, 이어서 일상의 자잘한 일에 대한 통찰이 문학에서 얼마나 중요한가를 주장한 것은 대표적인 경우이다. 4본 2절 「고염」의 평어는 '쾌론(快論)'으로 잘 알려진 내용이다. 글은 아무런 정황 설명 없이 이렇게 시작한다.

> 착산(斲山)과 함께 여행하다가 타관에서 묵은 적이 있다. 장마가 열흘이나 이어지니 무료함을 못 이겨, 각자 통쾌한 일 하나씩을 말하여 쌓인 시름을 깨는 내기를 하였다. 지금으로부터 20년 전의 일이니 다 기억하지 못한다. 우연히 『서상기』를 읽다가 「고염」에 이르러, 홍낭의 입에서 터져 나오는 통쾌한 문장들을 보고는, 왜 그 당시에 이 글을 함께 읽으며 쌓인 시름을 깨지 않았나 후회가 되었다. 이에 옛일을 돌이켜 기억나는 몇 이야기를 적는다. 어떤 게 착산의 말이고 어떤 게 나의 말이었는지는 기억나지 않는다.[126]

---

126 "昔與斫山同客共住, 霖雨十日, 對床無聊, 因約賭說快事以破積悶. 至今相距既二十年, 亦都不自記憶. 偶因讀西廂拷豔一篇, 見紅娘口中作如許快文, 恨當時何不檢取共讀, 何積悶之不破? 於是反自追索, 猶憶得數則, 附之左方, 並不能辨何句是斫山語, 何句是聖嘆語矣."

이 글에 이어 김성탄은 '또한 통쾌하지 아니한가! 不亦快哉'로 끝나는 33칙의 이야기를 낱낱이 소개하였다. 정해진 형식이나 길이도 없으며, 별도의 순서도 없이 무작위로 나열하였다. 이를테면 이런 식이다. "10년을 못 보던 벗이 저물녘에 문득 찾아왔다. 문을 열어 간단한 인사가 끝나자 어떻게 왔는가는 묻지도 않고 앉으라는 둥의 인사치레도 없이, 급히 안으로 들어가 조심스러운 목소리로 아내에게 '여보, 동파의 아내처럼 술 한 말 내줄 수 있겠소!'라고 말하자, 아내는 흔연히 금비녀를 뽑아 술을 마련해주었다. 이 술로 사흘 동안 실컷 취할 수 있으리니 또한 통쾌하지 아니한가!"[127](2칙) "빚을 다 갚고 나니 또한 통쾌하지 아니한가!"[128](32칙) 이렇게 다른 내용으로 서른세 번의 '不亦快哉'가 되풀이되면서 통쾌함의 분위기는 강화된다. 그렇지만 아직 작품에서 무엇이 통쾌한 건지는 언급되지 않았다.

그런데 이 「고염」은, 앞 절 「수간(酬簡)」에서 장군서와 최앵앵이 운우의 관계를 가진 뒤 문제가 발생하자, 홍낭이 당사자들에게 돌아가며 이치를 들어 통렬하게 질타하고 얽힌 문제를 시원스레 풀어주는 내용이다. 어머니의 호출을 받고 당황하는 앵앵에게는 "누가 그렇게 퍼질러져 재미를 보랬느냐? 娘跟前有甚麼羞, 羞時休做!"고 나무라고, 자기를 문책하는 노마님에게는 사리를 들어 되받아치고, 두려워 나서지 못하는 장군서에게는 아무 걱정 말라며 용기를 준다. 그런데 그 말이 거침없고 사리에 분명하다. 김성탄은 이러한 홍낭의 몇 마디 대사(실제는 노래 구절)를 들어 그녀가 그토록 시원시원하게 말할 줄 몰랐다는 정도로 발언의 수위를 낮춘다. 그토록 장황하게 '불역쾌재(不亦快哉)'를 말했다면, 정작 마무리 단계에 가서는 목소리를 거둔다. 그리고 다음의 말로 전체 글을 매듭짓는다.

---

127 "夏七月, 赤日停天, 亦無風, 亦無雲. 前後庭赫然如洪爐, 無一鳥敢來飛. 汗出遍身, 縱橫成渠, 置飯於前, 不可得吃. 呼簟欲臥地上, 則地濕如膏, 蒼繩又來, 緣頸附鼻, 驅之不去. 正莫可如何, 忽然大黑, 車軸疾澍, 澎湃之聲如數百萬金鼓, 簷溜浩於瀑布, 身汗頓收, 地燥如掃, 蒼蠅盡去, 飯便得吃, 不亦快哉!"

128 "還債畢, 不亦快哉!"

> 매승(枚乘)의 「칠발(七發)」에서 초나라 태자가 병을 고치고, 진림(陳琳)의 격문 초안을 보고 조조의 두통이 나았던 것처럼, 문장에는 참으로 성정을 바꾸는 힘이 있다.[129]

논조로 보아 「고염」 편 홍낭의 발언들은 사람들의 울적함을 시원하게 풀어줄 수 있는 힘이 있다고 말하려 한 듯하다. 하지만 홍낭의 말이 왜 그렇게 통쾌하고, 그것이 작품에서 무슨 의미가 있으며, 또 어떻게 사람들의 성정을 바꿀 수 있다는 것인지에 대해서는 빈칸으로 남겨두었다. 이를 더 정확하게 포착하기 위해서는 홍낭의 입에서 나온 전사(塡詞)들을 서사의 맥락 속에서 곱씹어 음미하고, 그것과 33칙 쾌사와의 의미 관련성을 생각해보고, 그래도 부족하면 매승의 「칠발」이나 진림의 격문도 찾아 읽어보아야 한다.

6. 임종불타법(臨鐘不打法) – 종은 알아서 자기 힘만큼 치도록 한다

종은 치는 자의 힘만큼 소리를 낸다. 예술작품의 경계가 작품의 지평과 독자의 지평이 만나 새로운 지평을 형성한다는 것은 예술론의 기본 명제이다. 예술작품은 종이다. 치는 자의 힘은 독자가 지닌 시야의 너비와 인식의 깊이이다. 김성탄은 이러한 사실을 깊이 터득하여 작품과 독자 사이의 개별적인 접점을 중시했다. 그는 좌고우휘법으로 시작하여 망이불포법으로 주제를 몰아가지만, 종 앞에 이르러서는 조심스러운 태도를 보여준다. 가능한 한 종 치기를 유예하여 독자들의 자발적인 타종을 유도한다. 그의 글쓰기는 자기 논리에 빠져 독자와 상식적인 수준의 대화가 성립하지 않을 때가 있다. 명확하고 고정적인 메시지에 익숙한 독자들은 이를 당혹스러워하지만, 주체

---

129 4본 2절, 「拷艷」 평어. "夫枚乘之七治病, 陳琳之檄愈風, 文章眞有移換性情之力."

적인 시각을 중시하는 독자들에게 이러한 요소는 최고의 매력이다.

> 문장에서 가장 절묘한 것은 이런 점이다. 먼저 이 한 곳을 주시만 하고, 그 사방에서 붓을 가지고 좌우로 빙빙 돌면서 밖으로 벗어나지는 못하게만 하고 잡아 고정시키지는 않는다. 이는 사자가 공을 굴리는 것과 비슷하다. 본래는 단순한 하나의 공이지만, 사자로 하여금 온갖 재주를 부리게 하면, 극장 가득한 사람들은 사자를 보느라 눈이 어지러운데 사자는 전혀 아랑곳하지 않는다. 사람의 눈은 사자를 주시하고 사자는 공을 본다. 공을 굴리는 것은 사자이지만, 사자가 이리저리 재주를 부리는 것은 모두 공을 위해서이다. 『좌전』과 『사기』는 순전히 이 방법을 사용했고, 『서상기』 또한 순전히 이 방법을 사용했다.[130]

공은 주제이다. 사자는 작중 화자나 서술자이다. 사자의 현란한 동작은 구성, 배치, 수사 등을 포함한 형식인데, 김성탄의 표현대로라면 묘사[寫]이다. 사자의 동작은 모두 주제를 위한 것이다. 관객들은 독자이다. 이들이 정신을 팔며 황홀해하는 것은 공이 아니라 사자의 동작이다. 관객들을 즐겁게 하는 것은 사자의 동작, 즉 예술 형식인 것이다. 사자에게 공 굴리기를 시킨 사람은 작가에 견줄 수 있다. 그는 작품을 만들어낸 사람이지만, 작품 속에 개입하지는 않는다. 김성탄은 여기까지만 비유하고, 문득 『좌전』과 『사기』를 끌어들인다. 독자는 당혹스럽다. 무슨 말인지 알 듯도 하지만, 어렴풋하여 분명치가 않다. 문득 『좌전』과 『사기』의 글쓰기 방식이 문제가 된다. 두 책을 읽지 않은 사람은 물론이고, 읽어본 사람도 그 글쓰기 방식의 원리가

---

130 권 2, 「독제육재자서서상기법」 제 17칙. "文章最妙, 是先覷定阿堵一處已, 却於阿堵一處之四而將筆來左盤右旋, 右盤左旋, 再不放脫, 却不擒住. 分明如獅子滾毬相似, 本只是一個毬, 却教獅子放出通身解數, 一時滿棚人看獅子, 眼都看花了, 獅子却是幷沒交涉. 人眼自射獅子, 獅子眼自射毬. 蓋滾者是獅子, 而獅子之所以如此滾, 如彼滾, 實都爲毬也. 左傳史記, 便純是此一方法, 西廂記亦純是此一方法."

쉬이 손에 잡히는 건 아니다. 그는 다 말했지만, 종을 울려 소리를 낸 것은 아니다. 종은 여전히 독자 앞에 놓여 있다.

김성탄은 이런 식의 글쓰기를 애용했다. 이를테면 『서상기』는 『장자』와 『사기』를 읽는 방법으로 읽고, 반대로 『장자』와 『사기』는 『서상기』를 읽는 방법으로 읽어야 할 것을 주문한다.[131] 『장자』와 『사기』는 곧 모두 그가 애독했던 재자서(才子書)이다. 또 자제가 『서상기』를 읽으려 하면, 먼저 『시경』의 「국풍」을 읽게 해야 한다고 하였다. 전아하면서 명쾌한 『서상기』의 필치는 모두 「국풍」의 그것을 배운 것이기 때문이라는 게 그 이유이다.[132] 한낱 소설이나 잡곡을 경사(經史)와 같은 반열에 놓은 것으로, 그는 세도를 어지럽힌다는 호된 비난과 함께 문학관의 새로운 지평을 열었다는 찬탄을 받는다. 그런데 이러한 내용상의 문제 못지않게, 성격이 전연 다른 텍스트를 가지고 서로를 설명하게 하는 글쓰기 방식도 주목할 만하다. 그는 다 말했지만, 실상은 하나도 말한 것이 없다. 무릎을 치다가도 구체적으로 논점을 집어내려고 하면, 『좌전』·『시경』·『장자』·『사기』와 『서상기』 사이의 큰 골짝에서 헤매게 된다.

1본 4절 「요재」의 평어는 친구에게서 들은 '여산론(廬山論)'으로 출발한다. 배를 타고 강물을 따라 며칠을 가다 보면 예기치 않게 홀연 푸른 봉우리

---

131 앞의 글, 제 9則과 10則. "聖嘆本有才子書六部, 西廂記乃是其一. 然其實六部書, 聖嘆只是用一副手眼讀得. 如讀西廂記, 實是用讀莊子史記手眼讀得. 便讀莊子史記, 亦只用讀西廂記手眼讀得. 如信僕此語時, 便可將西廂記與子弟作莊子史記讀."; "子弟至十四五歲, 如日在東, 何書不見, 必無獨不見西廂記之事. 今若不急將聖嘆此本與讀, 便是真被他偷看了西廂記也. 他若得讀聖嘆西廂記, 他分明讀了莊子史記."

132 앞의 글, 제 11, 12則. "子弟欲看西廂記, 須教其先看國風. 蓋西廂記所寫事, 便全是國風所寫事. 然西廂記寫事, 曾無一筆不雅馴, 便全學國風寫事, 曾無一筆不雅馴 ; 西廂記寫事, 曾無一筆不透脫, 便全學國風寫事, 曾無一筆不透脫 : 敢療子弟筆下'雅馴不透脫'透脫不雅馴之病."; "沉潛子弟, 文必雅馴, 苦不透脫. 高明子弟, 文必透脫, 苦不雅馴. 極似分道揚鑣, 然實同病別發. 何謂同病? 只是不換筆. 蓋不換筆, 便道其不透脫."; "不換筆, 便道其本雅馴也. 何謂別發? 一是停而不換筆, 一是走而不換筆. 蓋停而不換筆, 便有似於雅馴, 而實非雅馴 ; 走而不換筆, 便有似於透脫, 而實非透脫也. 夫真雅馴者, 必定透脫 ; 真透脫者, 必定雅馴. 問誰則能之? 曰西廂記能之. 夫西廂記之所以能之, 只是換筆也."

가 공중을 둘로 가르며 거꾸로 꽂히듯 나타난다. 뱃사람들이 놀라며 여산이라고 알려주지만 아직 여산에 이른 것은 아니다. 다시 이틀을 더 가면 차츰 그 모습이 보이지 않는데, 보이지 않을 때는 도리어 여산에 도착한 것이다. 김성탄은 이 말을 듣고 너무 좋아서 밤낮으로 상상하기도 하고, 또 그 지방을 다녀온 사람들을 만날 때마다 물었다. 하지만 사람들은 그 사실을 잘 알지 못했다. 나중에 알고 보니 말을 해준 친구도 직접 여산을 다녀온 것이 아니라며, "천지의 대혜(大慧)와 대학문(大學問)과 대유관(大游觀)으로 이러한 광경을 만들어내는 것은 당연하니 보지 않고도 알 수 있다."고 하여 고개를 갸웃하게 한다. 하지만 김성탄은 자기는 그 광경이 너무 좋아 밤이면 꿈꿀 뿐 아니라 낮에도 종종 만난다고 하였다. 어떻게? 『좌전』을 읽다가, 『맹자』를 읽다가, 『사기』를 읽다가, 또 지금은 『서상기』를 읽다가 종종 만난다는 것이다. 멀리 떨어져 있을 때는 대상의 모습이 보이지만, 이미 대상의 품에 들거나 그것과 하나가 되었을 때는 눈에 보이지 않는다는 뜻인가? 아니면 작은 단위의 묘사 방법을 말하는 것인가? '여산론'과 몇몇 텍스트의 상동성을 그는 적시해주지 않았다.

『서상기』에서 예로 들은 것은 "범왕궁전월륜고(梵王宮殿月輪高, 절집에 보름달이 높다)"는 일곱 자 노래 가사이다. 장군서는 앵앵의 모습을 보고 마음을 끓이다가, 보구사 주지의 도움으로 그녀가 선친의 재를 올리는 날 자기도 부모의 재를 올린다는 명분으로 앵앵에게 접근한다. 그날이 2월 보름이다. 위의 노래 가사는 절로 가기 위해 집을 나서는 장군서가 부른 노래 「쌍조 신수령(雙調 新水令)」의 첫 구절이다. 이를 두고 김성탄은 "일곱 자에 지나지 않지만, 처음에 생각지도 않았는데 홀연 여산이 나타나고, 막상 여산에 이르자 산이 보이지 않는 그 경지를 보여준다."고 찬탄하였다. 조목조목 까닭을 설명하지 않았다. 장군서가 뜻하게 않게 앵앵의 먼 모습을 보았는데, 어느덧 사랑에 빠진 그의 심리를 보름달로 잘 표현했다고 본 것인가? 아니면 둘의 사랑 이야기가 멀리 어렴풋이 보이는가 했는데, 어느덧 두 사람의 사랑 사연이 무르익은 것을 말함인가? 아무리 읽어도 문자 안에는 답이 없다.

4본 3절 「곡연(哭宴)」은 과거를 보기 위해 장안으로 떠나는 장군서와 앵앵이 이별하는 대목이다. 두 사람의 이별이 주로 앵앵의 노래를 통해 슬프게 묘사된다. 김성탄은 평어(評語)의 9할 이상을 부처와 유연세존(唯然世尊)의 대화로 구성하였는데, 그 내용이 한바탕 '별론(別論)'이라 할 만하다. 화제는 '망상(妄想)으로 말미암아 생긴 전도(顚倒)된 인연'이다. 이러한 인연은 '아(我)'와 '인(人)'을 구분하면서 일어난다. 부처는 그 과정을 아래처럼 설명했다.

> 이처럼 중생은 함께 한 나라에 살고, 한 마을을 이루고, 한 집안을 이루며, 그 중간에 여러 모열(慕悅)을 낳고, 모열(慕悅)하는 까닭에 애완(愛玩)한다. 애완이 오래니 은의(恩義)가 도타워진다. 은위가 극에 이른 까닭에 말로 표현된다. 혹은 어깨에 기대고, 혹은 무릎을 대고, 혹은 손을 잡고, 혹은 품기도 한다. 은밀한 글자와 속삭이는 목소리로 별이나 물을 가리키며 영원을 맹세한다. '나는 당신 한 사람만을 사랑하오. 한 사람이란 바로 당신이니, 나는 당신 한 사람 외에는 사랑하지 않소.' 또 말한다. '나는 이제부터 당신과 하나가 되었으니 둘이 아니오.' 또 말한다. '이제 당신은 당신이 아니고 바로 나요. 나 또한 내가 아니고 바로 당신이오.' 이런 말이 오가는 사이에 두 사람의 감정은 목마른 사슴이 태양으로 달려가듯 분열(奔悅)한다. 주위 사람의 충고도 듣지 않고, 남들이 자신들만의 사연을 알지도 못하게 한다. 집안에 높은 다락을 세우고 화려하게 장식한 뒤 안에 비단 이불을 펼치고 나란히 눕는다. 온갖 아름다운 악기들을 빠짐없이 늘어놓는다. 두 사람은 다락 위에 앉아 낮을 밤 삼아 밤을 낮 삼아 세월을 보낸다. 일체 세간 사람들이 하는 일을 두 사람은 하지 않은 게 없다. 다락 사방으로 크고 높은 담장을 세우고, 다락 아래로는 계단을 치워 아무도 엿볼 수 없게 하고 아무도 부르지 못하게 하였다. 이처럼 중생들은 망상전도(妄想顚倒)의 바다 속에 침잠하여 망상으로 말미암아 전도(顚倒)를 짓는다. 전도가 다시 연(緣)이 되어 망상을 낳는다. 중생들은 이 망상과 전도의 바다에 떨어져 1겁 2겁 수백 수천 겁을 보낸다. 술에 취한 것처럼 중(中)과 변(邊)이 모두 어지러우니 이는 적은

약으로 치유할 수 있는 것이 아니다.[133]

내용을 간추리면, '아(我)'에 대한 집착에서 애정이 생기고, 애정은 남녀의 인연을 낳는데, 이 남녀의 인연이 바로 전도(顚倒)의 바다에서 헤어나지 못하는 이유라는 것이다. 이에 유연세존이 그런 자들이 거기서 벗어날 수 있는 방법을 묻자, 남들이 도와줄 수 없고 자기 힘으로 할 수 있는 하나가 있다고 대답한다. 그것이 바로 이별이다. 중생들이 전도된 상태에 있을 때, 선세의 복덕이라도 있으면 이별을 맞이한다. 살면서는 불가피하게 여러 이유로 이별을 맞이할 수밖에 없다. 그런데 이 이별이야말로 어리석음을 치료하는 양약(良藥)이고, 애정을 끊는 혜도(慧刀)이고, 그물을 걷어내고 탄탄대로에 나서는 일이고, 속박을 푸는 은사(恩赦)이라는 것이다. 부처의 설법은 이렇게 마무리된다. "잘 생각해보아라. 일체 중생은 이별을 가장 괴로워하고 이별하는 것을 제일 어려워하며, 이별을 가장 중시하고 한탄한다. 선세의 복덕이 있는 까닭에 끝내 이별하지 않을 수 없을 때, 이 한 번의 이별로 일체 모두를 이별하여 쓸쓸하게 살게 되면 마치 꿈에서 막 깨어난 듯 몸과 마음이 편안해지니, 또한 통쾌하지 아니한가! 잘 생각해보아라. 선세 복덕의 효력이 없으면 금세에 끝내 이별을 당하지 않는다. 이별이 없으면 오래도록 전도된 상태에 있을 수밖에 없고, 전도된 상태가 오래면 곧 원망과 시기가 생긴다."

설법대로라면 이 세상에서 겪는 '이별'은 인연에 얽매인 삶의 잘못됨[顚

133 「哭宴」 평어. "如是衆生, 並住一國, 或一聚落, 乃至一家. 於其中間, 生諸慕悅, 以慕悅故, 則生愛玩. 愛玩久故, 則篤恩義. 恩義極故, 伸諸語言. 或復倚肩, 或復促膝, 或復攜手, 或復抱持. 密字低聲, 指星誓水 : 我於世間, 獨愛一人. 所謂一人, 則汝身是, 我真不愛其餘一人. 復有語言 : 我今與汝, 便爲一人, 無有異也. 復有語言 : 汝非是汝, 汝則是我 ; 我亦非我, 我則是汝. 伸如是等諸語言時, 兩情奔悅, 猶如渴鹿, 而赴陽焰. 不受從旁一人教稟, 亦復不令從旁之人得知其事. 於其家中, 起一高樓, 莊校嚴飾, 極令華好, 中敷婉筵, 兩頭安枕. 簫笛箜篌, 琵琶鼓樂, 一切樂具, 畢陳無缺. 如是二人坐著樓中, 以晝爲夜, 以夜爲晝. 一切世間人所曾作, 如是二人無不皆作. 復次世間人不曾作, 如是二人亦無不作. 其樓四面, 起大危垣, 樓下階梯, 盡撤不施, 並不令人得窺暫見, 乃至不令人得相呼. 如是衆生沉在妄想顚倒海中, 妄想爲因, 作諸顚倒. 顚倒爲緣, 復生妄想. 妄想妄想, 顚倒顚倒, 如是衆生墜墮其中. 從於一劫, 乃至二劫三劫四劫, 遂經千劫. 如人醉酒, 中邊皆眩, 非是少藥之所得愈."

倒]을 통찰하고 거기서 벗어날 수 있는 기회인 셈이다. 이는 모두 (정체불명의) 『불화손다라난타입도경(佛化孫陀羅難陀入道經)』에서 인용한 것이다. 김성탄은 이 장황한 인용에 이어 마지막에 다음 몇 줄을 덧붙였다.

> 이로 보면, 『서상기』가 「곡연(哭宴)」에서 끝나는 것은 작자의 끝없이 걱정하는 마음으로 피눈물을 흘리며 이 글을 지었다는 것을 말해준다. 한갓 한창려의 '기쁜 일은 묘사하기 어렵고, 시름을 그리는 일은 쉽다. 歡愉難工, 憂愁易好.'는 말로 풀고 만다면, 어찌 전인의 한 세상 사람을 구제하려는 성심(盛心)을 크게 저버린 것이 아닌가![134]

그런데 왜 갑자기 김성탄은 이렇게 장황한 불교적 별론(別論)을 펼친 것일까? 사실 『서상기』 평어의 내용들은 각각 독립성이 강하여 서로 논리적으로 연결되지 않는다. 사안에 따라 하나의 주제를 잡아 논의를 확장시킨 듯한 극미론(極微論), 별재론(別才論), 여산론(廬山論), 장법론(章法論), 나전론(那輾論), 예론(禮論), 색론(色論), 쾌론(快論), 별론(別論) 등의 사이에서 유기적 연관성을 찾아보기는 힘들다. 김성탄의 말대로라면 『서상기』의 작자는 미망에 빠져 헤매는 중생들을 계도하기 위해 이별 장면을 만들었단 말인가? 『서상기』가 불교의 가르침을 부연하여 세상을 구제하려는 책이란 말인가? 김성탄의 말이 지나치게 자기 논리에 함몰되면 이런 식으로 자기모순에 빠지기도 하지만, 상식이나 일반 논리를 뛰어넘어 자기만의 깊은 통찰을 보여주기 때문에 아주 독특한 매력이 발산된다. 위에서 보여준 '별론'은 얼마나 유장하고 심오한가? 문학이 탄생한 이래, 수많은 사랑과 이별의 이야기가 있어왔지만, 이별 하나를 두고 이와 같이 심오한 통찰을 보여준 예는 없었다. 여기

---

134 제 4본 3절 「哭宴」의 평어. "由是言之, 然則西廂之終于哭宴一篇, 豈非作者無盡婆心滴淚滴血而抒是文乎? 如徒以昌黎, "歡愉難工, 憂愁易好"之言目之, 豈不大負前人津梁一世之盛心哉!"

서 이별은 하나의 새로운 화두가 된다.

길을 떠난 장군서가 초교(草橋)에서 묵는데 밤에 그리움을 못 이긴 앵앵이 찾아온다. 그런데 갑자기 병졸들이 들이닥쳐 앵앵을 끌고 간다. 깜짝 놀라 깨어보니 꿈이었다. 밤은 가을 분위기로 쓸쓸하다. 대략 이것이 마지막 4본 4절 「경몽(驚夢)」의 내용이다. 여기서 김성탄은 또 한바탕 장황한 '몽론(夢論)'을 펼친다. 요점은 사족 같은 이 꿈 대목이 실은 『서상기』가 삼불후(三不朽)의 하나인 '입언(立言)'의 영역에 든 결정적인 이유라는 것이다. 이를 증명하기 위해 그는 ①사슴 한 마리를 놓고 다투는 두 사람의 이야기를 통해 꿈과 현실이 전연 별개의 영역이 아님을 암시하는 『열자』의 이야기, ②장자의 '지인무몽론(至人無夢論)', ③우인무몽론(愚人無夢論), ④몽중점몽론(夢中占夢論), ⑤호접몽론, ⑥『법화경』「안락행품」의 게송에 나오는 꿈 이야기, ⑦공자가 꿈에서 더 이상 주공을 만나지 않은 이야기, ⑧『시경』「사간(斯干)」의 짐승 꿈을 꾸고 아들 딸을 얻었다는 이야기, ⑨『침중기(枕中記)』의 한단몽 이야기를 어지러이 전개한다.

갈피를 잡기 어려운 가운데 여러 이야기의 요점을 간추리면, 꿈과 현실의 경계는 분명한 것이 아니며 서로 넘나든다는 것이다. 꿈을 현실로 착각하거나 현실을 꿈으로 오인하는 것은 어리석은 일이며, 그렇다고 꿈은 꿈이고 현실은 현실일 뿐이라며 두 세계 사이에 소통 불가능한 벽을 놓는 것도 실상을 제대로 알지 못하는 것이다. 이상의 논의가 전체 분량의 9할 이상을 차지한다. 그렇다면 이쯤에서 지금까지의 논의를 정리하고 주제를 선명하게 밝히는 것이 글쓰기의 일반적인 방법이다. 하지만 김성탄은 『사기』와 『장자』로 『서상기』를 비추어보고 『서상기』로 『시경』을 읽는, 즉 서로 다른 사물을 병치하여 각각의 특징이 드러나게 하거나, 다른 이야기로 서로를 설명하는 방식을 고수한다. 그는 두 편의 예화를 추가한다.

> 『주례』를 보니, 그 시절에는 한 해가 끝날 무렵에 꿈을 관장하는 관리가 왕에게 꿈을 바쳤다고 한다. 무릇 꿈이란 이렇게 관장할 수도 있고 바칠 수도

> 있는 것이다. 이것이 어찌 『서상기』 열여섯 번째 장의 입언(立言) 의도가 아니겠는가? 악광(樂廣)과 형개(衛玠)가 병을 무릅쓰고 청담(淸談)을 일삼은 것도 그러한 까닭을 훤히 알았던 때문이리라.[135]

꿈을 관리하고 또 다른 사람에게 줄 수 있는 것처럼, 꿈이란 것은 자유로이 경영, 활용할 수 있는 것이란 뜻인가? 진나라 적 악광(樂廣)과 형개(衛玠)가 아픈 몸으로 도가에 대한 담론을 그치지 않은 것이 그러한 이치를 알았기 때문이라고 했는데, 이는 또 무엇을 말함인가? 김성탄은 하나도 제대로 설명해주지 않는다. 이 글을 읽는 독자는 발단을 바꾸어 다른 방향에서 전개되는 열 개 이상의 화제 사이 미로에서 스스로 길을 찾아야 한다. 통찰의 정도에 따라 종소리의 크기가 달라질 것이다. 아래 마지막 구절을 보면, 독자가 자기 글에서 길을 찾는 것이 쉽지 않으리라는 것을 김성탄은 알고 있었으며, 의도했던 것임을 알 수 있다.

> 성탄의 이러한 풀이를 아는 사람은 비구 성묵(聖默) 대사와 총지(總持) 대사, 그리고 거사 관환(貫華) 선생 한주(韓住)와 도수(道樹) 선생 왕이(王伊)뿐이다.[136]

7. 결어

일면 김성탄의 문장은 전체적인 견지에서 보면 통일성이 결여되어 있고 구조적으로도 불안정하다. 용어의 사용에 있어 기존의 관행을 따르지 않아 낯설고, 문장과 문장 단락과 단락 사이 논리적인 거리가 멀어 순연한 독해

---

135 4본 4절 「驚夢」 평어. "吾聞周禮, 歲終, 掌夢之官, 獻夢于王. 夫夢可以掌, 又可以獻, 此豈非西廂十六章立言之志也哉, 而豈樂廣衛玠扶病淸淡之所得通其故也乎! "

136 앞의 글. "知聖嘆此解者, 比丘聖默大師, 摠持大師, 居士貫華先生韓住, 道樹先生王伊."

를 방해한다. '달의(達意)'를 중시하는 유가의 문장관으로 보면 그의 글은 수준 미달이거나, 무질서하거나 무책임하다. 반면, 그의 글에는 인식과 방법 모두에 있어, 상식적인 수준에서 대화하기 어려운 가운데 깊은 사유를 이끌어내는 지극히 개성적인 통찰력이 있고, 이것은 전통의 단단한 굴레를 해체하여 새로운 세계를 열어주는 역사적인 파괴력으로 작용했다. 김성탄의 문장은 18세기 이후 조선 문학사에 신선한 활력소가 되어 많은 변화를 이끌어냈다.

제2장

김성탄과 함께 『수호전』 읽기

이 한 구절이 (서사를) 곧장 70회(사실은 69회) 황보단(皇甫端)의 상마(相馬) 안목 대목까지 끌고 가는데, 거기 이르면 이 책에서 펼쳐낸 108명은 모두 조정에서 그 초라한 행색을 꺼리고 외형과 출신을 따지느라 버려둔 특출난 인재들임을 알게 된다.

대서사의 개장(開場)과 결속

1. 서언

『수호전』은 대서사이다. 수백 명의 인물이 등장하고, 시간과 장소를 달리하며 수많은 사건이 펼쳐진다. 여기서는 서사의 마지막 부분을 중심으로, 처음과 마지막의 조응과 개합을 살펴, 이야기 전체의 윤곽과 규모를 조망한다.

김성탄은 기존 120회 본 『수호전』의 1회를 설자(楔子)[1]로 고쳐 개작하고, 71회의 내용을 수정 보완하여 70회로 만들고, 여기에 평점을 더하여 간행하였다. 이 판본의 정식 명칭은 '제오재자서시내암수호전(第五才子書施耐菴水滸傳)'인데, 세간에서는 '김성탄본 수호전'이나 '70회 본 수호전'으로 통용되었다. 이중 58~70회는 송강(宋江)이 이끄는 무리가 여러 차례의 전투를 거쳐

1 설자(楔子)는 본디 틈에 끼어 물건을 고정하는 쐐기를 가리키는데, 이로부터 소설이나 극의 첫머리에 '끼워 넣은' 독립 단위를 뜻하는 말로 전용되었다. 본 이야기 내용을 소개하거나 안내하는 역할을 한다.

역량과 형세를 과시한 끝에, 108 호한(好漢)이 양산박에 집결하는 결속 부분에 해당한다. 따라서 이 부분의 비평에는 국지적인 차원을 넘어, 서사 전체를 아우르는 시야와 비평이 잘 드러난다. 여기서는 58~70회를 중심으로 서사 결속에 대한 김성탄의 비평을 검토한다. 아울러 서사 전체의 큰 개합(開合)의 차원에서 설자를 함께 논의할 것이다. 논의의 편의를 위해 서사 흐름과 사건 개요를 간략히 소개한다.

회차	주요 사건	서사 장소	영입 인물	기타
58회	화주성(華州城) 싸움 서악묘(西嶽廟) 거사	화음현(華陰縣)	사진(史進)	『임거정(林巨正)』
59회	망탕산(芒碭山) 싸움 증두시(曾頭市) 싸움, 조개(晁蓋) 전사	서주(徐州) 망탕산(芒碭山), 능주(凌州) 서남쪽	번단(樊瑞), 항충(項充), 이곤(李袞), 단경주(段景住)	『홍길동전』
60~ 65회	노준의(盧俊義) 유인 영입, 대명부(大名府), 양산박(梁山泊) 싸움	북경, 동경, 남경, 양산박	노준의, 연청(燕青), 삭초(索超). 관승(關勝), 안도전(安道全)	
66회	능주(凌州) 싸움	능주	선정규(單廷珪), 위정국(魏定國), 초정(焦挺), 포욱(鮑旭)	
67회	증두시(曾頭市) 싸움	증두시	욱보사(郁保四)	
68회	동평부(東平府) 싸움	동평부	동평(董平)	
69회	동창부(東昌府) 싸움	동창부	장청(張青), 황보단(皇甫端)	
70회	대취의(大聚義), 노준의의 꿈	양산박		

『수호전』 후반부 서사의 큰 줄기는 집단 전투이다. 송강이 양산박에 합류한 40회 뒤로, 양산박 집단은 잇달아 대규모 전투를 치르면서 역량과 형세를 강화해가는 한편 산재해 있는 호한들을 포섭 영입한다. 이는 설자에서 얘기한바, 복마지전(伏魔之殿)에 갇혔다가 빠져나간 108 요마(妖魔)의 화신들을 수습하는 과정이기도 하다. 요마들은 세상에 흩어졌다가 각지에서 사람의 몸으로 태어난다. 이들이 108 호한으로 성장하여 양산박에 모이는 것은

하늘의 뜻이며, 이들은 결국 토포(討捕)되어 처형당할 운명임을 암시하는 것이면 충분하다는 것이 김성탄의 생각이었다.

58회에서 69회에 이르는 12회는 화주성(華州城), 망탕산(芒碭山), 증두시(曾頭市)(2회), 대명부(大名府, 북경), 능주(凌州, 德州市 陵城區), 동평부(東平府, 泰安市 東平縣), 동창부(東昌府, 聊青市 東昌區) 싸움의 연속이다.[2] 그중 대명부 싸움(60~6회)은 규모도 크며 사건도 다채롭다. 노준의(盧俊義) 영입 시도가 큰 전투로 확대되었고, 이 전투는 안팎으로 양산박과 능주(凌州)에서의 국지전을 끌어안고 있다. 그 가운데 송강의 등창으로 장순(張順)이 남경에 가서 안도전(安道全)을 초빙해오는 이야기가 삽입되었다. 대명부 전투는 큰 단위의 서사 단락으로 독립시킬 만하다. 대명부 전투 전후에 증두시(曾頭市) 싸움 두 회(조개의 전사와 복수)가 포치되어 있고, 마지막에 양산박의 두령을 정하는 방법으로 동평부와 동창부의 싸움이 놓인다. 황보단(皇甫端)을 끝으로(69회) 하늘이 정한 108 호한은 양산박에 집결한다.

이 부분에 대한 김성탄의 비평 중, 여기서는 '장법(章法)의 발견과 실천', '인물평과 인물 구현', 그리고 아속(雅俗)을 넘나들며 미세한 부분에 집중하는 심미안(審美眼), 세 가지 면모에 집중할 것이다. 김성탄은 인물의 해석에 그치지 않고 성격 구현을 위해 자구(字句)의 개작을 시도했고, 특정 기술을 삭제하거나 첨가하는 것도 마다하지 않았다. 해석과 창작을 넘나드는 비평은 구성에서도 실천되었다. 특히 전체적인 구도의 균형과 조응을 위해, 설자의 초반 부분과 70회의 마지막 부분을 대거 첨가하였다. 김성탄은 인물과 구성의 어떤 면모를 주목하였으며, 그 면모를 더 두드러지게 하기 위해 무엇을 고치고 더했으며 뺐는가? 그 결과는 어떻게 구현되었으며, 그의 비평

2 이중 양산박 무리가 전사태위(殿司太尉) 숙원경(宿元景) 행차를 가장하여 승리를 거두는 서악묘(西嶽廟) 사건은 『임꺽정(林巨正)』의 소재로 활용되어 일찍부터 연구자들의 주목을 받았다. 또 『홍길동전』에서 길동이 율도국으로 가는 도중 두 아내를 맞이하는 망당산도 59회에 보이는 서주(徐州) 망탕산(芒碭山)과 무관해 보이지 않는다.

은 오늘날에 어떤 의미를 지니는가? 이 글은 이런 몇 가지 질문에 대한 답변이다.

2. 개합(開合)과 조응(照應), 장법(章法)의 발견과 구현

『수호전』은 인종(仁宗) 3년(1058) 천하에 역병이 퍼져, 백관을 모아놓고 회의한 끝에 전전태위(殿前太尉) 홍신(洪信)을 천사(天使)로 삼아 신주(信州) 용호산(龍虎山)으로 장천사(張天師)를 초치하러 보내는 장면으로 시작된다. 홍신은 산꼭대기에 있다는 천사를 만나기 위해 상청궁(上淸宮)에서부터 혼자 걸어 올라간다. 도중에 누런 소 등의 쇠피리 부는 소년과 이야기를 나누고는 천사는 만나지 못한 채 내려온다. 이어 그 소년이 바로 천사라는 사실을 알게 된다. 홍신은 "그분이 천사라고, 그렇게 초라할 수가 있담! 他既是天師, 如何這等猥瑣!"이라고 탄식한다. 이 부분에 김성탄은 아래 평어를 달았다.

> 이 한 구절이 (서사를) 곧장 70회(사실은 69회) 황보단(皇甫端)의 상마(相馬) 안목 대목까지 끌고 가는데, 거기 이르면 이 책에서 펼쳐낸 108명은 모두 조정에서 그 초라한 행색을 꺼리고 외형과 출신을 따지느라 버려둔 특출난 인재들임을 알게 된다.[3]

설자에서 천자의 사신 홍신이 천사를 알아보지 못한 것은 앞으로 펼쳐질 내용에 대한 일종의 암시이다. 천자의 사신은 외형에 눈이 흐려져 천사를 알아보지 못하는데, 이는 천하의 걸사(傑士)들이 조정에 쓰이지 못한 채

---

3 「楔子」, 夾評. "此一句直兜至第七十回皇甫端相馬之後, 見一部所列一百八人, 皆朝廷貴官嫌其猥催, 而失之於牝牡驪黃之外者."

도적 떼가 되고 마는 전체 서사의 내용을 압축한다. 69회 황보단의 등장은 이와는 무관해 보이지만, 사실은 먼 조응(照應)이다. 『수호전』에 펼쳐지는 수많은 인물과 사건들은 실상을 보지 못하는 무능한 관리 홍신과, 말 즉 인재를 간파하는 안목을 지닌 황보단 사이에 있으며, 그것은 수많은 언덕과 하천을 사이에 두고 멀리 마주 보고 있는 두 개의 산이라 할 만하다. 서사 초반과 말미의 홍신과 황보단은 '수호서사' 이해의 관건이다. 이를 읽어내는 것이 '선독(善讀)'이며, 그 여하에 따라 텍스트는 평범하고 단조로운 작품이 되기도 하고, 역동적이며 풍성한 작품이 되기도 한다. 이러한 서사 구성의 방법을 김성탄은 '장법(章法)'이라고 했다.

김성탄은 『수호전』 비평에서 '장법'이라는 단어를 약 100회 사용했다. 장법은 자법(字法), 구법(句法), 부법(部法)과 구별되는 단위의 구성법을 가리키기도 하고, 그것들을 포괄하는 통칭으로 사용되기도 한다. 김성탄 장법의 핵심 방법은 조응과 개합(開合)이다. 조응은 일자일의(一字一義)의 한자 특성, 만물 음양의 세계관, 당대 근체시 성립 이후 명청대 과체(科體) 팔고문(八股文)까지 작시법의 핵심을 차지했던 대우(對偶) 원리를 서사 비평에 적용하고 확장한 것이다. 개합(開合)은 자연의 시간이나 사건과 달리, 처음이 있으면 끝이 있고, 모든 현상은 원인의 결과라는 서사 본질에 대한 인식에서 비롯한, 발단과 결말의 장치와 기능에 특별히 주목한 용어이다. 개합과 조응은 모두 자구 단위에서 서사의 전체 단위에 이르는 여러 층위에 적용되며, 개념상 서로 넘나들기도 한다. 다르다면 개합이 상대적으로 전체의 큰 구도와 동태적인 기관 작용에 집중된다는 점이다.

김성탄은 『수호전』을 비평, 개작하면서 전체의 수미(首尾) 개합에 많은 공력을 기울였다. 120회 본의 1회를 '설자'로 바꾸었고, 이 회목을 별도로 두는 이유와 의의를 설명하고, 원래의 내용을 가운데 두고 그 앞뒤에 새로 지은 내용을 덧붙였다. 추가한 글의 분량은 원래 그것의 1/3 가량 된다. 이는 마지막 70회와의 개합을 정연하고 정교하게 맞추려는 의도의 산물이다. 70회도 후미를 잘라버리고 이 설자에 맞추어 새로 내용을 지어 붙였음은 물론이다. 먼저 설자의 총평에 나타난 김성탄 비평의 의도와 방향을 살펴보자.

> 이 한 회를 고본에서는 설자(楔子)라고 했다. 설자란 사물로 사물을 끌어내는 걸 이른다. 온역(瘟疫)을 설(楔) 삼아 기양(祈禳, 역병 퇴치 기도)을 끌어내고, 기양을 설 삼아 천사(天師)를 끌어내고, 천사를 설 삼아 홍신(洪信)을 끌어내고, 홍신을 설 삼아 유산(遊山)을 끌어내고, 유산을 설 삼아 석갈(石碣) 출토를 끌어내고, 석갈 출토를 설 삼아 36 천강(天罡)과 72 지살(地煞)을 끌어내니, 이것을 정설(正楔)이라 한다, 중간에 또 소강절(邵康節)과 진희이(陳希夷) 두 선생으로 재앙의 운수를 끌어내고, 무덕황제(武德皇帝)와 포증(包拯)과 적청(狄青)으로 별자리의 이름을 끌어내고, 용호산의 범과 뱀으로 진달(陳達)과 양춘(楊春)을 끌어내고, 홍신의 교만한 태도로 고구(高俅)와 채경(蔡京)을 끌어내고, 용호산 도동(道童)의 초라한 행색을 알아보지 못한 것으로 70회의 황보단의 말 안목을 끌어내 결미로 삼았으니, 이를 기설(奇楔)이라 한다.[4]

> 옛사람이 글을 지음에는 몇 년간의 구상, 몇 년간의 취재, 또 몇 년간의 집필과 고쳐쓰기를 거친다. 그런 뒤 붓을 놓고 원고를 모아 책을 만드는 것이다. 요즘 사람들은 글을 볼 줄 몰라, 눈에 보이는 대로 아무렇게나 뒤섞어 읽기 일쑤다. 옛사람의 글 속에는 득의처(得意處)와 아닌 곳이 있고, 필세를 전환시키는 곳과 그렇게 하기 어려운 곳이 있고, 물에 가 파도를 일으키는 곳과 허공을 뒤집어 기이한 일을 내는 곳이 있고, 부득이하게 기운 곳과 생

---

4 「楔子」, 총평. "此一回, 古本題曰"楔子". 楔子者, 以物出物之謂也. 以瘟疫爲楔, 楔出祈禳 ; 以祈禳爲楔, 楔出天師 ; 以天師爲楔, 楔出洪信 ; 以洪信爲楔, 楔出遊山 ; 以遊山爲楔, 楔出開碣 ; 以開碣爲楔, 楔出三十六天罡´七十二地煞, 此所謂正楔也. 中間又以康節´希夷二先生, 楔出劫運定數 ; 以武德皇帝´包拯´狄青, 楔出星辰名字 ; 以山中一虎一蛇, 楔出陳達´楊春 ; 以洪信驕情傲色, 楔出高俅´蔡京 ; 以道童猥獕難認, 直楔出第七十回皇甫相馬作結尾, 此所謂奇楔也."

> 략한 곳이 있으며, 순서에 따라 뒤에 배치한 곳과 미리 앞에 꽂아둔 곳이 있다. 방법은 물론 전환이 무수하다. 그런데 이 모든 것을 보지 못하고 겨우 사건의 줄거리와 인물의 시비 성패만을 기억하여 술이나 차를 마실 때 떠벌리며 웃고 즐기는 거리로만 삼을 뿐이다. 사마천은 "오제(五帝) 시대의 글은 아순(雅馴)하지 않아 학자들이 말하기를 꺼린다."(「오제본기(五帝本紀)」)고 했으니, 어찌 된 일일까? 이제 홀연 녹림의 호활(豪猾)한 사적들을 가져왔으니 사군자들이 예쁘게 말을 하라! 독자의 정신이 묻혀 있어 작자의 뜻을 온통 몰각하여 양공(良工)의 마음고생을 알지 못하는 것이 슬퍼, 불민함을 무릅쓰고 이 비평 작업을 하게 되었다.[5]

윗글은 설자의 기능과 유형을 설명한다. 김성탄은 정설과 기설을 나누었는데, 전자는 서사 표면상의 플롯을, 후자는 창의적 해석을 통해 알 수 있는 서사 이면의 조응 양상을 가리킨다. 기설에 해당하는 소강절과 진희이, 무덕황제와 포증과 적청은 120회 본에는 나오지 않는다. 이 관점으로 보면 부패 관료 고구와 채경은 불쑥 튀어나온 게 아니라, 홍신이라는 마중물에 의해 불려 나온 것임을 알 수 있다. 둘째 인용문은 한 편의 서사에는 무수한 구성과 전환 방법이 구사되는데, 독자들은 그저 줄거리나 인물의 성패만을 읽어낸 뒤 술안주로나 삼고 있으니, 그것이 안타까워 비평 작업을 하게 되었다는 말이다. 수다한 구성과 전환의 방법이 바로 '장법'이다. 김성탄은 이 구성이 소설의 생명이라 생각했고, 따라서 장법 파악을 소설 선독의 관건으로 여겼다. 더구나 『수호전』은 도적들의 이야기인지라 사군자들이 이에 대

---

5 위와 같은 곳. "古人著書, 每每若干年布想, 若干年儲材, 又復若干年經營點竄, 而後得脫於稿, 裒然成爲一書也. 今人不會看書, 往往將書容易混帳過去. 於是古人書中所有得意處, 不得意處, 轉筆處, 難轉筆處, 趁水生波處, 翻空出奇處, 不得不補處, 不得不省處, 順添在後處, 倒插在前處, 無數方法, 無數筋節, 悉付之於茫然不知, 而僅僅粗記前後事跡, 是否成敗, 以助其酒前茶後, 雄譚快笑之旗鼓. 嗚呼, 史記稱五帝之文尚不雅馴, 而爲薦紳之所難言, 奈何乎! 今忽取綠林豪猾之事, 而爲士君子之所雅言乎? 吾特悲讀者之精神不生, 將作者之意思盡沒, 不知心苦, 實負良工, 故不辭不敏, 而有此批也."

해 말하는 것을 꺼리기 때문에, 절묘한 배치와 전환이 감추어져 있다는 것이다.

120회 본의 71회는 108 호한들의 맹세를 기점으로 전후가 나뉜다. 후반부는 정월 대보름을 맞아 송강 일행이 동경으로 등불놀이를 구경하러 가는 이야기다. 김성탄은 70회로 만들면서 이 후반부를 통째로 삭제한 뒤, 노준의의 꿈 내용으로 대체했다. 노준의는 숙야(叔夜)에게 체포되었고, 나머지 107명과 함께 일제히 참수된다. 노준의는 혼이 달아나는 순간 마루 위 편액에 '천하태평(天下太平)' 넉 자 큰 글씨가 씌어 있는 것을 본다. 이어 7언 8구 시 두 수로 서사 전체가 마무리된다. 김성탄은 '천하태평' 네 글자에 평어를 달아 70회본이 고본(古本)임을 강조했고,[6] 시에 대해선 "시로 일으키고 시로 맺으니, 지극히 큰 장법"이라고 그 의의를 부여했다.[7] 이 두 부분이 김성탄의 창작임은 물론이다. 김성탄은 소강절의 시를 인용하면서 설자를 시작하는데,[8] 이 시의 제 7구 '태평시절에 사람은 늙어도 봄은 늙지 않는다, 人老太平春未老'를 '천하는 태평하여 일없는 나날이다, 天下太平無事日'로 바꾸었다. 그리고 『수호전』이 시로 시작해서 시로 맺고, '천하태평'으로 일어나 '천하태평'으로 수습됨을 특필했다.[9] 이는 김성탄이 서사의 대우(對偶) 구성에 얼마나 심혈을 기울였는지를 잘 보여준다.[10] 아래는 70회 본의 마지막 시이다.

---

6 70회 夾評. "真正吉祥文字, 古本水滸如此. 俗本妄肆改竄, 真所謂愚而好自用也."

7 70회 夾評. "以詩起, 以詩結, 極大章法."

8 『擊壤集』 권 15, 「觀盛化吟」. "紛紛五代亂離間, 一旦雲開復見天. 草木百年新雨露, 車書萬里舊山川. 尋常巷陌猶簪紱, 取次園亭亦管絃. 人老太平春未老, 鶯花無害日高眠."

9 楔子, 夾評. "一部大書詩起´詩結, 天下太平起, 天下太平結." 김성탄은 설자의 말미에서도 神宗의 哲宗(1085~1100 재위) 傳位 사실을 언급하며, "그 시절은 천하가 태평했다. 那時天下太平." 하고, 여기에 "一部大書數萬言, 卻以以天下太平四字起, 天下太平四字止, 妙絕."이라고 평어를 달았다.

10 복마지전(伏馬之殿) 안에 있는 석비(石碑)를 '석갈(石碣)'로 고쳐, 완소이 삼형제의 석갈촌, 70회 천강성 지살성 108명의 이름이 적힌 석갈과 조응시킨 것도 같은 방법을 사용한 것이다.

사람들은 누구나 한 무더기 흙이 되니	大抵爲人土一丘
백 년이면 하나같이 똑같은 신세라오	百年若個得齊頭
세금을 내고 나면 황제보다 존귀하고	完租安穩尊於帝
햇볕을 등에 쬐면 갖옷보다 따스하네	負曝奇溫勝若裘
조자건 높은 재주 호랑이 간 곳 없고	子建高才空號虎[11]
장주는 매임 없어 관직을 소로 봤지	莊生放達以爲牛[12]
밤은 찬데 취기 젖어 문장을 짓노라니	夜寒薄醉搖柔翰
남들 아니 놀래켜도 이제 붓 놓으려네	語不驚人也便休[13]

김성탄은 서사의 아주 작은 단위에서도 장법을 거론한다. 59회에서 양산박 무리가 화주성(華州城) 싸움을 마치고 귀환하는데, 문득 말 도둑 단경주(段景住)가 나타난다. 그는 창간령(槍竿嶺)에서 조야옥사자마(照夜玉獅子馬)를 훔쳐 송강에게 바치려고 가져오다가 증두시(曾頭市)에서 빼앗긴 억울함을 호소한다. 독특한 말 이름에 대해 김성탄은, "문정(文情)은 앞의 척설오추마(踢雪烏騅馬)에서 일어났으며, 말의 이름으로 바로 뒤 옥기린의 등장을 비추었다. 앞의 사물을 비추면서 뒤의 인물을 띠고 있으니 절세의 기문!"이라는 평어를 달았다.[14] 기이한 말 이름이 앞의 서사 단락에서 인상적인 역할을 맡았던 호연작의 척설오추마를 떠오르게 하면서, '옥(玉)'이라는 글자가 뒤이어 등장하는(60회) 옥기린(玉麒麟) 노준의(盧俊義)와 이어지며, 보이지 않는 서사 흐름

---

11 송나라 曾慥의 『類說』 권 4, 「玉箱雜記」에 "조식은 일곱 걸음 안에 시를 지었으니 호를 수호(繡虎)라 하였다. 曹植七步成章, 號繡虎."는 구절이 있다. 여기서 '虎'는 그 재주의 웅건함을 의미한다.

12 『장자』, 「열어구」에, 재상직을 제안받은 장자가 높은 관직을 희생 소에 비유하는 이야기가 실려 있다.

13 두보의 시구, "사람의 성품 됨이 아름다운 시구에 탐닉하여 사람들을 깜짝 놀라게 할 때까지 그만두지 않는다. 爲人性僻耽佳句, 語不驚人死不休." (「江上值水如海勢聊短述」)에서 가져온 것이다.

14 59회 夾評. "文情由前踢雪騅生來, 馬名照後玉麒麟立出, 前映後帶, 絕世奇文."

을 만들어내고 있다는 뜻이다.

60회는 오용(吳用)이 점술사로 분장하여 북경의 노준의를 유인하고, 꼬임에 빠진 노준의가 양산박을 지나며 호기를 보였지만, 결국은 함정에 빠져 사로잡히는 이야기이다.[15] 이로부터 6회에 걸친 대명부 싸움이 전개된다. 이 회에는 70회 본에서 유례없이 여러 수의 시가 삽입되어 있다. 김성탄은 개작 과정에서 120회 본에 실린 대부분의 시사운어(詩詞韻語)를 삭제했다. 하지만 필요하다고 판단되는 부분에는 살려 두었고, 새로 지어 첨가하기도 하였다. 60회에는 소폭 손을 보아 살려 두었다. 그 시들이 독특한 기능을 한다고 판단했기 때문이다. 이 시들은 모두 7언 4구의 형태이다. 노준의의 관심을 일으킨 오용의 괘가(卦歌), 노준의의 운명을 담은 오용의 벽시(壁詩), 양산박을 지나다가 하얀 비단에 적은 노준의의 기시(旗詩), 그리고 완소이 삼형제가 배 위에서 부른 세 곡의 호가(篙歌)가 그것이다. 아래는 여기에 대한 총평이다.

> 앞에 오용을 그려내는 가운데 괘가(卦歌) 4구가 있었는데, 뒤에 노원외를 그리면서 비단 깃발의 4구로 짝을 지었으니 기묘하다. 그런데 마지막까지 읽어보니 이 외에도 이 괘가에 짝이 되는 4구가 한 수만이 아니니, 뜻밖의 일이다. 장법을 논하자면 구슬을 꿰어 펼쳐놓은 듯하다. 각각의 시를 따져보아도 하나같이 절묘하니, 주루(酒樓)에서 벽에 획을 그어가며 시의 우열을 논하던 사람들의 절구[16] 못지않다. 속본에서는 곳곳마다 엉터리 말로 고쳐

---

15 이 고사는 원 잡극 「梁山七虎鬧銅臺」와 平話 「宋江」에 보인다. 이중 후자의 문학성이 더 풍부한데. 『수호전』에서 가져온 것은 전자이다. 李殿元·王珏, 『水滸傳之謎』, 中國廣播電視出版社, 2006, 「"吳用智賺玉麒麟"是無根之木嗎」(113~116쪽).

16 당대 왕창령(王昌齡), 고적(高適), 왕지환(王之渙)이 주루에서, 궁궐 이원(梨園)의 악공 기녀들이 누구 시를 제일 많이 노래하는지 벽에 획을 그어가며 그걸로 우열을 가렸다는 고사가 있다. 『集異記』(薛用弱)에 보인다.

놓았으니 어찌 그렇게도 못났는지![17]

오용은 괘가(卦歌)와 벽시(壁詩) 두 수를 지었다. 노준의는 돌아가는 사정도 모른 채 호기 높은 시를 지었는데 흰 비단에 적어 깃발로 만들었다. 완씨(阮氏) 삼형제는 배 위에서 각각 다른 노래를 불렀는데 그중 하나는 오용의 벽시(壁詩)이다. 마지막 이준(李俊)의 대사 또한 7언 4구는 아니지만 운어의 성격이 강하다. 한 회 안에, 또 서정과는 거리가 먼 상황에서, 시와 노래로 서사가 진행되는데, 일정한 규칙 가운데 변화가 요동친다. 김성탄은 이 시들의 배치가 60회의 독특한 미감을 만들어내는 장법이라고 판단하여 그대로 두었고, 나아가 내용을 손보고 평어를 달아 많은 의미를 부여한 것이다.

대명부 싸움은 송강의 등창으로 잠시 소강 국면에 접어든다. 남경의 명의 안도전(安道全)을 초치하기 위해 장순(張順)이 파견되는데, 64회는 오로지 이 이야기에 할당된다. 그런데 이는 축가장(祝家莊) 싸움(43~49회)에서 전선이 교착 상태에 빠지자, 장소를 돌연 등주(登州)로 전환하여 해진(解珍)과 해보(解寶)의 이야기를 만들어내고, 이들의 힘으로 축가장 싸움을 해결하는 과정과 비슷하다. 김성탄은 이 두 가지가 하나의 화덕에서 빚어낸 것이며, 의도적으로 구사된 장법이라고 평했다.[18] 서사의 단조로움을 피하기 위해 중간에 사건과 장소를 전환했다가 원래의 맥락으로 돌아와 미제 사건을 수습하는 방법을 말한 것이다. 하지만 큰 틀 안에서 변화를 주어 각각 다른 미감과 재미를 만들어낸다. 김성탄이 따로 언급하지는 않았지만, 고당주(高塘州) 싸움(51~53회)이 교착 상태에 빠졌을 때 대종(戴宗)과 이규(李逵)가 계주(薊州)에

---

17 60회 總評. "前寫吳用既有卦歌四句, 後寫員外, 便有絹旗四句以配之, 已是奇絕之事. 不謂讀至最後, 卻另自有配此卦歌四句者, 又且不止於一首而已也. 論章法, 則如演連珠 ; 論一一四句, 各各入妙, 則真不減於旗亭畫壁賭記絕句矣. 俗本處處改作唐突之語, 一何醜惡至此!"

18 64회 總評. "前文一打祝家莊, 二打祝家莊, 正到苦戰之後, 忽然一變, 變出解珍'解寶一段文字, 可謂奇幻之極. 此又一打大名府, 二打大名府, 正到苦戰之後, 忽然一變, 變出張旺'孫五一段文字, 又復奇幻之極也. 世之讀者殊不覺其爲一副爐錘, 而不知此實一樣章法也."

가서 공손승(公孫勝)을 찾아 오는 이야기(52회)도 이 방법이 사용된 것이다.

> 돌멩이로 적을 상대했다는 이야기는 들어본 적이 없다. 시내암이 처음으로 허공에 번드치는 기이한 일을 상상하여 이 편을 지어냈으니, 독자들의 눈 앞에 돌멩이가 번개처럼 날아오고, 양산박 장졸들이 새처럼 놀라고 짐승처럼 숨어드는 장면이 펼쳐진다. 시내암이 거질의 책으로 심하다 싶을 정도로 100여 인물을 장황하게 펼쳐냈으니, 글을 마치며 짐짓 그 흐름에 충격을 주어 기세를 줄인 것이 아닌가! 70회를 다 읽어보면 편(篇)에는 반드시 편(篇)의 구성을 도모하고, 단락에는 단락의 형세를 꾀하였다. 그런 뒤에 홀연 둘둘 마는 듯 쓸어내는 듯, 치달려 사라지는 듯 흩뿌려 없애는 듯한 문장으로 맺으니, 참으로 절묘하고 기이한 장법(章法)이다.[19]

69회에서 몰우전(沒羽箭) 장청(張淸)이 돌팔매만으로 10여 차례에 걸쳐 양산박 장수 15명을 다치게 한 사건에 대한 총평이다. 68회까지 104명의 호한이 양산박의 무리에 합류했다. 69회에서는 나머지 4명을 양산박의 무리에 들이고, 충천하는 양산박의 기세를 약화시켜 모든 서사를 결속해야 한다. 대결속의 종점은 황보단이니, 장청의 역할은 그 직전에 속도와 기세를 줄이는 것이라고 보았다. 그간 펼쳐진 다채로운 병법과 작전, 술수와 책략, 무기와 전마, 용력과 의기 등에 견주면, 장청의 돌팔매는 너무 소박하고 조야해 보이는데, 그 자체가 작자의 의도와 설정 즉 문심(文心)이라는 것이다. 마지막까지 긴장이 살아 있으면 서사를 결속하기 어려우니, 일부러 족보 없는 무예에 다소 터무니없는 장면을 배치하여 수습을 꾀했다는 설명이다. 이렇

---

19 69회 總評. "古亦未聞有以石子臨敵者. 自耐庵翻空出奇, 忽然撰爲此篇, 而遂令讀者之心頭眼底, 真覺石子之來, 星流電掣, 水泊之人, 鳥駭獸竄也. 此豈耐庵亦以一部大書張皇一百餘人, 實惟太甚, 故於臨絕筆時, 恣意擊打, 以少殺其勢耶! 讀一部七十回, 篇必謀篇, 段必謀段, 之後忽然結以如卷如掃, 如馳如撒之文, 真絕奇之章法也."

게 보면, 69회 장청과 황보단의 역할은 1회 고구, 왕진, 사진의 그것에 못지않게 의미심장하다.

> 줄 악기 소리를 들으며 음곡(音曲)을 감상하고, 글을 읽으며 서사를 논평하는 것이, 얼마나 어려운 일이냐, 얼마나 어려운 일이냐![20]

68회 머리 총평의 한 구절이다. "소리에 감추어진 마음은 알기 어렵고, 그 마음을 알아주는 사람은 만나기 어려우니, 지음(知音)을 만나기란 천 년에 한 번뿐이런가! 音實難知, 知實難逢, 逢其知音, 千載其一乎!"(『문심조룡(文心雕龍)』, 「지음(知音)」)라 했던 오랜 탄식의 변주이다. 68, 9회는 양산박의 주인을 정하기 위해 각각 송강과 노준의를 장수로 군대가 동시에 각각 동평부(東平府)와 동창부(東昌府)를 공격하는 이야기이다. 내기는 오용과 공손승이 배속된 노준의 부대가 유리해 보이지만, 송강의 부대가 먼저 동평부를 함락시킨다. 여기에 대해 김성탄은 "문장이 그윽할수록 사실은 더 감추어지는 서사라며, 자세히 살필 것을 요구한다.[21] 김성탄은 몇 증거를 들어, 송강이 노준의에게 두령 자리를 넘기는 몸짓을 취했지만 절대 그럴 마음이 없었고, 이를 안 노준의는 송강과 정당하게 겨룰 수 없었으며, 오용과 공손승도 겉으로는 노준의 부대에 속해 있지만 어떤 역할도 하지 않은 채 실상은 송강을 도왔다는 것이다. 한 편의 이야기는 외적 표현과 숨은 의도, 표층 흐름과 이면 주제의 자기 이질적인 공존으로 구성되곤 하는데, 외양에 현혹되거나 표피에 얽매이지 말아야 한다는 것이 김성탄의 주장이다. 표층과 방향이 다른, 이면의 흐름과 의미를 찾는 것도 넓은 의미에서 장법의 발견이라 할 수 있겠다.

---

20 68회 總評. "聞弦者賞音, 讀書者論事, 豈其難哉! 豈其難哉!"

21 68회 總評. "打東平'東昌二篇, 爲一書最後之筆, 其文愈深, 其事愈隱, 讀者不可不察." 김성탄은 이 문장을 처음과 끝에 모두 두어 꼭 그래야만 한다는 것을 강조했다.

3. 패설춘추(稗說春秋), 포폄과 가감의 필법

김성탄은 『수호전』을 비평하면서, 『춘추』와 『사기』을 준거로 설정하고 그 필법과 구성을 지속해서 원용했다. 소설의 허구 속성과 독립 위상을 분명히 인지하였음에도 불구하고, 그 원류로서의 오랜 역사 서사의 전통으로부터 완전히 벗어날 수는 없었던 것이다. 그에게 있어 서사의 두 전범은 『장자』와 『사기』였으며,[22] 그중에서 『수호전』에 더 많은 유전자를 물려준 것은 『사기』인데, 『수호전』은 『사기』보다 더 뛰어난 성취를 보여준다고 생각했다.[23] 그는 소설을 '패사(稗史)'로 일컫기를 좋아했다. 김성탄에게 있어 소설은 허구의 역사였다. 역사의 특질을 기본으로 갖추고, 거기에 허구의 공능까지 겸비한 갈래였던 것이다.[24] 아래 예문에 김성탄의 인식이 고스란히 담겨 있다.

> '치우치지 않고 무리 짓기를 하지 않으니, 왕도가 공평하다.'(『서(書)』, 「홍범(洪範)」) 아, 이것이야말로 옛날 공자가 뜻과 행실을 각각 『춘추』와 『효경』에 담은 정밀의 뜻이다. 뒷날의 학자들이 성심으로 이를 들으면 안으로 성정을 닦아 성인이 되고, 밖으로 민물(民物)을 다스려 제왕을 보좌할 수 있다. 하지만 안타깝게도 3천 년 이래 이 뜻이 다시 강설되지 않았다. 내가 이를 강설하고 싶지만 "세상에서 숨어 후회할 일을 만들지 않는다. 遁世不悔"(『중

---

22 「서 3」. "夫以莊生之文雜之史記, 不似史記, 以史記之文雜之莊生, 不似莊生者. 莊生意思欲言聖人之道, 史記攄其怨憤而已. 其志不同, 不相爲謀, 有固然者, 毋足怪也. 若復置其中之所論, 而直取其文心, 則惟莊生能作史記, 惟子長能作莊子. 吾惡乎知之, 吾讀水滸而知之矣."

23 권 4「讀第五才子書法」. "水滸傳方法, 都從史記出來, 卻有許多勝似史記處. 若史記妙處, 水滸已是件件有."

24 다음은 『수호전』 비평 초반에 보이는 관련 구절이다. "寓言稗史亦史也. … 雖稗史, 然已進於史也. 史進之爲言進於史, 固也. (1회 총평); "嗚呼, 誰謂稗史無勸懲哉!"(14회 夾評, 16회 총평); "是稗史也. 稗史之作, 其何所放, 當亦放於風刺之旨也." "世之君子讀是篇者, 其亦惻然中感而愼戢官軍, 則不可謂非稗史之一助也." (이상 18회 총평)

용』)는 가르침에 어그러질까 두려웠는데, 생각지 않게 패사(稗史)를 읽는 차제에 우연히 공자의 뜻을 말하게 되었다.[25]

공자는 『춘추』를 저술하며, 자신의 도덕 기준에 따라 사건과 인물의 옳고 그름을 은미한 말로 표현하였다. 이러한 역사 저술 태도를 은미한 말로 큰 의리를 드러낸다 하여 미언대의(微言大義)라 하며, 또 엄정하게 시비선악을 나누고 평가하는 것을 춘추필법(春秋筆法)이라 한다. 사마천은 『사기』를 저술함에 처음부터 『춘추』의 계승을 표방하였으며, 논평의 방식으로 그 정신을 구현하였다. 차이가 있다면, 사마천은 공자보다 도덕 기준을 완화했으며 대신 서사 구성에 많은 공력을 기울였다는 점이다. 김성탄은 소설의 허구성을 십분 긍정하면서도, 공자와 사마천의 사가(史家) 정신을 포기하지 않았다. 소설은 또 다른 역사이며, 치세의 도구이자 교화와 풍자의 방법이라고 생각했던 것이다. 이는 소설 인물에 대한 애호와 혐오의 말, 즉 포폄(褒貶)으로 실천되었다. 이러한 태도는 발견과 평가에 그치지 않고, 애호 인물은 그 덕성이 더 잘 드러나도록 혐오 인물은 그 악행이 더 분명해지도록 자구를 더하거나 빼는 적극적 개작으로 나타났다. 두 인용문은 김성탄의 『수호전』 비평에 독사(讀史)의 방식과 저서(著書)의 정신이 혼융되어 있음을 보여준다.

58~69회에서 김성탄이 특별히 호감을 보인 인물은 노준의, 연청(燕靑), 관승(關勝), 초정(焦挺), 동평(董平), 황보단(皇甫端) 정도이며, 그중 성격을 더 선명하게 부각하기 위해 과감하게 개작하고 공세적으로 비평한 인물은 노준의와 연청이다. 노준의의 이름은 양산박에 초빙된 승려 대원(大圓)의 입에서 처음 나온다. (59회) 60회에서 65회에 이르는 대명부 싸움 서사의 발단과 중심에 노준의가 있을 정도로, 40회 이후 집단 서사 중심의 흐름에서 그의 개

---

25 42회 총평. "'無偏無黨, 王道蕩蕩.' 嗚呼, 此固昔者孔子志在春秋'行在孝經之精義. 後之學者誠得聞此, 內以之治其性情, 即可以爲聖人; 外以之治其民物, 即可以輔王者. 然惜乎三千年來, 不復更講, 愚又欲講之, 而懼或乖於遁世不悔之教, 故反因讀稗史之次而偶及之."

인 비중은 꽤 높은 편이다. 노준의는 자기 의도와는 무관하게 양산박 두령 자리를 놓고 송강과 역량을 겨룰 정도로 명망이 높은 인물이다. 김성탄은 노준의의 영웅 면모를 강화하기 위해 여러 곳을 가필했다. 아래는 점술사로 가장한 오용이 떠난 뒤 노준의가 보여주는 태도이다.

> 각설, 노준의는 점을 친 뒤 마음이 찢어지는 듯 앉으나 서나 불안해하고, 밤에도 통 말이 없었다.[26]

> 각설, 노준의는 오용을 보낸 뒤, 날마다 해 질 녘이면 대청마루 앞에 서서 혼자 하늘을 보며 실의감에 사로잡혔다. 그러다가 때로 혼잣말을 중얼거리기도 하는데, 무슨 생각을 하는지 알 수 없었다.[27]

120회 본(위)에서 오용이 매우 불길한 점괘를 말해주고 떠난 뒤, 노준의는 초조와 불안을 떨치지 못한다. 김성탄은 이런 태도가 영웅의 면모에 어울리지 않는다고 생각했고, 무언가 남들이 알지 못할 깊은 생각에 사로잡힌 모습으로 다시 그려냈다.(아래) 그런 뒤 "노원외를 그려냄에 동진(東晉)의 은호(殷浩)가 유배 중 종일토록 허공에 '돌돌괴사(咄咄怪事, 쯧쯧 답답한지고!)' 네 글자를 썼다는 고사[28]를 살짝 사용했으니 절묘하다. 그게 아니고 오용에게 속은 것뿐이라면 어찌 노원외가 되랴!"[29]는 평어를 달았다. 이 회의 총평에선 그 의의를 확대하여, 노준의가 오용의 의도와 자기 앞날을 감지하고, 일신의

---

26 120회 본 61회. "卻說盧俊義自從算卦之后, 寸心如割, 坐立不安, 當夜無話."

27 70회 본 61회. "卻說盧俊義自送吳用出門之後, 每日傍晚立在廳前, 獨自個看着天, 忽忽不樂 ; 亦有時自語自言, 正不知甚麼意思."

28 생각했던 일이 어그러지거나, 세상사와 뜻한 바가 전혀 다르게 돌아갈 때, 답답하고 무료한 심사를 표출한 말이다. (『世說新語』, 「黜免」)

29 夾評. "寫盧員外, 暗用書空咄咄事, 妙絕. 不然而真爲吳用所賺, 亦何以爲盧員外也."

뛰어난 능력을 양산박에서 시험하게 될 신세를 혼자 번민하는 것으로 풀이했다. 이어 120회 본에 쓰인 '마음이 찢어지는 듯했다. 寸心如割.'을 추악한 언사라며 깎아내렸다.[30] 그럼에도 김성탄은 전체 인물 중 노준의를 중상(中上) 정도로 간주하였는데, 낙타를 그렸는데 체구만 클 뿐 준일한 면모가 부족한 것으로 비유하였다. 판단과 태도에 있어 예리하고 총민한 면모가 부족함을 아쉬워한 것이다.[31]

김성탄이 보다 더 심혈을 기울여 그 형상을 다듬은 인물은 연청이다. 연청은 어려서 부모를 잃고 노준의의 집에서 성장한, 출중한 용모에 십기백예(十技百藝)를 지닌 인물이다. 처지가 비슷한 이고(李固)와 함께 노준의의 양팔 역할을 하는데, 이고와 달리 끝까지 주인을 지키다가 함께 양산박에 투탁한다. 노준의가 계략에 빠져 양산박에 머무는 사이, 이고에게 쫓겨나 걸식하며 주인이 돌아오기를 기다린다. 김성탄은 그러한 연청의 충의 면모가 더 선명하게 드러날 수 있도록 자구를 더하고,[32] 여기에 "이 스무 남은 글자는 「예양열전(豫讓列傳)」에 값한다. …"는 비평을 달았다.[33] 나아가 이 문제와 함께 노준의와 연청의 상호 지우(知遇)에 대해 논의하였다. 혹자를 가설하여, 연청은 시종 노준의를 이해하고 신뢰하고 지켜주었지만, 연청에 대한 노준

---

30 61회 총평. "寫盧員外別吳用後, 作書空咄咄之狀, 此正白絹旗'熟麻索之一片雄心, 渾身絕藝, 無可出脫, 而忽然受算命先生之所感觸, 因擬一試之於梁山; 而又自以鴻鵠之志未可謀之燕雀, 不得已望空咄咄, 以自決其心也. 寫英雄員外, 正應作如此筆墨, 方有氣勢. 俗本乃改作誤聽吳用, 寸心如割等語, 一何醜惡至此!"

31 권 4, 「讀第五才子書法」. "盧俊義'柴進只是上中人物. 盧俊義傳, 也算極力將英雄員外寫出來了, 然終不免帶些呆氣. 譬如畫駱駝, 雖是龐然大物, 卻到底看來覺道不俊." 대명부의 부호에서 하루아침에 도적으로 전락하고 마는 盧俊義는 매우 비극적인 인물로 꼽힌다. 그 원인은 그의 신분과 성격 면에서 분석된다. 魯儀·宋耀, 「論『水滸傳』中盧俊義刑象及其悲劇成因」, 『文學敎育(下), 2015.10, 24,5쪽.

32 연청은 북경에 돌아온 노준의에게 걸객의 모습으로 그간의 사정을 이야기한다. 김성탄은 이야기 끝에 아래 구절을 첨가했다. "소인이 다른 곳으로 떠나지 못한 것이 아닙니다. 주인께서 도적이 되지 않을 것이 분명하기에, 잔명을 유지하며 여기서 돌아오시기를 기다렸습니다. 小乙非是飛不得別處去, 因爲深知主人必不落草, 故此忍這殘喘, 在這裏候見主人一面."

33 위와 같은 곳. "只二十餘字, 已抵一篇豫讓列傳矣. 讀此語時, 正值寒科深更, 燈昏酒盡, 無可如何, 因拍桌起立, 浩歎一聲, 開門視天, 雲黑如磨也."

의의 신뢰가 튼실하지 않았으니,[34] 연청에겐 자신을 알아주지 않는 노준의를 떠나지 못할 이유가 없다는 문제를 제기한다. 여기에 이렇게 답변한다.

이게, 이게 무슨 말이오! 내가 누군가를 알아준다 함은 평생의 한 조각 마음인 것이지, 그걸로 좋은 관계나 이익을 얻으려 함이 아닙니다. 그 사람이 내 인정을 받는 것은, 그에게 그만의 남다름이 있기 때문이지, 내게 무슨 이익이 되어서가 아니랍니다. 내가 누군가를 알아주면서 그것만큼 그도 날 알아주기를 바란다면, 나는 '나의 알아줌'으로 낚시를 하는 것입니다. 저가 날 알아준 뒤에야 내가 그를 알아준다면, 나는 '나의 알아줌'을 보상을 하는 것입니다. 낚시와 보상은 시정의 (홍정하고 거래하는) 법도입니다. 시정의 법도를 '서로 알아주는 사이'에 베푸는 일은 자기밖에 모르는 촌사람도 하지 않는 짓이지요. 하물며 소을(小乙)은 신분 상 원외(員外)를 알기가 쉽지만, 원외는 아랫사람인 소을을 제대로 알기가 어려웠던 사정도 있습니다. 하면 소을이 원외를 차마 떠나지 못한 이유는 인정받기 위해 최선을 다한 것일 뿐입니다. 그런 뒤에 소을이 원외를 알아준 것처럼 원외도 소을을 알아주게 됩니다. 둘의 관계가 주인과 머슴에서 형제로 바뀜에는 이유가 있습니다. 또 그 뒤에 천하 후세에 원외를 모르는 사람이 없고, 소을을 모르는 사람도 없게 되었습니다. 원외가 천강성의 머리를 차지하고 소을이 그 꼬리에 앉는 것에도 그럴 만한 이치가 있습니다. 그런 게 아니라면 자기 재주를 믿어 멀리 떠나는 게 뭐 어려웠겠습니까! 아, 원외 밖 아득한 천하를 소을은 마음에 두지 않았습니다. 그 마음으로 가장 잘 아는 원외를 버리고 따로 알지 못할 사람을 섬기는 일을, 소을이 개 돼지였다면 선택했겠지만, 개 돼지가 아니라면 어찌 구걸을 선택하지 않을 수 있었겠습니까![35]

---

34 노준의는 피화(避禍) 길을 떠나며 이고(李固)를 대동했고, 떠나기 전에는 연청에게 기루 출입을 삼가라고 당부했으며, 돌아온 뒤에도 연청이 말해주는 이고와 아내의 배신 사실을 믿지 않았다.

35 61회 총평. "是何言哉! 是何言哉! 夫我之知人, 是我之生平一片之心也, 非將以爲好也 ; 其人而爲我所

이 글은 의론에 초점을 두면 한 편의 '우정론(友情論)'이며, 두 사람의 사연으로 보면 독립된 '교우설(交友說)'이다. 누군가를 알아준다는 것은 대가나 보상을 얻으려 미끼를 드리우는 낚시질이나, 득실을 재어 주고받는 거래가 아니라는 게 답변의 요지이다. 신분을 떠나 노준의라는 한 인물에 대한 연청의 '인정과 신뢰'는, 상대의 태도와 상관없이 '상지(相知)'가 되기에 충분하다는 뜻이다. 두 사람의 신분이 달랐기에, 서로에 대한 이해와 신뢰에 시차가 생길 수 있다는 것도 고려 사항이다. 중요한 것은 연청의 노력에 상응하여 노준의도 연청을 알아주게 되었으며, 둘의 관계가 '노주(奴主)에서 형제(兄弟)로 전환'된다는 사실이다. 두 사람이 양산박 108 형제의 일원이 되고, 천강성의 화신 36위의 한 자리씩 차지함을 말한 것이다. 연청의 발견은 김성탄으로서도 매우 보람 있는 일이었다. 그는 『수호전』 창작 이래 연청을 제대로 간파한 사람은 없다며, 그를 실의한인(失意恨人)으로 규정했다.[36] 여기 따르면 연청은 전통적인 회재불우(懷才不遇)의 인간상이 된다.[37]

반대로 김성탄이 가장 혐오한 인물은 송강이다. 『수호전』을 일관하여

知, 是必其人自有其人之異常耳, 而非有所賴於我也. 若我知人, 而望人亦知我, 我將以知爲之釣乎! 必人知我, 而後我乃知人, 我將以知爲之報與? 夫釣之與報, 是皆市井之道；以市井之道, 施於相知之間, 此鄕黨自好者之所不爲也. 況於小乙知員外者, 身爲小乙則其知員外也易；員外不知小乙者, 身爲員外則其知小乙也難. 然則小乙今日之不忍去員外者, 無他, 亦以求爲可知而已矣. 夫而後小乙知員外, 員外亦知小乙：前乎此者爲主僕, 後乎此者爲兄弟, 誠有以也. 夫而後天下後世無不知員外者, 即無不知小乙；員外立天罡之首, 小乙即居天罡之尾, 洵非誣也. 不然, 而自恃其一身技巧, 不難舍此遠去. 嗟乎! 自員外而外, 茫茫天下, 小乙不復知之矣. 夫舍我心所最知之員外, 而別事一不復複可知之人, 小乙而豬狗也者則出於此；小乙而非豬狗也, 如之何其不至於求乞也!"

36 앞의 글. "自有水滸傳至於今日, 彼天下之人, 又孰不以燕小乙哥爲花拳繡腿(빛 좋은 개살구)' 逢場笑樂之人乎哉! 自我觀之, 僕本恨人, 蓋自有水滸傳至於今日, 殆曾未有人得知燕小乙哥者也. 李後主云："此中日夕只以眼淚洗面." 是燕小乙哥之爲人也."

37 燕靑은 120회 본에서 앞으로 닥칠 화를 미리 알고 노준의에게 함께 떠나자고 권하다가 혼자 자취를 감춘다.(90회) 이를 두고 서술자는 '진퇴존망의 기미'를 아는 이라 평가했다. 이 밖에도 그는 "대학문과 대경제를 갖춘 재상감"(陳忱贊), "神龍"(李贄) 등의 호평을 받았다. 王同舟·陳文新, 『水滸傳 豪俠人生』, 武漢大學出版社, 2002, 175~179쪽.

김성탄은 송강을 위선과 가식의 인물로 비판하며, 또 그렇게 그려냈다. 조개의 하산을 내내 만류하다가 중두시 출정을 말리지 않은 것을 두고, 조개의 전사가 송강의 의도는 아니지만 결과는 그가 바란 대로 되었다며, 그 필법을 『춘추』에 견주었다.[38] 대명부 전투 도중 발병한 송강의 등창[背瘡]을 오랜 역심(逆心)의 증상이라며('背' 자에 주목), 그 간엄(簡嚴) 은미(隱微)한 필법을 찬탄했다.[39] 또 조개 사후 그 복수에는 마음 없이 단경주(段景住)가 빼앗긴 말에만 집착하였으며, 조개의 유언대로 사문공(史文恭)을 잡은 노준의에게 두령 자리를 넘기지 않고 시간을 끄는 등, 7가지 이유를 열거하여 송강의 음흉한 탐심을 공격했다.[40] 이러한 공격은 본문 곳곳에서도 발견된다. 사문공이 타던 조야옥사자마(照夜玉獅子馬)를 연청이 끌고 오자 송강은 기뻐하는 한편 난감해 한다.[心中一喜一惱][41] 이에 대한 아래 평어는, 송강을 대하는 김성탄 태도를 단적으로 보여준다.

> 역사를 제대로 읽지 못하는 이는 이렇게 풀이할 것이다. "노원외가 공을 세운 걸 기뻐하고, 원수 사문공에 화를 낸 것이다." 역사를 잘 읽는 이는 이렇게 풀이할 것이다. "옥자자가 돌아온 걸 기뻐하고, 옥기린이 공을 세운 걸 난감해한 것이다.[42]

---

38 59회 총평. "以稗官而幾欲上與陽秋分席, 詎不奇絕! 然不得古本, 吾亦何由得知作者之筆法如是哉!" (내용은 생략)

39 또한 일부만 인용한다. 64회 총평. "蓋至是而宋江成於反矣, 大書背瘡以著其罪, 蓋亦用韓信相君之背字法也. … 至是而大書宋江疽發於背者, 殆言宋江反狀至是乃見, 而實宋江必反之志不始於今日也. 觀晁蓋夢告之言, 與宋江私放之言, 乃至不差一字, 是作者不費一辭, 而筆法已極嚴矣."

40 67회 총평, 원문은 생략.

41 "心中一喜一怒, 喜者得盧員外見功, 怒者恨史文恭射殺晁天王, 冤仇未曾報得." (120회 본)

42 67회 夾評. "不善讀史者, 疏之曰 : 喜者喜盧員外建功, 怒者怒史文恭讐人也. 善讀史者, 疏之曰 : 喜者喜玉獅子歸來, 惱者惱玉麒麟有功也."

그런가 하면, 인재를 버려두어 결국 도적이 되게 하는 무능한 조정과 부패한 관리도 질책의 대상이었다. 양산박에 모인 108명 중 자원하여 도적이 된 인물은 하나도 없으며, 이들이 조정에 맞서게 된 것은 모두 조정의 잘못이라는 것이 김성탄의 기본 관점이었다. 62회에서 석수(石秀)는 처형 위기에 처한 노준의를 구하려다가 외려 사로잡힌다. 그는 붙잡혀서도 기죽지 않고 양중서(梁中書)를 꾸짖는다. 이를 계기로 석수는 도덕적으로 우월한 위치에 놓이게 된다. 그 꾸짖는 말의 첫 구절이 120회 본에는 "네 이 나라를 좀먹고 백성을 해치는 도적놈아! 你這敗壞國家, 害百姓的賊!"로 되어 있다. 김성탄은 이를 "你. 這與奴才做奴才的奴才!"로 바꾸었다.[43] 그리고 이에 대해 장황하게 논평했다.

> 노재(奴才)를 옛날엔 노재(奴財, 재물의 노예)로 썼다. 곽자의(郭子儀)가 자식을 꾸짖는 말에서 시작되었으니, 노예들이 사용함을 말한 것이다. 이제 보니 천하에 이런 부류가 이렇게나 많은가! 떠들썩한 시장에서 포목을 안고 곡식 자루를 쥐고 있느라 분주하다. 저 분주한 것은 무엇을 위함인가, 노재(奴財)일 뿐이다. 험난한 강과 산에 수레와 배가 엎어지느라 분주하다. 저 분주함은 무엇을 위함인가, 노재일 뿐이다. 심지어 밤새 글을 읽어 해마다 과거를 보느라 분주한다, 저들의 분주함은 무엇을 위함인가, 노재일 뿐이다. 더욱이 부서(符瑞)를 쥐고 인끈을 찬 채 사람들을 물리치며 들고 나느라 분주하다, 또한 노재를 위해서일 뿐이다. 말 달리고 창을 휘두르며 사람을 해치느라 분주하다. 다행히 공을 이루면 그 또한 노재를 위한 것이다. 천 리 먼 길을 다니며 한 해가 멀다 하고 공부를 하느라 분주하다. 공부를 마치고 돌아오는 것 또한 노재 때문이다. 오호라, 뭇 천하 사람들이 모두 노재만을

---

43 '노재(奴才)'는 '종'이나 '노비', '나쁜 짓을 일삼는 앞잡이' 정도의 뜻을 지닌, 번역이 어려운 단어이다. 여기서 '여(與)' 자는 '~에게', '~를 위해'의 뜻으로 풀이하는 게 자연스럽다. "네 이 불상놈에게 불상놈 짓을 하는 불상놈아!" 이런 정도로 직역할 수 있겠다.

추구하는구나! 그렇다면 임금은 어디에 기대 천하를 다스리고, 백성은 어디에 기대 안식하나? 어버이는 무엇으로 양육하고, 자식들은 무엇으로 가르치나? 자기 덕은 무엇으로 세우고, 후학은 무엇을 본받을 것인가! 석수가 양중서를 "你這與奴才做奴才的奴才."로 꾸짖었으니, 시내암이 붓을 빌려 세상을 꾸짖은 것이다. 통쾌한 통곡의 문장이다.[44]

노재(奴才)의 옛말이 노재(奴財)라거나, 이 말을 곽자의가 사용했다는 증거는 확인되지 않는다. 노재(奴財)는 재물의 노예라는 의미로 사용한 듯하다. 백성들의 삶은 안중에 없이 그저 재물이나 추구하는 관리들을 비판하는 핵심어로 '노재'를 떠올렸고, 이 단어를 끌어오기 위해 '노재(奴才)'를 사용한 것이다. 천하 사람들의 모든 행위가 결국은 노재를 위한 것이라는 8번의 반복 문장은 「화식열전(貨殖列傳)」의 문법을 활용한 것이다. 인간은 본능적으로 이익을 추구하며 재물로 그것을 충족시킨다는 것이 사마천의 취지라면, 김성탄의 의도는 위정자들의 탐재와 이로 인한 백성들의 곤고한 삶을 지시하는 데 있다. '나라를 좀먹고 백성을 해친다'는 추상적인 표현을, '탐재(貪財)와 물욕(物欲)'으로 구체화하여 풍자와 비판의 뜻이 예리하게 드러나도록 한 것이다. 마지막의 통쾌한 통곡의 문장[快絶哭絶之文]이라 함은, 석수의 꾸짖음이 통쾌하다는 것이고, 양중서의 실상이 슬프다는 말이다.

동경에서의 대책 회의에 대한 비평에서도 같은 어조가 보인다. 양중서는 동경으로 밀사를 급파했고, 동경의 절당(節堂)에 태사(太師) 채경(蔡京), 동

---

44 62회 총평. "奴才, 古作奴財, 始於郭令公之罵其兒, 言爲群奴之所用也. 乃自今日觀之, 而群天之下又何此類之多乎哉! 一哄之市, 抱布握粟, 棼如也. 彼棼如者何爲也? 爲奴財而已也. 山川險阻, 舟車翻覆, 棼如也. 彼棼如者何爲也? 爲奴財而已也. 甚而至於窮夜咿唔, 比年入棘, 棼如也. 彼棼如者何爲? 爲奴財而已也. 又甚至於握符綰綬, 呵殿出入, 棼如也. 彼棼如者何爲? 爲奴財而已也. 馳戈驟馬, 解脰陷腦, 棼如也. 幸而功成, 即無不爲奴財者也. 千里行腳, 頻年講肆, 棼如也. 既而來歸, 亦無不爲奴財也. 嗚呼! 群天下之人, 而無不爲奴財. 然則君何賴以治? 民何賴以安? 親何賴以養? 子何賴以教? 己德何賴以立? 後學何賴以仿哉? 石秀之罵梁中書曰: "你這與奴才做奴才的奴才." 誠乃耐庵托筆罵世, 爲快絶哭絶之文也."

청추밀사(東廳樞密使) 동관(童貫), 삼아(三衙)의 태위(太尉)가 모여 의논했지만 뾰족한 대책을 내지 못한 채 서로 얼굴만 쳐다보았다. 그때 아문방어보의사(衙門防禦保義使) 선찬(宣贊)이 나서 포동순검(蒲東巡檢) 관승(關勝)을 추천했다. 선찬은 용모가 추루(醜陋)하여, 관승은 고관의 눈에 들지 못해, 다 미관말직에 머물러 있었다. 이 대목에 김성탄은 "추루한 사람도, 기위(奇偉)한 사람도 말직에 있다. 그렇다면 당시 인재 등용은 뇌물 한 길만 있었을 뿐이니, 이제와 (인재를) 찾은들 이미 늦지 않은가!"[45]라는 평어를 달았다. 또 조정의 고관들이 모여 아무런 대책도 내지 못하는 무능을 꼬집은 뒤, 문제가 발생할 때마다 누군가의 등 뒤에서 인재가 나오고, 그의 등 뒤에서 또 인재가 나오는 현상을 주목하여, "등 뒤에 무슨 인재가 그렇게 많은지, 인재가 없다는 말은 모두 빈말"이라며 일침을 가했다. 여기에 당당한 존체의 재상, 서슬 퍼런 추밀원 관리, 삼아의 태위들의 현달은 그저 우연일 뿐, 특별한 능력을 지녀서가 있어서가 아니라는 탄식을 덧붙였다.[46]

이러한 포폄의 비평은 황보단에 이르러 총결 된다. 수의(獸醫) 황보단은 69회 말미 장청에 의해 송강에게 소개되지만, 대사나 역할 하나 주어지지 않은 인물이다. 그도 그럴 것이 동창부 싸움을 끝으로 더 이상 사건이 펼쳐지지 않기 때문이다.[47] 장청의 설명에 따르면 황보단은 뛰어난 상마안(相馬眼)에, 말의 병을 진단하고 치료하는 데에도 탁월한 능력을 발휘하는, 한마

---

45 62회 夾評. "醜陋者不得重用, 奇偉者又在下僚, 然則當時用人, 真惟賄賂一途矣, 今日求之不既晚乎!" 김성탄은 120회 본에 나타난 關勝의 형상은 忠義 성격이 부족하다고 판단하여 항복할 때의 발언 등을 가필했다. 또 송강의 관승 편애에 林沖과 秦明이 언짢은 기색을 보이는 부분을 수정하였다.

46 62회 총평. "以堂堂宰相之尊, 袞袞樞密院官, 三衙太尉之眾, 而面面廝覷, 則面面廝覷已耳, 亦有何策上紓國優, 下弭賊勢乎哉! 忽然背後轉出一人 ; 忽然背後轉出之人, 又從背後引出一人 ; 忽然背後人所引之背後人, 又從背後引出一人. 嗚呼, 才難未必然乎? 是何背後之多人也! 然則之三人亦幸而得遇朝廷多事, 尚得有以自見 ; 不然者, 幾何其不爲堂堂宰相' 袞袞樞密院官' 三衙太尉之腳底下泥, 終亦不見天日之面也. 之三人亦不幸而得遇朝廷多事, 終亦不免自見 ; 不然者, 吾知其閉戶高臥, 亦足自老, 殊不願從堂堂宰相' 袞袞樞密院官' 三衙太尉之鼻下喉間仰取氣息也. 讀竟, 爲之三歎."

47 물론 이는 70회 본에 국한되고, 100회 본이나 120회 본에는 자주는 아니어도 꾸준히 등장한다.

디로 백락(伯樂)의 능력을 지닌 인물이다. 김성탄은 사진이 108명 중 첫 번째로 등장하는 것을 간과하지 않았듯이, 황보단이 마지막을 장식하는 것도 예사로이 보지 않았다. 아래는 황보단의 108번째 등장에 대한 논평이다.

> 108인을 펼쳐내 보이면서 황보단의 말 안목[相馬]으로 끝을 맺었다. 참으로 절묘하다, 이야말로 『수호전』이 지어진 이유이다. 제멋대로 가지를 뻗고 울퉁불퉁하게 생긴 나무도 수레나 배를 만듦에 쓰임이 없는 게 아니고, 난폭하게 차고 물어뜯으며 울부짖는 병이 있다고 하루에 천 리를 달리는 능력이 없는 건 아니다. 겉을 진흙으로 칠했다고 하여 그 속이 황금이 아니란 법이 없고, 부엌의 하인이라고 외국에서 왕을 돌아오게 하는 능력이 없으란 이유는 없다. 현명한 재상이 격식을 깨는 안목을 지니면 100년 안에 특별한 효력이 나타난다. 하지만 세상에 백락이 없으니 현명한 사람과 우매한 이가 함께 죽는다. 심하면 더 험난한 일을 겪게 되니, 형세가 무너지고 사업은 찢어져 나라가 그 화를 입기에 이른다. 그런 뒤에 성별과 털빛을 따지다가 천리마를 잃었다고 탄식하지만, 아 너무 늦지 않은가![48]

황보단을 빌려 펼쳐낸 한 편의 인재론이다. 김성탄은 황보단의 '상마(相馬)' 능력을 『수호전』 저작의 동기라고 단언했다. 한유가 「잡설」에서 비유한 바 백락의 안목이 없어 버려지는 천리마처럼, 조정이 부패하고 관리들이 무능하여 무수한 인재들이 버려지는 현실, 이것이 『수호전』이 지어진 이유이자 그 주제라는 말이다. 출신과 환경, 계급과 외형 등은 인재 여부의 기준이 되지 못하며, 소례세절(小禮細節)에 갇히지 않는 기질과 행동 이로 인한 작은

---

48 69회 총평. "敍一百八人, 而終之以皇甫相馬. 嘻乎妙哉, 此水滸之所以作乎! 夫支離臃腫之材, 未必無舟車之用; 而蹄齧嘶喊之疾, 未必非千里之力也. 泥其外者, 未必不金其裏; 竈下之厮養, 未必不能還王於異國也. 惟賢宰相有破格之識賞, 斯百年中有異常之報效, 然而世無伯樂, 賢愚同死, 其尤駁者, 乃遂走險, 至於勢潰事裂, 國家實受其禍, 夫而後歎吾真失之於牝牡驪黃之外也. 嗟乎! 不已晚哉!"

실수와 허물로 큰 쓰임을 통째로 버리는 건 어리석은 일이다. 파격의 안목을 지닌 재상은 100년 안에 국가의 번성을 가져오지만, 세상에 그런 백락이 없으니 끝내는 나라가 위태로워지고 백성들은 도탄에 빠지게 된다. 이는 소설 인물에 대한 비평이자, 『수호전』의 배경인 남송 말기에 대한 사평(史評)이며, 나아가 김성탄 자신의 시대에 대한 탄식이다. 그리고 시대와 국가를 초월하는 천고의 공론이기도 하다.

4. 심미(審微)의 읽기, 불기(不羈)의 쓰기

김성탄의 비평 특징으로 두 가지를 더 들 수 있다. 심상한 곳을 지나치지 않고 작은 부분에서 의미를 찾아내는 심미(審微)의 읽기 정신이 하나이다. 다른 하나는 문언의 우아미와 속어의 생동감을 넘나들고, 겸손한 해설과 과감한 창작을 병행하며, 진지한 비판과 경쾌한 해학을 아우르고, 공공성과 상업성을 나누지 않는 불기(不羈)의 쓰기 태도이다. 전자는 서사 경개와 인물 성패 중심의 독서 관습을 일소하고 소설 읽기의 새로운 방법을 제시했다. 후자는 권위와 관행의 틀을 과감하게 무너뜨리고, 술작(述作)을 병행하는 글의 쾌감을 선사하며 글쓰기의 새로운 지평을 열어주었다.

> 채복(蔡福)은 옥에서 나와 잇달아 세 사람을 만난다. 문장의 형세가 층위를 달리하며 물결치니 하나하나 응접할 겨를이 없다. 첫 단락 연청 대목을 읽고 나도 모르게 목놓아 통곡했다, 슬프다! 머슴으로서 주인에게 은혜를 입었으니 이른바 '주인은 곧 아비'인 셈이다. 머슴으로서 주인의 인품을 깊이 알아주었으니 '머슴이 바로 벗'이라 하겠다. 천하에 자식으로서 아비에게 그리 못 할 게 무엇이며, 벗으로서 벗에게 그리 할 수 없을 게 무엇인가! 곡을 마치고 큰 잔에 술을 가득 채워 마시지 않을 수 없었다. 또 둘째 이고(李固) 단락을 읽는데 나도 모르게 성난 머리카락이 치솟았다, 이런 일이 있다

니! 예전 주인이 살려준 일은 은혜가 더할 나위 없고, 이제 머슴이 주인을 죽임도 극악하여 더 보탤 게 없다. 옛날에 악인을 궁기(窮奇)라 했다. 도저히 헤아리기 어려울 정도로 극변함을 말한 것이니, 바로 이런 놈을 이름이다! 침을 뱉고 싶어도 내 뺨이 더러워질까 우려되고, 죽이려 해도 내 칼이 지저분해질까 걱정일 정도로 화가 났다. 또 큰 잔에 술을 가득 채워 마시지 않을 수 없었다. 세 번째 시진(柴進) 단락을 읽고는 나도 모르게 뜨거운 마음으로 슬픈 노래를 불렀으며 의기가 불어났다, 슬프며 장하다! 노원외가 죽으면 천강성의 나머지 35명이 어찌 살 수 있으며, 노원외가 산다면 그 35인이 죽는들 어떠랴! 황금 천 냥을 지푸라기처럼 여길 뿐 아니라, 자기 목숨도 기러기 털인 양 가볍게 보았다. "내 말을 듣지 않고 나를 죽이든, 죽일 수 없다면 내 말대로 하든, 양단간에 결정하"라는 (시진의) 말에서 감격이 차올라 또 큰 잔에 술을 채워 마시지 않을 수 없었다. 어떤 이가 말했다. "그대는 이 편을 읽을 때 크게 취했겠구려!" 난 웃으며 말했다. "아닙니다. 그날 몹시 추웠는데 동자는 먼저 잠들어 술을 찾을 방법이 없었지요, 한 잔도 들지 않았답니다."[49]

노준의는 오용의 계교에 넘어가 사로잡혀 양산박에서 여러 날 지체하다가 북경으로 돌아오지만 도적의 죄목으로 감옥에 갇히고 만다. 아내와 이고에게 배반당한 것이다. 채복은 감옥의 관리인데, 퇴근길에 잇달아 세 사람

---

49 61회 總評. "蔡福出得牢來, 接連遇見三人, 文勢層見迭出, 使人應接不暇, 固矣. 乃吾讀第一段燕青, 不覺爲之一哭失聲, 哀哉! 奴而受恩於主, 所謂主猶父也 ; 奴而深知其主, 則是奴猶友也. 天下豈有子之於父而忍不然, 友之於友而得不然也與? 哭竟, 不免滿引一大白. 又讀第二段李固, 不覺爲之怒髮上指, 有是哉! 昔者主之生之, 可謂至矣, 盡矣 ; 今之奴之殺之, 亦複至矣, 盡矣. 古稱惡人, 名曰"窮奇", 言窮極變態, 非心所料, 豈非此奴之謂與! 我欲唾之而恐汙我頰, 我欲殺之而恐汙我刀. 怒甚, 又不免滿引一大白. 再讀第三段柴進, 不覺爲之慷慨悲歌, 增長義氣. 悲哉! 壯哉! 盧員外死, 三十五人何必獨生 ; 盧員外生, 三十五人何妨盡死. 蓋不惟黃金千兩, 同於草莽, 實惟柴進一命, 等於鴻毛. 所謂不諾我, 則請殺我, 不能殺我, 則請諾我, 兩言決也. 感激之至, 又不免滿引一大白. 或曰 : 然則當子之讀是篇也, 亦既大醉矣乎? 笑曰 : 不然, 是夜大寒, 童子先唾, 竟無處索酒, 余未嘗引一白也."

을 만난다. 먼저 거지 차림의 연청은 옛 주인에게 구걸한 밥이라도 대접하고 싶다 하여 허락을 받는다. 다음에 이고는 은밀히 채복을 찻집으로 오게 하여 뇌물을 주고 노준의를 죽여줄 것을 청탁한다.[50] 마지막에 집으로 찾아온 시진은 천 냥의 황금을 내밀며 자기를 죽이든 노준의를 보살펴주든 양단간에 결정하라며 압박한다. 김성탄은 장면마다 분노와 의기의 격동을 다르게 표출하며, 한결같이 큰 잔으로 술을 마시지 수 없었다고 하여 독자들의 마음을 울리며 해당 부분을 다시 음미하게 한다. 그런 뒤 실제로 술을 마시지 않았다며 격동의 어조를 다소 싱겁게 수습한다. 예측 범위 밖으로 문장의 기세를 급전하여 독자의 의표를 찌르면서, 문장에 취함은 음주 여부와는 상관없음을 말한 것이다.

이고가 찻집에서 채복에게 뇌물을 건네며 노준의를 죽여줄 것을 부탁하는 대사에 '광전절후(光前絶後)'라는 구절이 나온다. 이 구절은 '광전요후(光前耀後)'라는 옛 구절의 변용인데, 김성탄은 이 부분에서 한두 글자를 바꿔 표현의 신선한 효과를 거둔 사례들을 언급한다. 그중 하나는 탕현조(湯顯祖, 1550~1616)의 「모란정환혼기(牡丹亭還魂記)」에서 두려낭(杜麗娘)이 스승을 맞이하며 지은 시 "술은 선생님이 드시고, 소녀는 군자유가 되겠습니다. 酒是先生饌, 女爲君子儒."이다. 앞 구는 공자의 말 "술과 음식이 있으면 어른께서 먼저 드시게 하는 것을 효라고 할 수 있겠느냐! 有酒食, 先生饌, 曾是以爲孝乎!" (『논어』, 「위정(爲政)」)에서, '식(食)'을 발음이 같은 '시(是)'로 바꾼 것이다. 뒷구는 역시 공자의 말 "너는 군자 유자가 되어야지 소인 유자가 되면 안 된다. 女爲君子儒, 毋爲小人儒." (『논어』, 「옹야」)에서 그대로 가져온 것이다. 경전의 무거운 말씀을 글자 하나 바꿔 향기롭고 풍류 넘친 말로 만든 재치를 칭찬

50 이 대목에서 김성탄은 120회 본의 "의외로 주관 이고였다. 却是主管李固."를 "역시나 주관 이고였다. 正是主管李固."고 고치고, "'却是'는 의외를 뜻하고, '正是'는 짐작을 가리키니, 글자 하나로 배반 노비의 독심(毒心)과 관리의 관행을 다 그려냈다. 고본의 절묘함이 이와 같다. 卻是者, 出自意外之辭也 ; 正是者, 不出所料之辭也. 只一字, 便寫盡叛奴之毒, 公人之慣, 古本之妙如此."고 논평했다.

한 것이다.[51] 아래는 여기에 이어지는 글이다.

> 하지만 내 벗 착산(斲山) 선생의 오묘한 화법만 못하다. 사례를 다 들 수 없어 하나만 이야기한다. 하루는 사람들이 모여 조개 요리를 먹었다. 자리에 한 교서(較書)가 있다가 물었다. "어째서 참새가 바다에 들어가면 조개가 되는 걸까요?" 선생이 응대했다. "그대는 그 이치를 모르시오, 난 그대의 참새가 조개에 들어가면 물이 되는 이치를 모르겠구려." 술을 쏟고 젓가락을 떨어뜨릴 정도로 사람들이 크게 웃었다. 그처럼 오묘한 말솜씨가 하루에도 천 마디이다. 그 마음이 물처럼 맑기에 사물이 와서 비추는 것이니, 다른 사람들이 미칠 수 있는 바가 아니다.[52]

교서의 질문은 『국어(國語)』에 나오는 "참새는 바다에 들어가면 조개가 된다. 雀入大海爲蛤."에 근거한 것이다. 정말 그렇게 믿거나 궁금해서가 아니라 문득 생각나 무심하게 던진 말이다. 이에 착산[53]은 민간의 속설로 응대했는데, 그게 좌중의 폭소를 일으켰다. 참새[雀]와 조개[蛤]는 은어에서 각각 남성과 여성의 생식기를 의미하기 때문이다. 질문의 원 의도와는 어긋나지만, 글자와 원리와 어법의 동일성에 착안한 말장난이 청중의 반향을 일으킨 것이다. 경사(經史)의 오랜 말을 경쾌하게 패러디하거나, 거기에 민간 문학이나

---

51 62회 夾評. "吾生平所見筆舌之妙, 無踰臨川清遠先生者. 其牡丹亭傳奇, 杜麗娘入塾詩曰 : 酒是先生饌, 女爲君子儒. 上句以是字換過食字, 而恰恰字異音同, 已爲奇絕 ; 至下句並不換一字, 而化扳重爲風流, 變聖經爲香口, 真乃千秋絕唱, 一座盡傾也."

52 62회 夾評. "然猶未若吾友斫山先生之妙舌也, 其他多不可舉, 姑舉其一. 一日會食蛤蜊, 有較書在席, 問客曰 : 不審何故, 雀入大水化爲蛤. 先生應口答曰 : 卿且莫理會此, 我正未解卿家何故, 雀入大蛤便化爲水耳. 一座哄然大笑, 乃至有翻酒失箸者. 其靈唇妙舌, 日有千言, 言言仿此. 蓋其心清如水, 故物來畢炤, 非他人之所得及也."

53 김성탄의 지기 왕한(王瀚)이다. 이들의 교유에 대해서는 陸林, 「金聖嘆與王鰲後裔交遊探微」, 『江海學刊』(2002), 167~172쪽 참조.

시속 음담의 말을 대응시켜, 원 맥락의 무거운 권위나 상투적 관습을 덜어내는 것은 김성탄이 애용한 어법이다. 이는 권위와 금기, 관습과 투식에 얽매이지 않는 불기(不羈) 정신의 구현이다.

> 나뭇잎 조각배에 지나지 않지만, 장왕(張旺)과 손오(孫五) 두 사람이 있다가, 여기에 장순(張順)까지 세 사람이 있다가, 장왕 한 사람만 남았다가, 장순과 안도전과 왕정륙(王定六)이 타 네 사람이 되었다가, 장왕이 죽어 세 사람이 남았다가, 장순과 안도전이 떠나 왕정륙 한 사람만 남았다가, 이윽고 아무도 남지 않게 된다. 위응물(韋應物)의 시에 "들 나루 사람 없고 배 한 척 빗겨있다. 野渡無人舟自橫."고 했거니, 이 작은 배에서 짧은 시간에 일어나는 화복의 변화가 여덟 번째 놀라운 점이다.[54]

> 한 대 맞고 곧 그 매운 주먹맛을 알았으며, 굴복한 뒤 바로 이름을 물으니, 철우(鐵牛)는 참으로 재상의 도량을 지녔다. ○ 마음을 다해 굴복하고 사랑하니 일어서기도 전 주저앉은 채로 이름을 묻는다. 현자를 좋아함이 철우다우니, 사람들로 하여금 그를 그리워하게 한다.[55]

위 인용문은 장순의 남경 이야기 중, 일련의 사건이 일어나는 장강 나룻배의 의미를 말한 것이다. 장순은 이 배에서 장왕과 손오에게 재물을 빼앗기고 죽을 위기에 처했는데, 뒤에는 배에 탔던 이들이 죽고 떠나고 하여 빈 배만 남게 된다. 김성탄은 이 작은 배에 주목하여, 사람들이 세상에 나서 이익

---

54 64회 總評. "不過一葉之舟, 而忽然張旺´孫五二人, 忽然張順´張旺´孫五三人, 忽然張旺一人, 忽然張順´安道全´王定六´張旺四人, 忽然張順´安道全´王定六三人, 忽然王定六一人, 忽然無人. 韋應物詩云: "野渡無人舟自橫." 偏於此舟禍福倏忽如此, 八可駭也."

55 66회 夾評. "被他打, 便知他好拳 ; 服他拳, 便問他名姓, 鐵牛真有宰相胸襟. ○ 服之至, 愛之至, 便急欲知其名姓, 連爬起來亦有所不及矣. 好賢如鐵牛, 令人想殺鐵牛也."

과 복락을 위해 온갖 애를 쓰지만, 그 시간은 순간에 지나지 않으며 결국은 모두 떠나게 된다는 사실을 암시했다. 이런 비평을 거치면, 소품에 불과한 작은 배의 형상과 존재감이 뚜렷하게 부상한다.[56] 아래 인용문은 이규(李逵)가 송강과 말다툼 끝에 혼자서 능주(凌州)로 가다가 길 위에서 초정(焦挺)과 만나 사귀는 장면에 대한 평어이다. 이규는 초정에게 이어 맞아 주저앉은 상태에서도, 그에 대해 무한 호감을 표시하며 이름을 묻는다. 김성탄은 워낙 이규를 좋아하여 곳곳에서 그를 호평했는데, 이 대목에서도 자신의 이해와 상관없이 인재를 사랑하고 포용하는 재상의 도량을 보여준다고 하여 과한 애정을 드러낸다. 이는 사소한 부분을 허투루 넘기지 않고, 모든 글자와 사물에서 의미를 발견하려고 하는 심미(審微) 정신의 발현이다.

68회에 등장하는 동평부 도감(都監) 동평(董平)은 학식이 넓으며 예술에도 조예가 깊은 인물로 소개된다. 그는 등의 화살통에 작은 깃발을 꽂았는데, 거기에 '영웅은 쌍창의 장수, 풍류는 만호의 제후, 英雄雙槍將, 風流萬戶侯' 10자 대련이 씌어 있다. 모든 서사를 수습하는 시점이라 한 인물을 길게 서술할 겨를이 없는데, 이 깃발과 글귀로 인해 동평의 형상은 강렬하게 살아난다. 김성탄은 이 지점에, "중요한 사건을 남김없이 그려내고는, 이런 미세한 부분도 정밀하게 묘사했으니, '뺨 위의 세 가닥 터럭에 바로 화가의 마음이 들어 있다' 함은 이를 두고 말함이다."[57]라고 평어를 달았다. 그의 심미안은 언제나 이런 작은 부분에서 반짝인다. '뺨 위의 세 가닥 터럭 頰上三毫'는 고개지(顧愷之)가 배해(裴楷)의 얼굴을 그렸는데 뺨 위의 세 가닥 터럭을 더하자 인물의 정신이 살아났다는 고사에서 유래한다. (『진서(晉書)』, 「고개지전(顧愷之傳)」) 이런 원리는 장편거질의 『수호전』에서도 통용되는바, 김성탄에게

---

56 張順은 安道全을 초빙하는 과정에서 기녀 李巧奴를 비롯한 네 명을 죽이는데, 이 사건에 감추어진 양산박의 봉건적 폭력성에 대한 날 선 비판이 제기된 바 있다. 김성탄은 이 문제를 언급하지 않았는데, 참고로 소개해둔다. 狄馬, 「李巧奴爲誰而死」, 『雜文月刊』, 2011, 8, 20,1쪽.

57 68회 夾評. "大處寫不盡, 卻向細處描點出來, 所謂頰上三毫, 只是意思所在也."

있어 소설 비평은 세 가닥 터럭을 찾아내거나 그려내는 작업이었다.

5. 결어

김성탄은 이전에 통용되던 『수호전』의 후반부를 과감하게 잘라내고 70회(통용본의 71회)에서 종결지어 이를 고본으로 내세웠다. 그 이유는 대략 세 가지로 추출할 수 있다. 첫째, 소설에서 가장 소중한 요소는 인물의 성격인데 70회까지 충분히 구현되었다. 둘째, 인물 못지않게 중요한 것은 서사의 구성인데, 소설의 서사 미학은 역사 서사의 통사성과 변별된다. 이 두 가지는 소설 내부에 대한 인식의 소산이며, 서로 밀접하게 결부되어 있다. 셋째, 출판 비용과 독자의 접근성에 대한 고려이다. 『제오재자서시내암수호전』은 민간에서 상업 출판되었다. 이 책은 많은 평점이 부가됨으로써 분량이 크게 늘어났고, 출판업자의 입장에서 김성탄은 비용과 수익의 문제를 심각하게 고려하지 않을 수 없었을 것이다. 70회의 총평은 이중 앞의 두 사안에 대한 인식을 담고 있다. 이를 검토하면서 논의를 마치려 한다.

> 한 부의 책 70회는 거대한 구성이라 할 만한데, 이 한 회는 대결속에 해당한다. 읽으면 천 리를 날아온 용들이 일제히 바다로 들어가는 듯하니, 무언가 덜 끝난 듯한 아쉬움이 터럭만큼도 남지 않는다. 우스워라, 나관중은 개 꼬리를 늘여 붙여[58] 못난 꼴만 보였구나![59]

---

58 서진(西晉) 시기 조왕(趙王) 사마륜(司馬倫)이 관작을 남발, 조정에 고관들이 가득했다. 고관들은 매미 모양 장식을 담비 꼬리에 꽂은 초선관(貂蟬冠)을 썼다. 당시 "담비 꼬리가 모자라니 개 꼬리로 이었구나. 貂不足, 狗尾续."란 풍자가 유행했다고 한다. 횡첨구미(橫添狗尾)는 여기서 파생되었다.

59 70회 총평. "一部書七十回, 可謂大鋪排, 此一回可謂<u>大結束</u>. 讀之正如千里群龍, 一齊入海, 更無絲毫未了之憾. 笑殺羅貫中橫添狗尾, 徒見其醜也."

김성탄은 서사의 끝을 희망이나 도덕으로 길게 수식하는 것을 싫어했다. 이는 당시 유행했던 이야기들의 도덕적 구도나 윤리적 귀결에 대한 거부감의 표현이다. 소설은 공권력이 편찬하는 역사서나 윤리서가 아니며, 이들과는 다른 세계와 미감을 지닌다는 것이 그의 생각이었다. 노준의의 꿈속에서 108명이 일시에 처형되는 설정은 도적들의 최후를 암시하지만, 그것을 꿈이라는 장치로 처리한 것은 그런 소설 미의식의 소산이다. 그는 지리멸렬한 귀결의 예로 『삼국연의』를 들었다. 『삼국연의』는 주인공들이 잇달아 죽으면서—관우(77회), 조조(78), 장비(81), 유비(85), 제갈량(103)—서사 동력이 약화되지만, 이야기는 그 뒤까지 길게 이어진다. 주인공들의 죽음 뒤에 이어진 역사 사연들을 김성탄은 '늘여 붙인 개 꼬리'로 보았던 것이다.

명시적으로 언급하지 않았지만, 이는 허구 서사와 역사 서사의 차이에 대한 입론이다. 역사서 『삼국지』와 달리 소설 『삼국연의』는 유관장(劉關張) 형제와 제갈량의 촉나라 중심으로 이야기를 구성했지만 여전히 역사를 부연한다는 의식이 강했고, '역사'에 둔 무게 중심을 완전히 덜어내지 못했다. 이로 인해 이후 위(魏)나라의 멸망과 진(晉)나라 초기에 이르기까지 이야기를 길게 펼쳐냈다. 김성탄의 생각에 이 뒷부분은 담비 꼬리가 모자라 대체한 개 꼬리에 지나지 않았다. 소설은 역사 기록의 사실과 교훈에 연연할 이유가 없으며, 한층 더 주관적인 상상과 파괴적인 구성, 나아가 과감하고 자극적인 필삭(筆削)을 통해 역사와는 다른 효과를 창출할 수 있는 것이었기 때문이다. 물론 김성탄의 발언을 이해하기 위해서는 당시 소설 시장에서 『삼국연의』가 『수호전』의 경쟁 상대였다는 점도 고려해야 할 것이다.

역사 또는 역사연의와 다른 소설의 본질에 대한 인식은 아래 예문에 더 명료하게 보인다.

> 어떤 이가 물었다. "석갈의 천문이 사실인가요, 아님 송강의 조작인가요?" 이런 걸 바보에게 꿈 얘기하는 지혜라고 한다. 작자는 그저 서사를 마무리하며, 108인의 성명을 하나하나 펼쳐 드러내, 70회 긴 이야기에 눈동자를

> 그리고 혈맥을 그치게 했을 뿐이다. 석갈(石碣)로 시작하여 석갈로 매듭지었으니, 이것이 이 책의 큰 개합(開闔)이다. 엮어낸 사건 70회와 빚어낸 인물 108명이 이 책의 큰 안절(眼節)이다. 사건과 인물의 진위는 본디 글 짓는 이들이 헤아리지 않는 바이거늘, 오늘날 독자들은 거기에 집착하는지![60]

가상 인물과의 문답을 통해 소설, 더 정확히는 '허구'의 속성에 대한 생각을 펼쳐냈다. 땅에서 나온 석갈에 천문(天文)이 새겨져 있다는 설정을 두고 송강의 조작이 아니냐는 게 질문의 요지다. 이에 김성탄은 소설에는 구성의 개합과 인물의 성격이 있을 뿐인데 왜 쓸데없이 사실 여부에 집착하느냐고 반문한다. 후자에서 중요한 것은 나의 창의성과 상상력이다. 소설을 읽으며 사실 여부를 따지는 것 자체가 소설에 대한 무지의 고백인 셈이다. 여기에 김성탄의 시대는, 이른 시기부터 회화론에서 유행한 진환론(眞幻論)[61]이 소설 인식에 적극적으로 적용되기 시작했다는 사실도 고려해야 한다. 김성탄의 발언은, 물리적인 실체에 얽매이지 않는 상상의 인물이나 가공의 사건은 인간의 가능성과 사회의 실상을 더 잘 보여준다는 소설론의 성장을 잘 보여준다. 위 인용문은 김성탄의 그런 인식을 담고 있으며, 이 책 전체는 그런 인식의 구현인 것이다.

김성탄은 17세기 중반 동아시아 소설사의 한가운데 있었다. 그는 소설 애호가이자 비평가였으며, 작가이며 출판업자였다. 소설의 내면과 환경을 넘나들었으며, 작품의 이쪽과 저쪽에 동시에 있었다.

---

60 70회 총평. "或問, 石碣天文, 爲是真有是事? 爲是宋江偽造? 此癡人說夢之智也, 作者亦只圖敘事既畢, 重將一百八人姓名一一排列出來, 爲一部七十回書點睛結穴耳. 蓋始之以石碣, 終之以石碣者, 是此書大開闔, 爲事則有七十回, 爲人則有一百單八者, 是此書大眼節. 若夫其事其人之爲有爲無, 此固從來著書之家之所不計, 而奈之何今之讀書者之惟此是求也!"

61 진짜와 가짜는 둘로 구분되지 않으며 서로 넘나든다는 인식으로, 진환(眞幻)의 자리에 유무(有無), 공색(空色), 진가(眞假) 등이 들어가기도 한다. 여기에 대해서는 이등연, 「고전소설비평 중의 虛實論 小考」, 『중국소설논총』1, 중국소설연구회, 1992, 293~319쪽 참조.

노달(魯達) 서사, 셈 없는 의협과 해학의 구현

1. 서언

『수호전』의 애독자에게 등장인물 중 누구를 가장 좋아하는가 하고 묻는다면, 대답은 화화상(花和尙) 노지심(魯智深), 표자두(豹子頭) 임충(林沖), 행자(行者) 무송(武松), 급시우(及時雨) 송강(宋江) 등 몇 명을 벗어나지 않을 것이다. 이밖에도 『수호전』에는 청면수(靑面獸) 양지(楊志), 흑선푸(黑旋風) 이규(李逵), 탁탑천왕(托塔天王) 조개(晁蓋) 등 매력적인 인물이 많지만 그 비중 면에서 앞 네 사람을 넘어서지는 못한다. 이들은 소설 『수호전』이 형성되기 전부터 유행했던 민간고사의 주인공이었고, 『수호전』에서도 개별 서사의 주역으로 여러 회를 이끌어가며 강렬한 인상을 남긴다. 이들은 조금씩 다른 출신과 기질을 지녔지만, 의로운 성정과 신념을 지키다가 살인자의 오명을 쓰고 사회의 주류 세계에서 축출된다는 공통점을 지닌다. 이들의 신념은 뒷날 양산박의 명분이 된다. 서사 전개의 차원에서도 이들은 모두 초기에 등장하여—노달 2회, 임충 6회, 송강 16회, 무송 22회—서사의 방향을 잡고 흐름을 역동적으로 이끌어간다. 이들 네 사람은 방대하고 산만한 서사 그물을 조절하는 벼리로써 투입된 것이다. 여기서는 초반 노달 서사에 대한 김성탄의 비평을 검토하여, 세부 차원의 독법을 제시하는 것을 목적으로 한다. 이를 통해 노달 → 임충 → 무송 → 송강으로 이어지는 전반부의 서사 흐름과 구성, 그리고 노달의 텍스트 내의 위상과 기능 등이 밝혀질 것이다.

2. 서사의 출발과 노달의 등장

노달은 『수호전』의 초반부인 2회에 등장한다. 등장 순서는 주요 인물 기준으로 고구(高俅), 왕진(王進), 사진(史進)에 이어 네 번째이고, 뒷날 양산박에 집결하는 108 인물 기준으로도 사진(史進), 주무(朱武), 진달(陳達), 양춘(楊春)에 이어 네 번째이다. 하지만 『수호전』의 주인공 중에서는 등장 순서가 첫 번째이다. 노달은 2회에 등장하여 5회까지 서사를 주도하다가, 6회에 주도권을 임충에게 넘겨준 뒤 다시 7회에서 위기에 빠진 임충을 구해주고 유유히 사라진다. 이후 16회에 잠깐 나왔다가 다시 56회에나 등장한다. 노달은 2회와 7회 사이 5회를 책임진다. 조정에 대항하여 양산박에 집결하는 인물이 108명이나 되는데, 그 중 노달에게 서사 초기의 5회 정도를 맡긴 것은 그가 차지하는 비중이 특별함을 의미한다. 『수호전』 초반의 서사 흐름을 표로 제시하면 아래와 같다. ('/'는 대립, '→'는 전환)

회차	내용	주요 인물	서사 공간
1	고구의 핍박으로 왕진 떠나가다. 왕진은 사진을 만나 무예를 가르치고 다시 떠나간다.	고구 / 왕진 → 사진	동경(東京)
2	사진은 왕진을 찾아 연안부(延安府)로 가다가 노달을 만나다. 사진, 이충(李忠)과 술을 마시던 노달은 김취련 부자의 억울한 사연을 듣고 진관서(鎭關西) 정도(鄭屠)를 타살한다.	사진 → **노달**	위주(渭州), 감숙성(甘肅省) 농서(隴西)
3	노달은 도망 중 김노인을 만나, 조원외(趙員外)의 도움으로 오대산 문수원(文殊院)으로 출가하다. 두 차례 술에 취해 소동을 일으킨다.	**노달**	대주(代州) 안문현(雁門縣)

회차	내용	주요 인물	서사 공간
4	노달은 지진장로(智眞長老)의 소개로 동경 대상국사(大相國寺)를 찾아가다가 도화촌(桃花村)에서 유태공(劉太公)의 딸을 구해주다. 도화산 산채에서 그릇을 훔쳐 몰래 떠나다.	**노달**	도화촌(桃花村)
5	동경 도중 와관사(瓦官寺)에 들러 선장(禪杖)을 시험하다. 우연히 다시 만난 사진과 함께 와관사를 불태우다.	**노달**, 사진	와관사(瓦官寺)
6	노달은 동경성 산조문(酸棗門 밖 악묘(嶽廟) 옆 채원의 관리자가 되다. 부랑자들에게 무예를 보여주다가 금군(禁軍) 교두(敎頭) 임충을 만나다.	**노달** →임충	동경, 산조문 밖 악묘
7	노달은, 고구의 계략에 빠져 유배 길에 올랐다가 죽을 위기에 처한 임충을 구해주고 떠나간다.	임충, **노달** / 고구	야저림(野豬林)

작가는 왜 노달을 주인공 중 제일 앞에 내세웠을까? 이 질문에 대답하는 것은, 노달의 성격과 기능은 물론 『수호전』의 전체적인 지향을 파악하는 것과 통한다. 다양한 인물들이 등장하여 수많은 사건을 펼쳐내는 소설의 경우, 서사의 초반 흐름은 성패의 관건이며 서사 흐름을 좌우하는 것은 인물이다. 이렇게 본다면 노달의 등장 순서는 『수호전』 이해의 한 비밀을 감추고 있는 셈이다. 노달 등장의 의의를 파악하기 위해서는, 그 이전까지의 서사 흐름을 먼저 살필 필요가 있다.

『수호전』 첫 회는 시대 배경에 이은 고구의 내력 기술로 시작된다. 고구의 내력은 약전(略傳) 형식을 띠고 있다. 동경의 부랑아였던 그는 뛰어난 축구 솜씨와 처세술로 출세 가도를 달려 전수부(殿帥府) 태위(太尉) 자리에 오른다. 고구는 국정 혼란의 주범으로 수많은 호걸을 도적으로 몰아가고, 그 결과 뒷날 양산박의 첫째 공적(公敵)이 되는 인물이다. 작자는 왜 그 많은 인물 중에서 악역 고구를 먼저 내세웠을까? 김성탄은 본문 비평 첫머리에서 여기에 대한 의견을 제시한다.

한 부의 규모가 큰 책 70회는 장차 108인을 그리려 한다. 108인을 그리기 전에 먼저 고구를 그렸다. 고구를 그리지 않고 곧장 108인을 그렸다면 이는 어지러움이 아래에서 일어난 것이 된다. 108인을 그리지 않고 먼저 고구를 내세웠으니 어지러움이 위에서부터 지어진 것이다. 어지러움이 아래에서 일어나는 것을 가르칠 수는 없으니, 작자가 가장 피하고 싶은 것이다. 어지러움이 위에서 지어지는 것을 조장할 수는 없으니 작자가 깊이 두려워하는 바이다. 70회 책을 열면서 먼저 고구를 그린 데에는 까닭이 있는 것이다.[62]

『수호전』은 어지러운 시대 도적들의 이야기다. 어지러운 시대가 도적을 낳았는가, 아니면 도적들이 시대를 어지럽게 만들었는가? 도적들의 입장에서 세상을 보고, 도적들의 행동을 중심으로 사건이 펼쳐지는 것을 보면 답은 두말할 것도 없이 전자이다. 『수호전』은 난세가 만들어낸 도적들, 그리고 그 도적들이 난세와 맞서는 이야기이다. 김성탄은 작품의 전체 구조와 인물 등장 순서의 유기적 관련성을 주목했다. 그에 따르면 맨 앞에 고구를 등장시킨 건 혼란의 원인이 위(지배층)에 있음을 보여주기 위한 장치라는 것이다. 김성탄의 비평은 작품의 첫 장면에 대해서부터 예리하게 작동한다. 이로 인해 『수호전』은 첫 장면부터 긴장감이 조성된다.

고구 다음에 등장하는 인물은 왕진(王進)이다. 80만 금군(禁軍) 교두(敎頭) 왕진은 충효를 겸비한 인물이다. 그는 고구의 핍박을 피해 어머니를 모시고 야반도주한다. 그런데 왕진은 양산박에 집결하는 108명의 호걸에도 들지 않고, 2회에서 사진과 헤어진 뒤 홀연 자취를 감춘다. 그는 퇴장하기 위해 잠시 등장한 셈이다. 이를 두고 김성탄은 "고구가 오자 왕진이 떠나갔다. … 왕진이 떠나가자 108인이 왔으니, 고구가 오자 108인이 온 것"[63]이라고 했다. 왕진의 퇴장은 간관(奸官)의 등장으로 인재가 사라지고, 패륜의 득세로 인륜이 소멸됨을 의미한다.

---

62 권 6, 제1회 총평: "一部大書七十回, 將寫一百八人也°乃開書未寫一百八人, 而先寫高俅者, 蓋不寫高俅, 便寫一百八人, 則是亂自下生也. 不寫一百八人, 先寫高俅, 則是亂自上作也. 亂自下生, 不可訓也, 作者之所必避也. 亂自上作, 不可長也, 作者之所深懼也. 一部大書七十回, 而開書先寫高俅, 有以也."

63 앞의 글. "高俅來而王進去矣. … 王進去而一百八人來矣, 則是高俅來而一百八人來矣."

왕진은 달아나다가 우연히 사진에게 무예를 가르치게 된다. 사진은 혈기가 왕성하지만 아직 연륜이 일천하고, 내세울 만한 두드러진 능력이나 명분을 지닌 인물은 아니다. 대신 그는 순수하다. 이해득실을 셈할 줄 모른다.[64] 우쭐대던 그는 왕진의 무예 솜씨를 확인하고는 지체 않고 절하여 스승으로 삼는다.(1회)[65] 소화산 두령 진달(陳達)이 사로잡혔을 때, 주무(朱武)와 양춘(楊春)이 스스로 찾아와 유비 관우 장비를 내세워 함께 잡히기를 청하자, 사진은 그 의기에 감동하여 이들이 도적이라는 사실은 묻지 않고 극진히 대접한다.[66] 주무 등이 자신들 때문에 고향을 등진 사진에게 소화산에 머물 것을 청하자, 사진은 스승 왕교두가 계신 곳을 찾아간다며 만류를 뿌리친다.[67] 노달이 김취련 부녀의 억울한 사연을 듣고 은자 닷 냥을 내놓자 그는 선뜻 열 냥을 내놓는다.

이러한 행동들은 모두 현실에 물들지 않은, 그래서 미숙하지만 순수한 영혼을 보여준다. 그는 너무도 순수하여 자기 마음과 도덕 원칙에만 집착한 나머지 현실의 여러 조건을 헤아리지 못하고 위험한 판단을 내린다. 주무 등과의 의리에 집착한 나머지 3, 4백 호 되는 사가촌(史家村)의 지도자 자리는 물론 삶의 모든 기반을 송두리째 포기하는 것은 그의 성격을 보여주는 상

---

64 120회 본 『수호전』에는 사진이 진달과 주무를 떠나보내는 장면에 "성명 각각 달라도 생사를 함께 하니, 뜨거운 마음 가득 이해득실 셈치 않네. 姓名各異死生同, 慷慨偏多計較空."라는 시구가 있다. 논자들은 이 시구가 사진의 성격을 잘 보여준다고 한다. 王同舟 · 陳文新, 앞의 책, 34쪽.

65 이 부분에 대해 김성탄은, 사진이 왕진을 대하는 태도가 당시 사람들이 스승을 섬기는 태도와는 전혀 다르다고 비평했다. ("前寫負氣不肯拜, 此寫拜了再又拜, 可見史進之於王進, 全不是今世投拜門生也.")

66 이 부분에 대해 김성탄은, "이는 탁자를 내려 현자를 머물게 하는 것이니, 어찌 문을 열어 도적을 맞아들이는 것이겠는가? 통쾌하다, 사진이여! 直是下榻留賢, 豈是開門揖盜, 快哉史進也."라고 하였다. 김성탄은 사진이 세 도적을 대접한 뒤 전송하는 장면에 대해서도, "참으로 예를 갖춰 이별하는 것으로 세상 사람들의 허리를 굽신거리는 허위를 비웃었다. 眞是成禮而別, 笑世上鞠躬之僞也."고 하였다.

67 입을 열자마자 '내 스승님 왕교두 我的師父王教頭'라고 하는 이 부분에 대해서도 김성탄은, 사진이 근본을 잊지 않고 있음을 표현한 것으로 이 책의 대주제[領袖]로 삼을 수 있고, 또 사진의 가슴속에는 이미 큰 학문이 이루어졌다고 호평했다. ("開言便是師父王教頭, 表盡史進不忘其本, 眞可作一部大書領袖也. / 我的師父王教頭, 開言便是此七個字, 更無他句可以先之, 史進胸中有老大學問, 一筆遂已寫盡.")

징 사건이다. 이는 자기에 대한 주변 사람들의 기대를 저버림은 물론, 사가촌 전체의 안녕을 해치는 결과도 낳았다. 사진은 결백한 사람으로서 부모에게서 물려받은 몸을 더럽힐 수 없다며 주무 등의 만류를 뿌리치고 소화산을 떠나 왕진을 찾아간다.[68] 김성탄은 사진의 말에 주목하였다.

> 108인의 인물 중 제일 먼저 사진이라는 이름을 내세워 뭇 사람을 이끌게 하였으니, 작자는 소화산 위에서 특별히 이를 위해 다음과 같은 말을 하게 하였다. "나는 입신하여 반생의 쾌활을 구하니, 어찌 부모님의 유체에 오점을 끼칠 수가 있겠는가!" <u>아아, 이것이 어찌 사진 한 사람의 처음 마음이겠는가, 실로 108 인물의 처음 마음이다.</u> 스스로 한 가지 재주를 펼쳐 도모할 데가 없고, 한 덩이 기력을 쓸 곳이 없으나, 사납고 거친 성품에 촌 밭두둑에 묻혀 죽어갈 마음도 없다. 그때 교활한 이가 일어나 세력을 타고 소리쳐 무리를 불러 모은다. 출세는 기대할 수 없고, 청백에 오점이 묻는 것을 아끼지 않게 되니 108명의 인물이 모두 물가[水泊]에 들어가게 된 것이다. 아아, 재주는 모두 조정의 재주요, 기력은 모두 변경에 쓸 기력인데, 어쩔 수 없이 모두 물가로 들어가게 되니 이것이 누구의 허물인가?[69]

사진은 108 도적들의 최대공약수인, 무성한 숲의 맨 처음 맹아와 같은 인물이다. 신분과 환경, 처지와 지향에 있어 모두 다른 108 인물의 공약수를 간추리면 '순수한 마음'이 남는다. 또 하나 이들은 모두 특출한 재주와 능력을 지녔으며 애초에 도적이 될 생각이 없었다. 하지만 순수한 마음 때문에

---

68 2회. "我若尋得師父也, 要那里討箇出身, 求半世快樂. …… 我是箇清白好漢, 如何肯把父母遺體來, 點污了."

69 권 7, 제2회 총평. "一百八人為頭先是史進一箇出名領衆, 作者却於少華山上, 特地為之表白一遍一云, 我要討箇出身, 求半世快活, 如何肯把父母遺體, 便點污了. 嗟乎. 此豈獨史進一人之初心, 實惟一百八人之初心也. 蓋自一副才調, 無處擺劃, 一塊氣力, 無處出脫, 而桀驁之性, 既不肯以伏死田塍, 而又有其狡猾之尤者起而乘勢呼聚之, 而於是討箇出身, 既不可望, 點污清白, 遂所不惜, 而一百八人乃盡入於水泊矣. 嗟乎. 才調皆朝廷之才調也, 氣力皆疆場之氣力也, 必不得已而盡入於水泊, 是誰之過也."

주류 세계로부터 쫓겨나게 되자, 사회의 주변부에서 재주와 능력을 생각지 않았던 곳에 사용하게 된다. 양산박을 가리키는 수박(水泊) 또는 수호(水滸)를, 김성탄은 국가의 대척점으로 이해하였다.[70] 사진은 대표 주인공은 아니지만, 갈등과 대결의 단초를 보여주고 나머지 107 도적들의 등장을 이끌어내는 역할을 한다는 점에서 무시할 수 없는 비중을 지닌다.

왕진과 사진의 이름에도 유념해야 한다. 작자는 왜 첫 회부터 같은 이름을 지닌 두 사람을 등장시켰을까? 동일 단위 안에서 같은 글자나 표현은 창작에 있어 오랜 금기이니, 여기에는 어떤 의도가 작용한 것이라고 볼 수밖에 없다. 김성탄은 사진의 '사(史)'는 역사(패사), 왕진의 '왕(王)'은 왕도(王道)라고 보았다. '진(進)'은 '나아간다'로 풀어, 사진은 역사로 나아가는 인물[進於史], 왕진은 왕도로 나아가는 인물[進之於王道]로 해석하였다.[71] 김성탄은 패사(稗史) 또한 역사의 범주에 넣어, 『수호전』도 역사의 관점에서 이해하는 태도를 견지하였다. 김성탄의 생각을 이어 펼치면, 왕진의 종적을 감추고 사진을 남겨둔 것은, 왕도의 회복은 기대하지 않으나(또는 이 책이 왕도의 회복을 보여주지는 않으나) 역사의 기록은 남겨두어야 한다는(또는 이 자체가 하나의 역사가 된다는) 생각의 반영이라 볼 수 있다.

노달은 이러한 흐름 속에서 등장한다. 부패한 관리 고구가 등장하면서 인륜의 상징 왕진이 사라지고, 인륜의 상징 왕진이 사라지면서 순수한 영혼의 열혈 청년 사진이 등장한다. 사진의 순수한 마음과 도덕 원칙은 다분히 개인적이고 자족적인 것이다. 이어 노달이 등장한다. 노달은 사진처럼 셈할 줄 모르면서도 사진에겐 없는 연륜을 갖추었고, 무엇보다도 의협(義俠)을 실

---

70 권 1, 「서 3」. "觀物者審名, 論人者辨志.施耐庵傳宋江, 而題其書曰『水滸』惡之至, 迸之至, 不與同中國也. … 若夫耐庵所云『水滸』也者, 王土之濱則有「水」, 又在水外則曰「滸」, 遠之也.遠之也者, 天下之兇物, 天下之所共擊也.天下之惡物, 天下之所共棄也."

71 권 6, 제1회 총평. "史之爲言史也, 固也. 進之爲言何也? 曰, 彼固自許雖稗史, 然已進於史也. 史進之爲言進於史固也, 王進之爲言何也? 曰, 必如此人, 庶幾聖人在上, 可教而進之於王道也, 必如王進然後, 可教而進之於王道, 然則彼一百人人也者, 固王道之所必誅也."

천하는 인물이다. 사진의 도덕 원칙이 사회적 약자에게 적극적으로 실천된 것이 바로 노달의 의협이다. 이런 면에서 왕진 → 사진 → 노달로 이어지는 인물의 등장 순서는, 고구로 상징되는 부조리한 세계에 대한 인류의 소극적 회피 → 자기 차원의 소극적 저항 → 타자에 대한 의협의 실천으로 점층 고조되는 흐름을 나타낸다.

하지만 노달의 의협은 어디까지나 개인적이고 국지적이다. 대결의 구도를 사회적·조직적 차원으로 확장시키기 위해서는 '조정(고구) / 양산박'의 대결 구도로 전환시켜야 한다. 이를 위해서는 ①서사 공간을 동경으로 되돌려야 하고, ②고구와 대결하는 인물을 이끌어내야 하며, ③조정에 대항하는 명분을 확보해야만 한다. ③의 역할을 하는 인물이 바로 임충(林沖)이다. ①과 ②를 통해 임충을 이끌어내는 인물이 바로 노달이다. 노달은 사진의 순수한 의리 정신을 받아 사회적 약자에 대한 의협으로 실천하고, 이를 다시 임충에게 넘긴다. 임충에게 이르러 노달의 의협은 사회적 차원으로 확대되고 조직화되며 명분을 확보한다.

주제가 아닌 독자들과의 친화력을 확보 차원에서도 노달은 『수호전』 성공의 주요 동력이다. 그는 임충 같은 관료 냄새를 풍기지 않고, 이규처럼 야비하지 않고, 무송처럼 지나치게 비장하지도 않으며, 송강처럼 생각이 복잡하지도 않다. 그는 글을 모르기에 자기 용모 특징을 적은 현상금 벽보 앞에서 서성거리고, 승려가 되어서는 계율을 무시하며 우스꽝스러운 행동을 보여주며, 불의에 대해서는 어떤 계산 없이 바로 응징에 들어간다. 이러한 행동들은 서민의 소박성을 상징한다. 『수호전』의 108 도적 중에서도 노달은 서민들에게 가장 친숙한 인물인 것이다. 노달은 서민 독자들의 마음을 사로잡으면서 대결의 구도를 사회적인 차원으로 전환시키는 막중한 책무를 띠고 등장하는 셈이다.[72]

---

72 陳文新은 『수호전』의 108 인물들은 노달에게서 혜택을 받은 것이 많으며, 그의 이른 등장은 독자들

3. 노달의 성격과 인물 형상

전체 서사의 초반 키를 잡고 있는 노달의 성격 파악은, 노달의 이해를 넘어 『수호전』 전체의 독해를 위해서 꼭 필요한 작업이다. 노달은 오랜 세월 의협의 전형으로 표상되어 왔다. 김성탄은 그를 '거칠고 과격하다 麤鹵', '성질이 급하다 性急', '시원시원하고 거침이 없다 爽直', '자신감이 넘쳐 사정을 헤아림에 소홀하다 托大' 등으로 파악하였다. 이러한 성격들은 사실 서로 긴밀하게 관련되어 있다. 성질이 급하기 때문에 행동이 거친 것이고,[73] 거침이 없기 때문에 시원시원하게 느껴지지만,[74] 돌아보고 헤아리는 과정을 생략하기 때문에 주변 사정을 헤아리는데 소홀해지기도 한다.

하지만 이러한 단편적인 언급만으로 노달의 성격을 파악했다고 말하기는 힘들다. 노달의 성격을 조금 더 깊이 이해하기 위해서는, 그러한 성격의 원인과 사회적 의미, 그러한 성격이 어우러져 조성하는 전체적인 분위기, 그리고 다른 인물들과의 동이점을 고찰할 필요가 있다. 이는 비슷한 비중을 지닌 여타의 인물들, 즉 임충, 무송, 이규 등과 대비되어 드러나는 노달의 특징을 추출하고, 또 노달이 왜 서사의 첫 부분에 등장할 수밖에 없었던 이유를 확인하며, 나아가 전체적인 차원에서 이들이 안배되는 방법을 이해하는데 매우 중요하다. 이를 위해 먼저 확인해야 할 것은 '글자를 아는 정도'이다.

노제할은 길을 가다가 한 무리의 사람들이 네 거리 입구에 둘러서서 방문

의 찬성과 동정을 얻기 위한 것이라고 분석했다. 정곡을 찌른 견해이다(앞의 책, 41쪽).

73 김성탄은 『수호전』 인물들의 거친 면모의 원인을 각기 달리 이해하였는데, 노달의 경우는 급한 성격이었다. 권 3, 「독제오재자서법」: "『水滸傳』只是寫人麤鹵處, 便有許多寫法. 如魯達麤鹵是性急, 史進麤鹵是少年任氣, 李逵麤鹵是蠻, 武松麤鹵是豪傑不受羈靮, 阮小七麤鹵是悲憤無說處, 焦挺麤鹵是氣質不好."

74 이런 면모를 중시하여 김성탄은 노달을 활인(闊人), 그의 성격을 '활(闊)'로 파악하기도 하였다. (25회 총평)

을 보고 있는 것을 보았다. 노달은 빽빽한 사람들 틈에 들어가 귀를 기울였다. 노달은 글자를 모르기 때문에 사람들이 읽는 소리를 들을 수밖에 없었다. (2회)

정도(鄭屠)를 죽인 노달이 대주(代州) 안문현(雁門縣)에서 자신을 현상 수배한 방문을 보는 장면이다. 지방 관아의 군관이지만 글을 읽지 못하므로 연출된 우스꽝스러운 장면이다. 글을 모른다 함은 말과 짓을 꾸미는 법, 외부로부터의 자극을 참는 법, 이해득실을 셈하는 법, 즉 당대 주류 세계의 문화적 전범을 익히지 못했음을 의미한다. '수호고사'의 탄생 시기나 『수호전』의 시대 배경, 그리고 『수호전』이 지어지고 읽혔던 시기를 감안하면 그 문화적 전범이란 유교적 교양일 수밖에 없다. 그러니 노달이 보여주는 '즉흥적이고 성급하고 거칠고 거침없는' 행동은 그러한 심리의 표출인 동시에 유교적 교양의 부재를 의미한다. 노달은 한마디로 유교의 교양을 갖추지 못한 인물이다. 그는 유교를 체계적이고 명시적으로 부정하지는 않았지만 그의 행동은 다분히 유교적 명분과 예법에 대한 반발로 이해될 수 있다.

이 식자(識字)의 정도는 다른 인물들과의 변별 가늠자로도 삼을 수 있다. 노달과 신분이나 행보가 유사한 무송은 원앙루에서 장문신과 장도감을 죽인 뒤 옷자락에 피를 묻혀 벽 위에 '살인자는 타호 무송이다, 殺人者, 打虎武松也.'라고 쓴다. 대단하진 않아도 문자에 대한 기본적인 이해는 있다고 볼 수 있다. 한편 금군 교두 출신인 임충은 양산박에 들어가기 전 비분을 이기지 못해 주귀(朱貴)의 주점 벽에 5언 4운 8줄 시를 적는다. 노달에 비해 무송은 조금 더 세련되고 정제된 행동을 보이며, 양산박의 명분과 체계를 세우는 임충의 수준은 노달은 물론 무송과도 그 차원이 다르다.

글을 모른다는 점에서 노달은 이규와 동일하다.[75] 이규 또한 매우 거칠

---

75 이밖에 노달과 이규의 공통점은 가족이 없다는 사실이다. 두 인물의 성격과 행동을 이해하기 위해

지만 순박하고 솔직한 인물로 김성탄은 그에 대해서도 특별한 호감을 표시한다. 하지만 이들의 성격은 비슷한 듯하면서도 다르다. 김성탄은 무송을 평하면서, 사람을 함부로 죽이는 완소칠(阮小七)이나 이규와는 달리 인인군자의 면모를 지니고 있다고 했다.(27회) 거친 행동의 원인에 대해서도 노달은 급한 성격 때문이지만 이규는 야만성[蠻] 때문이라고 구분한 바 있다.[76] 또 노달이 김취련의 다락에서 조원외(趙員外)와 만나 인사를 나누며 자신을 '거친 사내 粗鹵漢子'라고 소개하는 장면에서는 "노달은 자신이 거친 줄 알지만 이규는 그렇지 않다. 魯達自知粗鹵, 李逵不然."라고 평어를 달았다.(3회) 이는 노달은 이규와 달리 자신에 대한 성찰이 있다는 뜻이다. 자신을 성찰하지 않는 이규는 노달에 비해 더 잔인하고 야만적으로 나타난다. 노달은 문자를 모르지만 자신을 성찰할 줄 아는 인물로, 이규와 무송 사이에 있는 것쯤으로 보면 되겠다.

거칠고 무식하지만 자신을 성찰하고 약자를 도와주는 노달의 인물 형상은 협객이다. 노달은 등장하면서부터 계속 사건을 일으킨다. 그중에서 노달의 협객 형상을 빚어내는 것은 세 차례에 걸쳐 남의 어려운 사정을 구해준 사건이다. 그는 주점에서 사진과 함께 술을 마시다 딱한 처지의 김취련 부녀를, 오대산에서 대상국사로 옮겨가다가 도화촌의 유태공 부녀를, 그리고 유배 중 죽을 위기에 처한 임충을 구해준다. 사건에 따라 구해주고 혼내주는 대상의 신분도 상승한다. 임충을 호송하는 관리를 혼내줌으로써 노달은 정상적인 사회생활이 불가능해진다. 세 사건은 형세의 축적을 통해 자연스럽게 노달의 성격과 형상을 빚어내고, 아울러 그가 주류세계로부터 이탈하여가는 과정도 보여준다.

노달의 강렬한 협객 형상은 남을 도와주는 행위 자체가 아니라, 그 행

서는 이 사실도 중요하게 고려해야 한다.

76 각주 203번 참조.

위의 강도에서 기인한다. 노달의 의협에는 생색내기나 명분 찾기가 없다. 그는 즉각적이면서도 철두철미하게 의협을 실천한다. 김취련 부녀가 안전하게 피신할 시간을 벌 수 있도록 여관 점원[店小二]의 발을 묶어놓았다. 유태공의 딸을 넘보지 않겠다는 주통(周通)의 다짐을 받는데 그치지 않고, 그로 하여금 화살을 꺾고 맹세하게 만들었다. 임충을 구해주고 나서는, "사람을 죽이면 피를 보아야 하고, 남을 구해줄 때는 철저해야 한다. 殺人須見血, 救人須救徹."며[77] 안전한 상황이 될 때까지 지켜주었다. 이는 좀처럼 남을 위하여 자기를 손해 보지 않는 보통 사람들과의 변별점이며, 동시에 생색내기와 명분 찾기에만 급급하여 실제 아무런 실효를 내지 못하는 관리와 지식인의 허위를 배면에 깔고 있는 것이다. 노달의 의협 행의를 김성탄은 이렇게 평가했다.

> 노달의 인간됨을 묘사한 곳에서는 한 덩이 뜨거운 피가 곧장 솟구쳐 나온다. 이를 읽으면 세상에 살며 남을 위해 한 번도 힘을 써보지 못한 것이 부끄러워진다. 공자는 시가 마음을 일으킬 수 있다고 했는데, 나는 패관 또한 그렇다고 말한다.[78]

하지만 노달은 명분이나 원칙 그리고 비장미를 갖춘 전형적인 협객과는 거리가 멀다. 그는 마치 성자처럼 약자를 도와주지만, 무식하고 술에 취해 실수하고 성격이 급하여 우스꽝스러운 면모를 자주 드러낸다. 이는 그가 일사불란한 신념의 실천자가 아니라, 자기 내부에 편폭 큰 모순성 또는 이질

---

77 김성탄은 이 말에 이은 "난 그대를 안심하고 보내지 못하겠네, 형제와 창주까지 함께 가겠네. 洒家放你不下, 直送兄弟到滄州."라는 대사에, "하늘에서 피가 내리고 귀신이 밤에 곡하는 경지가 이 21글자에 다 표현되었다고. 天雨血, 鬼夜哭, 盡此二十一字."고 고평했다. 김성탄의 나머지 두 경우에 대해서도 일일이 평어를 달았으나 모두 소개하지는 않는다.

78 제2회 총평. "寫魯達為人處, 一片熱血, 直噴出來, 令人讀之深愧虛生世上, 不曾為人出力. 孔子云詩可以興'吾於稗官亦云矣."

성을 감추고 있기 때문이다. 그는 의도치 않게 정도를 죽인 뒤 임기응변으로 현장을 빠져나가고(2회), 오대산 아래 술집에서 술을 팔지 않자 짐짓 객승을 가장하며(3회), 동경 대상국사를 가는 도중 절집은 애써 피해 가다가도 도화촌의 유태공에게는 오대산 문수원의 승려임을 내세운다.(4회) 김성탄은 이들 부분에 대해 빠짐없이, '편세(偏細)', '권사(權詐)', '적지(賊智)' 등의 평어를 달았다.

그는 인위적인 명분이나 원칙에 따라 움직이거나 체면을 돌보는 사람도 아니다. 그는 살아남기 위해 머뭇거림 없이 승려가 되지만, 계율은 아랑곳하지 않는다. 유태공을 도울 때도 굳이 발가벗고 신방에서 기다림으로써 신부에 대한 기대로 가득 차 들어온 주통을 골탕 먹인다. 그에게는 교양인들이 흔히 중시하는 흐트러짐에 대한 금기가 없다. 소화산에서는 금은 술잔들을 훔쳐 풀밭 위를 굴러 달아나고(5회), 와관사의 최도성(崔道成) 구소을(丘小乙)과 싸우다가 힘이 부치자 등을 돌려 줄행랑을 친다. 이는 전형화된 호걸 협객에게서는 찾아보기 힘든 면모이다. 노달이 자아내는 해학미는 정형화된 잣대로는 잴 수 없는 양의적인 속성에서 비롯되는 것이며,[79] 이러한 해학미는 바로 서민적 친근감의 근원이 된다.

노달이 보여주는 양의성의 일단은 의협이라는 주제를 향하고, 다른 일단은 해학이라는 미감을 구현한다. 두 가지는 표면상 서로 어긋나는 것 같지만 내적으로는 서로를 지탱해주며 상보적으로 공존한다. 『수호전』은 의협이라는 주제를 실천하면서 서민들에게 친근하게 다가가는 미감도 구현해야 하는 문제와 함께 출발했다. 해학은 의협이라는 주제를 실천하는데 있어 끝까지 필요한 것은 아니지만, 초반의 무겁고 진지한 분위기를 중화시키기 위

79 김성탄은 노달의 이러한 특징, 즉 여비가 필요하면 훔치고 달아나야 할 사정이 있으면 체면에 구애받지 않고 달아나는 행위를 두고, 크고 거침없는 장부의 기질이라고 보았다. 4회 총평. "要盤纏便偷酒器, 要私走便滚下出去, 人曰, 堂堂丈夫, 奈何偷了酒器滚下出去. 公曰, 堂堂丈夫, 做甚麼便偷不得酒器, 滚不得下山耶? 益見魯達浩浩落落."

해 필요했을 것이다. 노달은 주제의 측면에서 사진과 임충 사이를 이어주는 역할을 하면서, 동시에 서민적인 해학의 미감으로 독자들의 마음을 확보하는 역할을 동시에 수행하기 위해 서사 초반에 투입된 것이다.

4. 서사 편장(篇章) 구성법의 발견

> 『수호전』에서 한 사람의 등장은 분명하게 한 편의 열전이 된다. 중간 사건들의 경우 단락을 좇아 절로 문자를 이루는데, 서너 권이 한 편을 이루는 것이 있고, 대여섯 구절이 한 편을 이루는 것도 있다.[80]

김성탄의 『수호전』 독법 중 한 대목이다. 『수호전』을 인물 단위의 서사로 읽는 것은, 그 기원이 되는 인물고사의 특성을 감안하면서 동시에 「사기 열전」의 독법을 응용한 김성탄 특유의 독법이다. 인용문에서 단(段)은 단락을, 권(劵)은 분권의 단위를, 편(篇)은 글의 독립적 완결 단위를, 구(句)는 구절을 뜻한다. 김성탄의 말은, 『수호전』은 완결문으로 독립할 수 있는 수많은 편으로 이루어져 있는데, 이 편은 크게 몇 권이 모여 이루어지는 것도 있고, 작게는 몇 구절만으로 완성되는 것도 있다는 뜻이다. 이 편들이 모여 중층으로 구성되어 『수호전』의 전체 서사가 구축된다. 『수호전』 선독의 관건은 수많은 편을 이해하는 데 달려 있는 셈이다.

편장자구는 고전 산문론의 주요 개념이다. 보통 편은 글 전체, 장은 단락, 구는 구절, 자는 낱글자를 뜻하는 것으로 이해되지만,[81] 이는 단형 산문

---

80 권 3, 「讀第五才子書法」. "『水滸傳』一箇人出來, 分明便是一篇列傳. 至於中間事蹟, 又逐段自成文字, 亦有兩三卷成一篇者, 亦有五六句成一篇者."

81 고전 문장론의 篇章字句法에 대해서는 정민, 「고전문장이론에서 法의 문제에 대하여」, 『고전문학연구』15, 한국고전문학회, 1999를 참조.

을 대상으로 했을 경우이고 『수호전』과 같은 장편 서사에서는 그 기준을 달리 잡아야 한다. 글자가 모여 구절을 만들고, 구절이 모여 단락을 만들며, 단락이 모여 장과 편을 만든다. 장은 편의 하부 단위이지만 그 규모가 꼭 단위와 비례하는 것은 아니다. 작으면 몇 구절이 하나의 편이 되기도 하고, 반대로 수많은 단락이 모여 하나의 장이 될 때도 있다. 이러한 요소들이 복합적이고 다층적으로 조직되어 전체 서사가 된다. 김성탄은 『수호전』 전체를 표현하는 단위로 자주 부(部)라는 글자를 사용했으니, 모든 하위 단위들이 어우러져 직조하여 전체 서사를 엮는 것을 부법(部法)이라 하였다.[82]

3회의 주요 내용은 노달이 문수원에서 부린 두 차례의 음주 행패 사건이다. 이 사건으로 노달은 결국 문수원을 떠나게 된다. 처음 사건의 시기는 초겨울이고, 두 번째는 초봄이다. 그 사이 서너 달 동안 노달은 산문 밖을 나가지 않았다. 김성탄의 시선은 그 서너 달의 사이를 지나치지 않는다. 그는 두 사건을 다르게 묘사하는 것이 아니라 그 사이에 다리를 놓는 것이 어려운 일이라고 말한다. 한차례 소동이 끝나자마자 같은 사건이 이어지면 독자들이 감당하기 어려워진다. 이에 그 사이 독경 참선하며 고요하게 보낸 것으로 설정하였다. 이는 첫 번째 술주정[使酒]의 면모를 깨끗하게 씻어내고 산을 내려가게 한 것이니, 또다시 술주정을 생각하기 어려운 상황의 설정이라는 것이다.[83] 『수호전』에서 두 사건 사이의 다리라고 해야 "서너 달 동안 감히 절문 밖을 나가지 못했다. 一連三四箇月, 不敢出寺門去."고 하는 두 마디 지나지 않는데, 김성탄은 이 사이에서 구성의 묘미를 발견한 것이다.

---

82 권 1, 「서 3」. "若其文章, 字有字法, 句有句法, 章有章法, 部有部法, 又何異哉. 吾既喜讀水滸十二歲便得貫華堂所藏古本, 吾日夜手鈔, 謬自評釋, 歷四五六七八月, 而其事方竣, 即今此本是已.如此者, 非吾有讀水滸之法, 若水滸固自為讀一切書之法矣."

83 3회 총평. "魯達兩番使酒, 要兩樣身分, 又要句句不象, 雖難矣, 然猶人力所及耳. 最難最難者, 於兩番使酒接連處, 如何做箇間架, 若不做一間架, 則魯達日日將惟使酒是務耶. 且令讀者一番方了, 一番又起, 其目光心力亦接濟不及矣. 然要別做間架, 其將下何等語, 豈眞如長老所云, 念經誦咒辦道參禪者乎. 今忽然拓出題外, 將前文使酒字面, 掃刷淨盡, 然後迤邐悠颺, 走下山去, 並不思酒, 何況使酒, 眞斷鰲煉石之才也."

노달의 1차 소동은 지진(智眞) 장로의 배려로 별다른 문책 없이 진정되었다. 『수호전』은 이 부분에서 문득 "술은 일을 이뤄주기도 하고 망치기도 한다. 소심한 사람도 술을 마시면 멋대로 대담하게 행동하는데 하물며 성정이 드센 사람임에랴! 酒能成事, 酒能敗事. 便是小膽的, 喫了也胡亂做了大膽, 何況性高的人."라고 하는 교훈성 설명을 삽입하였다. 김성탄은 이를 두고, 문장을 모르는 사람은 이 단락을 보면 술꾼들을 경계하기 위해 노달을 감계로 삼은 것이라고 할 텐데, 자신이 이 말을 들으면 회초리로 호되게 때려줄 것이라고 했다. 천암만학이 하늘 높이 치솟은 뒤에는 반드시 고른 들판이 수십 리 이어져 그 높은 기운을 풀어내고, 강물이 삼협(三峽)을 빠져나올 때 물결이 사납기 그지없지만 이후 수십 리를 흘러가며 성난 기세를 누그러뜨린다. 노달이 술을 마시고 일으키는 소동도 그와 같은지라, 잠시 붓질을 고르며 기세를 달랬다는 것이다.[84] 이는 서사의 흐름의 완급을 조절하여 독자들을 배려하는 기법이다. 그러니 여기서 술꾼에 대한 감계를 운운하는 것은 서사구성의 묘미에 대한 부지의 소치일 뿐이다.

『수호전』의 주역 중에서 그 비중이 한쪽에 기울지 않으면서 비슷한 행보와 성격을 보여주는 인물은 노달과 무송이다. 두 사람은 청주(靑州) 이룡산(二龍山) 보주사(寶珠寺)에 함께 있다가 양산박에 합류하지만, 이는 서사 후반부의 일이다. 서사 전반 두 사람은 따로 등장하여 각기 독립적인 서사를 이끌어간다. 그러므로 전체 서사를 조망하는 시야가 없으면 두 인물을 대비하여 보기 어렵다. 김성탄은 『수호전』 곳곳에서 두 사람의 공통점과 차이를 언급하며 둘을 짝으로 읽어야 한다고 말했다.

---

84 3회 夾評. "不文之人見此一段, 便謂作書者借此勸戒酒徒, 以魯達爲殷鑑. 吾若聞此言, 便當以夏楚痛朴之. 何也? 夫千巖萬壑, 崔嵬突兀之後, 必有平莽連延數十里, 以舒其磅礴之氣. 水出三峽, 倒衝灩澦, 可謂怒矣, 必有數十里迤리而東去, 以殺其奔騰之勢. 今魯達一番使酒, 眞是搥黃鶴, 踢鸚鵡, 豈惟作者腕脫, 兼令讀者頭渾矣. 此處不少息幾筆, 以舒其氣以殺其勢, 則下文第二番使酒, 必將直接上來, 不惟文體有兩頭大中間細之病, 兼寫魯達作何等人也, 嗚呼, 作水滸者, 才子也. 才子胸中, 豈村裏小兒所知也."

> 노달과 무송 두 사람의 전은, 작자가 마음속으로 짝지우려 했기 때문에 그 서사에 있어서 서로 비슷한 점이 많다. 노달은 많은 부녀자를 구해주었고, 무송은 많은 부녀자를 죽였다. 노달은 술에 취해 금강역사상을 때려 부쉈고, 무송은 술에 취해 범을 때려잡았다. 노달은 진관서를 때려 죽였고, 무송은 서문경을 죽였다. 노달은 와관사(瓦官寺)에서 선장(禪杖)을 시험했고, 무송은 오공령(蜈蚣嶺)에서 계도(戒刀)를 시험했다. 노달은 주통을 때릴 때 술에 취할수록 힘이 솟았고, 무송이 장문신을 때릴 때도 술에 취할수록 힘이 솟았다. 노달은 도화산 위에서 술잔 등을 밟아 지니고 산을 굴러 내려왔고, 무송도 원앙루 위에서 술잔 등을 밟아 지니고 성에서 빠져나왔다.[85]

김성탄은 이 외에도 누차에 걸쳐, 노달이 등장하면 무송을 환기시키고 무송의 언행에는 노달을 불러와 두 인물을 짝 지운다.[86] 각각의 인물에만 초점을 맞추면 노달이 주역을 이루는 2~7회, 23~30회가 각각 하나의 편을 이룬다. 하지만 노달과 무송을 짝지어 보면, 두 사람의 서사가 더 큰 단위의 편이 되는 것이다.

노달이 거듭 술을 마시고 소란을 피우자, 두둔하던 지진 장로도 어쩔 수 없이 노달을 떠나보낸다. 지진 장로의 소개서를 갖고 동경 대상국사의 지청(智淸) 장로를 찾아가던 노달은 중간에 굳이 사원을 피해 묵었다. 이를 두고 김성탄은 "이미 큰 상처를 입어, 강 건너 사찰의 당간(幢竿)만 보고도 겁을

---

85 4회 총평. "魯達´武松兩傳, 作者意中, 却欲遙遙相對, 故其叙事亦多彷彿相準, 如魯達救許多婦女, 武松殺許多婦女. 魯達酒醉打金剛, 武松酒醉打大蟲. 魯達打死鎮關西, 武松殺死西門慶. 魯達瓦官寺前試禪杖, 武松蜈蚣嶺上試戒刀. 魯達打周通, 越醉越有本事, 武松打蔣門神, 亦越醉越有本事. 魯達桃花山上, 踏匾酒器揣了, 滾下山去, 武松鴛鴦樓上, 踏匾酒器揣了, 跳下城去, 皆是相準而立, 讀者不可不知."

86 이를테면 4회에서 주통을 흠씬 두들겨 쫓아낸 노달이 유태공에게 술을 더 요구하면서 "酒家一分酒, 只有一分本事, 十分酒, 便有十分的氣力."라고 말하는 대목에서, "노달과 무송은 하나의 대련을 이룬다. 이런 등등의 말은 기억했다가 뒤의 무송과 짝을 맞춰 보아야 한다. 魯達與武松作一聯, 此等語俱要牢記, 與後武松對看."라고 평어를 단 것은 한 예이다.

먹었으니 어찌 다시 그 문에 들랴?"[87]라고 재치 있는 평어를 달았다. 사원을 피해 가던 노달은 도화촌에서 유태공 부녀를 구해준다. 여기서 신방(新房) 장면을 연출한 것은 총림(叢林) 사이에 간격을 두는 장치이다. 이것만 보면 그가 사원에서 묵을 일은 없을 것처럼 보인다.

하지만 그는 도화산에서 술잔을 훔쳐 달아나다가 예기치 않게 와관사에 들르게 된다. 문수원와 대상국사 사이에 와관사를 배치한 것을 두고 김성탄은 비평한다. 두 회(3, 4회) 글의 배경을 잇달아 총림으로 설정하지 않은 것은 사람들에게 피휘법(避諱法, 금기를 피하는 법)을 알려주려 함이고, 두 회(3, 6회)의 글 배경을 총림으로 설정하고 다시 그 사이(5회) 배경을 총림으로 설정한 것은 범금법(犯禁法, 금기를 범하는 법)을 가르쳐준 것이니, 피휘는 누구나 할 수 있어도 범금은 아무나 할 수 있는 것이 아니다.[88] 사원과 사원 사이 다시 사원을 배경으로 설정함은, 일부러 금기를 어겨 상식을 넘는 효과를 자아내는 기법이라는 것이다. 5회에서 퇴락한 와관사(瓦官寺)가 처음 등장하는 대목에서도 김성탄은 이 문제를 다시 거론하여 자세하게 설명한다.[89] 이는 작자의 창작 심리에 깊이 관여하여 작법을 밝혀낸 것이라 할 수 있다.

김성탄이 제시한 서사법 중 초사회선법(草蛇灰線法)도 눈여겨볼 만하다. 이는 언뜻 보면 아무것도 없는 것 같지만 자세히 보면 한 가닥 줄이 있어 잡

---

87 4회 夾評. "已受大創也. 隔江望見剎竿, 便喫一嚇, 安肯復入這門來."

88 5회 총평. "吾前言, 兩回書不欲接連都在叢林, 因特幻出新婦房中銷金帳裏以間隔之, 固也. 然惟恐兩回書, 接連都在叢林, 而必別生一回不在叢林之事以間隔之, 此雖才子之才, 而非才子之大才也. 夫才子之大才, 則何所不可之有, 前一回在叢林, 後一回何妨又在叢林, 不寧惟是而已° 前後二回都在叢林, 何妨中間再生一回復在叢林° 夫兩回書, 不欲接連都在叢林者, 才子教天下後世以避之之法也. 若兩回書, 接連都在叢林, 而中間反又加倍寫一叢林者, 才子教天下後世以犯之之法也, 雖然避可能也, 犯不可能也, 夫是以才子之名, 畢竟獨歸耐菴也."

89 5회 夾評. "前篇吾言, 出一叢林, 入一叢林, 便令兩回書, 接連都在叢林中. 故特特幻出一箇新婦房中, 鎖金帳子, 以間隔之也. 乃作者, 忽又自念叢林接連, 正復何妨. 亦顧我之才調何如耳. 我誠出其珠玉錦繡之心, 廻旋結撰, 則雖三叢林接連, 正自橫蜂側嶺, 豈有兩叢林接連, 便成棘手耶. 是以遂有此篇也."

아당기면 전체가 모두 움직이는 것을 말한다.[90] 8, 9회의 임충 서사에서는 각각 은자(銀子)와 화창(花槍)이, 22, 23회의 무송 서사에는 각각 초봉(哨棒)과 염자(簾子)가 그러한 기능을 한다. 이들 단어는 한 회에서 15차례 안팎으로 사용되며 중요한 기능을 암시하지만 웬만한 눈썰미가 아니고는 그 의미를 간파하기 어렵다. 노달 서사에서 이들과 비슷한 기능을 하는 것은 선장(禪杖)이다. 선장은 5회에서만 17차례에 걸쳐 언급되며, 결국에는 최도성과 구소을을 해치는데 사용된다. 3회에서 선장을 만드는 장면에 많은 공을 들였으니 그 사용처를 조응시킬 필요가 있었던 것이다. 이에 대해 김성탄은 5회 서두에서 "새로 선장을 만들었는데 두드러지게 묘사하지 못했으니 이 편을 설정한 것이다. 독자들은 마땅히 눈길을 주어야 한다."[91] 고 했고, 선장이 나올 때마다 평어를 달아 독자의 주의를 환기했다. 장법의 발견이다.

김성탄이 보기에 선장을 활용한 장법은 여기에 그치지 않는다. 8회의 초반부는 노달이 창주(滄州)로 유배되던 중 죽을 위기에 처한 임충을 구해주고, 안전한 곳까지 동행해준 뒤 퇴장하는 내용이다. 이 세 단계마다 선장이 등장하는데, 구해줄 때는 날아오고[禪杖飛將來],[92] 호송할 때는 들고 가며[提了禪杖], 헤어질 때는 끌고 간다.[拖了禪杖] 김성탄은 노달이 선장을 다루는 방식의 변화가 특별한 미감을 자아내는 것으로 보았다. 위급한 순간에는 바람처럼 날아왔다가 문제가 해결된 다음에는 땅에 끌리며 느긋하게 사라지는 선장의 모습에서 자연스러운 구성미를 발견했고,[93] 기이한 봉우리가 우뚝 솟

---

90 권 3, 「讀第五才子書法」: "驟看之, 有如無物, 及至細尋 其中便有一條線索, 拽之通體俱動."

91 5회 夾評. "又爲新打禪杖, 未曾出色一寫, 故有此篇, 讀者又應留眼."

92 김성탄은 이 장면에서도, 선장, 뚱뚱한 화상, 가사와 장삼 차림에 선장과 계도를 화상, 노달의 순으로 그 묘사가 구체화되는 과정을 두고 특출한 서사 기법으로 대서특필하였는데(8회 총평) 여기서는 다루지 않는다.

93 8회 夾評. "此回寫智深, 都在禪杖上出色. 如前文禪杖飛來, 此文提禪杖先走, 後文拖禪杖去了. 皆妙景也."

았다가 그 급박한 산세가 서서히 누그러지는 서사의 역동성으로도 이해했다.[94] 선장은 소품에 지나지 않지만, 노달을 상징하는 무기의 기능을 넘어 서사의 구성에 역동적으로 참여하는 요소가 된다.

협서법(夾敍法)도 김성탄이 발견하여 명명한 것이다. 이는 다급하고 절박한 가운데 두 사람이 동시에 말을 하는데, 한 사람의 말이 끝나기도 전에 다른 사람이 말차례를 가로채는 기법이다. 대표적인 예는 와관사에서 최도성의 변명을 하는데 그 말이 끝나기도 전에 노달이 가로채 "그래 말해봐라, 어서 말해봐라. 你說你說."이라고 다그치는 장면이다. 김성탄은 세 차례에 걸쳐 거듭 이 기법을 설명한다. 독법에서는 협서법이라 명명하며 다른 책에서는 볼 수 없는 바라 했다.[95] 5회의 총평에서는 불완구법(不完句法)이라고 달리 명명하였는데, 노달의 급한 성격을 보여주기 위한 것으로 사마천도 갖추지 못한 묘방이라고 했다.[96] 그리고 해당 장면에서는 기이하고 절묘한 장법으로 예로부터 그 유례가 없다고 했다.[97] 협서법으로 읽으면 노달의 급한 성격은 물론, 급하게 말이 뒤섞이는 현장의 분위기를 여실하게 읽어낼 수 있다.

도삽법(倒揷法)은 뒤에 긴요하게 쓰기 위한 것을 미리 앞에 배치하는 방법이다.[98] 노달은 대상국사의 지청 장로로부터 산조문 밖 악묘 옆에 있는 채원(菜園)의 책임자로 파견된다.(5회) 그런데 이 산조문 밖 악묘는 처음 나오는

---

94 노달이 선장을 끌며 사라지는 모습에서는 이런 평어를 달았다. "하나의 기이한 봉우리가 솟아오른 것처럼 청량하게 돌연 나타났다가 그 형세가 다하면 서서히 점차 누그러지는 것이다. 來得突瀟灑, 如一座怪峰, 劈插而起, 及其盡也, 拖리而漸弛矣."

95 권 3, 「讀第五才子書法」. "有夾敘法. 謂急切裏兩箇人一齊說話, 須不是一箇說完了, 又一箇說, 必要一筆夾寫出來. 如瓦官寺崔道成說「師兄息怒, 聽小僧說」魯智深說「你說你說」等是也."

96 5회 총평. "此回突然撰出不完句法, 乃從古未有之奇事. … 凡三句不完, 却又是三樣文情, 而總之只為描寫智深性急, 此雖史遷未有此妙矣."

97 5회 夾評. "說字與上聽小僧, 本是接着成句, 智深自氣忿忿在一邊, 夾着你說你說耳. 章法奇絕, 從古未有."

98 권 3, 「讀第五才子書法」. "有倒插法. 謂將後邊要緊字, 驀地先插放前邊, 如五臺山下鐵匠間壁父子客店, 又大相國寺嶽廟間壁菜園. …."

게 아니다. 왕진이 고구의 위협을 벗어나기 위해 속임수로 나졸을 보냈던 곳이고(1회), 임충도 아내와 함께 악묘에 향화를 올리러 가다가 노달을 만난다(5회). 1회에서 산조문 밖 악묘를 배치함은, 노달과 임충의 만남, 임충 아내의 봉변, 나아가 임충과 고구의 갈등까지를 염두에 둔 설정인 것이다. 1차 소동 후 문수원을 나선 노달은 술 생각이 간절하여 저자거리를 걷다가 대장간으로 들어가는데, 그 옆에 객점이 있음이 간단하게 언급된다. 뒤에 산문을 내려온 노달은 대장간에 주문한 계도와 선장이 만들어질 때까지 이 객점에서 묵는다. 이를 두고 김성탄은, 해를 걸러 씨를 뿌리고 돌아오는 해에 곡식을 거두는 격이니, 작은 솜씨로는 할 수 없는 솜씨라고 했다.[99]

비유하면 서사 구성은 뼈대이고 서사 흐름은 혈맥이다. 뼈대는 다른 뼈대와 긴밀하게 연결되어 전체의 골격을 이루는데, 이 골격에 생명을 불어넣는 것이 바로 혈맥이다. 편장법에 대한 김성탄 비평의 공은 서사 구성에 있어 부분과 부분, 부분과 전체의 관계를 짚어주고, 그 사이의 혈맥을 적시하여 서사의 생명을 발견했다는 점이다. 이는 서사란 사건들의 나열이고, 서사 읽기는 일련의 사건들에 대한 기억이라는 관점을 넘어 소설 비평의 새로운 차원을 연 것이다. 이런 의미에서 『수호전』의 편장법에 대한 김성탄의 비평은 소설사의 일대 전환점이라 할 만하다.[100] 그 방법은 오늘날의 소설 비평에도 시사하는 바가 적지 않다.

---

99 3회 夾評. "老遠先放此一句, 可謂隔年下種, 來歲收粮, 豈小筆所能."

100 이 밖에도 김성탄은 여러 곳에서 편장법의 묘미를 설명해주었다. 노달이 저자에서 술집을 찾아 술을 마시는 장면을 다섯 단계로 나누어 점점 술 생각이 다급해지는 심리에 대한 해석이나(3회), 와관사 밖에서 노달과 사진이 재회했을 때 노달이 사진을 알아보지 못한 이유가 사진이 삿갓을 깊이 눌러쓰고 있었기 때문임을 지적한 것(5회) 등이 예이다. 분량이 넘쳐 다 기술하지 못한다.

5. 행간자외(行間字外)의 심독(心讀), 텍스트 내포의 심화

편장법의 발견은 소설에 내재되어 있지만 겉으로 드러나지 않는 것을 밝혀낸 것, 이를테면 은폐된 것의 발견인 셈이다. 인체 해부도를 보면 누구나 수긍하지 않을 수 없는 것과 같은 이치이다. 이 절에서는 비평가가 작품 세계에 적극적으로 침투하여 공격적으로 작품의 의의를 부여하는 양상을 논의하기로 한다. 이는 비평가의 주관 작용이 더 많아진다는 점에서 편장법의 발견과는 다르다. 독자나 비평가는 작가의 의도에 종속되지 않으며, 비평의 언어는 텍스트의 세계를 심화 확장한다. 김성탄은 텍스트 곳곳에서 격외선(格外禪)과 같은 발언으로 텍스트와 창조적 대화를 시도한다. 김성탄의 발언들은 텍스트 언어의 지시 범위를 넘나들며, 일반적인 기대치를 넘어 텍스트의 내포를 풍부하게 해준다.

정도(鄭屠)를 죽이고 달아나던 노달은 조원외(趙員外)의 권유를 받아들여 문수원에서 삭발하고 출가승이 된다. 노달로서는 전혀 예기치 않은, 그리고 원치 않았던 삶의 행보이다. 노달의 출가가 결정되자 절에서는 그를 위해 승복 일체를 마련하기 시작했다. 매우 자연스러운 일이다. 그런데 김성탄은 이 한 구절을 심상하게 넘어가지 않고, "지극히 흥겨운 말로 지극히 쓸쓸한 일을 묘사하는 신묘한 필법임을 알아야 한다."고 평어를 달았다. 신진 관료의 홍포나 새색시의 의상을 짓는 것도 매우 분주한 일이고, 막 죽은 사람의 수의나 출가자의 가사를 만드는 일도 매우 분주한 일이지만, 하지만 그렇게 바쁜 중에도 지극히 들뜬 일이 있고 지극히 서늘한 일이 있으니 세심하게 살펴야 한다는 것이다.[101] 노달을 위해 승복을 짓는다는 평범한 구절 속에 지극한 비애가 숨겨져 있다는 뜻인데, 텍스트 언어를 삶으로 치환하여 노달

---

101 3회 夾評. "要知以極高興語, 寫極敗興事, 神妙之筆. 縫匠攢造新進士大紅袍, 新嫁娘嫁衣裳, 極忙. 攢造新死人大斂衣衾, 新出家袈裟拜具, 極忙. 然一忙中有極熱, 一忙中有極冷, 不可不察."

의 출가에 특별히 비분하지 않으면 나오기 어려운 해석이다.

노달은 지진 장로의 입회하에 수계(受戒)하고 승려가 된다. 이튿날 조원외는 노달에게 범사에 조심하여 처신하라고 신신당부한 뒤 떠나갔다. 노달은 그러마 약속하고 돌아와서는 곧 선불장(選佛場) 선상(禪床) 위에 올라가 머리를 박고는 잠들어버렸다. 이 대목에서 김성탄은 두 가지 평어를 달았다. 하나는 "할 일 없는 영웅의 모습이니, 작자의 가슴 속에 피눈물이 열 말"이라고 하여, 세상에서 쓰임새를 잃은 인재의 처지를 공분하였다. 또 하나는 머리만 대면 잠자는 것을 대수행인(大修行人)의 대자재법(大自在法)이라고 칭송하는 세간의 말을 두고, 보살은 영웅이라고 전제한 뒤 그가 찰나라도 눈을 감고 잠드는 것은 직무를 저버리는 것이라고 비난하였다.[102] 이 중 두 번째 발언은 텍스트 맥락을 벗어난 돌발적 의론으로, 문득 세간의 책임 있는 관료나 지식인을 경각시킨다.

승려가 된 지 너덧 달 지난 뒤 노달은 별 목적 없이 산문을 나섰다. 무심결에 술 생각을 하고 있는데 마침 어떤 사람이 술통을 메고 오며 노래를 부르고 있었다.

구리산 앞 들판은 큰 싸움 있었던 곳	九里山前作戰場
목동들은 지금도 옛 창 칼 줍는다네	牧童拾得舊刀槍
산들바람 불어와 오강 물결 일으키니	順風吹動烏江水
우희와 초패왕이 헤어지던 일이런가	好似虞姬別霸王

김성탄이 100회 본을 70회로 개작하면서 남겨둔 몇 안 되는 삽입 시사(詩詞) 중 한 편이다. 구리산(九里山)은 하남성(河南省) 서주시(徐州市)에 있는 산

---

102 3회 夾評. "閒殺英雄, 作者胸中, 血淚十斗. ○ 頗有人言, 倒頭便睡, 是大修行人, 大自在法. 嗟乎, 菩薩行, 六度萬行而自莊嚴, 豈若狆犬食飽卽臥, 形如匏瓠者乎. 菩薩, 英雄也. 游行十方, 顧盼雄毅, 若有一剎那頃, 合眼欲睡, 卽是菩薩行放逸法, 奈何讚歎睡眠云是善法, 而令行人入於惡道耶."

으로 항우(項羽)의 초나라 군대가 한나라 군대에 포위되었던 곳이고, 오강(烏江)은 항우가 최후를 맞은 곳이다. 이 노래에 대해 김성탄은 말한다.

> 술에 관한 시를 부르지 않은 것이 절묘하다. 도리어 전장(戰場) 두 글자만 부른 것이 노달의 마음을 사로잡았으니 그 묘함을 당해낼 수 없다. ○ 첫 구는 풍운의 변화이고 둘째 구는 사라지고 무너짐이니, 이 두 마디를 들은 것이 술 생각을 솟구치게 했다. ○ 셋째 구가 어떻게 넷째 구를 이끌어 냈는지, 통하지 않음이 심하다. 하지만 묘처는 바로 이와 같은 데 있으니, 이와 같아야만 아주 좋은 것이 된다. 그렇지 않으면 끝내 서로 우열을 다투며 주루의 벽에 획을 그은[103] 명사들의 시처럼 되고 만다. ○ 천하의 진짜 영웅은 노달, 이규 같은 무리이니 이들은 음욕을 좋아하지 않는다. 하지만 아녀자들의 이별 느낌이 어찌 없으랴. 그러므로 노달에겐 눈물을 훔치는 문장이 있고, 이규에게는 크게 곡하는 날이 있다. 넷째 구는 은근히 사진과의 헤어짐을 울린 것이니, 이처럼 아득한 상황에서 어찌 마시지 않을 수 있겠는가![104]

1, 2구의 시상을 간추리면 변화와 회고이다. 이는 노달로 하여금 달라진 자신의 처지를 떠올리게 했고, 또 이 장면 직전에 묘사된 바 마음껏 술과 고기를 먹을 수 있었던 과거를 돌아보게 한 것이다. 3구의 풍경과 4구의 감회 사이에는 인과의 계기가 없어 보인다. 하지만 가시적 인과성에 얽매인 시는 뻔한 고사나 들먹이는 명사들의 시처럼 상투적인 것이 되어 묘미를 자아

---

103 104쪽 각주 16번 참조.

104 3회 夾評. "不唱酒詩, 妙絶. 却又偏唱戰場二字, 拖逗魯達, 妙不可當. ○ 第一句, 風雲變色, 第二句, 冰消瓦解, 聞此二言, 眞使酒懷如湧. ○ 第三句, 如何比出第四句來, 不通之極, 然正妙於如此. 蓋如此方恰好也. 不然, 竟是名士歌詩, 如旂亭畵壁一絶句故事矣. ○ 天下眞正英雄, 如魯達李逵之徒, 只是不好淫慾耳. 至於兒女離別之感, 何得無之. 故魯達有灑淚之文, 李逵有大哭之日也. 第四句, 隱隱直弔動史進, 對此茫茫, 那得不飮."

내기 힘들다. 이별에 대한 감회는 아무런 연관성이 없어 보이는 상황 속에서 예기치 않게 일어나는데, 사실 그 연관성이란 가시적 표지로만 판단할 수 있는 것은 아니다. 산들바람이 오강의 물결을 가벼이 일으키는 장면이 문득 우희와 초패왕의 애절한 이별 사연을 불러일으켰듯이, 이 노래 가사는 불현듯 얼마 전 사진과의 헤어짐을 떠오르게 했다. 노달이 갑자기 난폭한 행동으로 술을 뺏어 마시고 난동을 부린 이유에 대한 분석이다. 김성탄은 위 노래 가사에 그 원인이 있다고 본 것이다. 이는 독립된 시론이면서 위 시의 서사 기능에 대한 비평인데, 이를 통해 평범하게 배치되어 있는 노랫말이 심원한 기능을 발휘하며 생동하기 시작한다.

술통을 멘 사람이 가까이 다가오자 노달은 술값을 묻는다. "한 통에 얼마요? 多少錢一桶?" 이 또한 서사 흐름상 자연스러운 평범한 대사이다. 하지만 김성탄의 비평안에 평범한 텍스트 언어는 존재하지 않는다. 그는 말한다. "입가에 군침이 흐르는데 바로 마시지 못하고 값만 물어봄은 실제 그에게 돈이 없기 때문이니 영웅의 실의한 마음을 힘껏 묘사한 것이다. 도연명 시 「걸식(乞食)」의 '주림이 날 거리에 내몰았으니, 문 두드리고 말은 더듬거리네.'가 딱 여기에 맞는 구절"[105]이라고 했다. 비평은 작자의 흉중을 읽고 텍스트에 생기를 불어넣는 작업이다. 김성탄의 평어로 보면, 다섯 글자에서 노달의 실의 비애가 여실히 묻어나온다. 이는 다시 비평가가 지닌 지식인의 불우 낙백과도 연결된다.

너덧 달 자숙 뒤 산 아래 저자에 내려온 노달은 우연히 대장간에 들러 선장과 계도를 주문한다. 노달과 대장장이는 선장의 무게를 두고 실랑이를 벌인다. 결국 선장은 62근으로 낙착되는데, 관왕도(關王刀, 관우의 언월도)가 실제 81근이었던 것처럼 자연스럽게 여러 번 언급되었다. 김성탄은 엉뚱하게

---

105 3회 夾評. "流涎極矣, 不好便喫, 只得問價, 其實身邊無錢也. 極力描寫英雄失意時意思. 陶詩云, 飢來驅我去, 叩門拙言辭, 是此一句矣."

이것을 문제 삼았다. 한 곳에서는 마치 직접 본 것처럼 전승되는 민간의 속설을 문인들이 아무 의심 없이 받아쓰는 것을 비판했다.[106] 이는 시내암에 대한 찬사 일변도의 비평에서 보기 드문 지적이다. 다른 한 곳에서는 실제로 관왕도가 있었는지 실제 81근이었는지 실제 본 사람이 없지만, 한번 사람 귀에 들어가면 꼭 진실처럼 된다며, 그런 것도 모르고 81근 관왕도를 그대로 믿어버리는 노달의 순진함을 지적했다.[107] 이러한 평어는 지식인 사회에까지 만연된 천목귀이(賤目貴耳)의 풍속을 비판하는 동시에 노달의 성격을 밝혀주는 이중의 효과를 노리고 있다.

노달과 사진은 최도성과 구소을을 죽인 뒤 와관사에 불을 지르고 떠나간다. 와관사는 문수원과 대상국사 사이 노달의 이동 과정 중 잠깐 나타났다가 사라진다. 『수호전』에서 와관사의 의의는 대수로울 것이 없어 보인다. 심상한 눈으로 보면 잠깐 나타났다가 사라지는 배경일 뿐이고, 기껏해야 노달과 사진의 재회 내지 선장의 용도 시험을 위해 마련된 배경일 뿐이다. 여기서 5, 6 사람이 죽었다고 하지만, 서사 전체에서 빈번하게 일어나는 살인에 견주면 또한 소소한 일에 지나지 않는다. 하지만 대목수에겐 버려지는 나무가 없고, 대장군에겐 필요 없는 병졸이 없다. 선유자(善遊者)에게 동천복지(洞天福地) 아닌 곳이 없듯이, 선독자(善讀者)에게는 의미심장한 장면이나 구절 아닌 것이 없다. 김성탄은 와관사의 등장과 소멸에 마음을 주고 아래와 같이 특별한 의미를 부여했다.

> 나는 와관편(瓦官篇)을 읽고 가슴이 툭 트이는 느낌을 못 이겨 탄식했다. 아, 세계의 일이란 또한 이와 같다. 시내암이 홀연 와관사를 묘사하니 천년의 사람들이 읽고 와관사가 있음을 알게 되었다. 홀연 와관사의 연소를 묘사

---

106 3회 夾評. "齊東野人相傳之言, 荒唐俚鄙, 便如親見. 此在小人固不足怪, 獨是文人亦嘗不免, 何耶?"

107 3회 夾評. "古亦眞有關王耶? 古關王亦眞有刀耶? 古關王刀眞有八十一斤耶? 誰見之? 誰傳之? 而一入於耳, 便定要依以爲式, 所謂眞正魯達, 非他人之所能假也."

하니 천년의 사람들이 또 모두 와관사가 불탔음을 알게 되었다. 한 권 글의 분량이래야 종이 열 장도 못 되는데, 와관사는 무엇으로 말미암아 일어나고 무엇으로 말미암아 무너졌는가? 일어나고 무너짐이 순식간에 있을 뿐이니, 삼세(三世)의 세월도 한바탕 장난이 아니겠는가? 궤안 위에 책을 펼쳐 놓고 기대 읽으면, 얼굴과 책 사이의 거리라야 한 자도 되지 않는다. 이 한 자도 못 되는 사이도 텅 빈 허공인데, 무엇을 근거로 문득 와관사가 있다 말을 하고, 또 무엇을 근거로 와관사가 불탔다고 말을 하는가? 전도(顚倒)된 세계는 끝내 허공으로 돌아가니, 산하 또한 꿈같은 것 아니겠는가? 오호라, 대웅씨(大雄氏)의 책도 범부와 함께 읽으면, '향기로운 바람에 시드는 꽃[香風萎花]' 등의 구절은 시의 재료로 쓸 수 있다 말을 한다. 『북상기(北廂記)』나 『서상기(西廂記)』 같은 책도 성인과 같이 읽으면, 떠나기에 앞서 추파를 던지는[臨去秋波] 곡조에서도 심오한 철리를 깨달을 수 있다고 말한다. 무릇 사람의 어짊과 어리석음은 그 마음씀의 거리에 따라 달라지는 것이다. 그렇다면 시내암 책의 가치 또한 읽는 사람이 어떠한가에 달려 있는 것이다. 시내암이 또 무어라고 이것은 패관입네, 아니면 보살이 패관으로 현신한 것입네 하고 말을 할 것인가?[108]

김성탄은 잠깐 등장했다가 사라지는 와관사에서, 세간 모든 존재의 생장소멸을 읽었고, 또 이를 소설 창작의 속성과 연결시켰다. 와관사는 작자의 마음속에서 지어졌다가 불타 사라진다. 그것은 세간의 모든 사물과 마찬가

---

108 5회 총평. "吾讀瓦官一篇, 不勝浩然而歎. 嗚呼, 世界之事, 亦猶是矣. 耐菴忽然而寫瓦官, 千載之人讀之, 莫不盡見有瓦官也. 耐菴忽然而寫瓦官被燒, 千載之人讀之, 又莫不盡見瓦官被燒也. 然而一卷之書, 不盈十紙, 瓦官何因而起, 瓦官何因而倒? 起倒只在須臾, 三世不成戲事耶! 又攤書於几上, 人憑几而讀, 其間面與書之相去, 蓋未能以一尺也. 此未能一尺之間, 又蕩然其虛空, 何據而忽然謂有瓦官, 何據而忽然又謂燒盡? 顚倒畢竟虛空, 山河不又如夢耶! 嗚呼, 以大雄氏之書, 而與凡夫讀之, 則謂香風萎花之句, 可入詩料. 以北西廂之語, 而與聖人讀之, 則謂臨去秋波之曲, 可悟重玄. 夫人之賢與不肖, 其用意之相去, 既有如此之別. 然則如耐菴之書, 亦顧其讀之之人何如矣. 夫耐菴則又安辯其是稗官, 安辯其是菩薩現稗官耶!"

지로 인간의 지각(인식과 표현) 작용에 따라 생기는 허상, 즉 불교의 말을 빌리면 전도(顚倒)된 존재이다. 그것들은 마음의 지각에 따라 달라지며, 지각이 멈추면 순식간에 사라진다. 그의 논리는 여기서 그치지 않고 독서 또는 비평의 문제로 옮겨간다. 세간 일체의 존재가 객관적 실체가 아니라 지각에 따른 허상이라면, 소설 속 와관사나 관련 사건들의 의미와 가치 또한 독자의 수준, 능력, 관점에 따라 달라질 수밖에 없다. 불경의 말씀도 시어(詩語)로나 사용하는 사람이 있고, 남녀의 결연담에 나오는 사랑 노래에서도 심오한 이치를 깨닫는 사람이 있다. 그렇다면 『수호전』은 흔히 말하는 희대의 교도서(敎盜書)인가 아니면 김성탄의 말대로 절세의 문장교범인가? 와관사는 별것 아닌 소품인가 아니면 심오한 깨우침의 상징인가? 김성탄은 와관사에서 생장소멸하는 존재의 운명을 공감했고, 작자의 흉중 마음을 읽었으며, 텍스트의 속성과 비평의 의의를 부연하였다. 이 글은 작자의 의도를 뛰어넘는 텍스트 지평의 확대이며, 존재에 대한 불교적 인식론이고, 동시에 비평에 대한 독립 의론이다.

와관사에 대한 김성탄의 비평은 여기서 그치지 않는다. 그는 와관사가 불타는 장면에서, 독서의 방법과 비평의 의의를 다시 한 번 설명했다. 그는 "마음은 솜씨 좋은 화공과 같아 각종의 오음(五陰)을 만들어낸다."는 석가의 말을 받아, "마음은 큰불이 일어남과 같아 각종의 오음을 무너뜨린다."는 자신의 말로 이었다. 그리고 이 두 가지 의미를 아울러 구현하려는 것이 시내암이 와관편을 둔 이유라고 했다. 문장을 짓는 일은 화공이 그림을 그려내는 것과 같고, 문장을 파기하는 것은 큰불이 일어나는 것과 같다고 했다. 그것은 모두 문장을 짓는 마음에서 비롯하는 것이니, 문장을 보면 마땅히 그 마음을 살펴야 한다는 것이다.[109] 그의 주장에 따르면, 와관사를 등장시켰

---

109 5회 夾評. "耐菴說一座瓦官寺, 讀者亦便是一座瓦官寺, 耐菴說燒了瓦官寺, 讀者亦便是無了瓦官寺. 大雄先生之言曰, 心如工畫師, 造種種五陰, 一切世間中, 無法而不造. 聖嘆爲之續曰, 心如大火聚, 壞種種五陰, 一切過去者, 無法而不壞. 今耐菴此篇之意, 則又雙用其意, 若曰, 文如工畫師, 亦如大火聚, 隨手而成造, 亦復

다가 불태워 없애버린 작자의 마음을 읽지 못한다면 와관편을 읽는 것 자체가 쓸모없는 짓이 된다. 이렇게 보면 와관편에도 『수호전』 어느 부분 못지않은 심대한 의미가 숨어 있는 셈이다.

김성탄에게 있어 독서는 수동적 작품 읽기가 아니며, 비평은 텍스트를 수행(隨行)하는 글쓰기가 아니다. 독서는 표현에 내재된 작자의 마음을 읽는 행위이며, 비평은 때로 텍스트를 이용하되 때로 그 범주를 넘어 자기의 독자적인 영역을 세우기도 한다. 김성탄은 빈번하게 텍스트 위에 자신의 세계를 구축한다. 그의 비평은 주관성이 지나쳐 때로 텍스트의 맥락에서 멀리 일탈하기도 한다. 하지만 김성탄의 이러한 태도는 텍스트를 보좌하고 수행하는 수동적 비평을 일신하여, 텍스트에 참여하고 나아가 텍스트를 선도하는 능동적 비평의 방식을 제시했다는 점에서 중요한 의의를 지닌다. 이러한 비평이야말로 평범한 소설 『수호전』을 비범한 서사의 전형으로 거듭나게 했고, 진부하고 관습적인 비평에서 활로를 찾지 못하던 문사들을 매료시킨 요인이었던 것이다.

6. 결어

유득공은 이덕무의 「청비록(淸脾錄)」에 지어준 서문에서 "예로부터 시를 짓는 사람과 시를 풀어주는 사람이 있어 왔다. 시 짓는 일이야 여항의 아녀자라도 못할 바 없지만, 시 풀이는 총명하고 달통하여 감식안이 있는 사람이 아니면 하지 못한다."고 하였다.[110] 이덕무는 「청비록」 첫 장에 당나라 때의 승려 관휴(貫休)의 시, "하늘과 땅 사이 맑은 기운이 있어, 흩어져 시인 비

隨手壞, 如文心亦爾, 見文當觀心, 見文不見心, 莫讀我此傳."

110 『청장관전서』 권 32, 「淸脾錄序」. "自古有作詩者, 有說詩者. 作詩者, 雖委巷婦儒, 無所不可, 說詩者, 非明睿特達有鑑識者, 不能焉."

장에 스며든다네. 천만 사람 많은 중에도, 한 사람 두 사람 알 수 있을까. 乾坤有淸氣, 散入詩人脾. 千人萬人中, 一人兩人知."를 인용하여 「청비록」을 짓는 뜻을 말했다. 그만큼 시(문학)의 이해와 풀이가 어렵다는 것이다. 문학은 좋은 독자를 만나 완성되는 존재이다.

이런 의미에서 『수호전』이 김성탄을 만난 것은 천년에 한 번 있을 수 있는 일이었다. 예나 지금이나 대부분의 독자는 『수호전』의 내용을 알고 있다. 하지만 그것은 대략의 줄거리와 어렴풋한 윤곽일 뿐이다. 김성탄의 안내를 받는 순간 『수호전』은 자구에서 서사 전체에 이르기까지 생동하기 시작한다. 새로운 문학을 갈망하던 문인들은 김성탄의 비평에 매료되었다. 동서고금을 통틀어 이처럼 텍스트의 가치를 극도로 높이면서 동시에 텍스트를 장악했던 비평의 유례는 없는 것으로 보인다. 이는 비평의 독창성을 보편성으로 확장시키고, 다시 이를 형태적으로 뒷받침한 완결성에서 가능했다. 논자는 김성탄의 독법에 전적으로 동의하며, 대체로 그의 시선에 입각하여 이 글을 작성하였다.

다만 한 가지 김성탄의 독법과 이견이 있어 잠깐 짚어둔다. 김성탄은 『수호전』에서 가장 중요한 인물로 무송을 꼽았고, 다른 어떠한 인물은 물론 노달도 그에게는 미치지 못한다고 하였다.[111] 하지만 전체 서사에서의 역할을 고려하면, 작자가 가장 공들여 빚어내고 배치한 인물은 노달이 아닌가 싶다. 그 이유는 다음과 같다. 첫째, 배치에 있어 노달은 서사의 초두에 등장하여 서사의 방향 키 역할을 담당하고 양산박 존재의 명분을 조성한다. 이에 반해 무송은 노달과 임충에 의해 서사의 흐름과 명분이 확정된 뒤에 등장한다. 둘째, 노달의 의협 행동은 모두 남의 억울함을 풀어주는 것으로 서사 전체의 주제를 대변한다. 이에 비해 무송의 행위는 동기가 불분명하거나

---

111 권 3, 「讀第五才子書水滸傳法」. "魯達自然是上上人物, 寫得心地厚實, 體格闊大. 論麤鹵處, 他也有些麤鹵. 論精細處, 他亦甚是精細. 然不知何故, 看來便有不及武松處. 想魯達已是人中絕頂, 若武松直是天神, 有大段及不得處."

개인적인 원한 풀이의 성격이 짙으며, 때로는 이성을 잃고 지나치게 잔인하다. 셋째, 노달은 판단과 행동에 허점이 많고 그로 인해 의도치 않은 웃음을 유발시키는 인물로, 빈틈없고 과묵한 무송보다는 독자들에게 더 친숙하고 편안하게 수용되었을 가능성이 높다.

임충(林沖) 서사, 하급 관리의 우유(優柔)와 원독(怨毒)

1. 서언

『수호전』에서 양산박은 10회에 처음 등장한다. 육겸(陸謙) 일당을 죽인 임충은 시진(柴進)의 주선으로 양산박을 찾아간다. 그는 주귀(朱貴)의 도움으로 배를 타고 어렵사리 양산박에 닿는데, 이때 임충의 눈에 든 건너편 언덕이 바로 양산박 최초의 등장이다. 이 장면에 대해 김성탄은 "임충의 눈으로 양산박을 이끌어냈는데, 이는 양산의 최초의 그림이니, 한 구절이지만 또한 경시할 수 없다."고 평했다.[112] 19회는 왕륜(王倫)을 죽인 임충이 칼을 짚고 무리를 향해 일장 연설을 하는 장면으로 시작한다. 임충은 말한다. "오늘 호걸들께서 모처럼 이곳에 이르러 모이게 되었는데, 왕륜이란 자가 마음이 좁아서 어진 사람을 미워하고 재능이 있는 사람을 시기하여 핑계를 대며 받아들

112 "林沖眼中看出梁山泊來. 此是梁山泊最初寫圖, 一句亦不可少." 『수호전』의 원문은 "林沖看岸上時." 이다.

이지 않았기 때문에 제가 이놈을 죽인 것이지, 결코 자리를 탐내서가 아닙니다. 저의 도량이나 역량으로야 어찌 관군을 물리치며 임금의 좌우에 있는 간신배들을 없애버릴 수 있겠습니까?[113]" 이 대목 아래 김성탄은 아래 평어를 달았다.

『수호전』 한 책의 대제목(大題目)이요, 임충 일생의 대흉금(大胸襟)이다.[114]

임충이 왕륜을 죽인 이유로 내세운 죄목은 '마음이 편협하고, 능력 있는 사람을 시샘하는 心胸狹隘, 嫉賢妒能' 것인데, 이는 본래 위정자의 무능함을 비판하는 맥락에서 사용되어온 것으로, 사실 도적 집단과 어울리는 말은 아니다. 임충은 무능한 위정자를 징치하는 명분으로 왕륜을 처단한 것이다. 양산박은 이 시점에서 문득 조정의 간신배들을 상대하는 의협 집단의 본거지가 되었고, 살인과 약탈을 일삼는 도적들의 이야기는 국가를 상대하는 서사로 확장된다. 이 이전까지의 이야기 어디에서도 이런 성격을 찾을 수 없다. 임충은 주류 세계에서 쫓겨나 되는대로 구석에 모인 호한들에게 삶의 명분과 행동의 방향을 제공한다. 이를 통해 『수호전』의 서사는 지향 없는 불한당이나 목적 없는 좀도둑들의 이야기에서, 사회 모순과 국가의 부패를 상대로 하는 의적들의 이야기로 승격한다.[115] 대주제를 부여하는 인물이 바로

---

113 번역은 박정일 외, 『수호지』(삼성출판사, 1994)를 따르되 세부적인 표현에서 약간씩 가감하기로 한다. 이하 같음.

114 19회. "水滸一書大題目, 林沖一生大胸襟."

115 김성탄은 임충 이전과 이후 양산박의 성격 변모를 분명하게 지적했다. 이를테면 林沖에서 楊志로 서사 하름이 바뀌는 11회에서 "임충을 비롯한 다섯 사람이 양산박에 남아 노략질을 한다는 "從此五個好漢在梁山泊, 打家劫舍." 다음에 "이 네 글자가 이른바 예전의 양산박이다. 이후의 양산박에도 또한 네 글자가 있으니 그건 이른바 替天行道이다. 此四字所謂昔之梁山泊也. 若後之梁山泊, 亦有四字, 所謂替天行道也."라고 했다. 또 19회 임충이 의리를 밝히며 예전의 구차한 행태와 선을 긋는 발언 "大義旣明, 非比往日苟且." 다음에도 "열 글자가 양산박을 깨끗하게 씻어냈다. 十字洗出梁山泊來."고 그 의의를 비평했다.

임충이다. 임충은 『수호전』의 전체 서사를 이끌어가는 주동 인물인 셈이다.

임충은 본래 온후하고 조심스러운 성격을 지닌 인물이었다. 이는 그의 환경, 즉 비교적 높은 사회적 지위와 유복한 가정에서 그 원인을 찾을 수 있다. 이러한 인물에게는 최소한 현 상태를 유지하려는 경향이 있다. 고아내(高衙內)가 아내를 희롱하는 장면을 목격하고도 분노를 참아낸 것이나, 고구의 음모로 유배를 떠나면서도 함부로 행동하지 않은 것은, 모두 주류 세계로 되돌아갈 수 있다는 희망 때문이었다. 그는 주류 세계의 일원인 관료로 기존 질서를 부정할 이유가 없었던 것이다. 하지만 유배지 창주에서 육겸 일행을 죽이면서 그는 귀로가 완전 차단당한 채 주류 사회에서 영원히 이탈한다. 이러한 급격한 환경의 변화는 그의 성격에도 결정적인 영향을 끼친다. 뛰어난 무예를 지녔으되 분수를 지키기 위해 소심하고 조심스러웠던 그는, 사회의 음지로 추방되면서 분노와 폭력을 분출하기 시작한다. 『수호전』에서 악의 축은 고구이고, 고구에 의해 사회의 주변으로 추방되었으며, 도적이 되어서도 힘에 있어 절대 우위의 지배 세력과의 대결을 포기하지 않은 임충은, 중국의 서사문학사에서도 성격의 변화를 보여주는 흔치 않은 비극적 인물이다.[116]

여 글은 『수호전』 중 임충 주도의 서사에 대한 김성탄의 독법을 살펴, 그 미학적 의의를 밝히는 데 목적을 둔다. 『수호전』은 각각의 인물고사에서 출발했으며, 김성탄은 열전의 미학으로 각각의 인물 서사를 비평하였다. 이런 이유로 몇몇 인물의 경우는 그 서사를 독립시켜 고찰하는 것이 유효하다.

---

116 임충의 성격과 기능에 대해서는 王同舟 · 陳文新, 앞의 책, 「話說林沖」(61~78쪽)에서 자세히 분석하였다. 여기 따르면 임충은 양산박의 도의 역량을 대표한다. 초기 수호고사 임충은 존재감이 미약했으나 『수호전』의 출현으로 핵심 인물로 재탄생하였으니, 작가의 조형 의지가 강하게 작용한 인물이기도 하다.

2. 임충 서사의 흐름과 개요

『수호전』의 일대 서사는 고구의 등장으로 시작된다. 이를 두고 김성탄은 '어지러움은 위에서부터 생긴 것(亂自上作)'임을 보여주는 것이라 했다.[117] 고구에 이어 왕진(王進)이 등장한다. 80만 금군(禁軍)의 교두(教頭)인 왕진은 충효 겸전의 인물인데, 고구의 핍박을 받아 야반도주한다. 이를 두고 김성탄은 "고구가 오자 왕진이 떠나가고, 왕진이 떠나가자 108인이 등장하니, 결국은 고구가 등장하며 108인이 출현한 것."이라고 요령 있게 간추려주었다.[118] 왕진은 『수호전』 갈등의 원인과 내력을 상징적으로 보여주는 인물인 셈이다.

『수호전』에서 임충은 고구, 왕진, 사진, 임충에 이어 등장한다. 임충은 노지심이 건달들에게 무예를 보여주는 장면의 구경꾼으로 등장한다. 이후부터는 임충의 서사이다. 이러한 초반 서사 공간과 인물의 전환을 간단하게 정리하면 아래와 같다.

> 동경(고구 / 왕진) → 화음(華陰, 왕진-사진) → 위주(渭州, 사진-노지심) → 오대산 문수원(노지심-지진장로) → 동경 (노지심-임충) → 동경 (고구/임충)
>
> * " / "는 대립 갈등 관계, " - "는 우호 연대 관계

여섯 회가 진행되는 동안 몇몇 인물이 등장하고 여러 사건이 일어났는데, 결국 서사 공간은 동경으로 회귀하였고 인물의 갈등은 고구/왕진에서 고구/임충으로 바뀌었다. 공간의 경우, 동경이 문제의 사회적 장소임을 말해준다. 인물 관계의 경우, 제도권 밖 인물들 사이는 우호적이지만, 이들은 모두 고구와는 적대 관계를 맺는다. 이는 앞으로의 갈등과 대결이 제도권 안

---

117 제1회 總評.

118 위와 같은 곳.

과 밖의 사이에서 펼쳐질 것임을 암시한다. 왕진과 임충의 사회적 자질은 동일하다. 두 사람은 고위 무관이고 가족을 사랑하며 유교적 교양을 갖춘 공통점을 지닌다. 다만 왕진이 화가 닥치기 전 자취를 감춰 안전을 도모한 반면, 임충은 고스란히 고구의 핍박을 받았다는 점이 다를 뿐이다.

고구의 핍박을 받는 인물로 왕진에 이어 임충이 등장하는 것은 두 가지 의미를 지닌다. 하나는 기법의 차원에서, 비슷하지만 전개 양상이 다른 사건을 배치하여 서사의 강도를 높여가는 효과가 있다. 왕진이 미약하고 온건한 첫 물결이라면, 임충은 그 힘을 받아 높이 솟구친 큰 물결에 해당된다. 김성탄의 용어를 빌리면 이는, 비슷한 내용을 함께 쓰면서 변화를 준다는 점에서 정범법(正犯法), 소진(小陣)으로 대진(大陣)을 이끌어낸다는 점에서 농인법(弄引法)에 해당된다. 주제의 차원에서, 고구가 위에 있는 한 충량한 인재는 떠날 수밖에 없다는 효과를 지닌다. 왕진은 떠나서 화를 면하지만, 임충은 순순히 유배를 떠나서도 죽음을 면하기 어려웠으니, 끝내는 부딪칠 수밖에 없다는 것이다. 공간이 동경으로 회귀하고 왕진에서 임충으로 넘어간 서사 흐름은, 고구로 인한 충량(忠良) 인물의 파국과 둘 사이의 대결은 불가피하다는 사실을 구조적으로 보여주는 것이다.

6회 이후는 임충 서사가 펼쳐지는데, 그 흐름은 중간에 한번 복류한다. 그 대략을 제시하면 다음과 같다.

회차	줄거리	비고
6회	노지심과 임충의 만남, 임충은 고구와 육겸의 계략으로 위기에 빠진다.	전반은 노지심 서사
7회	임충은 곤장을 맞고 창주(滄州)로 육겸은 돈으로 호송 아전들을 매수하고, 임충은 야저림에서 죽을 위기에 처한다.	
8회	노지심이 나타나 임충을 구해준다. 임충은 도중 시진(柴進)의 후대를 받는다. 시진과 뇌물 덕으로 창주 유형소에서 편안하게 생활한다.	
9회	임충은 자신을 죽이려 한 육겸 일행 네 명을 척살한다. 술에 취해 눈밭에 누웠다가 시진의 집으로 끌려간다.	
10회	시진의 주선으로 양산박에 들어가나, 양산박 두령 왕륜은 임충의 능력을 시기하여 투명장(投命狀)을 요구한다.	

회차	줄거리	비고
11회	양지와 만나 싸운 뒤, 임충은 양산박의 네 번째 두령으로 남는다.	양지(楊志) 서사로 전환
12회 ~ 17회	황니강(黃泥岡) 서사	임충 서사 잠복, 다음 절에서 논의
18회	조개 일행은 추격 관군을 몰살시키고 양산박으로 몸을 피한다. 임충은 조개 일행을 박대하는 왕륜을 척살한다.	임충은 중반에 등장
19회	임충의 주도로 양산박의 위계를 다시 설정, 행동 방침 마련. 이념과 제도의 양면에서 조정과 유사한 체제를 갖춘다.	후반부에 송강 서사로 전환

임충은 8회에 걸쳐 등장한다. 그 중에서 6회는 노지심 11회는 양지, 18회는 조개 일행, 19회는 송강과 서사의 몫을 공유한다. 임충과 직접 대결하는 인물은 고구와 왕륜으로, 각각 조정과 재야의 수괴로 부패와 무능을 상징한다. 그가 죽인 인물은 다섯 명이다. 그 중 육겸 일행은 고구의 수하이고, 나머지 하나는 왕륜이다. 이는 분량과 인기도에 반해 임충이 『수호전』 서사의 한가운데서 중추적인 역할을 맡고 있음을 말해준다. 『수호전』은 낱낱 도적들의 이야기에서 출발하여 국가 권력에 도전하는 대규모 반적들의 이야기로 진화하는데, 그 결정적인 계기는 조개 일행의 생신강(生辰綱) 탈취 사건과 더불어 임충의 행위이다. 12~18회 동안 잠시 임충 이야기를 중단하고 조개 이야기로 전환시킨 이유이다. 이로 보아 양산박에 조개 일행이 합류하고 임충이 양산박의 면모를 일신하는 18, 19회는 『수호전』 서사의 본격적인 출발점이라 할 수 있겠다.

3. 영웅의 실의와 파탄을 동정하다

김성탄은 『수호전』을 인물 단위로 분절하여 열전의 독법으로 읽었다. 『수호전』은 본래 개개인의 인물고사로 출발했기 때문에 인물 단위의 각 편으로 읽는 것이 가능하다. 하지만 인물고사와 열전은 성립 토대와 미적 기반이 전혀 다르다. 인물고사가 민간에서 발생한 사건 중심의 무정형 허구담이라면, 열전은 국가의 권위를 업고 등장하였으며 일정한 갈래 규범을 지닌 역사 기록 형식이다. 열전의 독법으로 읽을 때 가장 먼저 고려해야 할 것은 개인의 일생이며, 그중 시간의 흐름에 따른 성취와 실패가 핵심 요소가 된다. 『수호전』에서 몇몇 인물 서사를 떼어 열전의 독법으로 읽으면, 영웅적 인물의 비극적 이야기가 된다. 이들은 영웅의 자질로 뛰어난 용력을 지녔지만, 국가와 사회를 위해 능력을 발휘할 기회를 얻지 못하고 살인과 약탈에 그 용력을 사용하여 돌이킬 수 없는 상태로 전락한다. 108 호걸을 도적으로 내모는 고구는 남송말 부패하고 허약한 지배체제의 한 표상일 뿐이다. 김성탄은 『수호전』의 주역들을 부패한 세계에 의해 전락한 비운의 영웅들로 보고 이들에 끊임없는 동정의 시선을 보냈다.

> 임충은 그 자체로 상상(上上) 인물인데 그려진 모습이 너무 거칠 뿐이다. 빈틈없이 계산하고 수모를 참아내고 든든하게 받쳐주며 철저하게 처리하는 그의 모습을 보라. 그 모두 사람들로 하여금 두려운 마음을 들게 한다. 이런 사람이 세상에 있으면 반드시 사업을 해낸다. 하지만 원기(元氣)를 깎아먹음 또한 적지 않을 것이다.[119]

김성탄은 『수호전』의 인물들을 상상(上上), 상중(上中), 중상(中上), 중하(中下), 하하(下下)로 분류했는데, 임충은 무송, 노지심, 이규, 완소칠, 오용, 화영, 양지, 관승과 함께 상상에 포함시켰다. 이중에서 앞 네 사람은 소박하며 거친 하층 출신인데 반해, 뒤 네 사람은 문자를 아는 사족 신분이다. 후자의 신분으로 전자의 기질을 갖춘, 또는 전자에서 후자로 성격이 변모하는 임충

---

119 권 3, 「讀第五才子書法」. "林冲自然是上上人物, 寫的只是太狼. 看他算得到, 熬得住, 把得牢, 做得徹, 都使人怕. 這般人在世上, 定做得事業來, 然琢削元氣也不少."

은 둘 사이 중간 지점에 있다고 보면 된다. 이는 전면에 드러나지 않으면서 상층과 하층, 불규칙과 규칙, 야성과 문식을 조화롭게 아우르는 임충의 기능과도 정확하게 부합한다. 밑줄 부분은 배후 또는 중간 지점에서 말없이 전체를 아울러 하나의 체제와 방향을 만들어내는 임충의 역할을 지적한 것이다. 그의 명석한 계산은 빈틈이 없고, 굳센 의지는 곤란을 능히 참아낸다. 임충이 양산박에서 뒤를 든든하게 받쳐주는 덕분에 송강은 군사를 낼 수 있었다. 김성탄은 임충의 이러한 면모를 높이 평가한 것이다. 본래의 원기를 소모함이 적지 않은 것도 너무 많은 것을 생각하고 오래도록 참으며 노심초사하기 때문이다. 이는 분노가 일면 즉각 분출시키는 앞 네 사람이나, 언제나 명분에 따라 전아하게 행동하는 뒤 네 사람과 다른 점이다. 임충은 두 가지를 병용하여 많은 일을 해내고, 또 그래서 더 피곤한 인물이다.

임충의 불행은 전혀 예기치 못한 곳에서 시작된다. 임충은 초면의 노지심과 술을 마시다가 누군가 자기 부인을 희롱한다는 말을 듣고 뛰어나간다. 부인을 희롱한 부랑아는 공교롭게도 직속상관인 고구의 양자 고아내였다. 임충은 차마 치지는 못하고 분기를 삭히지 못해 그를 노려본다. 이 장면에 대해 김성탄은 "남의 밑에 있는지라 말하고 싶어도 말을 못하니 그 광경이 가련하다."[120]고 평어를 달았다. 며칠 뒤 자신을 유인하기 위해 찾아온 육겸과 술을 마시면서 임충은 자기도 모르게 탄식을 내뱉는다. 육겸이 연유를 묻자 이렇게 대답한다. "사내대장부가 능력만 헛되이 지니고, 밝은 주인을 만나지 못해 하찮은 인간의 수하에서 이런 아니꼬운 일을 당하네!"[121] 여기에 김성탄은 "분기를 일으켜 책을 지은 까닭이니, 시내암의 명성이 헛되지 않다."[122]고 평어를 달았다. 발분저서(發憤著書)의 동기를 시내암에게서 찾은 것

---

120 6회 夾評. "寫英雄在人廊廡下, 欲說不得說, 光景可憐."

121 원문. "男子漢空有一身本事, 不遇明主, 屈沈在小人之下, 受這般腌臢的氣!"

122 6회 夾評. "發憤作書之故, 其號耐庵不虛也."

이기도 하고 자기 생각을 시내암에게 소급 투여한 것이라고도 볼 수 있다.

김성탄의 시선은 임충이 육겸의 계략에 말려 보검을 사는 이야기에서도 집요하게 영웅의 실의를 찾아낸다. 보검 값을 치른 임충은 그 칼의 내력을 묻는다.[123] 이 한마디 말을 김성탄은 예사로이 넘기지 않고 이렇게 비평했다. "집에 가 돈을 받았으면 바로 가면 된다. 그런데 붓질을 멈추지 않았고 거듭 또 보검의 내력을 물었다. 이는 한편 때 잃은 장사(壯士)를 위해 피눈물을 흘린 것이고, 다른 한편 임충의 지극한 보검 사랑을 표현, 아래 문장을 위한 여지를 만들어준 것이다."[124] 보검의 내력을 묻는, 어찌 보면 심상한 대화 한 토막에 김성탄은 심원한 의미를 부여한 것이다. 칼 판 이가 조상으로부터 물려받았다고 대충 얼버무리려고 하자 임충은 다시 묻는다. "당신 조상이 누구요? 你祖上是誰?" 예사로운 짧은 질문에 김성탄은 "피눈물이 '祖上是誰' 네 글자에서 쏟아져 나온다."[125]고 강렬한 평어를 달았다. 임충이 영화로운 전통을 뒤로한 채 영락하여 길거리에서 조상의 유품을 파는 사람과 서글픈 처지의 자신을 동일시하여 그런 질문을 한 것이라고 해석한 것이다.

창주로 유배가는 도중 시진은 시진(柴進)을 찾아갔다가, 못 만나고 되돌아 나오는 길에 마침 사냥에서 돌아오는 시진의 행차를 만난다. 화려한 행차를 보며, 시진의 일행인가보다 하고 생각은 하지만 감히 묻지 못하고 머뭇거린다.[126] 이 장면도 김성탄은 심상하게 보아 넘기지 않고, "원래는 똑같은 한 사람인데, 죄수복을 입고 있다보니 존귀한 행차 앞에서 감히 기를 펴지 못한 것이다. 영웅의 실로(失路)를 묘사해낸 것이 지극히 가련하다."[127]고 해

---

123 원문. "你這口刀那裏得來?"

124 6회 夾評. "到家取了錢, 便可去矣. 却不住筆, 重又問起寶刀來歷, 一來爲壯士失時發泄血淚, 一來表林沖愛刀之至, 爲下文比試作地步."

125 6회 夾評. "血淚迸出四字來."

126 6회. "林衝看了, 尋思道, '敢是柴大官人么?' 又不敢問他, 只自肚里躊躇."

127 6회 夾評. "本是一色人物, 只因身在囚服, 便於貴游之前, 不復更敢伸眉吐氣, 寫得英雄失路, 極其可憐."

석했다. 이는 실제 삶의 체험으로 미루지 않으면, 또 지극히 인물의 심리 상태를 면밀하게 추적하지 않으면 읽어내기 어려운 부분이다.

임충의 실의는 양산박을 찾아가는 가운데 극에 달한다. 그는 이제 본래의 관직으로도 돌아갈 수 없고, 예전처럼 단란한 생활도 꿈꿀 수 없게 되었다. 자기 처지에 적응하지 못한 임충은 탄식을 연발한다. 주귀(朱貴)의 주점에서 몇 잔 술을 마신 뒤에 문득 시름이 몰려와 탄식한다. '멱연상기(驀然想起)' 넉 자에 대해 김성탄은 "이 네 글자는 뱀이 놀라 뛰어나오고 대순이 솟아오르는 것과 같으니, 사람으로 하여금 큰 소리로 통곡하고 울부짖게 한다."[128]고 평하였다. 이럴 때 작품과 비평가 사이에서는 어떤 거리를 찾아보기 힘들다. 김성탄은 때로 객관적인 인식의 거리를 없앤 채 작품에 밀착하고 인물에 공명하며 비평을 전개한다. 잘나가던 시절을 떠올리며 탄식하는 장면에 대해 부친 "글자마다 곡이요 피이니, 지금도 그 목소리가 들리는 듯."[129]이라는 평어 또한 마찬가지이다. 임충은 비분을 못 이겨 술집 벽에 시를 적는다.

의리에 살고 죽는 임충 이 몸은	仗義是林沖
누구보다 소박하고 충량하다네	爲人最朴忠
강호에는 그 이름 널리 퍼지고	江湖馳譽望
나라에선 영웅으로 알려졌는데	京國顯英雄
슬프다 뗏목 같은 신세가 되니	身世悲浮梗
공명도 흩날리는 쑥대와 같네	功名類轉蓬
뒷날 만약 큰 뜻을 얻어 펼치면	他年若得志
그 위세 태산 동쪽 눌러 놓으리	威鎭泰山東

128 10회 夾評. "此四字猶如驚蛇怒筝, 跳脫而出, 令人大哭, 令人大叫."

129 10회 夾評. "一字一哭, 一哭一血, 至今如聞其聲."

김성탄이 『수호전』을 개작하면서 남겨놓은 몇몇 시편 중 하나이다. 김성탄은 시가 소개되기 전 이렇게 말했다. "어찌 꼭 시나 노래를 지으려 한 것일까? 슬픔이 마음에서 나와 한 조각을 써 내렸는데, 다 쓰고 세어보니 8구였던 것이다. 이 어찌 촌학구가 흉내 내어 지은 영회시(咏懷詩)와 같을까?"[130] 김성탄은 이 말, 즉 임충의 시는 형식을 따지고 글자나 안배하여 모아놓은 것이 아니고, 가슴속에서 터져 나온 비분이 절로 그렇게 된 것이라는 말을 하고 싶었기 때문에 이 시를 남겨놓았던 것이다. 김성탄은 이 시가 비극의 운명에 처한 영웅의 심사를 잘 보여준다고 판단했고, 또 그러한 임충의 마음에 깊이 공명했던 것이다.[131]

임충의 불행은 여기서 그치지 않는다. 시진의 주선으로 양산박을 찾았으나, 왕륜은 임충의 능력을 시기하여 투명장(投命狀, 조직에 대한 충성 표시의 문서, 여기서는 한 사람의 목숨을 뜻함)을 요구하며 사흘 말미를 준다. 임충은 할 수 없이 요구 사항을 이행하려고 했지만 이틀 연속 실패한다. 첫날 저녁 숙소에 돌아와 밥을 찾아 먹는 장면, 이튿날 아침 졸개와 아침을 먹는 장면, 그리고 역시 이날 밤 방에 돌아와 자신의 처지를 한탄하는 장면마다 김성탄은 평어를 달았다. 첫 장면에는 "밥을 찾는다는 '토(討)' 한 글자가 영웅을 통곡한다."[132]고 했고, 둘째 장면에서는 "아침밥을 소졸과 먹고 있으니 영웅을 통곡한다."[133]고 했다. 그리고 세 번째 장면에서는 "주점에서 한 번 탄식하고, 여기서 또 한 번 탄식하니, 마치 밤물결이 한번 밀려가고 밀려오는 것과 같아,

---

130 10회 夾評. "何必是歌, 何必是詩. 悲從中來, 寫下一片, 旣畢數之, 則八句也. 豈如村學究擬作咏懷詩耶?"

131 임충이 시 쓰기를 마치고 붓을 놓으며 술잔을 집어 드는 장면인 "撇下筆再取酒來."도 김성탄은 예사로이 넘어가지 않고 "호걸의 어지러운 심사를 단 일곱 자로 그려 독자들의 눈을 찢어놓는다. 寫豪傑歷歷落落處, 只用七字, 遂使讀者目皆盡裂."이라는 평어를 달아 그 비분한 처지에 공명을 표했다.

132 원문은 "討些飯吃了."이고 김성탄의 평어는 "一討字, 哭殺英雄."이다.

133 원문은 "和小嘍囉吃了早飯."이고 김성탄의 평어는 "早飯便和小嘍囉吃, 哭殺英雄."이다.

읽으면 울부짖으며 통곡하고 싶어진다."[134]고 평어를 달았다.

김성탄의 비평은 분명 등장인물에 대한 공명 또는 동일시와 섞여 있다. 이러한 공명과 동일시는 역사 비평 태도의 잔형이라고 볼 수 있다. 하지만 김성탄은 역사 비평의 관행에 머물지 않고, 등장인물의 심리와 처지를 깊이 통찰하였고 이를 서사 기법과 긴밀하게 결부시켜 논의하였다. 때로 그는 작품 세계에 깊이 참여하여 자기 감정의 굴곡을 그대로 보여주기도 한다. 이 때문에 김성탄의 비평은 확실히 보통 독자들의 인식은 물론 작자의 의도까지를 훨씬 뛰어넘는(그래서 때로는 과도한) 지평을 보여준다. 뛰어난 능력과 전아한 품성을 지녔지만 부조리한 힘에 의해 사회 하층으로 전락하는 임충은 김성탄에게 있어 통곡을 자아내는[哭殺] 인물이었다. 그리고 그 통곡에 현실에 대한 김성탄 자신의 비분이 담겨 있음은 물론이다.

4. 서사 구성과 묘사의 묘미를 발견하다

김성탄의 서사 인식은 전통 지식인의 역사서에서 출발했지만, 당대 민간 허구서사의 가치 정립을 지향하였다. 「사기열전」의 독법으로 『수호전』을 읽었지만, 열전과는 엄연히 다른 소설의 특징을 분명하게 인식하였고, 나아가 그 미학 기반을 섬세하고도 풍부하게 밝혀냈다. 허구서사가 지닌 역사서사의 내력과 효능을 부정하지는 않았지만, 그것을 훨씬 능가하는 매력과 가치를 적극 주장했다. 김성탄은 그 가치와 매력의 동인을 전적으로 표현과 구성 등 형식에서 찾았다. 김성탄은 문학의 독자성이, '무엇'(내용, 주제)이 아니라 '어떻게'(기법, 구성)에 있다는 사실을 간파했으며, 풍부한 논거와 명쾌한 논

134 원문은 "不想我今日被高俅那賊陷害, 流落到此, 直如此命蹇時乖!"이고, 김성탄의 평어는 "酒店一嘆, 此處又一嘆, 如夜潮之一湧一落, 讀之乃欲叫哭."이다.

리로 자기 의견을 설파했다. 효율적인 기법과 창의적인 구성이 아니면 주제는 아무런 힘을 받지 못한다. 그는 끊임없이 선독(善讀)을 강조하며, 독자들이 미처 생각하지 못한 문장의 장치들을 알려준다. 김성탄 비평의 유무에 따라 『수호전』 읽기의 즐거움은 물론 주제 또한 깊이가 현격하게 달라진다.

먼저 작은 단위부터 몇몇 보기를 검토하기로 하자. 육겸은 상심에 젖어 있는 고아내를 위해 임충을 제거할 음모를 꾸미는데, 그 첫 단계가 보검으로 임충을 유혹하는 것이다. 임충이 노지심과 함께 무방항(武坊巷) 거리를 지나는데, 한 거한이 두건(頭巾)과 낡은 전포(戰袍) 차림에 초표(草標)를 꽂고 보검을 팔고 있었다. 김성탄은 거리 이름과 이 거한의 차림을 특서하였다. 거리 이름과 보검이 서로를 환히 비춘다 함은,[135] 분위기를 연출하는 공간의 기능을 주목한 것이다. 꾀를 낸 육겸에 대해서는, "육겸은 축생이니 심정으로 따지면 한칼에 죽여도 아깝지 않다. 하지만 그 재주를 따지면 참으로 손을 이끌고 함께 통음할 만한 인물이다. 보검을 파는 계책은 얼마나 절묘한가! 거기다 조각두건을 쓰고 낡은 전포를 입었으며 초표를 꽂았으니, 그 모양이 임충의 눈과 마음을 찔렀을 것이다. 어찌 기이하지 않은가!"[136]라고 찬탄했다. 이 거한의 차림은 영락을 상징하니, 자존심 강한 무인으로 보검을 사랑하고, 또 영락한 처지에 동정적인 임충의 마음을 정확하게 읽은 설정이다. 거리 이름과 차림새는 아주 소소한 것이지만, 생동감 있는 분위기를 연출하는 데 매우 중요한 소품이다. 육겸을 칭찬했지만, 기실 김성탄은 서사에 있어 소품의 연출 기능을 예리하게 지적한 것이다.

임충이 보검을 보자는 고구의 꾐에 빠져 백호절당(白虎節堂)에 잘못 들어가는 장면도 눈여겨볼 만하다. 임충은 초면의 두 나졸을 따라 부중(府中)으로 들어서는데, 건물 앞에서 한번 걸음을 멈추고[住了脚], 후당에 이르러

---

135 6회 夾評. "坊名與寶刀, 映耀光彩."

136 6회 夾評. "陸謙畜生, 以情理論之, 一刀豈惜哉. 若以才情論之, 眞敢引而與之痛飮. 只如安排計策, 却是賣刀, 何等奇絶. 偏又是抓角頭巾, 舊戰袍, 又插介草標兒, 色色刺入林沖心裏眼裏, 豈不異哉."

또 한 번 걸음을 멈춘다. 두셋 중문을 지나 푸른 난간이 둘러 처진 곳에 이르고, 나졸들이 사라진 뒤에는 처마 밑에 혼자 선다. 네 단계를 거치고 문득 의심이 든 임충이 발을 들고 들어가 보자, 일순 처마 밑에 '白虎節堂' 네 글자의 편액이 나타난다. 이 순간에 임충의 긴장은 일순 경악으로 바뀐다. 김성탄은 이 장면을 기이한 필법이 구사된 예로 들었다.[137] 이는 짧은 시간, 대사와 묘사를 극도로 절제하면서, 점층적으로 긴장감을 높여가는 방법으로, 곡절법(曲折法)에 해당된다.

다음은 장법에 대한 통찰을 보자. 임충이 야저림에서 죽임을 당하기 직전 돌연 선장이 날아와 구해준다. 20여 일 임충을 바래다 준 노지심은 선장을 끌며(拖了禪杖) 유유히 사라진다.(8회) 바람처럼 나타나 뱀처럼 사라지는 노지심의 등장과 퇴장을 두고, 김성탄은 "솟구치듯 나타나 시원하게 사라지는데, 마치 하나의 괴이한 봉우리가 땅에 꽂은 듯 솟아났다가 산자락이 완만하게 끝나는 것과 같다."[138]고 했다. 임충이 시진을 처음 만났을 때 그는 사냥에서 돌아오는 길이었는데(8회), 육겸 일행을 죽인 뒤에도 시진의 사냥 행차에 묻혀 도성을 빠져나간다. 이를 두고는 "임충이 올 때도 이처럼 왔고, 임충이 갈 때도 이처럼 갔으니, 장법을 구사한 것이다."[139] 김성탄은 이것이 바로 파란이 문장의 수미(首尾)에 있는 경우인데, 『수호전』의 문장이 천하에서 아름다운 이유라고 했다.[140] 이러한 안목은 단형의 산문 분석에서 배태된 것으로, 인물과 사건이 복잡하게 전개되는 소설에서 그런 요소를 찾아내는 것

---

137 6회 총평. "白虎節堂, 是不可進去之處, 今寫林冲誤入, 則應出其不意, 一氣賺入矣, 偏用廳前立住了腳, 屏風後堂又立住了腳, 然後曲曲折折來至節堂, 四也. 如此奇文, 吾謂雖起史遷示之, 亦復安能出手哉."

138 8회 夾評. "來得突兀, 去得瀟灑, 如一座怪峯, 劈插而起, 及其盡也, 迤邐而漸弛矣."

139 8회 夾評. "林冲來時如此來, 林冲去時如此去, 作章法."

140 8회 총평. "若夫文章又有以遠為貴也者, 則如來時飛杖而來, 去時拖杖而去, 其波瀾乃在一篇之首與尾. 林冲來時, 柴進打獵歸來. 林冲去時, 柴進打獵出去, 則其波瀾乃在一傳之首與尾矣. 此又不可不知也. 凡如此者, 皆所謂在天為雲霞, 在地為山川, 在草木為花萼, 在鳥獸為翬尾, 而水滸傳必不可以不看者也."

은 쉬운 일이 아니다. 사건의 전개와 인물의 전환만 주시하다가, 김성탄 비평의 안내를 받으면 확실히 소설을 읽는 묘미가 새로운 차원에서 펼쳐진다.

이번에는 얼핏 보면 잘 드러나지 않지만, 세심하게 관찰하면 발견할 수 있는 서사 흐름에 대한 비평을 살펴보자. 8회는 임충이 동경을 떠나 중간에 시진을 만나고 창주에 도착하여 유배생활을 시작하는 이야기로, 김성탄의 비평안이 오래 머무른 부분이다. 김성탄에 따르면, 이 회에는 정문(正文) 밖에 따로 여문(餘文)이 있는데. 그건 은밀하고 세심하게 배치된 '은자(銀子)'의 기능과 역할이다. 김성탄은 서사 흐름에서 '은자'가 어떻게 일관된 흐름으로 작용하고 있는지를 열세 가지 예를 들어 설명했다. 육겸은 은자로 호송 관리들을 매수했고, 시진 역시 은자로 홍교두의 마음을 흐트렸고 호송 관리들의 환심을 샀으며 임충을 전송했다. 유배지에 도착한 임충 또한 은자의 힘으로 본인은 물론 다른 죄수들까지 편안히 지낼 수 있게 하였다. 이 회의 인간관계는 거의 대부분 은자를 매개로 이루어진 셈이다. 은자의 기능에 대한 평을 김성탄은 이렇게 마무리한다.

> 돈을 넉넉히 사람들에게 나누어주었을 뿐인데, 독자들은 이 대목에 이르면 임충의 은의(恩義)에 감동하여 입에서 입으로 전하며 미담(美談)으로 삼는다. 실상 그 명성은 은자의 힘으로 이루어진 것이지 특별한 법이 있는 게 아니다. 아아, 선비들은 가난하면 문 닫아건 채 도를 익히지 않고 세간에 유세하려고만 하니, 시무(時務)를 알지 못하고 있음을 드러내는 경우가 대부분이다. 어찌 크게 슬프지 않겠는가![141]

임충이 오면서 다른 죄수들까지 생활이 편해졌는데, 그 이유는 단 하나

---

141 8회 총평. "只是金多分人, 而讀者至此, 遂感林冲恩義, 口口傳為美談. 信乎名以銀成, 無別法也. 嗟乎, 士而貧, 尚不閉門學道, 而尚欲游於世間, 多見其為不知時務耳, 豈不大哀也哉!"

은자를 썼기 때문이라는 것이다. 『수호전』에는 뇌물이 성행하는 명대 사회의 실상이 고스란히 드러나는데, 김성탄이 보기에 이는 『수호전』이 지닌 현실성의 미덕이다. 김성탄은 그런 부패한 사회의 실상에서 나아가 인간관계를 지배하는 은자의 위력을 간파했고, 그것이 서사의 물줄기를 흘러가게 하는 원동력임을 발견한 것이다. 그의 용어를 빌리면 이는 초사회선법(草蛇灰線法)이다.[142] 8회의 서사에서 그 숨어 있는 줄은 은자가 되는 셈이다. 은자에 대한 서술이 뒤틀리면 전체 서사가 흐름을 잃게 된다.[143]

9회에서 8회의 은자와 비슷한 기능을 하는 것은 '화창(花槍)'과 '화(火)'인데, 이중 화창의 경우만 살펴보자. 임충은 육겸의 계교로 군용 초료장(草料場)에 전임되는데, 출발할 때부터 일곱 차례에 걸쳐 임충이 화창을 지니고 있음을 언급하였다. 그리고 눈을 피하기 위해 천왕당(天王堂)에 들렀다가 육겸 일행의 말을 엿듣고는 분기를 이기지 못하여 이들 네 명을 척살한다. 이 때 쓰인 무기가 바로 화창이다. 이 대목에서 김성탄은 "이런 까닭에 곡진하게 화창을 서술한 것"[144]이라고 비평했다. 특별히 유념하지 않아도 이 정도는 누구나 알아차릴 수 있다. 하지만 화창에 대한 묘사는 여기서 그치지 않으니, 이후에도 8차례나 이어진다. 임충은 계속 창을 쥔 채 달아났고, 그 창으로 장객(庄客)들에게 행패를 부렸다. 술에 취해 눈밭에 쓰러졌을 때에도 화창은 그의 옆에 놓여 있었다. 해당 구절에 대해 김성탄은 화창의 여영(餘影)이라고 간단하게 말했지만, 총평에서는 그 의의를 아래처럼 특필했다.

> 화창으로 장작을 얹었고, 또 화창으로 화로 안을 뒤적였는데, 어찌 인사하고 한참 불을 쬘 때까지 화창이 수중에 있었던가? 무릇 이는 모두 앞 문장

---

142 권 3, 「讀第五才子書法」: "驟看之, 有如無物, 及至細尋 其中便有一條線索, 拽之通體俱動."

143 김성탄이 은자, 즉 재화의 힘에 대해서 이렇게 잘 알았으면서도, 그가 평생 가난에 시달린 사실은 그 자체로 아이러니이다. 은자의 위력에 대해 잘 아는 것과 은자를 잘 얻는 것은 별개의 일이다.

144 9회 夾評. "是以曲曲敍花槍也."

에서 화창에 호로병을 매어 달고 있다가 창을 빼어 (산왕당) 문밖으로 뛰쳐 나온 장면으로 이어지는 몇 구절을 위한 것이다. 그 사나운 기세가 아직 다 하지 않은 까닭에 여기서 다시 한 점 두 점 그 나머지 노기를 줄인 것이다. 그러므로 이 편에서 두 사람을 찌른 뒤 육겸을 죽일 때 특별히 화창을 눈 쌓인 땅에 꽂은 것을 묘사했고, 술에 취해 넘어진 뒤 장가에서 발자국을 찾아 좇아왔을 때 또 특별히 화창이 임충의 근처에 버려져 있는 것으로 묘사한 것은 모두 이른바 사건이 지난 뒤에 물결을 일으킨 것이다.[145]

김성탄은 서사 기법으로 선사기파(先事起波)와 사과작파(事過作波) 두 가지를 제시했다. 선사기파란 뒤에 있을 핵심 사건을 위해 미리 앞에서 필요한 장치를 해두는 것이고, 사과작파는 앞 핵심 사건을 한 번에 단절시키지 않고 여파를 남겨놓는 방식이다. 이를 알지 못하는 독자는 그 연속성을 이해하지 못하고 별개의 세 가지 사건으로 파악한다는 것이다.[146] 천왕당 사건 뒤 화창은 뒤의 예에 해당된다. 천왕당 안에서 육겸의 음모를 알아차리는 순간 임충의 분노는 극에 달한다. 그 분노를 실행하는 도구가 화창이다. 임충은 술을 주지 않는 장객들에게 행패를 부린다. 평소의 임충에게서는 볼 수 없었던 면모이지만, 극에 달한 분노로 파탄에 이른 임충은 작은 노기를 자제하지 못한다. 그 파탄을 대행하는 것 또한 화창이다. 장객들을 쫓아내고 술에 만취한 임충은 눈밭에 그대로 뻗어버린다. 그런데 그 옆에 화창이

---

145 9회 총평. "卻偏用花鎗挑塊火柴, 又把花鎗爐裏一攪, 何至拜揖之後, 向火多時, 而花鎗猶在手中耶. 凡此, 皆為前文幾句花鎗挑著葫蘆, 逼出廟中挺鎗殺出門來一句, 其勁勢猶尚未盡, 故又於此處, 再一點兩點, 以殺其餘怒. 故凡篇中如搠兩人後, 殺陸謙時, 特地寫一句把鎗插在雪地下, 醉倒後, 莊家尋著踪跡趕來時, 又特地寫一句花鎗亦丟在半邊, 皆所謂事過而作波者也."

146 앞의 글. "夫文章之法, 豈一端而已乎. 有先事而起波者, 有事過而作波者. 讀者於此, 則惡可混然以為一事也. 夫文自在此, 而眼光在後, 則當知此文之起, 自為後文, 非為此文也. 文自在後, 而眼光在前, 則當知此文未盡, 自為前文, 非為此文也. 必如此而後 讀者之胸中有針有線, 始信作者之腕下有經有緯. 不然者, 幾何其不見一事即以為一事, 又見一事即又以為一事, 於是遂取事前先起之波, 與事後未盡之波, 纍纍然與正敘之事並列, 而成三事耶."

놓여 있다. 그의 옆에 놓인 화창은 분노와 파탄의 마지막 여파가 되는 셈이다. 대취해 의식을 잃어버릴 때까지 화창을 놓지 않았음은, 그때까지 분노를 떨쳐내지 못했음을 의미한다. 화창이야 하나의 소품에 지나지 않지만, 권력의 핍박으로 삶의 나락으로 떨어진 호걸 임충의 처지와 심리를 표상한다. 화창의 존재는 있는 듯 없는 듯 은미하지만, 폭풍우처럼 지나가는 일대 사건을 처음부터 끝까지 꿰는 역할을 한다. 김성탄에 따르면 이런 것이 바로 역사 기술과는 다른 문장의 힘이고 본질이다. 이를 읽지 못한다면 이는 단순하고 무미한 사건 기록에 지나지 않게 된다.

이밖에도 김성탄은 부단하게 기법과 묘사의 문제를 지적함으로써 미학적 독법을 안내한다. 이소이(李小二)의 주막에 육겸 일행이 왔을 때는, 그들의 낯선 면모는 이소이의 시점 때문임을 지적하였다. 이는 서술 시점에 관한 비평이다.(9회) 9회에서는 추운 겨울 날씨와 뜨거운 불(화롯불과 초료장 방화)이 반복적으로 나오는 것을 두고 독특한 학질문자론(瘧疾文字論)을 펼쳤다. 뜨거울 때는 독자들을 달아오르게 하고, 차가울 때는 독자들을 얼어붙게 한다는 것이다.[147] 또 시진과 이규의 별호인 소선풍(小旋風)과 흑선풍(黑旋風)을 비교하여, 『수호전』 전체 서사에서 시진의 역할을 해명한 것은, 작중 인물의 명명(命名)이 지니는 의미를 밝힌 것이다.[148] 임충의 매도(買刀) 모티브(6회)에 이어 양지(楊志)의 매검(賣劍) 모티브(11회)를 구사한 것을 두고는, 금기를 피하는 것이 아니라 능히 범하는 것이 어렵다는 정범론(正犯論)을 제기했다.[149] 김성탄의 비평은 주로 형식을 겨냥하며, 그 내용은 한두 글자의 자법(字法)에

---

147 앞의 글. "舊人傳言, 昔有畫北風圖者, 盛暑張之, 滿座都思挾纊° 既又有畫雲漢圖者, 祁寒對之, 揮汗不止. 於是千載嘖嘖, 詫為奇事. 殊未知此特寒熱, 各作一幅, 未為神奇之至也. 耐菴此篇, 獨能於一幅之中, 寒熱間作, 寫雪便其寒徹骨, 寫火便其熱熠面. 昔百丈大師患瘧, 僧眾請問, 伏惟和上尊候若何. 丈云, 寒時便寒殺闍黎, 熱時便熱殺闍黎. 今讀此篇, 亦復寒時寒殺讀者, 熱時熱殺讀者, 真是一卷瘧疾文字, 為藝林之絕奇也."

148 10회 총평.

149 11회 총평.

서부터 구법(句法)과 장법(章法)은 물론 전체 서사 구성, 그리고 텍스트 밖으로는 문학사의 맥락이나 회화와의 관련성까지를 자유로이 넘나들어 즐겁고 풍부한 독서를 가능하게 한다.

5. 소설의 풍자·비판 기능을 성찰하다

김성탄은 작중 인물에 공명하고, 다양한 서사 기법을 조명하여 소설 읽기의 차원을 고양시킨 것은 물론, 하나의 갈래로서 소설이 지니는 대사회적 역할에도 주목하였다. 그가 파악한 소설의 대사회적 역할 중 중요한 것은 바로 풍자와 비판이다. 이는 소설이 갈등과 대결을 통해 세계에 적극적으로 대응하는 방식의 하나라는 사실을 김성탄이 명료하게 인지하고 있었음을 뜻한다. 김성탄은 임충 서사에서 풍자와 비판의 화살이 왕륜과 관료를 향하고 있다고 파악했다. 18회에 대한 비평을 김성탄은 이렇게 말하며 시작한다.

> 이 회의 전반부에서는 완소칠(阮小七)의 입을 빌려 관리들을 통렬하게 꾸짖었고, 후반부에서는 임충의 입을 빌려 수재(秀才)를 통렬하게 꾸짖었다. 그 말이 분격에 넘쳐 전아함을 해쳤다. 하지만 원망의 독에 사로잡혀 글을 짓는 것[怨毒著書]은 사마천도 면치 못했으니 패관에 대해 무엇을 책망할까?[150]

임충이 오기 전 양산박의 수령은 왕륜이었다. 왕륜은 과거에 실패한 수재(秀才) 출신으로, 특출한 무예나 도량도 없으면서 어쩌다가 녹림객의 우두

---

150 18회 총평: "此回前半幅, 借阮氏口痛罵官吏, 後半幅, 借林冲口痛罵秀才, 其言憤激, 殊傷雅道, 然怨毒著書, 史遷不免, 於稗官又奚責焉."

머리가 된 인물이다. 그는 의심이 많고, 능력이 있는 자를 시기하며, 내세울 만한 명분이나 지향을 가지고 있지 않다. 임충이 나타나자 환대하기는커녕 핑계를 대어 내쫓을 궁리에 잠긴다.(10회) 양지가 나타났을 때도(11회), 조개 일행이 찾아왔을 때도(18회) 똑같은 반응을 보인다. 왕륜은 무능하며, 무능하기 때문에 부패한 인물이다. 그는 인재를 받아들이지 못하고 외려 시기하여 내치는데, 이는 정확히 조정 권력의 축인 고구의 그림자이다. 부패한 정치권력은 반드시 자신을 닮은 하부 권력을 낳는 것처럼, 하나의 사회에서는 여러 집단 사이에 구조적 상동성이 있기 마련이다. 왕륜은 대척점에서 고구에 상응하는 인물이다. 임충이 왕륜을 죽이는 것은, 일종의 상징적 혁명이다. 부조리에 가득 찬 조정 권력을 바꿀 수 없으니, 그 권력과 대결해야 한다. 그러기 위해서는 대항하는 세력이 먼저 개혁되어야 한다. 그러니 임충의 왕륜 척살은 양산박 공간을 도덕적으로 정화하는 통과의례이고, 구조와 체질을 일신하는 작업이라고 할 수 있다.

임충을 물리치면 강호의 웃음꺼리가 된다는 부하들의 말을, 왕륜은 큰 죄를 지은 사람의 마음을 믿을 수 없다며 일축한다. 이에 김성탄은 "백의 수사(秀士)의 일처리[經濟]는 매양 이렇다."며 조롱한다.[151] 조개 일행이 묵고 있는 숙소를 찾은 임충은 오용과 더불어 왕륜에 대한 못마땅한 마음을 털어놓는데, 그 이유는 '마음이 편협하고[心地窄狹]'하고 '현자를 시샘하는[妬賢嫉能] 마음'을 품었다는 것이다. 이튿날 왕륜은 조개 일행에게 잔치를 베풀어 주는데, 이야기를 나누다가 취의(聚義) 문제만 나오면 말머리를 돌렸다. 왕륜이 은 덩어리를 주며 받아들이기를 거부하자, 조개는 '현명한 선비를 받아들인다 招賢納士'는 소문을 들어 왔을 뿐이라며 유감을 표한다. 보다 못한 임충은 왕륜을 '웃음 속에 칼을 감추고 말은 맑아도 행실은 흐린 笑裏藏刀, 言淸行濁' 사람, 아무런 능력도 없는 과거에 낙방한 비루한 서생[窮儒]이라

151 10회 夾評: "白衣秀士經濟, 每每如此."

꾸짖는다. 그리고 품속에서 칼을 꺼내 왕륜을 붙들고는 또 꾸짖었다.

> 너는 한낱 시골의 비렁뱅이 서생으로서 어쩌다 두천의 덕분으로 여기 오게 된 것이 아니냐! 네놈을 친구로 여기고 극력 도와주었을 뿐 아니라 많은 돈까지 쓴 시대관이 나를 천거해 보냈는데도 물리치지 않았느냐. 오늘 여러 호걸들이 특별히 의지하려고 찾아왔는데 또 뚱딴지같은 구실을 대서 쫓아 보낼 작정이냐. ①이 양산박이 네 놈 것이더냐? ②어진 이를 미워하고 재능 있는 사람을 시기하는 이 좀도둑아! 너 같은 놈을 살려둔들 어디에 쓰겠느냐. 너처럼 큰 도량이 없는 놈은 산채의 주인이 될 수가 없다.[152]

김성탄은 밑줄 친 부분 아래 공히 "천하 사람들이 들을 것 天下人聽者"이라는 평어를 달았다. 임충은 왕륜을 꾸짖었지만 궁극적인 과녁은 고구이다. 작품 안에서는 송나라의 부패 관료를 겨냥하고 있지만, 작품 밖에서는 명나라의 사회 현실을 말하고 있다. 그리고 김성탄은 천하의 모든 사람이 경청해야 하는 말이라고 강조했다. 임충과 김성탄의 말에는, 법과 재화 등 공적 자산을 개인 소유물로 생각하고, 인재를 시기하여 떠나가게 하는 사람에 대한 참을 수 없는 공분이 배어 있다. 그 목소리는 또 시대와 국경을 넘어 언제 어디서나 유효할 수 있는 비판의 기능을 지니고 있다.

18회 총평의 마지막 단락을 김성탄은 "아아, 원독(怨毒)이 사람에게 해를 끼침이 심하도다! 嗟乎, 怨毒之於人甚矣哉!"는 말로 시작한다. 이는 의심할 여지 없이 사마천이 오자서(伍子胥)의 행적을 논평한 말을 그대로 가져온 것이다.[153] 김성탄은 임충을, 작은 의리를 저버리고 큰 수치를 씻어낸, 이를

---

152 18회. 번역은 앞 번역본을 토대로 자구를 윤색하였음.

153 『사기』, 「오자서열전」. "太史公曰, 怨毒之於人甚矣哉! 王者尙不能行之於臣下, 況同列乎! 向令伍子胥從奢俱死, 何異螻蟻. 弃小義, 雪大恥, 名垂於後世, 悲夫! 方子胥窘於江上, 道乞食, 志豈嘗須臾忘郢邪? 故隱忍就功名, 非烈丈夫孰能致此哉?"

위해 섬기던 군주의 가슴에 비수를 꽂은 오자서에게 비기고 있는 것이다.[154] 후대 체제 옹호냐 부정이냐를 두고 김성탄의 자기 모순적인 태도가 논란이 되곤 했는데,[155] 위 예문은 그의 지향이 어디인지를 단적으로 보여준다. 이렇게 본다면, 왕륜이라는 명명(命名)에도 지독한 조롱과 풍자가 들어 있는 셈이다. 왕진(王進)의 사례로 비춰보면, 왕륜(王倫)에는 '왕도의 윤리'라는 뜻이 담겼다. 언제나 윤리와 도덕을 내세우지만, 실제로는 패륜과 비리를 일삼는. 그리고 그러한 왕륜에 대한 비판의 화살이 궁극적으로 유자들에게로 향하고 있음은 두말할 나위가 없다.[156]

김성탄은 『수호전』에서 무위도식하며 백성들을 핍박하는 관료들에 대한 비판도 읽어냈다. 17회와 18회에 걸쳐 조개 일행 7명이 모두 공을 세운 것을 적시하고는, "아아, 강도들도 오히려 놀고먹지 않는데, 어찌하여 오늘날 관직에 있으면서 녹봉을 먹는 자들은 하나도 하는 일이 없으면서 그렇게 태연할 수 있단 말인가?"라고 돌연 비판의 화살을 무위도식하는 관료들에게로 돌렸다.[157] 그리고 이어서 이렇게 말한다.

> 이것은 패사(稗史)이다. 패사를 지음은 어디에서 시작하는가? 마땅히 또한 풍자의 뜻에서 출발하는 것이다. 이제 하도(何濤)가 도적을 잡은 한 편을 읽어보면, 죄를 짓지 않고도 많은 것을 경계함이 이토록 묘한 경지에 이르렀는가! 도적을 잡기 전에 먼저 배를 징발했으니, 배를 징발하여 도적을 잡는

---

154 이 부분에 대해서는 王同舟 외, 앞의 책, 70, 71쪽에서 지적한 바 있다.

155 여기에 대해서는 高日暉·洪雁, 『水滸傳接受史』, 齊魯書社, 2006, 94~101쪽 참조.

156 일찍이 薩孟武(1897~1984)는 「王倫何以不配做梁山泊領袖」(『水滸傳與中國社會』, 중국 북경출판사, 2005)에서 "수재가 반란을 일으키면 3년이 지나도 성공 못 한다. 秀才造反, 三年不成."의 속담을 인용하고, 사대부 출신으로 황제가 된 사람이 없는 중국 역사의 예를 들어, 본질적으로 현자를 질투할 수밖에 없는[嫉賢妒才] 사대부의 계급 특성을 분석한 바 있다.

157 18회 총평. "嗟乎, 強盜猶不可以白做, 奈何今之在其位′食其食者, 乃曾無所事事而又殊不自怪耶!"

줄 누가 모르겠는가! 하지만 관군에게 배를 징발당하는 것이 도적을 만나는 것보다 더 참혹하다는 사실은 누구도 알지 못한다. 그러니 배를 징발하여 도적을 잡는 자들이 곧 도적이라는 생각이 백성들의 가슴 속에 오래전부터 자라 온 것이다. 배만 징발하고 도적은 잡지 못했는데, 징발한 배를 가지고 그 위에서 바람이나 쐬고 있으니, 백성들은 그런 뒤에야 아까 배를 징발한 자들이 도적을 잡으려는 게 아니라 바람이나 쐬려는 도적임을 알게 된다. 아아, 배를 징발하여 도적을 잡는대도, 백성들로부터 도적이 도적을 잡는다는 의심을 받는다면 크게 옳지 않다. 그런데 한술 더 떠 백성들의 배를 빼앗아 바람이나 쐬어, 백성으로 하여금 도적들이 바람이나 쐬고 있다고 손가락질하게 했으니, 이를 어찌 차마 말로 할 수 있겠는가! 세상의 군자들로 이 편을 읽는 사람은 또한 측은한 느낌이 일어 관군(官軍)을 경계하게 된다면 패사의 한 효용이 아니라고 말하지 못할 것이다.[158]

김성탄의 격렬한 비판을 자아낸 구절은 사실 별 게 아니다. 포도순검이 완소칠을 잡으러 간 하도(何濤)를 기다리며 밤에 배 위에 앉아 바람을 쐬는 장면을 묘사한, "별빛이 하늘에 가득한데, 사람들은 모두 배 위에 앉아 바람을 쐰다. 星光滿天, 衆人都在船上歇凉." 문장이 전부이다. 하지만 김성탄은 이 장면을 함축적인 상징으로 파악하고, 그 밖에 포치되어 있는 관료의 약탈과 무능을 읽어낸 것이다. 관군은 도적을 잡는다는 명분으로 어부들의 배를 징발한다. 합당한 절차와 적절한 보상 없는 배 징발은 백성들에 대한 관료의 횡포를 상징한다. 백성들로서 그러한 관료들의 횡포는 기실 도적의 약

---

158 18회 총평. "是稗史也, 稗史之作, 其何所昉, 當亦昉於風刺之旨也. 今讀何濤捕賊一篇, 抑何其無罪而多戒, 至於若是之妙耶. 夫未捉賊先捉船夫, 孰不知捉船以捉賊也, 而殊不知百姓之遇捉船, 乃更慘於遇賊, 則是捉船以捉賊者之即賊, 百姓之胸中久已疑之也. 及於船既捉矣, 賊又不捉, 而又即以所捉之船, 排卻乘涼. 百姓夫而後又知向之捉船者, 固非欲捉賊, 正是賊要乘涼耳. 嗟乎, 捉船以捉賊, 而令百姓疑其以賊捉賊, 已大不可, 奈何又捉船以乘涼, 而令百姓竟指為賊要乘涼, 尚忍言哉, 尚忍言哉! 世之君子, 讀是篇者, 其亦惻然中感而慎戢官軍, 則不可謂非稗史之一助也."

탈보다 더 참혹하다. 국가 권력과 도적이 충돌했을 때, 많은 경우 평범한 민중들에게 더 끔찍한 위협으로 다가온 것이 토벌 관군이었음을 우린 많은 예를 통해 알 수 있다.[159] 김성탄은 도적을 잡는다는 명분으로 백성들의 어선을 빼앗은 관군들이 오히려 도적이라고 하며, 그렇게 도적질을 하고도 본연의 임무를 수행하기는커녕 밤바람이나 쐬며 쉬고 있는 포도순검의 모습에서, 소설의 기능 중 가장 빛나는 풍자를 발견한 것이다.

김성탄의 발언은 위험하다. 그의 비판은 지배체제의 최상층에 있는 관료 집단, 그리고 문화적으로 가장 우월한 유자 계층의 허위와 모순을 겨냥하고 있다. 이러한 사실은 보통 이상의 독서 능력을 지닌 사람이라면 누구나 알아챌 수 있는 것이다. 김성탄이 회음창란(誨淫倡亂)의 주모자로 지탄받고 그가 간행한 『수호전』이 금서 목록에 오른 것은 이런 이유 때문이었다. 하지만 아이러니하게도 바로 똑같은 이유 때문에 김성탄 본 『수호전』은 17세기 후반 이후 동아시아 독서계를 풍미할 수 있었다. 수많은 문사는 김성탄 본 『수호전』을 읽었고, 김성탄의 문장과 인식에 공명했다. 강력한 통치체제 및 유가사상의 경화로 다소 습습했던 독서계에서, 김성탄 본 『수호전』은 형식과 내용 양면에 있어 매우 충격적인 문장이었던 것이다.

6. 결어

1641년 2월 김성탄은 『수호전』을 간행하면서 앞에 네 편의 서문을 붙였다. 그 중 세 번째 것은 열 살 난 아이에게 『수호전』 읽기를 권유하는 형식이다. 여기서 그는 천하의 문장 중에 『수호전』보다 뛰어난 것은 없고, 격물(格物) 군자 중 시내암을 넘어서는 사람은 없다며, 『수호전』만 잘 읽어도 넉넉

---

159 에릭 홉스봄, 이수영 옮김, 『밴디트 - 의적의 역사』(민음사, 2004) 96쪽.

한 사람이 되기에는 부족함이 없다고 했다.[160] 또 『수호전』을 읽으면 일체의 책을 읽는 법을 얻을 것이라고도 했다.[161] 본문 비평에서도 가장 강조한 것은 선독(善讀), 선간(善看)이다. 한 예로, 선독(善讀)을 위해서는 드러난 것의 심층을 마음으로 헤아려야 하며, 그렇지 못할 경우 흐리멍텅하다는 비난을 면할 수 없다고 하였다.[162] 김성탄 비평의 핵심은 선독의 방식을 제시하여, 작품의 미적 가치를 높이는 한편 즐거운 독서를 가능하게 하는 것이다.

이 글은 『수호전』 초반의 임충 서사에 대한 김성탄의 독법을 정리한 것이다. 김성탄의 관점으로 읽었을 때 다음 몇 가지 사실을 발견할 수 있었다. 첫째, 임충은 양산박의 체질을 변화시키고 전체 서사를 이끌어가는 주동인물이다. 부패한 관료와 의로운 도적 사이의 대결이라는 서사의 중심축은 임충으로부터 만들어진다. 둘째, 김성탄은 임충에게서 불우한 영웅의 모습을 읽어내고 거기에 자신의 심정을 짙게 투영하였다. 여기에는 세계와의 관계에 있어 김성탄 자신의 좌절과 분격이 배어 있는 것이다. 셋째, 다양한 서사 기법 및 표현의 묘미를 밝혀내어, 세밀하면서도 입체적인 읽기를 가능하게 했다. 그의 비평은 정교한 전통 한시(漢詩) 및 산문(散文) 비평에 토대를 두고 있으면서, 민간 장편 서사 문학의 특성을 포괄할 만큼 독창적이고 포용적이다. 넷째, 소설의 대표적인 기능으로 풍자를 들었다. 그는 '소설'이라는 글쓰기 형식을 세계의 모순과 부조리를 적극적으로 고발하면서 진실을 드러내는 갈래로 파악했던 것이다. 이러한 점들은 모두 김성탄의 비평을 통해 새롭게 밝혀진 것들이다.

---

160 권 1, 「序三」. 원문은 142쪽 각주 82번.

161 앞의 글. "夫固以為冰滸之文精嚴, 讀之即得讀一切書之法也."

162 21회 夾評. "讀書須心知輕重, 方名善讀書人. 不然者, 不免有懜懂葫蘆之誚也."

서사의 전환, 황니강(黃泥岡) 사건과 삼완(三阮)의 등장

1. 서언

『수호전』은 시공간의 크기, 수백 명의 등장인물, 사건의 사회적 비중, 방대한 분량 등 여러 면에서 거대한 서사 규모를 자랑하는 소설이다. 규모 자체가 거대한 데다, 각각의 여러 인물고사들이 그대로 살아 있어 이야기의 구조와 흐름을 한눈에 파악하기가 쉽지 않다. 그런데 거리를 두고 전체 흐름을 조망하면, 특정 지점을 계기로 『수호전』의 서사가 크게 한 번 전환한다는 사실을 알 수 있다. 전환이 일어나는 지점은 양산박이 군대를 출동하여 사형 집행 직전의 송강과 대종(戴宗)을 구출하고 이어 송강이 양산박에 합류하는 39, 40회이다. 이를 기준으로 이전은 개인 서사, 이후는 집단 서사의 성격이 분명하다. 그 이전은 노달, 임충, 무송, 송강 등이 이끌어가는 개인 서사가 대부분을 차지하는 반면, 후반부는 양산박의 군사 움직임에 초점이 맞추어져 있다. 물론 후반부의 집단 서사에도 양웅(楊雄), 석수(石秀), 해진(解珍) 형제, 노준의(盧俊義), 연청(燕青) 등의 개인 이야기들이 포함되어 있어 이야기가 무미건조한 군담(軍談) 일색으로 흘러가는 것을 막아준다.

전반부의 개인 서사는 『수호전』 형성의 토대이자 인기의 근원으로 자세히 보면 각각의 토막을 이어놓은 듯한 모양새를 지니고 있다. 그런데 그 가운데서도 개인을 집단으로 엮어주고, 개별적인 의협이나 복수 행위를 공권력에 대한 조직적, 물리적, 이념적 저항으로 전환시키는 흐름이 있어 눈길을 끈다. 이는 본격적인 집단 서사로의 변화를 위한 예비 전환으로, 후반부에서 펼쳐지는 본격적인 양산박 서사의 거대한 지진을 만들어내는 진원 구실을 한다. 그 흐름은 대략 11회 중반에서 18회 중반까지 펼쳐지는데, 그 중에서도 핵심적인 사건은 황니강(黃泥岡)에서의 생신강(生辰綱) 탈취와 완소칠(阮小七) 삼형제의 등장이다. 황니강 사건으로 서사는 개인들의 의협과 복수에서 조정에 대한 물리적, 집단적 저항으로 변화되어 가고, 삼완(三阮)의 등장으로 양산박의 토대를 이루는 기층 민중의 원망과 분노가 드러난다. 이러한 서사 흐름의 몇몇 변곡점들을 정리하는 것은 『수호전』 읽기에 도움이 된다.

2. 서사 흐름과 등장인물 개관

몇 천리를 흘러가는 장강대하도 그 시원은 샘에서 시작하여 작은 시내를 거치듯, 거대한 규모의 소설 서사도 대개 작은 마을의 지극히 개인적인 사연에서 출발한다. 『수호전』 또한 예외가 아니다. 북송 말기에 중원을 뒤흔든 수호 서사는 동경 개봉(開封)에서 고구(高俅)와 왕진(王進)의 작은 갈등으로부터 출발한다. 그 갈등의 시원은 전대 고구가 행패를 부리다가 왕륜의 아버지 왕승(王升)에게 매 맞은 사건이었다. 목숨의 위협을 느낀 왕진은 어머니를 모시고 야반도주하여 연안(延安)으로 가는 도중 화음현(華陰縣)에서 사진을 만났고, 그에게 반년 동안 무술을 가르쳐준 뒤 떠나갔다. 그 뒤로 왕진은

다시 등장하지 않는다.[163]

왕진으로부터 시작된 서사 흐름은 사진과 노지심과 임충을 거쳐 송강에 이른다. 19회부터 21회까지는 송강이 염파석(閻婆惜)을 죽이고 창주 횡해군(橫海郡) 시진(柴進)의 집에 투탁하는 이야기이다. 송강은 여기서 무송을 만난다. 이후 22회부터 31회까지는 무송의 이야기, 이른바 무십회(武十回)에 해당한다. 무십회는 『수호전』의 개인 서사에서 가장 큰 분량을 차지한다. 무송이 경양강(景陽岡)에서 호랑이 잡는 이야기, 반금련을 죽여 복수하는 이야기, 쾌활림(快活林)에서 장문신(將門神)을 혼내주는 이야기 등은 『수호전』의 수많은 사건들 중에서도 가장 인기가 높았던 부분이다. 32회부터는 38회까지에는 화영(花榮), 진명(秦明), 대종(戴宗), 이규(李逵), 장순(張順) 등 개성적인 인물들이 잇달아 등장하지만, 이들을 아우르며 전체 서사를 이끌어가는 인물은 송강이다.

여기까지의 흐름에서 서사의 주역은 개인이다. 그들은 사람을 죽이고 고위 관료와 갈등하고 관군과 맞서기는 하지만, 그건 어디까지나 개인의 우발적이고 충동적인 사건일 뿐이다. 사진은 화적 두목들과의 낭만적인 의리를 지키기 위해 삶의 기반을 통째로 버렸고, 노달은 의협심을 못 이겨 사람을 죽이고 피해 다니는 몸이 되었다. 임충이 육겸 일행을 죽인 것 또한 그들에 대한 극도의 증오와 분노 때문이었으며, 그 전까지는 주류 세계로의 복귀에 대한 희망을 버리지 않고 있었다. 무송의 잇단 살인 또한 개인의 열정과 흥분을 이기지 못한 때문이었다. 그들은 사유가 치밀하거나 계산에 능한 냉정하고 이지적이지 않은, 단순하고 열정적이면서 과격한 인물들이다. 이들

---

163 왕진은 1회에서 고구 다음으로 등장하였다가 1회가 끝나기 전에 퇴장하여 소설이 끝날 때까지 다시 나타나지 않는다. 김성탄은 왕진이 고구의 점명(點名)에 출석하지 않은 것과 홀연히 사라져 종적을 감춘 것을 두고, 구름 속에 머리와 꼬리를 모두 감춘 신룡(神龍)으로 비유하며 특별한 의미를 부여하였다. (1회 總評. "如點名不到, 不見其首也, 一去延安, 不見其尾也. 無首無尾者, 其猶神龍歟! 誠使彼一百八人者, 盡出於此, 吾以知其免耳, 而終不之及也. 一百八人終不之及, 夫而後知王進之難能也."

의 범죄에는 조직적인 모의가 준비되거나 집단의 이익은 전혀 고려되지 않는다. 그들은 어디까지나 신념에 따라 판단하고 의리를 좇아 행동하는 고상하고 낭만적인 개인들이다. 따라서 개인 서사에는 많은 인물이 등장하지 않는다. 여러 회 동안 주도 인물은 한 사람이며, 흐름의 전환을 위해 또 다른 주도 인물과 만나는 것이 고작이다.

하지만 그 가운데 11~18회의 성격은 조금 다르다. 아래는 이 부분의 서사 개요이다.

회차	주요 사건	주요 인물	서사 공간
11	양지는 가전 보검을 팔다가 우이(牛二)를 죽이고 대명부(大名府)로 유배되다.	양지, 임충 / 고구, 우이	동경
12	양지는 주근(周謹), 삭초(索超)와 무예를 겨루고, 양중서(梁仲書)에게 발탁된다.	양지, 양중서, 삭초	북경
13	뇌횡(雷橫)은 유당(劉唐)을 잡아오고, 조개(晁蓋)는 유당을 놓아주게 한다.	조개, 유당, 뇌횡, 주동(朱同)	운성현(鄆城縣)
14	오용이 석갈촌(石碣村)에 가서 완씨(阮氏) 삼형제를 설득하다.	오용, 완씨 삼형제	석갈촌(石碣村)
15	조개 일행이 황니강에서 양지가 책임 운반하던 생신강을 탈취하다.	조개 일행, 양지	황니강(黃泥岡)
16	양지는 조정(曹正)을 만나 청주(青州) 이룡산(二龍山)을 찾아가고, 노달을 만나 보주사(寶珠寺)를 빼앗다.	양지, 노달	청주(青州)
17	제주(濟州) 관찰 하도(何濤)는 조개를 잡으러 오고, 송강은 몰래 조개를 달아나게 한다.	송강 / 채경, 하도	운성현
18	조개 일행이 관군을 대파하고 양산박에 합류한다.	조개 일행, 임충	양산박

11회 초반~18회 초반은 개인 서사들 사이에, 더 구체적으로는 노달, 임충 이야기와 송강, 무송 이야기 사이에 놓여 있다. 이 7회의 서사 중 핵심 사건은 조개 일행이 황니강에서 생신강을 탈취한 일이다. 이 사건은 ①여러 사람이 ②이익을 얻기 위해 ③사전에 모의하고 계획하여 ④조직적으로 ⑤지모를 발휘하여 ⑥공권력에 도전했다는 점에서 여러모로 상징적이다.

이는 한 개인이 흥분과 충동에 의해 자신의 용력을 발휘하여 복수하거나 의협 행위를 하는 사건들과는 성격이 다르다. 생신강 탈취 사건에는, 그 재물이 부도덕한 것이기에 괜찮다는 도덕적 판단이 작용하지만, 이는 명분일 뿐이고 궁극의 목적은 이익에 있다. 도덕적 명분과 이익 행위 어디에 초점을 맞추든 이 사건이 서사의 전환점이 되는 이유가 되기에는 모자람이 없다. 조개 일행 8명은 준비하고 시도하고 이어 토포 관군을 물리칠 때에도 철저하게 분업한다. 여기에 홀로 존재하는 한 개인이 괴로워하고 흥분하고 저지르고 떠나가는 낭만과 고독감은 보이지 않는다. 황니강 사건은 개인 서사에서 집단 서사로 넘어가는 작은 분수령인 셈이다. 40회 이후의 양산박과 조정 간 대결의 발화처는 이 지점이다.

이러한 전환은 등장인물들의 양상과 직결된다. 우선 주인공급 인물의 숫자가 확연히 많아진다. 양지의 출현에서 조개 일행이 양산박에 합류하기 전까지의 흐름에서만 천강성 36인 중 11명이 등장한다. 이는 그 앞뒤로 임충과 무송 등이 혼자 5~6회에서 10회까지 이끌어가는 양상과는 전혀 다르다. 둘째는 이중 그 어느 누구도 독보적으로 서사를 주도하지 않는다는 점이다. 이들은 모두 조직 속의 일원으로서 몫을 담당할 뿐이다. 셋째로 양산박의 수호신[164] 조개(13회)와 108 호걸중 제1 인물인 천괴성(天魁星) 송강(17회)의 등장은 특별한 주목을 요한다. 두 사람은 운성현의 부유한 토호로, 재물을 아끼지 않고 의리를 숭상하며[疎財仗義], 강호의 호걸들 사귀기를 좋아한다.[專好結識江湖上豪漢] 이들은 용력을 자랑하는 호걸이라기보다는, 재력과 덕망으로 사람들의 마음을 모으고 집단을 이끄는 지도자 형 인물에 가깝다.

---

164 조개의 별호는 탁탑천왕(托塔天王)이다. 이 말은 베다시대부터 믿어졌던 인도 전통의 신격 Vaishravana에서 온 것으로 음역하면 비사문천왕(毘沙門天王)이 된다. 사대천왕의 하나로 북쪽을 담당하며, 왼손엔 보탑, 오른손엔 창을 들고 있다. 탁탑천왕은 여기서 생긴 별칭이다. 탁탑천왕 조개는 양산박의 새 토대를 닦았지만 미리 죽어 108명에 들지 않고, 대신 수호신으로 좌정한다.(70회) 여기에 대해서는 심영신, 「고려시대 毘沙門天像 연구」, 『미술사연구』 15, 미술사연구회, 2002 / 미야자키 이치사다 / 차혜원 옮김, 『중국사의 대가 수호전을 역사로 읽다』, 푸른역사, 2006, 200쪽, 260~266쪽 참조.

두 사람은 뒤에 차례로 양산박의 두령이 되어 조정에 대한 저항을 이끌어 가는데, 그 맹아는 이미 초반 흐름에서 트고 있는 셈이다. 이는 거꾸로 두 인물의 성격과 뒷날 행보를 이해하기 위해서는 황니강 사건을 잘 살펴야 한다는 뜻이기도 하다.

3. 황니강(黃泥岡), 서사 흐름의 작은 분수령

앞 절에서 살펴본 대로 황니강은 서사 전환의 작지만 결정적인 분수령이다. 황니강을 넘어가며 서사는 조정에 대한 집단의 물리적 저항을 준비하게 된다. 하지만 문장이란 주제로 완성되는 것이 아니고, 소설은 중심 사건만으로 존재하지 못한다. 문학작품의 성패는 주제를 어떻게 몰아가서 드러나게 하는가, 중심 사건의 주변과 전후를 어떻게 장식하는가에 따라 결정된다. 밀란 쿤데라는 '예술에 있어 형식은 언제나 형식 이상의 것'[165]이라고 했거니와, 김성탄은 일찍이 문학에 있어 형식의 중요성을 간파하고 거기에 주목할 것을 요구했다. 『수호전』을 읽으면 문장의 부장자구법(部章字句法)을 시원하게 깨우칠 수 있을 것이라고 장담했다.[166] 그러기 위해서는 문법을 투시하고 정필(正筆)과 판필(閑筆), 정문(正文)과 방문(傍文), 주구(主句)와 빈구(賓句)를 가려 읽어야 한다.

황니강에 이르는 서사 흐름에서 제일 먼저 등장하는 인물은 양령공(楊

---

165 권오룡 옮김, 『소설의 기술』, 책세상, 1998, 173쪽.

166 위와 같은 곳. "水滸傳, 章有章法, 句有句法, 字有字法, 人家子弟稍識字, 便當敎令反覆細看, 看得水滸傳出時, 他書便如破竹."

令公)[167]의 후손 양지이다. 양지는 화석강(花石綱)[168] 운반에 실패하고 잠적해 있다가 사면되어 다시 벼슬을 얻고자 상경하는 도중 임충과 만나 싸운다. 양산박에서 함께 지내자는 왕륜의 권유를 뿌리치고 동경으로 향한다. 그는 명문가의 후손으로 벼슬에 대한 지향이 강한 인물인데,[169] 그의 반듯한 성격은 누차 묘사되는 단정한 차림새에 잘 나타난다. 벼슬에 복귀하려는 양지의 꿈은 고구를 만나 산산 조각나고, 생활고에 몰린 그는 가전 보검을 팔려고 내놓았다가 천한교(天漢橋) 아래서 부랑자 우이(牛二)를 우발적으로 죽이고 만다.

누대 장문(將門)의 후예로 자존심 강한 무인이 가전 보검을 팔려다가 살인을 저지르는 과정을 두고 김성탄은 두 측면에 시선을 나누어 비평하였다. 사건 배치의 차원에서는 임충의 매도(買刀) 사건과 잇달아 배치된 것을 두고, 한 편의 글에서 같은 글자나 사건을 잇달아 쓰지 않는 관습적 금기를 일

---

167 楊令公은 北漢의 장수였다가 뒤에 송나라에 귀의하여 크게 공명을 떨친 楊業으로, 그의 이야기는 여러 소설과 희곡 등에 빈번하게 보인다. 그는 潘美와 함께 山西省에서 거란을 방비하는 일을 맡았는데, 虛銜뿐인 무능력 무책임 인물인 王侁과 潘美의 판단 착오와 무접응 때문에 거란군에 사로잡혀 굶어 죽은 사실이 『宋史』에 보인다. 王侁·潘美과의 불화로 인한 양업의 실패는, 양지가 老都管과 두 虞侯를 꺼려했으나 결국 일정 부분 그들 때문에 실패하는 것과 유사하다. (老了, 『水滸十一年-1112年-1122年』, 山東畵報出版社, 2008, 84~90쪽)

168 강(綱)은 화물 운송 조직의 명칭이었다. 당나라 때 남방의 화물을 북방의 수도로 운송했던 것이 그 기원이다. 화석강(花石綱)은 휘종 4년(1114)에 시작되었다. 휘종은 즉위 초부터 사치와 향락에 빠졌고, 수도에 延福宮과 萬壽山 및 원림을 조성하였는데, 蘇州와 杭州에 制作局과 應奉局을 설치하여 각지의 奇花異石을 수도에 조달하게 했는데, 열 척의 선박을 한 조로 묶어 綱이라고 하였다. 당시 화석강이 민간에 끼친 폐해는 극심했는데, 이를 주도한 핵심 인물이 바로 蔡京이었다. 睦州(지금의 浙江省 杭州市 淳安縣) 方臘의 반란이 바로 이 화석강에서 비롯되었다. (潭武群·侯紹庄, 『水滸傳名物典章研究』, 江西出版集團。百花洲文藝出版社, 2007, 30~34쪽)

169 양지는 여러모로 임충과 비슷하지만, 혁혁한 가문 배경을 지니고 있다는 점에서 임충과 다르다. 그는 제도권 안의 인물일뿐더러 빛나는 전통을 지닌 가문의 인물이기도 하다. 그의 목표는 가족을 편안하게 하는 일에 집중되어 있고, 이를 위해서는 권문에 뇌물을 쓰는 일도 마다하지 않는다. 이들은 끝까지 주류세계의 일원으로 남고자 노력했다. (王同舟·陳文新, 앞의 책, 149~153쪽)

부러 어기되 변화를 주어 미적 효과를 극대화했다며 높이 평가했다.[170] 임충은 보검에 마음을 빼앗겨 고구의 함정에 빠지고, 양지는 보검을 팔려다가 살인죄를 저지른다. 두 사건에서 보검은 공통으로 명예를 중시하고 병기에 밝은 무인의 정신을 상징하지만, 두 이야기의 전개 양상은 전혀 달라 하나로 묶어주면서 동시에 차이를 나타내는 변주의 효과를 자아낸다. 또 하나는 가전 보검을 팔려고 내놓은 양지의 처지, 보검을 파는 행색, 나아가 시비 거는 우이에 대한 다소 맥 빠진 태도에 감정을 이입하여 실로(失路)의 영웅을 애도한 것이다.[171] 영웅의 실로에 대한 탄식과 호곡(號哭)의 태도는 노달과 임충 등의 인물에 대한 비평에서도 비슷하게 나타난다.

이 한 회는 양지 개인을 위한 독립 서사로 보아도 무방하지만, 동시에 황니강 사건의 파도를 일으키는 첫 물결이기도 하다. 양지는 살인죄로 북경 대명부에 정배되어 2월 9일 도착한다.[172] 양지를 중용하고 싶은 대명부 유수 양중서는 명분을 만들기 위해 비무(比武)를 생각해낸다. 구경꾼들이 가득하고 군진의 위의가 삼엄한 가운데 비무가 펼쳐진다. 그야말로 긴장감이 넘

---

170 김성탄은 11회의 총평 대부분을 이에 대한 찬사로 할애하고 있다. 일부만 소개하면 다음과 같다. "今觀水滸之寫林武師也, 忽以寶刀結成奇彩；及寫楊制使也, 又複以寶刀結成奇彩. 夫寫豪傑不可盡, 而忽然置豪傑而寫寶刀, 此借非非常之才, 其亦安知寶刀爲即豪傑之替身, 但寫得寶刀盡致盡興, 即已令豪傑盡致盡興者耶? 且以寶刀寫出豪傑, 固已；然以寶刀寫武師者, 不必其又以寶刀寫制使也. 今前回初以一口寶刀照耀武師者, 接手便又以一口寶刀照耀制使, 兩位豪傑, 兩口寶刀, 接連而來, 對插而起, 用筆至此, 奇險極矣. 即欲不謂之非常, 而英英之色, 千人萬人, 莫不共見, 其又疇得而不謂之非常乎?" 여기에 대해서는 임충 관련 장에서도 기술하였다.

171 보검을 팔러 나서는 장면에서는 "특별히 두 구절을 그렸으니 영웅을 위해 통곡한 것이다. 特特寫两句時分, 爲英雄一哭.", 우이가 함부로 보검에 손을 대는 장면에서는 "손으로 빼는 건 보검에 대한 대우가 아니다. 하지만 호걸은 실로에 왕왕 이런 일을 겪는다. 보검이 통곡하지 못하니 어쩔 것인가! 就手扯出, 非所以待寶刀也. 然豪傑失路往往遭此矣, 寶刀不能哭, 其奈之何哉."라고 평어를 달았다. 계속되는 우이의 행패와 양지의 온건한 반응에 대해서는 眉評으로 "계속해서 양지가 화내지 못하고 절절매는 모습을 그렸으니, 길 잃은 영웅을 위해 통곡한 것이다. 一路寫楊志軟順幷無半點剛忿, 止爲英雄失路一哭."이라 하였다.

172 이 대목에 김성탄은 "'생신' 두 글자를 위해 먼 데서 이야기를 시작한다. 爲生辰二字, 遠原提頭."라는 평어를 달았다.

치는 분위기 묘사가 몇 장에 걸쳐 이어져 독자들로 하여금 손에 땀을 쥐게 한다. 하지만 한층 고조된 분위기와는 달리 무예 대결은 "싸운 지 50여 합에 이르도록 승부가 갈리지 않았다."라는 싱거운 몇 마디로 처리된다. 한껏 변죽만 울린 셈이다. 이를 김성탄은 복선(伏線), 정필(正筆)과 한필(閑筆)로 설명한다.

> 옛말에 이르기를 함양의 아방궁을 그리기는 쉬워도 항우가 그것을 불태우는 장면을 그리기는 어렵고, 천 리에 걸쳐 꼬리를 물고 늘어선 적벽의 전선을 그리기는 쉬워도 전당강(錢塘江)의 8월 물결을 그리기는 어렵다고 한다.[173] 이제 『수호전』의 동곽쟁공(東郭爭功)을 읽어보니, 불타는 장면과 물결의 흐름을 그린 제일의 절필(絶筆)이라고 하지 않을 수 없겠다! 양중서가 양지를 아낀 것은 생신강을 위한 복선에 지나지 않는다. … 이처럼 한 회의 큰 글을 우부(愚夫)가 읽으면 동곽에서의 무예 겨룸을 양지에게 있어 경천동지할 사건으로만 생각하고, 뒤에 있을 생신강을 양지에게 맡길 뜻임을 알지 못한다. 그러므로 허공으로부터 두 층의 누대를 엮은 것도 양중서가 양지를 아끼기 때문일 것이라고만 생각한다. 그러므로 이 편에서 양중서가 양지에게 마음을 주는 곳은 문장의 분량이 적어도 정필(正筆)이요, 주근(周謹) 삭초(索超)와의 대결 묘사는 문장이 아무리 종횡무진 현란해도 한필(閑筆)이다. 글을 읽으며 빈주(賓主)와 방정(傍正)을 아는 사람이라면, 나는 그와 더불어 천하의 글을 두루 읽을 것이다.[174]

---

173 항우가 아방궁을 불태우는 장면은 杜牧의 「阿房宮賦」에, 천리에 늘어선 배는 소동파의 「前赤壁賦」에 보인다. 전당의 8월 물결은 錢塘潮를이다. 浙江省 杭州의 錢塘江 하구 양쪽에는 龕山과 赭山이 있어 바다의 물결이 강으로 들어오는 것을 억제하면서 큰 조차가 발생하여 강으로 역류하면서 거대한 물결을 일으키는데, 물결의 크기가 8월에 가장 크다고 한다. 한대 이후로 8월에 이 물결을 구경하는 것이 하나의 풍속이 되었는데, 이는 남송에 전당에 도읍하여 臨安府를 설치하면서 극성했다. 전당강에서 파도 타는 놀이를 弄潮, 물결과 농조 구경을 觀潮라 하였다. (虞雲國, 『水滸亂彈』, 中華書局, 2008, 15~22쪽.)

174 12회 總評. "古語有之, 畫鹹陽宮殿易, 畫楚人一炬難, 畫舳艫千裏易, 畫八月潮勢難. 今讀水滸至東郭爭

진시황의 화려한 아방궁을 그리긴 쉽지만 함곡관을 돌파한 항우에 의해 불타는 아방궁을 그리기 어렵다. 적벽 아래 위군(魏軍) 전선이 천 리에 걸쳐 늘어선 장면은 그릴 수 있지만 8월 전당강의 물결이 역류하는 장면은 좀처럼 그릴 수 없다. 이는 정지된 화면에 운동과 변화상을 담기 어려움을, 즉 파란과 기복이 반복되며 유장한 흐름을 만들어내는 서사를 구성하기 어려움을 말한 것이다. 동곽(東郭)의 비무(比武) 장면 묘사는 외견상 화려하고 장황하지만 실제 싸우는 장면은 거의 없다. 비무 상황의 설정은 양중서가 죄인 양지를 발탁하는 사건의 보조 장치에 지나지 않는다. 또 양지를 발탁하려는 이유는 단 하나, 동경에 보낼 생신강 운반의 책임을 맡기기 위해서일 뿐이다. 이 논리를 따르면 양지가 동경으로 유배된 것, 그 이전에 양지가 보검을 팔다가 우이를 죽인 것도 다 생신강 사건을 위해 먼 곳으로부터 서사 흐름을 이끌어온 것이 된다.

작가는 황니강 사건을 위해 양지를 빚어내고, 이후 일련의 사건들을 흐름에 맞게 배치하였다는 것이다. 하지만 시야가 좁은 독자는 전체 흐름과 그 사이의 유기적 인과관계를 파악하지 못하고 각각의 사건들을 파편적으로만 이해한다. 김성탄은 비무가 끝난 뒤의 장면 묘사도 정밀한 시선으로 해부한다. 교장에 가득하던 군사들과 관중이 사라지고 양중서와 여러 군관, 삭초와 양지가 남는다. 이어 여러 군관이 물러가자 양중서와 삭초와 양지가 남고, 마지막에는 삭초가 물러가자 양중서와 양지만 남게 된다. 그저 우연처럼 보이는 이 장면을 두고 김성탄은 12회 전체의 뜻이 여기에 있다며, 이 모두가 생신강 사건을 위한 복선임을 자잘한 유자들은 절대 알 수 없을 것이

功, 其安得不謂之畫火. 畫潮第一絕筆也! 夫梁中書之愛楊志, 止爲生辰綱伏線也. …… 如此一回大書, 愚夫讀之, 則以爲東郭爭功, 定是楊志分中一件驚天動地之事. 殊不知止爲後文生辰綱要重托楊志, 故從空結出兩層樓台, 以爲梁中書愛楊志地耳. 故篇中凡寫梁中書加意楊志處, 文雖少, 是正筆, 寫與周謹. 索超比試處, 文雖絢爛縱橫, 是閑筆. 夫讀書而能識賓主旁正者, 我將與之遍讀天下之書也."

라고 했다.[175] 관습과 통념에 젖은 문사들에 대한 멸시이며, 소설미학 개척자로서 자부심의 표현이다.

맞은편에서 양지의 등장으로 황니강 사건이 첫 물결이 일렁였다면, 이쪽에서는 조개가 출현하면서 첫 물결이 일어난다. 조개는 부유한 보정(保正, 마을 지도자)으로 오로지 천하의 호걸 사귀기를 좋아하며[專愛結識天下好漢], 그에게 어려움을 부탁하면 좋고 나쁘고를 따지지 않고[不論好歹] 도와주는 것으로 강호에 소문이 자자한 인물이다. 사람 사귀기만을 좋아하니 다른 윤리와 충돌할 가능성이 있고, 사람의 좋고 나쁨을 따지지 않으니 손익과 득실의 셈이 흐려질 수 있는 인물인 셈이다. 의리를 지키는 일이라면 재물을 아끼지 않고[仗義疏財] 천하의 호걸 사귀기를 유독 좋아하는 성향은 송강(17회에 등장)과 공유하는 특성이다. 두 사람은 그 이유로 강호에서 신망이 높으며, 많은 인재를 자기 사람으로 만든다. 이러한 면모는 두 인물이 차례로 양산박의 지도자가 되는 자질이 된다. 이들이 황니강 사건을 전후로 등장하는 것은, 양산박의 면모가 일신되고 행동의 방향이 정해지는 데 있어 이 사건이 결정적인 동기가 되기 때문이다.[176]

황니강에서의 생신강 탈취는 개인이 일으키는 충동적이고 우발적인 사건이 아니다. 여러 사람이 모여 모의, 계획하고 각본에 따라 역할을 분담하여 조직적으로 거행한 사건이다. 이에 따라 여러 인물이 모여 모의하는 과정이 상세하게 묘사된다. 처음엔 유당(劉唐)이 조개와 만나 생신강에 대한 정보를 전해주며 불의의 재물이니 힘을 합쳐 탈취할 것을 제안한다. 다음

---

175 12회 夾評. "滿教場中人山人海, 卻一次一序, 先發放衆軍, 又發放衆官, 又發放索超, 單單剩下楊志一個與梁中書一個, 一埰兒住着, 慇懃親熱, 異哉! 如此一回大書, 乃正爲此一句, 爲生辰綱作伏線耳, 彼細儒惡足以知之."

176 김성탄은 조개가 13회에야 등장하는 것에 대해, 작가가 작품 전체를 구상하고 집필한 증거라고 했지만 그 구체적 이유에 대해서는 설명하지 않았다. (13회 총평) 조개의 등장은 집단 서사로의 전환을 의미한다.

엔 유당과 오용이 만난다.[177] 유당과 뇌횡이 싸운 사건으로 조개와 오용이 만나고, 상의 끝에 오용은 완씨(阮氏) 삼형제 설득에 나선다. 뜻을 함께하는 6명이 모이자, 이들은 향을 피우고 지전을 사르며 맹세의 의식(儀式)을 치른다.[178] 이 의식에서 이들은 매우 진지하게 도덕적 명분을 내세운다. 의식은 조직의 결속력을 높여 이탈과 배신을 방지하는 효과를 낳는다. 이를 통해 이들은 결사(結社)의 형체를 갖춘다. 그 와중에 공손승(公孫勝)이 찾아와 합류했고, 오용은 계책을 이야기하여 동료들의 호평을 받았다. 삼완이 돌아간 뒤에도 오용은 늘 와서 일을 논의했다.[179] 이들은 치밀한 각본을 짜고 각자 맡은 역할을 충실하게 수행하여 생신강 탈취에 성공한다. 사전의 작당 → 모의 → 계획 → 분담 → 실행 과정을 거쳐 성사된 것이다. 이 사건에는 처음부터 끝까지 충동성이나 우발성이 개입되지 않는다.

이들의 조직적 행동에서는 백승(白勝) 같은 미미한 인물의 역할도 무시되지 않는다. 1차적으로는 기밀 누설을 염려 안 해도 될 만큼 신뢰가 쌓여야 하고, 한 사람이라도 자기 역할에 소홀하면 일 전체가 틀어질 수밖에 없기 때문이다. 황니강에서 백승은 술장수로 분하여 아래의 노래를 부르며 나타난다.

붉은 해 이글거려 불길이 일어날 듯	赤日炎炎似火燒
들판의 곡식들은 반나마 말라 가네	野田禾稻半枯焦

---

177 유당이 뇌횡을 좇아나가는 장면을 김성탄은 이렇게 평했다. "이는 유당의 작은 분노를 그린 것이 아니라, 돌아 돌아 오학구를 불러내기 위한 것이다. 이것이 바로 문장이 정을 낳고 정이 문장을 낳는 경우이니, 모두 지극히 어려운 일이다. 此非寫劉唐小忿, 蓋圖曲曲轉出吳學究來, 所謂文生情, 情生文, 皆極不易之事也."

178 14회. "次日天曉, 去後堂前面, 列了金錢紙馬, 香花燈燭, 擺了夜來煮的猪羊燒紙, 衆人見晁蓋如此志誠, 盡皆歡喜, 箇箇說誓道, 梁中書在北京害民, 詐得錢物, 却把去東京與蔡太師慶生辰, 此一等正是不義之財, 我等六人中, 但有私意者, 天地誅滅, 神明鑑察. 六人都說誓了, 燒化紙錢."

179 15회. "晁蓋留住公孫勝劉唐在莊上, 吳學究常來議事."

농부의 마음속은 까맣게 타 가는데　　農夫心內如湯煮
공자와 왕손들은 부채질 하는구나　　公子王孫把扇搖

위 두 구는 불볕더위를, 아래 두 구는 신분에 따른 사람들의 다른 처지와 모순을 지시한다. 이 노래는 벌써 여러 날째 고통스럽게 예물 짐을 운반하는 군사들과 가혹하게 이들을 몰아치는 양지 사이의 균열을 조장한다.[180] 안팎의 압박에 시달린 양지는 결국 군사들에게 술을 사 마시도록 허락한다. 군사들의 불만, 우후(虞侯)의 권유를 견뎌내던 양지의 경계심은 그만 백승의 노래 소리에 무너진다. 앞뒤 맥락으로 보아 이는 모두 지형과 날씨, 그리고 생신강 운반 책임자의 심리를 고려하여 계획된 것이다. 계획적이고 조직적인 행동에서는 조역의 역할도 중요하다.

사안이 사안이니만큼 그 파장도 커진다. 채경(蔡京)은 당대 최고의 권력자였다.[181] 이미 한 차례 생신강을 탈취당한 바 있는 채경은 공권력을 동원하여 강경하게 대응했다. 공권력의 압박은 행정 계통을 따라 최일선의 포도관찰(捕盜觀察) 하도(何濤)에게까지 내려왔다. 하청(何淸)의 제보로 꼬리가 밟힌 조개 일행은 모두 체포될 위기에 처하나 송강의 도움으로 달아난다. 이것이 송강과 양산박 인연의 씨앗인 셈이다. 이에 제주부의 관군 500명이 동원

180 김성탄의 평어 내용이다. 15회 夾評. "위 두 구절은 무더위 속의 고생을, 아래 두 구절은 그 사정을 알아주지 못하는 상황을 그렸다. 농부는 밭에서 땀투성이가 되어 일하는데, 공자와 왕손은 수전에 들어앉아 시녀에게 부채질하게 한다는 말이다. 군사들은 무거운 짐을 지고도 맨몸의 양지에게서 욕 먹는 상황을 비유한 것이다. 上二句盛寫大熱之苦, 下二句盛寫人之不相體悉, 猶言農夫當午在田, 背焦汗滴, 彼公子王孫深居水殿, 猶令侍人展扇搖風, 蓋深喻衆軍身負重擔, 反受楊志空身走者打罵也."

181 蔡京(1047~1136). 휘종이 즉위하면서(1100) 중앙의 대신으로 등용되어, 몇 차례 실각하긴 했지만 20년 이상 권력을 전횡하였다. 소식, 黃魯直, 米元章과 함께 송조 4절로 꼽힐 정도로 서화에 조예가 깊었다. 그는 예술적 감수성이 뛰어난 휘종의 비위를 맞춰 궁중에 호사스러운 풍조를 조장했고, 豊亨豫大說을 내세워 비판론을 잠재우는 동시에 휘종의 사치 취향을 부각하였다. 花石綱을 주도하여 민생을 도탄에 빠뜨리고 국가 재정의 붕괴를 가져왔다. 절강성에서 시작된 방랍의 난도 채경의 실정에서 비롯한다. 북송 멸망의 책임을 져야 할 사람으로 꼽힌다. (미야자키 이치사다, 앞의 책, 147~169쪽)

된다. 개인 강력범이나 절도범을 수배하는 차원을 훨씬 넘는, 반체제 집단에 대한 대규모 토벌이 시작된 것이다. 하지만 500명은 전부 몰살되고 책임자인 하도만 귀가 잘린 채 겨우 돌아간다. 이제 돌아올 수 없는 강을 건넌 조개 일행은 부득이하게 양산박으로 들어간다. 이들은 임충의 도움으로 양산박을 접수하여 산채의 면모를 쇄신한다. 양지가 처음 떠난 뒤에만 해도 노략질이나 일삼던 도적떼에서 하늘을 대신해 정도(正道)를 행하는 의적 집단으로 거듭난 것이다.[182] 불의의 재물이나 털어보자던 조개 일당의 생각은 예기치 못한 방향으로 틀어졌고, 『수호전』의 서사는 일약 체제에 대한 저항으로 도약한다. 황니강을 넘으면서 일어난 변화이다.[183]

황니강에서 조개 일행에게 생신강을 빼앗긴 양지의 이후 이야기도 흥미롭다. 양지는 양중서에게 머리를 조아려 겨우 출세의 끈을 잡았지만, 화석강에 이어 생신강 운반까지 실패함으로써 주류 세계로의 복귀가 불가능해졌다. 양지는 황니강을 내려간 뒤 굶주림을 참지 못해 무전취식하고 주막주인과 싸우기까지 한다. 누대 장문(將門)의 후예로 자부심이 강하고 명예를 중시하는 양지는 졸지에 주린 배를 움켜쥐고 쫓기는 몸으로 전락한다. 이는 실로한 영웅의 면모로, 임충이나 무송의 그것과 유사하다. 그런데 양지는 조도귀(操刀鬼) 조정(曹正, 임충의 제자)의 소개로 노지심을 만나 이룡산 보주사를 탈취한다. 또 노지심의 발언을 통해 임충을 도와주고 난 뒤의 행적이 소

---

182 11회에서는 "(양지가 떠난) 뒤로 다섯 호걸은 양산박에 있으면서 노략질을 일삼았다. 從此, 五個好漢在梁山泊打家劫舍."라 했고, 18회 말미에서는 "하늘 대신 도 행하니 사람들 이를 테고, 재물 풀어 의 세우니 호걸들 찾아오리. 替天行道人將至, 仗義疏財漢便來."라고 했다. 김성탄은 앞 구절에 대한 夾評에서 "이 네 글자가 바로 예전의 양산박이다. 뒷날의 양산박에도 네 글자가 있으니 '체천행도'가 그것이다. 此四字所謂昔之梁山泊也, 若後之梁山泊亦有四字, 所謂替天行道也."라고 했다.

183 현실적으로 황니강 사건의 모순을 지적한 논의가 있어 주목을 끈다. 양지 일행은 북경 大名府에서 동경 開封府로 生辰綱을 운반하는 도중 山東省 濟州府 관할의 黃泥岡에서 晁蓋 일행에게 탈취당한다. 하지만 당시 북경에서 개봉으로 가는 길은 모두 黃泛平原으로 중간에 산길이 없었고, 굳이 동남쪽에 있는 황니강(山東 巨野)을 우회할 이유가 없었으며, 濠州(안휘성 鳳陽)에서 동경을 가기 위해 濟州에 온 것도 맞지 않는다. (虞雲國, 앞의 책, 291,292쪽)

급 서술되고, 아울러 맹주(孟州) 십자파(十字坡)에서의 경험담을 통해 무송과의 만남이 암시된다. 뒤에 양지와 노지심과 무송은 보주사에 있다가 양산박에 합류하게 된다. 김성탄은 여기서 임충과 조정이라는 사슬로 두 얼룡(孼龍) 양지와 노지심을 묶고, 장청(張青)과 계도(戒刀)라는 사슬로 노지심과 무송 두 얼룡을 엮는 방법을 통찰하고 극찬했다.

> 한 부의 책은 장차 108인을 망라하여 양산박에 모아두려 한다. 108인을 망라하여 양산박에 모아두려 하여 한 사람이 주귀(朱貴)의 주막에 이를 때마다 주식을 대접하고, 사람마다 화살을 쏘아 신호하고 배를 태워 건넨다면, 이는 오늘날 장사꾼이 쌀가마를 하나요 둘이요 하고 세는 법과 무엇이 다르겠는가? 그러면서 세상에 재자의 문장이라고 자랑하면 미더울까? 그러므로 하늘이 석갈(石碣)을 내려 좌차(座次)를 배열한 날로부터 본다면, 저 108인은 이미 모두 양산박에 있는 것이다. 그러나 108인이 아직 양산박에 모이기 전의 상황은 크고 작은 구슬들이 옥쟁반을 얻지 못해 흩어져 있어 거둘 수 없는 것과 같다. 이는 한두 손으로 담을 수 있는 것이 아니다. 작자는 이에 주저하고 경영하여 홀연 한 기이한 사건을 따로 엮어 노지심과 양지 두 사람을 묶어 이룡산에 감춰두었다.[184]

노지심과 무송은 모두 비중 높은 개인 서사의 주인공이다. 분량은 적지만 양지 또한 자기만의 서사를 지닌 인물이다. 애초 의도한 양산박이라는 집단 표상을 빚어내기 위해서는 독립 서사의 주인공들을 다양한 방식으

---

184 16회 總評. "一部書, 將網羅一百八人而貯之山泊也. 將網羅一百八人而貯之山泊, 而必一人一至朱貴水亭. 一人一段分例酒食, 一人一枝號箭, 一人一次渡船, 是亦何以異於今之販夫之唱籌量米之法也者. 而以誇於世曰才子之文, 豈其信哉? 故自其天降石碣大排座次之日視之, 則彼一百八人, 誠已齊齊臻臻, 悉在山泊矣. 然當其一百八人, 猶未得而齊齊臻臻, 悉在山伯之初, 此是譬如大珠小珠, 不得玉盤, 迸走散落, 無可羅拾. 當是時. 殆幾非一手二手之所得而施設也. 作者於此, 爲之躊躕, 爲之經營, 因忽然別構一奇, 而控扭魯´楊二人, 藏之二龍."

로 묶어주고 모아주어야 한다. 하지만 모두 개성이 강한 인물들이기 때문에 평범한 것으로는 묶이지가 않는다. 그래서 작자가 고안한 사슬이 바로 임충과 장청이라는 것이다. 양지와 노지심의 경우 고향이 관서라는 공통점이 있지만 둘이 투합하기에는 끈이 너무 약하다. 그래서 생각해낸 것이 임충이며, 양(楊)과 노(魯)가 얌전해진 것은 천하의 괴보(怪寶)로 천하의 괴물들을 눌렀기 때문이라는 것이다. 김성탄은 임충의 기능을 가리켜 우(禹)임금이 치수(治水) 도중 용을 묶은 황금사슬에 비유했다.[185]

결과로 본다면, 『수호전』은 창작 단계에서 그 형성의 기원이자 서사의 출발인 개별 인물고사를 양산박의 집단 이야기로 전환시켜야 하는 고민을 안고 있을 수밖에 없었다. 이 고민을 해결하기 위해서는 형식의 차원에서는 인물들 하나하나를 양산박으로 집결시켜야 하고, 내용에서는 개인의 낭만적인 유협담(遊俠談)을 집단의 이념적 의적담(義賊談)으로 형질 변경을 해야 한다. 갑자기 집단 서사가 펼쳐지면 개연성은 물론 흥미가 떨어지고, 너무 개인 서사들이 펼쳐지게 되면 통일성이 부여되지 않아 산만해질 수밖에 없다. 그렇다고 한 번에 모든 걸 다 전환시키면 역동성과 입체감이 약해질 수밖에 없다. 황니강 사건은 이런 고민의 해결을 위해 마련된 장치이다. 황니강을 분기점으로 집단 서사의 형질이 만들어졌고, 20여 회 뒤 강주성(江州城) 난동 사건 이후에는 서사의 흐름이 완전히 바뀐다. 황니강 사건을 거대한 파도에 비유한다면 양지 이야기는 그 시원과 여파(餘波)에 해당된다. 양지는 자기 서사의 주역이자 황니강 서사의 조역인 셈이다.

양지 이야기가 있음으로써 대결의 양편이 동등한 조명을 받게 된 것도 섬세한 감상을 요한다. 생신강 운반을 주도하는 측과 생신강 탈취를 준비하는 측은 무게의 균형을 유지한다. 소설이 선악 시비라는 윤리적 구도의 지배

---

185 위와 같은 곳. "故特提操刀曹正, 大書爲林沖之徒, 曹正貫索在手, 而魯. 楊孼龍弭首帖尾, 不敢復動. 無他, 天下怪物自須天下怪寶鎮之, 則讀此篇者, 其胡可不知林沖爲禹王之金鎖也?"

를 받게 되면, 악(惡)과 비(非)로 설정된 인물과 사건은 축소되거나 은폐되기 십상이다. 하지만 소설은 윤리도 아니고, 교화의 수단도 아니다. 황니강 사건의 구조는 그러한 사실을 잘 보여주는데, 그 핵심 인물이 바로 양지이다. 양지 이야기를 통해 생신강을 준비하는 쪽의 준비와 상황이 독립적인 사건으로 다루어졌다. 이로써 양측의 대결에는 긴장감이 조성되었고, 이는 서사의 입체성과 역동성을 가능하게 했다. 양지 이야기가 없었다면 황니강 사건은 너무 평면적이고 단조로워서 무미함을 면치 못했을 것이다. 양지의 성격은 애초 시비와 선악으로 인물이나 사건을 가름하는 것이 얼마나 무의미하고 무가치한 일인지를 잘 보여준다.

4. 완소칠(阮小七) 삼형제, 호민(豪民)의 등장

한편 인물의 차원에 있어 황니강 서사에서 주목해야 하는 사건은 완씨 삼형제의 등장이다. 오용은 생신강 탈취를 위해 꼭 필요한 인물로 완씨 삼형제를 추천한다. 오용의 생각에 따르면, 이들은 무식하지만[不通文墨][186] 의리와 담력의 화신으로 무예가 출중하며, 물불을 가리지 않고 생사를 함께 할 만한 인물들이다. 이에 계획적인 포섭 대상이 된다. 조개는 이들을 사람을 보내 불러오자고 제안하지만, 오용은 불러서 올 사람들이 아니라며[187] 직접 찾아가서 설득하는 방법을 선택한다.[188] 오용이 양산박 근처의 석갈촌(石碣

186 김성탄은 이 불통문묵(不通文墨)의 성격에 큰 의의를 부여하여, 이야말로 『수호전』의 서사가 만들어지고, 나아가 천하의 기이한 책이 탄생하는 근본이라고 했다. "非罵文人也, 正自表此書在無文墨處結撰停當, 然後發而爲文墨, 讀者定不當以文墨求之也. ○ 應知世間蓋天蓋地奇書, 皆從不通文墨處來."

187 김성탄은 이 대목을, 권귀가의 집 문을 어슬렁거리며 이익을 구하는 당대 지식인들에 대한 풍자로 읽었다. "又道是不通之人, 卻又如許自愛其鼎, 嗟乎, 今世之通文墨者, 又何其營營於人之門戶, 驅之而猶不欲去也."

188 이는 인재 등용에 대한 우언이다. 인재가 있으면 제왕이 먼저 찾아가 성의를 다한 다음에 신하로 삼

村)을 찾아가 삼형제를 설득하는 과정이 14회 내용의 대부분을 이룬다.

소이(小二), 소오(小五), 소칠(小七) 삼형제는 석갈호(石碣湖) 주변에 흩어져 살고 있다. 이들의 집과 차림은 열 칸 안팎의 초가, 찢어진 그물, 해진 두건과 대사립, 맨발 등으로 묘사되어 있어 살림이 가난함을 우회적으로 보여준다. 또한 평소 도박을 하니, 생활 태도가 건전한 편이 못 된다는 사실도 암시된다. 오용은 찾아온 목적을 숨기고, 이들 형제와 술자리를 만든다. 삼형제는 안주로 소고기 열 근을 시키고는 오용에게 권한다. 하지만 오용이 몇 점 집어 먹기도 전에 굶주린 이리와 범처럼 자기들이 다 먹어치운다.[189] 삼형제는 식욕에 충실한, 그것도 육식을 욕망하는 다분히 공격적이고 파괴적인 속성을 지닌 인물들이다. 물론 이들에게 유교의 예의범절은 별로 중요한 것이 못 된다. 이들이 바라는 것은 배부르고 편안한 삶이다.

이후 술자리를 바꿔가면서 오용과 삼형제가 대화를 나눈다. 그 과정에서 사람의 마음을 움직이는 오용의 화법에 따라 평범하고 무식한 어부에 지나지 않았던 삼형제의 감추어진 내면이 현시된다. 이를 간파하는 것이 14회 독법의 요점이다. 대화의 초두에서 양산박에 대한 삼형제의 태도는 불만이다. 도적들이 양산박을 차지하면서, 어업의 제한을 받아 생계가 곤란해졌기 때문이다.[190] 하지만 이러한 태도는 오용의 질문에 따라 곧 관리에 대한 원망, 경멸, 분노로 바뀐다. 관리들은 무능할 뿐만 아니라, 그 수탈의 폐해가 도적들의 그것보다 심하기 때문이다. 이들은 세금과 부역보다는 차라리 도적의 폐해가 낫다고 단언한다. 이는 작게는 삼형제가 생신강 탈취 일에 뛰어드는 이유이며, 크게는 천하에 도적떼가 횡행할 수밖에 없는 조건이기도 하다.[191]

는 이야기는 주무왕이 강태공을 찾아간 이야기 이후 삼고초려에 이르기까지의 오랜 전통이다.

189 14회. "阮家三兄弟, 讓吳用喫了, 幾塊便喫不得了, 那三箇狼餐虎食, 喫了一回."

190 14회. "如今泊子裏把住了, 絶了我們的衣飯, 因此一言難盡."

191 이에 대해 김성탄은 각각 다음 평어를 달았다. "천고에 함께 슬퍼하는 말이니, 『수호전』이 지어진 까닭이다. 千古同悼之言, 水滸之所以作也." "고기를 잡지 못해도 세금과 부역을 덜 수 있다. 我雖然不打得大

"그렇다면 그놈들은 도리어 잘 살겠는 걸!"[192] 슬쩍 던진 오용의 한마디에 삼형제의 태도는 양산박에 대한 동경으로 바뀐다. 두려울 것도 없고, 재물은 넘치고, 술과 고기를 마음껏 마시고 먹는 그들의 삶이 부러운 것이다.[193] 여기에 소칠은 초로 같은 짧은 인생을 들먹이며, 가난한 어부 신세를 한탄하고 하루라도 그들처럼 살면 한이 없겠다고 푸념한다.[194] 이 대목은 삼형제의 별호에 대한 풀이이기도 하다. 삼형제의 별호는 각각 입지태세(立地太歲, 세상에 태어난 태초), 단명이랑(短命二郎, 짧은 인생 둘째), 활염라(活閻羅, 살아 있는 염라대왕)이다. 셋을 모아 풀이하면 태어나서 죽기까지의 짧은 인생이 된다. 여기에는 이렇게 짧은 인생을 좋아하지 않는 일을 하며 허비할 수 있겠는가 하는 뜻이 담겨 있다.[195] 삼형제가 바라는 것은 실컷 마시고 먹으며 부를 누리는 것이다.

오용은 삼형제의 마음을 알아차리고도 찾아온 목적을 말하지 않고, 도적이 되었다가 중벌을 받게 될지도 모를 결과를 말하여 그 내심의 굳은 정도를 확인하려 한다. 신중하게 밀고 당기며 상대방의 마음을 끄집어내고 다지는 오용의 화법이 돋보이는 대목이다. 소이와 소오는 어떻게 해도 형편이 나아질 수 없는 현실을 탓하며, 알아주고 데려가 주는 사람만 있다면 기꺼이 따라갈 뜻을 말했다. 오용이 다짐 차원에서 알아주는 사람이 있을 경우

魚, 也省了若幹科差.는 15자는 「捕蛇者說」의 값어치가 있다. 十五字抵一篇捕蛇者說."

192 14회. "恁地時, 那廝們倒快活!"

193 14회. "(阮小五道) … 我們弟兄三箇, 空有一身本事, 怎地學得他們?"

194 14회. "人生一世, 草生一秋. 我們只管打魚營生, 學得他們過一日也好."

195 김성탄은 완소칠의 말에 특별한 의미를 부여하여, 자신은 글을 지으며 살겠노라고 천명한다. 14회 총평. "阮氏之言曰, 人生一世, 草生一秋. 嗟乎, 意盡乎言矣. 夫人生世間, 以七十年爲大凡, 亦可謂至暫也. 乃此七十年也者, 又夜居其半, 日僅居其半焉. 抑又不寧惟是而已, 在十五歲以前, 蒙無所識知, 則猶擲之也. 至於五十歲以後, 耳目漸廢, 腰髖不隨, 則亦不如擲之也. 中間僅僅三十五年, 而風雨占之, 疾病占之, 憂慮占之, 饑寒又占之, 然則如阮氏所謂論秤秤金銀, 成套穿衣服, 大碗吃酒, 大塊吃肉者, 亦有幾日乎耶. 而又況乎有終其身曾不得一日也者. 故作者特於三阮名姓, 深致歎焉, 曰立地太歲, 曰活閻羅, 中間則曰短命二郎. 嗟乎, 生死迅疾, 人命無常, 富貴難求, 從吾所好, 則不著書, 其又何以爲活也."

를 가정하여 묻자, 소칠이 오금을 박듯 대답한다.

> 만약 우리들을 알아주는 사람만 있다면 물불을 안 가리고 가겠습니다. 하루라도 제대로 쓰인다면 곧 죽어도 시원하겠습니다.[196]

이 대답에 오용은 몰래 기뻐하지만, 돌다리도 두드리며 건너듯 더 깊은 속내를 끌어내려 한다. 그렇다면 차라리 양산박에 합류하는 게 좋지 않겠느냐는 반문에, 소이는 몇 번이나 그럴 생각을 했지만 왕륜 때문에 마음을 접었노라고 대답한다. 이로써 이들 형제가 평소 양산박에 참여할 마음이 있었고, 그것이 일시적인 충동이 아니라는 사실이 확인되었다. 이에 대해 김성탄은 "숨겨두었던 평생의 무수한 심사가 묘사하지 않았는데도 드러났다."고 평가했다.[197]

여기까지 확인한 오용은 찾아온 이유를 말해준다. 조개의 이름과 함께 찾아온 이유를 설명하자, 삼형제는 폭발적인 반응을 보인다. 소이가 흥분하여 목숨을 걸고 돕지 않으면 급사할 것이라며 맹세하자, 소오와 소칠은 격렬한 몸짓을 보이며 뱃속의 뜨거운 피를 알아주는 분에게 바치겠다고 다짐했다. 소칠은 또 평생의 소원이 이제야 이루어졌다고까지 했다.[198] 평소 삼형제의 마음에는 현실에 대한 불만으로 가득 차 있었고, 그 불만은 누군가 알아주는 사람을 기다리고 있었던 것이다. 오용은 교묘한 화법으로 그들 자신도 모르고 있던 불만, 증오, 원망을 이끌어낸 것이다. 오용의 행보가 몸소 현자를 찾아 인재를 구하는 군주의 처사에 대한 우의라면, 삼형제의 행동은 알아주는 사람을 기다려 목숨을 바치는 자존심 강한 재야 재사의 태도를 표

---

196 14회. "若是有識我們的, 水裏水裏去, 火裏火裏去, 若能夠見用得一日, 便死了開眉展眼."

197 14회. "你不知我弟兄們, 幾遍商量要去入夥."와 이에 대한 夾評. "藏下無數生平心事, 不描已見."

198 14회. "這腔熱血, 只要賣與識話的."; "一世的指望, 今日還了願心."

상한다. 이들은 곧 조개의 집에 이르러 함께 결의를 맹세한다.

황니강에서 생신강을 탈취하면서 석갈촌의 무식한 어부에 불과했던 삼형제의 성격은 일변한다. 어부 시절만 해도 이들은 관리의 핍박을 감내하며 불만을 안으로 감추는 소극적 저항자에 지나지 않았다. 하지만 알아주는 사람을 만나고 몸을 기댈 집단을 얻자 다분히 수비적이던 불만은 매우 폭력적이고 공격적인 형태로 표출된다. 관군이 몰려온다는 소식을 들은 소이(小二)는 매우 격앙된 어조로 걱정할 것 없다며, 반은 물에 처넣어 죽이고 반은 찔러 죽이겠다고 큰소리쳤다.[199] 더 이상 잃을 것도 물러날 곳도 없는 처지가 잠재된 공격성을 극대화시킨 것이다. 그리고 이 호언은 그대로 실현된다.

요아와 호수에서 평생 고기 잡으며	打魚一世蓼兒窪
곡식도 안 뿌리고 삼도 심지 않았네	不種青苗不種麻
도적질 관리들을 다 죽여 없애	酷吏贓官都殺盡
조씨 황실에 충심으로 보답하리라	忠心報答趙官家

소오가 관군을 맞아 배 위에서 부른 노래의 가사이다. 요아와는 양산박의 다른 이름이다.[200] 노골적으로 경멸과 조롱의 뜻을 담았다. 관군이 일제히 배를 저어 달려들자 그는 다시 관군들을 향해 "백성들을 해치는 도적! 虐害百姓的賊."이라고 꾸짖는다. 어느새 소오는 도덕과 심리에 있어 관군보다 우위에 서 있다. 노래로 조롱하는 것은 충분한 여유의 소산이며 그 자극의 효과도 더 클 수밖에 없다. 이는 관군의 관점에서는 최후의 발악이겠지만, 그의 입장에서는 잠재력의 폭발이다. 그다음에는 청약립(青箬笠) 녹사의

---

199 18회. "不妨. 我自對他, 叫那廝大半下水裏去死, 小半都搠殺他."

200 양산박은 大野澤'巨野澤'安山湖 등의 이름으로 불리다가, 19세기 중반에 이르러 지금의 東平湖로 정착되었다고 한다.

(綠簑衣) 차림의 소칠이 창을 들고 노래를 부르는 장면이 이어진다.

어르신은 석갈촌서 나고 자라서	老爺生長石碣村
타고난 성품 본래 살인을 좋아하네	稟性生來要殺人
하도와 순검 머리 먼저 싹둑 베어내	先斬何濤巡檢首
서울의 조황제께 갖다 바치리	京師獻與趙王君

소칠도 노래에 이어 하도를 '더러운 도적놈 潑賊'으로 욕한다. 이어서 삼형제의 활약이 펼쳐진다. 이들은 500명 관군의 몰살을 주도하고, 사로잡은 하도(何濤)를 한바탕 꾸짖는다. 제주부윤 나부랭이나 채태사(蔡太師)의 하수인 따위로는 잡으러 올 생각 말고, 채경(蔡京)이 직접 와도 살려두지 않을 것이라며 하도를 놓아 보낸다. 그러면서 하도 혼자 온전하게 돌아가면 부윤의 웃음거리가 될 것까지 감안하여 귀를 자르는 여유까지 부린다. 이들 형제의 분노와 자신감은 활화산처럼 분출하여 걷잡을 수 없는 지경에 이른다. 이는 서사의 전면에 처음 나타날 때의 모습으로는 상상하기 어려운 변화이다.

완씨 삼형제는 108 호한 중에서도 특별한데 그 근거는 두 가지 측면에서 설명할 수 있다. 하나는 이들의 출신과 평소 지향이다. 삼형제는 거의 교육을 받지 못한 채 사회 최하층의 일원으로 평소 관의 핍박을 받아왔다. 애착을 가질 만한 삶의 기반이라고는 아예 없다. 재산도 없고, 명예나 지위도 없으며, 입신을 가능케 하는 교육 혜택도 입지 못했다. 관에 대한 분노와 증오가 축적되었지만 겉으로 표출할 기회가 없었다. 은근히 도적이 되기를 꿈꾸었지만 또한 마땅한 계기도 연분도 없었다. 이들이 바란 것은 부귀영화이며, 이를 얻을 수 있다면 도적 집단에 들어가는 것도 마다할 이유가 없다. 이들은 도적이 될 만한 조건을 갖추었고, 계기를 만나자 주저 없이 도적이 되었다. 이들에게 의협이나 낭만은 부수적인 사안일 뿐이다. 이는 주역 급 대다수 인물이 어느 정도 주류세계에 발을 딛고 있으면서 실수 또는 불가역의 상황으로 말미암아 의도치 않게 도적이 되는 것과는 다르다. 그들은 가급 삶의 안정감을 포기하지 않으려고 한다. 하지만 삼형제에게는 애초 애착을 가질 만한 삶의 토대가 없었다. 더 잃을 것이 없는 상태에서 도적이 된다는 점에서 완씨 삼형제는 양산박의 밑바닥 현실이라 할 만하다.

다른 하나는 이들의 변화이다. 이들은 1차로 오용에 의해서, 2차로 황니강 사건으로, 그리고 3차로 관군과의 전투를 통해서 변화한다. 이들의 변화를 어떻게 설명할 수 있을까? 허균의 「호민론(豪民論)」[201]에 적당한 용어가 마련되어 있다. 허균은 백성의 층위를 크게 항민(恒民), 원민(怨民), 호민(豪民)으로 나눈다. 호민이란 나라의 허점과 일의 형세를 살펴 기존의 질서에 균열을 일으키고 나아가 체제를 전복시키는 백성을 이름이다.[202] 애초 삼형제는 항민이나 원민이었다. 이들은 기존의 체제에 도전할 만한 식견이나 능력이 없었으며, 그저 원망이나 가슴에 품고 있는 정도였다. 이를테면 잠재적 소극적 호민이었던 셈이다. 하지만 일련의 만남과 사건을 겪으며 급격하게 공격적이고 파괴적인 호민으로 바뀐다. 이들의 살인은 관군을 대상으로 시작된다. 개인적인 원한이나 분노에 의해 살인을 저지르는 임충 등과 달리 이들에 있어 분노와 살인의 이유는 그들이 관군(官軍)이기 때문이다. 허균이 혹 『수호전』에서 착안한 것이 아닐까 할 정도로 호민이란 용어는 이들 삼형제에게 딱 어울린다.

김성탄도 완씨 삼형제의 역할에 특히 주목하였다. 14회와 18회에 이르러 김성탄의 비평은 분주해진다. 이들의 등장으로 서사가 활기를 띠기도 하거니와, 김성탄이 이들을 매우 좋아했기 때문이다. 특히 삼형제 중에서도 막내를 특별히 사랑했다. 『수호전』의 108 인물 중에서도 소칠이 가장 시원

---

201 『성소부부고』 권 11.

202 이러한 개념은 허균에 의해서 부여된 것이다. 허균 이전에 豪民이란 土豪 또는 豪族을 뜻하는 용어였다. 「豪民論」에 따르면 豪民은 호걸스러운 백성이라는 뜻을 지닌다. 역사적으로는 陳勝과 吳廣, 견훤과 궁예, 황건적, 黃巢 등이 사례이다.

시원하다며, 누구든 그를 대하면 악착스러움이 모두 사라진다고 했다.[203] 본문 비평에서도 소칠에 대해서는 쾌인(快人) 쾌어(快語)를 연발했다. 또한 이들 형제의 성격을 간파하여, 양산박 108 인물이 바로 이 석갈촌에서 시작한다고 주장했다.

> 수호 이야기는 석갈(石碣)에서 시작하고 끝난다. 석갈의 뜻은 일정한 숫자인 셈이다. 하지만 이 앞의 석갈은 시작을 의탁한 예일 뿐이다. 수호 이야기의 108인은 그 시원이 있다. 108인에 시작이 있다면 어디에서 출발해야 하는가? 석갈에서 시작해야 한다. 그러므로 완씨 삼웅(三雄)의 이야기를 읽다가 석갈촌이라는 글자에 이르면, 108인의 수호 이야기가 단연코 여기서부터 시작됨을 알게 된다.[204]

70회 본『수호전』의 전체 구조는 108 인물이 양산박에 집결하는 것으로 수렴되고 짜인다. 그중 설자는 홍신이 용호산 복마전의 봉인을 풀고 석갈을 파내자 온갖 마귀들이 세상으로 달아나는 이야기이다. 100회 본에는 석비(石碑)로 되어 있는데, 김성탄이 석갈(石碣)로 고쳤다. 70회는 천강성 36인과 지살성 72인의 이름이 새겨진 석갈이 발견되는 이야기다. 70회 본은 크게 용호산 복마전의 석갈에 봉인되었던 108 마귀가 흩어져 양산박의 108 도적으로 집결하는 구조를 갖춘 셈이다. 일정한 숫자라 함은 이 108을 의미한다. 그런데 설자에서 봉인된 마귀들이 흩어진 것은 108 인물의 형식적인 시작일 뿐이고, 구체적인 양산박 108 인물의 출발점은 석갈촌이라는 것이

---

203 권 3,「讀第五才子書法」. "阮小七是上上人物, 寫得另是一様氣色. 一百八人中, 真要算做第一箇快人, 心快口快, 使人對之, 齷齪銷盡."

204 14회 총평. "水滸之始也, 始於石碣, 水滸之終也, 終於石碣. 石碣之爲言一定之數, 固也. 然前乎此者之石碣, 蓋托始之例也. 若水滸之一百八人, 則自有其始也. 一百八人自有其始, 則又宜何所始? 其必始於石碣矣. 故讀阮氏三雄, 而至石碣村字, 則知一百八人之人水滸, 斷自此始也."

다. 석갈촌은 완씨 삼형제가 살던 곳이다. 이는 108 인물의 출발점을 그 앞에 등장했던 사진도 노지심도 임충도 아닌, 석갈촌의 어부 완씨 삼형제로 잡은 것이다. 『수호전』의 서사는 황니강을 기점으로 양산박을 준비하게 되는데, 양산박 집결의 출발점을 조개도 송강도 아닌 이들 삼형제로 잡은 것은 매우 의미심장한 지적이다. 김성탄은 이들 삼형제에게서 양산박이라는 도적 집단의 본질과 실상을 통찰한 것이기 때문이다. 이 글에서 호민(豪民) 완씨 삼형제를 주시한 이유이다.

5. 결어

> 나는 남의 자제들이 글을 읽을 때 모두 문자를 이해하지 못하고 그저 약간의 사적만을 기억하면서 한 권의 책을 다 읽었다고 생각하는 것이 가장 안타깝다. 『전국책』이나 『사기』 같은 책도 사적만을 따라 갈 터이니 『수호전』이야 말해 무엇하랴![205]

> 예전에는 자제들이 『수호전』을 읽으면 그저 많은 한가로운 사건만을 알았을 뿐이다. 이 책은 거친 비평에 불과하지만, 자제들이 읽으면 많은 문법을 깨닫게 될 것이다. 『수호전』의 많은 문법뿐 아니라 『전국책』이나 『사기』 등의 얼마간 문법도 모두 읽어낼 수 있을 것이다. 옛날 자제들은 『전국책』, 『사기』 등을 읽으며 한가로운 사건만을 보았을 뿐이니 우스워 죽을 노릇이다.[206]

---

205 권 3, 「讀第五才子書法」제 45則. "吾最恨人家子弟, 凡遇讀書, 都不理會文字, 只記得若干事跡, 便算讀過一部書了. 雖國策史記, 都作事跡搬過去, 何況水滸傳."

206 위와 같은 곳, 제 62則. "舊時水滸傳, 子弟讀了, 便曉得許多閒事. 此本雖是點閱得粗略, 子弟讀了, 便曉得許多文法. 不惟曉得水滸傳中有許多文法, 他便將國策史記等書, 中間但有若干文法, 也都看得出來. 舊時

김성탄은 책의 서두에 따로 독법(讀法) 항목을 두어 『수호전』 읽기의 요강과 방향을 제시하였는데, 위는 그중 일부이다. 평범한 독자들은 글을 읽으며 굵직굵직한 사건만을 기억한다. 양지가 동경에서 우이를 죽이고 북경에서 주근과 무예를 겨룬 일, 조개 일행이 황니강에서 생신강을 탈취하고 양산박에서 관군을 몰살시킨 사건 등이 거기에 해당한다. 김성탄이 보기에 이렇게 몇몇 사건들을 기억하며 책을 읽었다고 하는 것은 형편없는 독서 수준을 드러낼 뿐이다. 중요한 것은 문법(文法)이다. 문법이란 구성의 방식, 즉 형식이다. 문법을 발견한다는 것은, 황니강 사건을 중심으로 양지가 반대편 먼 곳에서 서서히 서사의 물결을 만들어오고, 조개와 송강이 등장하고, 조직적이고 계획적인 사건이 발생하며, 이를 기점으로 서사의 흐름이 개인 중심에서 집단 중심으로 전환되는 것을 발견하는 일이다. 육안으로는 보이지 않는 문법을 발견하게 되면, 황니강 사건 전후의 이러저러한 인물과 사건들은 모두 필연성과 독자성을 띠게 되고, 전체 서사의 구조와 흐름은 입체성과 역동성의 면모를 드러내게 된다. 소설의 장면 장면은 독자의 시야와 안목에 따라 그 의의와 가치가 숨기도 하고 드러나기도 한다.

이 절에서 주목한 것은 완씨 삼형제의 등장이다. 김성탄이 『수호전』의 가장 큰 장점으로 꼽은 것은 인물들의 개성이다.[207] 『수호전』의 인물들은 선인과 악인, 군자와 소인, 장수와 유자 등의 단순한 구도 속에 포섭되지 않는다. 그중에서도 이들 삼형제는 모진 핍박과 수탈을 겪으며 관에 대한 증오와 도적에 대한 동경을 키워온 하층의 무식한 인물들이라는 점에서, 소극적이고 수동적인 항민이나 원민에서 매우 공격적이고 파괴적인 호민으로 변모하는 과정이 생동감 있게 그려지고 있다는 점에서, 양산박이라는 도적 집단

子弟讀國策史記等書, 都只看了閒事, 煞是好笑."

207 권 1, 「서 3」. "水滸所敘, 敘一百八人, 人有其性情, 人有其氣質, 人有其形狀, 人有其聲口. 夫以一手而畫數面. 則將有兄弟之形. 一口而吹數聲, 斯不免再映也. 施耐庵以一心所運, 而一百八人各自入妙者, 無他, 十年格物, 而一朝物格, 斯以一筆而寫百千萬人, 固不以為難也."

의 형성과 기층의 실상을 표상하고 있다는 점에서 특별한 의의를 지닌다. 삼형제가 황니강 사건을 통해 양산박의 지도자가 되는 조개, 송강과 거의 동시에 등장한다는 점은 의미심장하다. 양산박의 주축은 도덕적, 육체적으로 우월한 낭만적인 호걸들이 아니라, 지적, 사회적인 결핍 상태에서 배부르게 먹고 편안하게 살고 싶은 욕망에 사로잡힌 열등한 인물들이기 때문이다. 이런 의미에서 삼형제는, 낭만적 호걸들의 이면에 숨어 있는 양산박의 바닥 현실인 셈이다. 석갈촌을 현실 양산박의 출발점으로 본 김성탄의 견해가 수긍되는 이유이다.

무송(武松) 서사, 수정(守靜)과 광포(狂暴)를 오가는 계행(戒行)

1. 서언

1766년 연행(燕行)에서 돌아오던 홍대용은 옥전(玉田) 거리에서 가설 극단의 공연을 보았다. 그 자리에서 은자 몇 냥을 주고 연희 목록 중 '쾌활림(快活林)'을 뽑아 공연을 신청했다. 홍대용은 이 제목이 『수호전』 중 무송이 술에 취해 쾌활림에서 장문신(將門神)을 혼내주는 장면임을 알았던 것이다. 그가 보기에 공연 내용은 소설의 그것과 약간 달랐는데, 누군가 연희용 대본이 따로 있다고 일러주었다.[208] 이보다 전 북경서 사귄 벗들과 헤어지는 술자리에서 홍대용과 동행한 김재행[209]은, "오늘 이렇게 좋은 술자리[酒場]를 만났으니 쾌활림에 손색이 없다. 비록 시은(施恩)이 (무송의) 술을 절제하고 싶

208 홍대용, 『담헌서외집』 권 10, 「燕記, 場戲」. "東歸至玉田縣, 見街上設簟屋張戲. 乃與數兩銀, 拈戲目中快活林以試之, 乃水滸傳武松醉打蔣門神事也, 比本傳小異. 或謂戲場之用, 別有演本也."

209 金在行은 金尙憲의 서얼 족손 정도로만 알려져 있는데, 실상 그에 대한 구체적인 정보는 하나도 밝혀진 게 없다. 그에 대한 연구가 진척되기를 기대한다.

었지만, 무행자(武行者)의 '세 사발을 마시지 않고는 술집을 지나치지 않는다'는 '무삼불과망(無三不過望)'은 천년 제일의 주령(酒令)이니 또한 누가 금할 수 있으리오?[210]"라고 말한 적이 있다.

이 두 예화는 18세기 후반 조선 지식인의 『수호전』 수용 태도, 특히 김성탄 본 『수호전』의 애호 양상을 잘 보여준다. 홍대용이 많은 연희 목록 중에서 굳이 '쾌활림'을 선택한 것은, 『수호전』 중에서도 그 대목이 특히 인상적이었기 때문일 것이다. 김재행의 말에서 그러한 심증을 굳힐 수 있다. 그의 언급 중 주장(酒場)과 천재주령(千載酒令)은 김성탄의 28회 평어에 나오는 말이다. 김재행은 문사들의 관습적 고사가 아니라, 당시 금서 목록에 들어 있던[211] 민간문학의 고사를 사용하여 술자리를 일컬었다. 여기에는 이 필담 내용을 기록한 홍대용뿐 아니라 동석했던 반정균 등 청조 문사들도 그 고사에 쉽게 공감하리라는 전제가 있었을 것이다. 무송이 유배지 맹주(孟州)에서 시은(施恩)의 부탁을 받고 술에 취해 장문신을 혼내주는 28회의 사건은 『수호전』 중에서도 압권으로 꼽히며, 특히 그에 대한 김성탄의 평어는 후대 문사들에게 인기가 높았다.

이 밖에도 조선 후기 문사들이 무송에 얼마나 호의적이었는지를 알려주는 방증 자료는 더 들 수 있다. 『열하일기』에서 몇 차례 『수호전』을 언급하고 또 그 문체를 실험하고 있는 것으로 밝혀진[212] 박지원은 벗에게 보낸 편지에서 "천 리를 배웅해도 끝내는 한 번의 이별 送君千里, 終當一別."이라 하였는데,[213] 이는 무송이 송강과 헤어지면서 한 말이다.(22회) 또 「가상루필담

---

210 홍대용, 『담헌서 외집』 권 3, 「乾凈衕筆談 續」. "今當好酒場, 無遜快活林, 則雖施恩欲使節飮, 在武行者之無三不過望, 千載酒令, 亦誰禁之.

211 여기에 대해서는 최용철, 「中國의 역대 禁書小說 연구」, 『중국어문논총』13 (중국어문연구회, 1997.12)의 206, 7쪽 참조.

212 김명호, 『熱河日記 硏究』, 창작과비평사, 1990, 205~224쪽 참조.

213 박지원, 『연암집』 권 5, 「答京之」.

(歌商樓筆談)」에도 쾌활림이란 말이 보이는데, 박지원의 성향으로 보아 『수호전』의 내용을 염두에 둔 것으로 보인다. 문집에서 여러 차례 김성탄과 『수호전』에 관심을 보인 이덕무의 시에는 "푸른 술 향 술병을 뚫고 나와서, 말없이 코 속으로 들어오누나. 綠酒透瓶香, 寂然時入鼻."[214]란 구절이 있다. 여기서 투병향(透瓶香)은 무송이 경양강을 넘기 전 마셨던 술의 미칭이다.[215] 비슷한 시기 이언진(1740~1766)은 아래 시를 남겼다.

바람 불고 비 오면 문 닫아걸고	風閑戶雨閉戶
평생 벗 몇 사람이 함께 모여서	平生友數人聚
시원한 일 시원스레 얘기하는데	快意事快意說
그 모두가 귀신과 범 잡는 얘기	無過說鬼打虎[216]

1, 2구는 김성탄이 '고본(古本) 수호전서(水滸傳序)'를 가탁하여 지은 글의 내용을 간추려 변용한 것이다.[217] 3구의 쾌의쾌사(快意快事)는 김성탄의 평어에 자주 나오는 말이다.[218] 4구는 이언진과 벗들이 나눈 이야기의 내용인데, 그 중 하나가 타호(打虎)이다. 『수호전』의 맥락을 배제한다면, 타호는 용력이 과인한 사람의 무용담 정도의 뜻에 지나지 않는다. 하지만 시 앞부분의 내용이 김성탄본 『수호전』을 전제로 하고 있다면, 이 타호의 함의 중심에는 무송이 있다고 보아야 한다. 경양강에서 범을 잡은 이후, 무송은 자칭 타칭 '타

---

214 이덕무, 「絶句」(『청장관전서』 권 10, 「아정유고」 3)

215 22회. "酒家道, 我這酒叫做透瓶香, 又喚做出門倒. 初入口時, 醇醲好吃, 少刻時便倒."

216 이언진, 「衕衚居室」57, 『松穆舘燼餘稿』.

217 권 3에 고본 『수호전』의 서문으로 소개되어 실려 있는 이 글이 김성탄이 지은 것임은 학계의 통설이다. 이 글의 "快意之事, 莫若友. 快友之快, 莫若談." 이하 부분에서 벗들과 모여 이야기를 나누는 즐거움을 한껏 신명나게 풀어내었다.

218 高日暉·洪雁, 앞의 책, 101쪽. 여기서 한 가지 생각해볼 것이 있다. 조선 후기 문학비평에는 快論이 하나의 경향으로 등장하는데, 그 연원이 김성탄에 있는 것으로 보인다.

호'로 일컬어졌기 때문이다. 이러한 예들은 『수호전』 중에서도 특히 김성탄본, 그리고 그 등장인물 중 무송에 대한 조선 후기 문사들의 인식 내지는 관심을 잘 보여준다.

2. 김성탄의 『수호전』 갈래 인식과 그 의의

김성탄은 『사기』와 『수호전』의 차이를 아래처럼 설명하였다.

> 『사기』는 문장으로써 사건을 운용하였고, 『수호전』은 문장을 가지고 사건을 빚어낸 것이다. 먼저 이러이러하게 생성된 사건이 있는데, 이를 가지고 여러 가지를 생각하여 한 편의 글로 엮어내려 했으니, 사마천의 높은 재주로도 끝내 고통스러운 일이었다. 문장을 가지고 사건을 빚어내는 것은 그렇지 않으니, 붓의 성질을 따라서 높은 것을 깎아내고 낮은 곳을 기우는 일이 모두 자신에게 달려 있다.[219]

이는 김성탄이 역사 서사와 허구 서사(소설)의 갈래 차이를 명료하게 인식하고 있었음을 보여준다. 김성탄은 두 양식의 차이를 분명하게 인식하고 그 바탕 위에서 소설 비평을 전개했다. 하지만 그의 인식에서 두 갈래가 확연하게 나뉜 것은 아니다. 그에게 있어 『사기』는 전통 서사의 전범이었고, 『수호전』은 신흥 서사의 표상이었다. 두 서사의 연원이 한 곳으로 귀결되고, 또 오랜 세월 두 서사의 흐름이 뒤섞여 흘러온 역사 내력을 감안한다면, 당시 『사기』와 『수호전』은 아직 완벽하게 분리되지 않았을 것임을 상정할 수

219 권 3, 「讀第五才子書法」. "史記是以文運事, 水滸是因文生事. 以文運事, 是先有事生成如此如此, 卻要算計出一篇文字來, 雖是史公高才, 也畢竟是喫苦事. 因文生事即不然, 只是順着筆性去, 削高補低都繇我."

있다. 이는 김성탄의 비평 태도에서 쉽게 입증된다. 그는 『수호전』의 서사 기법이 모두 『사기』에서 나왔다고 했다.[220] 또 서사의 전체 규모를 말하든, 세부적인 서사 기법을 칭찬하든 간에, 그 준거로 든 것은 언제나 『사기』였다. 오랜 세월 『사기』가 서사의 독점적 권위를 유지해왔기 때문에, 역사의 흐름상 신흥 갈래인 『수호전』이 그 그림자를 모두 떨쳐낼 수 없었던 것이다.[221]

전(傳)과 패사(稗史), 이 두 가지가 김성탄이 보여준 『수호전』 갈래 인식의 두 방향이다. 『수호전』의 갈래를 인식하는 그의 시선에는 전과 패사가 끊임없이 교차한다. 여기서는 그중 전자만을 살피기로 한다. 그는 『수호전』의 규모와 구성을 설명하면서 '정전(正傳) 70권'이라고 명시했다.[222] 또 한 인물이 등장하면 그 이야기는 분명한 한 편의 열전이라고도 했다.[223] 무송과 노달을 비교하면서는 '노달전과 무송전 魯達武松兩傳'(4회 총평)이라 했고, 17회를 설명하면서는 '이 회에서 처음 송강전(宋江傳)으로 들어간다. 此回始入宋江傳也.'(총평)라고 했으며, 107명의 인물은 모두 열전에 예에 의거한다고 했다.(17회 협어夾語) 심지어 반금련이 발을 올리다가 떨어뜨린 멜대가 서문경의 머리에 맞는 장면을 이웃집 왕노파가 목격하는 장면에 대해서는, "여기 이르러 바야흐로 왕건낭(王乾娘)의 정전(正傳)으로 들어간다."(23회)고 평했을 정도이다. 그는 수많은 인물전이 모여 『수호전』을 이룬 것으로 보았는데, 이는 민간에 전승되던 여러 인물고사가 모여 만들어진 『수호전』의 내력과도 연관이 있겠지만, 본질적으로는 김성탄이 『사기』를 대하는 방식으로 『수호전』을 보았기 때문이다. 김성탄이 『수호전』을 평가하는 절대적인 준거는 『사기』였다.

---

220 앞의 글. "水滸傳方法, 都從史記出來, 卻有許多勝似史記處. 若史記妙處, 水滸已是件件有.

221 이밖에 여섯 才子書 중의 하나로 설정한 데서 보이듯, 『莊子』에 대한 애호 또한 깊었다. 하지만 최소한 『수호전』의 평가에 있어서만큼은 『사기』의 비중에 견줄 바가 못 된다.

222 권 1, 「서 3」. "施耐庵『水滸』正傳七十卷, 又楔子一卷, 原序一篇亦作一卷, 共七十二卷."

223 권 3, 「讀第五才子書法」. "『水滸傳』一箇人出來, 分明便是一篇列傳. 至於中間事蹟, 又逐段自成文字, 亦有兩三卷成一篇者, 亦有五六句成一篇者."

『사기』의 역사적 자력(磁力)은, 김성탄으로 하여금 사마천의 방식대로 『수호전』의 인물들을 해석하도록 작용했다. 사마천이 사평(史評)을 통해 역사 인물들을 포폄했던 것처럼, 김성탄 또한 소설 속의 인물들을 품평하였다. 사마천이 안영(晏嬰)과 신릉군(信陵君)에게 보낸 호의와 찬탄을 김성탄은 무송과 노달 등에게 보냈다. 그중에서도 가장 중요한 것은 역시 열전에서처럼 서사의 최소 독립 단위를 개인과 세계의 대결로 파악했다는 사실이다. 김성탄은 평점을 통해 송강과 무송 등 주요 인물들의 개성과 특징을 선명하게 드러냈다. 『수호전』 등장인물들의 뚜렷한 형상은 김성탄의 비평을 거쳐 만들어진 것인데, 이는 사마천의 방식을 배운 것이다. 또 하나 중요한 것은 김성탄이 몇몇 『수호전』 등장인물의 삶을 사회적인 만남[遇] / 만나지 못함[不遇]의 관점으로 파악하고 있는데, 이야말로 『사기』를 일관하는 세계관이라 할 수 있다.

그렇다고 해서 김성탄의 『수호전』 인식이 『사기』의 수준에 머물러 있는 것은 아니다. 그는 『수호전』 인물들이 모두 독립 전의 주인공이라고 보았지만, 이들은 관계를 맺고 사회와 갈등하고 대결하며, 개인이 아닌 통합적 세계를 구성해 간다는 사실을 분명히 인지하고 있었다. 그래서 특히 주목한 것이 인물과 사건의 전환 문제였다. 『수호전』은 모두 주역이라고 할 수 있는 수많은 인물이 등장하여 다양한 사건을 펼쳐내는 거대 서사의 규모를 지니고 있기 때문이다. 김성탄은 그 전환의 고리를 예민하게 주시하여, 그 미학적 의의를 밝혀냈다. 이를테면 21회는 송강이 우발적으로 염파석을 죽이는 이야기인데, 송강을 봐주려는 지현(知縣)과 달리 평소 염파석과 사통하던 동료 압사(押司) 장문원(張文遠)은 적극적으로 송강을 잡아 문초할 것을 건의하는 한편, 염파석의 모친을 충동질하여 송강을 고소하게 했다. 이에 대해 김성탄은 지음(知音)의 고사를 제시한 뒤 이렇게 말한다.

장삼이 힘껏 노파를 부추겨 송강을 잡도록 주동하는 것이 이 회의 정문(正文)이다. 지현과 현청 가득한 사람들이 극력으로 송강을 두둔하거나, 혹 잡힐까 조마조마하는 것은 모두 곁글[旁文]의 행보이니, 이른바 이것이 파란(波瀾)이다. 장삼이 부추기지 않았다면 노파가 고발하지 않았을 테고, 노파가 고발하지 않았다면 지현이 잡지 않았을 테고, 지현이 잡지 않았다면 송강은 달아나지 않았을 것이며, 송강이 달아나지 않았다면 무송이 나타나지 않았을 것이다. 장삼이 한번 부추긴 힘이 힘줄처럼 이어준 것이 이와 같다. 하지만 그 글을 읽은 세상 사람들로 지현을 칭찬하고 장삼을 나무라지 않는 사람이 없는데도, 서로들 백아의 마음을 안다고 말한다. 아, 그들이 어떤 백아를 안다는 건가?[224]

이 글은 김성탄이 얼마나 인물과 사건의 전환 고리를 세심하게 읽어냈는지를 잘 보여준다. 사람들은 겉으로 드러나는 문자만 읽고, 송강을 두둔하는 지현을 칭찬하고 송강을 모해하는 장문원을 비난하지만, 이는 안목이 얕기 때문이다. 김성탄은 평어 곳곳에서 선독(善讀)을 강조했는데, 그 제1 요건은 '작자의 마음'을 읽는 것이다.[225] 해당 부분에서 그는 다시 강조한다.

글을 읽을 때는 모름지기 마음으로 경중을 알아야만 글을 잘 읽는 사람이라고 말할 수 있다. 그렇지 않으면 어지럽고 모호하다는 비난을 면치 못한다. 여기서는 조개 이야기를 끝내고 이어 무송으로 들어가기 위해 별도의 누대와 전각을 세운 것이다. 그런데 지현이 관대하게 처리하려고 하니, 만약 이때 장삼이 문안(文案)을 주도하여 몇 번이고 잡아당기지 않았다면 무슨 수로 송공명을 달아나게 하고, 또 무도두(武都頭)를 이끌어낼 수 있었겠

224 21회 총평. "夫張三之力唆虔婆, 主於必捉宋江者, 是此回之正文也. 若知縣乃至滿縣之人, 其極力周全宋江, 若惟恐其或至於捉者, 是皆旁文躡蹴, 所謂波瀾者也. 張三不唆, 虔婆不稟, 虔婆不稟, 知縣不捉, 知縣不捉, 宋江不走, 宋江不走, 武松不現. 蓋張三一唆之力, 其筋節所係至於如此, 而世之讀其文者, 已莫不嘖嘖知縣而呶呶張三, 而尚謂人我知伯牙. 嗟乎. 爾知何等伯牙哉. 寫朱´雷兩人各有心事, 各有做法, 又各不相炤, 各要熱瞞, 句句都帶跳脫之勢, 與放走晁天王時, 正是一樣奇筆, 又卻是兩樣奇筆, 才子之才, 吾無以限之也."

225 권 3, 「讀第五才子書」 제 1 則. "大凡讀書, 先要曉得作書之人是何心胸."

> 는가? 뒷사람들은 알지도 못하면서 장삼이 송강을 매우 박대했다고 말하지만, 이는 송강을 박대한 것이 독자들을 후대한 것임을 알지 못한다.[226]

전체 구성상 송강이 달아나지 않았으면 무송을 만나지 못했을 것이니, 송강을 달아나게 한 장삼의 행위는 소설을 살리고 독자들을 흥미롭게 해주는 기능을 했다는 것이다. 이런 데서 김성탄의 비평이 확실히 작법 또는 창작 심리에 깊이 관여하고 있음을 알 수 있다.

김성탄은 신흥 양식인 소설의 갈래 및 미학 특성을 분명히 인지하고, 나아가 적극적으로 비평하고 참여하였으며 출간까지 주도했을 정도로 소설에 대한 이해와 애호가 깊었다. 하지만 그 소설 인식의 토대는 많은 부분 『사기』의 역사 서사, 그중에서도 열전에 있었다. 김성탄이 『수호전』의 인물에 깊은 애착을 가지고, 또 결과적으로 『수호전』의 인물 형상이 독자들에게 남다르게 부각된 이유는, 그의 이런 갈래 인식 때문이라고 할 수 있다. 김성탄본 『수호전』에는 『사기』에 입각한 그의 갈래 인식과, 각각의 인물고사가 모여 있는 텍스트 실상이 교차한다. 교차 지점 중심으로 전과 패사, 역사와 소설, 전통과 신흥, 지식인의 관심과 민간의 애호가 복잡하게 얽혀 넓은 문학사적 자장을 구축한다. 여기서 중요한 것은, 김성탄의 갈래 인식에 초점을 맞추든, 인물고사로 출발한 텍스트 실상에 주목하든, 『수호전』을 인물 단위로 나누어 살펴보는 것이 매우 유효하다는 사실이다.

---

226 21회 夾評. "讀書須心知輕重, 方名善讀書人, 不然者, 不免有情懂葫蘆之誚也. 如此書, 既已了却晁蓋, 便須接入武松, 正是別起一番樓臺殿閣, 乃今知縣只管要寬, 此時若更不得張三立主文案, 幾番勾捉, 則又安得逼走宋孔明, 撞出武都頭乎. 後人不知, 遂反謂張三於公明甚薄, 殊不知於公明甚薄者, 於讀書之人殊厚也."

3. 무십회(武十回)의 개요와 서사 미학

무송이 서사를 주도하는 22회부터 31회까지를 보통 무십회(武十回)라고 한다.[227] 무송의 이야기는 『수호전』 중에서도 여타 인물의 이야기에 비해 그 분량이 압도적으로 많고, 흥미진진한 내용이 많아 문학과 공연에서 모두 인기가 높았다. 이런 까닭에 김성탄도 이 부분에서 많은 서사 이론을 만들어 냈고, 독특하고 인상적인 비평을 펼쳤다. 이를 살피기 위해 무십회의 개요를 간단하게 정리한다.

회차	주요 내용
22	시진의 집에서 송강과 헤어져 고향 청하현(淸河縣)으로 돌아가는 도중 경양강(景陽岡)에서 술에 취해 범을 잡는다.
23	양곡현(陽谷縣)의 도두가 되어 형 무대(武大)를 만난다. 무대의 아내 반금련이 무송을 유혹하다 실패한다. 왕노파는 서문경(西門慶)과 반금련의 불륜을 주선한다.
24	동경부(東京府)를 다녀오는 사이, 반금련과 서문경이 무대를 독살한다.
25	반금련과 서문경을 죽여 무대에게 제사를 지내고, 맹주(孟州) 유배길에 오른다.
26	유배 길에 십자파 주막에서 장청(張靑), 손이랑(孫二娘) 부부를 만난다.
27	유형지 맹주에서 시은(施恩)의 후대를 받는다.
28	12 주막에서 도합 36 사발의 술을 마시고 쾌활림에 가서 장문신을 혼내준다.
29	장문신과 장도감의 계략에 빠져 옥에 갇힌다
30	유배되던 무송은 호송 사령을 죽이고 탈출하여, 장도감 집으로 잠입 온통 피로 물들이다. 십자파에서 승려의 행색을 갖추고 노달을 찾아 떠난다.
31	산골 주막에서 행패를 부리고, 술에 취해 물에 빠져 공태공(孔太公) 집에 잡혀간다. 여기서 다시 송강을 만난다. 무송은 청주로, 송강은 청풍채로 각각 떠난다.

---

227 서정희, 「水滸傳의 구조 연구-梁山泊으로의 집결 과정을 중심으로」, 『중국학연구』 9, 1994, 235쪽.

10회 중에서 큰 사건이라 할 만한 것은 22회의 타호(打虎), 25회의 살인과 제사, 28회의 취타장문신(醉打將門神), 그리고 30회의 혈천원앙루(血濺鴛鴦樓)이다. 이 네 가지는 김성탄이 대락묵법(大落墨法)이라고 설명한 바, 아낌없이 먹물을 들여 세밀하고도 장황하게 그려낸 사건이다. 이 4회가 크고 높은 봉우리라면, 나머지 6회는 그 사이의 평지에 해당한다. 또 이 4회가 강하고 폭발적인 힘을 보여주는 시간이라면, 나머지 6회는 그 사이 쉬어가며 숨을 고르는 시간이다. 이것이 바로 서사의 기복이고 파란이며 완급이다. 김성탄은 이 부분에 대해 때로는 작법과 구성을, 때로는 묘사를, 때로는 인물의 성격을, 때로는 그 내용에서 인생의 교훈을, 때로는 주관적 감상을 제기하는 등, 다채로운 비평을 전개하여 무십회의 흥미를 배가시켰다.

먼저 문학 본질론에 해당하는 비평부터 보기로 한다. 22회의 타호에서 주목한 것은 범 묘사의 핍진감이다. 핍진감과 현실성은 김성탄이 『삼국지연의』나 『서유기』보다 『수호전』을 높이 평가한 이유이다. 그는 「총평」에서 "천하에 귀신을 말하는 것보다 쉬운 일은 없으며, 범을 말하는 것보다 어려운 게 없는데, 그 이유는 다름 아니라 귀신은 윤차(倫次)가 없지만 범은 성정(性情)이 있기 때문"이라는 말로 시작하여, 끝까지 범 묘사의 생동감에 대한 찬사로 일관한다. 아무도 본 적이 없는 귀신은 아무렇게나 말해도 상관없지만, 범은 실체가 있는 데다 근접하여 다양한 실상을 관찰할 수 없기 때문에 말하기가 가장 어렵다는 것이다. 그리고 본문 중 경양강 위에서 범이 출현한 장면에 대해서는, 자신은 살아 있는 범, 특히 그 범이 사람을 공격하는 장면을 본 적이 없다고 전제한 뒤 다음처럼 평하였다.

> 조송설(趙松雪)은 말을 잘 그렸는데, 만년에는 더욱 오묘해졌다고 한다. 그림을 구상할 때마다 밀실에서 옷을 벗고 웅크리고 서서 먼저 말을 흉내를 낸 뒤에야 붓을 들었다. 하루는 관부인)管夫人)이 와서 보니 조송설은 완연한 마리 말이었다. 시내암이 이 글을 지을 때도 아마 옷을 벗고 웅크린 채 한번은 치고 한번은 휘두르고 한번은 베는 범의 자세를 흉내 냈을 것이다.

소동파가 기러기 그림에 부친 시에, "기러기가 사람을 보면, 날기 전 뜻이 먼저 움직인다네. 그대는 어디에서 살펴봤기에, 이렇게 사람 없는 태를 얻었나."[228]라고 하였다. 나는 정말 모르겠다, 시내암이 어디서 호랑이가 사람을 잡아먹는 한 폭 장면을 가슴에 담았는지. 내가 3천 년 중 오직 이 한 사람을 재자(才子)로 인정한다 해도 그것이 어찌 헛된 기림이겠는가.[229]

무송은 경양강에서 맨손으로 범을 잡은 뒤 그 이름이 세상에 널리 알려지고, 그 또한 자기 능력에 무한한 자신감을 가지며 이후 타호(打虎)를 자처한다. 이 사건은 작품 안에서 무송이 천하의 호한으로 인정받는 계기인 동시에 동아시아 문학사에서 범 잡는 이야기의 표상이 된다.[230] 역사적으로 범 잡은 사람 이야기가 없었던 것은 아니지만, 무송이 상징적인 인물로 자리매김 된 이유는 풍부한 서사 맥락과 생동감 넘치는 묘사 때문이라고 할 수 있다. 술집을 호기롭게 나왔다가 범 출몰 관련 방문(榜文)을 보고 순간 진퇴를 고민하는 내면, 그리고 범을 때려보지도 못하고 몽치가 두 동강 났을 때의 당혹감과 함께, 범이 세 단계에 걸쳐 무송을 공격하는 장면이 매우 세밀하면서도 사실처럼 그려졌는데, 이러한 것을 김성탄은 문장의 힘이라고 보았다.

그러한 문학의 힘을 확실하게 설파한 곳이 28회의 총평이다. 크게 두 편

---

228 「高郵陳直躬處士畫雁」 두 수 중, 첫째 시의 앞 네 구절이다. 사람이 기러기를 그리려고 하면, 이미 기러기가 눈치채서 자연 긴장할 수밖에 없으니, 사람이 포착하는 건 긴장한 기러기 모습일 수밖에 없다. 어떻게 천연의 기러기 모습을 포착하여 그려냈는지 감탄한 것이다

229 22회 "便拿那條哨棒在手裏, 閃在青石邊." 다음의 夾評. "傳聞趙松雪好畫馬, 晩更入妙. 每欲搆思, 便於密室解衣踞地, 先學爲馬, 然後命筆. 一日管夫人來, 見趙宛然馬也. 今耐菴爲此文, 想亦復解衣踞地, 作一撲一掀一剪勢耶. 東坡畵雁詩云, 野雁見人時, 未起意先改. 君從何處看, 得此無人態. 我眞不知耐菴何處有此一幅虎食人方法在胸中也. 聖嘆於三千年中, 獨以才子許此一人, 豈虛譽哉."

230 범을 잡은 뒤 무송의 심리 변화와 범 잡는 이야기의 중국문학사 내 연원에 대해서는 王同舟·陳文新, 앞의 책, 81~88쪽 참조.

으로 이루어진 이 글은, 모두 문학(文人)과 역사(史家)의 차이, 또는 문학에 있어 수사와 소재 사이의 관계를 선명하게 제시한 천고의 문장이다. 김성탄은 사건이란 문장의 소재일 뿐이라고 전제하였다. 사건을 담당하는 것은 군주나 재상의 권한이지만, 붓을 들어 이를 기록하는 것은 문인의 권한이라며, 군주와 재상은 문인의 권한에 간여할 수 없으며 오히려 천리마의 꼬리에 붙어 천 리를 가는 파리처럼 문인의 힘을 입어 세상에 드러날 수 있다고 하였다. 이는 물론 사마천의 「백이열전」에서 가져온 표현이며, 자신을 사마천에 견준 마음이다. 이어 사마천의 예를 들었다. 사마천은 큰 사건은 간추리고, 자잘한 것은 크게 부풀리며, 빠진 것은 부회(附會)하고, 온전한 것은 빠뜨리곤 했는데, 이는 전적으로 문장을 위한 계책이지 사건을 위한 계책이 아니라고 하였다. 사건은 문장을 통해 전해질 수밖에 없으며, 문인은 능소능대의 권한을 행사할 수 있다는 것이다. 그리고 이어서 다음과 같은 논의를 펼쳤다.

> 이 편에서 무송이 시은을 위해 장문신을 때려준 것은 사건[事]이다. 무송이 술을 마신 것은 문장[文]이다. 장문신을 때려준 것은 재료이고, 술을 마신 것은 주옥과 비단의 마음이다. 그러므로 술에는 술꾼[酒人]이 있는데, 경양강 위에서 범을 때려잡은 호한이 천년 제일의 술꾼이다. 술에는 술자리[酒場]가 있는데, 맹주 고을 동문에서 쾌활림에 이르는 14, 5리가 천년 제일의 술자리다. 술에는 술때[酒時]가 있는데, 뜨거운 여름이 설핏 사라지고 갈바람이 살랑살랑 불어오는데 옷깃을 풀어 헤치고 산들바람을 맞을 때가 천년 제일의 술때이다. 술에는 주령(酒令)이 있는데, '세 사발을 마시지 않으면 술집을 지나치지 않는다.[無三不過望]'가 천년 제일의 주령이다. 술에는 주감(酒監)이 있는데, 잇달아 세 사발을 마시고 곧 일어난 것이 천년 제일의 주감이다. 술에는 주주(酒籌)가 있는데, '술 파는 집이 열두세 집이나 된다'는 것이 천년 제일의 주주이다. 술에는 행주인(行酒人)이 있는데, 술집에 이르기 전 먼저 술을 쳐서 가득 채우고, 세 사발을 다 치면 서둘러 떠난 사람이 천

년 제일의 행주인이다. 술에는 주흥을 돋우는 것이 있는데, 문득 죽은 형을 생각하며 목 놓아 울고, 홀연 간부(姦夫)와 음부(淫婦)의 일을 한하여 책상을 두드리며 한번 소리지리는 것이 천년 제일의 주흥을 돋우는 것이다. 술에는 술자리 회포[酒懷]가 있는데 시진의 장원에 있는 송강을 떠올리는 것이 천년 제일의 술자리 회포이다. 술에는 술바람[酒風]이 있는데, 얼마 뒤 맹주 거리에 다시는 장문신이 없게 된 것이 바로 천년 제일의 술바람이다. 술에는 술에 대한 찬사[酒贊]가 있는데, '하양풍월(河陽風月)' 넉 자와 '취한 가운데 천지가 크고, 술병 속에서 세월이 길다, 醉裏乾坤大. 壺中日月長.'이 천년 제일의 술에 대한 찬사이다. 술에는 술에 대한 제목이 있는데, 쾌활림이 천년 제일의 술에 대한 제목이다. 무릇 이와 같은 것들은 이 편의 문장이지, 이 편의 사건이 아니다. 만약 사건일 따름이라면, "시은이 무송에게 부탁하여 장문신을 혼내주게 했는데, 가는 길에 도합 서른대여섯 사발의 술을 마셨다."고 송자경(宋子京)의 예에 의거하여 크게 한 줄 쓰면 충분할 것이다. 어찌하여 시내암은 번거로이 이 한 편을 지었는가? 세상에 제대로 글을 읽는 사람이 없으니, 내가 어쩔 것인가?[231]

이는 문인의 글이 사가(史家)의 글과 어떻게 다른가를 보여주기 위해 예로 든 것이다. 맹주 고을에 유배된 무송은 자신을 극진히 대접하는 시은에

---

231 28회 총평. "如此篇. 武松為施恩打蔣門神. 其事也. 武松飲酒. 其文也. 打蔣門神. 其料也. 飲酒. 其珠玉錦繡之心也. 故酒有酒人. 景陽岡上打虎好漢. 其千載第一酒人也. 酒有酒場. 出孟州東門. 到快活林十四五里田地. 其千載第一酒場也. 酒有酒時. 炎暑乍消. 金風颯起. 解開衣襟. 微風相吹. 其千載第一酒時也. 酒有酒令. 無三不過望. 其千載第一酒令也. 酒有酒監. 連飲三碗. 便起身走. 其千載第一酒監也. 酒有酒籌. 十二三家賣酒望竿. 其千載第一酒籌也. 酒有行酒人. 未到望邊. 先已篩滿. 三碗即畢. 急急奔去. 其千載第一行酒人也. 酒有下酒物. 忽然想到亡兄而放聲一哭. 忽然恨到奸夫淫婦而拍案一叫. 其千載第一下酒物也. 酒有酒懷. 記得宋公明在柴王孫莊上. 其千載第一酒懷也. 酒有酒風. 少間蔣門神無復在孟州道上. 其千載第一酒風也. 酒有酒贊. 「河陽風月」四字. 「醉裏乾坤大. 壺中日月長」十字. 其千載第一酒贊也. 酒有酒題. 快活林. 其千載第一酒題也. 凡若此者. 是皆此篇之文也. 並非此篇之事也. 如以事而已矣. 則施恩領卻武松去打蔣門神. 一路喫了三十五六碗酒. 只依宋子京例. 大書一行. 足矣. 何為乎又煩耐菴撰此一篇也哉. 甚矣世無讀書之人. 吾末如之何也."

게 보답하기 위해 쾌활림으로 가는데, 그 도중 보이는 술집마다 세 사발의 술을 마시지 않으면 지나지 않겠노라고 했다. 이에 시은은 사람을 시켜 좋은 술을 가지고 가 술집 앞에서 기다리게 하였고, 무송은 하인들이 따라주는 술을 정확하게 세 사발씩 마시며 나아갔다. 김성탄은 무송이 '세 사발이 아니면 술집을 지나치지 않는다'는 '무삼불과망(無三不過望)의 조건을 제시하는 데서 쾌활림에 이를 때까지의 길고 장황한 묘사를 문장(문학)이라는 차원에서 읽어냈고, 그 과정을 세밀하게 분류하고 각각의 행위마다 모두 열다섯 차례에 걸쳐 '천년제일(千年第一)'이라는 수식어를 부가하여 높은 가치를 매겼다. 그의 관점에 따르면, 여기서 중요한 것은 무송의 행동을 어떻게 그려냈는가 하는 점이다. 그 어떻게가 바로 문학의 속성이며, 거기서 감동과 재미라는 미적 효과가 발생한다는 것이다. 그리고 이 미적 효과가 사람들로 하여금 기억하고 모방하게 하는 힘을 행사한다. 1장에서 보았던 바, 김재행이 쾌활림의 술자리 고사를 언급한 것은 바로 그런 문학의 힘이라고 할 수 있겠다. 그 자체로 문학적이기 그지없는 이 글은, 문학 나아가서 예술의 근본 문제를 제기한 미학적 성과인 셈이다.

다음에는 사건의 전환에 대한 비평을 보기로 하자. 23회에서 무송은 형 무대에 이어 형수 반금련을 만난다. 전 회의 타호 사건이 격랑이었다면, 아무래도 이 회는 배경과 사건 모두 잔물결에 해당된다. 김성탄은 이러한 서사의 흐름을 '범을 만남[遇虎] → 형수를 만남[遇嫂]'으로 간추렸다. 범을 만난 것이 천지를 뒤흔들며 사람을 놀라게 했다면, 형수를 만난 것은 버들가지와 꽃송이처럼 사람의 정신을 흔들어놓는다는 점에서, 두 회는 다르면서 같다는 것이다. 이어서, "창 춤을 춘 뒤 붓을 잡고 글을 지으려 하면 손이 떨려 매우 어렵다. 징을 친 뒤 퉁소의 맑은 가락을 들으려고 하면 귀가 울려 괴롭다. 말을 달린 뒤 반열에 들어 배무(拜舞)하려고 하면 숨이 차 힘들다. 여러 사람을 크게 야단친 뒤 범패를 창하려면 목이 타서 힘들다. 그런데 어떻게 시내암은 능히 붓질을 이어가서, 꾸짖을 때가 되면 꾸짖고 사람을 죽일 때가 되면 사람을 죽이면서, 위의 네 가지 괴로움이 전혀 없을 수 있는가?"[232] 라고 하여, 급격한 변화 속에서도 서로 다른 미감을 이어가는 시내암의 서사 구성 능력을 극찬했다.[233]

이러한 인식은 26회에 대한 평어에서도 볼 수 있다. 26회는 반금련과 서문경의 목을 베어 형의 영전에 제사를 지낸 무송이 맹주로 유배가면서 십자파(十字坡) 주막에서 장청 손이랑 부부를 만나는 이야기다. 여기서 무송은 몽혼약으로 자신들을 해하려는 손이랑에게 성적인 농담[風話]을 던지며 수작한다. 그런데 이러한 성적 희롱은 냉혈한처럼 두 사람을 죽인 뒤의 심리나, 무송의 성격에서 한참 멀리 일탈한 것이다. 이에 대해 김성탄은 아래처럼 말했다.

> 전편에선 무송의 형수 살해 장면을 그렸으니 하늘과 땅이 무너지고 새와 짐승들이 놀라 달아날 만한 사건이라 할 수 있다. 이 회는 강한 쇠뇌로 쏜 화살도 끝에 가면 힘이 약해져 얇은 비단도 뚫지 못하게 되는 형국이이다. 이런 상황에서는 백 명의 강엄(江淹)이 있더라도 붓을 던지고 시름겹게 앉아 배를 문지르며 탄식하지 않는 이가 없을 것이다. 이에 작자는 홀연 다시 '문장의 법은 일단에 그치는 게 아니니, 좌우로 변용하면 불가능한 것이 없다. 내 정수가 다했다고 하여 치마를 걷고 가버리면 재주는 많으나 제대로

---

232 23회, 「총평」. "吾嘗見, 舞槊之後, 便欲搦管臨文, 則殊苦手顫. 鐃吹之後, 便欲洞簫清轉, 則殊苦耳鳴. 馳騎之後, 便欲入班拜舞, 則殊苦喘急. 罵座之後, 便欲擧唱梵唄, 則殊苦喉燥. 何耐菴偏能接筆, 而出嚇時便嚇, 殺人憨時便憨殺人, 並無上四者之苦也."

233 23회의 초반은 무송을 유혹하는 반금련과 여기에 분노하면서도 눌러 참고 예대하는 무송 사이의 긴장감이, 중반부는 왕노파의 치밀한 간계와 서문경 / 반금련의 애정 행각이 주로 그려지고, 종반부에는 돌연 鄆哥가 등장한다. 이에 대해 김성탄은 "전반부는 두 사람을 살아 있는 듯 그려냈고, 후반부는 세 사람을 생동감 있게 묘사했다. 여기 끝에 이르러서는 또 한 사람을 살아 있게 그려냈다. 필세의 신축변화가 어디에서 끝나는지 나는 헤아릴 수가 없다. "前半篇就兩個人寫出活畵來, 後半篇就三個人寫出活畵來, 此至末後忽然又就一個人寫出活畵來. 筆勢伸縮變化, 我不能量其端倪所至."(夾評)고 했는데, 이 또한 더 작은 단위에서 그러한 변화를 읽어낸 것이다.

하는 게 없는 다람쥐[鼯鼠]와 같아지는 것이니 예림(藝林)의 비웃음을 면할 수 없다.'라고 생각하였다. 이에 곧 손길 가는 대로 십자파에서 장청과 만나는 장면을 생각해냈고, 여기서 한 번 더 뒤집어 먼저 손이랑을 등장하게 했다. 손이랑을 묘사하며 무수히 웃을 '소(笑)' 자를 덧붙였고, 무송이 무수히 음담으로 희롱하는 장면을 묘사했다. 이에 독자들은 봉우리와 골짜기를 돌아가자 또 한 곳 아름다운 곳이 나타나는 것을 깨달을 뿐, 작자가 일부러 천지간에 홀로 우뚝 서고 머리털이 솟구치고 이빨 가는 소리가 들릴 정도로 의기에 가득 찬 무이(武二)를 여인이나 희롱하며 인륜도 모르는 개 돼지 같은 인물로 변화시킨 것은 알지 못한다. 앞의 글은 그토록 우뢰와 번개가 대단했더니, 여기서는 이토록 나긋나긋하고 부드럽단 말인가? 앞 글의 무이는 단연 살아 있는 경양강의 호랑이였는데, 여기서의 무이는 완연 눈 오는 저녁 방 안의 여인이다.[234]

아무리 강한 쇠뇌로 쏜 화살도 힘이 다하면 얇은 비단도 뚫지 못하듯, 제 아무리 훌륭한 문장가라도 크게 공을 들인 뒤에는 힘이 빠져 이어갈 말을 찾지 못한다. 하지만 『수호전』처럼 규모가 장대한 서사는 완급을 조절하고 변화를 주어가며 유장하게 이끌어가야만 한다. 김성탄의 논법에 따르면, 26회는 가파른 고개를 넘어 완만한 언덕길을 가는 것이며, 집채만한 파도를 일으키는 폭풍이 지난 뒤 달빛 은은한 밤바다를 구경하는 것이며, 숭고하고 비장한 장면을 지나 경쾌하고 해학적인 장면이 펼쳐지는 격이다. 김성탄은 이것을 시내암의 각고 노력과 천재적인 문학성의 소산으로 보았으니, 장

---

234 26회 총평. "前篇寫武松殺嫂. 可謂天崩地塌. 鳥駭獸竄之事矣. 入此回. 真是強弩之末. 勢不可穿魯縞之時. 斯固百江郎莫不閣筆坐愁. 摩腹吟歎者也. 乃作者忽復自思. 文章之法. 不止一端. 右之左之. 無不咸有. 我獨奈何菁華即竭. 搴裳便去. 自同鼯鼠. 為藝林笑哉. 於是便隨手將十字坡遇張青一案. 翻騰踢倒. 先請出孫二娘來. 寫孫二娘便加出無數笑字. 寫武松便幻出無數風話. 於是讀者但覺峰廻谷轉. 又來到一處勝地. 而殊不知作者正故意要將頂天立地′戴髮噙齒之武二. 忽變作迎奸賣俏′不識人倫之豬狗. 上文何等雷轟電激. 此處何等展眼招眉. 上文武二活是景陽岡上大蟲. 此處武二活是暮雪房中嫂嫂."

청 대신 손이랑을 먼저 등장시킨 것도 그러한 미적 안배라는 것이다.[235] 김성탄은 서사의 큰 흐름에 가려버릴 수 있는 작은 단위에 이르기까지 숨겨진 미감을 세밀하게 제시하였다. 이는 중심 / 주변, 주 / 종, 본 / 말의 구도 아래 사장될 수 있는 부분에 세심한 시선을 보내고 그 독자적인 가치와 의미를 밝혀낸 것이다. 김성탄의 안내를 받는 독자들은 기존에 맛보지 못했던 문장의 다채로운 맛을 만끽할 수 있었으며, 이것이 17세기 중반 이후 김성탄본 『수호전』이 독서계를 풍미한 이유이다.[236]

4. 무송에 대한 애호와 분격(憤激) 의식의 투영

무십회에 대한 김성탄의 고평은 무송에 대한 그의 애호와 상관이 있다. 양산박에 결집하는 호걸이 108명이나 되지만, 그 중에서 독립 전의 주역이라 일컬을 만한 사람은 몇 되지 않는다. 이들은 모두 하위 독립 서사를 주도한다. 김성탄은 그중 송강에 대해서는 지독한 혐오의 태도를 보였고, 나머지 인물들에 대해서는 극단의 호의를 표현했다.

그중에서도 김성탄이 가장 좋아한 인물은 무송이다. 그는 무송을 천인(天人)이라고 했으며, 노달이 훌륭하긴 해도 무송에게는 미치지 못하는 것이 있다고 했다. (「독법(讀法)」) 노달과 임충과 양지가 장부이긴 하지만, 무송에게는 이들이 미치지 못하는 바가 있어 장부의 극치를 보여준다고도 했다.(25회 총평) 그는 『수호전』의 106 인물 중에서 송강보다 못한 사람이 없고 무송보

---

235 김성탄은 인물의 등장 순서에 많은 의의를 부여하였다. 이를테면 『서상기』에서 崔鶯鶯 대신 張君瑞가 등장한 것이나, 『수호전』에서 호한들에 앞서 고구가 등장한 것, 또 서사의 주역인 송강이 17회가 되어서나 등장하는 것 등에 대해 모두 특별한 의미를 부여하였다.

236 이 밖에도 무십회에서는 세부적인 기법의 차원에서 허실상간법(虛實相間法), 초사회선법(草蛇灰綫法), 대락묵법(大落墨法), 농인법(弄引法), 달미법(獺尾法), 극생법(極省法) 등이 설명되어 있다.

다 뛰어난 사람이 없다고 하여, 송강의 대척점에 무송을 놓고 있다. 무송은 노달의 활달함[闊]과 임충의 원독(怨毒), 양지의 반듯함[正], 시진의 충량(忠良)함, 완소칠의 시원함[快], 이규의 진솔함[真], 오용의 치밀함[捷], 화영(花榮)의 전아함[雅], 노준의의 정대함[大], 석수의 총명함[警]을 모두 갖추고 있으니, 어찌 첫째 인물이 되지 않을 수 있겠느냐고 반문한다.[237]

김성탄이 이토록 무송을 애호했던 이유는 무엇일까? 용력이 출중하고 성격이 진솔하며 복수를 위해 손수 사람을 죽인 것은 무송이나 다른 호한들이나 다를 바 없다. 하지만 무송은 여기에 그치지 않는다. 반금련의 노골적인 유혹을 받고도 형수에 대한 예를 잃지 않았으니 이는 반듯함이라 할 수 있다.[238] 형의 원수를 갚을 때는 하구숙(何九叔)의 증거물과 운가(鄆哥)의 증언을 확보하는 등 빈틈없이 일을 처리해나갔으니 이는 오용의 치밀함이라 하겠다.[239] 십자파서 손이랑의 음모를 알아채고 선수를 치는 데서는 석수의 총명함을 볼 수 있다. 역시 십자파 주막에서 두려움에 떠는 호송 사령들을 따뜻하게 위로하는 장면에서는 인인군자의 따스한 마음이 드러난다. 이는 사람 죽이는 일을 장난처럼 생각하는 이규나 완소칠과 현격히 다른 면모이다.[240] 자기를 호걸로 대해주고 써준 양곡의 지현(知縣)이나 맹주의 장도감(張都監)에게 충심을 다하는 것은 충량한 마음이다. 술을 마시거나 사람을 죽일 때도 언행에 전혀 흐트러짐이 없는 것은 바로 전아(典雅)함이다. 시은의

---

237 25회 총평. "然則水滸之一百六人. 殆莫不勝於宋江. 然而此一百六人也者. 固獨人人未若武松之絕倫超羣. 然則武松何如人也? 曰:武松天人也. 武松天人者. 固具有魯達之闊. 林冲之毒. 楊志之正. 柴進之良. 阮七之快. 李逵之真. 吳用之捷. 花榮之雅. 盧俊義之大. 石秀之警者也. 斷曰第一人. 不亦宜乎?"

238 23회 해당 부분에서 김성탄은 무송의 행동을 두고 『春秋』를 닦아 명분을 잃지 않은 것으로 해석했다.

239 여기에 대해서는 이혜순, 앞의 책, 177~180쪽에서도 지적한 바 있다.

240 27회의 해당 장면을 김성탄은 이렇게 평했다. "頻頻表出武松仁慈者, 所以盡情洗刷上文殺奸夫淫婦之污穢, 以見武松眞情天人, 雷霆風雨, 各極其用, 不比梁山李逵阮七之徒, 草菅人命, 以爲作戲也, 描寫至此, 眞神筆哉.!"

집에서 송강 형제를 만나고 급히 고향으로 돌아간 것은 그의 남다른 가족애 때문이다. 김성탄은 무송의 이러한 면모가 25회 「설제(設祭)」에 집약되어 있다고 본 것이다.

> 내 일찍이 말하였다. 태산에 오르지 않고는 천하의 높이를 알지 못하고, 태산에 오르되 일관봉(日觀峯)에 오르지 않으면 태산의 높이를 알지 못한다. 황하를 보지 않고는 천하의 깊이를 알지 못하고, 황하를 보되 용문을 보지 못하면 황하의 깊이를 알지 못한다. 성인을 보지 않고는 천하의 지극함을 알지 못하는데, 성인을 보았으되 공자를 보지 않으면 성인의 지극함을 알지 못한다. 지금 이 글에 있어서도 또한 그렇다. 『수호전』을 읽지 않으면 천하의 기이함을 알지 못하고, 『수호전』을 읽되 「설제(設祭)」를 읽지 않으면 『수호전』의 깊이를 알지 못한다. 아, 시내암의 재주를 어찌 말이나 섬으로 잴 수 있을까?[241]

김성탄은 또 이 회의 한 글자 한 구절도 절대 유생의 솜씨가 아니라고 단언했다.[242] 이 이상 왜 「설제」가 가장 기이한 이야기인지는 설명하지 않았지만, 그 이유를 추론하는 것은 어렵지 않다. 억울하게 죽은 형의 원수를 갚아 개인적인 윤리를 다했고, 그 직후 관가에 자수하여 사회적인 차원에서도 법질서를 멸시하지 않았다. 서로 모순적일 수밖에 없는 두 행위를 실천한 무송에 대해, 김성탄은 물론 작중 인물들 또한 긍정적인 시선을 보낸다. 이는 무송이 애초 법의 도움으로 살인자들을 처벌하려 했음에도 관가의 부조리

---

241 25회 총평. "吾嘗言不登泰山, 不知天下之高, 登泰山不登日觀, 不知泰山之高也. 不觀黃河, 不知天下之深, 觀黃河不觀龍門, 不知黃河之深也. 不見聖人, 不知天下之至, 見聖人不見仲尼, 不知聖人之至也. 乃今於此書也亦然°不讀水滸, 不知天下之奇, 讀水滸不讀設祭, 不知水滸之奇也. 嗚,呼°耐菴之才, 其又豈可以斗石計之乎哉.?"

242 앞의 글. "嗚呼, 是其一篇一節一句一字, 實杳非儒生心之所搆, 目之所遇, 手之所掄, 筆之所觸矣."

로 실현되지 않았음에 대한 동정심의 소산이다. 김성탄은『수호전』을 두고 시종 '윤리와 법질서 / 분노와 폭력' 사이에서 고민하였으며, 때로는 자기 모순적인 태도를 보여주었다.[243] 무송의 처지는 김성탄의 고민을 대변하며, 무송의 행위는 김성탄의 고민을 풀어준다. 이성으로는 유가적 사회질서를 통째로 부정하지 못하면서도, 본능으로는 그 질서의 부조리와 모순에 대한 즉각적이고 폭력적인 해결을 고무했던, 문사 김성탄의 이중적인 심리는 무송에게서 이지러짐 없는 양존의 가능성을 발견했던 것이다. 살인을 계획하고 행하면서도 감정에 휘둘리지 않고 냉정함과 치밀함을 잃지 않는 면모 또한 완벽함으로 비추어진 또 다른 이유이다. 이를 두고 절대 유생의 작품이 아니라 한 것은, 명분과 공론을 일삼느라 과감하고 시원하게 실천하지 못하는 유자에 대한 부정임과 동시에, 그 자신 유자이면서도 끊임없이 그 유자의 속성을 부정했던 김성탄의 자기 현시이기도 하다. 이러한 불일치와 자기모순에 존재의 진실이 있다.

한편 김성탄은 무송에게서, 뛰어난 능력을 지니고도 사회에 쓰이지 못하는 불우지사(不遇之士)의 모습도 발견했다. 맨손으로 범을 잡는 용력을 살인 방화에 쓰고 만다는 설정 자체에 그러한 인식이 내재되어 있다. 이는 무송에게만 국한되는 것이 아니라,『수호전』전체 호한들에게 적용되는 것이다.『수호전』을 보는 연구자들의 시선은 대부분 개인의 성패가 아닌 사회 모순 그 자체에 초점을 맞춰왔다. 하지만 2장에서 검토한 바, 김성탄은『수호전』의 인물들을 낱낱 열전의 주인공으로 보려 했고,「사기열전」의 미학을 기준으로 이해하려고 했다. 이러한 관점에서 무십회를 보면, 이는 뛰어난 용력을 지니고도 알아주는 사람을 만나지 못해 사회적으로 타락해가는 한 인물의 비극적 이야기가 된다.

---

243 이는 김성탄의『수호전』비평에 있어 가장 논란이 많았던 부분이다. 여기에 대한 제가의 논의에 대해서는 高日暉 외, 앞의 책, 94~101쪽 참조.

김성탄의 시선은 두 지점을 응시한다. 하나는 무송의 그림자이고, 다른 하나는 무송 자신이다. 무송의 그림자는 십자파 주막에서 흔적 없이 죽어간 두타(頭陀)이다. 그 두타가 남긴 것은 철계척(鐵界尺)과 장삼 한 벌과 도첩(度牒) 한 장, 그리고 사람의 정수리 뼈 구슬로 만든 염주와 새하얀 계도(戒刀) 한 자루가 전부이다. 뒤의 두 가지 물건은 그 사람의 내력을 암시하는데, 이를 입증하듯 계도는 밤이 깊으면 윙윙 소리를 낸다는 것이다. 뒤에 장도감 일가를 몰살한 무송은 그 무명 두타의 유품으로 승려의 행색을 갖추며, 이후 내내 무행자(武行者)로 행세한다. 두타는 무송의 그림자 같은 존재인 셈이다. 그런데 잠깐 지나고 마는 이 두타의 존재를 김성탄은 무심히 지나치지 않았다.

> 이 책은 인재가 지극히 성대한 곳에 이를 때마다 한 사람씩을 빠뜨려, 그물로 거둔 밖에도 이채로운 기인이 있고, 이목이 미치는 범위로 천하의 선비를 다할 수 없음을 밝혔다. 책의 첫머리에서 108인에 대한 이야기로 머리를 삼았는데 왕진 한 사람을 빠뜨렸다. 광명사 출신 장청을 노달 및 무송과 만나게 하였는데 두타 한 사람을 빠뜨렸다. 송강이 세 번 축가장을 칠 때 새로 찾아온 무수한 호걸들이 모였는데 끝에 가서 난정옥(欒廷玉) 한 사람을 빠뜨렸다. 아아, 이름이 서책에 전해지는 것이 또한 다행인가 불행인가? 저 큰 이름을 이루어 당세에 드러난 자들이라고, 어찌 조개 밖에 진주가 없다 말할 수 있을 것인가?[244]

이는 분명 쓰이지 못하고 또 기록에 남지 못한 인재에 대한 의론이다.

---

244 26회 총평. "此書每到人才極盛處, 便忽然失落一人, 以明網羅之外, 另有異樣奇人, 未可以耳目所及, 遂盡天下之士也. 即如開書將說一百八人, 為頭已先失落一王進. 張青光明寺出身, 便加意為魯達′武松作合, 而中間已失落一頭陀. 宋江三打祝家之際, 聚會無數新來豪傑, 而末後已失落一欒廷玉. 嗟乎, 名垂簡冊, 亦復有幸有不幸乎. 彼成大名, 顯當世者, 胡可遂謂蚌外無珠也."-

기억되지 않는 존재는 부재하는 것이다. 김성탄은 이 문제에 깊이 마음이 움직였던 모양이다. 본문에서 두타를 언급하는 장면에서, 그는 "저물녘 비바람이 몰아치고 하늘이 캄캄해질 때면 이 글을 떠올리는데 마음을 견딜 수 없다"[245] 했고, 두타승의 다섯 유품을 언급하는 대목에서는 '문정상생(文情相生)'을 말했다.[246] 이는 다름 아니라, 남다른 사연이 있으되 석 자 이름도 남기지 않고 사라진 한 기인(奇人)의 처지에 자기 마음이 슬프게 울렸기 때문이다.

불우지사(不遇之士)에 대한 공명은 31회에서 가장 두드러지게 나타난다. 승려의 행색으로 십자파를 떠난 무송은 노지심을 찾아 청주(青州)의 이룡산(二龍山)을 향해 갔다. 도중 산골 주막에서 고기 안주 문제로 주인과 실랑이를 하는데 마침 한 거한이 들어왔다. 그러자 주막 주인은 기다렸다며 술과 고기 안주를 내놓는 것이 아닌가? 그걸 본 무송은 또 주인을 불러 따지는데, 말이 먹히지 않자 따귀를 올려붙였다. 보다 못해 나선 거한을 흠씬 두들겨 패주고, 남은 술과 안주를 다 먹어치웠다. 술이 취해 시내를 따라 걷는데 누렁이 한 마리가 나타나 무송을 보고 짖었다. 이에 칼을 들어 때리려고 하다가 미끄러져 물에 넘어졌고, 끝내는 물에서 허우적거리다가 공량(孔亮) 일행에게 잡혀가고 만다. 무십회는 범 잡는 이야기로 시작하여 개 잡다가 넘어지는 이야기로 끝나는데, 보통 사람들은 뒤의 사건은 기억하지 못한다. 김성탄은 이 이야기에 깊은 우의(寓意)가 있다고 보았다. 그는 이 세상에 끝까지 믿을 것은 하나도 없다며 이렇게 말한다.

> 이런 까닭에 그 괴력은 맨손으로 범도 때려잡지만 때로 누렁이에게도 실수할 때가 있다. 신위(神威)는 단신으로 웅진(雄鎭)을 빼앗을 수 있지만, 때로

---

245 26회 夾評. "述魯達事畢, 忽然又撰出一箇頭陀來. 黃昏風雨, 天黑如磐, 每憶此文, 心絶欲死."

246 앞의 글. "無端撰出一箇頭陀, 便生出數般器具, 眞不知文生於情, 情生於文."

겨울 시내에서 사로잡히기도 하는 것이다. 대개 이 일을 빌려 후세 사람들을 깊이 경계하였다.[247]

그리고 해당 장면에서는 더 세세하게 의견을 덧붙였다. 무송이 마침 크게 취해 몸이 근질거리던 차였다[武行者大醉, 正要尋事]는 대목에서는, "일을 찾고 있다는 정요심사(正要尋事) 네 글자는 세상을 꾸짖은 것이다. 세간에 찾을 만한 일이 없는데, 찾다가 개의 일을 찾아냈음을 말하였다."[248]고 했다. 무송 같은 인물이 쓰이지 않는 세상을 풍자한 것이다. 개가 짖어대는 모습을 보고 계도를 뽑아 쫓아가는 장면(恨那只狗趕着他只管吠, 便將左手鞘里制出一口戒刀來, 大踏步趕.)에서는 맨 앞의 '한(恨)' 자를 주목하여, "구(狗) 자 위에 한(恨) 자를 얹고, 개를 쫓아가며 계도를 뽑았다고 한 것은, 모두 예나 지금이나 군자는 때로 소인과 맞서는 사실을 매우 안타깝게 생각함을 비유한 것이다. 개가 어찌 사람을 한스럽게 하며, 계도가 어찌 개 잡는 도구일 수 있겠는가?"[249]라 하였다. 무송이 미끄러워 시내에서 일어나지 못하는 장면 다음에는 "누렁이는 그 자리에 그대로 서 있었다. 黃狗便立定了."는 구절을 첨가한 뒤, "누렁이와 소인을 살아 있는 듯 그렸다. 누렁이가 뜻을 얻은 것이다. 속본에는 이 구절이 없다."[250]고 평하였다. 급히 계도를 주우려다 다시 넘어지는 장면은 약간 자구를 수정한 뒤, "이 단락은 취한 사람을 그리는 데 그치지 않는다. 군자가 세상에 쓰임에 한 번 넘어진 뒤에는 능히 다시 떨치지 못함을 비

---

247 31회, 총평. "是故怪力可以徒搏大蟲, 而有時亦失手於黃狗. 神威可以單奪雄鎮. 而有時亦受縛於寒溪. 蓋借事以深戒後世之人."

248 31회, 夾評. "四字罵世. 言世間無事可尋, 一尋便尋了狗的事也."

249 앞의 글. "狗上加一恨字, 趕狗上着一戒刀字, 皆喻古今君子, 有時忽與小人相持, 爲可深痛惜也. 夫狗豈足恨之人, 戒刀豈趕狗之具哉.?"

250 앞의 글. "活畫黃狗, 活畫小人. 黃狗得意. 俗本落此句."

유하여 삼갈 것을 깊이 바란 것."이라고 풀이하였다.[251] 김성탄은 이 일화를 한편의 우화로 본 것이다.

개를 잡다가 시내에 넘어지는 모습에서, 경양강에서 맨손으로 범을 잡던 신위(神威)와 설제(設祭) 시의 치밀함과 냉혹함, 그리고 장문신을 때려줄 때의 풍류, 장도감 일가를 몰살할 때의 분노는 찾아볼 수가 없다. 하지만 그럼으로 해서 오히려 무송은 더욱 인간적인 모습으로 거듭나고, 동시에 서사는 아이러니의 진실은 물론 사회에 대한 풍자의 효과를 함께 얻는다. 남들이 전혀 보지 못하는 소소한 장면을 주시하고, 거기에 특별한 의미와 가치를 부여하는 김성탄의 시선에서 우리가 읽을 수 있는 것은 일종의 분격(憤激) 의식과 예민한 감수성이다. 평자의 처지와 심리에 따라 『장자』를 달관으로 읽기도 하고 분격으로 읽기도 한다. 『금병매』 또한 사람에 따라 음서(淫書)로 보기도 하고 분격으로 보기도 한다. 김성탄은 모두에서 『수호전』이 분서(憤書)가 아니라고 했지만, 작품 안에서는 여러 차례에 걸쳐 분격의 산물임을 명시했다. 여기서 『수호전』 전부가 분서인지 아닌지를 따지는 것이나, 김성탄의 이중성을 논하는 것은 의미가 없다. 분명한 것은 무송을 바라보는 시선에 애정과 함께 분격이 서려 있다는 점이고, 이는 당시 김성탄의 처지 및 심리에서 비롯한다는 사실이다.

5. 결어

이 글은 무십회(武十回)를 중심으로 무송 서사를 분석하여, 김성탄의 미의식과 세계관을 규명하고, 나아가 그것과 18세기 이후 조선 문단의 상관성을 해명하는 목적을 위해 작성되었다. 이 글의 한두 성과와 과제를 제기하

---

251 앞의 글. "此段, 不止活畫醉人已. 喻言君子用世, 每每一蹶之後, 不能再振, 所以深望其愼之也."

며 논의를 마치고자 한다.

첫째, 김성탄의 미의식과 세계관이다. 많은 논자는 김성탄의 『수호전』 평어에 나타나는 자기모순을 지적했다. 그것은 유(儒)와 협(俠), 사회적인 윤리의식과 개인적인 분격의식 사이의 갈등과 괴리라고 정리할 수 있다. 하지만 이것은 이율배반의 모순이라기보다는, 고뇌하는 지성의 입체적이고 역동적인 면모로 이해하는 것이 바람직하다. 김성탄은 그 두 가치 사이에서 배회하였으며, 스스로 그 거리를 좁히거나 둘 모두를 아우르려고 노력하였다. 이념적 입지와 미학적 지향 사이에는 얼마든지 거리가 있을 수 있으며, 그 거리 자체가 존재의 실상이다. 김성탄은 하나의 이념이나 도형적 규격으로 정리할 수 없는 인물이었으며, 우리는 이러한 사실을 인정하고 그에게 집근해야 한다. 송강과 무송에 대한 김성탄의 비평은 그러한 사실을 단적으로 보여준다. 내면의 자기모순과 괴리를 실상으로 인정하고, 그것을 합당하게 설명하는 방법을 마련하는 것이 앞으로의 과제이다.

둘째, 평점 비평의 의의이다. 『수호전』을 비롯하여 명말에 발생한 일련의 소설들은 오랜 전통과 권위를 탈피하여 문학사의 새로운 흐름을 만들어냈다. 이러한 작품들은 경전을 인용하거나 전통 시문에 기대지 않고 세계를 구성하고 보여주는 가능성을 만들어냈다. 이는 1605년 세르반테스가 『돈키호테』를 지으며 인용과 주석을 포기한 것과도 유사하다. 김성탄이 민간의 『수호전』을 고전으로 자리매김한 것은 문학사에 있어 일대 사건이라 할 만하다. 김성탄의 평점은 오늘날 비평의 방식과는 거리가 있다. 오늘날의 비평은 대부분 작품과 거리를 두고 행해지며, 또 몇몇 이론과 방법으로 시도되기 때문에, 작품과는 일정한 거리가 생길 수밖에 없다. 이 거리는 또 현대 비평이 내세우는 객관성의 조건이기도 하다. 하지만 그렇기에 밀착해서 작품의 세부 실상을 말해주거나, 섬세한 독법을 안내하는 데는 유효하지 않다. 그것은 작품과 비평이 겉도는 이유이기도 하다. 평점의 비평 방식이 그 시효를 다했다고 판단하는 것은 시기상조이다. 비평도 소설처럼 새로운 형식과 방법을 모색할 필요가 있으며, 평점은 마땅히 그 가능 항목 속에 들어가야 한다.

셋째, 이 논의의 궁극적인 목적은 김성탄의 비평 및 문학관이 조선 문단에 끼친 영향이다. 표지만으로 영향 관계를 논하는 것은 불충분하다. 김성탄은 청조에서는 물론 조선에서도 금기시 된 인물이었기 때문에, 그는 공식적인 문화 코드와는 다른 방식으로 조선 문단에 스며들었을 가능성이 크다. 1장에서 제시한 것은 단편적인 예에 불과하다. 가령 김성탄은 여러 차례에 걸쳐 곡론(哭論)을 펼쳤으며, 병법으로 비유하여 문장을 논한 바 있다. 이런 것들은 자연스럽게 박지원의 「호곡장론(好哭場論)」과 「소단적치인(騷壇赤幟引)」을 떠올리게 한다. 또 25회 총평(각주 241번)의 말하기 방식은 「장대기(將臺記)」(『열하일기』)의 그것과 비슷하다. 하지만 아직 몇몇 예를 들어 영향 관계를 논하는 것은 위험하다. 이 문제는 김성탄과 조선 후기 문학사에 대한 이해가 넓어지면서 자연스럽게 풀릴 것이다. 이 글은 그 문제를 풀어가는 징검다리의 돌 하나이다.

송강(宋江)에 대한 혐오와 비난, 반유(反儒) 인식

1. 서언

근대 이전 동아시아에서 유교는 오랜 세월 관학(官學)으로서의 확고한 지위를 유지해왔다. 때로 불교와 도교 등이 두각을 나타내기도 했지만, 정치적 영향력에서 유교의 지위를 위협할 만한 수준은 아니었다. 유교는 불교 및 도교 등과 대결하면서 그들의 우수성을 받아들여 자신의 약점을 보완하는 한편 본래부터 지니고 있던 지배 이념으로서의 역량을 강화했다. 한편 유교의 경쟁력은 내부의 비판과 도전을 겪으면서 보강되었다. 유교의 정통으로 인정되는 공자 → 맹자 → 주자의 계보에서, 맹자와 주자는 각각 순자(荀子) 및 육구연(陸九淵), 진량(陳亮)의 도전을 물리쳤다. 이 과정에서 신유교는 치밀하게 자기 정체성을 마련했고 내외부의 도전에 응전할 수 있는 역량을 갖추었다. 조선과 명청 왕조에서 유학은 불가침의 권위를 유지했다.

그 과정에서 왕양명(王陽明, 1472~1529)의 등장으로 유교는 다시 한번 내부의 도전에 직면한다. 왕양명은 불교와 육구연의 논리를 앞세워 한때 주자의 지위를 위협했고, 하심은(何心隱, 1517~1579) 등 좌파의 후계자들은 급진적 사회 변혁을 시도했다. 하지만 정치 및 사상 면에서의 도전은 지배층의 완강한 방어 때문에 성공하지 못했고, 반유(反儒)의 움직임은 점차 문학 및 여타 예술 분야로 우회하게 된다. 원굉도(袁宏道, 1568~1610)와 이지(李贄, 1527~1602)는 양명좌파의 흐름 속에 놓여 있으면서, 변혁 사상을 문학으로 실천했던 대표적인 인물이다. 문학에서도 특히 소설의 발전은 권력이 주도하는 언어 및 이념의 통일과 중심화에 대항하여 원심력을 발휘하며 성장하였다.[252] 명나라 때 소설의 흥성은 이런 차원에서 이해할 수 있다. 이런 점에서 이지가 『수호전』의 가치를 높이 평가하고, 거기에 평점을 가한 것이 『충의수호전』으로 간행된 것은 매우 상징적인 사건이다.

문학사에서 이지의 뒷 물결에 해당하는 인물이 김성탄이다. 김성탄이 원무애(袁無涯)의 120회 본을 저본으로 삼아 70회로 간행한 『수호전』은 이후 독서계에서 다른 판본의 도전을 허용치 않는 아성을 구축하게 된다. 이러한 사정은 조선에서도 크게 다르지 않다. 현재 1911년 이전에 간행된 것으로 국내 주요 도서관에 남아 있는 『수호전』 판본의 80%가량이 김성탄이 편한 70회본이다.[253] 이는 조선시대 『수호전』 독자들 대다수가 김성탄 본을 읽었다는 뜻이 된다. 김성탄은 이 책에서 다양한 형태의 평어를 통해 소설 비평의 새로운 차원을 열어주었다. 김성탄 평점의 공과에 대해서는 이론의 여지가 있지만, 그 방식이 이후 동아시아 문학사에 막대한 영향을 끼쳤다는 사실은 부인할 수 없다.[254]

이 절은 서사 제1의 주역으로 꼽히는 송강에 대한 김성탄의 평가를 집중적으로 조명하고, 나아가 문학사에 있어 반유(反儒)[255] 전통의 일단을 살

---

252 미하일 바흐찐, 전승희 외 옮김, 『장편소설과 민중언어』, 창작과비평사, 1988, 79쪽.

253 민관동, 「水滸傳의 국내 수용에 관한 연구」, 『중국소설논총』 8, 한국중국소설학회, 1998.

254 김성탄이 조선 문단에 끼친 영향은 꽤나 광범위한데, 그중 소설사의 경우는 김경미, 『소설의 매혹』, 월인, 2003, 124~140쪽 참조.

255 反儒는 '儒家의 허위와 모순을 비판하고 부정하는 사상 경향'의 의미로 설정한 용어이다. 여러 사상

피고자 한다. 이 작업을 위해 먼저 2장에서는 중국소설사에서도 탁월한 성취로 꼽히는 『수호전』 인물 묘사의 특징, 그리고 이중적인 성격을 지닌 것으로 평가되는 송강에 대한 제 논의를 다룰 것이다. 3장에서는 송강의 강주(江州) 유배기에 해당되는 35~37회를 중심으로 송강에 대한 김성탄의 시선과 그 의미를 따져볼 것이다. 4장에서는 김성탄의 송강 평이 지니는 문학사적 의의, 그리고 그것을 동아시아 문학사의 차원에서 논의할 수 있는 가능성을 타진할 것이다. 논의의 선도와 초점화를 위해, 가급 본 주제의 먼 외연에 대해서는 언급을 자제하려 한다.

2. 『수호전』의 인물 형상과 송강

『수호전』은 중국 고전소설사에서 리얼리티 구현에 성공한 작품으로 평가받는다. 종래의 영웅서사와 달리, 『수호전』의 호한들은 고귀한 신분을 타고 태어나지 않았다. 그들은 뛰어난 능력을 지녔지만 사회의 변두리에 버려진 인물들이다. 하지만 운명에 굴복하지 않고 거대한 세계와 맞서 대결하며 그 때문에 종국에는 파멸로 치닫는다. 『수호전』의 결구는 다분히 비극적이다. 이들의 삶은 많은 부분 일상에 뿌리를 두고 있으며, 이들이 맞닥뜨리는 사회와 거기에 대응하는 행동 방식 등은 자연스럽게 현실감을 자아낸다. 한 예로 질펀한 술자리 장면은 사대부 문사들의 취향과는 전혀 다른 일상의 모습과 서민들의 소박한 소망을 단적으로 보여준다.[256]

이 경합했던 고대에는 유가 밖에 反儒 세력이 포진했지만, 후대에 유가 중심의 일원적 사상 체계가 굳어지면 反儒의 움직임 또한 대부분 유가 안에서 일어났다. 엄밀하게 말해서 유학이 관학이 된 이후 서구화를 겪기 이전까지, 최소한 조선과 명청 양조에 있어 儒家 밖에 존립했던 사상은 없었다고 보아야 한다. 따라서 유가에 대한 비판 또한 모두 유가에서 출발하는 것이다.

256 王同舟·陳文新, 앞의 책, 228~233쪽.

『수호전』 리얼리티의 근원은 개성 넘치는 인물 형상화의 성공에 있다. 『수호전』의 인물들은 전래의 설화를 계승했으면서도, 설화의 상투성을 벗어나 개성과 전형을 획득하고 있다.[257] '전(傳)'이라는 명칭이 붙은 것은 노달, 무송 등의 인물들이 이끌어가는 개별적인 이야기가 모여 전체 서사를 구성하고 주도하기 때문이다. 근대소설의 치밀한 심리묘사에 비할 바는 못 되지만, 『수호전』의 인물들은 특유의 환경과 언어와 행동과 기질 등만으로 개성을 획득하고 있다. 또 각각의 인물들 또한 상황에 따라 자기 모순적인 태도나 불일치의 행동을 보여줌으로써 단조로운 형상을 벗어나 복잡하고 입체적인 성격을 드러내기도 한다.[258]

『수호전』의 인물 형상화를 가장 먼저 주목하고 고평한 사람은 김성탄이다. 엄밀히 말해서 『수호전』 인물 형상화에 대한 근래의 숱한 논의 대다수는 김성탄의 재해석이거나 반복이라고 해도 과언이 아니다. 김성탄은 『수호전』의 제일 미덕으로 인물들의 개성을 꼽았으며, 나아가 개성화를 위해 작품의 내용을 임의로 개작하기도 했다.[259] 이런 측면에서 70회본 을 두고 김성탄의 창작품이라고 하는 평가도 있었다.[260] 다른 책과 달리 『수호전』을 아무리 보아도 질리지 않는 이유로 김성탄은 108명 인물의 개성을 들었다.[261] 노달, 사진, 이규, 무송, 완소칠의 거친 성격은 모두 비슷해 보이지만 각각 다르게 분석하여, 혹 천편일률인 것처럼 보일 수 있는 인물들의 면모를

---

257 김정기, 「水滸傳人物之形象研究」, 『동방학』 5집, 한서대학교부설 동양학연구소) 318쪽.

258 『수호전』 인물 묘사의 다채로움과 생동감에 대해서는 葉郎, 『中國小說美學』(北京大學出版社, 1982)의 68~98쪽에 걸쳐 설명이 자세하다.

259 여기에 대해서는 민혜란, 앞의 논문, 136~138쪽 참조.

260 葉郎, 앞의 책, 76쪽.

261 권 3, 「讀第五才子書法」. "別一部書, 看過一遍即休, 獨有水滸傳, 只是看不厭, 無非為把一百八箇人性格, 都寫出來."

다채롭게 하였다.[262] 김성탄은 여러 형태의 평어에서 인물 형상에 대한 분석 및 세심한 독법을 제시하였는데, 이는 『수호전』은 물론 문장에 대한 새로운 안목을 열어줄 정도로 당대 문단에 심대한 영향력을 행사했다. 김성탄은 『수호전』을 읽는 특별한 법이 있는 게 아니라, 세상 모든 책을 읽는 방법이 『수호전』에 갖추어져 있다고까지 단언했다.[263]

이러한 독창적 인물 형상은 기실 김성탄의 세심한 비평안에 의해 발견, 부여된 것이다. 김성탄은 주관과 객관, 과거와 미래, 영원과 순간을 이분화하지 않고, 더 이상 분절될 수 없는 상태의 극미한 세계에서 존재의 실상을 파악하려는 독특한 세계관으로 문학작품을 분석하였다. 문학관과 세계관, 작품과 비평이 불일불이의 관계로 융합되어 있는 것이 70회 본 『수호전』의 가장 큰 매력이다. 『수호전』 인물에 대한 김성탄의 미시적 분석의 논리적 근거는 「서 3」에서 발견할 수 있다. 이 글은 열 살짜리 아들에게 자기의 유년기 독서 체험과 『수호전』 읽기의 중요성을 말해주는 편지 형식으로 작성되었다. 여기서 김성탄은 천하의 문장으로는 『수호전』만한 것이 없고, 사물의 이치를 잘 궁구한 군자로 시내암을 능가하는 사람이 없다고 했는데, 그 핵심 근거를 다음처럼 설명했다.

> 『수호전』은 108인을 서술하였는데, 사람마다 독특한 성정(性情)과 기질과 형상과 목소리를 지니고 있다. 무릇 한 손으로 여러 얼굴을 그리면 형제처럼 형상이 비슷하게 되고, 한 입으로 여러 곡을 연주하면 재탕의 느낌을 면하기 어렵다. 시내암은 한마음을 운용하였지만, 108인이 각자 묘한 경지에

---

262 앞의 글. "水滸傳只是寫人麤鹵處, 便有許多寫法. 如魯達麤鹵是性急, 史進麤鹵是少年任氣, 李逵麤鹵是, 武松麤鹵是豪傑不受羈靮, 阮小七麤鹵是悲憤無說處, 焦挺麤鹵是氣質不好." 25회의 「총평」에서 노달, 임충, 양지, 무송 네 사람을 평가하며 "各自有其胸襟, 各自有其心地, 各自有其形狀, 各自有其裝束."이라 한 것도 비슷한 예에 속한다.

263 「서 3」. "非吾有讀水滸之法, 若水滸固自為讀一切書之法矣."

> 들었다. 여기에는 다른 비결이 없다. 10년을 격물(格物)하여 하루아침에 사물의 이치를 깨달았기 때문이다. 이렇게 되니 하나의 붓으로 백만 천만 사람을 그려내는 것도 어렵지 않게 된 것이다.[264]

설명의 요체는 인물의 개성이다. 김성탄은 누차 『수호전』의 108 호걸들이 제각각의 개성을 지니고 있다고 했다. 서사의 핵심은 사건이고, 사건을 이끌어가는 것은 개성 있는 인물들이라는 사실을 알고 있었기 때문이다. 그는 인물 창조의 모든 공을 작가인 시내암에게 돌렸다. 그런데 개성 있는 인물 창조의 비결을 격물(格物)에서 찾은 것이 흥미롭다. 이어지는 단락에서는 격물의 법으로 충서(忠恕)를 내세웠고, 이 충서를 낳는 것은 인연(因緣)이라고 하여 유가의 핵심 개념과 불가의 제일 명제를 모두 동원하였다.

> 요즘 사람들은 인연이 법을 낳는다는 사실을 알지 못한다. 인연이 법을 낳음을 알지 못하니 충(忠)을 알지 못한다. 충도 알지 못하니 서(恕)를 어찌 알리요? 이런 사람은 두 아이를 낳고도 이해하지 못한다. 그 아내에게 "눈도 같고 코도 같고 입도 같은데, 큰애는 작은애가 아니고, 작은애는 큰애가 아니니 무슨 까닭이요?" 한다. 실은 자기 아내와 함께 지어낸 것임을 알지 못한다. 남편은 자식을 알지 못하고 아내에게 물은 것이다. 부부의 인연이 자식을 낳은 것이다. 천하의 忠이란 부부의 일에 지나지 않는다. 천하의 충이란 그 자식의 얼굴 이상의 것이 없다. 그 이치를 살펴 알아서 천하 사람들의 얼굴을 보고 천하 부부의 일을 살핀다면, 저 만 사람의 얼굴이 같지 않은 것이 어찌 매우 마땅한 일이 아니겠는가? 충서(忠恕)란 만물을 계량하는 두곡(斗斛)이요, 인연생법(因緣生法)이란 세계를 마름하는 도척(刀尺)인 것

264 「서 3」. "水滸所敘, 敘一百八人, 人有其性情, 人有其氣質, 人有其形狀, 人有其聲口. 夫以一手而畫數面, 則將有兄弟之形, 一口而吹數聲, 斯不免再吷也. 施耐庵以一心所運, 而一百八人各自入妙者, 無他, 十年格物, 而一朝物格. 斯以一筆而寫百千萬人, 固不以為難也."

이다. 시내암은 왼손으로 이 두곡을 잡고, 오른손으로 이 도척을 쥐어 겨우 108인의 성정과 기질과 형상과 성구(聲口)를 서술한 것이니, 그 일단만을 작게 시험한 것이다.[265]

김성탄이 보기에 모든 존재는 인연의 소산, 즉 연기(緣起)이다. 똑같은 부부가 낳은 아이들이라도 그 모습은 제각각이니, 그것은 아이가 태어나는 조건과 상황이 모두 다르기 때문이다. 인연은 어떤 경우라도 같은 것이 없고, 따라서 그 인연을 따라 생겨나는 모든 존재는 다 다를 수밖에 없다. 이 세상 모든 존재가 유일무이한 개성의 소유자임은 천하의 상리이다. 이를 깨우친 사람이라면 소설의 인물들을 천편일률적으로 만들어낼 수는 없는 일이다. 격물(格物)은 사물 또는 세상의 이치를 통찰한다는 뜻이고, 충서(忠恕)는 자신의 진심을 외부 세계에 미루어 적용한다는 뜻이니 인식론의 범주에 속한다. 이에 비해 인연생법(因緣生法)은 모든 것은 인연에 따라 생성하고 소멸한다는 논리이니 존재론이라 할 수 있다. 충서의 이성으로 따져보거나, 인연법이라는 존재 생성의 원리로 보거나, 세상의 모든 존재는 다 다를 수밖에 없다. 김성탄의 눈에 시내암은 이 이치를 『수호전』의 인물 창조에 제대로 적용한 사람이다.

그렇다면 『수호전』의 군상 중에서 송강은 어떠한 인물일까? 역대 논자들의 견해는 『수호전』에서 송강이 가장 복합적이고 이중적인 성격을 지녔다는 점에서 합치된다. 송강의 성격을 파악하기 위해 먼저 그의 신분부터 보기로 하자. 그는 부농 출신의 아전(吏, 押司)이다. 법률 문서를 관장하며 고을의

---

265 앞의 글. “今世之人吾知之, 是先不知因緣生法. 不知因緣生法, 則不知忠. 不知忠, 烏知恕哉. 是人生二子而不能自解也. 謂其妻曰 : 眉猶眉也, 目猶目也, 鼻猶鼻, 口猶口, 而大兒非小兒, 小兒非大兒者何故. 而不自知實與其妻親造作之也. 夫不知子, 問之妻, 夫妻因緣, 是生其子. 天下之忠, 無有過於夫妻之事者 ; 天下之忠, 無有過於其子之面者. 審知其理, 而覩天下人之面, 察天下夫妻之事, 彼萬面不同, 豈不甚宜哉. 忠恕, 量萬物之斗斛也. 因緣生法, 裁世界之刀尺也. 施耐庵左手握如是斗斛, 右手持如是刀尺, 而僅乃敘一百八人之性情′氣質′形狀′聲口者, 是猶小試其端也.”

질서와 치안 유지를 담당한다.[266] 아전의 위치는 주류 사회의 가장 자리, 즉 비주류 사회와의 접경이라고 할 수 있다. 이는 사회의 차원에서 송강을 이해하는 데 매우 중요하다. 아전은 주류 사회의 이념과 가치를 체득하기 쉽지만, 입신과 출세에는 근본적으로 한계가 있으며 그 속에서 동일성을 얻기는 어렵다. 마찬가지로 비주류 사회와도 멀지 않지만, 그들에 비해서는 상대적으로 주류에 속하며 주류의 기득권을 버리기 어려운 처지이다. 송강의 이중성은 1차 그의 신분에서 유래한다.

신분의 이중성은 정서와 윤리의 이중성도 빚어낸다. 송강은 인간이 지켜야 할 제1의 가치로 충효를 내세운다. 그는 끝까지 도적 집단에 가담하는 것을 거부하며, 어떠한 위험을 무릅쓰고라도 신민(臣民)과 인자(人子)의 도리를 다하려고 노력한다. 하지만 다른 한편에서는 강호 호한들의 삶을 동경하며 그들과의 의리를 동경하고 중시한다. 급시우(及時雨)란 별명도 의를 내세우고 재물을 하찮게 여기는 행동[仗義疎財] 때문에 얻은 것이다. 특별한 국면을 맞이했을 때 충효와 의리 두 가치는 공존하기 힘들다. 바로 이 지점에서 송강은 갈등하고 고뇌한다. 둘 모두를 놓치지 않으려는 데서 또 그의 이중성격이 빚어진다. 그는 양산박에 가담하면서도 가정을 버리지 않았다. 도적 집단의 수괴가 되어 형제들의 안전을 보장해야 하는 과제를 떠안은 채, 조정의 초안(招安)을 받아들여 주류 사회에서 공업을 세우는 꿈을 접지 않았다. 그는 늘 두 마음, 두 길 사이에서 갈등하고 방황하는 것이다.[267] 120회에서, 이러한 송강의 이중성은 결국 양산박을 파멸로 이끌게 된다.

강호에 대한 지향에도 불구하고 송강의 마음 가장 깊은 곳에는 사대부 지향의 정서가 자리 잡고 있다. 그는 가난한 사람들을 어렵지 않게 도와줄 정도로 풍부한 재물의 소유자였다. 음식의 양보다는 맛을 중시했고 음식보

---

266 서정희, 앞의 논문.

267 송강의 성격에 대해서는 王同舟·陳文新, 앞의 책, 107~126쪽 「話說宋江」에 분석이 자세하다,

다는 그릇의 아름다움에 시선을 빼앗길 정도로 여유로운 미감을 지녔으며, 술에 취하면 시를 짓는 사대부의 교양과 취향을 갖췄다. 무엇보다도 시종 줄기차게 충효를 앞세우는 그에게서 유가의 이념을 내면화한 유자의 모습을 발견하는 것은 어렵지 않다. 언제나 유가의 윤리를 내세우는 송강에게서 충의로운 유자의 면모를 발견한 이지는 제목에 관형어 '충의'를 붙이고 찬탄했다.[268] 이에 반해 김성탄은 그런 송강을 위선자로 몰아붙이며 강하게 비난했고, '수호전' 앞에는 결코 충의를 놓을 수 없음을 역설했다.(「서 2」) 송강에 대한 평가에서 이지와 김성탄 사이의 거리는 현격하게 멀어진다.

3. 송강에 대한 김성탄의 시선과 평가

송강은 17회에 등장한다. 황니강에서 일어난 생신강 탈취 사건의 진상을 알아낸 제주부(濟州府)에서 조개를 잡으러 관찰(觀察) 하도(何濤)를 운성현(鄆城縣)으로 파견한다. 그런데 마침 점심시간에 당직을 서던 운성현의 압사(押司) 송강이 하도를 맞이한다. 송강이 처음으로 등장하는 장면이다. 이 대목에서 송강의 외모와 가문과 기질, 그리고 효의흑삼랑(孝義黑三郎), 급시우(及時雨)라는 별칭이 자세히 소개된다. 이례적으로 등장 인물의 신상을 대서특필한 것을 두고, 김성탄은 열전에 준한 여타 인물들과 달리 세가(世家)의 예를 따랐는데 그건 송강이 전체 서사의 벼리[綱紀]이기 때문이라고 보았다.[269] 서사가 한참 진행된 뒤에 주인공이 등장하는 것에 대해서도, 수없는 안배와 구상의 결과라며 바로 이러한 데 놓아주고 다시 잡는 곡절의 묘미가

---

268 李贄, 『焚書』 권 3, 「忠義水滸傳序」 참조.

269 17회 夾評. "一百八人中, 獨於宋江, 用此大書者, 蓋一百七人皆依列傳例, 於宋江特依世家例, 亦所以成一書之綱紀也."

있다고 하였다.[270] 이 회의 총평에서는 이렇게 말했다.

> 이 회에서 비로소 송강의 전(傳)으로 들어간다. 송강은 도적의 수괴이다. 도적의 수괴이니 그 죄가 여러 도적보다 한 등급 높다. 하지만 종래『수호전』을 읽은 자들은 모두 아침저녁으로 꼭 만나보고 싶은 사람처럼 지나치게 송강의 충의를 높이 평가한다. 이 어찌 사람들의 성정이 도적과 무리가 되기를 좋아하기 때문일까? 글을 읽되 뜻을 통하지 못하는 것이 있기 때문이다. 내가 보기에, 송강의 죄는 여러 도적보다 지나치다. 반시(反詩)를 읊조린 것보다 조개를 놓아준 것 죄가 크다. 왜 그런가? 조개를 놓아줌으로써 수많은 추악한 인물들이 모이게 되었고, 이로부터 조정에까지 화가 미치기 때문이다. 송강이 참으로 충의로웠다면 조개를 놓아주지 않았을 것이다. 송강이 조개를 놓아주었으니 그는 충의로운 자가 될 수 없다. … 세상 사람들은『수호전』을 읽되 뜻을 통하지 못하면서 문득 충의라 지목하니 참으로 말 다리가 몇 개인 줄도 모르는 자들이다.[271]

16회까지 여러 인물이 등장하여 이들을 중심으로 갈등이 빚어지고 사건이 일어나지만 그건 어디까지나 개인적인 것에 지나지 않는다. 하지만 조개의 생신강 탈취 사건은 그 경우가 다르다. 조개는 조직적이고 계획적으로 사회 질서를 교란했다. 이는『수호전』전체 서사의 출발점이 된다. 만약 송강이 조개를 놓아주지 않았다면 사건은 더 이상 확대되지 않았을 것이다. 하

---

270 권 3,「讀第五才子書法」. "水滸傳不是輕易下筆, 只看宋江出名, 直在第十七回, 便知他胸中已算過百十來遍° 若使輕易下筆, 必要第一回就寫宋江, 文字便一直帳, 無擒放."

271 권 22 총평. "此回始入宋江傳也. 宋江, 盜魁也. 盜魁則其罪浮于群盜一等. 然而從來人之讀水滸者, 每每過許宋江忠義, 如欲旦暮遇之. 此豈其人性喜與賊為徒. 殆亦讀其文而不能通其義有之耳. 自吾觀之, 宋江之罪之浮於群盜也. 吟反詩為小, 而放晁蓋為大. 何則. 放晁蓋而倡聚群醜, 禍連朝廷自此始矣. 宋江而誠忠義, 是必不放晁蓋者也. 宋江而放晁蓋, 是必不能忠義者也. … 世人讀水滸而不能通, 而遽便以忠義目之, 真不知馬之幾足者也.

지만 송강이 놓아줌으로써 조개 일당은 양산박으로 몸을 피했고, 양산박은 세를 불려 조정과 대결하게 된다. 양산박이라는 도적 집단이 생성되어 국가를 혼란에 빠트린 원인은 송강에게 귀착되는 셈이다. 그런데도 사람들은 송강을 충의지사(忠義之士)로 지목하니 알 수 없다는 것이다. 이것만 보면 김성탄의 송강 혐오는 그의 불충불의(不忠不義) 때문으로 보인다. 하지만 불충만을 놓고 보면 송강 외 107인 누구도 비난을 면할 수 없다. 오히려 김성탄은 다른 인물들에는 극찬을 아끼지 않았으니, 송강 혐오의 진짜 원인은 다른 데 있음을 알 수 있다.

35회의 「총평」에서 김성탄은, 『수호전』 중에서 가장 묘사하기 어려운 인물도 송강이고, 또 실상을 읽어내기 가장 어려운 인물도 송강이라고 했다. 그 이유는 나머지 107인의 묘사에는 모두 직필(直筆)을 사용하여 좋고 나쁨이 금방 드러나지만, 송강만은 곡필(曲筆)로 그려내어 진위를 가려내기 어렵기 때문이라고 설명했다. 그래서 처음 읽었을 때 송강의 인물 형상은 모두 좋아 보이지만, 재독 삼독하면 끝내 보잘것없는 인물이 되고 만다고 하였다. 김성탄이 그렇게 본 이유는 아래 몇 구절에 있다.

> 송강 묘사는 그렇지 않다. 별생각 없이 읽으면 완전히 좋은 인물인데, 두 번째 읽으면 좋고 나쁨이 반반이고, 세 번째 읽으면 나쁜 게 더 많으며, 마지막으로 읽으면 완전히 나쁜 사람이다. 송강전(宋江傳)을 읽는 횟수에 따라 그가 완전히 안 좋은 사람임을 알게 된다면 글을 잘 읽는 사람이라 하겠다. 하지만 내 생각에 이를 읽어내는 것은 쉬운 일이니, 그렇게 그려내는 것이야말로 참으로 어려운 일이다. 이제 그의 전을 읽으며 그의 언행을 하나하나 되짚으며 그 뜻을 구해보면 완연 충신독경(忠信篤敬)의 군자이다. 편(篇), 절(節), 구(句), 자(字) 어느 한 곳에도 그에게 누가 되는 묘사는 없다. 하지만 그렇다고 해서 어찌 송강을 인인 효자의 무리로 인정할 수 있으리오? 『사기』가 그렇지 아니한가? 한무제를 기술함에 한 글자도 그에게 누가 되는 표현이 없다. 하지만 읽고 나면 누구 하나 한 무제의 잘못을 깨닫지 못하는 사

람이 없으니, 칭송과 비난이 필묵의 밖에 있는 것이다. 아아, 패관 또한 정사(正史)와 작법이 같으니, 어찌 쉽게 지으리, 어찌 쉽게 지을 수 있으리![272]

요점은 간단하다. 언행만으로 보면 송강은 어디 한 군데 흠잡을 데 없는 인인(仁人)이요 효자이지만 실상은 그렇지 않다는 것이다. 더 명확하게 송강의 성격을 간추리면, 충효와 인의를 내세우는 위선적이고 가식적인 인물이 된다. 집요하게 보일 정도로 김성탄이 송강에 집착하고 정도 이상으로 비난을 퍼부은 이유는 여기에 있다.[273]

그렇다면 김성탄은 구체적으로 송강의 어떤 점이 마음에 들지 않았을까? 이것은 세부적인 차원의 작품 비평을 통해 파악할 수밖에 없다. 여기서는 35, 36, 37회의 평어로 김성탄 송강론(宋江論)을 탐색하고자 한다. 『수호전』의 32회~41회는 송강 이야기, 김성탄의 표현으로는 '송강전'에 속한다.[274] 35회는 가짜 부친 부고를 받고 고향 집에 갔다가 체포되어 강주(江州)로 유배 가는, 36회는 게양진(揭陽鎭)에서 약장수에게 돈을 주었다가 정신없이 쫓기는, 37회는 유배지 강주에 도착해서 대종(戴宗)과 이규(李逵)를 만나는 이야기이다. 이 과정에서 김성탄은 자자 구구 송강의 언행을 비판한다.

272 35회 총평. "若寫宋江則不然, 驟讀之而全好, 再讀之而好劣相半, 又再讀之而好不勝劣, 又卒讀之而全劣無好矣. 夫讀宋江一傳, 而至於再, 而至於又再, 而至於又卒, 而誠有以知其全劣無好, 可不謂之善讀書人哉! 然吾又謂由全好之宋江而讀至於全劣也猶易, 由全劣之宋江而寫至於全好也實難. 乃今讀其傳, 跡其言行, 抑何寸寸而求之, 莫不宛然忠信篤敬君子也! 篇則無累於篇耳, 節則無累於節耳, 句則無累於句耳, 字則無累於字耳. 雖然, 誠如是者, 豈將以宋江真遂爲仁人孝子之徒哉! 史不然乎! 記漢武初未嘗有一字累漢武也, 然而後之讀者莫不洞然明漢武之非, 是則是褒貶固在筆墨之外也. 嗚呼, 稗官亦與正史同法, 豈易作哉, 豈易作哉!"

273 가령 25회의 「총평」에서 김성탄은 작중의 여러 인물과 하나하나 비교하면서 송강을 협인(狹人), 감인(甘人, 달콤한 말로 남을 속이는 사람), 박인(駁人, 지저분한 사람), 알인(歹人, 나쁜 사람), 염인(厭人, 짜증나는 사람), 가인(假人), 태인(呆人, 미련한 사람), 속인(俗人), 소인(小人), 둔인(鈍人)이라고 매도하였다. 송강에게 부정적인 면모가 있다 해도, 소설 속 인물에게 이렇게까지 감정을 실어 비난을 퍼붓는 것은 예사로이 보아 넘길 것이 아니다. 참고로 김성탄이 가장 높게 평가한 인물은 武松으로 天人이라 극찬하였다.

274 『수호전』의 구조에 대해서는 서정희, 앞의 논문, 222~223쪽 참조.

그 대상은 ①입만 열면 충효를 내세우는 말버릇, ②상황에 따라 죄수용 칼을 벗고 차는 이중성, ③사람 마음을 돈으로 사려고 하는 태도인데, 이 모든 행위는 '권사(權詐)' 한마디로 요약된다. 비판은 이규가 등장하면서 정점에 달한다. 김성탄은 이 3회가 청풍산에서의 소요(32~34회)와 심양루에서의 반시(反詩) 음영 사이에 끼어 있어 송강의 이중 도덕성이 잘 드러난다고 보았다.

첫 번째 예를 보자. 집이 관군에게 포위되자 송강은 걱정하며 우는 부친에게 차라리 잘 됐다며, 떠돌아다니다 살인 방화의 무리에 들면 뒷날 어떻게 아버님 얼굴을 뵙겠느냐고 말한다. 이에 대해 김성탄은 앞서 화영(花榮), 진명(秦明), 황신(黃信) 등을 양산박에 가담시킨 사람이 누구냐고 반문하며, 송강은 지친까지 속이려 한다며 비난했다.[275] 유배를 떠나며 아우 송청에게 불충불효하다는 말을 듣지 않도록 명심하라고 이르는 대목에 대해서는, 이런 당부 자체가 송강이 부친의 가르침을 듣지 않는 불효자임을 드러내는 것이라고 했다. 청풍산에서 도적 떼를 모은 일(32~34회)과 심양루(潯陽樓)에서 반시(反詩)를 읊은 일(38회)이 그런 사실을 반증한다는 것이다.[276] 유배지로 압송되어 가는 도중 양산박에서 파견된 유당(劉唐)이 두 사령을 죽이려 하자, 송강은 그건 자신을 불충불효한 사람으로 만드는 것이라며 제지한다. 여기에 대해서도 김성탄은, 말이야 옳지만 이 사건을 청풍산 사건과 반시 사건 사이에 둔 것은 송강의 권사(權詐)를 선명하게 드러내는 것이라고 평했다.[277] 유당이 따르지 않자 칼을 빼앗아 자기 목숨을 끊으려 하는 대목에서는, "그의 거짓을 보라, 이것이 바로 송강이라는 사람이다. 충효에서 뜻을

---

275 35회 夾評. "於淸風山收羅花榮秦明黃信呂方郭盛及燕順等三人, 紛紛入水泊者, 復是何人? 方得死父賺轉, 便將生死熱瞞. 作者正深寫宋江權詐乃至忍于欺其至親, 而自來讀者, 皆歎宋江忠孝, 眞不善讀書人也."

276 앞의 글. "屬申此言, 深表宋江不孝之子, 不肯終受厥考之敎也. ○ 觀其前聚淸風山, 後吟潯陽樓, 當信此言不謬."

277 앞의 글. "其言甚正. 然作者特書之於淸風起行之後, 吟反詩之前, 殆所以深明宋江之權詐耶."

세운 것은 송강의 좋은 점이지만, 곳곳에서 권모술수로 충효를 행하려고 하는 것이 송강의 안 좋은 점."[278]이라고 했다. 양산박에 머물라는 형제들의 권유에, 충효를 내세우며 보내주지 않는다면 차라리 양산박 사람들의 손에 죽겠다며 비 오듯 눈물을 흘리는 장면에 대해서는, 턱도 없는 속임수에 지나지 않는다고 일축해버렸다.[279] 이렇듯 김성탄은 송강이 내세우는 충효를 모두 속임수로 평가 절하했다. 김성탄이 충효 자체를 부정한 것은 아니다. 하지만 그에게 충효가 거짓과 속임수의 도구가 되기 쉽다는 인식이 깊게 배어 있었던 것은 분명하다.

두 번째 경우도 살펴보자. 송강은 강주로 압송되면서 목에 죄수의 칼[行枷]을 찼다. 김성탄은 이 칼을 두고 벌어지는 여러 번 실랑이를 예의주시했다. 화영이 송강의 칼을 벗겨주지 않은 것을 두고 유당을 책망하자, 송강은 국가의 법도를 들어 사양한다. 이 대목에서 김성탄은 송강의 가식을 지적한다. 송강은 양산박 형제들 앞에서는 국가의 법도를 들어 칼 벗기를 사양하지만, 이후 몇 차례에 걸쳐 편의에 따라 칼을 벗기 때문이다.[280] 게양령(揭陽嶺)에서 며칠 지내다가 떠날 때에 다시 칼을 찼고, 목홍(穆弘)의 집에 투숙할 때 외부 사람이 없으니 괜찮다는 사령의 말에 칼을 벗었으며, 장횡(張橫) 이준(李俊)과 헤어질 때 다시 칼을 차며(36회), 배가 유배지인 강주 나루에 도착했을 때도 다시 칼을 차는 장면(36회)이 나온다. 김성탄의 예리한 눈은 이러한 장면을 하나도 놓치지 않았다. 그때마다 "조정의 법도가 흔들리는데 송강은 왜 문제 삼지 않는가?", "곳곳에서 송강이 칼을 차지 않았음을 묘사하였으니 양산박에서 화영을 속인 장면과 격응(擊應)시킨 것이다.", "양산박에서의

---

278 앞의 글. "看他假, 此其所以爲宋江也. ○ 立意原本忠孝, 是宋江好處. 處處以權詐行其忠孝, 是宋江不好處."

279 앞의 글. "極寫宋江權術, 何也. 忠孝之性, 生于心, 發於色, 誠不可奪, 雖用三軍奪一匹夫而不可得也, 如之何? 其至于哭乎. 哭者人生暢遂之情, 非此時之所得來也."

280 앞의 글. "宋江假. ○ 於知己兄弟面前, 偏說此話, 於李家店, 穆家莊, 偏又不然, 寫盡宋江醜態."

장면과 함께 송강의 권사(權詐)를 드러낸 것이다.", "송강이 칼을 차는 장면을 묘사한 필법이 냉엄하다."고 비난한다.[281] 이는 송강의 법도는 상황에 따라 편의적인 것임을, 나아가서 송강의 도덕성에 진실이 없음을 비판한 것이다.

세 번째는 송강이 언제나 돈으로 사람들의 환심을 사는 것을 비판한 경우이다. 송강은 처음부터 의를 중시하고 재물은 가볍게 보는[仗義疎財]의 인물로 소개된다. 실제 그는 소설 곳곳에서 어려운 사람들을 위해 돈을 아끼지 않는다. 논자에 따라서는 이러한 송강의 면모를 맹상군(孟嘗君)의 경상지협(卿相之俠)으로 보기도 한다. 경상지협은 높은 지위를 이용하여 호걸들을 사귀어 사회의 금기를 넘나드는 협사이다.[282] 하지만 김성탄은 송강의 이러한 면모 또한 곱게 보지 않았다. 송강은 오식 돈을 이용하여 천하의 호한들을 사귀었으며 궁극적으로는 돈으로 충효의를 샀을 뿐인데, 세상 사람들은 그러한 사실을 모른다고 했다. 김성탄은 송강의 사람 사귐을 돈으로 마음을 사는 행위[銀子結人]로 요약했고, 작자가 특별히 그러한 모습을 그려낸 것을 두고 그 마음을 처벌하는 필법[誅心之筆]이라 단정했다.[283] 게양진(揭陽鎭)에서 약장수에게 은전 닷 냥을 준 일, 설영(薛永)과 헤어지며 은전 스무 냥을 준 일(36회), 목홍에게 쫓기다가 사공에게 배를 태워주면 돈을 주겠다고 한 일, 강주에 도착해서 압송 사령 및 옥졸들에게 두루 돈을 주어 환심을 산 일, 처음 본 이규에게 선뜻 은자 열 냥을 준 일(37회)에 대해서, 김성탄은 일일이

---

281 35회와 36회의 해당 장면에 부친 夾評의 내용이다. 원문은 생략한다.

282 王同舟·陳文新, 앞의 책, 117~121쪽.

283 35회 총평. "此書寫一百七人, 都有一百七人行徑心地, 然曾未有如宋江之權詐不定者也. 其結識天下好漢也, 初無青天之曠蕩, 明月之皎潔, 春雨之太和, 夏霆之徑直, 惟一銀子而已矣. 以銀子為之張本, 而於是自言孝父母, 斯不畏天下之人不信其孝父母也. 自言敬天地, 斯不畏天下之人不信其敬天地也. 自言尊朝廷, 斯不畏天下之人不信其尊朝廷也. 自言惜朋友, 斯不畏天下之人不信其惜朋友也. 嗚呼, 天下之人, 而至於惟銀子是愛, 而不覺出其根底, 盡為宋江所窺, 因而並其性格, 亦遂盡為宋江之所提起放倒, 陰變陽易, 是固天下之人之醜事. 然宋江以區區猾吏, 而徒以銀子一物買遍天下, 而遂欲自稱於世為孝義黑三, 以陰圖他日晁蓋之一席, 此其醜事, 又曷可耐乎. 作者深惡世間每有如是之人, 於是旁借宋江, 特為立傳, 而處處寫其單以銀子結人, 蓋是誅心之筆也."

돈으로 생색내는 행위[銀子出色]로 비판했다.

돈이 결교(結交)나 사건 해결에 결정적인 역할을 하는 장면은 사실 『수호전』 곳곳에 나온다. 이는 작품의 배경인 북송대, 작품이 간행된 명말의 사회 상황을 풍자하는 것이면서, 나아가 뇌물이 도덕보다 앞서는 모든 세계의 실상을 암시하는 것으로, 『수호전』 특유의 문학적 성과라고 할 만한 것이다. 특히 8회에서 임충이 창주로 유배 가는 도중, 10여 차례에 걸쳐 은전이 유효하게 쓰이는 장면을 두고, 김성탄은 세상에 돈이면 안 되는 일이 없는데 순진한 선비들은 세상 물정을 모른다며 동정 어린 탄식을 했다.[284] 그렇다면 김성탄은 왜 송강의 행위만을 문제 삼았을까? 그건 앞에 살핀 두 가지 이유 때문이다. 겉으로는 충효와 인의를 내세우지만 기실 처세에 능하며 이익을 추구하는 인물, 김성탄은 송강을 그렇게 본 것이다.

이규의 등장은 송강의 성격을 저절로 드러나게 하는 효과를 가져왔다. 이규는 거칠고 순박하며 때로는 터무니없을 정도로 야만스러운 인물이다. 김성탄은 이 이규에게 깊은 애정을 보였으며,[285] 순박하고 솔직한 이규를 통해 송강의 가식과 위선이 절로 드러나도록 배치한 것을 중요한 서사 기법의 하나로 보았다.[286] 이규는 언행을 꾸미거나, 체면을 생각하거나, 앞뒤를 재고 계산하는 것과는 거리가 먼 인물이다. 마음이 가는 대로 말하고 행동한다. 이런 이규와 만나면서 송강의 권사(權詐)는 더 이상 발휘되지 못하는 무용지물이 되는데, 김성탄은 그것이 바로 두 사람을 합전(合傳)한 뜻이라고 했다.[287]

---

284 8회 夾評. "但有是物, 卽無事不可周遊, 無人不顧效力也, 名以銀成. … 嗟乎, 士而貧, 尙閉門學道, 尙而欲遊于世間, 多見其爲不知時務耳. 豈不大哀也哉!"

285 이규에 대한 김성탄의 애정은 「讀第五才子書法」에 여러 차례 표명되었다. 이규의 내력과 특징에 대해서는 王同舟·陳文新 외, 앞의 책, 129~145쪽에 설명이 자세하다.

286 이를 뒷쪽에 분칠을 한다고 하여 '背面鋪粉法'이라 한다. 권 3, 「讀第五才子書法」. "有背面鋪粉法. 如要襯宋江奸詐, 不覺寫作李逵真率 ; 要襯石秀尖利, 不覺寫作楊雄糊塗是也."

287 37회 「총평」에서는 "寫宋江以銀子爲交游後, 忽然接寫一鐵牛李大哥, 妙哉用筆! 眞令宋江有珠玉在前之愧, 勝似罵, 勝似打, 勝似殺也."라 했고, 협평에서는 "寫宋江見李逵, 便令權詐都盡, 是作者特特合傳之旨."

몇 군데 예를 보자. 이규가 처음 나타나 주루의 주인에게 돈을 빌려달라고 소란 피우는 장면에서는, 돈을 제일 중요하게 생각하는 송강과 달리 돈을 대수롭지 않게 생각하는 이규를 한 곳에서 묘사한 것은 묘필이라고 했다.[288] 왜 시끄러웠냐는 송강의 물음에, 대뜸 은자 열 냥을 빌리려 했다는 대목에서는, 송강이 평생 중시했던 돈을 이규는 아이 장난처럼 보고 있다며, 비난의 화살을 송강에 겨누고 있는 것이라고 했다.[289] 이규가 초면의 송강에게서 선뜻 은자 열 냥을 받아 들고, 몇 잔 마시고 가라는 말도 귓전으로 흘리면서 다락 아래로 내려가는 장면에서는 이렇게 말한다.

> 이 대목에 이르러 나도 모르게 책을 덮고 탄식했다. 아아, 세상에 어찌 이런 인물이 있단 말인가! 낮게는 선뜻 자기에게 열 냥 은자를 준 사람이요, 높게는 일찍이 하루도 흠모하지 않은 날이 없었던 사람이거늘, 돌연 왔다가 돌연 가버리는구나. 오늘의 은혜도 잠시 머물러 앉히지 못하고, 평소의 애모 또한 쓸데없이 머뭇거리게 하지 못하는구나. 절하고 싶으면 하고, 가야지 싶으면 가고, 마시고 싶으면 마시고, 거짓말이 필요하면 하니, 아아, 세상에 어찌 이런 사람이 있단 말인가![290]

여기서 송강과 이규를 가르는 김성탄의 기준이 분명하게 드러난다. 그것은 '위선과 진솔'이다. 그 차이의 많은 부분은 통문(通文, 글을 이해함) 여부에

라 했다.

288 37회 협평: "(借錢)二字妙絶. 宋江處處以銀子爲要務, 李逵却初入書便是借錢. 作者特特將兩人寫在一處, 中間形擊眞假, 筆筆妙絶."

289 앞의 글. "寫宋江則以銀子爲其生平, 寫李逵則以銀子視同兒戲, 筆墨激射, 令人不堪."

290 앞의 글. "我讀至此處, 不覺掩卷而歎. 嗟乎, 世安得有此人哉. 下之, 則驟然與我十兩銀子, 上之, 則斯人固我閒嘗無日不念誦, 無日不願見之人也, 今突然而來, 突然而去. 惟今日之恩惠, 不能留之少坐, 卽平日之愛慕, 亦不必贅以盤桓. 要拜便拜, 要去便去, 要喫酒便喫酒, 要說謊便說謊. 嗟乎, 世豈眞有此人哉."

서 유래한다. 비파정(琵琶亭)에서 이규가 염소 고기 두 근을 순간 먹어 치우는 모습을 본 송강은 "장하다, 참으로 호한일세! 壯哉, 眞好漢也."라고 감탄한다. 글을 안다면 이것이 자신을 칭찬하는 말임을 알았겠지만, 글을 모르는 이규는 엉뚱하게 "역시 형님께서는 제 마음을 알아주시는군요, 아무려면 생선을 고기에 비기겠습니까?"라고 응수한다. 이 동문서답을 두고 김성탄은 통문인(通文人)과 불통문인(不通文人) 사이의 대화가 그림처럼 절묘하다고 했다.[291] 간단한 문장의 뜻도 알아채지 못하는 이규를 김성탄은 조금도 문제 삼지 않았을뿐더러, 반대로 그 꾸밈없음을 높이 평가했다. 나아가 그것은 모두 송강을 간접 저격했다.[292]

김성탄의 송강 비판은 단발성이 아니며, 거기에는 그의 세계관이 작용하고 있는 것으로 보인다. 송강이 허구 속의 인물이란 점까지 감안하면, 김성탄의 태도에서는 어느 정도 편집증 비슷한 것이 느껴지기까지 한다. 이는 김성탄의 삶 전체를 고려해야만 추론할 수 있겠다. 다만 제한된 범주에서 보자면, 김성탄이 충효와 인의라는 유가의 가치 자체를 부정한 것 같지는 않다.[293] 대신 말로만 충효와 인의를 내세우며, 그와 상반되는 행위를 하는 문사들에게는 격렬한 반감을 지녔던 것으로 보인다. 유학을 존숭했던 문치 왕조 송나라를 배경으로 『수호전』이 지어진 것도, 유가의 명분론이 극심했던 명말에 70회 본이 간행된 것이 얼핏 아이러니인 것처럼 보인다. 하지만 소설의 지향과 진실을 감안하면, 유가의 문치주의와 명분론이 극성했던 시대에 김성탄의 견해가 탄생한 것은 너무도 자연스럽다.

---

291 이러한 송강과 이규의 차이는, 비파정에서 내온 매운탕을 보고 송강이 입맛에 맞지 않는다며 그릇에 마음을 주는 데 반해, 이규는 한마디 불평 없이 국물을 흘리면서 남김없이 먹어 치우는 장면에서도 선명하게 대조적으로 묘사되었다.

292 37회 「총평」. "通篇寫李逵好好落落處, 全是激射宋江, 絶世妙筆."

293 김성탄의 『수호전』 비평에 儒家의 태도와 反儒의 태도가 혼재된 것을 두고 지금까지 오랫동안 논란이 계속되고 있다. 이는 간단하게 결론이 나기 어려운 문제인데, 그 대답의 일단이 許庚寅, 「金聖嘆 水滸傳 評點 硏究」, 『중국문학연구』 10, 1992에 나와 있어 밝혀둔다.

4. 결어

송강의 위선적이고 가식적인 인물 형상은 오로지 김성탄이 찾고 만들고 부여한 것이다. 여타의 어떤 판본에서도 송강을 부정적으로 형상화했다는 표지는 없고, 김성탄의 평점이 아니면 어떤 독자라도 송강을 부정적인 인물로 보기 힘들다. 오히려 반대로 이지처럼 충의의 인물로 보기 쉽다. 또 김성탄이 줄기차게 지적한 것처럼, 과연 송강의 행위가 위선적이고 가식적인 것인가도 논란의 여지가 있다. 관건은 김성탄이 송강에게 보낸 시선의 냉엄함이다. 유자들이 목청 돋워 남에게는 충효와 법도를 내세우면서 일상에선 자기는 적당히 위반하고 일탈하는 것을 그럴 수 있는 일이라고 묵인한다면, 송강은 별로 비판받을 만한 것이 없다. 하지만 지식인은 마땅히 언행이 일치해야 하고, 원칙은 자타에 여일하게 적용해야 한다는 잣대를 엄격하게 적용하면 문제는 달라진다. 김성탄은 매우 엄격한 잣대를 들이댔던 것이다.

이것은 단지 소설 속 인물에 대한 평가에 그치는 사안이 아닐 것이다. 김성탄은 명말의 부패한 사회의 중심에 허위에 가득 찬 유者들이 있음을 발견했고, 그들에 대한 증오심을 송강이라는 소설 속 인물로 전이시킨 것이다. 이렇듯 유자의 허위와 가식에 대한 통렬하고 냉엄한 비판을 본고에서는 '반유(反儒)'라고 일컬었다. 동아시아 서사 문학사에서 이러한 반유 전통을 거슬러 올라가면 『장자』에서 그 시원을 찾을 수 있을 것이다. 다만 유가 내의 시선이 아닌 점이 다를 뿐이다. 김성탄 이후의 소설사에서 송강에게 보낸 것과 같은 반유의 시선으로 빚어낸 작품이 적지 않을 텐데, 그중 문학사의 큰 흐름을 이루는 것으로 우선 박지원(1737~1805)의 「호질(虎叱)」과 루쉰(魯迅, 1881~1936)의 「광인일기(狂人日記)」를 꼽을 수 있다. 아래는 각각 두 작품에서 뽑아낸 구절이다.

> 고기가 저 숲속[儒林]에 있는데, 인(仁))의 간(肝)에 의(義)의 쓸개를 지녔고, 충(忠)과 결(潔)을 품었으며, 악(樂)을 쓰고 예(禮)를 신은 채, 입으로는 백가

의 말을 읊조리고, 마음으론 만물의 이치를 통하니, 이름하길 석덕지유(碩德之儒)라고 합니다.[294]

나는 역사를 뒤지며 조사해 보았다. 이 역사에는 연대가 없고, 어느 페이지에나 '인의도덕(仁義道德)' 따위의 글자만이 삐뚤삐뚤 적혀 있었다. 나는 이왕 잠을 잘 수 없으므로, 밤중까지 걸려 조심스레 살펴보았다. 그러자 글자와 글자 사이에서 겨우 글자가 나타났다. 책에는 가득히 '식인(食人)' 두 자가 쓰여 있었다.[295]

「호질」에서 유자는 간장 쓸개까지 인의충결(仁義忠潔)로 가득하고 밖은 예악(禮樂)으로 잔뜩 치장한 인물이지만, 범은 먹지 못할 물건으로 일축한다. 허울과 명분뿐인 유가의 가치들이 폐기 처분되는 순간이다. 「광인일기」에서 유가의 '인의도덕'은 오랜 세월 동안 수없이 사람을 잡아먹은 식인귀로 역시 폐기 처분된다. 이는 충효와 법도를 내세우며 도적질을 행하고 소중한 형제들을 죽음으로 몰아넣는 송강과 일맥 선상에 있다. 시대와 방식과 정도는 다르지만, 김성탄과 박지원과 루쉰은 유자(또는 유가)의 허위와 모순에 보내는 싸늘한 시선으로 소설의 인물을 빚어냈다는 점에서 하나의 전통으로 묶을 수 있다. 『장자』에게서 연원하는 그 유구한 전통의 중간 기착지는 물론 김성탄이다.[296]

김성탄의 송강 평은 유자를 공격했다고 해서 가치가 있는 것은 아니다. 주류 사상의 폐해와 모순을 지적하고 비판하는 일은 지금도 유효한 지식인

294 이는 죽혼(鬻渾)이 범에게 유자를 추천하는 대목으로 원문은 다음과 같다. "有肉在林 仁肝義膽 抱忠懷潔 戴樂履禮 口誦百家之言 心通萬物之理 名曰碩德之儒."

295 竹內好 역주, 김정화 옮김, 『魯迅文集 1』, 일월서각, 1985, 16쪽.

296 이러한 문학사의 전통이 물론 박지원과 노신 두 사람에게만 있는 것은 아니다. 다만 여기서는 김성탄의 송강 평이 지닌 문학사의 의의를 드러내고자 박지원과 노신을 끌어온 것임을 밝혀둔다.

과 문학의 주요 소임이다. 김성탄은 아주 독특한 방식으로, 예리하고 신랄하게 그러한 역할을 해주었으며, 이는 동아시아 문학사의 흥미로운 전통이 되었다. 『수호전』을 전혀 다른 차원의 소설로 만들어 소설사의 지평을 넓혀주었음은 물론이다. 김성탄이 송강에 대한 평점에서 보여준 세계인식과, 박지원과 루쉰이 각각 「호질」과 「광인일기」에서 보여준 세계인식이 균질의 것은 아닐 것이다. 세 사람은 역사 조건도 다르고 비판의식의 출발점 또한 같지 않기 때문이다. 다만 당대 문단을 주도했던 지식인이, 소설을 통해, 유가의 심각한 자기모순과 허위를 남김없이 드러냈으며, 그 드러내는 언어가 유사하다는 점에서, 하나의 범주로 묶어 논의하는 데는 문제가 없다. 전통이란 똑같은 현상이나 형태의 빈틈없는 연속이 아니라, 세계에 대응하는 유사한 방식과 정신의 단속적 드러남에서 찾을 수 있기 때문이다. 이런 의미에서 김성탄과 박지원과 루쉰신 세 사람 사이의 현시적 인과성을 찾으려는 것은 온당치 않다. 반대로 그러한 현시적 인과의 고리 밖에서 세 사람을 볼 때, 문학사를 대하는 우리의 시야가 넓어질 것이다.

흑선풍(黑旋風) 서사,
도덕 아래 깊은 본능의 화현(化現)

1. 서언

니체(1844~1900)는 인간 존재의 내적 근거를 도덕 체계로 보았다. 그에 따르면 인간의 욕망은 물론 이성과 철학조차 도덕 체계의 지배를 받는다. 오랜 세월 동안 사람들은 도덕적 편견과 공포에 사로잡혀 심리의 더 깊은 곳까지 내려갈 엄두를 내지 못했다. 누군가 내면 깊은 곳의 진실을 보고자 한다면, 이 도덕적 편견의 방어선에서 작동하는 저항으로 인해 견디기 힘든 괴로움을 겪게 된다. 그것은 본능을 억압하는 죄의식과 공포이다.[297] 니체는 본능(또는 힘의 원리, 힘에의 의지)에 대한 이해와 접근을 방해하는 종교의 도덕 체계, 그리고 이 도덕 체계가 내면화된 도덕적 편견을 불신하고 또 우려했다. 그는 모든 도덕은 오해라고 단정했다.[298] 이는 19세기까지 유럽을 지배해

297 니체, 김훈 옮김, 『선악을 넘어서』, 청하, 1982, 30쪽, 46, 7쪽.

298 니체, 송무 옮김, 『우상의 황혼 / 반 그리스도』, 청하, 1986, 30쪽, 55쪽.

온 기독교의 도덕 체계와 여기에 길들인 사람들의 윤리의식에 대한 전면적인 부정을 의미한다.

이규를 논의하는 자리에서 니체를 먼저 내세운 것은, 우리가 이규에 대한 입장을 정리할 때 반드시 도덕 체계와의 내적 갈등을 겪어야 하기 때문이다. 이규는 노달·임충·무송·송강과 함께 『수호전』의 5대 주인공으로 꼽을 수 있는 인물이지만, 인물 성격은 앞의 네 사람과는 판이하다. 『수호전』에서 가장 용맹하거나 무예가 뛰어난 인물, 아니면 가장 의로운 인물을 꼽는 것은 불가능하다. 하지만 가장 많은 살인을 저지른 인물, 체제와 규범의 대척점에 있는 인물, 가장 많이 웃음을 유발한 인물을 꼽는 것은 가능하다. 이규이다. 이러한 인물 성격 말고도, 송강 외에 가장 많은 회에 등장하는 인물을 꼽는 것도 가능하다. 또한 이규이다. 70회 본 기준으로 그는 23회에 걸쳐 등장한다.

23회에 걸쳐 등장하는 이규는, 많은 사건 인물들과 관련을 맺고, 가장 많은 살인과 방화를 저지른다. 지척에서 송강을 지성으로 섬기지만, 노골적으로 송강의 뜻을 거역하며 대든다. 양산박의 주요 두령이면서, 무시로 양산박의 군율을 무시하며 산채를 일탈한다. 그런가 하면 의리와 군율, 그리고 전투의 긴장감이 연속되는 분위기 속에서 예상 밖의 언행으로 웃음을 일으키기도 한다. 이에 반해 23회씩에서나 등장하지만 딱히 그가 주인공이 되어 활약하는 회는 어머니를 모시고 오다가 호랑이 네 마리를 죽이는 42회뿐이다. 그는 단독 서사의 주역이 아니라 전체 서사의 조연인 셈이다. 여러 부면을 불규칙하게 보여주지만, 이들은 모두 하나의 인물 이규를 형성한다.

이규는 23회에 걸쳐 등장하는 조역이다. 그는 주류세계의 정치 체제 및 이념과 충돌하는 것은 물론, 거기에 반하는 양산박의 군율·기강과도 불화한다. 그 꾸밈이라고는 찾아볼 수 없는 천진난만한 언행으로 사람들을 즐겁게 해주지만, 무분별한 살육으로 공포의 대상이 되기도 한다. 천진난만한 언행과 무분별한 살육은 하나의 기질에서 기원하고 하나의 성격으로 수렴된다. 독자들은 이규의 문식 없는 질박함에 마음이 이끌리지만, 잔혹한 폭력성 때문에 그를 좋아한다고 쉽게 말하지 못한다. 이는 도덕의 구속으로부터 벗어나려고 하는 동시에 도덕에 의지하여 질서 있는 삶을 유지하려고 하는 인간의 속성이다.

2. 『수호전』에 대한 김성탄의 두 입장

『수호전』은 금서였다. 공공연히 체제를 부정하고, 집단으로 물리적인 실력을 행사하여 권력에 저항하는 내용 때문이다. 한편 『수호전』은 인기 소설이었다. 금서 목록 등재 여부와는 무관하게 『수호전』은 신분의 고하를 막론하고 동아시아 사회에서 널리 읽혔다. 재미가 있었기 때문인데, 그 재미의 주요 인자는 폭력성과 반체제성이다. 『수호전』은 이념과 도덕을 부정하는 폭력성과 반체제성으로 금서의 목록에 올랐고 오랜 세월 널리 대중의 사랑을 받아온 것이다. 이런 면에서 텍스트 내 인물인 이규와, 사회라는 더 큰 텍스트의 일부인 『수호전』은 상동성을 지닌다. 사람들은 대놓고 『수호전』을 좋아하지 못했으니, 오랜 수용사에도 불구하고 이에 대한 공식적 논의와 전면적 호평이 많지 않은 이유이다.

김성탄은 이 문제를 어떻게 처리했을까? 『수호전』을 『사기』, 『장자』 등과 함께 천하의 여섯 재자서(才子書)로 격상시켰고, 거기에 평점을 달아 간행하기까지 한 김성탄으로서도 부도덕성은 처리하기가 쉽지 않은 문제였다. 자칫 필화에 휘말릴 염려는 둘째치더라도, 내면의 도덕 체계와의 충돌을 극복하는 것이 우선 어려웠을 것이기 때문이다. 김성탄은 이러한 딜레마를 어떻게 처리했을까? 어느 한쪽에 기울었다면, 70회 본 자체가 애초 출간되지 않았거나, 아니면 기존의 판본과 차별성이 없는 평범한 소설이 나오는 데 그쳤을 것이다. 하지만 그가 출간한 70회 본은 특별히 검열의 대상이 되지 않았으면서도 독서계에 일대 바람을 일으킬 정도로 인기를 끌었다. 이는 70회 본 소설의 존재 비밀이면서, 이규에 대한 김성탄의 태도와도 긴밀한 함수관계에 놓여 있어 검토를 요한다.

김성탄은 겉으로는 『수호전』의 부도덕성을 강하게 질타했다. 그는 『수호전』을 간행하면서 이례적으로 네 편의 서문을 달았다. 그 중 「서 1」에선, 천자나 성인이 아니면서 저술했다면 그것은 횡의(橫議)에 해당하고, 따라서 그 저자는 목을 베고 책은 불태워야 한다고 주장했다.[299] 『수호전』은 횡의에 해당하므로 책은 불태우고 저자는 처형해야 한다는 말이다. 얼핏 들으면 『수호전』에 대한 매서운 비판 같지만, 그 이유와 근거가 너무 추상적이어서 현실감 있게 들리지 않는다. 이 논리대로라면 세상의 책 대부분은 횡의에 해당하기 때문이다. 책의 첫 면에 이러한 서문을 실은 것은, 혹 있을 권력의 시선을 빗겨내고 도덕적 비판에 물을 타기 위한 의도로 보인다.

「서 2」에서는 비판이 구체화된다. 여기서는 '수호(水滸)'라는 제목에 숨은 뜻을 풀어내면서, 120회 본 『수호전』에 「충의수호전서(忠義水滸傳序)」[300]를 붙인 이지(李贄)에 비판의 화살을 겨누었다. 이지는 양산박의 군사가 조정의 초안(招安)을 받아들여 또 다른 도적의 토벌에 나선 것을 충의로운 행위로 높이 평가했다. 이에 대해 김성탄은 '수호'는 왕토(王土)의 물가(주변)로 천하 사람들이 버린 천하의 흉물이라고 일축했다. 그런 수호에 충의가 있다면 국가에는 충의가 없는 것이냐며 반문한다. 또 군주와 아비는 (도덕적 결함이 있어도) 군주와 아비이고, 신하와 자식은 (도덕적으로 우월해도) 신하와 자식일 뿐이라며, 둘 사이에는 함부로 넘겨 볼 수 없는 경계가 엄연하다고 단정했다. 이지와 달리 김성탄은 조정에 저항하는 행위 자체를 용서받을 수 없는 패륜이라고 본 것이다. 그는 108인이 송나라 조정의 형벌을 면한다면, 후세에 많은

---

299 「서 1」. "非天子而作書, 其人可誅, 其書可燒也.何也.非聖人而作書, 其書破道.非天子而作書, 其書破治.破道與治, 是橫議也.橫議則烏得不燒.橫議之人, 則烏得不誅." (책명은 이하 『第五才子書』로 약칭)

300 「서 2」. "若夫耐庵所云水滸也者, 王土之濱則有「水」. 又在水外則曰滸, 遠之也, 遠之也者, 天下之兇物, 天下之所共擊也. 天下之惡物, 天下之所共棄也. 若使忠義而在水滸, 忠義為天下之兇物惡物乎哉. 且水滸有忠義, 國家無忠義耶. 夫君則猶是君也, 臣則猶是臣也. …… 彼一百八人而為幸免於宋朝者, 惡知不將有若干百千萬人思得復試於後世者乎."

사람이 똑같은 일을 도모할 것이라고 했다. 이 글에서 김성탄은 전형적인 국가도덕주의자의 태도를 보여준다.

이런 태도는 본문의 비평에서도 찾아볼 수 있다. 특히 본문의 첫 장인 설자와 마지막 70회의 언급을 유심히 살펴야 한다. 설자의 머리 총평에서 그는, 『맹자』에서 이른바 "백이는 주왕을 피해 북해 가에 살았다. 伯夷避紂, 居北海之濱."과 "태공은 주왕을 피해 북해 가에 살았다. 太公避紂, 居北海之濱." 두 구절을 들어, 주왕(紂王)이 아무리 포악해도 신하로서는 피해서 안 된다는, 특히 무리를 지어 새 나라를 세울 수는 없는 일이라며, 맹자를 비판했다. 이는 양산박의 존재 자체를 근원부터 부정한 것이다. 또 개장시(開場詩) 8구 중 마지막 두구 "천하는 태평하여 일없는 나날이라, 꽃 피고 새 우는데 해 높도록 잠을 자네. 天下太平無事日, 鶯花無限日高眠."를 두고 '좋은 시'라며, "한 부의 큰 책이 시로 일으키고 시로 맺으니, 천하태평으로 일으키고 천하태평으로 맺었다."고 평했다.

70회에서 김성탄은 송강이 107명의 형제와 하늘에 맹세하는 대목에서 끊고, 노준의의 꿈 이야기를 지어 넣었다. 꿈에서 노준의는 장숙야(張叔夜)에게 잡혀간다. 심문당하는 자리에 나머지 107명도 울면서 잡혀 와 모두 참수당한다. 노준의도 혼령이 나가는 순간 마의 편액에 크게 써있는 '천하태평(天下太平)' 네 글자를 본다. 소설의 마지막인 이 장면은 양산박이 조정에 의해 토벌되고 천하에는 다시 평화가 찾아온다는 사실을 암시한다. 이 회의 총평에서 그는 소설이 '천하태평'으로 귀결되는 의의를 밝혔다. 나아가 이 대목을 삭제하고 초안(招安)을 강조하여 강도들에게 공을 돌림으로써, 윗사람을 넘보고 지배 질서를 어지럽히는[犯上作亂] 일을 좋아하게 해서는 안 될 것이라고 경고했다.[301] 김성탄은 제일 처음 두 편의 서문, 그리고 본문의 첫 편과

---

301 70회 총평. "吾觀水滸洋洋數十萬言, 而必以天下太平四字終之, 其意可以見矣. 後世乃復削去此節, 盛夸招安, 務令罪歸朝廷, 而功歸强盜, 甚且至於裒然以忠義二字而冠其端, 抑何其好犯上作亂, 至於如是之甚也哉."

마지막 편에서 유교 도덕의 입장을 분명히 했다.

외부에서 가장 쉽게 인지되는 부분에, 김성탄은 유교 도덕의 색채를 짙게 칠해 놓았던 것이다. 하지만 그 안으로 들어가면, 밖의 색채는 내용을 가리기 위한 위장이거나, 아니면 혹 있을지 모르는 혐의를 피하기 위한 장치임이 쉽게 드러난다. 「서 3」에서 김성탄은 열 살 아들에게 자신이 평석(評釋)을 단 『수호전』을 주며, 이 책에 일체의 글을 읽는 법이 담겨 있으니 마음을 다해 부지런히 읽을 것을 재삼 절실하게 타이른다.[302] 일면 문장의 기법만을 말하는 듯 들리지만, 문장의 내용을 형식보다 중시했던 유자들의 문학관을 전제하면 이 또한 다 말하지 않음으로써 혹 있을 비판을 사전에 차단한 방식으로, 이런 데서 김성탄의 고심을 읽을 수 있다.

서문에서는 매우 조심스러웠지만, 본문 비평에 들어가면 김성탄의 발언은 도덕적 금기에 구애받지 않고 자유로워진다. 1회의 총평에서는 108명의 주인공보다 먼저 고구가 등장한 것을 두고, 사회의 혼란이 위에서부터 지어진 것임을 보여주기 위한 것이라고 비평했다. 본문에 들어서자마자 상층의 주류세계에 대한 비판의 칼날이 예리하게 작동하는데, 이는 「서 2」에서 말한바 "군주는 군주이고 신하는 신하일 뿐"이라는 언급과 배치된다. 그는 양산박 등장의 원인을 상부의 정치 혼란으로 명확하게 규정한 것이다. 51회는 고당주(高唐州) 지부(知府) 고렴(高廉, 고구의 사촌 동생)과 그의 처남 은천석(殷天錫)의 횡포와 여기 맞서다 크게 고통을 겪는 시진(柴進)의 이야기가 주 내용이다. 이에 대해 김성탄은 고구의 횡포는 한계가 있지만, 고구 형제들의 횡포, 고구 형제의 친척들의 횡포, 또 그 친척들에게 빌붙은 무리들의 횡포는 한량이 없다며, 이런 상황 속에서 어떻게 백성들이 반란을 일으키지 않고 나라가 망하지 않을 수 있겠느냐고 강개하게 비판했다.[303] 도적이 집단으로

---

302 「서 3」. "冰滸之文精嚴, 讀之即得讀一切書之法也.汝真能善得此法, 而明年經業既畢, 便以之遍讀天下之書, 其易果如破竹也者, 夫而後歎施耐庵水滸傳真為文章之總持."

303 51회 夾評. "高俅無所不爲, 猶可限也. 高俅之伯叔兄弟無所不爲, 胡可限也. 高俅之伯叔兄弟無所不爲,

조정에 대항하는 현상에 동조한 것이다.

60회는 오용의 꾀로 북경의 노준의를 양산박으로 유인하는 이야기인데, 아래는 완소이가 배 위에서 부른 노래이다.

영웅은 시경 서경 읽을 줄 모르나니	英雄不會讀詩書
양산박 속에 묻혀 사는 게 마땅하네	只合梁山泊裏居
큰 활을 준비하여 맹호를 사냥하고	準備窩弓收猛虎
미끼를 드리워서 물고기를 낚는다네	安排香餌釣鰲魚

노준의는 이 노래를 듣고 섬뜩한 느낌에 일순 아무 소리를 내지 못한다. 노래에는 문자로 대변되는 지식과 규범의 세계에 대한 차가운 불신과 혐오가 배어 있다. 김성탄은 첫 구절에 대해, "영웅은 글을 읽지 않는다니 천고의 쾌론(快論)이다. 저 도정(到頂)과 원래(原來)의 시[304]야 참으로 유생의 신 나물일 뿐."이라고 박수를 쳤다. 또 '읽지 않았다'고 말하지 않고 아예 '읽지 못 한다'고 말한 데에는 오만하게 흘겨보며 무시하는 뜻이 있으니, 「항우본기(項羽本紀)」에서도 첫 장면에 몇 줄이나 사용한 것을, 이 시에서는 단 일곱 글자로 처리했다고 했다.[305] 문장의 기법에서는 『수호전』이 『사기』보다 뛰어나다 하고, 인물의 성격에서는 완소이를 항우에 비견한 것이다. 또 두 번째 구절에

不可限也. 高俅之伯叔兄弟, 又有親戚, 又復無所不爲, 胡可限也. 高俅之伯叔兄弟, 又有親戚, 又復無所不爲, 不可限也. 高俅伯叔兄弟之親戚, 又當各有其狐狗奔走之徒, 又當各各無所不爲, 胡可限也. 嗟乎, 天下者, 朝廷之天下也, 百姓者, 朝廷之赤子也. 今也, 縱不可限之虎狼, 張不可限之饞吻, 奪不可限之凡肉, 塡不可限之谿壑. 而欲民之不畔, 國之不亡, 胡可得也."

304 분명치 않다. '도정(到頂)'과 '원래(原來)'가 사용되었으며, 독서와 관련된 내용의 시일 것이다. 각각의 지칭 대상으로 다음 두 수의 시를 조심스럽게 추정한다. 진보(陳普), 「謝天爵惠詩和韻」. "男子須爲顔孟徒, 文章義理視公沽. 不窮六籍不爲學, 未了三才未是儒. 當作大鵬辭斥鴳, 又如快鶻入群烏. 泰山到頂無多路, 不肯攀登直是愚."; 장갈(章碣), 「焚書坑」. "竹帛煙銷帝業虛, 關河空鎖祖龍居. 坑灰未冷山東亂, 劉項原來不讀書."

305 60회 夾評. "雄不讀書, 千古快論. 彼到頂原來之詩, 眞是儒生酸餡耳. ○ 不曰不曾讀, 而曰不會讀, 便有睥睨不屑之意. 項羽本紀起首數行, 此只以七字盡之, 異哉!"

대해서는, 안분수기(安分守己)하는 자는 도저히 이해하지 못할 처사라며, 독서인이 낭묘(廊廟)에 있을 때 글을 읽지 못한 사람은 양산박(梁山泊)으로 가지 않을 수 없는 현실을 들어 탄식했다.[306] 이는 그 자신 최고급 문사이면서, 문자와 지식이 빚어내는 규범과 도덕, 그리고 그 규범과 도덕에 내재하는 허위와 모순을 극단적으로 혐오하고 불신했음을 보여준다.

김성탄이 유교의 도덕 질서를 옹호하며 양산박을 부정한 것은 위에서 살펴본 몇 장면이 거의 전부이다. 하지만 외부의 포장을 한 겹만 벗겨내면, 대부분에 있어서 주인공들의 폭력과 파괴(살인과 방화), 거칠고 야만적인 언행, 나아가 관료 체계에 대한 물리적 저항을 긍정하고 동조하고 찬양하는 것을 확인할 수 있다. 김성탄은 오랜 세월 유자들이 좀처럼 넘어서지 못했던 도덕적 편견을 극복하고 인간과 사회의 심층에 억압되어 있던 폭력의 충동과 저항의 본능을 발견하고 그 가치를 인정했다. 비주류 속문학인 『수호전』의 새로운 발견은 그러한 인식의 도약에서 가능했다. 이러한 인식의 도약은 그의 독특한 문학적 감수성과 어우러져 70회 본 『수호전』의 새로운 지평을 개척할 수 있었던 것이다. 『수호전』 전체에 대한 김성탄의 인식을 살펴본 것은, 이것이 이규에 대한 그의 인식 및 평가와 같은 선상에 있기 때문이다.

3. 서사 대결의 구도와 이규의 위치

『수호전』에서 가장 빈번하고 무자비하게 살육을 자행하는 인물이 이규이다. 등장할 때 이미 그는 고향 기수현(沂水縣)에서 살인을 저지르고 강주(江州)에 피신해 있는 상태이다. 그의 무자비한 살인 행각은 송강을 만나

---

306 앞의 글. “只合二字妙絶. 一若安分守己之甚者, 而讀之乃覺喜笑怒罵. 色色俱有, 才子之筆, 眞奇事也. ○ 既以讀書人居廊廟, 則不讀書人定合去山泊矣. 千古痛病, 可勝歎息.”

면서 시작된다. 강주 사형장에서 송강을 구출할 때 구경꾼들을 무차별 살육했고,(39회) 어머니를 모시러 갔다가 이귀(李鬼) 부부, 조태공, 사냥꾼들, 토병 등 30여 명을 죽였다.(42회) 축가장(祝家庄) 싸움에서는 송강의 지시를 어기고 호태공(扈太公) 일가를 학살했고,(49회) 창주(滄州) 지부(知府)의 네 살짜리 아들도 무참하게 죽였으며,(50회) 시진을 괴롭히는 은천석의 목숨을 빼앗았다.(51회) 결과로는 실패지만, 나진인(羅眞人)과 청의동자(青衣童子)를 살해했고,(52회), 한백룡(韓伯龍)도 아무 이유 없이 죽였다. (66회) 이규의 살인에는 도덕적 잣대가 아예 없을뿐더러 일종의 오락성이 내포되어 있다. 호태공 일가를 살육한 잘못으로 송강에게 질책을 받은 뒤, 이규는 "공은 없어도 맘껏 죽였으니 시원하우! 雖然沒了功勞也, 喫我殺得快活."라며 대수롭지 않게 웃어넘긴다. 김성탄은 호태공 일가를 학살하고 호가장을 불태워버리는 장면에서 거듭 "쾌인(快人), 쾌사(快事), 쾌필(快筆)."의 찬사를 보낸다.

한편 이규는 『수호전』에서 과감하게 국가 체제의 전복을 주장하는 유일한 인물이다. 강주에서 한바탕 소동을 일으킨 뒤 양산박에 돌아와 주연을 베푸는 자리에서, 이규는 대뜸 조개는 대송황제(大宋皇帝)가 되고 송강은 소송황제(小宋皇帝)가 되며 자신들은 장군이 되면 좋겠으니 동경으로 쳐들어가자고 기세를 올린다. 송강으로부터 심한 질책을 받지만 이러한 발언은 한 번에 그치지 않는다. 망탕산(芒碭山) 전투에서 조개를 잃은 뒤에도 송강에게 대송황제가 되라고 했다가 심한 꾸지람을 듣지만, 끝까지 자기가 무엇을 잘못했느냐며 대든다.(59회) 산채의 주인 자리를 놓고 송강과 노준의가 실랑이를 벌이자, 이까짓 교의(交椅)가 뭐 대수로운 것이라고 서로 양보하느냐며, 역시 송강에게 황제가 될 것을 권유한다.(66회) 이규의 위험천만한 발언에도 김성탄은 동조를 보냈다. 59회에서 오용이 세상일을 모르는 인간이라고 이규를 무시하는 대목에서는, "시무를 아는 자는 준걸이 되지만, 시무를 모르는 자가 성현이 되는 것을 어찌 알겠는가?"[307]라 하여 이규를 두둔했다. 66회에서도 이규의 발언마다 "쾌인쾌어(快人快語)"를 연발하며 그를 '진인(眞人) 중에서도 보배'라고 치켜세웠다.

이로 보면 이규는 왕조의 권위를 뿌리부터 부정하며 무자비한 살육을 자행하는 인물이다. 이규의 성격과 행위는 부당한 핍박이나 불의에 대한 분노에서 한때 살인을 저지르는 노달·임충·무송 등과도 다르다. 그는 너무 잔인하고 위험해서 예나 지금이나 선뜻 호감을 표시하기 어려운 유형의 인물이다.[308] 하지만 통념과 달리 김성탄은 이규에게 무한한 애정을 보여주며, 그의 언행도 적극적으로 옹호하고 동조했다. 김성탄은 이규를 상상(上上)의 인물로 분류했고, 맹자의 말을 빌려 "부귀로도 음란하게 할 수 없고, 빈천으로도 뜻을 바꾸게 할 수 없으며, 위력으로도 굽힐 수 없는" 인물이라 극찬했다.[309] 또 참다운 대호걸 호남자라도 때로는 은자로 그 마음을 살 수 있지만, 이규의 마음만큼은 절대 돈으로 살 수 없다고 단언했다.[310] 유교의 관점에서 볼 때 패륜에 해당하는 이규를, 김성탄은 오히려 유가의 말을 빌려 대장부라 상찬했다. 어떻게 이러한 해석이 가능할까? 이를 이해하기 위해서는 김성탄이 설정한 대결 구도를 먼저 포착해야 한다.

『수호전』의 대결 구도는 무엇일까? 크게는 송강을 필두로 하는 양산박과 고구를 위시한 부패한 조정의 대결이다. 부분으로는 사건에 따라 수많은 대결이 촘촘하게 교직되어 있다. 제각각 다른 곳에서 발생하여 서사의 전체

---

307 59회 夾評. "識時務者爲俊傑, 又豈知不識時務者爲聖賢耶."

308 이규는 원나라 때의 수호극에서는 풍류 수재로 그려져 있으며 가장 인기 있었던 인물이었는데, 『수호전』에서 잔인하고 폭력적인 인물로 바뀌면서 대중들의 인기가 크게 식었다. 여기에 대해서는 王同舟·陳文新, 앞의 책, 130쪽; 高日暉·洪雁, 앞의 책, 7쪽 참조.

309 권 3, 「讀第五才子書法」. "李逵是上上人物, 寫得真是一片天真爛熳到底. 看他意思, 便是山泊中一百七人, 無一箇入得他眼. 孟子, 富貴不能淫, 貧賤不能移, 威武不能屈. 正是他好批語."

310 앞의 글. "任是真正大豪傑好男子, 也還有時將銀子買得他心肯, 獨有李逵, 便銀子也買他不得, 須要等他自肯, 真又是一様人."

흐름과 구도를 만들어가는 크고 작은 대결들은, 비유하면 거대한 강줄기를 형성하는 수많은 지천 또는 대동맥으로 이어지는 모세혈관들이라 할 수 있다. 여기까지는 누구나 쉽게 파악할 수 있는 구도이다.

김성탄은 이 구도 외에 『수호전』의 가장 깊은 곳에 송강 / 이규의 대결을 읽어냈다. 의외의 해석이다. 두 사람은 가장 가까운 인물로 그려지기 때문이다. 하지만 김성탄은 이러한 상식을 받아들이지 않고, '가장 의로운 듯하면서 가장 교활한 인물 송강' / '가장 야만적인 듯하면서 가장 진실한 인물 이규'의 대결을 읽어냈다. 나아가 70회 본 『수호전』을 간행하면서 필요에 따라 내용의 일부를 고치고, 이를 고본이라 주장했다. 이규에 대한 해석과 평가는 송강에 대한 그것과 맞물려 있는데, 이는 김성탄 『수호전』의 특성이 가장 집약적이고 본질적으로 드러나는 부분이다.

그 구도상 이규의 서사 위치를 파악하기 위해서는 먼저 송강에 대한 이해가 필요하다. 김성탄은 「독법」에서부터 송강 / 이규의 대결 구도를 제시했다. 『수호전』의 대단락에서 가장 중심 줄기가 되는 것은, 송강의 심악(深惡)을 제시하여 개 돼지도 그의 고기는 먹지 않는 사실을 알게 했지만, 예로부터 사람들은 이 사실을 깨닫지 못한다고 했다.[311] 지독한 혐오이다. 사람들이 깨닫지 못하는 것은, 송강의 권사(權詐)와 이규의 천진(天眞)을 절묘하게 대조적으로 그려냈을 뿐이기 때문이다. 사람들이 이규에 대한 묘사가 절묘한 줄 알지 못함은, 송강에 대한 묘사와 대조하여 읽어내지 못하기 때문이다.[312] 이러한 발언은 평어 곳곳에 보인다. 그러한 서사 기법을 일러, 송강의 간사함을 드러내기 위해 이규의 진솔함을 묘사한다 하여 배면포분법(背面

---

311 앞의 글. "水滸傳有大段正經處, 只是把宋江深惡痛絕, 使人見之, 真有犬彘不食之恨, 從來人卻是不曉得."

312 앞의 글. "只如寫李逵, 豈不段段都是妙絕文字, 卻不知正為段段都在宋江事後, 故便妙不可言. 蓋作者只是痛恨宋江奸詐, 故處處緊接出一段李逵樸誠來, 做箇形擊. 其意思自在顯宋江之惡, 卻不料反成李逵之妙也."

鋪粉法)이라 했고,[313] 형상만으로 간접적으로 공격한다 하여 형격(形擊), 또는 한쪽에서 물을 튀겨 다른 쪽을 친다 하여 격사(激射)라고 하였다. 이러한 사실을 알지 못하고 이규의 사건만을 모아 『수장문집(壽張文集)』을 엮은 사람을 두고는, 사람의 똥을 먹는 똥개라고 독설을 퍼부었다.[314]

김성탄은 왜 그토록 송강을 혐오했을까? 수많은 송강 비판 가운데 몇몇 사례만을 뽑아보자. 40회에서 강주에서 송강을 구출한 조개의 군대는 대오를 나누어 양산박으로 돌아가는데, 첫 부대의 두령은 조개, 송강, 화영, 대종, 이규이다. 이에 대해 김성탄은 송강이 자기의 심복들로만 대오를 편성하여 은근히 조개를 압박한다고 했다.[315] 도중 말 위에서 송강이 강호에서 많은 호한을 사귄 것을 먼저 말하고, 산에 올라가면 조개와 생사를 함께 할 것이라고 말한다. 여기에 김성탄은, 먼저 자기의 공을 말하여 사람을 핍박함으로써 공을 다툴 수 없게 하고, 다음에 자기의 진심을 말하여 의심하지 못하게 했다고 비판했다.[316] 양산박에 도착한 뒤 송강은, 공로의 고하를 나누지 말고 옛 두령은 왼쪽에 새 두령은 오른쪽에 앉게 할 것을 청했다. 결과 왼쪽에는 9명이, 오른쪽에는 27명이 앉게 되었다. 이 27명은 모두 송강과 인연을 맺어 새로 양산박에 합류한 인물들이다. 이를 두고 김성탄은 "그 숫자가 적음을 드러내려 했으니 못 됐고, 그 많음을 과시하려 했으니 못 됐다."고 비난했다.[317] 송강의 언행은 모두, 자신을 빼면서 세를 불리고 자기를 낮추며 높은 지위를 차지하는 교묘한 술수로 본 것이다.

---

313 252쪽 각주 286번 참고.

314 앞의 글. "近世不知何人, 不曉此意, 卻節出李逵事來, 另作一冊, 題曰壽張文集, 可謂咬人屎撅, 不是好狗."

315 40회 夾評. "晁蓋直性人, 任憑宋江調撥. 看他第一起只是自己與晁蓋兩個, 其餘三人, 實是梯己心腹, 更不着一餘人在旁. 於路便好多將言語兜絹他. 寫宋江權術, 眞有出神入化之筆."

316 앞의 글. "看他自家先敍功一句, 可謂咄咄逼人." / "看他一段說話, 先敍功高, 次表心赤. 功高, 則衆人不得而爭之, 心赤, 則晁蓋不得而疑之矣."

317 앞의 글. "欲形其少也, 賊賊!" / "欲誇其多也, 賊賊!"

송강은 재물을 가벼이 여기고 의를 중시하는 인물로 널리 강호에 알려져 있고, 그 자신 누차 아버지의 뜻을 내세워 양산박에 합류하기를 거절했으며, 양산박을 차지한 뒤에는 황제에 대한 충을 내세워 조정의 초안을 바란다. 이러한 점들은 모두 송강의 높은 도덕성을 입증하는 것으로 평가받아왔다. 하지만 김성탄의 견해는 달랐다. 그가 보기에 재물을 아끼지 않는 것은 사람들의 환심을 사기 위한 것에 지나지 않고,[318] 황제에 대한 충의가 있었다면 애초에 생신강을 탈취한 조개 일행을 빼내 양산박으로 보내지 않았을 것이다. 또 송강은 번번이 아버지에 대한 효를 내세우지만, 김성탄은 그 또한 조금도 인정하지 않는다. 송강의 효를 남들 앞에서 입으로만 내세우는 구효(口孝)에 지나지 않는다며, 장황한 구효론(口孝論)을 전개하여 그것이 강도짓보다 더 나쁜 것임을 입증하였다.[319]

김성탄은 송강의 부도덕함을 드러내기 위해 기존 판본의 원문을 변개하기까지 하였다. 양산박에서 축가장, 고당주, 청주, 화주 등의 고을을 칠 때마다, 송강은 산채의 주인은 가벼이 움직일 수 없다며 조개를 양산박에 머무르게 했다. 59회에서 조개는 능주(凌州) 증두시(曾頭市)의 도발에 격노하여 친히 군사를 내려 하였다. 기존의 판본에서는 이 대목에서도 송강은 예전처럼 조개를 말리지만, 조개가 굳이 출정하여 목숨을 잃는다. 하지만 김성탄은 송강이 말리는 대사를 삭제하였다. 또 조개가 죽어가며 남기는 유언에서도, 원래는 "현제는 몸조심하시오! 賢弟保重!"으로 시작하지만 김성탄은 이를 "현제는 내 말을 이상하게 여기지 마시오. 賢弟莫怪我說."로 고쳐 마치 조개도 송강을 의심한 듯한 분위기를 조성했다.[320]

---

318 『제오재자서』 권 42, 37회 총평: "夫宋江之以銀子與人也, 夫固欲人之感之也. 宋江之不敢不以銀子與人也," 夫固畏人之怨之也.

319 41회 총평. (원문 생략)

320 김성탄이 송강의 성격을 부정적으로 형상화하기 위해 기존 판본의 내용을 변개한 곳은 또 있다. 한 예로 이규가 고향에서 모시고 오던 어머니를 호랑이에게 잃은 이야기를 하며 눈물을 흘리는 대목에서, 송

이 일련의 과정을 두고 김성탄은, 송강이 그 전투에서 조개가 죽으리라는 것은 알 수 없었지만, 이미 오래전부터 그러한 바람을 지니고 교묘하게 핍박해왔기 때문에, 조개는 사문공(史文恭)의 화살에 죽기 전 이미 송강의 술수에 의해 오래전부터 사람들의 마음속에서 죽어오고 있었다고 했다. 김성탄은 이 편 전부의 심문곡필(深文曲筆)은 『춘추』와 반열을 같이 한다고까지 극찬했다.[321] 김성탄의 관점에서 송강은 '안으로 화심(禍心)을 감추고, 밖으로 인의를 베푸는' 이중인격자이다.[322]

송강에 대한 김성탄의 평가를 보면 이규에 대한 호의가 저절로 드러난다. 송강의 경우와 마찬가지로 은자, 효, 그리고 법질서에 대한 이규의 태도를 살펴보자. 이규는 송강이 유배지 강주의 주루에서 대종과 술을 마시는 장면에서 처음 등장한다. 이규는 주루 주인에게 돈을 빌려 달라고 소란을 피웠고, 송강은 선뜻 은자를 내주었다. 이규는 송강에게서 받은 돈으로 도박을 하다가 모두 잃고 또 소동을 피운다. 이 소동 또한 송강의 은자로 무마되었다. 이 일련의 사건에서 김성탄은 두 인물을 은자와 관련하여 해석한다. 그에 따르면 송강이 은자로 거짓 사람의 마음을 사는 것과 달리, 이규는 일체의 은자에 구속되지 않는 천진난만한 인물이다. 이규에게 은자는 그저 필요하면 얻어 쓰거나 빼앗아 쓰면 될 뿐, 그 마음을 움직이거나 잡아두는 것이 못 된다. 이를 두고 김성탄은 형상만으로 참과 거짓을 나눠 보여주었다 했고, 이규는 위력과 명성, 이익과 지혜로도 마음을 움직일 수 있는 사람이

강이 "크게 웃었다. 大笑."고 하고 그 부도덕성을 질타한 부분이 대표적이다. (43회)

321 59회 총평: "又不欲令眾人尚有晁蓋, 則夫晁蓋雖未死於史文恭之箭, 而已死於廳上廳下眾人之心非一日也. 如是而晁蓋今日之死於史文恭, 是特晁益之餘矣. …… 嗚呼! 以稗官而幾欲上與『陽秋』分席, 詎不奇絕? 然不得古本, 吾亦何由得知作者之筆法如是哉."

322 59회에서 조개가 죽은 뒤 그 후계 자리를 논하는 자리에서의 대화를 두고, 김성탄은 이렇게 평했다. "有眼如電, 有舌如刀, 逵之所以如虎也, 包藏禍心, 外施仁義, 江之所以如鬼也."

아니라고 했으며,[323] 그 소박하고 거친 면모를 말할 때는 후천지민(後天之民)인 노달에 비해 선천지민(先天之民)이라고 했다.[324]

효에 대한 해석도 비슷하다. 이규는 사람을 죽이고 고향을 떠나 한 번도 어머니를 찾아본 적이 없다. 그러다가 송강이 아버지를 모시러 가고, 이어 공손승(公孫勝)이 어머니를 뵈러 떠나는 장면(41회)을 보고는 어머니 생각이 간절해져 길을 떠나고자 한다.(42회) 하지만 송강은 사고를 우려하여 바로 허락하지 않고 몇 가지 조건을 내건다. 이규는 바로 떠나지 못하게 하는 송강에게 화를 내며 조건을 수락하고 그 즉시 길을 떠나, 어머니를 모시고 오다가 호환(虎患)을 당한다. 이 42회는 온전한 이규 서사이다. 김성탄은 매번 효를 내세우는 김성탄보다 이규의 그것이 천만 배는 낫다고 전제한다. 그리고 부모를 찾아가며 동료들의 전별(餞別)을 받는 송강과 공손승보다 즉시로 떠나가는 이규야말로 정의(情義)가 지극한 것이라고 찬사를 보낸다.[325] 도중에 노모 봉양을 내세우는 강도 이귀(李鬼)를 살려주고, 양산박으로 모셔가기 위해 어머니에게 거짓말을 하는 장면에서도, 모두 송강의 가효(假孝)와는 다른 진효(眞孝)를 강조했다. 어머니 유골을 모아 장사를 지내고 크게 곡하는 장면에서도, 이규야말로 인인효자이니 송강의 권사(權詐)와는 같지 않다고 했다.[326]

공권력과 법질서에 대한 태도는 어떠한가? 시진으로부터 시황성(柴皇城)이 은천석으로부터 당한 횡포를 들은 이규는 펄쩍 뛰며, 도끼 맛을 보여주

---

323 송강이 이규를 처음 보고 놀라는 장면에서는, "蓋深表李逵傍若無人, 不曉阿諛, 不可以威劫, 不可以名服, 不可以利動, 不可以智取"라고 했다. (37회, 夾評)

324 자신을 麄鹵하다고 흉보는 戴宗에게 반문하는 대목에서는, "不知是何語, 妙絶. 讀至此, 始知魯達自說麄鹵, 尙是後天之民, 未及李大哥也."이라고 했다. (37회, 夾評)

325 42회 夾評: "宋江之取爺也, 衆人餞之, 公孫之取娘也, 衆人又餞之. 奈何乎取爺取娘, 而受人餞別乎哉. 不提起, 則連日飮酒, 提起, 則立刻便行, 情之至, 義之盡也."

326 앞의 글. "寫得生盡其愛, 養盡其勞, 葬盡其誠, 哭盡其哀, 眞正仁人孝子, 不如宋江權詐一樣."

겠다고 흥분한다. 이에 시진이 말리며 법도대로 처리해야 한다고 하자, 이규는 법이란 걸 믿을 수 있다면 천하가 어지러워지지 않았을 것(條例條例, 若還依得, 天下不亂了)이라고 흥분을 삭이지 못한다. 이에 대해 김성탄은 '쾌론(快論), 확론(確論)'이라 평했다. 평은 짧지만 단호하다. 여기에는 법질서에 대한 근본적인 불신이 도사리고 있다. 이어서 이규가 일단 때려준 다음에 생각해보겠다거나(前打後商量), 그놈이 관에 고발하면 관리 놈까지 한 번에 도끼로 찍어버리겠다고 한다. 여기에 대해서도 김성탄은 "다섯 글자는 이따거(李大哥)의 평생이자 이 한 편의 제목이니 한가로운 구절로 읽어서는 안 된다." 했고, "또한 큰 편(篇)의 제목이니 입에서 나오는 대로 시원하게 뱉어버린 말이 아니니"라고 했다.[327] 이규는 법과 질서는 물론이고, 강고하고 거대한 권력의 힘과 일의 전후를 생각하지 않는, 쌍도끼로 상징되는 신체의 물리적인 힘만을 숭봉하는 인물이다. 김성탄은 그러한 이규를 전폭 지지하고 동조한다.

유학이 관학으로 절대 영향력을 행사하던 근대 이전, 동아시아 지식인들 중에서 김성탄과 같은 파격적 인식을 보여주는 인물을 찾기는 쉽지 않다. 김성탄의 의식 저변에는, 당시 개인의 삶과 사회를 구속하고 있던 도덕체계의 허위와 가식에 대한 반감과 불신이 깔려 있었다. 이러한 반감과 불신은 직접 표출되지 않고, 소설 속 인물의 대결 구도 설정으로 체계화되었고, 인물들에 대한 해석과 평가로 구현되었다. 김성탄은 소설 속 인물 및 이들의 행동을 일종의 상징으로 이해하였다.[328] 김성탄이 읽어낸(설정한) 구도 속에서, 송강은 자기모순으로 가득 찬 도덕 체계를, 이규는 그런 도덕 체계를 부정하고 파괴하는 본능을 상징한다. 이러한 설정과 해석은 문학의 전통은 물

---

327 51회 夾評. "五字是李大哥生平, 亦是一篇題目, 不得作一句閒話讀也." / "亦是下文一大篇題目, 不是口頭順便快語而已."

328 이규의 행동 중에서 가장 잔인하게 묘사된 장면은 滄州 知府의 아들 살해이다. 주동이 시신을 발견하는 대목에서 김성탄은 말한다. "읽다가 이 구절에 이르러 혀를 차며 탄식하는 자는 바보다. 이는 시내암의 기이한 문장일 뿐, 어찌 정말로 이런 일이 있겠는가! 讀至此句, 失聲一歎者, 癡也. 此自耐菴奇文耳, 豈眞有此事哉!"(51회, 夾評) 김성탄은 소설이 현실과 다른 2차세계임을 분명히 인식하고 있었던 것이다.

론 당시의 사회적 관습과 심리적 기대를 모두 배반한 것이다.

4. 서사 흐름의 전환과 이규의 역할

『수호전』의 서사는 전반과 후반이 개인 서사와 집단 서사로 확연하게 구분된다. 전반의 서사를 이끌어가는 힘은 몇몇 개인에게서 나온다. 이런 흐름은, 송강의 양산박 합류를 기점으로 하여 양산박 / 국가(관, 조정)의 집단 대결로 바뀐다. 집단 서사의 핵심은 양산박과 공권력의 전면 대결이고, 여기에는 도의(道義) / 불의(不義)의 대립이 내포되어 있다. 싸움은 개인의 무예 대결이나 복수가 아니라, 대규모 군사 사이의 전투로 확장된다. 이는 양산박이 세력과 명분을 쌓아가는 과정이기도 하다. 여러 차례의 전투가 숨 가쁘게 이어지면서 양산박은 관군과 재야 인재를 속속 영입하여 세를 불린다. 이제 서사의 흐름을 주도하는 것은 집단이고, 이 집단을 통어하는 군율과 명분이다. 이때부터는 양산박 군대의 도덕성이 지속적으로 강조된다. 도덕적인 집단의 움직임은 예측 가능하며 규범적이다.

서사 흐름의 전환점은 송강이 사형을 면하고 양상박에 합류하는 40회이다. 그 과정을 길게 보면 무십회가 끝나는 32회부터 완만하게 진행되다가 차츰 파고가 높아져 39회에서 정점에 이른다. 양산박의 송강 구출 사건은 공권력에 대한 정면 도전이다. 송강은 신분과 도덕 모두에 있어 주류세계와 강호에 양다리를 걸쳐 놓고 있었다. 막판에 몰리기까지 그는 끝끝내 양산박에 합류하는 것을 거부했는데, 이는 그가 가진 사회적 기반과 윤리의식 때문이다.[329] 양산박은 군사력으로 사형수를 구출하고 강주성을 약탈하였는

---

329 북송대 사회의 관점에서 송강의 신분과 처지에 대해서는 薩孟武, 『水滸傳與中國社會』(北京出版社, 2005)의 「由宋江的家族關係說明中國古代的社會」(118~128쪽) 참조.

데 그 과정에서 수많은 인명을 살상하였다. 송강은 다시는 주류세계로 돌아갈 수 없게 되었다. 그를 계속 주류세계에 붙잡아두고 있던 기반이 뿌리째 뽑힌 것이다.

서사 흐름이 바뀌면서 개인의 역할은 급감한다. 후반의 서사를 지배하는 것은 명분을 내세운 군담(軍談)이다. 군담을 이끌어가는 것은 명분과 군율이다. 이제 개인의 역할은 미미하다. 모든 인물은 절대적인 주체가 아니라, 조직을 구성하는 하부 성원에 지나지 않고 집단의 명분과 전쟁에 종속된 파편적 존재일 뿐이다. 송강의 역할이 증대되고, 전략을 수립하는 오용의 기능이 부각되며, 전투가 특이한 양상을 띠고 전개될 때는 공손승이 전면에 나선다. 나머지는 모두 이들의 지휘를 받는 장수이거나 군졸일 뿐이다. 양웅과 석수, 노준의와 연청, 관승 등 몇몇 특징 있는 인물들이 등장하지만, 그 분량은 2회를 넘지 못한다. 더 이상 강호를 횡행하는 고독한 호걸은 존재하지 않으며, 그와 함께 인물의 개성은 희석되고 일상사의 재미가 사라졌다.

이렇게 개인의 역할이 무화되고 서사가 무미건조해지는 흐름에서, 이러한 약점을 보완하는 비중 높은 조연으로 등장하는 인물이 이규이다. 37회에 처음 모습을 보인 이규는 이후 22회에 걸쳐 등장하여, 일사불란에 서사에 이물감을 조성하고 평면적인 구도에 입체감을 부여한다. 전체가 진지할 때 그는 전혀 진지하지 않고, 남들이 다 묵인하는 것을 혼자 파악하지 못하여 엉뚱한 소리를 하며, 자기 혼자 지나치게 진지할 때도 있다. 상도에서 크게 벗어나는 잔혹함을 보이는가 하면, 도무지 상식으로는 잴 수 없는 천진함으로 사람들에게 웃음을 선사한다. 그는 양산박의 주요 두령이지만 관습, 무리, 군율 등과 조화를 이루지 못하는 철저한 개인이다. 32회 이후 이러한 인물은 이규가 유일하다. 37회 이후 이규의 등장과 역할을 간략하게 표로 만들면 다음과 같다.

회차	공간	내용	이규의 역할
37	강주	송강과 대종의 만남	첫 등장과 소동
38	강주	송강의 반시와 투옥	수감 중인 송강을 보살핌
39	강주	양산박의 송강 구출	강주성 살육
40	강주, 양산박	송강의 양산박 합류	송강에게 황제가 될 것을 권유
41	환도촌(還道村) 천녀묘(天女廟)	송강 천서(天書)를 받다	환도촌에서 송강 구출
42	기수현(沂水縣)	이규 고향을 찾다	고향에서 겪는 곡절, 30여 명 살육
43	계주(薊州)	대종, 양웅과 석수를 만나다	양산박으로 귀환
44, 45	계주	양웅과 석수 이야기	등장하지 않음
46	축가장(祝家庄)	양산박의 축가장 출정	무모하게 선봉에 서다 제지 당함
47	축가장	축가장 전투	선봉을 자처하다 제지 당함
48	등주(登州)	해진과 해보 이야기	등장하지 않음
49	축가장	축가장 전투	호태공 일가 학살
50	운성현, 창주	주동의 창주 유배	창주 지부의 어린 아들 살해
51	창주, 고당주	시진의 곤경	은천석 살해
52	고당주, 계주	고렴의 술법, 대종 이규 계주 급파	계주 도중과 계주에서의 소동
53	계주, 고당주	고당주 전투	대장장이 탕륭(湯隆)을 만나다.
54	양산박	연환마군(連環馬軍)과의 전투	선봉을 자처하다 핀잔 받음
55~58	청주, 화주	청주와 화주에서의 전투	등장하지 않음
59	능주	망탕산 전투, 조개의 전사.	송강에게 황제를 권하다
60	북경	오용이 노준의를 유인하다	오용을 배행하여 북경에 가다
61	양산박	노준의를 사로잡다	노준의에게 술을 청하다
62	양산박	북경 공략 계획	선봉을 맡다
63	북경	관승을 사로잡다	등장하지 않음
64	남경	의원 안도전을 장순이 데려오다	등장하지 않음
65	북경	북경성 전투	전투 장면에서 잠깐 등장
66	양산박	위정국(魏定國)과의 전투	양산박 무단 이탈, 초정(焦挺)을 만남

회차	공간	내용	이규의 역할
67	능주	증두시(曾頭市)와의 전투	송강의 산채 주인 양보에 극력 반발
68	동평부, 동창부	산채 주인을 결정 전투	등장하지 않음
69	동창부	장청(張淸)의 생포	등장하지 않음
70	양산박	대취의(大聚義)	초안을 거론하는 송강에게 극력 반발

송강의 합류 이후 양산박은 전열을 재정비하고 공권력과 정면으로 대결한다. 여러 차례의 전투가 쉼 없이 긴박하게 전개되고, 그 과정에서 수많은 인물이 등장하고 또 퇴장한다. 배역이 크고 작은 차이는 있지만 등장 횟수는 송강을 제외하면 가장 많다. 이 흐름 속에서 이규가 행하는 역할은 무엇일까? 김성탄의 다음 언급에 그 실마리가 있다.

> 축가장을 치는 이야기는 전편이 긴밀함으로써 기이함을 보여주는데, 그 사이에 이규를 끼워 서술하였으니 소략함으로써 신묘함에 든 것이다. 하나의 글 가운데 소략함과 긴밀함을 나란히 운행하였으니 참으로 기이한 일이다.[330]

이규가 호태공 일가를 학살하고 "공은 없어도 맘껏 죽였으니 시원하우!"라고 한 말 다음에 붙인 평어이다. 촘촘한 짜임새와 긴박한 흐름의 서사 가운데, 허술하고 늘어지는 이규의 언행이 배치되어 있음을 말한 것이다. 이는 축가장 싸움에만 해당하는 평어지만, 『수호전』 후반 서사 전체에 확대하여 적용해도 빈틈없이 부합된다. 37회 이후 이규는 촘촘한 서사 그물을 찢고, 긴박한 흐름을 늘어뜨려 긴장을 풀어주는 역할을 한다. 전체에 걸쳐 자

---

330 49 夾評. "三打祝家, 通篇以密見奇, 中間又夾敍李逵. 正復以疎入妙, 一文之中, 疏密竝行, 眞是奇事."

잘하게 흩어져 있는 이규의 그러한 역할을 몇 가지 특징으로 범주화하여 간추리면 다음과 같다.

첫째, 이규는 일체의 규범을 받아들이지 않음으로써 서사의 단조로움을 저지한다. 처음부터 그는 주류세계의 규범 밖에 있었던 인물로, 김성탄은 그러한 면모를 '선천지민'으로 표현했다. 그의 언행에는 원칙도, 도덕 잣대도, 신념도, 절제도 없다. 그는 절하고 싶으면 절하고, 가고 싶으면 가고, 술 마시고 싶으면 술 마시고, 막말을 하고 싶으면 막말하고, 죽이고 싶으면 죽이는, 본능과 욕망의 지배를 받는 인물이다.[331] 황제로 대변되는 국가 체제, 그리고 그 체제를 뒷받침하는 도덕 체계도 그에게는 아무 의미가 없다. 이 성격은 양산박에서도 그대로 나타난다. 양산박은 송강이 합류하면서부터 정치 체제를 갖추게 되고 엄격한 군율과 도덕이 시행된다. 이규에게 있어 양산박의 규범은 주류세계의 그것과 다를 것이 없다. 규범 자체가 이규에게는 거추장스러운 옷인 것이다. 이규는 수시로 군령을 어기고, 전투 수칙은 물론 전세를 헤아리지 못하고 쌍도끼를 들고 설치며,[332] 때론 무단으로 양산박을 일탈하여 독자적으로 행동하기까지 한다.(66회) 40회 이후 조야(朝野)의 호한들은 별 저항이나 곡절 없이 송강에게 복속하기 때문에 그 과정이 더없이 단순하고 밋밋하다. 그러한 과정에 딴지를 거는 역할을 하는 것도 이규이다. 송강은 여러 차례 군법으로 그를 다스리려고 하지만 실패한다.

둘째, 이규는 『수호전』에서 보기 드물게 해학미를 빚어내는 역할을 한다. 이규는 순수하지만, 도덕과 지식을 기준으로 보면 이규는 평균 이하의

---

331 37회에서 송강으로부터 은자 10냥을 받고 인사도 없이 뛰쳐나가는 이규를 두고, 김성탄은 다음과 같이 탄식했다. "我讀至此處, 不覺掩卷而歎. 嗟乎, 世安得有此人哉. 下之, 則驟然與我十兩銀子, 上之, 則斯人固我閒嘗無日不念誦, 無日不願見之人也. 乃今突然而來, 突然而去, 不惟今日之恩惠, 不能留之少坐, 卽平日之愛慕, 亦不必贅以盤桓. 要拜便拜, 要去便去, 要喫酒便喫酒, 要說謊便說謊. 嗟乎, 世豈眞有此人哉!"

332 46회의 축가장 전투에서의 행동이 좋은 예다. 김성탄은 이를 두고 '천진난만'하다 했고, 또 독자로 하여금 한바탕 웃게 한다고 했다. "不許他探路, 眞乃別破肚皮, 何意得做先鋒, 又被闊港截住, 忽然想出下水過去, 眞是一片天眞爛熳, 令讀之又嚇又笑也."

인물이다. 그는 도무지 사태의 실상을 헤아리지 못하고, 앞뒤를 재지 못하며, 진지함을 파악하지 못한다. 또 막말하면 목을 자르겠다는 송강의 말에, "내 목을 자르면 언제 다시 자라겠수. 나는 술이나 마실라우." 하며 익살을 부린다.(40회) 대종과 함께 계주로 공손승을 찾으러 가는 길에 약속을 어기고 술과 고기를 먹었다가 대종의 신행법(神行法)에 크게 혼이 날 때는, 형님[哥哥] → 우리 형님[好哥哥] → 우리 할아버지[好爺爺] → 할아버님[老爺爺] → 할아버지[親爺]로 호칭을 바꿔가며 애걸한다. 이후 대종에게는 관음보살 앞의 손오공처럼 온순해진다.(52회) 나진인(羅眞人)에게 함부로 굴었다가 호되게 당한 뒤로는 과장되이 그를 높이며 겁을 낸다.(52회) 시진을 구하러 우물 속에 들어갈 때, 바로 줄을 내려주지 않아 지체되어 올라온 뒤에는 겁에 질려 불평을 터뜨린다.(53회) 김성탄은 이를 두고, 대종에게 당한 뒤로 급격하게 소심해졌음을 지적했다.[333] 그런가 하면 장순(張順)에게 물속에서 당하고(37회), 초정(焦挺)에게 진 뒤에는(66회) 바로 승복하고 어울려 벗이 된다.[334] 그의 성격에서는 도무지 일관성을 찾을 수 없다. 『수호전』은 전편을 통해, 상황에 따라 성격이 달라지는 인물이 없고, 또 웃음을 일으키는 인물도 없다. 서사를 일관하는 원리가 긴박감과 일관성이기 때문이다. 이규는 이 긴박감과 일관성을 도처에서 해체하고 위반하면서 작중 인물들을 웃게 하는 것은 물론이고,[335] 독자들과의 사이에 해학미를 발생시킨다.

셋째, 이규는 서사 단락을 이어주는 역할을 한다. 『수호전』 후반부는 거리가 먼 지역 사이의 이동이 빈번하게 일어난다. 그러한 거리의 물리적 한계

---

333 53회에서 우물 속으로 들어가며, 줄을 끊으면 안 된다고 신신당부하는 대목의 夾評. "自神行法喫虧後, 處處小心叮囑."

334 66회에서 焦挺과 겨뤄 지고 달아나려다가 통성명하고 인사를 대목의 夾評에서, 김성탄은 재상의 흉금이 있다고 평했다. "被他打, 便知他好拳, 服他拳, 便問他名姓, 鐵牛眞有宰相胸襟."

335 이는 본문에서 "衆多好漢, 都笑."(40회), "衆人一齊都笑起來."(47회), "衆頭領都笑."(60회) 등으로 표현된다. 작품 안에서 이러한 웃음을 유발시키는 인물은 이규가 유일하다.

를 극복하기 위해 상상하여 동원한 것이 바로 대종의 신행법(神行法)이다. 외면을 보면 여러 지역 사이의 통신을 맡는 인물은 대종이지만, 그 이면에서 여러 사건을 이어주는 고리 역할을 하는 인물은 이규이다. 이규는 대종을 계주까지, 시진을 고당주까지, 공손승을 고당주까지, 오용을 창주와 북경까지 수행하는데, 이규의 공간 이동과 사건들은 그대로 서사 연결의 고리가 된다. 한 예로 창주에서 지부의 아들을 죽인 탓에 주동(朱同)의 분노를 산 이규는 함께 양산박으로 가지 못하고 시진의 장원에 머물게 된다. 51회 초두에서 주동이 양산박에 가면 이규를 죽여 분을 풀고야 말 것이라고 말하는 대목에서 김성탄은 말한다.

> 문장의 묘한 곳은 모두 '벗고 푸는' 데 있다. 벗고 푸는 법은 천변만화지만, 사람으로 하여금 읽게 했을 때 귀신이 운반한 것처럼 전연 자취가 없어야 절기(絶技)가 된다. 앞의 회에서 주동(朱仝)을 속였으니 그 문장은 이미 끝난 것이다. 이 회에 들어서면 함정에 빠진 시진의 정전(正傳)정전이다. 이제 별도로 사단을 일으키지 않고 이규를 남겨두는 것으로 빗장을 삼았다. 또 주동의 원기(怨氣)를 빌려 이를 자연스럽게 처리하여, 독자들로 하여금 미염공(美髥公, 주동의 별호)의 충심은 알되 시내암의 교묘함은 알지 못하게 하였다. 참으로 문단에서 조(趙)나라 깃발을 뽑고 한(漢)나라 깃발을 세우는 재주이다.[336]

내용으로 보면 50회와 51회는 판이하다. 서사 기법에서 중요한 것은 앞 단락을 자연스럽게 벗어내고 새 단락으로 넘어가는 것인데, 여기서는 이규

---

336 51회 夾評. "文章妙處, 全在脫卸. 脫卸之法, 千變萬化, 而總以使人讀之, 如神鬼搬運, 全無蹤迹, 爲絶技也. 只如上回已賺得朱仝, 則其文已畢. 入此回, 正是失陷柴進之正傳. 今看他不更別起事端, 而便留李逵做一關棙. 却又更借朱仝怨氣, 順手帶下, 遂令讀者深歎美髥之忠, 而竟不知耐菴之巧, 眞乃文壇中拔趙幟, 立赤幟之材也."

가 시진의 장원에 남게 되면서 이 문제가 천연스레 해결되었다는 것이다. 이규가 시진의 장원에 머물게 되면서, 은천석 살해 → 시진 구금 → 고당주 싸움 → 공손승 초빙 → 공손승 참전 등의 사건이 공간과 인물을 달리하면서 역동적으로 펼쳐진다. 이규의 역할은 여기에 그치지 않는다. 그는 공손승을 수행하는 길에 탕륭(湯隆)을 만나는데, 탕륭은 뒷날 호연작의 연환마군(連環馬軍)을 깰 구겸창(鉤鎌槍)을 만든다. 오용이 점괘로 노준의를 속일 때도 이규의 추한 용모가 한몫을 한다. 양산박을 무단 이탈하여 초정(焦挺)을 만나고, 선찬과 학사문을 구하고, 포욱의 군사와 함께 능주를 친다. 이규는 40회 이후 각개의 서사 단락을 이어주는 역할의 반 이상은 맡는다. 이규의 앞뒤를 재지 못하고 나서는 무모함과 분별없는 언행으로 예기치 않은 사건의 전환이 계속 일어나는 것이다.

이규는 일체의 규범을 부정함으로써 서사의 단조로움을 다채롭게 변화시키고, 신념이나 원칙 없는 본능적인 언행으로 해학미를 빚어내며, 여러 공간에서 다양한 인물들에 의해 전개되는 서사 단락을 이어주는 역할을 하는 인물이다. 이 모든 것은 그의 좌충우돌이 빚어낸 결과이기는 하지만 의도의 소산은 아니다. 결과적으로는 서사의 주체이지만 의도에서는 아니고, 그의 중요한 역할을 독자들은 알고 있지만 본인은 전혀 모르고 있다는 점에서, 이규는 상황 속 아이러니의 희생자이다. 육체적인 능력을 제외한다면, 도덕성과 지성과 신념에 있어 이규는 보통의 독자들보다 열등하다. 이것이 이규가 노달, 임충, 무송 등과 다른 점이다. 그의 언행은 감탄보다는 웃음을 자아내는데, 이는 그가 자기 서사의 주역이 아니라 전체 서사의 조역으로만 기능하고 있음을 의미한다.[337]

---

337 몇 가지 측면에서 이규와 가장 닮은 인물은 魯達이다. 두 사람 모두 도무지 체면과는 거리가 먼 언행으로 해학을 발생시키며, 자신의 용모 파기를 그린 현상수배 벽보를 보고 있는 어처구니없는 행동을 저지른다. (노달은 代州 鴈門縣에서 2회, 이규는 沂州 沂水縣에서 42회) 하지만 노달은 이규에겐 없는 의협심이 있고, 정밀하게 일을 처리하는 철저함이 있으며, 끝까지 믿음을 잃지 않게 하는 신뢰감이 있다는 점에서, 영웅

5. 결어

널리 대중의 사랑을 받았음에도 불구하고, 중국 문학사에서 이규에 대한 평가는 전적으로 호의적이지는 않았던 것으로 보인다. 루쉰은 이규가 강주 사형장에서 송강을 구하는 과정에서 쌍도끼를 휘둘러 살상한 사람은 다름 아닌 죄 없는 관객들이었음을 지적하고, 120회 본에서 송강의 군대가 조정의 초안을 받아들여 방랍(方臘) 정벌에 나선 것을 두고 노예 같은 짓이라고 비판했다.[338] 전체적으로 주류세계의 법질서와 도덕에 대한 저항과 파괴가 긍정되는 분위기 속에서도 이규의 행동은 언제나 도덕적으로 문제가 되었다. 1933년 펄벅이 70회 본 『수호전』의 영역본을 출간할 때, 당시 콜롬비아대학의 중국 유학생들이 살인 장면을 빼달라고 요청했는데, 그 주요 대상은 이규의 행위였다. 최근의 한 논의에서는 프로이트의 이론을 적용하여, 이규를 양산박의 본아(本我, 이드)이자 신체로 규정하고 그의 살인 유희와 폭력성을 경계하기도 하였다.[339] 이규에 대한 이들 혐의는 모두 도덕 체계를 근거로 하고 있다. 유교 도덕 체계의 허위를 신랄하게 비판했던 루쉰조차도, 이규의 부도덕성은 용납되지 않았던 것이다.

김성탄은 이규에 대한 평가에 있어 대체적인 분위기에서 벗어나 있었다. 이는 앞에서 살펴본 바, 『수호전』에 대한 태도와 상관이 있다. 김성탄의 관점에서, 이규는 일체의 규범과 도덕체계 밖에 있으면서 그것을 부정하고 파괴하는 힘의 은유였고, 그의 쌍도끼는 공권력과 법질서의 대척점에 있는

적 주인공이 되기에 충분하다.

338 魯迅,, 「流氓的變遷」, 『三閑集』. "俠字漸消, 強盜起了, 但也是俠之流, 他們的旗幟是'替天行道'. 他們所反對的是奸臣, 不是天子, 他們所打劫的是平民, 不是將相. 李逵劫法場時, 掄起板斧來排頭砍去, 而所砍的是看客. 一部水滸, 說得很分明, 因爲不反對天子, 所以大軍一到, 便受招安, 替國家打別的強盜-不'替天行道'的強盜去了, 終於是奴才."

339 潘知常, 『說水滸人物』(上海文化出版社, 2008), 「說李逵: 問題少年」(99~106쪽). 여기서는 이규와 대조하여 송강을 양산박의 政令이자 超我(초자아)로 규정하고, 둘이 합쳐졌을 때 비로소 양산박이 된다고 했다.

본능과 폭력의 상징이었다. 이러한 면모는 상당한 정도의 도덕성을 갖추고 이를 구현하려 했던 여타 주인공들과 다른 것이었다. 이규는 공권력의 힘을 헤아리지 못했기 때문에 무모할 정도로 거기에 맞설 수 있었고, 도덕 체계의 필요성을 익히지 못했기 때문에 무자비한 살육을 저지를 수 있었다. 그는 하루 강아지 범 무서운 줄 모르는 것처럼 세계의 무시무시한 힘을 알지 못했고, 도덕 체계를 습득하지 못했기 때문에 자기 양심의 처벌을 두려워하지 않는다. 김성탄은 소설의 속성을 간파하고 있었으며, 위선적인 가식 / 폭력적인 진실 사이 대결의 은유로 『수호전』의 구조를 파악했다. 그가 이규의 행위에 '쾌언, 쾌사'를 연발한 것은, 살인과 방화가 아닌 위선적인 가식의 전면 파괴에 대한 동조이다. 김성탄은 유교의 도덕 체계로부터 완전히 자유롭지 못했지만, 유교의 범주 안에서 그 체계의 전면적 부정을 시도했다는 점에서, 정신사의 계보에서 니체와 견줄 만하다. 이것이 니체를 인용하면서 본고를 시작한 이유이다.

이규의 성격과 기능, 그리고 그에 대한 평가를 해명하는 작업은 형식적인 소설 미학의 영역을 벗어난다. 때로 소설 속의 한 인물은 사회와 개인 내면이 뒤섞인 복잡한 양상을 보여주는 표상이 되며, 그 표상을 다각적이고 정밀하게 해석함은 문학비평의 성공 관건이 된다. 이규는 현실의 법질서를 해치고 절대권력에 도전하는 차원을 넘어, 오랜 세월 동아시아 사회를 통제하고 그 구성원들을 동화시킨 유교적 도덕 체계를 부정하는 힘의 표상이라는 의미를 지닌다. 이규에 대한 해석이 단순치 않은 이유이다. 그것을 발견하고 조장하고 거기에 특별한 의미를 부여한 사람이 김성탄이었다.

삼타축가장(三打祝家莊), 양산박 역량의 점검

1. 서언

'삼타축가장'은, 양산박에 합류한 송강이 처음으로 군사를 이끌고 축가장을 공격하여 함락시킨 뒤 수많은 식량과 재화를 탈취하여 양산박으로 복귀하는 서사 단락을 일컫는다. 이 부분은 수호 서사 전체에서도 특별한 의미를 지니는 것으로 연구자들의 주목을 받아왔다. 생존을 위한 구리(求利), 즉 전재(錢財) 추구 행위는 이전까지는 보이지 않던 현상이다. 양산박은 조개 일행의 합류 이후 '하늘을 대신하여 도를 실천하고, 재물에 욕심내지 않고 의에 따라 행동한다[替天行道, 疎財仗義]는 도덕 명분을 강화한다. 하지만 이 단락에 이르러 도덕 명분과 실리 추구 사이가 크게 벌어지며, 표층 서사와 심층 서사 사이에 모순과 긴장이 발생한다.[340] 중요한 것은 이를 기점으로, 개별 인물고사의 비중이 현저히 약화되고, 집단 서사가 본격 가동되기

340 李丹, 「從三打祝家莊之淺層敍事看『水滸傳』的深層內涵」, 『學理論』, 2012, 75, 6쪽.

시작한다는 사실이다. 대결의 규모가 비할 수 없을 정도로 커지고, 폭력에 대한 미화와 정당화의 정도도 심해진다.

『수호전』은 등장인물이 많은 데다가, 크고 작은 여러 사건이 복잡하게 구성되어 있어, 해석 관점과 감상 지점을 입체적으로 설정할 필요가 있다. 큰 흐름만 좇다 보면 개별 고사들이 자아내는 다채로운 미감은 모두 흘린 채 줄거리 중심의 무미한 독서에 그치게 되고, 작은 단위의 서사에만 시선이 고정되면 그것들이 전체 흐름을 만들어내는 유기적 역동성을 놓치게 된다. '삼타축가장'은 개인 고사와 집단 서사가 균형과 조화를 이루면서, 후자 중심의 서사 본류가 만들어지는 과정을 잘 보여준다. 양웅(楊雄)과 석수(石秀), 해진(解珍)과 해보(解寶) 이야기는 독립 단위로도 흥미롭지만, '삼타축가장'의 일부로 기능하고, '삼타축가장'은 전체 서사에서 일정한 기능을 한다. 각 서사의 부분성과 전체성, 이들 사이의 유기적 관계를 밝히는 것이 이 절의 목적이다.

여기서는 '삼타축가장'의 범위를 43~49회로 넓게 잡는다. 좁은 의미에서 '삼타축가장'은 양산박과 축가장(호가장) 사이에 군사 충돌이 벌어지는 46, 47, 49회를 지칭한다. 세 회목의 둘째 구는 '송공명이 처음(두번째, 세 번째) 축가장을 치다 宋公明一(二, 三)打祝家莊'으로 그 서사 행위를 명시하고 있다. 하지만 이 세 회만으로는 무미한 군담 이상이 되기 어렵다. 의도와는 상관없이, 군사 충돌의 계기가 되는 양웅과 석수 고사, 사건 해결의 단서를 제공하는 해진과 해보 이야기(48회)가 포함되면, 독립서사로서 완결성을 지니게 된다.

2. 서사의 흐름과 삼타축가장의 위치

개인 서사에서 집단 서사로의 대전환은 예기치 않은 사건에서 비롯된다. 송강은 유배지 강주의 심양루(潯陽樓)에서 혼자 술을 마시다가, 아름다운 풍광과 유형인(流刑人)의 회한에 함께 취해 자기도 모르게 벽에 시 두 수를 적는다. (39회) 그런데 이 시가 통판(通判) 황문병(黃文炳)에 의해 반시(反詩)

로 해석된다. 이로 인해 송강은 졸지에 대역죄인이 되어 감옥에 갇힌다. 낭만적 호기의 취중 표출로 보아 넘길 수도 있으나, 그간 송강의 행적을 고려하면 무의식 저층에 숨어 있던 불만과 야망이 술기운에 쓸려 나온 것이니, 황문병의 판단이 잘못된 것은 아니다. 공적 질서가 작동하는 주류 사회를 벗어나지 않으면서 안온한 삶을 꿈꾸었던 송강은 중요한 기로에 섰고, 목숨의 보존을 선택한다.

송강의 처형을 집행하는 날, 양산박의 군대가 강주성에 잠입했고, 구출 과정에서 무자비한 살육이 일어났다. 제도권 안과 밖, 관리와 도적 사이에서 위태롭게 줄타기하던 송강에게 양산박 외에는 선택의 여지가 없어졌다. 송강과 양산박의 관계가 드러났고, 이는 결과적으로 시가 지닌 모반의 뜻을 입증하였으며, 무엇보다도 공권력을 유린하며 관리는 물론 민간인들을 집단 학살했기 때문이다. 이 사건은 송강 개인에게는 주류 사회로의 귀로가 완전히 차단되었음을, 전체 서사 흐름에 있어서는 양산박 중심의 집단세력이 비로소 형성되었음을, 즉 대결의 구도와 이후 사건의 양상이 달라질 것임을 의미한다.

먼저 주목할 것은 양산박의 규모 확대이다. 40회 이전까지 양산박에 모인 호걸의 수는 21명에 지나지 않는다. 이중 17명이 송강 구출 작전에 참여한다. 그런데 송강은 강주 유배 과정에서 대종과 이규를 포함한 18명의 호걸과 새로 사귀었고, 이들은 백룡묘(白龍廟)에서의 취의(聚義)를 거쳐 송강과 동반 입산한다. 양산박 두령의 수는 순식간에 두 배 가까운 40명으로 늘어났다. 39회까지 21명에 불과했던 두령의 수는 40회에 40명이 되었는데, 70회에는 108명의 호걸이 모두 모여야 한다. 그렇다면 남은 29회 동안 68명의 호한이 더 양산박에 가담해야 한다.[341] 이는 앞으로의 서사에서 개인의

---

341 68명의 인물이 모두 첫 등장은 아니다. 초반 서사의 주역 魯智深·武松·史進·柴進, 조역에서 다른 삽화의 주역으로 활약하게 되는 朱同·雷橫 등도 아직 양산박에 가담하지 않은 상태이다.

비중이 극도로 축소될 것임을 예고하는 지표이다.

한 인물이 적게는 1, 2회에서 많게는 10회까지 단독으로 서사를 이끌어가기는 불가능한 형세가 되었다. 이제 서사의 주역은 개인이 아닌 양산박이라는 집단이고, 상대는 관군(또는 그 속성을 지닌)이며, 대결은 대규모 전투의 양상으로 나타난다. 중요한 것은 집단의 힘을 극대화하는 이념과 명분, 체계와 조직, 규모와 보급 등이다. 이규 한 사람을 제외하면, 각자 자기 자리에서 개성 넘치는 행적을 보여준 호걸들은 모두 일사불란한 집단 질서의 일부로 수렴된다. 송강의 양산박 합류 이후의 서사는, 양산박의 성장과 발전의 과정을 점층적으로 보여준다.

그 첫 단계가 이 절에서 검토하는 '삼타축가장'이다. 양산박은 축가장 싸움에서 승리를 거두는데, 축가장은 관과 긴밀하게 연결된 지방자치조직이긴 하지만 관 그 자체는 아니다.[342] 예기치 않은 동기로 촉발된 싸움이기는 하지만, 비교적 부담이 적은 상대를 선택한 것이기도 하다.[343] '삼타축가장' 다음에 벌어지는 사건은 '고당주 전투'이다. (50~53회) 이는 관군과의 정면 전투로 축가장 싸움과는 그 성격이나 규모 면에서 완전히 다르다. 고당주 싸움에서의 패배와 고렴(高廉)의 전사 소식이 조정에 보고되자, 휘종(徽宗) 황제[344]와 고구[345]가 다시 등장한다. 이는 양산박의 대결(70회 이후에는 대화 또는 협력) 상대가 조정으로 격상되었음을 의미한다.

조정에서는 대규모의 군대를 파견하지만, 양산박은 최정예 관군의 연

---

342 축가장의 성격에 대해서는 尙燁, 「《水滸傳》中"三打祝家莊"的故事論析」, 『文學教育』, 2010 참조.

343 이는 『홍길동전』에서 활빈당이 해인사를 첫 번째 약탈 상대로 삼은 것과 비슷하다. 활빈당은 여기서의 성공을 발판으로, 그 대결 상대를 지방 관아에서 조정으로 확대시켜 나간다.

344 九王 시절 고구를 거두고, 천자가 되어 고구를 등용 전수부 태위로 임명한 뒤 서사의 표면에서 사라진다. 참고로 역사에서 휘종이 황위에 오른 해는 1100년이고, 고당주 싸움 이후 얼마 지나지 않아 天文이 새겨진 石碣이 발견된(70회) 시점은 宣和(徽宗의 연호) 2년(1120)이다.

345 소설 초반 王進, 林沖, 楊志를 잇달아 위해하고 11회 이후 사라졌다가 다시 나타난 것이다. 그 사이 고구와 여러 개인의 사적 갈등은, 부패한 조정과 양산박의 대결로 확대된다.

환마진(連環馬陣)을 격퇴한다. (54~57회) 게다가 조정의 주요 인재인 서녕(徐寧)과 호연작(呼延灼) 등을 포섭하여 자기 전력을 배가시키는 성과를 거둔다. 이는 양산박의 군사 역량이 조정의 정규군과 맞설 만큼 성장했음을 보여주는 것이다. 이후 화주성(華州城)(58회)과 증두시(曾頭市)(59회)에서의 소규모 싸움으로 서사 진행의 완급을 조절하며 숨을 고른 뒤에는 북경성 싸움이 펼쳐진다.(60~66회) 노준의를 얻기 위한 동기에서 비롯된 것이긴 하지만, 양산박은 하북(河北) 제일의 군사 요충지인 북경성[346]을 초토화시키는 역량을 보여준다. 북경성 싸움은 양산박의 군사 역량이 최대치로 발휘된 사건이다.

이 뒤로 다시 두어 소규모 전투—능주(凌州)(66회)와 증두시(67회) 싸움, 양산박의 두령을 가리기 위한 동평부 동창부 전투(68, 9회)—를 거쳐, 그간의 모든 서사 흐름은 천강성과 지살성의 화신 108 호걸의 양산박 충의당 대취의(大聚義)로 집결된다. 120회 본에서는 석갈천문(石碣天文)의 확인, 서천(誓天), 배좌정위(排座定位), 직임 분담에 이어 초안(招安)을 둘러싼 송강과 무송, 이규, 노달 사이에 갈등이 빚어진다. 그 뒤로 아무 일 없이 여섯 달쯤 지나간다. 섣달그믐께 문득 등롱(燈籠) 장수 일행이 출현하고 송강이 여기에 관심을 보이면서 정월대보름 동경 나들이가 예고된다. 서사의 양상은 108 호걸의 집결로 완전체가 된 양산박의 다음 행보를 준비하는 형세가 된다.

김성탄은 70회 이후의 내용은 사족으로 간주하여 모두 버리고, 70회를 대폭 개작하여 서사를 종결지었다. 우선 120회본의 회목 '충의당의 석갈은 천문을 받고, 양산박 영웅들의 서열이 정해지다. 忠義堂石碣受天文, 梁山泊英雄排座次'의 둘째 구절을 '양산박 영웅들 악몽에 놀라다. 梁山泊英雄驚惡夢'으로 바꾸었다. 하늘에 맹세하는 대목에서는 108 두령을 하나하나 거명하여

---

346 『수호전』에서는 북경성이 북송의 군사요충지로 설정되어 있지만, 역사에서 북경은 936년 이후 요나라에 할양된 燕雲 16州 중의 하나로 11세기 말까지 요나라 지배하에 있었다. 이후 宋은 金과 연합하여 1125년 요나라를 멸망시키기 직전 잠깐 북경을 탈환했지만, 소설에서처럼 북송의 통치력이 확고하게 미치던 곳이었다고 보기 어렵다.

분위기의 결속을 배가시켰고, 내용에 있어서도 충의(忠義)니 보국(保國)이니 하는 말들은 모두 버리고 생사고락을 함께 하는 집단의식을 고취하는 것으로 바꾸었다. 초안을 둘러싼 갈등 내용은 삭제하여 이후의 여지를 남기지 않았다. 등롱 장수의 출현 대신에 노준의의 꿈, 108명이 모두 붙잡혀 참형에 처해지고 천하가 다시 태평해지는 것을 암시하는 내용으로 마무리된다.[347]

양산박 집결을 기준으로, 70회 전 서사의 큰 흐름은 대략 아래와 같이 도식화할 수 있다.

> ①발원 (임충의 투탁, 10회) ⇒ ②하류(河流)의 시작 (조개의 입산, 18회) ⇒ ③대전환, 세력의 형성 (송강의 합류, 40회) ⇒ **④본류의 형성, 역량의 시험 (삼타축가장, 43~49회)** ⇒ ⑤역량의 확인, 형세의 확장 (고당주 싸움과 연환마 격퇴, 50~57회) ⇒ ⑥역량의 성장, 형세의 확장 (북경성 싸움, 60~65회) ⇒ ⑦하류의 저장, 역량의 완성 (대취의, 70회)

강호의 중망을 한 몸에 받고 있는 송강의 합류로 양산박은 중대한 기로에 서게 된다. 우선 시험대에 오르는 것은 송강의 지도력이다. 40명이 넘는 두령들 사이를 원만하게 조절하면서 이들의 역량을 모아 한 방향으로 이끌어가는 것이 능력 검증의 1차 관문이며, 방대해진 조직의 재정도 당장 해결해야 하는 과제로 다가왔다. 그리고 앞으로 어떤 식으로든 거세질 관군의 공격에 맞설 군사 역량도 아직은 미지수이다. 양산박의 규모가 커졌다고 해도 그 군사의 수준은 규모와 병기, 전투 경험 등에 있어 조정의 정규군에 비

---

347 김성탄은 이에 대해, 천 리를 날아온 용들이 터럭만큼의 아쉬움도 없이 일제히 바다로 들어가는 장면으로 찬탄하고, 『삼국지연의』를 두고 구차하게 개꼬리를 갈다 붙이는 격이라고 폄하했다. 170회 총평. "讀之正如千里群龍, 一齊入海, 更無絲毫未了之憾. 笑殺羅貫中橫添狗尾, 徒見其醜也."] 또 招安을 덧붙여 강도들의 이야기를 忠義談으로 만드는 행태도 비판했다. ["後世乃複削去此節, 盛誇招安, 務令罪歸朝廷, 而功歸強盜, 甚且至於裒然以忠義二字而冠其端, 抑何其好犯上作亂, 至於如是之甚也哉."

할 바가 못 된다. 41회 이후는 세력화된 양산박이 송강의 지도 아래 자기 역량을 시험·확인·증강하면서 형세를 확장해가는 과정이다. '삼타축가장'은 송강과 양산박의 역량을 시험하는 1차 관문이며, 서사 본류의 이후 가능성을 가늠할 수 있는 시험대인 셈이다.

3. 서사의 전환과 부분-전체의 유기적 결합

강주성에서의 대규모 유혈 사태 이후 서사는 잠시 소강 국면을 맞이한다. 41, 2회의 주요 내용은 송강, 공손승, 이규의 잇단 귀향이다. 송강은 아버지를 만나러 가고, 공손승과 이규는 어머니를 찾아간다. 곧 펼쳐질 축가장 싸움을 고려하면, 거대한 폭풍 사이의 정적이고, 웅장한 음악이나 연극의 간주와 막간극에 해당한다. 송강과 이규의 귀환은 나름 의미 있는 사건들과 함께 종결된다. 송강은 체포될 위기 끝에 구천현녀(九天玄女)에게서 천서(天書)를 받는다. 이규는 가짜 이규를 만나고, 어머니를 호랑이에게 잃고, 관아에 잡혔다가 탈출하는 등 잇단 해프닝을 일으키며 이운(李雲), 주부(朱富)를 새로 얻어 귀환한다. 이규의 이야기는 43회 초반까지 이어진다. 이 뒤로 펼쳐지는 '삼타축가장' 서사의 개요를 표로 정리하면 아래와 같다.

<table>
<tr><th>회차</th><th>주요 내용</th><th>공간</th><th>양산박 합류 인물</th></tr>
<tr><td>43</td><td>양웅과 석수의 만남</td><td>양산박→계주</td><td rowspan="7">양림(楊林),등비(鄧飛),맹강(孟康),배선(裵宣), 양웅,석수,시천,해진,해보,손신(孫新),손립,고대수(顧大嫂),추윤(鄒閏),추연(鄒淵),악화(樂和),이응(李應),두흥(杜興),호삼낭(扈三娘)</td></tr>
<tr><td>44</td><td>반교운(潘巧雲)과 배여해(裴如海)의 간음,</td><td>계주</td></tr>
<tr><td>45</td><td>양웅의 반교운 배여해 응징. 양웅과 석수와 시천(時遷) 양산박을 찾아가다가 축가장에서 소동.</td><td>계주→운주(鄆州)</td></tr>
<tr><td>46</td><td>첫 번째 축가장 싸움</td><td>운주</td></tr>
<tr><td>47</td><td>두 번째 축가장 싸움</td><td>운주</td></tr>
<tr><td>48</td><td>해진(解珍)과 해보(解寶) 이야기</td><td>등주(登州)</td></tr>
<tr><td>49</td><td>세 번째 축가장 싸움</td><td>운주→양산박</td></tr>
</table>

일곱 회의 서사 공간은 양산박에서 시작하여 양산박으로 끝나는 한 번의 순환으로 이루어져 있다. 이중 계주에서의 사건 주역은 양웅(揚雄)과 석수(石秀)이다. 이들의 이야기는 독립 서사이면서, 축가장 싸움의 계기가 된다. 그 전환 과정에서 시천(時遷)이 중요한 역할을 한다. 축가장 전투 와중에 서사 공간은 다시 등주(登州)로 바뀐다. 등주 이야기의 주역은 해진(解珍)과 해보(解寶) 형제이고, 이야기 끝에 나오는 손립이 축가장 싸움 종결에 결정적인 역할을 한다. 두 이야기는 축가장 서사의 부분이면서 엄연한 독립성을 지닌다. 7회 중 전투 서사는 2회 반 정도에 지나지 않는다. (46회의 절반과 47, 49회) 이 과정에서 18명이나 되는 인물이 새로 가담하여 양산박의 두령 숫자는 60명으로 불어난다.

귀향했다가 의미 있는 성과를 거두며 1회씩을 책임진 송강·이규와 달리, 미제 상태로 남은 공손승의 행적은 다음 서사로 이어지는 고리 역할을 한다. 강주성 사건은 아직 조정을 동요시킬 정도는 아니어서 양산박은 비교적 평화로운 나날을 보내고 있었는데, 어느 날 화제가 문득 공손승에게 미쳤다. 송강은 대종에게 공손승의 행적을 탐문해줄 것을 부탁하고, 대종은 혼자 계주로 떠난다. 도도하게 흐르는 장강대하와 그 시원의 관계가 그런 것처럼, '삼타축가장'은 짐짓 아무 관련 없어 보이는 먼 곳에서부터 출발한다. 43회의 서사 기능을 김성탄은 이렇게 말한다.

> 이상 송강이 산채에 들어가면서 끝은 모두 매듭지어졌다. 할 수 없이 대종이 공손승을 찾는 별도의 장치를 가동 양웅과 석수의 비단 문장을 빚어내, 삼타축가장의 무수한 기관(奇觀)까지 이끌어냈다. 하지만 이 한 회는 이어주면서 먼 흐름을 길러주는 부분이다. 명산을 유람하려면 비탈길을, 곰발바닥 요리를 먹으려면 은근한 불을, 달빛을 즐기려면 깊은 밤을, 미인을 감상하려면 머리 빗는 시간을 견뎌야 한다. 이 한 회도 독자들이 잘 견뎌내길! 그 과정에서 펼쳐지는 무수한 작은 문자들을 보라, 모두 언덕과 골짝이 어우러진 묘경을 지니고 있으니, 밋밋한 들판만 펼쳐져 있는 듯한 다른 책

과는 다르다.[348]

송강의 양산박 합류로 서사의 대전환이 성공적으로 완료되었지만, 이는 흐름의 단절을 의미하기도 한다. 이제 막 만들어진 서사의 본류를 어떻게 흐르게 할 것인가? 힘들게 본류가 형성되었는데 다시 지천(개인 서사)으로 돌아간다면 서사 전개의 역동성과 대결의 긴장감이 현저하게 줄어들 것이다. 그렇다고 급격하게 집단 서사로 몰아간다면 분위기는 무미건조한 군담으로 쏠릴 수밖에 없고, 60명이 넘는 두령들을 거둬들이는 데에도 무리가 생길 수밖에 없다. 『수호전』은 이 지점에서 짐짓 속도를 늦추고, 개인으로 시선을 돌려 강약과 완급을 조절한다. 이는 물론 더 큰 서사를 위한 준비 작업이다. 본류는 41회에서 미제로 남은 공손승의 행적을 찾아 대종이 계주로 떠나는 것으로 시작된다.

그런데 대종의 공손승 행적 탐문은 허필(虛筆)이다. 대종의 서사 내 임무는 공손승의 종적 탐문이다. 그 밖에서 서사 흐름을 조망하면 그의 임무는 두 가지다. 하나는 서사 흐름을 양웅과 석수에게 넘겨주는 것이다. 흐름은 몇 단계를 거쳐 축가장 싸움으로 이어진다. 다른 하나는 양림과 등비 등 네 명의 호한을 거둬오는 일[349]인데, 이는 일종의 부산물 같은 것이다. 김성탄의 평어는, 서사의 본류가 형성되어 가는 과정의 유기성, 그 세세한 부분들이 지니는 독립성, 그리고 전체와 개체들의 조합이 빚어내는 입체성에 대

---

348 43회 總評. "以上宋江既入山寨, 一切線頭都結矣, 不得已, 生出戴宗尋取公孫, 別開機扣, 便轉出楊雄´石秀一篇錦繡文章, 乃至直帶出三行打祝家無數奇觀. 而此一回, 則正其過接長養之際也. 貪遊名山, 須耐仄路 : 貪食熊蹯者, 須耐慢火 ; 貪看月華者, 須耐深夜 ; 貪見美人者, 須耐梳頭. 如此一回, 固願讀者之耐之也. 看他一路無數小文字, 都複有一丘一壑之妙, 不似他書, 一望平原而已."

349 대종은 계주 가는 길에 楊林을 만나고, 양림을 고리로 鄧飛를 만나고, 등비로부터 裴宣을 소개받아, 이들과 함께 飮馬川에서 술을 마시는데, 이 대목에서 김성탄은 이렇게 평했다. "108명을 거두기 어려운 까닭에 戴宗을 빌려 공손승을 찾아가는 실을 만들고, 여기에 너덧 명을 꼬치처럼 꿰어내었다. 一百八人實難收羅, 故借戴宗尋公孫作線, 便順手串出四五人也."

한 탄사이다. 표면상으로는 작은 서사들이 삼타축가장을 만들어내는 수단인 것처럼 들리지만, 김성탄이 정말 강조한 것은 역동성과 입체성을 만들어내는 '작은 문자들'이다.

김성탄은 실핏줄 같은 서사의 연결 부분도 예의 주시한다. 계주에서 대종과 양림의 눈앞에 양웅이 나타나는 대목에 대해서는 '접과(過接, 지나면서 이어 붙임)'이라 평했다, 척살양(踢殺羊) 장보(張保)의 출현에 대해서는, 양지(楊志)를 괴롭힌 우이(牛二)를 환기시키며 꼭 필요해서라기보다는 큰 물결을 일으키기 위해 '묵은 물[久水]'을 끌어왔을 뿐이라고 했다. 장보가 양웅에게 시비 거는 장면에서는, "석수를 끌어내기 위한 장치일 뿐"이라고 했다.[350] 술집에서 석수와 이야기를 나누던 대종과 양림이 양웅 일행의 출현에 황급히 자리를 떠나는 장면에 대해서는 '토사구팽의 문법'이라고 했다.[351] 석수와 양웅이 만나자, 대종은 기다렸다는 듯 양산박으로 복귀한다.[352] 양웅과 석수 서사가 본격적으로 시작되자, '각설(却說)'로 시작하는 한 단락으로 대종의 행보가 갈무리되는데, 여기서도 어김없이 그 의미를 언급한다.[353]

취병산(翠屛山)에서의 끔찍한 살인으로 양웅과 석수 서사가 일단락되자, 이들을 양산박으로 인도하는 인물은 고상조(鼓上蚤) 시천(時遷)이다. 시천은 별명 그대로 벽 타기나 담장 뛰어넘기의 재주로 도굴 등을 일삼는 좀도둑이다. 지름길을 이용해 달아난 이들이 도착한 곳이 축가장의 객점이다. 하루를 묵는 동안 시천이 제 버릇대로 객점의 수탉을 몰래 잡아먹는다. 이튿날

---

350 43회 夾評. "楊志被牛所苦, 楊雄爲羊所困, 皆非必然之事, 只是借久水興洪波耳."; "非一張保便困楊雄, 亦只是借以引出石秀耳, 須知行文之苦."

351 43회 夾評. "楊雄領眾人來, 只爲卸去戴宗之地耳. 戴宗既已卸去, 便並卸去眾人, 行文亦有狡兔死'走狗烹之法也."

352 공손승의 쓰임새는 남아 있다. '삼타축가장' 다음에 펼쳐지는 高唐州 싸움 과정에서, 대종은 다시 계주로 공손승을 찾아간다. 곡절 끝에 공손승은 양산박으로 복귀하여 고당주 싸움을 승리로 이끈다.

353 이 대목에는 "대종을 떨쳐 보냈으니 또한 이용만 하고 없애는 방법이다. 卸去戴宗, 亦是狗烹弓藏之法."라고 평어를 달았다.

이 문제로 실랑이가 일어나고, 그 와중에 양산박 적구(賊寇) 운운하는 소리 때문에 시비가 커지고, 시천은 축가장으로 잡혀간다. 대종이 양산박에서 양웅과 석수로 서사를 이어주는 것처럼, 시천은 양웅과 석수에서 축가장 전투로 연결해주는 인물이니 그 역할이 작지 않다.[354]

가까스로 달아난 양웅과 석수는 이가장(李家莊) 객점에서 두흥(杜興)을 만나고, 두흥의 소개로 이응(李應)에게 시천(時遷)을 구해줄 것을 부탁하는데, 이 일로 두 장원 사이의 오랜 동맹이 깨진다. 이는 난공불락이던 축가장 몰락의 한 원인이 된다. 양웅과 석수는 의도와는 상관없이 '삼타축가장'이라는 홍파(洪波)를 일으켜 양산박의 당면 문제를 해결해주고, 나아가 그 세력을 성장시키는 역할을 하는 셈이다. 축가장 몰락의 또 다른 요인은 등주에서 온 손립 일행의 잠입과 내응이니, '삼타축가장'에서 요란한 성세에 걸맞은 전투가 펼쳐지는 부분은 47회에 지나지 않는다. 현란하고 화려한 전투 장면은 이미지에 현혹되는 독자들의 환호를 받는 공허한 묘사에 지나지 않는다. 김성탄의 말을 빌려오면 한필(閑筆)일 뿐이다.[355]

> 사람들이 말하기를, 깊이 서린 뿌리와 옹이진 마디를 만나지 않으면 검의 예리함을 알기에 모자람이 있고, 어려운 주제가 아니면 기이한 필법을 보기에 부족하다고 한다. 이 회는 송강의 축가장 공격을 그리려고 하는데, 축가장 공격이야 심상한 전투 사건일 뿐이니, 그것이 어찌 시내암의 능력을 펼치기에 충분하겠는가! 그러므로 글을 짓기 전에 먼저 제목을 만들었다. 먼저 축가장 동서에 이가장(李家莊)과 호가장(扈家莊)을 세웠다. 세 장원이 서로 연결되니 형세가 날개 단 호랑이다. 동쪽을 치면 가운데와 서쪽의 군사

---

354 시천은 양산박 합류 뒤 여러 전투에서 혁혁한 공을 세우지만 그의 座次는 지살성 71번째에 불과하다. (72번째는 말도둑 段景住) 그의 독보적인 활약과 낮은 서열에 대해서는, 劉傳彔, 「時遷爲什麼被排在倒數第二位」, 『水滸爭鳴』 16, 2015, 174~175쪽 참조.

355 12회, 大名府 東郭에서 벌어진 楊志와 索超 등의 比武에 대한 總評.

가, 서쪽을 치면 가운데와 동쪽의 군사가, 가운데를 공격하면 동서에서 함께 구원한다. 이러한 주제는 감당하기 어려운 게, 날뛰는 여섯 마리 말을 하나의 고삐로 당길 수 없고, 어지러이 쏘아대는 화살을 방패 하나로 막을 수 없으며, 여기저기서 일어나는 들불을 한 사람이 재울 수 없는 것과 같다. 시내암은 비단 마음[錦心]과 비단 손길[錦手]로 붓을 놀리고 먹물을 찍었다. 양웅과 석수가 양산박에 이르기 전에 먼저 동쪽 이가장을 눌러두었으니, 이는 오른쪽 어깨를 매어놓은 격이다. 다음 회에 16명 호장(虎將)이 혈전 끝에 서쪽의 호삼낭(扈三娘)을 사로잡았으니, 그 왼쪽 겨드랑이에 상처를 입힌 것이다. 동서가 정해지니 축씨 삼형제를 없애는 것이야 닭 한 마리 잡는 것보다 쉬운 일이다. 시내암에게 제목을 보는 안목, 제목을 잡는 방법, 제목을 요리하는 힘이 있기 때문에 가능한 일이다.[356]

축가장 싸움이 시작되는 46회의 총평이다. 43회 총평에서는 '삼타축가장의 무수한 기관(奇觀)'이라고 했는데, 여기서는 '삼타축가장은 심상한 전투 사건일 뿐'이라며 형세의 포치(布置)와 타개 과정의 절묘함을 찬탄했다. 얼핏 보면 앞뒤가 맞지 않지만, 그 이면의 의미를 따져보면 '무수한 기관'이란 전투 장면이라기보다는, 그것을 둘러싼 서사의 전개와 구성을 의미하는 것으로 보아야 한다. 축가장의 좌우 날개를 묶어놓아 3면의 공세를 대비해야 하는 난국에서는 벗어났지만, 군사력만으로 결판나기 어려운 전선은 고착 상태에 빠졌다. 대치 국면이 지속되면, 기후와 보급의 문제는 물론 관군의 협

---

356 46회 總評. "人亦有言, 不遇盤根錯節, 不足以見利器. 夫不遇難題, 亦不足以見奇筆也. 此回要寫宋江打祝家莊, 夫打祝家莊, 亦尋常戰鬥之事耳, 烏足以展耐庵之經緯! 故未制文, 先制題, 於祝家莊之東, 先立一李家莊, 於祝家莊之西, 又立一扈家莊. 三莊相連, 勢如翼虎. 打東則中帥西救, 打西則中帥東救, 打中則東西合救. 夫如是而題之難禦, 遂如六馬亂馳, 非一轡所控, 伏箭亂發, 非一牌所隔, 野火亂起, 非一手所撲矣. 耐庵而後回錦心, 舒繡手, 弄柔翰, 點妙墨, 早於楊雄石秀未至山泊之日, 先按下東李, 此之謂縶其右臂. 入下回, 十六虎將浴血苦戰, 生擒西扈, 此之謂戧其左腋. 東西定, 而殲厥三祝, 曾不如縛一雞之易者. 是皆耐庵相題有眼, 捽題有法, 擣題有力, 故得至是."

공 등을 고려해야 하는 양산박의 입장에서는 패퇴할 수밖에 없는 형국에서, 갑자기 오용이 나타나 송강에게 귓속말을 한다.

이어 서사 공간은 돌연 등주(登州)로 바뀐다. 48회 내용은 46, 7회의 축가장 싸움과 동시간대에 일어난 사건인데, 한 번에 처리할 수 없어 뒤로 돌린 것이다. 내용은 착실한 사냥꾼 해진, 해보가 관리의 횡포와 토호의 탐욕에 희생양이 되어 감옥에 갇혔다가 탈출하여 양산박으로 가는 과정이다. 이 서사의 분량은 1회가 전부지만, 그 자체로 충분히 독립성과 완결성을 지니고 있다. 동시에 고착 국면에 처한 축가장 싸움을 승리로 이끌면서, 이들 일행은 양산박의 일원이 되어 그 형세를 불리는 구실도 한다. 등주 서사는 생동감 넘치는 독립 개인 서사이면서, 동시에 앞의 계주 서사와 대칭적 균형을 이루며 '삼타축가장'의 본류를 만들어간다는 점에서 매우 중요하다.

> 횡운단산법(橫雲斷山法)[357]이 있다. 두 차례 축가장 공격 뒤, 갑자기 해진과 해보가 범을 다투고 감옥을 탈출하는 이야기를 꽂아놓는다. … 글이 너무 길어지면 마냥 마냥 늘어질까 염려한 까닭에, 허리쯤에서 번뜩 내어 그 사이를 벌려놓는 방법이다.[358]

> 천군만마 뒤에 홀연 바람이 일어 가더니, 세차기 여울 같고 곱기 미인인 문장을 다시 지어내, 독자들로 하여금 한눈팔지 못하게 한다.[359]

> 천태산(天台山)을 읊조리려 하면서 도리어 동해의 노을을 가리키니, 참으로

---

357 두 묏부리가 이어져 있는데 구름이 가로놓이면 끊어진 것처럼 보이듯, 兩打祝家莊과 三打祝家莊은 이어지는 서사인데, 그 사이에 橫雲처럼 解珍과 解寶 이야기를 배치했다는 뜻이다.

358 「讀第五才子書法」. "<u>有橫雲斷山法. 如兩打祝家莊後, 忽插出解珍解寶爭虎越獄事.</u> … 只爲文字太長了, 便恐累墜, 故從半腰間暫時閃出, 以間隔之."

359 48회 總評. "千軍萬馬後忽然颺去, 別作湍悍娟致之文, 令讀者目不暇易."

기이한 문정이요 거침없는 필법이다.[360]

모두 48회의 서사 특징을 설명한 평어이다. 43회에서처럼 특별하게 많은 의미를 부여하지는 않았지만, 43회에 시도된 비평안으로 비추면 흥미로운 장치와 흐름이 보인다. 딴청 하듯 아무 상관 없는 등주(登州)에서부터 도모해가는 싸움의 해결 과정과, 짐짓 먼 계주(薊州)에서 시작되는 싸움의 내력 사이에는 대칭적 조응 관계가 성립된다. 계주에서의 서사 주역은 양웅과 석수인데 축가장 싸움의 도화선이 되는 인물은 시천(時遷)이고, 등주에서 사건을 이끌어가는 인물은 해진과 해보지만 정작 축가장에 잠입하여 싸움을 종결시키는 인물은 손립(孫立)이다. 여기에도 구성의 대칭적 균형에 대한 고려가 숨어 있다. 이러한 특징은 여러 지천들을 하나의 본류로 통합시켜가는 전체의 큰 흐름에도 기여한다.

양산박은 예기치 않게 등주에서 온 손립 일행의 활약으로 축가장을 쉽게 무너뜨릴 수 있었다. 양산박에서 시작한 서사 공간은 계주와 운주(鄆州)와 등주를 거쳐 다시 양산박으로 회귀한다. 우여곡절이 있었지만 전투를 승리로 이끌면서 송강은 지도력을 입증했고, 양산박은 군사 역량을 확인하는 동시에 실전 경험을 축적했다. 19명이나 되는 호걸들이 가세하여 두령의 수는 두 배 가까이 늘어났고, 규모가 커지면서 심각해지고 있던 양식 등 재정 문제를 해결할 수 있었다. 양산박으로서는 이제 조정의 대규모 토벌을 대비하지 않을 수 없게 되었고, 여기에 효과적으로 대응하기 위해서는 민심의 도움이 필요한 상황이 되었다. 민심을 얻는 것, 작게는 집단의 안전을 위해, 크게는 조정과의 주도권 쟁탈을 위해 꼭 필요한 것이다.

송강은 집단의 윤리적 정당성과 거사의 명분을 확보하기 위해 노력했

---

360 48회 도입 부분, 이 회에서 이야기할 사건이 축가장 싸움과 같은 시기에 일어난 것을 설명하는 부분에 대한 夾評이다. "欲賦天台山, 卻指東海霞, 真是奇情恣筆."

다. 축가장에 대해서는 잔혹하게 응징하는 한편, 집집마다 약탈한 쌀을 나눠주어 사람들의 마음을 얻었다. 표면상 축가장은 특별히 불의하거나 부정한 집단은 아니다. 대규모 전장(田莊)의 경영에서 하층민에 대한 착취 및 부패한 관과의 결탁을 유추할 수 있을 뿐이다. 양산박이 그들을 공격한 진짜 이유는 재화의 획득이고, 명분은 양산박에 대한 모욕이며, 도화선은 시천의 닭서리이다. 어쨌거나 양산박 군은 축가장 백성들에게 위력과 덕망을 유감없이 보여주었고, 그들이 떠나는 날 마을 사람들은 남녀노소 할 것 없이 향을 사르고 등촉을 밝히며 길 위에서 절하며 사례한다.[361] 이는 사실 여하를 떠나 양산박은 이제 조정과 민심을 다툴 만큼 성장했음을 의미한다.

4. 인물의 발견과 부조(浮彫), 창의적 비평의 실험

여러 갈래의 지천이 모여들면서 서사의 본류가 형성되었지만, 지천들이 본류를 불리는 도구에 그쳤다면, 즉 개인 서사가 집단 서사의 부품에 머물고 말았다면 이 소설은 심심하고 건조한 군담에 그쳤을 것이다. 부분은 전부를 구성하는 요소로 작동하면서 완결된 전부로 존립하고, 전체는 통일성을 유지하면서 다양한 개체들을 억압하지 않는 것, 그러면서 부분과 부분, 개체와 전체 사이의 유기적 조화를 유지하는 것은 대서사의 성공 조건이다. 부분 서사의 성패를 결정하는 것은 사건의 완결성이다. 인물은 이 사건을 이끌어가는 주역이면서, 반대로 사건을 겪으면서 그의 성격이 빚어지니, 이것이 서사에서 인물과 사건의 상생 관계이다.

김성탄은 『삼국지』와 『서유기』에 견주어 『수호전』의 미학적 우수성을 이렇게 말했다.

---

361 49회. "當有村坊鄉民, 扶老挈幼, 香花燈燭, 於路拜謝."

누군가 물었다. "『서유기』, 『삼국지』 같은 책은 어떤가요?" 대답했다. "모두 별로다. 『삼국지』의 인물과 사건은 설화에서 가져온 게 너무 많아, (작가의) 붓 아래서는 거의 바뀐 게 없다. 관부에서 이야기를 전하는 머슴이 상것들의 말투를 문자로 옮긴 것이 분명하니, 한 글자인들 감히 더하거나 덜어낼 수 있었겠는가! 『서유기』는 '각지(脚地)'[362]가 너무 없으니, 그저 단락 단락 맹랑한 이야기들의 연속일 뿐이다. 견주자면 섣달그믐날 밤 쏜 불꽃이 한바탕 한바탕 지나가지만 이들을 이어주는 꿰미가 전혀 없는 것과 같아서, 이 글을 읽을 때면 아무 데서나 멈출 수 있다.[363]

김성탄의 관점에서 『수호전』은, 『삼국지연의』보다 인물의 성격 창조에 있어 훨씬 우수하고, 『서유기』에 견주면 구성이 한결 유기적이고 서사 연결이 역동적이다. 이는 『삼국지연의』와 『서유기』는 각각 인물과 구성에 있어 설화의 수준에 머물고 있다는 뜻이고, 김성탄이 고금의 여섯 재자서의 하나로 『수호전』을 지목하고 여기에 평점을 더해 간행한 이유이다.[364] 이 중 앞에서 살펴본 것은 서사 구성상의 성취와 특징이다. 이 절에서는 김성탄이 『수호전』 최고의 미덕으로 꼽은,[365] 각 편의 미적 독립성을 안받침하는 성격의 창의적 부조(浮彫) 양상을 검토한다. 먼저 살펴볼 인물은 석수인데, 그 전에

---

362 현대 중국어에서 '脚地'는 건물과 외부 사이의 여유 공간—현관, 테라스, 마당 등—을 의미한다. 여기서는 이야기와 이야기를 이어주는 고리, 또는 현실적인 근거를 뜻하는 것으로 보인다.

363 「讀第五才子書法」. "或問, 題目如西遊三國如何? 答曰, 這個都不好. 三國人物事本說話太多了, 筆下拖不動, 踅不轉, 分明如官府傳話奴才, 只是把小人聲口替得這句出來, 其實何曾自敢添減一字. 西遊又太無腳地了, 只是逐段捏捏撮撮, 譬如大年夜放煙火, 一陣一陣過, 中間全沒貫串, 便使人讀之, 處處可住."

364 이러한 발언에는 서책 판매를 늘리기 위한 상업적 전략도 들어 있는 것으로 보인다. 毛宗崗은 평점본 『三國演義』를 간행하면서(1679) 비슷한 어법으로 『수호전』과 『서유기』를 깎아내렸다.(「讀三國志法」)

365 「讀第五才子書法」에 실린 몇 구절의 원문만 제시한다. "水滸傳一個人出來, 分明便是一篇列傳. 至於中間事跡, 又逐段逐段自成文字, 亦有兩三卷成一篇者, 亦有五六句成一篇者."; "別一部書, 看過一遍即休. 獨有水滸傳, 只是看不厭, 無非爲他把一百八個人性格, 都寫出來."; "水滸傳寫一百八個人性格, 真是一百八樣. 若別一部書, 任他寫一千個人, 也只是一樣; 便只寫得兩個人, 也只是一樣."

아래 글을 보자.

> 앞에는 무송이 간부(奸夫)와 음부(淫婦)를 죽인 한 편이 있고, 여기 또 석수가 간부와 음부를 죽인 한 편이 있는데, 같은 것인가? 같지 않다. 반금련의 음탕은 무대(武大)를 죽이기에 이르렀으니, 그 악행이 천지간에 가득한 것이다. 가슴을 헤쳐 심장을 꺼내지 않고는 그 잘못을 덮기에 부족하다. 반교운은 음탕해도 양웅을 죽이지는 않았다. 반교운이 양웅을 죽이게 될 죄 때문이라 한 것은 석수의 말이니, 이를 반교운의 속내라고 할 수는 없다. 또 무대가 죽었기에 무송은 반금련에게 그 죄를 묻지 않을 수 없었으니 이는 만부득이한 일이었다. 무대가 살아 있었다면 법이 있기에 무송은 반금련을 죽일 수 없었을 것이다. 석수의 경우 (반교운의 집을) 떠났으면 그만인데, 양씨의 아내를 죽였으니 이게 무슨 법인가! 종합하면, 무송이 반금련과 서문경을 죽인 것은 전적으로 형의 복수를 위한 것이니 자기 감정과는 상관이 없다. 반면 석수가 네 사람—호두타(胡頭陀), 배여해(裵如海), 반교운, 영아(迎兒)—을 죽인 것은 자기의 원억(冤抑)을 밝히기 위해서일 뿐 양웅과는 관련이 없다. 반교운도 석수를 유혹했고 반금련도 무송을 유혹했는데, 무송은 자기 형수이기 때문에 모른 척 받아주면서 따지지 않았어도, 천하 후세에 그의 빙옥 마음을 환히 알지 못하는 사람이 없다. 석수의 경우는 그걸 가리기에 악착같아, 배후에서 가리고 면전에서 가리고 영아와 교운으로 하여금 가리게 했다. 이는 양웅에게 자신의 빙옥 마음을 입증하려 한 것에 지나지 않는다. 아, 이 넓은 천하에 이처럼 각박하고 악독한 인물이 또 있을까! 시내암이 한 손으로 붓을 쥐어 무송을 그린 뒤 또 석수를 그려냈으니 아무리 생각해도 괴이한 일이다! 이 얼마나 기이한가![366]

---

366 45회 總評. "前有武松殺奸夫淫婦一篇, 此又有石秀殺奸夫淫婦一篇. 若是者班乎? 曰不同也. 夫金蓮之淫, 乃敢至於殺武大, 此其惡貫盈矣. 不破胸取心, 實不足以蔽厥辜也. 若巧雲, 淫誠有之, 未必至於殺楊雄也. 坐巧雲以他日必殺楊雄之罪, 此自石秀之言, 而未必遂服巧雲之心也. 且武松之於金蓮也, 武大已死, 則武松不

무송과 양웅이 각각 반금련과 반교운을 죽인 사건을 들어, 무송과 석수를 대비하는 내용이다. 『수호전』에는 기시감을 일으키는 비슷한 사건(또는 모티브)이 되풀이되는 경우가 많은데, 김성탄은 이를 정범법(正犯法)이라고 했다.[367] 앞에서 무송이 서문경과 반금련을 죽인 사건을 서술하고, 뒤에 다시 석수와 양웅이 배여해와 반교운 등을 죽인 사건을 배치한 것은 정범법에 해당한다. 김성탄이 무송과 석수를 묶어 논의한 이후 두 사람은 함께 거론되곤 하였다. 결론부터 말하면 석수에 대한 김성탄의 평가는 인색하다 못해 증오에 가까워, 심지어는 그의 부정적인 면을 더 부각하기 위해 내용의 변개를 서슴지 않았을 정도이다.[368] 반교운과 영아를 죽인 사람은 양웅이지만, 실질적인 살인자는 석수라고 김성탄은 생각했다. 석수의 일언일행에 대해 김성탄은 빼놓지 않고 '정세(精細)', '괴각(乖覺)', '첨각(尖刻)', '한독(狠毒)', 가외('可畏)' 등의 평어를 달았다. 영리하고 치밀하지만 각박하고 악독하여 좋아할 수 없는 인물이란 뜻이다.

석수의 성격은 몇 단계 또는 장치를 거치며 빚어지는데, 이들을 나누어 차례로 살펴보는 것이 이해에 편리하다. 첫 번째로 유의할 것은 그의 출신

得不問, 此實武松萬不得已而出於此, 若武大固在, 武松不得而殺金蓮者, 法也. 今石秀之於巧雲, 既去則亦已矣, 以姓石之人, 而殺姓楊之人之妻, 此何法也. 總之, 武松之殺二人, 全是為兄報仇而已曾不與焉. 若石秀之殺四人, 不過為已明冤而已, 並與楊雄無與也. 觀巧雲所以汚石秀者, 亦即前日金蓮所以汚武松者, 乃武松以親嫂之嫌疑, 而落落然受之, 曾不置辯, 而天下後世亦無不共明其如冰如玉也者. 若石秀則務必辯之, 背後辯之, 又必當面辯之, 迎兒辯之, 又必巧雲辯之, 務令楊雄深有以信其如冰如玉而後已. 嗚呼, 豈眞天下之大, 另又有此一種巉刻狠毒之惡物歟. 吾獨怪耐菴以一手搦一筆, 而既寫一武松, 又寫一石秀, 嗚呼, 又何奇也."

367 「讀第五才子書法」. "有正犯法. 如武松打虎後, 又寫李逵殺虎, 又寫二解爭虎 ; 潘金蓮偷漢後, 又寫潘巧雲偷漢 ; 江州城劫法場後, 又寫大名府劫法場 ; 何濤捕盜後, 又寫黃安捕盜 ; 林沖起解後, 又寫盧俊義起解 ; 朱仝´雷橫放晁蓋後, 又寫朱仝´雷橫放宋江等. 正是要故意把題目犯了, 卻有本事出落得無一點一畫相借, 以爲快樂是也. 真是渾身都是方法." 정범법이란 문장의 금기—똑같은 글자를 쓰거나 비슷한 사건 반복하는—를 정면으로 범하면서 차이를 두어, 친숙감과 변화감을 함께 노리는 작법이다.

368 石秀의 성격에 대한 해석과 평가와 관련해서는 민경욱, 「잔혹과 당혹 사이-水滸傳 石秀 故事의 解釋史(上)」, 『중국소설논총』 35, 2011 ; 「『水滸傳』 石秀 故事의 해석사-근대편」, 『중국소설논총』 41, 2013 참조.

과 작호(綽號)이다. 그는 계주(薊州) 큰길에서 토박이 파락호들에 의해 곤경에 처한 양웅을 섶 짐 내려놓은 채 도와주는 모습으로 등장한다. 금릉(金陵) 출신으로 타지를 떠돌고 있는 나그네이며, 길을 가다가도 불의를 보면 앞뒤 안 가리고 도와주기[路見不平, 拔刀相助] 때문에 별명이 변명삼랑(拚命三郎)[369]이다. 실제 이후 서사에서 석수는 노지심, 무송에 필적하는 용맹함을 보여준다. 한편 이러한 과감 용맹한 행위와 영리 치밀한 성격 사이의 모순을 지적하면서, 이는 적층 형성 과정에서 생긴 자기 불일치라는 지적이 있어 주목을 끈다.[370] 이것이 성격의 자기모순인지, 다중 표출인지는 더 논의가 필요하다.

두 번째는 대종과의 만남이다. 대종은 그의 유락(流落)한 처지를 안타까워하며, 강호에서의 반생 쾌락을 권한다. 석수가 반문하자, 자신들은 양산박에서 호의호식하고 있으며 곧 조정의 초안을 받아 관리가 될 것이라고 자랑한다.[371] 석수가 솔깃해하자, 대종은 자기 정체를 밝히고는 얼마간 은자를 준다.[372] 대종의 정체를 안 석수가 속내를 털어놓으려고 했으나, 왁자지껄 들어 닥치는 양웅 일행에 대종이 자리를 뜨는 바람에 대화가 끊어졌다. 하지만 석수의 심리는 이미 크게 요동쳤고, 마음은 벌써 양산박으로 가고 있었다.[373] 대종의 호의와 친절은 강호를 떠돌던 석수에게 양산박이라는 환상을

---

369 拚命은 '목숨을 돌보지 않는다'는 뜻이다. 『宣化遺事』 등에서 석수의 작호는 拚命二郎이다. 그에게 형이 있다는 언급이 없고, 短命二郎(阮小五)의 사례로 보아 '二'는 형제의 排行은 아니다. 二郎은 泰山府君에 속한 二郎神인데, 태산부군은 죽음을 주재하는 신이니 이랑신 또한 死神이다. '三郎'은 '二郎'과 같은 의미로 보는 게 합리적이다. 拚命三郎은 '목숨을 돌보지 않는 저승사자' 정도의 의미가 된다. 여기에 대해서는 龔維英, 「石秀綽號考釋」, 『明淸小說硏究』, 1988. 참조.

370 房莹, 「石秀形象的塡補與顚覆」, 『蘭臺世界』, 2015, 163~164쪽.

371 43회. "小可一個薄識, 因一口氣, 去投奔了梁山泊宋公明入夥, 如今論秤分金銀, 換套穿衣服, 等朝廷招安了, 早晩都做個官人."

372 이 대목에 김성탄은, 달콤한 말과 돈으로 사람 마음을 홀리고 사는 나쁜 습관이라고 비판적 평어를 달았다. "只是好看語, 蓋有權術的, 開口便防人一著, 如宋江之於武松, 皆此類也. 學究不知世事, 便因此語續出半部, 真要笑殺"; "又學宋江說好話, 又學宋江使銀子, 寫得戴宗使活是第二宋江."

373 김성탄도 이 대목에, "사람들은 석수의 호응이 빠른 줄만 알지, 이 문장이 곧장 취병산 이후로 건너

심어주고, 이후 그의 심리와 행보에 적지 않은 영향을 끼친다. 양웅의 집을 나오고, 또 잇단 살인(유도)을 행한 것도 갈 곳이 확실하게 생겼기 때문이다.

세 번째 살펴볼 것은 기법이다. 석수의 성격은 양웅과의 대비를 통해 더 분명하게 부각된다. 양웅은 생각이 단순하고 행동이 투박한 인물이다. 사람들의 갈채에 득의양양 위험이 다치는 줄도 알아채지 못한다. 첫 만남에서 형제를 맺었다가 헐뜯는 몇 마디에 관계를 파탄 낸다. 아내에게 무슨 일이 있는지도 알아채지 못하고, 반교운도 그런 남편을 두고, '이렇다 할 생각이 없는 사람'으로 간주한다.[374] 이 모든 장면에 석수는 전혀 다른 모습으로 나타난다. 그는 의심이 많고 눈치가 빠르며, 주변 정황을 때로는 본능으로 감지하고 때론 추론으로 파악한다. 굳이 아내를 죽일 마음까지는 없었던 양웅을 교묘하게 격분시켜 영아까지 잔혹하게 살해하게 한다.[375] 영리한 석수의 활약은 양산박에 합류한 뒤에도 유감없이 발휘된다.[376] 이처럼 상반되는 두 사람을 한 자리에서 묘사하여 하나의 성격이 더 잘 나타나도록 하는 서사기법을 배면포분(背面鋪粉)이라 한다.[377] 김성탄은 장면 곳곳마다 '이게 석수 是石秀', '이게 양웅 是楊雄'이라는 평어를 달아 독자들의 주의를 환기시켰다.

마지막으로 주목할 것은 김성탄의 개입이다. 석수는 송강과 함께 김성탄이 가장 부정적으로 평가한 인물인데, 이는 호감 여하를 떠나 그만큼 김

간다는 사실은 알지 못할 것이다. 人但知接下之疾, 豈複料此文乃直兜至翠屏山後耶?"라고 평했다.

374 배여해가 양웅의 태도를 걱정하자, 반교운이 한 말이다. "看來拙夫也不恁地計較." '看來拙夫' 뒤에 김성탄은 "네 글자는 살아 있는 그림이다. 하나는 딴 맘 먹고 새로 온 사람을, 하나는 정부를 유혹하는 아낙을 살아 있게 그려냈다. 四字活畫. 一是活畫回頭新來人, 一是活畫偷養漢子婦人也."

375 여기에 대해서는 曲家源, 「水滸傳中粗疏殘忍與精細尖刻的一對」, 『漢中師範學報(哲學社會科學)』, 1989, 53~57쪽에 잘 분석되어 있다.

376 석수는 축가촌에 잠입, 미로를 알아내어 양산박 군대를 위기에서 구해내고, 위장 포로가 되어 축가장 함락에 결정적인 공을 세운다.

377 252쪽 각주 286번 참고. 송강의 간사함을 그리기 위해 슬쩍 이규의 진솔함을 그리고, 석수의 날카로움을 드러내기 위해 양웅의 투박함을 묘사하는 방법이다. 反襯法이라고도 한다.

성탄에게 깊은 인상을 주었음을 의미한다.[378] 그는 자신의 혐오를 두 사람의 인물 형상에 적극적으로 투여하였으니, 부정적인 평가에 더 잘 부합하도록 곳곳의 내용을 변개한 것이다. 각박하고 예리한 인물 형상을 위해 장구를 단구로 고쳐 사람을 몰아붙이는 기세를 강화했다. 더 단적인 사례는, 반교운과 배여해의 관계를 알아차리는 과정을 '1분을 눈치 챘다[瞧科一分了]'에서 '10분을 눈치 챘다[瞧科十分了]'까지 10단계로 기술한 부분이다. 이 구절은 이전 판본에서는 1회만 나오거나 아예 나오지 않는다. 마지막 10번째 자신이 첨가한 구절에 찬탄의 평어를 달기도 했다.[379] 김성탄 이후 석수에 대해서는 부정적인 평가가 주류를 이루었는데, 평가 여하를 떠나 석수는 그 남다른 성격 때문에 이후 지속적으로 재해석, 재창작되어왔다.[380]

석수처럼 주동적이지는 않지만, 48회를 이끌어가는 해진과 해보 형제의 인물 형상도 충분히 완결성을 지닌다. 사냥꾼인 형제는 특별한 지향이나 불만을 지니지 않은, 조건에 순응하며 사는 아주 소박하고 순량한 백성이었는데, 예기치 않은 사건을 겪으면서 그 신분이 180도 달라지게 된다. 등주 외곽 산에 맹수가 출몰하여 사람을 해치자, 지부(知府)는 관내의 사냥꾼과 산 근처 마을 이정(里正)들에게 기한 내에 범을 잡지 못하면 엄하게 문책할 것이라는 명을 내렸다. 자세히 기술되지 않았지만 엄밀히 보면, 이 지부의 행위는 국가가 해야 할 일을 민간에 떠맡기고 형벌로 핍박하는 횡포이다.

---

378 실제 석수의 인물 비중은 양웅과 견줄 수 없을 정도로 크다. 43~45회에서 기미를 포착하고, 균열을 일으키며, 사건을 일으키고, 방향을 제시하는 인물은 석수이다. 양웅은 그 뒤를 따를 뿐이다.

379 이러한 자작자평은 셀프비평의 선례라 할 만하다. "이처럼 하나부터 열까지 눈치 채가는 문장은, 작자가 특히—23회에서 王婆가 西門慶과 潘金蓮의 서로에 대한 호감을—하나하나 알아채가는[研光] 문장과 짝지은 것인데, 俗本들이 이를 모두 잃은 것은 어찌된 일인지? 고본을 만난 것이 참으로 다행이다. 此十分瞧科之文, 作者乃特特與十分研光相對. 俗本悉行改失, 何也? 設不遇古本, 豈不惜哉!"

380 揚州平話의 「石十回」는 그 인기를 입증하는 대표 사례이다. 1930년대 施蟄存은 소설 『石秀』에서, 프로이트의 이론을 빌려 석수의 잠재의식을 그려냈다. 이 소설에 따르면 석수의 살인 동기는 반교운에 대한 '성환상'과 '성욕억압'에서 발생한 변태심리이다. 여기에 대해서는, 房瑩, 앞의 논문 참조.

해진 형제는 불만 없이 사흘 밤을 새워 사냥에 성공했는데, 상처 입고 달아나던 호랑이가 그만 이정 모태공(毛太公)[381] 집 후원으로 굴러떨어졌다. 모태공 집에서는 이른 새벽 아들 모중의(毛仲義)가 이 호랑이를 관아에 가져다 보고했다.

그 사실을 모른 형제는 새벽에 모태공 집으로 가 매우 공손하게 찾아온 뜻을 말했지만, 모태공은 짐짓 따스하게 대해주면서 증거가 분명한 사실을 잡아뗐다. 실랑이 끝에 사실이 거의 드러났음에도 야비한 언사를 내뱉는 모태공의 태도에 격분한 형제는 집 기물이나 조금 부수다가 발길을 돌렸다. 관에서 돌아오는 모중의를 만나서도 예를 지키며 억울함을 하소연했으나, 모중의 또한 짐짓 위해주는 척하면서 형제를 속여 관부로 압송해버렸다. 관부에는 모태공의 사위 육안공목(六案孔目) 왕정(王正)이 형제를 고문하여 거짓 자백을 받아내고, 모태공의 뇌물을 받은 절급(節級) 포길(包吉)이 노골적으로 형제를 핍박했다. 이들은 예서 그치지 않고 후환을 남기지 않기 위해 형제를 없애기로 공모했다. 관부와 토호가 결탁하여 자행한 횡포로 순량한 백성이 졸지에 파렴치한 무뢰배가 되어 죽을 위기에 처한 것이다.

집안 누이 고대수(顧大嫂) 등의 도움으로 감옥을 벗어난 형제는 더 이상 순량하기만 한 백성이 아니었다. 포길을 죽인 뒤 양산박을 향해 떠나려 할 즈음 잔뜩 독이 오른 형제는 말한다. "저 모태공 늙은 원수 놈을 그대로 둘 수 없습니다. 어떻게 이대로 갑니까! 叵耐毛太公老賊冤家, 如何不報了去!" 이들은 모태공 집안사람들을 하나도 살려두지 않았다. 순량했던 백성이 갑자기 살인을 저지르고 도적 집단을 찾아가는 호민(豪民)으로 탈바꿈한다는

---

381 48회는 毛太公의 성씨 때문에 작품 외적으로 논란이 많았다. 김성탄은 毛씨에 대해, "姓便不佳", "今日此族最盛", "此族今已蔓延天下矣." 등의 평어를 달았다. 김성탄이 말한 毛씨는 명말의 환관 魏忠賢의 수양아들 毛一鷺를 가리킨다. 그는 天啓 연간 江蘇巡撫가 되어 위충현의 生祠를 짓는 등 악행을 일삼아 원성이 높았다. 1960년대 초, 김성탄의 毛씨 관련 평어를 다룬 논문이 毛擇東을 에둘러 비판하는[影射] 것으로 간주되어 논자가 반혁명의 죄목으로 필화를 겪었다. 潭家健, 「評論水滸傳毛太公惹的風波」, 『百年潮』, 2005, 72~74쪽,

점에서 완소칠 형제와, 공권력의 핍박을 못 이겨 부득이 양산박을 찾아간다는 점에서는 임충과 비슷한데,[382] 형제는 관부의 근처에도 가본 적도 없고 애초 위법을 저지르지 않았으니 그 억울하기는 훨씬 더하다. 이들 형제는 양산박의 108 두령 중, 순량한 백성이 순전히 공권력의 핍박에 의해서 도적이 된 경우라는 점에서 그 표상적 의의가 적지 않다.

48회에 등장하는 악역 인물들의 이름을 주목하면 흥미로운 사실이 발견된다. 공교롭게도 형제를 핍박하는 인물들의 이름은 하나같이 좋은 뜻을 지니고 있다. 김성탄은 이들 이름을 하나하나 주목했다. 모중의(毛仲義)의 등장 대목에서는, "심하다, 이름이 사람을 규정할 수 없음이여! 인의충신(仁義忠信)은 그저 우리를 속일 뿐이다."[383]라 했다. 포길(包吉)의 등장 대목에서는 세 사람을 묶어 "지극히 탐욕스럽고 비루한 사람의 이름은 '의(義)'이고, 지극히 간사한 사람의 이름은 '정(正)이며, 지극히 흉악한 사람의 이름이 '길(吉)'이니 한숨도 나고 웃음도 나온다."라고 했다.[384] 반면 포길이 형제의 작호 양두사(兩頭蛇)와 쌍미갈(雙尾蠍)를 두고 조롱하자, 해진은 "남들이 그렇게 부를 뿐, 선량한 사람들을 해코지한 적이 없다."고 대답하는데, 김성탄은 여기에 "은근히 풍자하는 뜻이 있다."고 평했다.[385] 명실(名實)의 어긋남에 대한 김성탄의 평어에는, 지배층이 내세우는 명분과 도덕과 지식의 허위를 조롱하려는 뜻이 담겨 있다.

이 외에 김성탄이 특별히 주목한 인물은 축가장의 무술 교사 난정옥(欒

---

382 양산박 가담 경위로 흔히 '官逼上梁山'을 말하지만, 한 연구에 따르면 108 두령 중 관의 핍박에 의해 양산박에 들어가는 인물은 林沖과 解珍 형제를 비롯한 7명에 지나지 않는다. 諸葛志, 「"逼上梁山"具體涵義考論」, 『浙江師大學報(사회과학판)』, 1997, 32~37쪽.

383 48회 夾評. "甚矣!名之不足以定人, 而仁義忠信, 徒欺我也."

384 48회 夾評. "極貪鄙人卻名義, 極奸邪人卻名正, 極凶惡人卻名吉, 可歎可笑."

385 48회. 解珍道 : "雖然別人叫小人這等混名, 實不曾陷害良善."【夾評 : 其語隱然相刺, 亦真有兩頭蛇'雙尾蠍之能.】

廷玉)이다. 두흥(杜興)의 입을 통해 만부부당(萬夫不當)의 용맹을 지닌 인물로 처음 소개된(46회) 난정옥은, 뛰어난 지도력과 전투력으로 양산박의 공세를 막아낸다.(47회) 하지만 동문 제자였던 손립에게 속아 그 일행을 축가장 안으로 불러들여 패멸의 빌미를 제공한다. 시종 의심 없이 호의로 옛 벗을 맞아주는 태도에서, 그의 선량한 인품과 장수로서의 약점이 동시에 드러난다. 그는 전투가 시작되자 서북쪽의 적군을 치기 위해 북문을 나섰는데 그 뒤로 홀연 종적이 사라진다. 전사한 것일까? 심상한 눈으로 보면 조역에 지나지 않는 난정옥에 김성탄은 특별한 애호를 보였으며, 여느 독자나 평자는 무심코 지나칠 그의 종적에 대해서도 예사롭지 않은 비평을 시도한다.

> 세 차례의 축가장 공격은 3단 변화의 기이한 풍격을 빚어냈으니 그 재주가 바다 같음을 알 수 있다. 하지만 더욱 놀라운 것은 난정옥의 종적을 오리무중으로 처리한 점이다. 괴이하지 않은가! 장원 문을 열고 조교(弔橋)를 내려 축씨 3형제와 한 명의 난(欒)씨가 일제히 출격한 사실은 분명하게 씌어 있어 나는 읽었다. 그런데 축씨 3형제를 죽인 사람은 있는데 정옥이 죽은 곳은 없다. 이로부터 종적이 묘연하니, 그저 송강의 탄식에 기대 죽었다고 단정할 것인가! 옛 영웅은 할 만하면 하고, 아니면 일순 바람처럼 사라진다고 한다. 사냥에 실패하면 높이 날아 사라지는 솔개 같은 인물들이 실제 왕왕 있었으니, 난정옥도 이런 부류의 인물이 아닐까! ①허면 난정옥은 죽지 않은 것이다. 호성(扈成)도 몸을 빼내 대장이 되어 그 이름이 남았는데, 그가 난정옥보다 뛰어난 인물이란 말인가! 뛰어나기 이와 같은지라 난정옥은 끝까지 빈천할 사람이 아님에도 그를 위해 한 번 붓질하지 않았으니, ②이 전투에서 죽었다고 봄이 자연스럽다. 하나 이상한 점은 당일 송강의 군대에서, 임충·이준·완소이는 동쪽에, 화영·장횡·장순은 서쪽에, 목홍·양웅·이규는 남쪽에 진을 쳤는데, 난정옥은 먼저 말을 타고 나와 북쪽으로 치고 나갔다. 장수들이 지키는 3면을 버려두고 아무도 없는 쪽으로 향했다. 이 한 구절의 의문을 남겼으니 ③그가 죽지 않았을지도 모른다는 논의가 없을 수

없다. 하지만 전고와 포성이 울리고 사마(四馬)의 형세가 산모롱이를 의지한 범 같은 이 때에, 난정옥이 상황을 파악했다면 그 힘은 축가장의 전군을 안정시킬 수 있었거늘, 어째서 겨우 한 몸 달아나는 하책을 썼단 말인가? ④이는 또 그가 죽었을 수밖에 없는 분명한 근거이다. 그렇다면 지키는 자가 없는 북쪽으로 혼자 달려간 것은 무슨 이유인가? 북쪽에 지키는 장수가 없었던 것은 아니다. ⑤송강의 군마가 사방에서 일제히 일어났지만 북쪽을 언급하지 않은 것은 난정옥을 위해 기휘한 것이다. 이를 언급하려면 자세하게 기술해야 한다. 정옥의 칼이 이지러지지 않고 창은 부러지지 않고 북소리는 잦아들지 않았고 화살이 남아 있었다고 기술하면 정옥은 죽지 않은 것이다. 정옥이 결국 죽었다면 그의 칼이 이지러지고 창자루는 부러지고 북소리는 잦아들고 화살이 떨어지는 상황을 말하기 어려운 점이 있다. 『춘추』에서는 현자를 위해 기휘하여 쓰지 않기도 한다. 북쪽을 지킨 두령의 이름을 쓰지 않은 건 어째서인가? 정옥을 죽였기에 미웠던 것이다.[386]

전투를 승리로 이끈 뒤 송강은 크게 기뻐하면서도, 난정옥 같은 호한을 죽인 것이 안타깝다고 탄식한다.[387] 죽은 것으로 간주하고 넘어가면 그만일

---

386 49회 總評. "三打祝家, 變出三樣奇格, 知其才大如海. 而我之所尤爲歎賞者, 如寫欒廷玉竟無下落. 嗚呼, 豈不怪哉! 夫開莊門, 放吊橋, 三祝一欒一齊出馬, 明明在紙, 我得而讀之也, 如之何三祝有殺之人, 廷玉無死之地, 從此一別, 杳然無跡, 而僅據宋江一聲歎惜, 遂必斷之爲死也? 吾聞昔者英雄, 知可爲則爲之, 知不可爲則瞥然颺去. 譬如鷹隼擊物不中, 而高飛遠引深自滅跡者, 如是等輩往往而有, 即又惡知廷玉之不出此? 如是則廷玉當亦未死. 然吾觀扈成得脫, 終成大將, 名在中興, 不可滅沒, 彼豈真出廷玉上哉! 而顯著若此, 彼廷玉非終貧賤者, 而獨不爲更出一筆, 然則其死是役, 信無疑也. 所可異者, 獨爲當日宋江之軍, 林冲李俊阮二在東, 花榮張橫張順在西, 穆弘楊雄李逵在南, 而廷玉當先出馬, 乃獨冲走正北. 夫不取有將之三面, 而獨取無將之一面, 存此一句之疑, 誠不能無未死之議. 然吾獨謂三鼓一炮之際, 四馬勢如嵎虎, 使此時廷玉早有所見, 力猶可以疾按三祝全軍不動, 其如之何而僅以身遁, 計出至下乎? 此又其必死之明驗也. 曰, 然則獨走正北無將之一面者, 何也? 曰, 正北非無將之面也. 宋江軍馬四面齊起, 而不書正北, 當是爲廷玉諱也. 蓋爲書之則必詳之, 詳之而廷玉刀不缺, 槍不折, 鼓不衰, 箭不竭, 即廷玉不至於死. 廷玉而終亦至於必死, 則其刀缺′槍折′鼓衰′箭竭之狀, 有不可言者矣. 春秋爲賢者諱, 故缺之而不書也. 曰, 其並不書正北領軍頭領之名, 何也? 曰, 爲殺廷玉則惡之也."

387 49회. "只可惜殺了欒廷玉那個好漢!"

것을, 김성탄은 그의 죽음에 의문을 표명한다. 그는 난정옥의 죽음에 대한 명시적인 기술이 없는 것을 들어, 그가 죽지 않았을 가능성과 죽었을 수밖에 없는 사정을 진술을 거듭 번복한다. 결론은 다소 애매하게, 현자의 최후를 기휘하는 『춘추』의 작법을 끌어와 난정옥의 마지막을 여백으로 처리한 것이다. 이렇게 되면 난정옥의 생사 여부를 따지는 것은 부질없는 일이 된다. 남는 것은 작자(평자)의 난정옥에 대한 애호, 나아가 뛰어난 능력을 지녔지만 쓰이지 못하고 사라진 난정옥이라는 '슬픈 영웅'만 남게 된다. 이러한 김성탄의 비평은 자기도 모르게 양산박 중심의 줄거리를 추수하던 독자들의 의표를 찌르면서, 작품을 다시 읽게 만드는 효과를 거둔다.

김성탄은 진영의 피아를 떠나 쓰이지 못하는 인재에 특별한 애호를 투여하곤 했다.

> 사진은 왕교두를 찾아갔다가 끝내 찾지 못했는데, 나는 이 부분을 읽고 한 달 동안 가슴이 답답했다. 장청의 객점에서 독살된 두타의 정체가 끝내 밝혀지지 않음을 보고는 또 한달 간이나 가슴이 답답했다. 여기에서 또 난정옥의 소재를 잃어버렸으니 나는 앞으로 한 달 가슴이 답답할 것이다. 시내암이 일부러 모호한 글을 지어 독자를 시름겹게 한 줄 왜 모르겠는가! 하지만 내가 오늘 우언(寓言)을 간파하여 시름에 젖지 않는다면 시내암을 저버리는 것이니, 차마 이 문장의 장치에서 벗어나지 못하겠다.[388]

나머지 두 사람은, 고구의 핍박을 받고 달아나다가 도중에 사진에게 무예를 가르치고 사라진 왕진,(1, 2회) 그리고 십자파 장청의 객점에서 예사롭지 않은 계도와 염주 등을 남기고 허무하게 죽은 두타이다.(26회) 서사의 큰

---

388 49회 總評. "史進尋王教頭, 到底尋不見, 吾讀之胸前彌月不快；又見張青店中麻殺一頭陀, 竟不知何人, 吾又胸前彌月不快；至此忽然又失一欒廷玉下落, 吾胸前又將不快彌月也. 豈不知耐庵專故作此鶻突之筆, 以使人氣悶. 然我今日若使看破寓言, 更不氣悶, 便是辜負耐庵, 故不忍出此也."

흐름에 휩쓸리지도 않고, 서사의 비중이나 분량도 아랑곳하지 않는, 이러한 해석은 텍스트 속의 숨은 진경으로 독자를 안내하는 동시에 창조적인 비평의 역할과 방향을 고민하게 한다. 빛에 의해 드러나는 것, 통념과 관습에 젖은 인식, 권력과 이념의 압도적 작용 등에 대한 회의와 성찰, 그리고 저항적 실천에서 문학이 태어나는데, 문학이 부정했던 행태를 문학비평이 되풀이하는 것은 우스운 일이다. 난정옥에 대한 김성탄의 비평은 문학의 독법을 원점에서 다시 생각하게 하는 힘을 지닌다.

석수, 해진과 해보 형제, 난정옥은 거대 서사의 본류를 형성하는 '삼타축가장'이 집단 서사의 무미건조함에 매몰되지 않도록, 개별 서사의 완결성과 독립성을 충족시켜주는, 하여 부분과 전체의 유기적이고 역동적인 조합을 가능하게 해주는 요소이다.

5. 결어

지금까지 논의한 것을 간추리면 다음과 같다. 첫째, '삼타축가장'의 범위를 43~49로 넓혀 잡아야 한다. 그래야만 발단과 결말을 포괄하여, 부분이자 전체인 독립 서사로서의 완결성을 갖출 수 있기 때문이다. 둘째, 집단으로서의 양산박을 기준으로 삼을 때, 서사 본류가 형성되는 기점은 송강이 합류하는 40회이다. '삼타축가장'은 그 이후의 첫 번째 사건으로, 서사의 흐름이 개인 중심에서 집단 위주로 바뀌는 전환점이자, 송강과 양산박의 역량이 시험된 1차 관문으로서의 의의를 지닌다. 설명을 위해 '서사 본류'라는 용어를 가져왔다. 셋째, 개인의 이야기와 집단의 이야기가 유기적으로 결합되는 서사 구성의 묘미를 주목하였다. 축가장 전투는 대종의 계주 행으로부터 촉발되고, 등주에서 해진 형제의 호랑이 사냥으로부터 해결의 실마리가 풀리기 시작한다. 이러한 구성은 개인 서사와 집단 서사의 유기적이고 조화로운 결합을 가능하게 했으며, 대량의 인물을 양산박으로 끌어들이는 효과도 거둔다. 넷째, 인물의 성격을 뚜렷하게 부조하는 김성탄의 개작 및 비평 양상을 검토하였다. 김성탄은 석수를 부정적으로 평가하기 시작했으며,[389] 자기 견해를 강화하기 위해 개작도 마다하지 않았다. 관리와 토호의 위선과 악행을 부각시켜, 순량했던 백성이 잔인한 도적으로 변해가는 과정을 잘 보여주었다. 난정옥에 대한 평가는, 비평이 작가의 의도나 텍스트 내의 비중과 상관없이 얼마나 창의적일 수 있는가를 잘 보여주는 사례이다.

이 밖에 의미있는 것으로 읽혔으나, 단편적이거나 해석이 미진하여 논단에 오르지 못한 몇몇 사안이 있다. 이후 논의의 여지를 위해, 또 혹 있을지 모를 현자의 제성(提醒)을 위해, 서넛 사례를 소개한다.

첫째, 계주에서의 사건 배경인 '골목'의 의미이다. 43, 4회에서는 빈번하게 '항(巷)'(小巷, 巷內, 巷裏) 자가 사용되었다. 이는 작은 골짝의 시내가 큰 강으로 흘러 들어가듯, 골목 안의 자잘한 사건이 작게는 축가장 싸움, 크게는 양산박의 저항으로 발전하는 과정을 보여주는 상징으로 해석할 수 있지 않을까?

둘째, 김성탄의 친족의식이다. 그는 48회 총평에서, 친족들이 하나 둘 나타나 위험에 빠진 해진 형제를 구해주는 과정을 특필했고, 고대수가 급보를 받고 지없이 시숙 손신 부부를 모셔오라 지시하는 대목에서는, "나는 어렸을 때 친족들의 죽음을 유독 많이 겪은지라 갑자기 이런 말을 읽으면 나도 모르게 눈물이 흐른다."[390] 고 평어를 달았다. 이는 『수호전』이 아닌 김성탄 작가론의 차원에서 관심을 가질 필요가 있다.

셋째, 전투가 끝난 뒤 축가장 구성원들에 대한 잔인한 보복 속에서도 길 잃은 나무꾼 행색의 석수를 친절하게 맞아준 종리노인(鍾離老人)은 후대

---

389 여기에 대해서는 민경욱, 앞의 논문 (2011)에 잘 설명되어 있다.

390 48회. "我年雖幼, 而眷屬凋傷, 獨爲至多, 驟讀此言, 不覺淚下."

를 받았는데, 이는 '이방인과 신(또는 괴물)'의 관계[391]를 보여주는 설화의 흔적이라 할 만하다.

넷째, 축가장이 함락된 뒤 의외의 방법으로 이응(李應)과 두흥(杜興)을 양산박으로 초치하는데, 이는 김성탄이 말한 달미법(獺尾法)의 전형이다.

다섯째, 김성탄은 모대충(母大蟲) 고대수를 시종 흑선풍 이규에 견주어 모선풍(母旋風)이라 일컬었는데, 그의 강렬한 인물 형상과 서사 기능도 흥미로운 논의 거리 중 하나로 보인다.

---

391 여기에 대해서는 이승수, 「이방인에 대한 공포와 환대의 이중심리와 神의 탄생 - 〈장자못 전설〉 散論」, 『한국언어문화』 54, 한국언어문화학회, 2014 참조.

역량의 대결집,
양산박의 성세(聲勢) (50-57회)

1. 서언

이 절은 50~57회에 나타난 김성탄의 비평 양상과 특징 해명을 목적으로 한다. 50~57회에서는 세 차례 전투가 펼쳐진다. 이 일련의 전투를 통해 휘종(徽宗)과 고구(高俅)가 다시 등장한다. 노달 등 초반 서사의 주역들도 재등장하여 양산박에 합류하는데, 이로써 양산박에 모인 호걸의 수는 80명으로 불어난다. 이는 양산박의 형세가 조정에 대항할 만큼 성장했으며, 서사가 정점을 향해 가고 있음을 의미한다. 하지만 김성탄의 비평은 이런 표면상의 흐름이나 전투 장면 등에 대해서는 별로 눈길을 주지 않는다. 이는 눈이 있으면 보고 글을 읽으면 알 수 있는 겉모습에 지나지 않기 때문이다. 그는 외견상 더 작고 덜 중요한 요소들을 주목하고, 그것들의 숨겨진 기능과 의미를 찾아내는데 힘을 기울인다. 인물 성격의 미묘한 창조와 변화, 연결하고 전환하는 구성의 방식, 서사의 사이사이에 숨어 있는 서정미 등이 그의 관심이 머무는 곳이다. 김성탄의 주안점은 무엇이고, 이는 어떤 독법으로 실현되었는가? 김성탄의 비평은 『수호전』 읽기의 안내를 넘어 오늘날 서사 연구에도 적용할 수 있을까? 이 절에서는 이런 몇 가지 소소한 질문에 답을 찾아보고자 한다.

2. 서사 흐름과 사건 개요

가까운 맥락만 보면 50~57회는 삼타축가장(43~49회)과 북경성 싸움(60~65회) 사이에 놓여 있다. 삼타축가장은 양산박 역량의 시험대였다. 이 싸움을 승리로 이끌면서 양산박은 비로소 자기 힘을 가늠한다. 하지만 이 싸움은 지역 토호와의 대결일 뿐이며 국가 체제의 말단을 건드린 것에 지나지 않는다. 국가의 중심에서 공권력이 발동한다면, 양산박은 과연 그것과도 맞설 수 있을까? 50~57회는 이 무형의 질문에 대한 서사적 응답이다. 양산박은 조정에서 파견된 정예 관군을 격퇴한다. 사회 일선 도처에서 벌어진 말단 관리와의 갈등, 살인과 강도 등의 다소 사사로운 갈등 행위들은 이로부터 국가 공권력과의 정면 대결로 바뀐다. 서사 국면의 대전환인 셈이다.

40회 이후 서사의 중심 장소로 부각한 양산박의 위상은 회를 거듭하며 더 공고해진다. 50~57회에서 사건은 운성(鄆城), 창주(滄州), 고당주(高塘州), 계주(薊州), 동경(東京), 청주(青州) 등을 분주히 넘나들며 펼쳐진다. 하지만 모든 사건은 양산박에서 출발하여 양산박으로 회귀하는 큰 구도 속에 놓여 있으며, 이 큰 구도 안에 역시 양산박을 중심으로 하는 작은 구도가 여럿 들어 있는 형국이 만들어진다. 기존의 인물은 양산박을 떠났다가 양산박으로 돌아오며, 새로운 인물들은 속속 양산박으로 몰려든다. 양산박은 나름 관료 체제를 갖추며, 그 맞은편에는 자잘한 지방 고을들이 아닌 황제가 있는 도성 동경이 놓이게 된다.

이 흐름 속에 인과 관계로 연결된 세 번의 전투가 배치되어 있다. 첫 번째는 고당주 싸움이다. 이 싸움은 황제와 고구를 다시 불러내고, 대결의 국면을 조정 차원으로 확대하는 역할을 한다. 고당주의 지부가 고구의 조카 고렴이기 때문이다. 두 번째는 본전(本戰)으로 양산박에서의 연환마진(連環馬陣) 격퇴 싸움이다. 고렴의 죽음 소식이 전해지자, 조정에서는 사태를 심각하게 받아들여 양산박 토벌을 위한 정예 군대를 편성한다. 하지만 관군은 초반의 승세를 이어가지 못하고 양산박 군에 의해 궤멸된다. 세 번째는 청주성(青州城) 싸움으로 본전의 여진에 해당된다. 이 싸움의 빌미는 단기로 탈출한 병마지휘사(兵馬指揮使) 호연작(呼然灼)의 청주 행이다. 청주성은 세 산채의 협공으로 함락되고, 양산박은 이룡산(二龍山)·도화산(桃花山)·백호산(白虎山)의 세력을 받아들여 몸집을 크게 불린다.

세 차례의 전투보다 예의 주시해야 할 것은, 여기에 수반되는 인물들의 이동이다. 70회 본 『수호전』은 복마전을 탈출한 천강성 지살성의 화신 108명이 양산박에 집결하는 이야기이기 때문이다. 일견 이 사건들은 인물들의 이동을 위한 장치이기도 하다. 여기저기 흩어져 있던 호걸들은 강주성(40회) 싸움 이후 21명에서 40명으로, 삼타축가장 이후 60명으로, 50~57회를 거치면서 80명으로 늘어난다. 조개와 송강의 탈출을 도왔으면서도 주류질서로부터의 일탈을 완강히 거부해오던 운성현의 주동(朱同)과 뇌횡(雷橫), 초반 개인 서사의 주역인 노달과 무송과 양지, 조정의 명장인 호연작(呼然灼)·한도(韓滔)·팽기(彭玘)·능진(凌振)·서녕(徐寧), 창주에서 죄인들을 돕던 후주(後周)의 왕손 시진(柴進) 등이 그들이다. 소리 없이 양산박을 일탈해 계주에 숨어 있던 공손승도 재합류한다.[392] 이 흐름을 표로 나타내면 아래와 같다.

---

392 이밖에 湯隆, 李忠, 周通, 施恩, 曹正, 張靑, 孫二娘, 孔明, 孔亮이 새로 합류한다.

회차	제목	장소	내용
50	뇌횡은 칼로 백수영을 치고, 주동은 실수로 공자를 잃다 插翅虎枷打白秀英 美髯公誤失小衙內	양산박 운성 창주	① 뇌횡의 백수영(白秀英) 치사, ② 주동의 창주 유배, ③ 주동과 이규의 갈등, ④ 이규 창주 시진 집에 잔류
51	이규는 은천석을 때려서 죽이고, 시진은 고당주서 함정에 빠지다 李逵打死殷天賜 柴進失陷高唐州	창주 고당주	① 시진의 고당주 행 (이규), ② 이규의 은천석 타살 도주, ③ 양산박 출병, 실패 (고렴),
52	대종은 다시 공손승을 찾아가고, 이규 혼자 나진인을 도끼로 찍다 戴宗二取公孫勝 李逵獨劈羅真人	양산박 계주	① 대종과 이규 계주 행, ② 계주 행로 상의 소동, ③ 공손승 찾기의 경위, ④ 이규의 나진인 살해 소동
53	공손승은 법술로 고렴을 깨고, 이규는 우물에서 시진을 구하다 入雲龍鬥法破高廉 黑旋風下井救柴進	고당주	① 이규의 탕융(湯隆) 발견, ② 고당주 전투 승리, ③ 시진의 구출, ④ 황제, 고구 재등장
54	고태위는 3로의 대군을 내고, 호연작은 연환마진을 펼치다 高太尉大興三路兵 呼延灼擺布連環馬	동경 양산박	① 방차군(紡車軍)의 방어, ② 연환마군(連環馬軍)의 위력
55	오용은 시천에게 갑옷을 훔치게 하고, 탕륭은 서녕을 속여 산에 오르게 하다 吳用使時遷偷甲 湯隆賺徐寧上山	양산박 동경 양산박	① 탕융의 활약－구겸창(鉤鎌槍) 제작 ② 시천의 활약－안령갑(雁翎甲) 절취
56	서녕은 구겸창법을 가르치고, 송강은 연환마군을 대파하다 徐寧教使鉤鐮槍 宋江大破連環馬	청주	① 연환마군 격퇴, ② 실의 영웅의 일언일행, ③ 노지심·무송·양지의 재등장
57	세 산채 힘 모아 청주를 치고, 뭇 범 한 맘으로 양산박에 들다 三山聚義打青州 眾虎同心歸水泊	청주 양산박	① 세 산채의 협력, ② 청주성 격파, ③ 노달 등 양산박 합류

표면상 50~57회의 주요 사건은 세 차례의 전투지만, 기실 전투 장면에 대한 묘사는 극히 소략하고, 분량 또한 세 번의 전투 장면을 모두 합쳐봐야 1회 분 정도에 지나지 않는다. 오히려 필치가 섬세하게 생동하는 곳은 전투 전후에 배치된 뇌횡과 백수영의 실랑이, 주동과 이규의 갈등, 이규의 은천석 타살과 공손승을 찾아 돌아오기까지의 경위, 시천이 안령갑(雁翎甲)을 훔

쳐 서녕(徐寧)을 유인하는 과정, 전투에서 패한 뒤 실의에 빠진 호연작의 행색 등의 장면이다. 김성탄은 이러한 부분에 인물의 성격과 구성의 묘미가 있음을 간파하였으며, 비평을 통해 이 맛을 느낄 수 있는 방향으로 독자들을 안내하였다. 그가 보기에 요란스러운 사건에 공력을 들이는 건 작가로서 하수이고, 현란한 장면에 눈길을 빼앗기는 것은 어린아이 태를 못 벗은 독자이다. 김성탄은 이렇게 말한다.

> 공손승(公孫勝)의 신공(神功)과 도법(道法)을 그려냄에 그저 한두 차례 붓질로 그치고 힘껏 포장하지 않았는데, 이야말로 이 책이 특별히 뛰어난 점이다.[393]

3. 인물의 창조와 변화 통찰

김성탄이 소설에서 가장 비중 높게 생각한 요소는 인물의 성격이다. 한 인물의 성격은 어떻게 형성되고 변화하며, 이는 다른 인물들의 그것과 어떻게 다른가, 그의 비평은 시종 이런 문제의식에서 벗어나지 않는다. 이런 기준으로 볼 때 『수호전』은 그에게 특별한 작품이었다. 김성탄은 『수호전』의 가장 큰 특장으로 108명 인물의 개성 창조를 꼽았다. 이것이야말로 작가의 특별한 능력이고, 되풀이해서 읽어도 물리지 않는 이유이며,[394] 수많은 인물

393 53회 總評. "寫公孫神功道法, 只是一筆兩筆, 不肯出力鋪張, 是此書特特過人一籌處."

394 「서 3」. "水滸所敘, 敘一百八人, 人有其性情, 人有其氣質, 人有其形狀, 人有其聲口. 夫以一手而畫數面, 則將有兄弟之形 ; 一口吹數聲, 斯不免再吷也. 施耐庵以一心所運, 而一百八人各自入妙者, …."
「讀第五才子書法」 제16칙. "別一部書, 看過一遍即休, 獨有水滸傳, 只是看不厭, 無非爲他把一百八個人性格, 都寫出來." 제17칙. "水滸傳寫一百八個人性格, 真是一百八樣. 若別一部書, 任他寫一千個人, 也只是一樣 ; 便只寫得兩個人, 也只是一樣."

이 몇 개의 유형에 갇혀 등장하는 『삼국연의』와 다른 점이다.[395] 그는 비평을 통해 이러한 특징을 섬세하게 포착했고, 때로는 효과의 증대를 위해 자구 변개도 마다하지 않았다. 50~57회에 대한 비평에서도 이러한 태도는 시종 긴장을 풀지 않은 채 유지된다. 김성탄의 비평안이 특히 번뜩인 인물은 이규, 시천, 호연작 세 사람이다.

김성탄의 관점에서, 이규는 『수호전』에서 가장 야만스러우면서 가장 진실한 인물이다. 그의 맞은편에 가장 의로운 듯하면서 가장 교활한 인물 송강이 있다. 송강은 자기모순으로 가득 찬 도덕체계를, 이규는 무의식적으로 그러한 도덕체계를 부정하고 파괴하는 본능을 상징한다. 『수호전』 서사의 심층에 두 사람의 대결 구도가 있다는 것이 김성탄의 생각이다. 이 파격적 견해에 대한 동조 여부는 차치하더라도, 이규가 37회에 등장한 이후 22회에 걸쳐, 일사불란하게 서사에 이물감을 조성하고 평면적인 구도에 입체감을 부여하는 역할을 한다는 점에는 이견을 달기 어렵다. 『수호전』에서 이규는 일체의 규범을 거부함으로써 서사의 단조로움을 찢고, 예외적으로 해학미를 빚어내며, 의도치 않게 서사 전환의 고리 역할을 하는 인물이다.

50~57회에서 김성탄은 이규 성격의 미묘한 변화를 주시한다. 이규는 지부 고렴의 처남 은천석을 때려 죽여 고당주 싸움을 야기한다. 1차 고당주 싸움에서 양산박 군은 고렴의 비천신병(飛天神兵)에게 패하고, 그 대책으로 공손승을 찾기 위해 대종과 이규가 계주에 보내진다. 그 과정에서 이규는 약속을 어기고 대종을 속였다가 그의 신행법(神行法)에 크게 혼쭐이 난다. 한바탕 곤경을 치르고도 생각 없어 거침없는 그의 언행은 달라지지 않는다.[396]

---

395 권 3「讀第五才子書法」. "或問, 題目如西遊三國, 如何? 答曰, 這個都不好. 三國人物事本說話太多了, 筆下拖不動趯不轉, 分明如官府傳話奴才, 只是把小人聲口替得這句出來, 其實何曾自敢添減一字."

396 薊州 읍내를 뒤져도 종적을 알 길이 없자 이규는, "이놈의 거지 같은 도사 같으니라구, 도대체 어디 처박혀 있는 거야! 這個乞丐道人, 卻鳥躲在那裏"라며 막말을 한다. 이 대목에 김성탄은 "친소도 상하도 없다. 제 뜻에 안 맞으면 바로 욕설을 해댄다. 상고 3대 백성들이 행했던 곧은 도리를 나는 이따거(李大哥)에게서만 보았다. 無親無疏, 無上無下, 但不合意, 便大罵之. 三代直道而行, 我僅見李大哥耳"이라고 평했

그런 가운데서도 의미 있는 변화가 나타난다. 그가 생각이란 걸 하기 시작한 것이다. 곡절 끝에 공손승을 찾았지만, 공손승은 스승 허락을 핑계 대고, 스승 나진인(羅眞人)의 태도에는 제자를 내줄 기색이 보이지 않았다. 그날 저녁 이규는 우두커니 상념에 빠져 먹지도 않고[只呆想, 不吃], 밤에는 뒤척거리며 잠을 이루지 못하며, 새벽에 잠이 깨서는 또 골똘히 생각에 잠겼다.[尋思, 又尋思] 공손승을 데려갈 방법을 생각한 것이다. 겨우 생각해낸 방법이라야 결국 그다운 것에 지나지 않았지만, 생각을 하기 시작한 것은 의미 있는 변화의 시작이자 조짐이다.[397]

세상 무서운 것 없이 날뛰던 이규의 기질은, 나진인을 만나면서 비로소 통제되기 시작한다. 무서운 힘을 체험한 이규는, 나진인 앞에 머리 조아려 절을 하고 그를 할아버지[親爺爺]라 부르며, 그 뜻에 순종한다. 공손승을 모시고 돌아오는 길에도, 미리 알아서 소찬(素饌)을 주문하고 떡을 사러 나가는 등 공경을 다한다.[398] 한 번 기가 꺾이고 풀이 죽자 의심이 많아지고 소심해지는데, 이는 고당주성 함락 뒤 우물 속 시진을 구하는 장면에서 잘 드러난다. 이규는 우물 속에 들어가며 "내려가는 건 두렵지 않으나, 혹여 줄은 끊지는 마우!"라 하고, 시진을 발견한 뒤에는 자기 혼자 먼저 올라온다. 마지못해[只得] 다시 내려가면서는 "형님은 모르겠지만 나는 계주에서 두 번이나 혼난 일이 있수. 이번에 또 혼나게 해서는 안 되우."라 당부하고, 시진을 올려

다.(52회)

397 김성탄은 이규의 행위를 묘사한 구절마다 평어를 달아 그 의미를 표시했다. 다음은 두 보기이다. "한 번 생각에 잠기다. ○ 이규에게도 생각에 잠기는 날이 있고, 또 두 번이나 생각에 잠기는 날이 있다니, 모두 묘한 사람이고 기이한 일이다. 一尋思. ○ 李逵又有尋思之日, 李逵又有尋思兩遍之日, 都是妙人奇事." "참을 수 없다고 했는데, 이규에게 참을 수 있는 날이 있었던 것처럼 보인다. 묘한 사람이고 기이한 일이다. 只是忍不得, 一似李逵又有忍得之日, 妙人奇事."

398 주점에서 공손승이 상석에 앉자마자 이규가 허리의 돈주머니[腰包]를 끄르는 구절에 김성탄은 이렇게 평어를 달았다. "이규가 돈주머니를 끄르는 장면 묘사 하나로, 선생을 이토록 공경한다는 사실을 도드라지게 하였다. 單寫李逵解包, 便顯待先生如此其敬也."

보낸 뒤 줄이 내려오지 않자 아래서 고래고래 소리를 지르고, 올라와서는 사람들을 원망한다.[399] 김성탄은 이규의 이런 변화를 하나하나 포착하여 의미를 부여하였으니,[400] 이런 부분이야말로 『수호전』의 남다른 소설 미학이라 여겼기 때문이다.

시천은 도굴도 서슴지 않는 계주의 좀도둑 출신으로, 자발적으로 양산박에 투탁한 몇 안 되는 인물이다. 작호(綽號)는 고상조(鼓上蚤)인데, 이는 북 위의 벼룩처럼 지붕을 넘고 담장을 타는[飛檐走壁] 특별한 능력이 있기 때문이다. 양웅과 석수가 취병산에서 반교운을 죽이는 장면에서 처음 나타나며, 두 사람을 따라 양산박으로 가던 도중 객점에서 수탉을 훔쳐 축가장 싸움의 빌미를 제공했다. 입산 이후 전투가 벌어질 때마다 그는 혁혁한 공을 세운다. 서녕을 유인하여 양산박 군대에게 구겸창법(鉤鐮槍法)을 익히게 했고(50~57회), 북경성에 잠입, 취운루(翠雲樓)에 불을 질러 대명부를 혼란에 빠뜨렸으며(65회), 증두시(曾頭市)를 치기 전 그곳의 사정을 정탐한다(67회).[401] 이러한 활약은 승전의 결정적 요인으로 작용한다. 그럼에도 양산박 내 그의 서열은 107번째에 그치는데, 출신의 한계가 그 이유으로 지적되는 것은 매우 아이러니한 일이다.[402]

시천은 사회 최하층에 속해 있고 그중에서도 가장 비천한 직업을 지녀 주류집단 진입이 불가능했다. 이런 조건에서 그가 자발적으로 양산박을 선

---

399 원문에서는 이렇게 표현되었다. "我下去不怕, 你們莫要割斷了繩索!" "哥哥不知, 我去薊州著了兩道兒, 今番休撞第三遍." "你們也不是好人, 便不把籮放下來救我!"

400 다음은 몇 사례이다. "신행법으로 혼난 뒤에는 곳곳에서 조심스레 부탁한다. 自神行法吃虧後, 處處小心叮囑." "이규는 호기심이 있어 (우물로) 기꺼이 내려가고, 간활한 까닭에 내려가지 않으려 함을 그려냈다. 묘한 인물의 묘한 곳은 '只得'(할 수 없이) 두 글자에 있다. 寫李逵好奇, 故肯下去; 又奸猾, 故不肯下去. 妙人妙絕處, 全在只得二字." "묘한 인물의 절묘한 지점으로, 나를 포복절도케 한다. 妙人妙絕, 絕倒我也."

401 120회 본에서도 그의 활약은 멈추지 않으니, 高俅의 조선창을 불지른 일(79회)은 대표적 사례이다.

402 時遷의 인물 형상에 대해서는 劉傳錄, 「時遷爲什麼被排在倒數第二位?」, 『水滸爭鳴』 16, 2015, 174, 5쪽; 潘銳, 「論水滸傳中時遷的人物形象」, 『文學教育(下)』, 2016, 130, 131쪽 참조,

택한 것은 자연스러운 일이다. 과연 양산박에서 그는 주류 사회에서는 불가능했던 뚜렷한 존재감을 드러낸다. 이러한 시천의 활약은 인물 구성의 입체감과 서사 진행의 역동성을 만들며, 『수호전』 인기의 한 요인이 되었던 것으로 평가받는다.[403] 시천의 존재감이 가장 두드러진, 보기에 따라서는 짧지만 한 서사 단락의 주역으로 꼽힐 만한 부분은 55회이다. 55회 전반부는 시천이 서녕의 집에 잠입하여 안령갑을 훔쳐내는 이야기다. 이 단락은 겨울철 날이 저물 무렵[天色黑了]부터 2경(二更)과 4경(四更)을 거쳐 동이 트기 직전[天色未曉]까지, 동경성의 한 객점에서 다시 객점으로 돌아오기까지, 모든 동작이 시천의 일거수일투족을 벗어나지 않으며, 일체의 풍경들은 모두 그의 눈에 들어온 것들이다. 그사이 예기치 않은 난관에서는 당황하는 그의 내면이 문면 밖으로 파동치기도 한다.

시천의 도둑질 장면은, 그 어느 무예 겨룸이나 전투 장면보다 섬세하고 감각적으로 그려졌다. 김성탄은 '인물의 창조' 차원에서 이를 높이 평가했다. 관습과 도덕의 기준에서 도둑은 관심과 주목을 받기 어려운 인물이었고, 따라서 역사서는 물론 소설에서도 그런 인물의 행위나 관점이 으레 무시되는 것이 상례였다. 하지만 그 행위와 시선을 그려내지 않고 그 인물을 빚어내는 건 불가능한 일이다. 김성탄의 55회 머리 총평은, 시내암의 특별한 재주는 인물을 빚어내는 능력이라는 문장으로 시작하는 '소설 인물론'으로, 평점 문장으로는 드물게 550여 자에 이르는 독립 평문이다. 입론의 요지는 『수호전』에는 판에 박힌 상투적 인물이 없다는 것이며, 그것이 어떻게 가능한가에 대한 설명이다. 용수(龍樹)의 '인연화합(因緣和合)'으로 설명한 인물의 창조 방법을 이해하거나 수긍하기는 쉽지 않지만, 이 글이 좀도둑[小偷] 시천

403 시천의 활약담은 명청 시기 「偷甲記」라는 희곡으로 만들어져 인기리에 공연되었다. 여기에 대해서는 王曉禕, 「清傳奇水滸劇偷甲記價值觀念述略」, 『河南科技大學學報』, 2011. 12, 56~60쪽; 劉晶光, 「偷甲記 管窺」, 『濮陽職業技術學院學報』, 2012. 75~78쪽 참조.

의 형상화에 대한 찬사라는 사실에는 의심의 여지가 없다.[404]

세 번째로 살펴볼 인물은 호연작(呼延灼)이다. 고렴의 사망과 고당주 함락은 황제와 고구를 서사 전면으로 다시 불러온다. 고당주 소식은 즉각 동경 고구에게 전해졌고, 이튿날 조회에서 고구는 이전 강주 건까지 끌어와 고당주 함락 사건을 보고하고 양산박 토벌을 건의한다. 황제는 이 문제를 고구에게 일임하고, 고구는 호연작을 토포군의 병마지휘사로 천거한다. 고구의 설명에 따르면, 호연작은 개국 초 하동의 명장 호연찬(呼延贊)의 적손으로 여녕군(汝寧郡)의 도통제(都統制)를 맡고 있으며, 두 갈래 구리채찍을 잘 다룬다.[405] 칙지를 받은 호연작은 지체 없이 동경으로 가고, 황제는 그를 보고 기뻐하여 일행천리의 척설오추마(踢雪烏騅馬)를 하사하는데, 이 말은 김성탄이 호연작의 인물 형상을 포착함에 있어 매우 중요한 역할을 한다. 호연작의 관군은 연환마[406] 진법으로 양산박을 궁지로 몰지만, 결국 양산박의 구겸창법에 궤멸되고 호연작은 단기로 달아난다. 김성탄이 주목하는 것은 호연작의 영웅 면모가 아닌 실의(失意) 행색이다.

---

404 일부 중요 구절만 소개한다. "세 치 붓과 한 폭 종이 사이에서 시내암은, 자기 마음이 움직이면 음부가 되고 도둑이 된다. 이미 마음이 움직였으니, 붓에 먹물을 묻히면 남녀가 눈이 맞아 몰래 통하거나, 담을 타고 지붕을 넘는 일이 안 될 게 있으랴. 불경에 이르기를, "인연이 화합하면 생기지 않는 게 없다."고 했다. 예로부터 음부에게는 남정네 마음을 훔치는 印板이, 도둑에게는 도둑질하는 印板이, 재자에게는 문자를 지어내는 印板이 없다. 惟耐庵於三寸之筆, 一幅之紙之間, 實親動心而爲淫婦, 親動心而爲偷兒. 既已動心, 則均矣, 又安辯泚筆點墨之非入馬通奸, 泚筆點墨之非飛簷走壁耶?經曰 : 因緣和合, 無法不有. 自古淫婦無印板偷漢法, 偷兒無印板做賊法, 才子亦無印板做文字法也."

405 호연작은 두 갈래 구리채찍을 잘 쓰는 것으로 소개되지만, 정작 후반부(120회본 79회)에 가면 長槍을 사용하는 것으로 그려진다. 이러한 자기 괴리는 오랜 세월에 걸쳐 여러 이야기를 조립하는 방식으로 창작된 『수호전』의 한 특성으로 지적된다. 여기에 대해서는, 李殿元·王珏, 『水滸傳之謎』, 中國廣播電視出版社, 2006, 137~139쪽 참조,

406 소설에서는 30필의 말에게 갑옷을 입혀 이를 하나로 묶어 행하는 전술로 소개된다. 역사상 실재했던 전법으로 속칭 拐子馬라고 했다. 북송 시기 서북 방면의 行營 제도로, 3마리 말을 하나로 묶어 사용하는 전술이었다. 30마리는 소설의 과장이다. 이에 대해서는 譚武群·侯紹莊, 「連環甲馬」(『水滸傳 名物典章 研究』, 江西出版集團·百花洲文藝出版社, 2007, 93~96쪽) 참조.

호연작은 패장이 되어 단기로 달아나면서 말에 특별한 애착을 보이는데, 김성탄은 그러한 장면들을 간과하지 않는다. 저물녘 목마르고 굶주려 말을 나무에 묶어두고 길가 시골 주점에 들어가는 장면에서는, "호연 장군에게는 패전하여 달아나며 주리고 목마를 때가 있고, 황제가 하사한 명마에겐 들판 나무에 묶이는 때가 있으니, 인생의 실의는 참으로 늘 있는 일일 뿐!"이라며 그 처지를 동정한다. 호연작이 채찍을 탁자 위에 올려두거나, 말 등의 의갑을 가져오는 등의 잇단 장면마다, "한 결같이 말을 중심에 두고 그려내고 있으니, 그 필법이 지극히 세밀하고 정묘하다"거나, "미인은 푸른 거울을, 명사는 오래된 벼루를, 대장은 좋은 말을 좋아하거니, 여기서 또 그런 장변을 그려냈다." 등의 평어를 달았다. 호연작은 점원에게 자기 처지를 밝히면서 특별히 말에 대한 소개를 덧붙이는데, 김성탄은 이 구절에도 낙방하고 귀향하는 명사가 가까운 사람들에게 과거에서 제출한 글을 읊조리는 것과 같다며, 인생 실의의 면모가 생생하다고 했다.[407]

호연작의 실의 면모는 화석강 운반 책임에 실패한 뒤 겨우 사면되어 동경에서 가전 보검을 팔던 양지(楊志)를(11회) 연상시킨다. 김성탄은 소설에서 화려한 전투 장면이나 특출한 영웅 면모는 대수롭게 여기지 않았다. 외려 그런 것들이야말로 소설의 가치를 떨어뜨리는 상투성이라고 보았다. 그가 마음을 모아 눈길을 보내는 곳은 인간의 허약성과 비소성이었다. 그것이야말로 인간의 인간다운 점이며, 그런 곳에서만 성격이 드러나고, 나아가 성격의 차이가 만들어진다고 보았기 때문이다. 이런 견지에서 그는 송강의 위선, 임충의 계산, 석수의 교활, 오용의 무능 등을 섬세하게 추적한다. 김성탄이 호연작의 실의 면모를 주목한 것은, 그것이야말로 인간 호연작의 본색이자, 세

---

407 모두 본문 사이의 夾評로, 각각의 원문은 다음과 같다. "呼延將軍有敗逃饑渴之時, 禦賜名馬有拴在野樹之時, 人生失意, 真常事耳." "一路都從馬上著筆, 細妙之極." "我嘗言美人愛青鏡, 名士愛古硯, 大將愛良馬, 此處又一寫出." "上文寫大軍覆沒之後, 更無一物可恃, 只愛念得此一匹馬 ; 此文寫大軍覆沒之後, 更無一長可說, 只誇示得此一匹馬. 人至失意時, 真是活活如此. 名士下弟歸來, 向所親吟其射策, 亦猶是也."

상 인간의 보편적인 특성을 보여주는 표상으로 여겼기 때문이다. 상실하고 붕괴되었을 때 인간은 진실을 드러내는데, 소설이야말로 그런 진실을 잘 보여주는 양식이라고 생각했던 것이다. 그런 면에서 김성탄의 소설 비평은 '소설의 인간학'으로 명명할 수 있겠다. 56회 머리 총평은 일종의 상실에 대한 의론이다.

> 나는 호연작이 말을 아끼는 문장을 읽으면 절로 눈물이 나며 크게 탄식한다! 왜일까? 호연작의 말 아낌은 특별히 황은을 입은 내력 때문도 아니고, 그 신이한 능력이 안타까워서도 아니며, 거기 기대어 옛 영화를 회복하자는 것도 아니다. 천하의 감정은 환난을 함께함보다 깊은 게 없고, 오래 사귐보다 무거운 것이 없다. 환난을 함께 하고 사귐이 오래되면, 한 자리에서의 죽음에 대한 허여와 성정이 하나 되는 우의가 있을 터이다. 가깝고 멂, 사람과 축생, 유정과 무정을 따져 논하랴! 창두가 하나 있었는데 어린 시절 향숙(鄕塾)에 다닐 때부터 떨어진 적이 없으니, 천하의 어떤 말도 이 창두보다 더 수고로움이 없었다. 하지만 천하에서 나를 사랑하기로는 이 창두보다 더한 사람이 없었는데 그만 예기치 않게 죽어버렸다. 내 벗에게도 한 창두가 있었는데, …. 옥고리가 하나 있었는데, …. 여남은 살 향숙의 창가에서 글을 읽던 시절, 땅거미가 져서 글 읽기가 끝나고 해는 뉘엿뉘엿 질 때만 되면 창문에 어스름한 빛이 어리곤 했는데, 이런 현상이 몇 년이고 하루처럼 같았다. 나는 지금도 초저녁 창문이 어스름해지면 마치 몸이 옛날 향숙에 있는 것처럼 느껴지곤 한다. 도를 배우는 사람에게야 무슨 감(感)이니 정(情)이니 하는 것에 얽매임이 있겠는가! 하지만 난 천하 사람들이 말하는 감이니 정이니 하는 게 무엇인지 안다. 난 천하 사람들이 감과 정에 대한 언급이 하나같이 작위적인 것을 몹시 싫어한다. 특별히 호연작의 말 아낌을 끄집어 말하는 이유이다.[408]

---

408 "吾讀呼延愛馬之文, 而不覺垂淚浩歎. 何也? 夫呼延愛馬, 則非爲其出自殊恩也, 亦非爲其神駿可惜也,

4. 서사의 구성과 전환 포착

김성탄이 인물의 개성과 함께 『수호전』의 특장으로 꼽은 것은 서사구조의 긴밀한 유기성이다. 서사구조의 유기성이란 서사 전개의 인과 관계가 정연하고 사건의 전환이 자연스러워, 성격이 다른 사건을 억지로 잇거나, 맥락 없는 인물이나 사건이 돌발하는 전개가 없음을 뜻한다. 김성탄은 이러한 장점이 특히 『서유기』에 비해 두드러진 것임을 강조했다. 여러 개의 사건이 인과관계 없이 펼쳐지기 때문에 독자들의 관심이 곳곳에서 멈추며, 어려운 일만 있으면 남해 관음이 와서 도와주기 때문에 긴장감이 떨어지는 『서유기』에 비해, 『수호전』의 서사구조가 훨씬 훌륭함을 강조한 것이다.[409] 이러한 발언은 당시 소설 출판 시장에서 『삼국연의』와 함께 『서유기』를 경쟁 작품으로 인식했기에 나온 것이겠다. 김성탄의 이런 견해는 50~57회 곳곳에서도 제기된다. 몇 사례를 보자.

첫 번째로 볼 것은 뇌횡(雷橫) 모자와 창주지부(滄州知府) 부자 이야기의 연속성에 대한 언급이다. 뇌횡은 뜻하지 않게 백수영과 다툰 뒤 탈의 상태로 팔과 어깨가 등 뒤로 결박당한 채 길거리에 서는 모욕을 당한다. 그 와중에 뇌횡의 모친과 백수영이 다투는데, 뇌횡은 그만 분을 이기지 못하여 백수영을 격살한다. 이후 주동은 압송하던 뇌횡을 풀어주고 돌아와 자수한 뒤, 매를 맞고 창주로 유배된다. 창주지부는 주동을 좋아하여, 귀애하는

又非爲其藉此恢復也. 夫天下之感, 莫深於同患難；而人生之情, 莫重於周旋久. 蓋同患難, 則曾有生死一處之許；而周旋久, 則真有性情如一之誼也. 是何論親之與疏, 是何論人之與畜, 是何論有情之與無情! 吾有一蒼頭, 自幼在鄉塾, 便相隨不舍. 雖天下之騃, 無有更甚於此蒼頭也者, 然天下之愛吾, 則無有更過於此蒼頭者也, 而不虞其死也. 吾友有一蒼頭, …. 吾有一玉鉤, …. 吾數歲時, 在鄉塾中臨窗誦書, 每至薄暮, 書完日落, 窗光蒼然, 如是者幾年如一日也. 吾至今暮窗欲暗, 猶疑身在舊塾也. 夫學道之人, 則又何感何情之與有, 然而天下之人之言感言情者, 則吾得而知之矣. 吾蓋深惡天下之人之言感言情, 無不有爲爲之, 故特於呼延愛馬, 表而出之也."

409 「讀第五才子書法」 제6칙. "西遊又太無腳地了, 只是逐段捏捏撮撮, 譬如大年夜放煙火, 一陣一陣過, 中間全沒貫串, 便使人讀之, 處處可住." 제13칙. "水滸傳不說鬼神怪異之事, 是他氣力過人處. 西遊記每到弄不來時, 便是南海觀音救了."

4살 아들을 맡긴다. 이 과정에서 그려진 모자 사이와 부자간의 정은, 서사의 큰 흐름 상 부분적이며 지엽적인 사안으로 보인다. 그런데 김성탄의 비평안은 종종 이런 작은 부분에 머문다. 그는 부자의 은애에 이어 모자의 은애를 그린 것이야말로 기문묘필(奇文妙筆)이라며, 서로 다른 이야기를 하는 듯 이어가고, 같은 이야기를 하는 듯 전환하는 서사 이면의 미묘하고 역동적인 흐름을 읽어낸다.[410] 이런 비평의 도움으로, 독자는 각각 결이 다른 다층 흐름을 감지, 음미할 수 있게 된다.

주동을 양산박 식구로 만들기 위해 이규가 지부의 아들을 죽이면서 사건은 예측이 어려운 방향으로 전개된다. 그 사실을 알게 된 주동은 이규를 죽이려 달려들고, 두 사람은 쫓고 쫓기며 시진[411]의 장원에 든다. 51회는 장소를 시진의 장원으로 옮긴 주동과 이규의 갈등 장면으로 시작한다. 주동은 이규를 죽이지 못하면 양산박에 가지 않겠다며 달려들고, 이규는 이규대로 욕설을 하며 지지 않는다. 50회의 말미와 51회의 초두 사이에는 서사 흐름의 단절이나 휴지가 없다. 소동이 꽤나 정신없이 펼쳐지기 때문에, 독자의 마음도 이 흐름에서 내려서기가 쉽지 않다. 이규를 자기 집에 남겨두고 가라는 시진의 중재로 소동은 일단락된다. 주동은 오용, 뇌횡과 함께 양산박으로 가고, 이규는 시진 집에 남게 된다. 이 흐름을 두고, 김성탄은 51회의 머리 총평에서 이렇게 말한다.

---

410 다음은 아들에 대한 애정을 보이는 지부의 태도 기술 다음에 부친 평어이다. "甫寫完母子恩愛, 又接出父子恩愛來, 奇文妙筆, 是聯是斷. ○ 母無不愛之子, 而老婦愛子尤劇; 父亦無不愛之子, 而幼子可愛尤甚. 雷橫老娘, 知府衙內, 似斷卻連, 似連仍斷, 作者命意之妙, 當於筆墨之外尋之."

411 柴進의 성격과 기능에 대해서는 王學泰, 「水滸傳江湖人物論(之四), 貴族中的邊緣人柴進」, 『社會科學論壇』, 2010. 136~138쪽; 胡彥飛, 「析水滸傳小旋風柴進形象」, 『文學界(理論版)』, 2012. 20~22쪽), 嶽煒, 「柴進的任性」, 『中小學心理健康教育』, 2019. 74~76쪽 참조.

이 회는 시진이 곤경을 겪는 본 이야기[本傳]이다. 그런데 회 머리 주동이 이규를 죽이려는 단락을, 독자들은 이전 회의 꼬리로 오인하고, 기실 전 회와는 아무 상관이 없다는 걸 알지 못한다. 뜨거워진 솥을 빌려 전병을 만드는 격으로, 산들바람이 꽃에 불 듯 일 처리가 가뿐한 것일 뿐이다. 나는 독자들에게 절대 작자에게 속지 말라고 말한 적이 있다. 이 단락 같은 문자가 사람들을 속여온 지가 오래이다. 오늘 나는 웃음을 참지 못하고 여기에 대해 설파하노니, 곳곳에서 반나마 되짚어 반성해야지 패관이라고 대충 넘어가선 안 된다.

이 편은 시진의 곤경에 대한 서술이다. 그런데 시진의 곤경에 이르러 고렴의 신병(神兵)을 장황하게 그림은 시진을 구조하기 어려워서가 아니라 공손승으로의 전환 편의를 위해서이다. 이른바 먹물에 취해 붓이 내달리면 문장은 구슬이 꿰이듯 내려가고 사다리 칸 칸처럼 올라간다는 것이니, 공손승의 힘으로 시진을 구한 것인지 시진 덕에 공손승이 돌아온 것인지 모르겠다. 독자들이 절대 작자에게 속으면 안 되는 또 하나의 사례이다.[412]

김성탄은 여기서 거듭 독자들은 작자에게 속으면 안 된다고 강조하는데, 이는 상투성의 지배를 받지 않는 구성의 묘미에 대한 우회적 찬탄이다. 즉, 51회 초두에 주동과 이규의 다툼을 배치함은 이규를 시진의 집에 남겨두기 위한 장치이고, 이규의 잔류는 앞으로 일어날 일련의 사건들—은천석 타살, 고당주 전투, 공손승 복귀, 탕륭의 입과(入夥), 연환마 격퇴 등등—을

---

412 “此是柴進失陷本傳也. 然篇首朱仝欲殺李逵一段, 讀者悉誤認爲前回之尾, 而不知此已與前了不相涉, 只是偶借熱鐺, 趁作煎餅, 順風吹花, 用力至便者也. 吾嘗言讀書者切勿爲作書者所瞞. 如此一段文字, 瞞過世人不爲不久；今日忍俊不禁, 就此一處道破, 當於處處思過半矣, 不得以其稗官也而忽之也!

此篇本敘柴進失陷, 然至柴進既陷而又必盛張高廉之神師者, 非爲難於搭救柴進, 正以便於收轉公孫. 所謂墨酣筆疾, 其文便連珠而下, 梯接而上, 正不知虧公孫救柴進, 虧柴進歸公孫也. 讀書者切勿爲作書者所瞞, 此又其一矣.”

고려하여 설치한 기관(機關)이라는 것이다. 김성탄은 또 본문의 협평(夾評)에서도, "이 부분을 읽는 사람들은 모두 이전 회의 남은 문장으로 오인한다. 소설도 제대로 못 읽으며 천하의 기서를 읽으려 하니, 그 안목으로 누굴 속일까, 부잣집 어린 도련님이나 속이려나!"[413]라고 힐난하여, 관습에 젖어 글을 읽는 불특정 독자들의 낯을 뜨겁게 한다. 또 고렴의 신병(神兵)을 장황하게 그려낸 것도, 공손승을 불러내기 위한 서사 장치에 지나지 않는다는 것이다. 이 논법에 따르면 계주 행의 궁극의 목적은 공손승이 아니라, 이규가 대종과 동행하며 겪는 여러 사건이 되는 셈이다. 김성탄의 비평은 줄거리를 따라가는 관습적이며 수동적인 독서를 멈춰 세우는 힘을 발휘한다.

과연 이규는 시진을 따라 고당주에 갔다가 협기에 겨워 은천석을 격살하는데, 이는 건잡을 수 없는 파장을 일으킨다. 고당주에 갇힌 시진을 구출하기 위해 양산박 군대가 출전하지만 고렴의 법술과 비천신병[414]에게 패퇴한다. 전선이 교착 상태에 빠지자 양산박에서는 공손승을 찾으러 대종을 계주에 보내는데, 이규가 대종을 따라가면서 벌어지는 해학적인 이야기들을 모아놓은 곳이 52회이다. 김성탄은 52회를 일종의 골계담—과원(科諢) 문장—으로 보았으며, 나쁜 문장의 사례라고 했다. 그럼에도 이런 문장을 구사한 데는 그럴 만한 이유가 있다고 했다. 공손승이 있으니 같은 유형의 고렴이 없을 수 없는데, 공손승의 능력을 장황하게 그려내기 여의치 않으니 고렴을 장황하게 포장하여 공손승의 법술이 절로 드러나게 했다는 것이다. 그런데 작자는 서술의 초점을 스승 나진인에게 맞춰 공손승을 은연중 드러내는[襯出] 방법을 한 번 더 구사한다. 공손승의 능력은, 수많은 황건역사(黃巾力士)를 부리는 나진인의 애제자라는 사실, 양산박 군도 이기지 못한 고렴의 법술을 물리친 사건으로 숨어 드러나는 셈이다. 이 모든 과정에서 이규가

---

413 "每見讀此文者, 誤認尚是前回餘文. 小說之不能讀, 而欲讀天下奇書, 其誰欺, 欺小衙內乎!"

414 여기에 대해서도 김성탄은 화제 전환을 위한 장치일 뿐이니, 실재로 간주하면 안 된다고 했다. "輕輕添出四字, 便就柴進傳中收出公孫勝來, 可謂文心梯接而上, 不得認真謂當時真有其人也."

자기도 모르게 행하는 중요한 고리 역할을 그리기 위해 부득이 골계를 사용했다는 것이다. 김성탄은 이를 피실취허법(避實取虛法)이라 명명한다.

> 문장가에겐 피실취허법이 있다고 한다. 고렴 격파는 간략히 처리하고 공손승을 찾아오는 과정을 상술함은 이 방법을 쓴 것인가! 그런데 고렴은 생략하고 공손승에게 공을 들일 량이면, 어찌 공손승은 또 소략하게 다루고 그의 스승을 특별하게 기술한 것인가? 피실취허법은 여기서 변화의 극치를 보인다. 이따거[李大哥]는 오묘한 인물로 등장하여, 새로운 국면을 만들어 가는 자이다. 이런 까닭에 이따거가 보여주는 우스운 행위들은 모두 진인(眞人)의 능력을 은연중 드러내고, 이는 바로 공손승을 드러내는 것이다. 작자의 이런 뜻을 알지 못하고 이따거의 우스꽝스러운 언행만을 좇는다면, 소동파가 (「於潛僧綠筠軒」에서) 이른바 '속된 선비에게는 약도 없다'는 것이니, 나도 어쩔 도리가 없다.[415]

이에 따르면 담박하고 고졸한 도사 공손승의 능력이나 성격을 그 자체로 도드라지게 그려내는 것은 어렵기에 스승이 얼마나 대단한 사람인지를 보여주는 방법을 사용했는데, 다시 그 스승을 드러내는 효율성의 극대화를 위해 천진하면서 무모하고 어리숙하면서도 용감한 이규의 언행을 동원했다는 것이다. 공손승이 실(實)이라면, 고렴과 나진인과 이규는 모두 허(虛)인 셈이다. 여기서 '소설에서는 덜 중요할수록 더 중요하다는 역설의 명제' 도출도 가능해진다. 비평의 역할이 작품을 다시 보게 하는 것이라면, 김성탄의 언급은 충분히 그런 힘을 발휘한다.

---

415 52회 총평. "吾聞文章之家, 固有所謂避實取虛之法矣. 今茲略於破高廉, 而詳於取公孫, 意者其用此法與? 然業已略於高廉, 而詳於公孫, 則何不並略公孫, 而特詳於公孫之師? 蓋所謂避實取虛之法, 至是乃爲極盡其變, 而李大哥特以妙人見借, 助成局段者也. 是故凡李大哥插科打諢, 皆所以襯出真人；襯出真人, 正所以襯出公孫也. 若不知作者意思如此, 而徒李大哥科諢之是求, 此真東坡所謂士俗不可醫, 吾未如之何也."

마지막으로 검토할 부분은 탕융(湯隆)의 등장 장면이다. 곡절 끝에 대종과 이규는 공손승과 함께 계주를 떠나 고당주로 갈 수 있게 되었다. 그런데 문득 대종은 공손승과 이규를 뒤따라오게 하고 자신은 먼저 신행법으로 돌아갔다. 이규는 객점에서 공손승을 위해 대추떡을 사러 나갔다가 탕융을 만난다. 김성탄은 이 장면을 주목한다. 전선의 상황이 급박하고, 공손승이라면 대종과의 동행이 어렵지 않을 터인데, 굳이 두 사람을 남겨 걸어오게 하는 까닭이 무엇인가? 이는 55회에 펼쳐질 연환마진 격퇴를 위해 미리 마련한 장치라는 것이 김성탄의 설명이다. 그는 문심(文心)의 곡절(曲折)이 이런 경지에 이르면 귀신도 헤아리지 못한다며 구성의 정교함을 격찬한다.[416] 이러한 비평은 본문의 탕륭 등장 장면에서 한층 더 세밀하게 시도된다.

> 공손승이 도착해야 고렴을 격파하고, 고렴이 죽어야 태위가 놀라며, 태위가 노해야 호연작이 파견된다. 호연작이 이르러야 서녕을 속이고, 서녕이 오면 비로소 탕륭의 능력이 사용된다. 한 줄기 문정(文情)은 본디 이런 순서로 생겨난 것인데, 지금 홀연 미리 탕륭을 앞에 꽂아두었다. 구겸창을 사용하는 문장은 아직 일어나지 않았고, 구겸창법을 사용하게 된 까닭도 아직 나오기 전이다. 하물며 공손 선생도 이제 주점에 앉아 있는데, 대장장이[鐵匠, 탕륭]가 먼저 마련되었으니, 그 사전 배치[穿插]의 묘법은 세상 사람들이 알기를 바랄 일이 아니다.[417]

---

416 53회 머리 총평. "請得公孫勝後, 三人一同趕回, 可也. 乃戴宗忽然先去者, 所以爲李逵買棗糕地也 ; 李逵特買棗糕者, 所以爲結識湯隆地也 ; 李逵結識湯隆者, 所以爲打造鉤鐮槍地也. … 爲結識故, 已預買糕也 ; 爲買糕故, 戴宗亦已預去也. 夫文心之曲, 至於如此, 洵鬼神之所不得測也."

417 53회 夾評. "公孫到, 方才破高謙 ; 高謙死, 方才驚太尉 ; 太尉怒, 方才遣呼延. 呼延至, 方才賺徐寧 ; 徐寧來, 方才用湯隆. 一路文情, 本乃如此生去. 今卻忽然先將湯隆倒插前面, 不惟<u>教鉤鐮之文</u>未起, 並<u>用鉤鐮之故</u>亦未起, 乃至並公孫先生亦尚坐在酒店中間, 而鐵匠卻已預先整備. 其穿插之妙, 真不望世人知之矣."

53회에 탕융을 등장시킨 이유에 대한 설명이다. 서사의 순서상 탕융의 역할은 호연작의 연환마진을 격퇴하는 55회에나 필요하며, 이곳은 고당주 전투를 승리로 이끌 공손승이 현장에 도착도 하기 전이다. 양산박 군은 탕융이 만든 구겸창과 서녕(徐寧)이 교습한 구겸창법의 힘으로 관군의 연환마진을 격퇴한다. 53회는 연환마진과 구겸창(법)에 대한 이야기가 나오기도 전이다. 김성탄은 이러한 구성법을 도삽법(倒揷法)이라고 했다. 대종이 공손승과 이규를 두고 먼저 떠나고, 이규가 주점에서 공손승을 위해 대추떡을 사러 나간 것은, 모두 이규와 탕융을 만나게 하기 위한 장치이며, 이는 이후 전개될 일련의 사건들을 고려한 포석이라는 말이다. 이규는 주점의 공손승에게, 마중 나온 대종에게, 군막 안에서 송강 등 두령들에게, 세 차례에 걸쳐 신나서 탕융을 상세하게 소개한다. 김성탄은 매 장면마다 그 천진난만한 태도를 지적하면서, 이 또한 도삽법을 은폐하기 위한 마련한 일종의 위장술로 해석했다.[418]

5. 한처설색(閑處設色), 서정미의 발견

앞 문장에서 주동의 가족을 말하며 '영랑(令郎)' 두 글자를 사용함은(51회) 창주지부의 자식 사랑을 '대조의 방식으로 드러낸[反襯]' 것이다. 이 편에서 서녕의 부부를 그리면서 문득 '6, 7세 아이'를 덧붙인 것은, 서녕에게 후예가 있어 가전 갑옷을 허투루 남에게 넘겨주지 않을 것임을 표현한 것이

418 53회 夾評. "活寫出新得兄弟分外快活來. ○ 看他如此倥傯之際, 只知得意自家新有兄弟, 全是一派天趣. ○ 然其實描寫李逵得意處, 卻都是遮掩其倒插之法耳, 讀者毋爲作者所瞞也."
김성탄은 이밖에도, 한 필 踢雪烏騅馬로 수많은 連環馬軍을, 반대로 호연작의 허다한 衣甲 마련으로 徐寧의 한 벌 안령갑을 끌어내고, 紡車軍(양산박) 連環軍(호연작)의 대결을 조직하는 방법 등, 구성의 묘법을 언급했는데, 지면 관계상 모두 논의하지 못한다.

> 다. 글을 지음에 한가로운 곳을 짙은 색깔로 그리는 수법은 모시(毛詩)와 사마천의 글에만 있는 것이다. 시내암은 진정한 재자인 까닭에 그런 수법을 훔칠 수 있었다.[419]

'한처설색(閑處設色)'이란 시상이나 서사 전개 상 쉬어가는 곳, 즉 긴요하지 않은 부분을 허술하거나 안이하게 처리하지 않는다는 뜻이다. 이젠 격언으로 널리 알려진 "디테일은 신의 거처이며 악마의 장소."라는 명제와도 통하는 말이다. 마크 트웨인은 1876년 『허클베리 핀의 모험』을 간행하며, 책머리에 "이 이야기에서 교훈이나 줄거리를 찾는 사람은 추방, 총살될 것."이라는 유명한 명제를 남겼고,[420] 『잃어버린 시간을 찾아서』의 주인공은 베르고트의 작품에 탐닉하던 어린 시절을 추억하며 "그가 이야기의 줄거리를 잇기 시작할 때 나는 실망했다."[421] 고 했는데, 이는 모두 줄거리나 주제에 연연하지 않는 소설론의 표현이다. 『수호전』은 '가족의 일상이나 남녀 애정'을 거의 배제하고 있는 이야기이며, 있다 해도 서사 전개상 지엽적인 사안에 지나지 않는데, 이런 사소한 부분을 예사롭지 않게 처리한 것이 이 문장의 특장이라는 것이 인용문의 요지이다.

거대한 서사 흐름 곳곳에 숨어 있는, 작게는 이야기의 재미를 밀도 있게 자아내는 자구에서, 크게는 맥락에서 벗어나 시간이 멈추어진 채 자율적으로 존재하는 듯한 장면들을, 하나하나 감지하여 음미함이 『수호전』 선독의 요체라는 것이 김성탄의 생각이다. 이를 '서정미'의 발견이라 이름 붙일 수

---

419 55회 머리 總評. "前文寫朱仝家眷, 忽然添出令郎二字者, 所以反襯知府舐犢之情也. 此篇寫徐寧夫妻, 忽然又添出一六七歲孩子者, 所以表徐氏之有後, 而先世留下鎮家之甲定不肯漫然輕棄於人也. 作文向閑處設色, 惟毛詩及史遷有之, 耐庵真正才子, 故能竊用其法也."

420 원문은 다음과 같다. "Persons attempting to find a motive in this narrative will be prosecuted. Persons attempting to find a moral in it will be banished. Persons attempting to find a plot in it will be shot."

421 김창석 옮김, 『잃어버린 시간을 찾아서』 제1책, 국일미디어, 2010, 137쪽.

있다. 산문은 운어(韻語)들의 힘으로 단단히 구축되며, 서사는 크고 작은 서정미의 도움 없이는 풍성해지지 않는다. 그 사례로 백수영의 무대, 공손승의 산거(山居), 서녕의 가정에 대한 평어를 검토한다.

50회는 삼타축가장과 세 대전(大戰) (고당주, 연화마, 청주성) 사이의 휴지 단락으로, 비유하면 해랑(駭浪)과 경파(鯨波) 사이의 평류이다. 하지만 평류라 하여 일없이 지나는 것은 아니다. 52회는 언뜻 평류로 보이지만, 거대한 물결을 잠재우고 다른 거대한 물결을 일으키는 곳이며, 세안(細眼)으로 보면 또 하나의 격류이다. 50회의 격류는 뇌횡에게 이소이(李小二)가 나타나면서 시작된다. 이 부분을 김성탄은 "앞에서 무수한 웅기진해(雄奇震駭)의 편(篇)을 몰아오더니, 이 권에선 문득 조심스러운 붓질로 드러날 듯 말 듯 색칠하는 곡조를 만들어내니, 태화산에서 놀고 돌아와 홀연 호구산(虎丘山)에 오르는 격."[422]이라고 평했다. 태화산은 해발 1200m의 고봉들이 솟아 있는 서악 화산이고, 호구산은 소주에 있는 해발 34m의 작은 언덕이다. 하지만 호구산은 2000여 년의 숱한 역사 사연이 서린 곳이니, 산의 규모만으로 가치의 우열을 가릴 수는 없다.

50회에서 김성탄의 눈길이 오래 머문 곳은 백수영의 무대이다. 백수영은 동경에서 온 행원(行院, 기녀)으로, 뇌횡이 출장 다녀오는 사이 고을에서 화제가 된다. 뇌횡은 이소이의 말을 듣고 공연을 보러 갔다가 구경한 값을 내지 못해 백수영 부녀와 실랑이를 벌이게 되는데, 이 작은 다툼이 세 차례 전투의 시원이다. 백수영은 앞에 나온 여성 인물들(염파석, 반금련, 반교운)처럼 사건의 빌미로 동원된 희생양에 지나지 않으며, 몰락한 유랑 예인으로서의 현실감도 떨어진다.[423] 이날 무대에서 백수영이 행한 설창(說唱) 제목은 「예장

422 50회 眉批. "前來無數雄奇震駭之篇, 忽於此卷別作點染掩抑之調, 如遊太華歸, 忽登虎丘也."

423 백수영에 대해서는 王鴻卿, 「白秀英의 杜撰性과 朱同의 네 가지 성격」(『水滸傳與義』, 遼海出版社, 2005, 122~124쪽), 백수영의 무대에 대해서는 虞云國, 「瓦舍勾欄」(『水滸亂彈』, 中華書局, 2008, 71~84쪽) 참조.

성쌍점간소경(豫章城雙漸趕蘇卿)」[424]이다. 이 장면에 대해 김성탄은 경중경(鏡中鏡), 몽중몽(夢中夢)의 기이한 문장이라 극찬하면서도, 자주 사용하면 천박해지는 수법이라고 경계했다.[425] 또 소설에서는 백수영의 목소리로 제목만 언급되고 그 내용까지는 소개되지 않았는데, 이 또한 물속의 꽃 그림자와 발 안의 미인 형상처럼, 다 말하지 않아 맛난 문장이 된다고 평가했다.[426]

본문에서는 백수영이 무대에 올라 설창을 하기 전에 부르는 아래 개장시를 주목하였다.

새끼 새 울어대자 어미 새 돌아오고	新鳥啾啾舊鳥歸
엄마 양 마르는데 아기 양 살지누나	老羊羸瘦小羊肥
한 평생 의식주가 참으로 어렵나니	人生衣食真難事
곳곳을 함께 나는 원앙만 못하도다	不及鴛鴦處處飛

앞의 두 구에 대해서는, 원래 정장시(定場詩)는 심상한 탄식일 뿐이지만, 뇌횡의 두 귀에 들어가게 한 점이 절묘하다고 했다. 또 두 구는 각각 새끼가 어미를 찾고, 어미가 새끼를 걱정하는 내용이니, 읽으면 눈물이 난다고 했다. 노모와 서로 의지해 사는 뇌횡의 처지를 환기한 것이다. 3구는 각자 살기에 힘겨운 관객들의 심금을 겨냥하였으며, 4구는 시선을 돌려 (마침 지현과 사이가 좋은) 백수영 자신의 처지를 돌아보았으니, 네 줄 1수의 시로 무대 아래위 사람들의 사정을 다 거둬 표출했다고 찬사를 보냈다. 여기에 덧붙여 속

---

424 閭江縣 아전 雙漸과 知縣의 딸 蘇小卿이 곡절 끝에 사랑을 이루는 이야기다. 북송 시기에 만들어져 널리 유행했으며, 이야기가 실린 가장 이른 기록은 『青泥蓮花記』 권 7이다. 元曲의 인기 소재였다.

425 50회 머리 총평. "景之奇幻者, 鏡中看鏡 ; 情之奇幻者, 夢中圓夢 ; 文之奇幻者, 評話中說評話. 如豫章城雙漸趕蘇卿, 真對妙景, 焚妙香, 運妙心, 伸妙腕, 蘸妙墨, 落妙紙, 成此妙裁也. 雖然, 不可無一, 不可有二. 江瑤柱連食, 當複口臭何! 今之弄筆小兒, 學之至十百, 卒未休也."

426 우와 같은 곳. "豫章城雙漸趕蘇卿, 妙絕處正在只標題目, 便使後人讀之, 如水中花影, 簾裏美人, 意中早已分明, 眼底正自分明不出. 若使當時真盡說出, 亦復何味耶!"

본에는 이 한 단락이 빠져 있으니, 진짜 상품 게는 버리고 하품만 먹는 격이라고 덧붙였다.[427] 이 말은 네 줄의 시는 70회 평점본 간행 과정에서 자신이 창작하여 삽입한 것이라는 고백에 다름 아니다. 실제 120본의 이 부분에는, 백수영이 4구 7언 시를 읊조렸다는 말에 이어 바로 「예장성쌍점간소경」을 소개하는 구절이 나온다. 김성탄은 서정미의 발견에 그치지 않고, 서정미의 부각을 위해 개작도 마다하지 않았던 것이다.[428]

그 다음에 김성탄의 눈을 정화시킨 장면은 공손승의 산거(山居) 청경(淸景)이다. 공손승은 계주 사람으로 14회에 조개에게 대명부 양중서의 생신강 운반 소식을 전해주는 역으로 등장했다가, 41회에 고향으로 돌아간다. 43회에 대종이 그를 찾으러 갔지만 실패하고, 그 계기로 양산박에 오던 양웅과 시천 때문에 축가장 싸움이 일어난다. 52회에 고당주 싸움이 곤경에 처하자 양산박에서 대종을 계주로 보내는데, 이규가 따라나서며 여러 골계 성격의 잔 사건들이 일어나는 것이다.[429] 대종과 이규는 계주의 작은 마을들을 돌아다니며 공손승을 탐문하다가, 사흘째 되던 날 점심 국숫집에서 우연히 합석한 노인으로부터 그의 행적을 알게 된다. 노인은 공손승이 이름을 일청(一淸)으로 바꾸었으며, 구궁현(九宮縣) 이선산(二仙山) 기슭 작은 마을에서 어머니와 함께 살고 있는 사정을 말해준다. 후반부의 공손승은 학도인(學道人)으로서의 성격이 짙으며,[430] 마을과 산 이름은 그러한 공손승 거처의 분위기

---

427 50회 夾評. "一二句刺入雷橫耳, 第三句刺入合棚眾人耳, 到第四句忽然轉到自家身上, 顯出與知縣相好. 只四句詩, 便將一回情事羅撮出來, 才子妙筆, 有一無兩. ○ 俗本失此一段, 可謂食蝉蝤乃棄其螯矣."

428 김성탄 본 『수호전』의 평어에서 '俗本', '古本' 운운한 곳은 모두 개작된 부분이라고 보면 된다.

429 공손승은 수호 고사에서 존재감이 미약한 인물이었다. 소설 속 형상 또한 떠돌이 거친 도사 / 수행 높은 담박한 도사로 전반부와 후반부의 모습이 다르다. 그의 초월성을 짚어 실패한 인물로 혹평하는 연구자가 있는가 하면, 송강과 거리를 유지하면서 양산박의 처지와 운명을 생각하게 하는 중요 인물로 고평하는 견해도 있다. 그의 전반적 형상에 대해서는 王學泰, 「水滸傳江湖人物論(三), 目不清晰宗教代表公孫勝」, 『名作欣賞』, 2010. 94, 5쪽을, 혹평 견해는 戴慶華, 「水滸敗筆: 公孫勝」, 『書屋』, 2019. 68~70쪽을, 반대 입장에 대해서는. 李燕青, 「公孫勝在水滸傳中的敘事作用」, 『菏澤學院學報』, 2016. 1~5쪽을 참조,

430 43회에서 楊林이 대종에게 한 "공손승은 學道人이니 성 안이 아닌 산림에 살 것"이라는 말에 김성

를 은근히 조성[431]한다.

두 사람은 노인이 일러준 대로 공손승의 집을 찾아간다. 산 아래서 나무꾼에게 물어 산자락을 지나니 열 칸 남짓 초가가 보이는데, 낮은 담장이 집을 둘러 있고, 담장 밖에는 작은 돌다리가 놓여 있다. 다리 게에 오니, 바구니에 햇과일을 담아 나오는 한 시골 노파가 보인다. 대종이 공손하게, "할머니께서 청도인의 집에서 나오시는군요, 청도인은 집에 계십니까?" 묻자, 노파는, "집 뒤에서 연단(煉丹)하고 있습니다."라고 대답한다. 김성탄은 구절마다 네 차례나 '산거여화(山居如畫)'라 평어를 더했다. 노파가 나오는 장면에서는, 매요신(梅堯臣)의 시구 "들오리 조는 언덕 한가한 뜻이 있고, 고목이 꽃 피우니 못생긴 가지 없네. 野鳧眠岸有閑意, 老樹著花無醜枝."를 인용하고는, 한 사람의 나무꾼, 한 사람의 시골 노파, 하나의 돌다리, 하나의 과일 바구니로, 산거를 미치도록 그리워하게 만든다고 상찬했다. 연단 운운 대목에서는, "고당주에서는 살인에 여념이 없는데, 이선산은 한가로워 죽을 지경"이라고 했다.[432] 공손승의 산거는, 같은 산이로되 온갖 험악한 사연들이 모여 있는 양산박 산채(山寨) 맞은편에 놓인, 청아하고 한가한 장소인 것이다.

시천의 눈에 든 서녕의 집안 모습은, 의리로 결속된 양산박(모두 형제임)이라는 가정과는 다른, 일상의 소소한 사연과 풍경이 생동하는 진짜 가정이다. 양산박의 대척점 한가로운 지점에, 보통 사람들이 영위하거나 꿈꾸는 삶의 모습을 예쁘게 그려놓았다는 점에서, 공손승의 산거와 서녕의 가정은 상통한다. 시천은 안령갑을 훔치기 위해 겨울 어둠이 깔릴 무렵부터 걷히기 직

탄은 "今之學道之人, 皆不在山間林下; 今之山間林下, 卻葬無數死人, 哀哉!"라며 탄식했다. 52회에 나오는 오용의 비슷한 발언에는 다시, "吾聞其語矣, 未見其人也!"라며 거듭 탄식했다.

431 52회 夾評. "好縣名. … 好山名. ○ 如七寶村 · 挑花莊 · 獅子橋 · 對影山等, 皆與本文鬭合作致, 不是無端指斥."

432 52회 夾評. "詩云, 野鳧眠岸有閑意, 老樹著花無醜枝. 一樵夫, 一村姑, 一石橋, 一果籃, 寫來真令人想殺山居也." "高唐州斯殺忙殺人, 二仙山煉丹閑殺人, 乃忙者不知忙到何時方了, 閑者又不知閑到何時方了, 令我一歎也."

전까지 하룻밤을 서녕의 집 안팎에서 잠복한다. 이 시간 동안 시천은 유의해서 집안 광경을 이어 관찰하는데, 그 많은 것들이 소설에 그려졌다. 묘사 내용들은 격렬한 전투 서사를 기준으로 보면, 그야말로 한경(閑景)이며 한정(閑情)이다. 그러니 여기에 많은 지면을 사용한 것은 외견상 망중한(忙中閑)의 농필(弄筆)에 지나지 않으나, 외려 이런 부분이 서사의 입체감과 다층성을 만들어낸다는 것이 김성탄의 생각이었다.

시천의 관찰은 토지묘(土地廟) 뒤 큰 잣나무 위에서 시작된다. 서녕이 퇴근하여 집안으로 들어가고, 등롱(燈籠)을 들고 나왔던 두 사람도 문을 잠그고 들어간다. 초루(譙樓)에서 금고(禁鼓) 소리가 들려온 뒤로 집은 적막감에 휩싸인다. 시천의 잠복 장소가 집안의 박풍판(膊(搏)風板)으로 바뀐다. 두 하녀의 행동거지, 부부가 아이를 안은 채 화로 앞에 앉은 모습, 대들보 위의 큰 가죽갑, 집 안에 걸려 있는 궁전(弓箭)과 요도(腰刀)와 여러 옷들, 서녕이 하녀 매향(梅香)에게 하는 말, 하녀가 옷을 개어 정돈하는 모습들이 하나하나 묘사된다. 이런 세세한 묘사는 이튿날 새벽 서녕이 출근할 때까지, 나아가 탕융(湯隆)의 유인으로 서녕이 도둑을 추적할 때까지 이어진다. 급박한 전투의 와중에, 더구나 도둑의 시선으로, 중상류층 관료 집안의 평화로운 광경을 이처럼 낱낱이 보여주는 것은, 서사 진행의 지체이자 필묵의 낭비처럼 보일 수도 있다. 하지만 김성탄은 이런 점이야말로 서사 문장의 관절이자 묘미라고 평가했다.

김성탄은 묘사 곳곳마다, "그림처럼 보인다. 只見如畵."고 간략한 평어를 달았다. 서녕과 두 하녀가 집안으로 들어가는 장면에는 '빈주(賓主)'가 함께 사라지는 이런 소소한 단락이 절묘한 문장이라 했고,[433] 서녕 부부가 6, 7세 아이를 안고 있는 대목에서는 가전 보물의 소중함을 암시하는 장치라 했

---

433 55회 夾評. "第一只見是主, 第二只見是賓, 第三只見賓主雙亡. 只此小小一段, 便是妙絕之文."

다.[434] 집안에 걸린 궁전과 의복 등의 묘사에 대해서는, 서녕의 일정을 보여주는 동시에 갑 속의 갑옷을 비추어 드러내는 역할을 한다고 했다.[435] 시천이 안령갑을 훔쳐낸 뒤, 탕융은 서녕을 유인해내기 위해 그의 집을 찾는다. 두 사람은 갑옷의 안팎 포장 형태와 재료를 두고 한담 아닌 한담을 나눈다. 이 장면에 대해 김성탄은, "'홍양피갑자(紅羊皮匣子, 붉은 양가죽 갑)' 다섯 글자만으로 두 번의 윤기 나는 색태가 생길 줄 생각이나 했으랴!"라며, 이런 작법을 알면 1만 글자를 동원하여 바다를 그려냄도 어렵지 않을 것이라 극찬했다.[436]

6. 결어

『수호전』은 도적 이야기다. 도적들을 주인공으로 내세웠으며, 원치 않았지만 도적이 될 수밖에 없었던 사연을 그들의 입장에서 그렸으며, 그들이 무리를 이루어 공권력과 물리적으로 충돌하며 도덕적 우위를 확보해가는 과정을 담고 있다. 108 호한들의 삶이 정당할수록, 그들을 도적으로 내몬 국가는 부당한 체제가 된다. 국가는 상황에 따라 지방의 관료, 관료와 결탁한 토호, 권세가의 친인척, 장수와 군대, 고위 관료, 황제의 모습으로 나타난다. 『수호전』은 뛰어난 능력과 높은 포부를 지녔지만, 국가에 의해 소외되거나 범죄자로 몰린 인물들이 도적이 되고, 도적이 된 뒤에는 부득이하게 국가와

---

434 55회 夾評. "寫出不是便睡光景, 妙絕. ○ 徐寧有兒, 妙. 前朱仝有兒, 所以能推知府愛子之心; 此徐寧有兒, 所以寶惜幾世留傳之甲也."

435 55회 夾評. "上寫弓箭腰刀衣服, 只是陪伴皮匣, 使不寂寞耳. 此忽然便就三句內抽出衣服一句來, 另自細細描寫一通, 以見本日真從內裏隨直出來. 卻又句句恰與匣中金甲先作映襯, 別成異樣色澤也."

436 55회 總評. "湯隆徐寧互說紅羊皮匣子, 徐寧忽向內裏增一句云: '裏面又用香綿裹住.' 湯隆便忽向外面增一句云 : '不是上面有白線刺著綠雲頭如意, 中間有獅子滾繡球的?' 只'紅羊皮匣子'五字, 何意其中又有此兩番色澤."

맞서게 되는 이야기로 간추릴 수 있다. 따라서 기본적으로 『수호전』의 세계는 난세이고, 주인공들은 버려진 인재들이다. 김성탄은 이러한 사실을 잘 인지하였으며, 전편에 걸쳐 단속적으로 그에 대한 자신의 입장을 밝혔다.

50~57회의 세 차례 전투는 이규가 고당주에서 은천석을 격살하면서 비롯된다. 그런데 은천석은 고당주 지부 고렴의 처남이고, 고렴은 1회에서 상란(上亂)의 근원으로 지목된 고구[437]의 사촌 동생으로, 백성들을 보호하는 것이 아니라 위험에 내모는 탐관(貪官)이다.[438] 김성탄은 권세가의 인척이 지역에서 무소불위의 악행을 저지르고 있다는 설정을 주목했다. 고구의 악행이야 한정이 있겠지만, 고구에게 100명의 고렴이 있고, 각각의 고렴에게 다시 100명씩의 은천석이 있으며, 각각의 100명의 은천석에게 다시 2, 3백명에 이르는 여우 개의 무리가 있다고 보면, 온 천하에 편안한 곳은 있을 수 없다는 것이다.[439] 이런 논리로 보면 고구를 그리지 않았지만, 그의 악행이 천하에 가득하다는 것을 알 수 있다고 했다.[440] 또 이는 세상에 굶주린 호랑이를 한정 없이 풀어놓고, 무수한 어린이들을 빼앗아 골짝에 버리는 격이니, 백성들이 모반하지 않을 수 없고 나라가 꼭 망하게 된 형국이라고 했다.[441]

---

437 실존 인물로, 金나라와의 대치 형국에서 軍政을 무너뜨린 것으로 알려져 있다. 소동파의 小史로 문식과 재주가 많았다고 한다. 실존 인물 고구와 소설에서의 형상에 대해서는, 王同舟 · 陳文新, 앞의 책, 183~188쪽, 「역사와 소설 속의 高俅」 참조.

438 53회에서 전투에 패배한 고렴이 성으로 퇴각한 뒤, 백성들을 징발하여 성을 지키게 했다는 구절에 대해, 김성탄은 "장병을 설치하여 성을 지키고 백성들을 편안케 했다는 말은 들어보았지만, 장병들이 꺾였는데 백성들을 몰아 성을 지키게 했다는 말은 들어보지 못했다. 이야말로 천고 공통의 폐단이니, 크게 탄식한다! 吾聞設兵將以保障城池, 以奠安百姓也, 未聞兵亡將折, 而反驅百姓以守其城池也. 千古通弊, 爲之浩歎!"고 하였다.

439 51회 총평. "嗟乎! 吾觀高廉倚仗哥哥高俅勢要, 在地方無所不爲, 殷直閣又倚仗姐夫高廉勢要, 在地方無所不爲, 而不禁愀然出涕也. 曰 : 豈不甚哉! 夫高俅勢要, 則豈獨一高廉倚仗之而已乎? 如高廉者僅其一也. 若高俅之勢要, 其倚仗之以無所不爲者, 方且百高廉正未已也. 乃是百高廉, 又當莫不各有殷直閣其人 ; 而每一高廉, 豈僅僅於一殷直閣而已乎? 如殷直閣者, 又其一也. …."

440 51회 夾評. "一部書並不正寫高俅一筆, 而高俅之惡貫, 於斯盈矣. 無所不爲者, 一辭不足以盡之之謂也."

441 51회 夾評. "… 嗟乎! 天下者朝廷之天下也, 百姓者朝廷之赤子也. 今也縱不可限之虎狼, 張不可限之饞

이는 명백히 양산박의 입장에서 국가 운영의 모순을 비판하고 탄식한 것이다.

이러한 태도가 다시 나타나는 곳은 56회이다. 전투에서 패한 뒤 단기로 탈출한 호연작은 청주로 달아나 지부에게 의탁한다. 그 뒤 노달, 양지와 차례로 무예를 겨뤄본 그는, 녹림 속 도적의 솜씨가 아닌 것에 남몰래 박수갈채를 보내며, 그들의 출신을 의심한다. 이에 김성탄은, 호연작의 입을 빌려 인재들이 도적이 될 수밖에 없는 현실을 통곡한 것이라고 했다.[442] 돌아와 지부로부터 노지심·양지·무송의 정체와 내력을 들은 호연작은, "그들의 무예가 그토록 완숙하다 했더니, 원래 양제사(楊制使)와 노제할(魯提轄)이었군요, 참으로 명불허전입니다!"라고 감탄한다. 이에 김성탄은 그들이 진작 벼슬을 박탈당했음에도 불구하고 직책으로 부른 것은, 그들이 변경에서 쓰일 만한 인재임에도 부득이하게 녹림의 도적이 되었음을 호연작의 입을 빌려 통곡한 것이라며, 평가를 넘어 격한 공감을 표현했다.[443] 김성탄의 이런 비평은, 『수호전』이 본래 지니고 있던 체제 저항적 면모를 한층 정교하고 세련된 방식으로 강화하는 역할을 한다.

이 여덟 회 동안 세 차례의 전투가 일어났고, 스무 명의 호걸들이 양산박에 합류했다. 세 차례의 전투는 조정 정규군과의 첫 번째 정면 대결이다. 이 대결을 통해 양산박은 비로소 자기 힘의 크기를 가늠하게 되며, 조정은 도적 집단을 용납할 수 없고, 양산박은 자기 힘을 신뢰하게 되었으니, 이후 서사의 형세는 두 힘 간 충돌의 확대를 피할 수 없게 되었다. 하지만 김성탄은 이러한 표면상의 대결에는 별로 관심을 주지 않았다. 그의 심미안은 인간의 취약한 면모가 드러나는 곳, 겉으로는 보이지 않는 서사의 고리와 포치,

---

吻, 奪不可限之兒肉, 塡不可限之谿壑, 而欲民之不畔, 國之不亡, 胡可得也!"

442 56회 夾評. "又惡知其無可奈何, 始入綠林耶! ○ 借呼延口中一哭."

443 56회 夾評. "… 既已這廝, 則應削其官矣, 仍稱之爲制使提轄者, 所以深許楊志魯達之爲邊庭有用之才, 不得已而至於綠林, 而非其自爲綠林也. 借呼延口中一哭, 令千載讀之, 人人彈淚."

긴박한 사건들을 상관 않는 한가로운 서정 국면 등에서 반짝였다. 이러한 부분에는 예외 없이 특유의 비평이 가해졌다. 김성탄은 필요에 따라서는 원문 자구의 개변도 서슴치 않았는데, 이는 당시로서는 별로 문제가 될 만한 일이 아니었다. 이러한 비평의 힘으로, 『수호전』은 장대하고 황량한 서사 안에 섬세한 인간미와 소소한 삶의 정경들이 도처에 살아 있는 이야기로 거듭났다.

제3장

한국문학과 김성탄, 그 서사론의 적용

흑선풍 이따거의 두 자루 도끼	李大哥兩板斧
놀리고 휘둘러 크게 엎어 버리고	假弄來大破綻
한 손에는 따로 박도를 쥐고	手裡別執朴刀
강호의 호한들과 사귀어보리	結識江湖豪漢

「호질」과 「허생」 읽기, 절세 기보에 접근하는 두 방법

1. 서언

김성탄은 맹주에 정배된 무송이 시은(施恩)의 부탁을 받고 쾌활림(快活林)에 가서 장문신(蔣門神)을 혼내주는 28회의 사건에, 문(文)의 본령 및 사(事)와의 관계에 대한 논의를 전개했다. 사건을 전달하는 것만이 목적이라면 한두 줄만 해도 충분하고, 나머지 무송이 술 마시는 장면은 군더더기에 지나지 않는다. 과연 감동이나 재미를 주고, 두고두고 잊히지 않는 이미지를 형성하며, 인물의 캐릭터를 만드는 것은 무송이 술을 말하고 마시며, 취해 호기를 부리는 장면이다. 문학은 형식으로 존재한다. 다양한 수사, 독특한 문체, 사건의 배치 등 구성의 기법 등에서 우리는 문학의 존재 의의를 발견한다. 사건은 소재일 뿐이다. 이 절에는 기법의 차원에서 「호질」과 「허생전」을 분석하여, 새로운 독법을 제시하는 것을 목적으로 한다. 이 독법이 유효하다면, 우리는 두 작품에서 새로운 미감(美感)을 발견할 수 있으며, 이는 당연히 작품의 미적 영역을 확장하는 데 기여할 것이다.

「호질」과 「허생전」은 『열하일기』에 들어 있다. 이는 두 작품이 여행기라는 큰 범주의 전후 맥락 속에 놓여 있음을 의미한다. 우리는 간혹 이 사실을 잊고 두 작품을 맥락에서 떼어내어 독립적인 존재로 대하곤 한다. 두 작품에서 근대적인 소설의 의의를 발견한 현대 연구자들이 작품을 떼내어 분석 해독하였고, 그 결과는 다양한 매체를 통해 지속적으로 확장되었다. 결과 그 전후의 맥락은 탈각되고, 두 작품은 배경과 맥락에서 분리되어 액자에 담긴 채 세상에 알려져 있다. 이 절에서는 분리되어 독립된 두 작품을 원래의 맥락 속에 복귀시키고, 그 계기성 속에서 새로운 독법을 모색하려는 시도이다. 전체적인 배치와 구성 등의 기법이 발생시키는 미학적 효과만을 조명하고, 선학들이 충분히 밝혀놓은 「호질」과 「허생전」에 대해서는 재론하지 않을 것이다.[1] 분석의 도구와 방식으로는 김성탄의 서사론을 원용하기로 한다.

2. 방법의 타당성 검토 – 김성탄과 박지원

본격 논의에 앞서 검토해야 할 문제가 하나 있다. 박지원(1737~1805)의 문학을 김성탄(1608~1661)의 관점, 방식으로 읽는 것이 과연 유효한가, 가능하다면 그래서 얻을 수 있는 것이 무엇인가 하는 문제이다. 이에 대한 대답은 박지원의 문학세계를 엿보는 새로운 창의 마련은 물론, 김성탄을 통해 한국 문학사의 외연을 넓히는 데도 도움이 될 것이다. 다만 이는 한 번에 풀릴 문제가 아니므로, 여기서는 간략하게 그 가능성만 제시하기로 한다. 1780년 연행 길에 산해관 못 미쳐 있는 청돈대(靑墩臺)에서 해돋이 구경 대신에 늦잠을 선택한 박지원은, 해돋이에 대한 상상으로 구경에 나서지 못한 공백을 채

1 물론 형식 분석은 내용 및 주제와 유기적으로 관련되어야 하고, 또 도입 단락 및 후지의 이해가 본 서사를 더 잘 이해하는 데 기여해야 한다. 하지만 여기서는 중복 논의를 피하고 논의의 선도를 높이기 위해 본 서사의 내용과 주제에 대해서는 언급하지 않았다.

웠다.

> 해가 뜰 때 하늘에 구름 한 점 없으면 구경하기 좋을 것 같지만, 사실은 그것처럼 맛없는 것이 없다. 그저 한 덩어리 붉은 구리 쟁반이 바다 가운데서 솟아날 뿐이라면 무슨 볼 게 있겠는가? 해는 임금의 기상이다. 그래서 요(堯) 임금을 찬양하는 시에 이르기를, "멀리서는 구름 같더니, 다가가매 해일러라. 望之如雲, 就之如日."라 하였다. 그러므로 해가 아직 돋기 전에는 반드시 많은 구름이 주변에 몰려들어, 앞길을 인도하는 듯, 뒤를 따르는 듯, 의장을 갖춰 호위하는 듯, 천 대 수레 만 마리 말이 호종하며 좌우를 옹위하는 듯, 깃발이 펄럭이고 창검이 번쩍이는 듯한 뒤에야 장관이라 하겠다. 하지만 또 구름이 너무 많으면 도리어 어둡게 해를 가리므로 볼 것이 없어진다.[2]

아무리 제왕을 잘 묘사해도, 그것만 가지고는 제왕의 위엄을 나타낼 수 없다. 행차 시 제왕의 위엄이란, 의장대의 행렬, 호위 군사의 삼엄함, 좌우에 배종하는 시신들 등의 수많은 수행원, 그리고 길가에 부복한 구경꾼들을 통해서만 드러날 수 있다. 하지만 수행원들이 아무리 많아도 제왕을 가려서는 안 된다. 수행원들 사이로 제왕의 모습이 우뚝하게 보여야만 백성들이 그 위엄을 감지할 수 있다. 박지원은 이러한 비유를 해돋이에 적용하여 설명하였다.

박지원의 이 글은 자연스럽게 김성탄의 홍운탁월법(烘雲托月法)을 떠오르게 한다. 김성탄은 『서상기』 평어에서 '홍운탁월'의 화법(畵法)을 소개한다.

---

2 『열하일기』, 「馹汎隨筆」. "大抵日出時, 天無一點雲氣, 則似若善觀, 而此最無味, 只是一團赤銅盤出自海中來, 有何可觀. 日君象也, 其贊堯曰, 望之如雲, 就之如日, 故日之未暾, 必有許多雲氣, 湊集外辦, 若將前導, 若將後殿, 若將儀衛, 如千乘萬騎, 陪扈衛擁, 羽毛斿旆, 龍蛇震蕩, 然後始爲壯觀. 若要許多雲氣, 則乃反晦冥鄣蔽, 無復可觀."

그림의 목적은 달이지만, 달만 그려서는 충분한 효과를 낼 수 없기 때문에 구름을 그린다. 의도는 달에 있지만, 그렇다고 구름을 소홀하게 처리할 수는 없다. 구름이 조금이라도 짙거나 엷어지면 달을 망치기 때문이다. 농도가 잘 맞고 먼지만한 작은 흔적도 없게 하여, 멀리서 보면 있는 듯하지만 잡으려고 하면 없고, 다가가면 가버릴 듯하고 불면 흩어질 듯한 것이 구름의 절묘함이다. 이렇게 구름을 절묘하게 그리면 보는 사람들마다, "참 아름다운 달이로다!"라고 감탄한다는 것이다.[3] 절대미는 주변 사물에 대한 간접 묘사를 통해 드러낼 수밖에 없음을 말한 김성탄의 이 비유는, 『서상기』에서 최앵앵(崔鶯鶯)에 앞서 장군서(張君瑞)가 등장한 것을 설명하기 위해 동원된 것이다.

설명의 대상은 해와 달로 다르고, 실제와 그림의 차이가 있지만, 구름이 해돋이의 장엄함과 달의 절묘함을 드러내는 관건이 된다는 점에서는 같다. 이 예만 가지고 두 사람의 영향 관계를 단정하는 것은 성급하다. 하지만 위 보기에서처럼 김성탄을 읽으면 박지원이 떠오르고, 박지원을 읽을 때 김성탄이 느껴지는 것은 부인할 수 없다. 다행히 이러한 느낌의 근거가 될 만한 박지원의 말을 전한 사람이 있다. 유만주는 이렇게 말했다.

> (연암은) 자신의 문장에 대해 말하기를, "나의 문장은 좌구명(左丘明)과 공양고(公羊高)를 어루만진 것이 있고, 사마천과 반고를 어루만진 것이 있고, 한유(韓愈)와 유종원(柳宗遠)을 어루만진 것이 있으며, 원굉도(袁宏道)와 김성탄

3 『서상기』 제1장 1절 「警艷」의 총평. "欲畵月也, 月不可畵, 因而畵雲. 畵雲者, 意不在于雲也. 意不在于雲者, 意固在于月也. 然而意必在于雲焉, 于雲略失則重, 或略失則輕, 是雲病也. 雲病卽月病也. 于雲輕重均停矣, 或微不愼, 漬少痕如微塵焉, 是雲病也. 雲病卽月病也. 于雲輕重均停, 又無纖痕漬如微塵, 望之如有, 攬之如無, 卽之如去, 吹之如蕩, 斯雲妙矣. 雲妙而明日觀者沓至, 咸曰, 良哉月歟! 初無一人嘆及于雲, 此雖極負作者昨日慘淡彷徨畵雲之心, 然試實究作者之本情, 豈非獨爲月, 全不爲雲, 云之與月正是一幅神理." 홍운탁월법을 비롯한 김성탄 비평 용어의 중국문학사에서의 전개와 의의에 대해서는, 조숙자, 「第六才子書西廂記硏究」(서울대 박사학위논문, 2004)의 5장 2절, 「서상기의 문학적 가치에 대한 관점」 참조.

(金聖嘆)을 어루만진 것이 있다."고 하였다.[4]

이는 박지원이 진한고문과 당송산문은 물론 자신과 가까운 시대의 문장까지 모두 섭렵했음을 자부한 말인데, 원굉도와 김성탄의 문장이 『춘추』나 『사기』와 같은 비중으로 수용되었음을 알 수 있다. 그중에서도 특히 김성탄의 영향을 많이 받았음은, 당대의 식자들 사이에 널리 알려졌던 것으로 보인다. 당시 사람들은 「호질」, 「허생전」, 「야출고북구기(夜出古北口記)」 등을 소품으로 지목하였는데, 반응은 비난과 환호가 반반이었다. 호오는 엇갈렸어도 김성탄과 박지원의 긴밀한 관련은 누구나 알고 있었으니, 그들은 "동파(東坡) 이후에 성탄(聖嘆)이 있고 성탄 이후에 연암이 있으니, 성탄은 동파의 서자[孼子]이고 연암은 성탄의 후신(後身)"이라고 하였다.[5] 김성탄을 소동파의 적자가 아닌 서자로 보았고, 또 그러한 김성탄의 후신이 박지원이라고 하였으니, 김성탄과 박지원 두 사람을 대한 태도에 얼마간 '놀림의 뜻'이 숨어 있음을 알 수 있다. 하지만 전신(前身)이니 후신(後身)이니 하는 말이 김성탄이 즐겨 썼던 단어인 데다, 박지원을 김성탄의 후신이라고 말할 수 있었다는 것은, 그들 또한 김성탄에 대한 이해가 얕지 않았음을 반증한다.

여러 정황을 종합하면, 18세기 후반 김성탄은 조선 문단에 깊이 스며 있었는데, 그 중에서 박지원은 김성탄을 발견할 수 있는 가장 대표적인 인물이었다. 다만 두 사람 사이를 통상적인 영향 관계로만 보아서는 안 된다. 해돋이에 관한 인용문에서 보았듯, 또 법고창신(法古刱新)과 지변능전(知變能典)의 주장대로, 박지원은 매우 창조적인 변용을 통해 독자적인 문장을 구사했

---

4 兪晩柱, 『欽英』 22책, 1786년 11월 26일 조: "(燕軒)其自許文章也則云, 吾之文, 有撫左公者焉, 有撫馬班者焉, 有撫韓柳者焉, 有撫袁金者焉."

5 金魯謙(1781~?), 『性菴集』 권7, 「囈述」條: "大抵燕巖所著, 『熱河日記』最爲盛行, 膾炙人口, 而其中「許生傳」·「虎叱」·「象房記」, 人皆稱之, 未免弄作, 「黃金臺記」·「出古北口記」, 有作者家體格, 然, 以文詼諧, 少謹嚴之意. 故, 世或以小品目之, 毁譽相半. 乃曰, 東坡以後有聖嘆, 聖嘆以後有燕巖, 聖嘆, 東坡之孼子, 燕巖, 聖嘆之後身, 其言亦絶倒." [김윤조, 『역주과정록』 (태학사) 68쪽 재인용]

기 때문이다. 어쩌면 역사상 김성탄을 가장 잘 알아주고 창조적으로 변용한 인물이 박지원인지도 모르겠다. 두 사람은 17세기 이후 동아시아 한문학의 새 경향을 표상한다. 두 사람은 다양한 실험을 통해 문학의 새 경향을 주도하였다. 고전의 권위에 기대거나 그 내용을 우려먹는 데 그치지 않고, 정면으로 눈높이를 맞추고 대화하여 그 수준의 글쓰기를 시도하였다. 관습적이고 식상한 사유에 머물지 않고, 일반의 의표를 뛰어넘는 창견을 낯선 형식으로 제시하였다. 이 절에서 살필 「호질」과 「허생전」도 이러한 예에 속한다. 박지원은 김성탄을 만나 수준 높은 대화를 나누었으며, 김성탄으로 박지원의 문학을 읽어보는 것은 두 사람의 대화에 참여하는 것이 된다.

3. 절세의 기보(奇寶)에 접근하는 방법

「호질」과 「허생전」은 여러 가지로 공통점이 많다. 두 편 다 박지원의 연행 체험을 기술한 『열하일기』에 들어 있다. 본 작품에 들어가기 전에 도입 단락을 설정하였으며, 서사가 끝나는 지점에 공히 후지(後識)를 두었다. 신랄한 조롱과 통렬한 질책으로, 시대의 모순과 부조리를 일깨우고 있는 내용도 같은 점이다. 본고에서 주목하는 것은, 도입 단락과 후지의 구조적 기능과 미학적 의의이다. 그중 도입 단락은 두 편의 성격이 다르기 때문에 별도로, 후지는 두 편을 묶어서 논의하기로 한다.

박지원에 따르면 「호질」은 절세의 기문(奇文)인데, 이 말은 김성탄이 즐겨 사용했던 표현이다. 말 그대로 「호질」은 작자와 내용, 그리고 표현 기법 등 모든 면에 있어 신비감으로 가득 찬 작품이다. 두 사람이 즐겨 구사했던 비유를 원용하면, 절세의 기문은 절세의 보물이나 미인에 견줄 수 있다. 절세의 보물이나 미인은, 한 번에 보아서는 그 값이 살지 않는다. 이를테면 산사의 본존불은, 일주문을 지나고, 승 / 속의 구분을 상징하는 시내 위 다리를 건너고, 천왕문이나 금강문을 지나, 불탑과 석등을 거치면서 몸과 마음에 경건함이 조성된 뒤에 만날 수 있다. 이는 그러한 효과를 노린 가람배치의 결과인데, 이러한 공간 질서를 계층적 공간 질서라고 한다. 단박에 만나서야 본존불의 존엄이 살아날 수 없다. 도산서원을 가도, 살아서는 다시 보기 힘든 천문 현상을 관찰할 때도, 세기의 축구 경기를 볼 때도, 그 값을 배가시키는 것은 거기에 걸맞은 단계별 접근일 것이다.

김성탄은 이렇게 핵심 사안에 단계적으로 접근해가는 방법을 월도회랑법(月度回廊法)으로 설명하였다. 화창한 봄날 밤, 잠들지 못한 미인이 향을 사르고 발을 걷어 올린 채 달이 뜨기를 기다리고 있다. 날이 저물자 동산 위에 달이 솟는데 맑고 차가운 빛이 처마 아래로부터 기둥을 지나고, 다시 굽은 난간을 거친 뒤 조금씩 조금씩 사이의 계단을 지나고, 다시 닫힌 창문에 이르러 미인을 비춘다. 갑자기 달빛 아래 미인을 서 있게 한다면 전연 운치가 없게 된다는 것이다.[6] 「호질」은 본존불이나 미인에 견줄 만한 작품이니, 단도직입적으로 접근해서야 작품의 맛이 살지 않는다. 박지원은 「호질」에도, 본존불에 다가가는 산사의 공간 질서나 미인에게 다가가는 달빛의 이동 과정 같은 장치를 해두었다.

「호질」의 이야기는 박지원이 옥전현(玉田縣)에 도착하면서 시작된다. 박지원은 1780년 7월 28일 옥전에 도착했다. 옥전은 북경과 이틀거리였던 고을이다. 옥전에 대해서는 "저물녘 옥전현에 이르다. 무종산(無終山)이 있다. 연(燕) 소왕(昭王)의 사당이 여기 있다고 한다."라고 간략하게 소개하였다. 무종산은 옥전이라는 지명이 생기게 된 전설의 배경이고, 연 소왕은 북경에 황금대(黃金臺)를 쌓고 천하의 인재를 모아 약소국 연의 부흥을 이끌었던 현군으로, 조선 문사들에게 인지도가 높았던 인물이다.[7] 범연한 이 기술도 눈

---

6 『서상기』의 제2장 1절 「寺驚」의 총평.

7 한나라 때 효자 陽雍伯이 부모를 무종산에 장사지내고, 이인의 계시로 돌을 심어 옥을 얻었다는 이야기가 『搜神記』에 전한다. 이 무종산 꼭대기에 연 소왕의 무덤이 있었다고 하여, 많은 연행사들이 여기

여겨볼 필요가 있다. 먼 옛날의 역사 사연과 신비한 전설, 그리고 고을 외곽에 위치한 무종산이라는 공간은, 「호질」의 맨 가장자리를 형성하기 때문이다. 무종산과 연 소왕의 역사지리적 함의는 「호질」로 가는 출발점이다.

다음 단계에서는 조금 더 가까이 다가간다. 박지원이 성안에 들어가 한가로이 구경하는데, 점포 한 군데서 생황 가락과 노래소리가 흘러나왔다. 정진사와 함께 소리를 찾아 들어가 보니, 회랑 아래 대여섯 소년이 늘어앉아 생황을 불거나 비파를 타고 있었다.[8] 이 단계에서 박지원은 성안으로, 다시 점포 안으로 두 단계나 진입하였다. 원문에서는 '입성리(入城裏, 성 안으로 들어가다)'와 '심성입관(尋聲入觀, 소리를 찾아 들어가 구경하다)'이라 하였다. 둘 사이에는 변화를 주었으니, 성안으로는 그냥 들어갔지만, 점포 안으로는 음악 소리를 찾아 들어간 것이다. '음악 소리'는 「호질」로 이끌어 들이는 미학적 장치이다. 악기를 연주하는 대여섯 소년에 대한 묘사는 전형적인 한필(閒筆)이라 하겠는데, 이런 여유로운 장면이 오히려 긴장감을 조성하는 기능을 한다.

세 번째 단계에서는 점포의 마당에서 안채로 들어간다. 이를 원문에서는 '전입당중(轉入堂中, 돌아서 마루로 들어가다)'이라 하였다. 공자가 자로(子路)를 일컬어 "유는 마루에는 올랐지만 아직 방에는 들어가지 못했구나. 由也升堂, 未入於室也."(『논어』, 「선진(先進)」)라 한 이래, 승당입실(升堂入室)은 입도(入道)의 차제로 이해되어왔다. 절세의 기보가 '방[室]'에 있다고 한다면 가깝게는 접근한 것이다. 하지만 승당(升堂)과 입실(入室)의 사이에는 많은 절차가 남아 있다. 안에서는 주인이 반듯하게 앉았다가 손님을 맞이하는데, 박지원이 명함을 보여주어도 머리만 끄덕일 뿐 말이 없다. 주인의 침묵은 심상한 일에 대한 무료한 반응으로 볼 수도 있지만, 폭풍전야의 고요함이나 큰 사건

에 관심을 보였다. 김경선, 『연원직지』 2권 「玉田縣記」(국역연행록선집 제 10책 211쪽) 참조. 조선시대 문사들의 연소왕과 황금대에 대한 높은 관심에 관해서는, 이승수, 『600년 문명의 통로 연행로를 걷다』, 한양대 출판부, 2022, 356~362쪽, 381~388쪽 참고.

8 "入城裏閑玩 一鋪中方咽笙歌 遂與鄭進士尋聲入觀 廊廡下列坐五六少年 或吹笙簧 或彈絃子."

직전의 적막감과 같은 분위기도 자아낸다. 분명한 건, 왁자지껄하는 소란스러움은 기보(奇寶)의 소개와 감상에 도움이 되지 않는다는 사실이다.

네 번째 단계는 점포 안의 풍경이다. 네 벽에는 명인(名人)들의 서화가 걸려 있다고 했다. ("(四壁遍揭名人書畫") 기술은 짧아도 작자의 시선이 네 벽을 찬찬히 둘러보았음을 알 수 있다. 네 벽에 걸린 서화가 모두 명인들의 작품이라 했으니, 이 대목에서 미리 「호질」의 정체를 생각해 볼 필요가 있다. 그 때 주인이 일어나 작은 불감을 열었다. 박지원의 서화 감상 태도를 본 주인의 심리적 변화가 행간에 숨어 있다. 불감 안에는 옥불상이 안치되어 있고, 그 뒤에 작은 장자(障子)가 걸려 있는데, 박지원의 시선은 집요하게 추적하여 거기 쓰여 있는 '태창 원년 삼월 저양 구침이 적다 泰昌元年春三月滁陽邱琛寫'[9]라는 제어(題語)까지 읽어냈다. 주인의 태도는, 그는 매우 불심이 돈독하며, 이 옥불과 그림은 매우 귀중한 것임을 짐작케 한다. 여기서 박지원이 굳이 '태창 원년' 운운하는 제어까지 소개한 까닭은 무엇일까? 모두 「호질」 격자로 가는 점층적 단계이다. 박지원은 「호질」 격자로 가기 전 먼저 네 벽에 가득한 명인들의 서화를 서술하고 이어서 불감 속 장자를 보여주었는데, 주인의 태도와 제어를 통해 이것이 매우 귀중한 실물임을 강조하고 있는 것이다. 그 뒤에 나올 「호질」은 앞의 둘보다 더 귀한 것임은 말할 나위가 없다. 또 하나 앞 서화들의 실재성이 강조될수록, 「호질」의 실재 가능성도 더 높아진다.

다섯 번째 단계에서, 박지원은 인사하고 일어나 문을 나서려는 자세를 취한다. 나가버리면 절세의 기보는 구경할 수 없다. 기보를 보려면 다시 들어와야 한다. 이를 위해 세 가지 골동품을 설정하였다. 박지원의 시선은 동제 사슴에서 국화를 그린 연병(硯屛)으로, 다시 담장 아래 화분으로, 화분 속 벽도화 가지로, 가지 위에 앉은 나비로 옮겨간다. 나비는 인조인 줄 알았는

---

9 泰昌 元年은 1620년인데, 이 시기에 실제 邱琛이라는 서화가가 있었는지는 아직 밝혀지지 않았다.

데 자세히 보니 실물이었다. 여기서는 두 가지를 살펴야 한다. 하나는 나서려다가 들어오는 대목이다. 김성탄은 이러한 방법을 곡절법(曲折法)이라 하였다. 눈은 한 지점을 주시하면서 곧 묘사하지 않고 멀고 먼 곳으로 물러나 출발해오고, 이리저리 곡진하게 묘사하다가 주목한 곳에 이르려고 하면 문득 멈추고 다시 먼 곳에 물러나 발단을 바꿔 다시 출발해오기를 반복하여 독자가 스스로 알게 하는 방법이다.[10] 마지막 나비에 대한 서술은 「호질」을 보여주기 직전의 단계로, 진짜 / 가짜 사이의 경계를 허물면서 일거에 독자의 시선을 사로잡는다. 독자들이 담장 아래 나비에 정신이 팔려 그 의미에 골몰하는 사이, 작자는 문득 벽위에 걸려 있는 격자를 소개한다. 이것이 이른바 눈으로 주시하는 반대편을 서술하는 좌고우휘법(左顧右揮法)[11]이다. 이 일련의 과정을 거치는 동안 작자의 시선은 한 번도 「호질」 격자에서 떠나지 않았지만, 독자들은 공 굴리는 사자의 동작에 현혹되어 공을 놓치듯 박지원의 묘사(또는 연출)를 따라 돌고 돌아 「호질」 앞에 서게 된 것이다.

> 벽 위에 한 편의 기문(奇文)이 걸려 있는데, 노지(鷺紙)에 작은 글씨로 써서 격자를 만들어 벽에 가로로 붙여놓았다. 글씨 또한 정교하였다. 벽에 다가가서 읽어보니, '절세의 기문'이라 할 만하다. 壁上懸一篇奇文, 鷺紙細書爲格子, 塗之橫竟一壁. 筆又精工. 就壁一讀, 可謂絶世奇文.

나머지 부분은 또한 한필(閒筆)이라 하겠다. 박지원과 정진사의 질문에 주인은 부처를 걸고 다소 과장되게 자신의 작품이 아니라고 강조하며, 계주 장날에 사온 것이라고 했다. 그렇다면 장거리에 나오는 싸구려 그림이라는 뜻인데, 역대명인들의 서화와 진기한 골동품이 가득한 집에서, 낙관도 없고

---

10 이 책의 72~76쪽 참조.

11 김성탄의 문장 작법에 대해서는 이 책의 1장 2절 참조.

출처도 불분명한 장거리의 그림을 사다 걸었다는 것은 선뜻 납득되지 않는다. 외관상 박지원은 계속 작자 문제를 미궁에 빠뜨리고 있는데, 그 목적은 결국 「호질」이 자신의 소작임을 밝히는 데 있는 것이다.[12] 조선의 선비들을 포복절도하게 하고 싶다든가, 정진사가 베껴 쓴 부분에 오자와 낙구가 많아 자기 뜻으로 점철했다는 마지막 발언이 사족처럼 느껴질 정도로, 아주 교묘한 방식으로 그러한 사실을 암시하고 있기 때문이다.

4. 대진(大陣) 앞에 소진(小陣)들을 펼쳐놓다

앞서 보았듯 「호질」과 「허생」은 외연상의 많은 공통점을 지니고 있다. 하지만 안의 분위기로 가면 사정이 달라진다. 「호질」은 전기(傳奇)의 특성이 다분하다. 서사의 시공간에는 역사성이 탈각되어 있으며, 범이나 창귀와 같은 가상 인물들이 사건을 진행시켜나간다. 이러한 요소들은 기이감(奇異感)을 형성한다. 일상의 세계로부터 멀어져가는 기이한 느낌을 현실로 이끌어 오는 것은 우의(寓意)가 지닌 강렬한 현실성이다. 반면 「허생」은 설화 또는 야담의 속성이 농후하다고 할 수 있다. 남산 묵적동이라는 공간은 매우 현실적이며, 대략 1660년 전후로 설정된 시간 배경 또한 역사적이다. 허생과 변승업은 야담을 통해 널리 알려진 인물이며, 이완 또한 실존했던 인물이다. 문체 또한 정교하게 조직된 「호질」에 반해 「허생」은 다소 느슨한 구어체의 느낌을 준다. 「허생」의 미감은 친숙함에 그 기반을 두고 있다.

「허생」은 절세의 기문이라기보다는, 비교적 민간에 널리 알려져 있던 허생의 이야기를 단편으로 재구해낸 작품이다. 「호질」은 깊은 곳에 감추어

---

12 이 後識의 분석을 통해 「호질」이 박지원의 작품임을 밝힌 논의가 있다. 성현경, 「虎叱의 구조와 원작사」, 『韓國學報』31 (일지사, 1983)의 19~22쪽 참조.

져 있는 기보이기 때문에, 특별한 인연이 닿지 않으면 보기도 힘들뿐더러, 두 번 세 번 되풀이해서 완상할 성격의 것이 아니다. 그러므로 찾아가는 과정에도 그에 걸맞은 절차가 있고, 안개 속에 감추어져 있는 비경처럼, 그 주위를 신비감이 두르고 있다. 반면 「허생전」의 내용은 도청도설이고 여항의 상담이다. 똑같은 기보라 해도, 비장되어 있는 것이 아니라 오래된 폐사지에 남은 석탑처럼 누구나 지나가며 보고 또 접근하여 만질 수 있는 평처장기(平處藏奇)의 모양새를 갖추고 있다. 이러한 성격에 맞춰 박지원은 기보에 다가가는 방식도 그러한 친숙감과 소박함을 활용하였다.

「허생전」이 들어 있는 「옥갑야화(玉匣夜話)」는 이렇게 시작한다.

> 옥갑(玉匣)에 돌아와 비장(裨將)들과 자리를 나란히 하고 밤에 이야기하였다. 行還至玉匣, 與諸裨連牀夜語.

공간은 이국의 객사인 옥갑(玉匣)[13]이고, 시간은 이념과 윤리의 통제가 느슨해지기 쉬운 밤이며, 이야기 상대는 관리계급의 최하층에 있는 비장들이다. 제목은 야화(夜話)이다. 「허생전」은 이렇듯 어떠한 체면이나 의례의 지배를 받지 않는 편안한 지점에서 출발한다. 비장들은 자신들이 아는 세간의 화제들을 자유롭게 풀어냈고, 여기서 나온 이야기들의 많은 부분은 지배층의 이념이나 사회적 금기의 구애를 받지 않았을 것이다. 『열하일기』에서 「호질」과 「허생전」을 한 짝으로 놓고 보면 둘 사이에서 한 번 당기고 한 번 놓아주는 일장일이(一張一弛)의 묘미를 느낄 수 있는데, 여기에는 연행 가는 도중과 북경에서 많은 일정을 소화한 뒤라는 여행 조건의 차이도 작용했을 것으로 보인다.

---

13 玉匣은 연행록 어디에도 나오지 않는 지명이다. '還至'라는 표현으로 보아 북경이나 열하 두 곳 중의 한 숙소일 가능성이 높다. 북경의 조선사관이었던 玉河館을 이렇게 표현한 것이 아닌가 싶다. 또 하나 「호질」의 배경인 玉田일 가능성도 배제할 수 없겠다.

바로 뒤에는 아무런 설명 없이 여섯 일화를 나란히 제시하였는데, 문맥상 비장들이 털어놓은 이야기임을 알 수 있다. 이는 그야말로 항간에 떠도는 일화에 지나지 않는다. 일화는 ①인간적인 신뢰만으로 조선 역관에게 거금을 내어주고 끝까지 그를 믿었던 북경 상인, ②40년간 연경을 드나들면서도 이익을 꾀하지 않아 군자의 풍모가 넉넉했던 역관 이추(李樞), ③곤란한 지경에 빠진 창관(娼館)의 여인을 위해 선뜻 2,000냥을 내어놓은 역관 홍순언, ④옛 주인의 손자를 위해 천금을 쓰고, 그가 자란 뒤에는 재산의 반을 나눠준 연경 상인 임씨(林氏), ⑤연경 상도덕의 문란, ⑥이인의 면모를 보여준 한양 갑부 변승업의 이야기이다. 여섯 편의 이야기는 분량도 들쭉날쭉이고, 어떠한 구성의 흔적도 보이지 않는, 그야말로 야화(夜話)이다. 다만 아무렇게나 놓인 듯한 여섯 편 이야기를 꿰뚫는 주제가 있으니, '거래와 신뢰'이다.

그런데 여섯 번째 일화에서는 변승업이 치부하고 이인의 면모를 지니게 된 계기에 대한 설명이 없다. 박지원은 바로 이 부분에 대한 궁금증을 풀어주기 위해 윤영(尹暎)에게 들은 허생(許生)을 등장시킨다. 앞 다섯 편의 일화는 여섯 번째 변승업의 이야기로 수렴되고, 변승업은 다시 허생으로 가기 위한 중간 기착지가 된다. 일곱 편의 이야기를 거치며 독자들의 시선은 자연 역관, 상거래, 변승업의 과거로 몰리고, 시선이 몰려 있는 동안 허생이 등장한다. 변승업을 비롯한 다섯 편 이야기는 허생을 등장시키기 위한 장치인 셈이다. 마치 변승업의 과거나 해명하는 조역으로 등장하는 것처럼 보이는 허생이 일거에 서사의 주역이 되는 것도 극적 반전의 묘미를 준다.

한 문장에 비슷한 예화들을 여럿 사용하는 것은 박지원이 즐겨 구사한 기법인데, 이는 두 가지 방법으로 설명할 수 있다. 하나는 정범법(正犯法)이다. 한 편의 글 안에 비슷한 소재나 사건을 두 번 쓰는 것은 문장가의 금기인데, 반대로 이를 어기되 소재나 사건 사이에 변화를 주어서 문장의 기세를 두텁게 하고 주제를 강화시키는 방법이다. 『수호전』을 예로 들면, 임충과 양지의 보검 화소, 무송과 이규의 타호(打虎) 화소, 노달과 무송이 각각 정백정과 장문신을 혼내주는 화소, 반금련과 반교운의 간음 화소 등이 여기에 해당된다. 규모가 작은 산문에서 이 방법을 사용한다면 축세(築勢)의 효과를 얻을 수 있다. 내용은 다르나 주제 면에서 상통하는 삽화들을 잇달아 배치하여, 운율감을 높이는 동시에 삽화들로 하여금 주제를 말하게 하는 서사적 방법은 연암의 문장 곳곳에서 볼 수 있다. 여기서도 제시된 여섯 일화는 분량과 성격이 조금씩 다르지만, 읽어가다 보면 '거래와 신뢰'라는 핵심 사안이 저절로 감지된다. 자연스럽게 조성된 독자들의 공감대 위에서, 「허생전」은 자연스럽게 출발한다.

이렇게 여섯 일화를 「허생전」이라는 중심 서사를 위해 배치하여, 「허생전」의 출발을 돕는 방법은 농인법(弄引法)으로 설명할 수 있다. 농인법이란 일단의 대문자를 갑자기 일으키지 않고 먼저 그 앞에 일단의 소문자를 배치하는 방법이다. 노나라 사람들은 태산에 제사할 일이 있으면 반드시 먼저 배림(配林, 태산의 종사(從祀)였음)에 제사했던 것에 비유할 수 있다. 김성탄은 『수호전』에서 사용한 농인법의 전형으로, 28회에서 왕노파가 서문경과 반금련의 음사(淫事)를 주선하며, 서문경에게 열 단계의 계책 십분광(十分光)을 알려주는 대목을 들었다. 실패할 가능성까지 감안한 열 단계의 계책은 너무도 정밀하여 독자들의 감탄을 자아낸다. 그런데 왕노파는 이에 앞서 가볍게 농담 삼아 반안(潘安)의 외모, 나귀의 물건, 등통(鄧通)의 돈 등의 다섯 가지 요건을 갖추어야 한다고 말한다. 다섯 요건을 줄여 반려등소한(潘驢鄧小閒)이라고 하는데, 이것이 바로 십분광에 대한 소진(小陣)에 해당된다. 또 12회에는 북경 대명부에서 양지가 삭초와 대결하기에 앞서 주근과 겨루는 장면을 상세하게 서술하여 양지의 출중한 무예를 드러나게 한 것도 같은 예로 꼽았다.

「허생전」에서 주인공은 물론 허생이다. 허생은 충분치 않은 독서로도 일국의 허실을 꿰뚫었으며, 역시 일국을 경영하여 부강한 나라로 만들 만한 능력을 보여주었으면서도, 그 신분 내력이 알려지지 않은 비범한 인물이다. 일체의 공연에서 그러하듯, 연출기법상 이러한 인물은 분위기가 충분히 조성된 뒤에 나와야 그 값이 산다. 여섯 일화는 본 행사에 앞서 흥을 돋우기 위해 준비한 공연들에 비유할 수 있다. 다만 「호질」이 침묵과 긴장 속에서 신위(神位) 또는 특급 전시물에 접근해가는 사원이나 박물관의 분위기라면, 「허생전」은 주요 놀이판 주변에서 벌어지는 여러 가지 자잘한 유흥들에 견줄 수 있다는 점에서 다를 뿐이다.

5. 여운을 남겨 공황감을 방지하다

「호질」과 「허생전」은 모두 신랄한 조롱과 통렬한 꾸짖음으로 끝이 난다. 「호질」의 마지막은 똥구덩이에서 범의 질책을 듣던 북곽선생(北郭先生)이 새벽 일 나온 농부를 만나, 『시경』의 구절을 읊조리면서 체면치레하는 것으로, 「허생전」은 혼비백산 달아났던 이완(李浣, 1602~1674)이 다음날 다시 허생을 찾자 집이 텅 비어버린 것으로 마무리된다. 범과 허생이 꾸짖는 내용은 당시 사대부의 위선이며, 북곽선생과 이완이 그러한 사대부의 표상임은 누가 보더라도 알 수 있다. 범과 허생의 꾸짖음은 마치 하늘에서 치는 천둥소리와도 같다. 이 소리는 하도 우렁차고 직절하여 하계는 일순 모두 침묵에 휩싸인다. 침묵을 뒤로 하고 범과 허생은 홀연 떠나가서 다시는 그 종적을 찾을 수 없다.

이 지점에서 두 작품은 두 가지 문제에 직면하게 되었다. 하나는 서사의 흐름이 최고조에 달했다가 급격하게 끝나버린 뒤의 공황감이나 단절감을 처리하는 것으로, 이는 기법상의 문제이다. 또 하나는 두 작품이 사회적으로 문제가 되었을 때, 작자 자신에게 돌아올 비난의 화살을 빗겨 가게 하는 자기 보호의 문제이다.[14] 전자는 사실 그대로 두어도 미적인 완성도에 있어

---

14 「허생전」 후지에서 이러한 의도를 발견한 논의로 김종철, 「玉匣夜話 이해의 시각」, 『선청어문』 28 (2004)이 있다.

서는 하등의 문제가 없지만, 후자에 대해 박지원으로서는 심각하게 고민하지 않을 수 없었을 것이다. 후지(後識)는 이러한 고민을 풀기 위해 자구책으로 첨부한 것인데, 그럼에도 불구하고 거기에는 모종의 미학적 배려가 작용하고 있는 것으로 보인다.[15]

「호질」과 「허생전」의 후지는 이렇게 시작한다.

> 글에 작자의 성명은 없지만, 아마 근세 화인(華人)이 비분(悲憤)하여 지은 것으로 보인다. 篇雖無作者姓名, 而蓋近世華人悲憤之作也.

> 어떤 자는 말하기를, 그(허생)는 명나라의 유민일 것이라고 한다. 숭정 갑신년(1644) 뒤 많은 사람들이 건너와 살았는데, 허생도 그러한 사람이라면 아마 성씨도 허가 아닐 것이다. 或曰, 此皇明遺民也. 崇禎甲申後, 多來居者, 生或者其人, 則亦未必其姓許也.

「호질」을 이민족 치하에서 비분을 참지 못한 한족(漢族) 지식인의 작품으로, 허생은 1644년 청조가 북경을 접수한 뒤 조선 땅에 건너온 명나라 유이민의 하나일 것으로 추정하였다. 두 작품의 강렬한 목소리 모두를 중국, 그것도 한족 사인의 목소리로 가탁하고 있는 것이다.[16] 이렇게 되면 작품의 내용은 조선 지배층 내부의 모순과 갈등에서 중국의 민족 갈등으로 전이되거나, 나아가서 화이(華夷) 세계관으로 문제가 확장된다. 박지원이 연행을 다녀온 1780년 즈음은, 존주론(尊周論)이 이론적으로 정리되어가면서 명나라

---

15 두 작품의 후지에 대해서는 최근 심도 있는 논의들이 이루어지고 있다. 「호질」의 경우 후지만을 단독으로 조명한 논문이 있다. [김동석, 「호질후지의 분석」, 『한문학보』9 (2003.12)] 「허생전」의 경우 「옥갑야화」가 독립 편목으로 설정되어 있어, 1970년대부터 그 전체를 고려하여 살펴본 논의가 꾸준히 있어왔다.

16 『열하일기』 곳곳에서 시휘에 저촉될 사안을 남에게 가탁하는 방법을 쓰고 있음은 일찍이 김명호, 앞의 책, 188쪽에서 지적한 바 있다.

중심의 역사관을 기저로 한 갖가지 저작물이 활발히 편찬되고, 대명의리에 입각한 의례가 준행되던 시기이다.[17] 박지원이 강렬한 비판자로 청조 하 한족 사인을 내세운 것은, 황명(皇明)이라면 어떤 것도 용납되던 이념적 분위기를 감안했던 것으로 보인다.

이를 입증하듯 「호질」의 경우 인용문 바로 뒤부터 유자(儒者)들에 대한 통렬한 비판이 다시 이어진다. 입으로는 『시경』의 구절을 읊조리면서, 남의 무덤을 도굴하여 시신의 입에 있는 구슬을 무자비하게 훔쳐내는 이중적이고 위선적인 사람들로 그려낸 것이다. 유자에 대한 비판이 끝나자 논점은 청조(清朝)로 옮겨간다. 이 또한 「호질」을 한족 사인(士人)의 작품으로 몰아간 문맥에 맞춰 위장하는 동시에, 비판의 초점을 흐리기 위한 의도로 보인다. 청조에 대한 논의도 한 번의 굴절이 있으니, 전반에는 맹자의 말을 들어 청조 성립의 정당성을 말했고, 후반에는 의복 등 만주족의 고유문화에 집착하는 청조의 정책을 비판하였다. 그런데 문제는 논지를 파악하기 힘들게끔 문체가 꼬여 있고, 내용에 있어서도 청조의 성립이나 정책에 관한 논의와 「호질」 사이에 연관성을 발견하기 어렵다는 사실이다. 그러니 후지의 논지 파악에 골몰하다 보면 범의 꾸짖음은 소리가 낮아지고, 후지를 다 읽고 나면 조선 사대부의 문제는 온데간데없고 마치 「호질」격자를 발견한 점포로 돌아와 있는 듯 망연한 느낌에 사로잡히게 된다.

「허생후지」에서는 위 인용문에 이어 조계원(趙啓遠, 1592~1670)이 1652년(효종 3년) 경상감사로 부임하다가, 청송에서 두 이승(異僧)을 만나 곤혹을 치른 일화를 소개하고 있다. 이승은 아무런 준비와 정보도 없이 허울 좋게 대명의리와 북벌을 떠들어댄다며 조계원을 호되게 꾸짖었다. 이 부분이 허생이 이완을 꾸짖는 장면과 비슷함은 여러 연구자에 의해 지적된 바 있다. 뒤

---

17 18세기 후반 존주론 형성의 흐름에 대해서는 정옥자, 『조선후기 조선중화사상 연구』(일지사, 1998)의 2장, 「18세기 대명의리론의 정리와 대보단의 향사인물」 참조.

에 그 이야기를 전해 들은 송시열은 그들을 명나라 총병관(總兵官) 출신의 유민으로 추정하였다. 이 이야기는 어디에서 나왔는가? 결론부터 말하면, 실전(實傳)인 듯 소개된 이 이야기는 허구일 가능성이 높다.[18] 왜 이러한 허구의 이야기를 허생 이야기 다음에 배치했는가? 명나라 사족(士族)을 가탁하여 혹 있을지 모를 시비를 방비했다 하면, 이는 누구나 쉽게 추론할 수 있고 이미 밝혀진 사실이니 재삼 거론할 필요가 없다.

중요한 것은 이 일화의 미적 기능이다. 이를 설명하는 데는 달미법(獺尾法)이 유효하다. 달미법이란 물속으로 수달이 사라져도 꼬리의 동작 때문에 물결에 여운이 남는 데서 가져온 표현으로, 대락묵법(大落墨法)으로 만강의 기염을 토하거나 한바탕 큰 사건을 묘사한 뒤 갑자기 끝내지 않고 남은 물결을 출렁이게 하여 여운을 남기는 방식이다. 김성탄이 꼽은 예 중 하나는, 『수호전』 22회에서 무송이 경양강에서 범을 때려잡고 기진맥진해 있는데, 갑자기 호랑이 가죽을 쓴 두 사냥꾼이 나타나자 덜컥 놀라는 장면이다. 또 12회에서, 한바탕 무예 겨룸과 뒤풀이 를 끝내고 양중서가 양지와 삭초 두 호걸을 앞세워 부중으로 돌아갈 제, 문득 여러 백성이 나와 낮에 있었던 일을 수선스럽게 이야기하며 축하하는 장면도 달미법의 보기로 들었다. 무송이 호랑이를 잡고 양지가 무예를 보여주는 장면은 『수호전』 중에서도 작가가 심혈을 기울여 구성한 압권으로 꼽힌다. 막상 문제는 그 서사가 끝났을 때 급격한 공허감이 발생하기 쉽다는 것인데, 시내암은 그 뒤에 작은 사건을 배치하여 핵심 사건의 파장이 끊이지 않게 하면서 서사 흐름을 유장하게 하여 그러한 공황감을 막았다.

이 기법은 『사기』의 「자객열전」 중 형가(荊軻) 이야기를 예로 드는 것이

18 이 이야기가 달리 전해지지 않았다는 점, 조계원이 경상감사로 부임한 해는 1652년인데 이승이 언급한 吳三桂의 란은 1673년에 일어났으니 역사적 정황이 맞지 않는 점, 송시열의 등장이나 와신상담의 해석 등 의도적으로 만들어진 이야기처럼 앞뒤가 인위적으로 들어맞는 점 등을 그 이유로 들 수 있다. 본고에서 다루지는 않지만, 또 다른 후지에 등장하는 尹映의 존재 또한 허구인 것으로 보인다.

이해가 쉽다. 형가의 진시황 암살 의도는 실패로 끝나면서 이야기는 심각한 공황감에 사로잡힌다. 암살의 실패는 한두 사람의 죽음으로 끝나지 않는다. 형가의 죽음은 거대한 운명에 도전한 형가, 태자(太子) 단(丹), 번어기(樊於期), 전광(田光) 등의 노력이 일순 헛수고가 되었고, 나아가 연(燕) 나라 전체의 멸망으로 이어지기 때문이다. 그래서 서사는 바로 끝나지 않고, 형가의 친구 고점리(高漸離)가 온갖 신고 끝에 복수에 나섰다가 실패하는 사건을 이어 놓았다. 이를 두고 모곤(茅坤)은 '곡조를 끝마치는 연주'라고 평하였다.[19] 고점리 삽화는 중심 곡(曲)인 형가 사건이 여운을 남기며 음미될 수 있도록 도와주면서, 아울러 진시황 암살 사건이 일회적인 해프닝이 아니었음도 알려주는 등 복합적인 기능을 한다. 「형가전」에서 고점리 삽화와 「허생전」에서 이승 삽화는 구조나 기능 면에서 같다.

「허생후지」는 복합적인 작용을 한다. 두 이승이 조계원을 꾸짖는 내용은 허생의 꾸짖음을 다시 환기시키고, 나아가서 그 주제의 강도를 증폭시킨다. 이건 순전히 미학적인 효과이다. 그런데 묘하게도 두 이승의 말에 권위를 더해주는 것은 송시열의 의견이다. 송시열은 두 이승을 명나라 총병관 출신의 유민으로 추정하며, 그렇게 볼 수 있는 근거를 몇 가지 제시하는 친절까지 보인다. 후지까지 읽게 되었을 때, 허생의 꾸짖음은 명나라 유민 두 이승(異僧)이 후원하고, 두 이승의 꾸짖음은 당대 이념의 지주였던 송시열이 인가하는 형국이 된다.[20] 어느새 작자 박지원의 모습은 보이지 않는다. 박지원은 자신의 의중을 허생과 두 이승과 송시열의 입을 통해 말하게 하고 자신은 숨어버린 것이다. 시비의 가능성은 작품의 구조 속에서 저절로 소거된 셈이다. 미학적으로는 여운을 남기면서 주제를 강화시키고, 또 동시에 현실에서의 시비를 차단하는 기능을 하는 것이 바로 「허생후지」이다.

---

19 『史記評林』 권 86, 「자객열전」 참조.

20 이를 두고 북벌론의 모순과 허구성을 송시열에게 미치게 한 것은 풍자의 극이라고 한 김종철의 지적은 적확하다. 김종철, 앞의 논문, 141쪽.

「호질」과 「허생전」은 모두 '후지'라는 장치를 통해, 대사건이 종결된 뒤의 공황감을 메우고, 현실에서 야기될 수 있는 책임의 문제를 비켜나갔다. 다만 그 방법에서는 약간의 차이를 보인다. 전반적으로 「호질후지」는 관념적인 논변체이고, 「허생후지」는 기사체(記事體)의 문장이다. 이는 물론 본 서사의 성격에 맞춘 것으로 보인다. 「호질후지」는 전반부에서 곡학아세하는 유자들의 실상을 집약적으로 비판한 뒤, 후반부에는 논점을 청조(淸朝)로 옮겼다. 이 과정에서 거기까지의 서사 흐름은 영양괘각(羚羊掛角)처럼 종적을 감추게 된다. 「허생후지」는 끝까지 서사 흐름을 유지시키되 작자의 모습만 감추어버렸다. 그럼에도 두 후지는 공히 한족 지식인을 내세웠고, 대사건의 남은 흐름을 끊이지 않게 하면서, 결론적인 일방의 단정을 끊임없이 유보하게 한다는 점에서 동일한 미적 장치라 하겠다.[21]

6. 맺음말

지금까지의 논의는 김성탄의 서사론으로 박지원을 비춰본 작은 결과이다. 김성탄의 서사론은 주로 『수호전』과 『서상기』에 대한 평점의 형태로 이루어졌고, 이후 김성탄이 평점한 두 책은 문단을 풍미하였는데 조선도 예외는 아니었다. 조선의 지식인들은 김성탄의 문집을 읽은 것이 아니라, 평점본 『수호전』과 『서상기』를 통해서 김성탄을 접했고, 김성탄은 두 작품과 결합된 서사론의 형태로 수용되었다.[22] 표현기법 상에서 『열하일기』와 『수호전』

---

21 데리다에 따르면 모든 존재는 자기 안에 이타적인 요소들을 지니고 있으며, 이 요소들은 상호 모순·대립하면서도 동거한다. 따라서 진리는 가변적이고 상대적이며, 모순과 불일치 속에 있을 수밖에 없다는 것이다. 莊子의 우언들은 끊임없이 그러한 사실을 보여주는 텍스트로 꼽힌다. [김형효, 「J.Derrida와 莊子」, 『정신문화연구』 제 14권 4호 (정신문화연구원, 1991)] 「호질」과 「허생전」이 특히 작자 문제에 있어 이질적인 의견이 상충하게 하는 것은, 장자 우언의 요소로도 볼 수 있겠다.

22 그 결과 조선 지식인들은 김성탄에 매료되었으면서도, 그의 실체에 대해서는 거의 아는 바가 없었

의 유사성도 일찍이 지적된 바 있는데,[23] 더 정확하게는 김성탄 평점 본 『수호전』이라고 해야 할 것이다. 김성탄과 박지원 사이의 관련성은, 두 사람을 잘 아는 사람이라면 누구나 느낄 수 있는데, 문제는 이 사실을 구체적으로 논증하는 것이 쉽지 않다는 사실이다. 이 절은 「호질」과 「허생전」의 형식을 통해 그러한 문제의 일단을 풀어본 것이다.

이제까지의 논의를 간추리고 관심의 방향을 제시하면서 논의를 맺는다.

첫째, 김성탄과 박지원의 역사적 상관성을 확인하였다. 이는 앞으로 박지원의 문학세계를 해명하는 데 소중한 지침이 될 것이다. 18세기 이후 김성탄은 박지원 외에도 조선의 여러 문사에게서 폭발적인 인기를 끌었고, 평점 방식이 실험되기도 하였다. 이러한 사실은 명시된 언급을 통해 누차 확인되었는데, 아직까지는 그 문예적 실현 양상이 충분히 입증되지 않고 있다. 조선 후기 문학사를 입체적으로 구성하기 위해, 김성탄이 18세기 이후 문단에 구현되는 양상을 살필 필요가 있다.

둘째, 「호질」과 「허생전」을 『열하일기』의 원래 자리에 복귀시키고, 두 작품 전후에 배치되어 있는 도입 단락과 후지의 미학적 기능을, 김성탄의 서사론을 적용하여 분석하였다. 결과 미학의 차원에서 전후의 맥락이 「호질」과 「허생전」을 위해 매우 적극적으로 작용한다는 사실을 확인하였다. 이를 통해 많은 공통분모를 지닌 두 작품의 미적 기반이 다르다는 것도 쉽게 검증할 수 있었다. 두 작품은 그간 과도하게 주제 중심으로 논의되어 오면서 상대적으로 미학적 즐거움의 측면은 소홀히 여겨져 왔는데, 본 논의를 통해 취약했던 부분이 일정 정도 보완되리라고 믿는다. 두 작품은 원래의 맥락에

으며, 수용의 태도 또한 극단적인 상반성을 띠고 있다. 한 예로 이덕무의 『청장관전서』에는 도합 일곱 차례에 걸쳐 김성탄에 대한 언급이 나오는데, 호의와 반감이 극단적으로 엇갈리며, 김성탄의 실체를 알기 위해 고심했음을 보여준다.

23 김명호, 앞의 책, 220~224쪽 참조.

복귀할 때 한층 더 다채롭고 풍부하게 읽힐 수 있고, 이러한 측면은 두 작품의 주제와도 긴밀하게 연루되는데, 논의의 중복을 피하기 위해 거론하지 않았다.

18세기 이후 김성탄의 많은 영향이 있었다 해도, 중요한 것은 조선의 문단이 어떻게 수용하여 창조적으로 변용하였는가를 밝히는 일이다. 앞에서 보았듯이, 박지원의 작품이 김성탄의 서사론에 꼭 들어맞는 것은 아니다. 두 사람의 역사 환경이 다르고, 창작의 취향이 다르며, 결정적으로 박지원은 어느 하나의 틀에 자신을 맞추는 그런 인물이 아니었기 때문이다. 박지원은 김성탄과 아주 창조적인 대화를 나누었으며, 그를 통해 자신의 문학 세계를 풍부하게 가꾸었다. 앞으로의 논의는 역사적 공통점을 발견하는 데서 그치지 말고, 어느 지점에서 갈라져, 독자적인 길을 걸으며, 그 성취와 역사적 방향은 어디인가를 묻는 방향으로 이루어져야 할 것이다. 또 과도한 주제 논의에서 벗어나, 형식을 정밀하게 살피고, 그것이 어떻게 역사 환경과 작가와 작품의 주제와 연결되는가를 입체적으로 해명하는 작업이 많아져야 할 것이다. 이 글에서 살핀 「호질」과 「허생전」만 하더라도 이제 내용만으로 새로운 주제를 도출해내는 것은 불가능하다고 본다. 하지만 기법과 구성을 가지고 작품의 미적 영역을 확장하는 것은 언제까지나 열려 있는 가능성이라고 생각한다.

도시문화의 모세혈관, 골목길의 발견

이언진의 「호동거실」 연작 속 김성탄의 그림자

1. 서언

이언진은 1740년에 태어나 1766년에 죽었으니, 이승에서 겨우 스물여섯 해를 살았을 뿐이다. 신분의 한계와 무거운 질병에 시달렸으며, 게다가 알아주는 사람을 만나지 못해 지독한 소외감에서 벗어나지 못했다. 「호동거실」 170수[24]를 비롯하여 약간의 시를 남겼다. 그의 시는 당대 몇 사람에게 극찬을 받았고, 몇 사람은 그의 짧은 생애에 안타까운 탄식과 연민을 쏟아내기도 했다. 하지만 그의 시는 그 누구에게서도 온전히 이해되지 못한 채 역사의 창고 속에 묻혀버렸다. 당대 사람들은 그의 언어를 충분히 이해하지 못 했던 것이다. 그의 시는 1980년대, 즉 사후 200여 년이 지나서야 사람들의 주목을 받기 시작했다.

---

24 「호동거실」은 『松穆館燼餘稿』(1860, 목판), 『松穆閣遺藁』(필사, 개인소장), 『松穆閣詩稿』(필사, 개인소장) 세 이본으로 전한다. 각각에 실려있는 시의 수는 조금씩 다른데, 다 모으면 모두 170수가 된다.

「호동거실」 170수는 이언진의 삶, 그리고 시대와의 관계, 나아가 예술적 성취를 한꺼번에 보여주는 작품이다. 이언진에 대한 조명은 대개 이 연작을 중심으로 이루어져 왔다. 연구자들은 이 연작에서 이언진의 남다른 통찰과 대결 의식, 비판과 부정, 저항과 해체를 읽어냈다. 새로운 정신의 탄생, 조선 문학사 유일의 괴물—미래에 속한 존재이므로 그 시대가 규정할 수 없는—로 규정한 견해도 제기되었다. 모두 타당한 지적이다. 하지만 「호동거실」의 통찰, 대결, 비판, 저항, 해체가 이루어진 구체적인 원리와 방식은 많은 부분 밝혀지지 않은 채 그대로 남아 있다. 그가 이단아이거나 괴물일 수밖에 없는 충분한 근거가 제시되지 못했다는 뜻이다. 이언진의 특별한 면모는 「호동거실」이 구축한 미적 전모의 입체적 해석으로 뒷받침되어야 하는데, 이를 위해서는 조금 더 다양한 해석 방식과 정밀한 논증 과정이 필요하다.

이 글은 「호동거실」 연작 170수를 대상으로, 이언진의 골목길 형상에 숨겨진 인식의 근저를 살펴보고, 나아가 인식과 형상의 함수관계를 해명하는 것을 목적으로 한다. 「호동거실」이 행사하는 특별한 파괴력의 근원은 유가의 도덕에 대한 전면적 부정에 있다. 이는 조선조 내내 누구도 시도하지 못했던 일이다. 논의는 궁극적으로 유가의 도덕에 대한 부정이 어떤 방식으로 드러나고 있으며, 그것이 어떤 의미를 지니는지에 이를 것이다. 해석의 방식과 용어는 김성탄과 니체와 데리다)의 글에서 빌려왔다. 조선 후기 도시 및 도시문화의 발달을 전제로 한 사회경제사적 접근이나, 여항(閭巷) 계층의 형성과 여항 문학의 성립 맥락 속에서 규명하는 해석은 기존의 논의에서 충분히 시도되었기 때문에 재론하지 않기로 한다.[25]

---

25 이언진의 「호동거실」에 대해서는 적지 않은 연구 성과가 학계에 보고되었다. 그런데 연구자들의 「호동거실」 개별 작품에 대한 번역과 해석의 차이가 일일이 본문에서 언급하기 어려울 정도로 크고 다양하다. 개별 작품들의 해독에 대한 학계의 합의가 이루어지려면 조금 더 시간이 필요할 듯하다. 이에 여기서는 특별한 경우 외 기존 연구 성과는 참고문헌에만 제시하여 연구사 검토에 대신하기로 한다.

2. 「호동거실」의 작법과 독법

「호동거실」은 6언 절구만으로 이루어진 170수 연작이다. 가까이는 개인 신상에 대한 성찰과 집안과 골목길 풍경에서, 멀리는 주류 지식인에 대한 비판과 우주의 원리에 이르기까지 그 세계는 다채롭다. 화자의 음색 또한 가벼운 농담에서 비장한 탄식에 이르기까지 다양하다. 170수 사이에는 일정한 구성 원리가 눈에 띄지 않는다. 각각의 작품은 모두 6언 4행이라는 형식을 지키고 있지만, 이들의 집합은 불규칙한 산형(散形)을 이루고 있다. 따라서 170수 연작을 하나의 관점으로 일관되게 해석하거나, 일정한 규칙으로 설명하는 것은 불가능하고 바람직하지도 않다. 다만 「호동거실」 작법의 두어 원리를 알아두는 것은 독해에 유용할 듯하다.

「호동거실」[26]의 제1 작법은 반게법(半偈法)이다. (작품 뒤 숫자는 수록 순 번호)

신의는 침 하나로 사람 살리고	神醫活人一鍼
용장은 마디 쇠로 사람 죽이네	勇將殺人寸鐵
참된 뜻 반쪽짜리 게에 있나니	眞實義在半偈
만 분의 석가라도 말하지 못해	萬釋迦說不出 (99)

네 구를 전부로 보면 앞 두 구가 보조관념이고, 뒤 두 구가 원관념이다. 하지만 텍스트 밖의 세계를 전제하면 이 네 구는 모두 보조관념에 지나지 않는다. 뒤 두 구로 보아 일침(一鍼)과 촌철(寸鐵)이 의미하는 것은 언어가 분명하다. 석가가 설산에서 고행할 때 나찰이 찾아와 지난 세상 부처가 말한 게송의 반, "제행무상(諸行無常), 시생멸법(是生滅法)."을 읊었다. 이것만으로 크

26 「호동거실」 텍스트의 순번은 박희병, 『저항과 아만 - 호동거실 평설』, 돌베개, 2010을 따랐다. 박희병은 기존의 『송목각신여고』 외에 고려대 도서관 본 『송목각유고』를 발굴하여 「호동거실」 연작을 170수로 확정하여 순서를 매기고 전면적 해설을 시도하였다.

게 깨달은 석가는 자기 몸을 걸고 나머지 반을 요구하여, "생멸멸기(生滅滅己), 적멸위락(寂滅爲樂)"을 들었다.[27] 언어는 실재를 다 가리키기에는 근본적으로 불충분하고, 또 실상을 규범적으로 설명하는 것은 한계가 있기 때문에, 일만 명의 석가가 설법을 해도 결국은 반게(半偈)의 결핍(함축)성을 넘어서지 못한다. 신의가 병을 고치는 데에는 일침이면 족하고, 용장이 적을 없애는 데엔 수만 군사나 창포가 소용없고, 불법을 표현하는 데엔 반게면 모자람이 없다. 이러한 진술의 나머지 반은 이 세상의 삼라만상을 담아내는 데엔 6언 4행이면 충분하다는 명제이다. 이 시는 '작호동거실변(作衚衕居室辯)'에 해당한다. 이언진은 「호동거실」을 지으며 반게만을 표현했고, 나머지 반게는 석가에 해당되는 독자들에게 맡겼다. 이것만으로 깨달으라는 뜻이고, 나머지 반이 필요하면 절박하게 찾으라는 암시이다. 「호동거실」 연작을 이해하기 위해서는 나머지 반게를 찾는 노력이 요구된다.

癡呆好癡呆好	바보가 좋단다 바보가 좋아
抱兒子朝朝祝	아이 안고 아침마다 축원을 하네
飢但食飽但嬉	주리면 먹고 배가 부르면 웃는
如東隣某子甲	동쪽 이웃 아무개 아들처럼 되라고 (24)

跡太俠虬髯客	대협객의 행적을 보인 규염객
容太慢羊鼻翁	태만한 용모 지닌 양비옹은
遇明主如髭聖	당태종 같은 밝은 임금을 만나
成奇名立奇功	기이한 이름 공적 이루었다네 (145)

시 (24)는 바보를 예찬하는 내용이다. 화자는 자기 아이를 안고 이웃의

---

27 『大般涅槃經』 권 14. (고려대장경연구소 홈페이지 http://www.sutra.re.kr/ 원문 검색 시스템)

바보처럼 되라고 축원한다. 이웃에 약간 모자란 아이가 살았는지는 알 수 없지만, 실제 그 아이처럼 되라는 말은 아닐 터, 일종의 반어이다. 바보는 세상 물정을 모르는, 정확하게는 세상의 불합리와 모순을 분간하지 못하는 사람이다. 부조리와 모순이 만연한 시대에 남보다 깊이 아는 것은 그 자체로 괴로운 일이며, 앎이 깊을수록 지독한 소외감을 초래한다. 이 시는 시대의 고독한 국외자 자신에 대한 성찰이 담겨 있으며, 아이를 안고 축원하는 것은 자기 신세에 대한 탄식이자 시대에 대한 분격이 체념으로 드러난 것이다. '바보'나 '이웃집 아들'이라는 단어는 부처의 손가락에 지나지 않는다.

시 (145)에서 규염객(虯髥客) 사연은 당 전기(傳奇) 「규염객전」에서, 위징(魏徵)의 희칭(戲稱)인 양비옹(羊鼻翁) 사연은 당 초기 역사서와 필기에서 소재를 가져온 것이다. 「규염객전」에서 홍불(紅拂)은 이정(李靖)의 가치를 알아보아 양소(楊素)를 떠나고, 기이한 풍모의 규염객은 중원을 도모했지만 이세민의 능력과 운명을 간파한 뒤 이정에게 모든 걸 맡긴 뒤 떠나간다. 둘은 모두 사람을 알아보는 안목을 갖추었던 덕분에 기명(奇名)을 남길 수 있었다. 위징은 이세민의 전폭적인 신뢰와 지지를 입어 당 초기 번성의 토대를 닦는 기공(奇公)을 이룰 수 있었다. 위징 사후 한때 그를 홀대했던 이세민이, 고구려와의 1차 전쟁에서 실패하고 돌아온 뒤 위징의 부재를 탄식한 것은 유명한 일화이다. 시의 소재가 되는 이들 이야기에 관류하는 주제는 지우(知遇), 재능 있는 인물은 성군(聖君)의 지우를 통해 완성된다는 명제이다. 여기까지가 반게에 해당된다. 나머지 반게에서 능력을 인정받지 못해 서글픈 이언진의 표정, 나아가 이언진으로 표상되는 수많은 불우의 선비들, 그리고 부조리한 사회와 운명에 대한 탄식을 그리는 것은 자연스러운 해석이다.

「호동거실」의 제2 작법은 곡절법(曲折法)이다. 곡절법은 낱낱의 작품에 구사된 반게법을 여러 편의 차원으로 시야를 확장했을 때 발견할 수 있는 작법이다. 「호동거실」은 유형화할 수 있는 여러 작품군으로 구성되어 있다. 하나의 범주에 들어가는 작품들은 모두 반게만 제시되어 있어 지시 의미가 명확하지 않으나, 이 반게들을 모아놓고 보면 이들이 형성하는 일정한 의미망이 형성된다. 「호동거실」을 이해하기 위해서는 낱낱 작품들이 가리키는 지시 대상을 포착하려 하기보다는, 의미망의 윤곽과 그 안의 생동감을 체험하는 것이 중요하다. 곡절법은 실제 작품 분석에서 살피기로 한다.

3. 호동의 의미와 시선의 방향

우리에게 호동(衚衕)은 낯선 단어이다. 호동은 예나 지금이나 우리 사회에서는 통용되지 않는 단어이며, 문학사에서 의의 있는 작품의 제목으로 쓰인 적도 없다. 이언진은 어떤 의도로 이 단어를 사용했고, 이 단어가 지니는 역사적 의미는 무엇일까? 「호동거실」을 대했을 때 첫 번째 드는 의문이고, 조선후기 '골목길 인식'을 살펴보려는 이 글이 넘어야 할 첫 번째 관문이다. 사전적인 의미에서 호동(衚衕)은 몽골어에 근원을 두고 있으며 원나라 잡극에 그 용례가 처음 보이는, 좁고 복잡한 골목길을 뜻하는 말이다. 지금도 북경 수많은 골목길의 공식 명칭은 이런저런 호동(후통)이다. 하지만 이런 사전적 설명만으로 「호동거실」에 쓰인 호동의 의미가 파악되지는 않는다.

먼저 이언진의 발언을 들어보자. 호동은 일종의 당호였다. 구양수는 관사 옆에 집을 지어 화방재(畵舫齋)라 이름하고 「화방재기」를 지은 일이 있고(1042년), 육유는 자기 서실 이름을 서소(書巢)라 하고 그 내력을 담아 「서소기」를 지은 적이 있는데(1182년), 이언진은 호동이란 이름도 그와 비슷하다고 했다.[28] '호동거실'은 이언진의 당호이자 그 사연과 내력을 담은 시인 셈이다. 이 이름이 박희병의 지적처럼[29] 특별한 계급 지향을 담고 있는지는 의문이지만, 자기 삶의 물리적 정신적 근거로 삼고 있음은 분명해 보인다. 다른 한

---

28 시 (154). "구양수는 '그림배'에 뜻을 부쳤고, 육유는 '책둥지'라 이름하였지. 기문으로 내세울 문장 없지만, 호동도 두 분 뜻과 조금은 같소. (畵舫寄情永叔, 書巢命名放翁. 雖無文章爲記, 衚衕差同兩公.)"

29 박희병, 앞의 책, 377, 8쪽.

편의 시에서는 당대에 현존하는 한 분 부처는 이씨 성의 호동이라는 사람이라고 했다.[30] 이 구절도 호동인 자신이 부처이면서, 동시에 자기가 사는 호동이 곧 정토라고 하는 중의를 담고 있는 것으로 보인다. 이 두 용례로 보아 이언진은 호동을 자신의 기표로 사용했으며, 거기에는 다중의 의미가 들어 있음을 알 수 있다.

이언진은 왜 골목길을 자신의 존재 근거로 삼았으며, 또 왜 하필 '호동'인가? '호동'의 역사적 의미는 그 시대 관련 있는 용어들과의 대비 속에서 조금 더 구체화될 수 있다. 그 시기 사용된 것으로 '호동'과 비슷한 의미를 지닌 용어는 여항(閭巷), 위항(委巷), 시정(市井), 가항(街巷) 등이다. 이 중 특히 여항은 조선후기 문화사와 문학사 서술에서 자주 사용되는 단어로, 크게 보아 이언진의 신분과 문학도 거기에 포함된다. 여항은 사전적으로는 '피지배층이 거주하는 인구 조밀 지역', 문화사적으로는 '인구의 증가와 도시상업의 발달이란 역사적 변화에 반응하여 새로이 창출된 도시 피지배층의 생활영역'이다.[31] 이언진은 왜 당대에 자주 사용된 여항을 포기하고 낯선 호동을 선택했던 것일까? 일단 '호동'은 비여항(非閭巷)의 의미 범주를 지닌다. 신분 또는 계층은 조선 후기 여항인에 속하지만, 그의 정신적 지향은 거기에 포함되기를 거부했던 것으로 해석할 수 있다. 이는 당대 여항인들이 보통 동류의식으로 연대하였음에 반해, 이언진이 독자적 행보를 보인 것과도 관련이 있어 보인다.[32] 물론 여기에는 이언진의 병력(病歷)도 고려해야 한다.

---

30 시 (158). "과거의 부처님은 내 前身이요, 미래의 부처님은 내 後身이라. 하나의 부처님이 지금 있으니, 이씨 성 쓰는 사람 호동이라도. (過去佛我前我, 未來佛身後身. 一箇佛方現在, 是衚衕姓李人.)"

31 강명관, 『조선후기 여항문학 연구』, 창작과비평사, 1997, 21, 111면.

32 非閭巷의 의미를 규정하는 것은 쉽지 않은 일이다. 다만 추정은 가능하다. 강명관에 따르면 역사적으로 여항인들은 상당한 경제적 문화적 수준의 향상을 이루었음에도 불구하고, 기존의 질서를 변혁할 만한 단계에는 이르지 못했으며, 이는 이들의 경제적 토대와 문화의식이 모두 사대부 벌열층에 예속되어 있었기 때문이라고 한다. (앞의 책, 128~136면) 이언진은 정신적으로 벌열층에 예속되기를 거부했던 것으로 볼 수 있다.

두 번째로 고려해야 할 용어는 '호동'의 건너편에 있는 것으로 상정되는 대도(大道) 또는 대로(大路)이다. '도(道)' 자에는 이미 '크다'는 뜻이 내포되어 있으며, 도(道) 또는 대도는 초기 유교 경전에서부터 성현(聖賢), 선왕(先王), 군자(君子), 인의(仁義) 등의 용어와 어울려 빈번하게 사용되었다. 대도는 한편으로 유교를 정신적 기저로 삼은 왕과 관료들이 다녔던 길이기도 하다. 이 말에는 왕과 관료들이 다니는 길이자, 그들이 추구했던 정신의 길이라는 이중의 의미가 들었다. 이언진은 이런 대도를 어떻게 인식했을까? 「호동거실」에 물리적 공간으로서의 대도는 좀처럼 찾아보기 어려운데, 그 중 하나는 고위 관료가 행차할 때 벽제 소리가 사람들을 달아나고 문을 닫아걸게 하는 공포의 공간이다.[33] 한편 정신적 가치로서 대도와 이를 내세우는 사람들에 대한 이언진의 태도는 극단적인 공격과 비판이다. 한 예로 그는 세상 사람들 얼굴에 '가문위학(假文僞學, 가짜 글 거짓 학문), 기세도명(欺世盜名, 세상을 속이고 이름을 훔치다)' 여덟 글자를 새기고 싶다고까지 했다.[34] 유교 도덕과 주류 유자들의 가식과 허위에 대한 비판은 「호동거실」 연작을 받치는 주요 기둥의 하나이다.

이렇게 보면 이언진이 사용한 호동의 의미는 대략 '반대도(反大道) 비여항(非閭巷)'으로 그 범위를 잡을 수 있을 것이다. 「호동거실」은 유자들이 내세우고 다니는 대도는 철저히 부정하고 비판하였으며, 사회사적으로 동일한 신분에 속했던 여항과는 차별적으로 자신을 규정하였는데, 바로 이 지점이 이언진과 「호동거실」이 차지하고 있는 문학사의 좌표가 아닌가 한다. 하지만 이 정도의 윤곽만으로는 '호동'의 의미를 파악했다고 볼 수는 없다. 호동의 의미는 「호동거실」이 보여주는 형상의 분석에서 더 구체적으로 드러날 것이

---

33 시 (3). "물렀거라 벽제소리 우레 같으니, 길 위 사람 피하고 집 문을 닫네. 세 살 먹은 아이가 울음 그치니, 벼슬아치 참으로 범보다 무섭구나. (呵殿聲如雷過, 人避途家閉戶. 三歲兒止啼號, 進賢冠眞畏虎.)"

34 시 (146). "어디서 먹물 넣는 사람을 구해, 사람들 얼굴 위에 죄과 새길까. 거짓 문장과 학문으로, 세상 속여 이름을 도적질했다고. (安所得文墨匠, 記罪過人面上. 以爲假文僞學, 欺世盜名榜樣.)"

다. 이 부분은 논의의 중첩을 막기 위해 다음 장으로 미루기로 하고, 여기서는 「호동거실」을 관류하는 인식의 방법과 시선의 방향을 짚고 넘어가기로 한다.

五更頭晨鍾動	오경 머리 새벽종이 울려퍼지자
通衢奔走如馳	네거리 발걸음들 분주해지네
貧求食賤求官	빈천한 사정 따라 음식 벼슬 구하니
萬人情吾坐知	모든 사람 속마음 난 앉아서 아네 (1)

「호동거실」의 전체 방향을 일러주는 첫 번째 작품이다. 동이 트며 점차 수많은 사람으로 분주해지는 번화가의 풍경을 그렸다. 이언진은 그 분주함은 모두 현실의 결핍을 메우려는 욕망에 의해 추동된 것으로 보았다. 주목할 것은 마지막 두 글자 '좌지(坐知)'이다. 최소화된 움직임으로 세상의 이치를 통찰했던 인물의 사례는 노자(老子)와 소옹(邵雍)이다. 노자는 "지게문을 나서지 않고도 천하를 안다."[35]고 했다. 소옹은 '이물관물(以物觀物)'의 독특한 인식론을 내세웠으며,[36] 시종 '인한관시(因閑觀時)' '인정조물(因靜照物)', '거정관동(居靜觀動)', '처정관사(靜處觀事)'의 인식 방법을 보여주었다.[37] 두 사람은 신체 동작과 감정 작용을 최소화하면서 세상과 사물의 이치를 통찰하는 인식의 방법을 중시했다. 이들은 사물의 개별성과 변화성, 내면의 정감성을 배제하거나 최소화할 것을 요구했으며, 그 결과는 통관(通觀)의 모습으로 나타났다. (체념과 외면 포함) 이들에게서 좁은 거처—소강절에겐 안락와(安樂

---

35 『도덕경』 47장. "不出戶, 知天下; 不窺牖, 見天道. 其出彌遠, 其知彌少. 是以聖人不行而知, 不見而明, 不爲而成."

36 『皇極經世書』 권 6, 「觀物」. "夫所以謂之觀物者, 非以目觀之也. 非觀之以目而觀之以心也, 非觀之以心而觀之以理也."; 권 8, 「觀物」. "以物觀物性也, 以我觀物情也. 性公而明, 情偏而暗."

37 그의 시집 『伊川擊壤集序』은 시종일관 이러한 인식의 결과를 보여준다.

窩)—와 우주는 편안하게 동거하고, 작은 인식자와 큰 세계 사이에는 균열이 보이지 않는다.

외견상 이언진은 두 사람의 인식 방법을 표방한 것처럼 보인다. 이언진은 여러 곳에서 두 사람을 언급했고, 시에서는 앉아서 통관한다는 '좌통(坐通)'이나 낱낱이 안다는 '세지(細知)' 등의 용어로 그것을 실천했다.[38] 두 사람과 이언진의 인식은 방법은 근본적으로 유사하지만, 그 인식의 대상과 시선의 처리에 있어서는 많은 차이를 보인다. 두 사람의 시선이 자연의 이치를 향했다면 이언진의 대상은 인정세태(人情世態)였다. 두 사람이 통합의 시선으로 추상의 이치를 드러내려 했다면, 이언진은 잘게 잘게 분산된 시선으로 구체 형상을 보여주려 했다. 두 사람이 감정을 억제하여 세계와의 일치와 조화로운 관계를 시종 견지했다면, 이언진은 자기 감정에 충실하여 세상에 대한 분노와 저항의 뜻을 감추지 않았다. 이언진의 시선에는 자기 능력에 대한 자존심과 사회적 처지에서 비롯하는 자괴감, 깨달음의 충만감과 깨달음을 실현하지 못하는 열패감이 뒤섞여 있다. 이언진은 노자와 소강절을 표방하면서 그들을 배반했다. 그들의 어법과 태도를 빌렸지만 시선과 관심의 방향은 달랐다. 이언진의 시선이 잘게 분산되어 향한 것은 골목길의 생동하는 풍경이었다.[39]

---

38 노자에 대한 언급은 53번 95번 120번 시에, 소강절에 대한 언급은 95번과 115번 시에 각각 보인다. '坐通'이나 '細知' 류의 인식은 27번, 43번, 65번 시 등에서 구체적으로 보인다.

39 이상(1910~1937)이 1932년 발표한 「地圖의 暗室」에는 "活胡同是死胡同, 死胡同是活胡同."라는 수수께끼 같은 구절이 있는데, 여기서 말한 '胡同'도 「衚衕居室」의 '衚衕'과 같은 의미를 담은 것으로 보인다. 이 글의 논의와는 무관하지만, 170년을 사이에 두고 태어나 비슷한 나이에 죽은 천재 시인의 글에, 한국문학에서는 거의 쓰이지 않는 단어가 쓰인 것도 기이한 사실이다. 참고삼아 밝혀둔다.

4. 인식의 원리 – 대립의 해체와 모순의 동거

동서를 막론하고 전통 사상은 이원 대립의 구도를 형성하여 한쪽의 가치를 절대화하는 방식을 취했다. 이런 구도 속에서 추악한 것과 고상한 것, 공적인 것과 사적인 것은 각자 독립적인 기원과 내력을 가지며 서로는 대립할 뿐 무관하다. 불교와 도가의 사유가 그러한 구도를 부정했지만 그 아성을 깨뜨리지 못하고 소수 의견으로 남았다. 이런 구도 속에서 골목길 풍경, 하천인의 삶 등은 열등하고 무가치한 것으로 간주되어 조명을 받지 못했다. 조선 후기에 이런 사유 관행에 저항하는 흐름이 나타났는데, 「호동거실」은 그 흐름 속에서도 가장 두드러진 현상이다. 이언진은 불교와 도교를 사상의 기저로 삼고, 왕수인(王守仁)과 이지와 김성탄 등에서 자양분을 흡수, 「호동거실」 연작을 통해 독특한 인식의 세계를 보여주었다. 존재의 이타성(異他性)과 혼종성(混種性) 발견이 그것이다. 그의 논리에 따르면 고상한 것에는, 추악한 것이 묻어 있거나, 그 기원과 결과가 되거나, 아니면 함께 머물고 있다. 극미(極微)와 극대(極大) 사이에도, 현재와 과거·미래 사이에도 그러한 논리는 적용된다. 이러한 인식 방법을 잘 설명해주는 것이 앞에서 소개한 세 사람의 언어이다. 이제 골목길은 대우주와, 하천인들의 비속한 삶은 대도의 고귀함과 같은 균등한 무게를 지니고 나타나게 된 것이다. 「호동거실」 연작에는 이런 논리가 작동하고 있다.

滿衢路皆聖賢	길 가득 사람 모두 성현이거늘
但驅使饑寒苦	주림 추위 고통으로 몰아가누나
有良知與良能	사람에게 양지와 양능 있음을
孟氏取吾亦取	맹씨가 말했고 나도 그리 생각한다네 (19)

1구와 3구에 역사적으로 유명한 두 명제를 나란히 포치했다. 1구는 왕수인과 제자들의 대화 속에 나오는 구절로, 이 세상의 모든 사람이 바로 성

인(聖人)이라는 뜻이다.[40] 3구는 사람이 배우지 않고도 잘 알고 할 수 있는 것이 양능(良能)이고 양지(良知)라는 맹자의 말을 간추린 것이다.[41] 왕수인의 생각은 맹자의 양지설을 부연하고 확장한 것이니, 이언진은 맹자의 말을 취한다고 했지만, 그러한 관련성을 인정하지 않는 주자학자들의 태도를 감안하면 진짜 받아들인 것은 왕수인의 생각이다. 맹자-왕수인-이언진 사이에는 미묘한 불일치가 있는 셈이다. 이는 맹자의 권위를 배경으로 놓고 왕수인의 말을 전면에 내세워 성현과 범인(凡人) 사이의 엄격한 구분을 해체한 경우이다. 이러한 생각의 근원은 아무래도 불교에서 찾아야 할 것이다. 자기 집에 있는 어머니가 진짜 부처이니 굳이 보타산의 관음보살을 찾지 않겠다거나,[42] 지옥도에서 부처의 얼굴을 보고 패관서를 읽으며 부처의 설법을 듣는다는 발언은[43] 모두 그와 비슷한 경우이다. 여기에서 나아가 그러한 성현들을 추위와 주림의 고통으로 몰아가고 있다고 했다. 명시되지는 않았지만 문맥으로 보아 이러한 행위의 주체는 성(聖) / 범(凡)의 경계를 세워 왕수인을 배척했던 주자학자들임을 알 수 있다.

呼不受蹴不食	혼내면 아니 받고 차면 안 먹으니
丐子豈無廉恥	거지에겐들 어찌 염치 없으리
取必宜分必均	마땅하게 취하고 고루 나누니
偸兒亦有仁智	도둑에게도 (仁)과 지(智)가 있는 걸 (21)

---

40 『傳習錄 下』. "王汝止出遊歸, 先生問曰, '遊何見?' 對曰, '見滿街人都是聖人.' 先生曰, '你看滿街人是聖人, 滿街人倒看你是聖人在. 又一日, 董蘿石出遊而歸, 見先生曰, '今日見一異事. 先生曰, '何異?' 對曰, '見滿街人都是聖人.' 先生曰, '此亦常事耳, 何足為異?'

41 『孟子』, 「盡心 上」. "人之所不學而能者, 其良能也 ; 所不慮而知者, 其良知也."

42 시 (91) "진짜 보타산의 관음보살이, 10보 안에 있어도 나는 안 가리. 내 어머니가 진짜 부처 어머님이니, 나는 집에 있으며 잘 모시겠네. (眞普陀活觀音, 在十步吾不往. 吾有母眞佛母, 吾在家好供養.)"

43 시 (117). "지옥도 위에 부처님 얼굴 보이고, 패관서 중에 부처님 설법을 하니. 앞에는 오도자요 뒤엔 시내암이라, 모두 용수의 학문을 증험함이라. (地獄圖上現相, 稗官書中說法. 前道子後耐菴, 皆證明龍樹學.)"

時來三台八座	때 되면 고관대작 할 수가 있어
管甚才也命也	재주 운명 그런 게 뭔 상관인가
道在行商市儈	장사나 거간질에 도가 있으니
任他譽者毁者	기리거나 헐거나 아랑곳 않네 (30)

거지와 도둑, 장사와 거간질을 제재로 삼았다. 거지와 도둑에게 염치와 인지(仁智)가 있다는 말은 각각 『맹자』[44]와 『장자』[45]에 근거를 두고 있으며, 조선의 「장생전」이나 「광문자전」 등에서 익히 보던 주제이다.(21) 유가에서 관료는 학문과 도덕의 수양을 통해, 아니면 재주와 운명(신분)의 힘으로 될 수 있다고 얘기되지만, 이언진이 볼 때 그건 순전히 '운(때)'일 뿐이다. 그러니 지위가 높다고 남에게 우쭐할 이유가 없고, 지위가 낮다고 위축될 필요가 없다. 지위란 특별히 대단한 게 못 된다는 뜻이다. 도(道)가 행상이나 저자의 흥정에 있다 함은, 그것이 낯빛을 바꾸며 '도'를 내세우는 관료들과는 상관없다는 말이다. 마지막 구절은 유자들이 내세우는 관습적 '도'가 기실은 그 내용이 아니라 외부의 평가나 체면에 얽매인 가짜임을 암시한다. 염치(廉恥)와 인지(仁智), 그리고 '도'는 관습적으로 사대부 관료나 유교 경전과 짝을 이루어 사용되었지만 이언진은 그 임의적 관계를 부정하였다. 그리고 거지와 도둑, 장사꾼과 거간꾼의 영역에 놓았으니, 그 과정에서 관습적 경계가 무너지고 새로운 질서가 만들어졌다.

한 사람 지아비에 지어미 하나	一箇夫一箇妻
열 명도 넘는 자손이 있네	十數箇子和孫

---

44 『孟子』, 「告子上」. "一簞食一豆羹, 得之則生, 弗得則死. 嘑爾而與之, 行道之人弗受, 蹴爾而與之, 乞人不屑也.

45 『莊子』, 「胠篋」. "蹠之徒問於蹠曰, '盜亦有道乎?' 蹠曰, '何適而無有道邪? 夫妄意室中之藏, 聖也. 入先, 勇也. 出後, 義也. 知可否, 知也. 分均, 仁也. 五者不備, 而能成大盜者, 天下未之有也.'"

각주도 달지 않은 생생(生生)의 역(易)이	不注脚生生易
우리 집안과 나의 몸에도 있네	在吾家在吾身 29

얼굴이 검으면 검둥이라 부르게 두고	面黑任稱黑廝
성질이 미쳤으면 백치라 하게 둔다네	性痴任稱白痴
내게는 가한 것도 불가한 것도 없으니	吾無可無不可
그저 바라는 건 중니를 배우는 걸세	乃所願學仲尼 123

생생역(生生易)은 『주역』, 「계사전 상」의 "낳고 또 낳는 것이 역이다. 生生之謂易."에서 가져온 말이다. 공자가 「계사전」을 지은 이래 이 구절들은 천지 우주가 생성되는 이치를 말하는 것으로 풀이되었다. 하지만 이언진이 보기에 그런 이치는 저 멀리 있는 대단한 게 아니고, 집에서 부부 자녀를 낳고, 또 그 자녀가 각각 배우자를 만나 자녀를 낳는 일에 지나지 않는다. 성현의 말씀이나 역(易)의 원리는 평범하거나 나아가 비속한 삶의 행태에 지나지 않는다. 육구연(陸九淵)은 왜 저술하지 않느냐는 제자의 물음에, "육경(六經)의 내용이 내 삶의 주석이고, 내 삶이 바로 육경에 대한 주석. 六經註我, 我註六經."이라며 굳이 책을 지을 필요가 없다고 말했다. 경전에 담긴 성현의 말씀과 보통 사람들의 일상 사이를 가로막고 있던 경계는 일순 사라지고 만다. (123)에서는 위 2구 중 흑시(黑廝)란 말과 3구의 인용구(『논어』, 「미자(微子)」)의 관계를 주목할 필요가 있다. '흑시'는 '검둥이' 정도의 뜻을 지닌 보통명사이지만, 이언진이 좋아했던 『수호전』을 염두에 두면 잔혹한 살인자 흑선풍(黑旋風) 이규(李逵)의 별칭이 된다. 이규는 아예 도덕이 없어 어떤 금기도 적용되지 않았던 인물이고, 공자는 도덕이 높아 사유와 행동에 걸림이 없었던 인물로, 유가의 관점에서 두 인물의 거리는 우주의 너비처럼이나 멀다. 하지만 이언진은 거침이 없다는 공통지점을 설정하고 그 위에 두 사람은 나란히 세워놓았다.

대립되는 사물 사이에 완고하던 경계를 해체하고, 모순인 것처럼 보이는 가치나 개념을 한 자리에 동거시키는 것은 「호동거실」에서 추려낼 수 있는 인식의 원리이다. 이언진은 전통적이고 관습적인 인식의 구성 방식을 근본에서 회의하고 해체하려 했던 것으로 보인다. 이는 인식의 틀은 건드리지 않은 채, 부분적인 변화를 보이거나 비판적인 견해를 보인 태도와는 차원이 다르다. 동시대를 대표하는 비판적인 지식인들—홍대용, 박지원, 특히 같은 신분을 공유했던 박제가 등—과도 입지가 얼마간 떨어져 있는 것으로 보인다. 유교의 기준으로 보아 최고의 성인 공자와 극단의 악인 이규를 한 자리에 세워 암묵적으로 그들의 동질성을 내세우는 듯한 태도에서는 다분히 광기에 휩싸인 파괴력이 느껴지기까지 한다. 하지만 이언진 사유는 이 정도에서 그치지 않는다.

5. 사유의 방향-우상(偶像)의 청진(聽診)과 도덕의 부정

대립을 해체하고 모순을 동거시키는 것 자체가 목적이 아니라면, 이언진이 보여준 사유의 끝 지점은 어디일까? 잘못된 인식이 만들어낸 우상을 청진하고, 가장 깊은 곳에서 가장 큰 힘으로 그러면서도 가장 합리적이고 인간적인 모습으로 나타나는 도덕의 허위를 타파하는 일이다. 오랜 세월 도덕은 통치이념과 제도의 얼굴 역할을 해왔다. 도덕은 언제나 인간의 양심과 자발성과 인간다움을 내세운다. '도덕'이라는 기표에는 본디 유아기의 상처, 공포, 거짓 순응, 타자의 지배 등의 의미가 담겨 있지만, 이는 특정 권력에 의해 평화, 거룩함, 진실, 주체성 등의 의미 기호로 변환되어 정신 속에 각인된다. 도덕을 의심하거나 부정하려 한다면 외부의 비난이나 처벌과 만나기에 앞서, 내면의 가책, 불안, 공포를 먼저 이겨내야 한다.[46] 도덕에 대한 도전은

---

46 절목의 '偶像의 聽診'은 니체의 말을 빌려온 것이다. (『우상의 황혼』 머리말, 송무 옮김, 청하, 1986) 니체

그 개인 나아가 사회에 대한 전면적인 도전을 의미한다. 이언진의 사유는 당대 조선 사회를 지배하던 유교의 도덕에 대한 도전에까지 나아간다. 이는 근대 이전 한국 문학사에서 「호동거실」이 성취한 특별한 공적이다. 허나 이처럼 과격한 도전을 담은 작품 또한 반게법으로 지어져 면밀한 관찰을 요한다.

「호동거실」이 여러 차례에 걸쳐 보여주는 유사한 장면 중 하나는 이야기에 대한 특별한 애호와 관심이다. 이야기에 대한 애호와 관심이 과연 도덕에 대한 도전과 무슨 관련이 있을까?

風閑戶雨閉戶　　바람 불고 비오면 지게문 닫고
平生友數人聚　　평생 벗님 몇 사람 함께 모이네
快意事快意說　　통쾌한 일 시원스레 얘기하는데
無過說鬼打虎　　귀신담과 범 잡는 이야기라네 (36)

話美人劒客事　　미인 검객 사연을 풀어놓을 땐
一癢殺一嚇殺　　어쩜 그리 궁금하고 놀라운 건지
游高山邃壑時　　높은 뫼 깊은 골짝 노니는 것은
不險絶不奇絶　　빼어나지도 기이하지도 아니 하다네 (65)

이야기에 대한 특별한 애호를 보여주는 시 (36)은 김성탄이 고본 『수호전』에 원래 있었던 서문이라 가탁한 글에서 소재를 가져온 것이다. 이 글에서 김성탄은 "뜻에 시원한 일은 벗만한 것이 없고, 그런 벗들을 만날 때 통쾌한 일은 이야기가 최고"라고 하여, 마음에 맞는 벗들과 만나 이야기를 나누는 것을 인생 제일의 쾌사라고 했다.[47] 그런데 벗들과 모여 나누는 것은 귀신

의 도덕론은 앞 책의 19~65면과 김훈 옮김, 『선악을 넘어서』, 청하, 1982의 21~51면과 이창재, 「도덕계보학-니체의 생리-심리학과 프로이트의 정신분석학-」, 『철학』 64, 한국철학회, 2000의 도움을 입었다.

47 『第五才子書水滸傳』 권 1, 「貫華堂所藏古本水滸傳, 前自有序一篇, 今錄之」. "快意之事, 莫若友. 快友

이나 범 잡는 등의 기이한 이야기이다. (정황으로 보아 1, 2구는 사실이 그렇다는 것이지 본인의 삶이 그러했다는 말은 아닌 것으로 보인다.) 타호(打虎)는 『수호전』에서 무송의 별명이었으니, 장사들이 용력을 자랑하는 이야기를 가리킨다. 여기서 떠올려야 하는 것은, "공자는 괴이하고 용력을 자랑하고 사회질서를 어지럽히는, 또 귀신을 말하지 않았다. 子不語怪力亂神."는 『논어』의 구절이다. 이야기는 본질적으로 비속성을 지니고 있으며, 도덕이 지시하고 것과는 상반된 세계를 담고 있다. 시는 은연중 유교의 도덕율을 위반한다.

시 (65)에서 2구의 '양살(癢殺)'은 너무 궁금하거나 조마조마한 심정을 뜻한다.[48] 이야기가 긴박하게 진행될 때 애태우며 뒷 장면을 기다리는 독자의 심정을 표현하는 말이다. '혁살(嚇殺)'은 크게 놀란 심정을 의미한다.[49] 일상에서는 상상하기 힘든 경악스러운 사건이 발생할 때 나타나는 반응이다. 시상은 1, 2구와 3, 4구가 대조적으로 배치되었다. 1, 2구는 이야기책을 읽는 즐거움이고, 3, 4구는 당시의 보통 지식인들이 추구하는 산수자연의 즐거움이다. 그 효과는 사뭇 대조적인데 우열은 절로 드러난다. 전자는 손에 땀을 쥐게 하고 관성에 충격을 주는 그야말로 흥미진진하고 신선한 즐거움이다. 이에 반해 산수자연이란 아무리 높고 험한 산이라도 특별할 게 없다. 이언진은 미인과의 애정 풍류나 검객의 복수 무협에 마음을 빼앗겼다. 소설의 문투를 쓰고, 시정의 미의식을 좇았다. 소설은 너무 재미있지만 산수는 너무 밋밋하다. 이언진은 전연 다른 세계에 마음을 빼앗겼다. 두 편의 시는 특별한 이야기(소설) 애호를 말하며 유가의 미의식을 부정하였다. 그 마음은 다음 두 편의 시를 보면 조금 더 선명해진다.

之快, 莫若談. … 不以酒為樂, 以談為樂也."

48 『수호전』 23회에서 왕노파가 서문경에 반금련을 유혹할 방법을 늘어놓으면서 마지막 1분을 남겨놓았을 때, 김성탄은 "上來一反一正, 共有十八段, 已近急口令矣. 得此一頓一颺, 政使文情入變, 譬如画龍, 鱗爪都具, 而點睛, 直是令人癢殺."이라 하였다.

49 『警世通言』, 「崔待詔生死冤家」에 용례가 있다. 김성탄의 『수호전』 비평에도 여러 차례 사용되었다.

才則如關漢卿	재주가 관한경 같다면
不必遷固甫白	사마천 반고 두보 이백일 필요가 없네
文則讀水滸傳	글이야 수호전 읽으면 되니
何須詩書庸學	시경 서경 중용 대학 읽을 것 있나 (82)

李大哥兩板斧	흑선풍 이따거의 두 자루 도끼
假弄來大破綻	놀리고 휘둘러 크게 엎어 버리고
手裡別執朴刀	한 손에는 따로 박도를 쥐고
結識江湖豪漢	강호의 호한들과 사귀어보리 (104)

시 (82)의 1, 2구와 3, 4구는 같은 논법으로 이루어졌으되 의미의 무게 중심은 뒤쪽에 놓여 있다. 관한경은 원나라 때의 대표적인 잡극 작가로, 잡극은 속문학(俗文學)에 속한다. 사마천과 두보 등은 전통적인 지식인 문학의 대표 작가들이다. 후자를 깎아내리고 전자를 치켜세웠는데, 이례적이긴 하나 용납할 수 없었을 정도의 명제는 아닌 것으로 보인다. 하지만 3, 4구의 진술은 간단치가 않다. 『수호전』에 대한 칭송은 김성탄의 말에서 가져온 것이다. 김성탄은 관례에 따라 읽는 『중용』·『대학』·『논어』·『맹자』 등의 책을 읽는 쓸모와 즐거움이 무엇인지 알 수 없다며, 천하의 문장 중에 『수호전』보다 훌륭한 것은 없고, 『수호전』에 일체의 독서법이 들어 있다고 했다.[50] 시서용학(詩書庸學)으로 표현된 사서삼경은 유교의 경전이고, 경전은 성현의 말씀—보편불변의 진리—을 담은 책이니 유교 일체의 표상이다. 이에 반해 『수호전』이 도적질을 가르치는 '교도(教盜)'의 책으로 금기시되어온 것은 잘 알려진 사실이다. 이언진의 발언은 이미 위험 표지의 경계를 넘어서 있다.

시 (104)의 발언은 아예 넘지 말아야 할 경계선 너머 저쪽 깊은 곳에까

---

50 원문과 설명은 이 책의 180쪽 참조.

지 이르렀다. 이 시의 발언 수위를 체감하려면 '이따거의 두 자루 도끼'가 지니는 함의를 먼저 풀어야 한다. 이따거(李大哥)는 『수호전』에 등장하는 이규의 별칭이다. 이규는 『수호전』 안에서도 가장 많은 살인을 저지른다. 이규의 살인은 그 숫자가 아니라, 아예 양심에 거리낌이 없다는 데서 비도덕적 특성이 드러난다. 그는 나아가 정치 체제를 인정하지 않았고, 황제권을 조롱하고 그것의 전복을 선동하는 인물이다. 이규는 일체의 규범과 도덕체계 밖에 있으면서 그것을 부정하고 파괴하는 힘의 은유였고, 그의 쌍도끼는 공권력과 법질서의 대척점에 있는 본능과 폭력의 상징이었다. 이러한 면모는 상당한 정도의 도덕성을 갖추고 이를 구현하려 했던 노달, 임충, 무송과 다른 것이었다. 하여 고래로 이규에 대한 호감이나 동조의 표현은 찾아보기 힘들다. 하지만 김성탄만은 이규의 언행을 하나의 문학적 은유로 간주하고 그의 행위에 쾌언(快言) 쾌사(快事)를 연발했는데, 이는 살인과 방화가 아닌 위선과 가식의 전면적 파괴에 동조한 것이다. 3구의 박도(朴刀) 또한 『수호전』에 자주 등장하는 무기이고, 4구 '강호의 호한들과 사귄다 結識江湖豪漢'은 송강이 입버릇처럼 하는 말이다.

여기서 잠시 「호동거실」의 작법의 하나로 제시만 해놓고 넘어간 곡절법에 대해 설명하기로 한다. '이야기'에 대한 일련의 시들을 모아놓고 보면, 다른 방향에서 접근되는 각각의 구절과 시편이 지시하는 것들에 의해 일정한 의미망이 형성된다. 그것은 암시된 것이고 복수의 것이며 살아 있는 것이기 때문에 사전적 설명으로 포착하는 것은 불가능하다. 더 많은 시들이 동원되면 그 의미망은 더 커진다. 이를테면 천하에는 본디 아무런 일이 없는데 문인들이 희롱하여 사건들을 만들어내며, 진시황이 시서를 불태운 것은 큰 안목으로 이루어진 것이니 그 죄도 크지만 공도 으뜸이라는 발언은,[51] 김성탄

---

51 시 (132): "천하엔 원래 어떤 일도 없는데, 문인이 사건들을 빚어내누나. 시서를 불태운 건 대안력이라, 죄로도 공로로도 으뜸이라네. (天下本自無事, 文人弄出事來. 焚詩書大眼力, 罪之首功之魁.)"

의 『수호전』 평어와 「서 1」에서 가져온 것이다. 이 시를 동원한다면 진시황의 분서(焚書) 공(功)이 으뜸이라는 발언을 해석해야 하고, 이에 따라 의미망은 조금 더 복잡해질 수밖에 없다. 전성(前聖)이 갔던 길에 대한 부정, 일체의 격식에 대한 거부, 주류 지식인들을 가식과 위선으로 성토하는 발언 등이 합류하면 비판의 칼끝이 한층 날카로워진다. 앞선 연구의 지적대로 「호동거실」에는 일정한 연작 원리는 없지만, 몇 작품을 놓고 보느냐에 따라 그 의미망이 달라지며, 크게는 170수 전부가 비정형으로 산포되어 불규칙적으로 작동하며 거대하고 심원한 의미망을 생성해내는 것이라 할 수 있겠다.

이야기에 대한 호감이야 한낱 취향의 차원에서 해석되면 그만일 사안이지만, 「호동거실」에서는 이처럼 의미의 파장과 파괴력이 크게 작동하며, 이 운동이 강하게 타격하여 균열을 일으키거나 전복시키는 최종 목적은 유교의 도덕이다. 이 운동은 제각각 다른 방향에서 다른 힘과 속도로 진행되기 때문에 짧은 글에서 모두 포괄하여 설명하는 것은 불가능하다.

怒廝打喜說謊	화나면 싸우고 기쁘면 부풀리나니
性地實實眞眞	성품이 실하고도 참되었도다
讀書人無此輩	글 읽는 사람 중엔 이런 이 없으니
張獸醫是好人	수의 장씨 사람이 정말 좋다네 (67)

妓女家脂粉多	기녀 집에 지분이 많이 있어도
難掩過面上瘡	얼굴 위 부스럼은 가릴 수 없네
人見笑人見譏	비웃음과 놀림을 당하고 나면
渠有賊心賊腸	해치려는 마음과 담이 생기네 (70)

시 (67)에서 시타(廝打)는 백시타(白廝打)의 줄임말로 치고받고 싸운다는 뜻이다. 김성탄 『수호전』 원문과 평어에 무수히 등장한다. 설황(說謊)은 터무니없는 말을 지어낸다는 뜻으로 역시 김성탄 『수호전』에 20여 차례 등장한

다. 표면상 두 단어의 주어는 수의 장씨지만, 『수호전』 류 소설의 인물들을 감추고 있다. 수의 장씨는 감정과 기분대로 말하고 행동하는 사람이다.[52] 화나면 싸우고 좋으면 헛소리도 하고 부풀려 말하기도 한다. 이언진은 이런 사람의 성품이야 말로 진실하다고 했다. 조금만 확대 해석한다면, 자연 또는 천진을 기준으로 하면 살인과 방화를 일삼고 대식광음(大食狂飮)을 즐기는 『수호전』의 인물들이 진실에 가깝다는 명제가 도출된다. 3구의 '독서인'은 이러한 인물들의 대척점에 포치된 존재이다. 「양반전」의 언급처럼 독서인은 양반의 다른 이름이거나, 양반의 범주에 드는 부류이다.[53]

이러한 구도만으로도 독서인은 진실되지 못한 부류로 해석하기에 충분하지만, 『수호전』의 문맥을 동원하면 그 의미가 한결 분명해진다. 『수호전』 60회는 오용의 꾀로 북경의 노준의를 양산박으로 유인하는 이야기인데, 완소이는 배 위에서 이런 노래를 부른다. "영웅은 시경 서경 읽을 줄 모르나니, 양산박 속에 묻혀 사는 게 마땅하네. 큰 활을 준비하여 맹호를 사냥하고, 미끼를 드리워서 물고기를 낚는다네."[54] 노래에는 문자로 대변되는 지식과 규범의 세계에 대한 차가운 불신과 혐오가 배어 있으며, 이 노래를 들은 노준의는 섬뜩한 느낌에 일순 말문이 닫힌다. 이에 대해 김성탄은 영웅이 글을 읽지 않는다 함은 천고의 쾌론(快論)이라며, 독서인이 낭묘(廊廟)를 차지하고 있다면 불독서인은 양산박으로 가는 게 합당하다고 했다.[55] 장씨는 글을 읽지 않는 사람들 일체, 나아가 골목길의 소외계층 일체를 표상하며, 독서인

---

52 張獸醫를 박희병 교수는 호동의 수의로 보았다. 그런데 조선시대 중국어 교재인 『飜譯老乞大』와 『老乞大諺解』에 "那紅橋邊一箇張獸醫."라는 구절이 나온다. 이언진이 역관이었던 사실을 감안하면, 張獸醫 역시 가공의 인물일 가능성이 높은데, 여기에 대해서는 조금 더 자세한 고찰이 요망된다.

53 『연암집』 권 8 별집, 「양반전」. "維厥兩班, 名謂多端. 讀書曰士, 從政爲大夫, 有德爲君子. 武階列西, 文秩叙東, 是爲兩班."

54 『제오재자서수호전』 권 65. "英雄不會讀詩書, 只合梁山泊裏居. 準備窩弓收猛虎, 安排香餌釣鰲魚."

55 위와 같은 곳의 夾評. "英雄不讀書, 千古快論 ○ 旣以讀書人居廊廟, 則不讀書人定合去山泊矣. 千古痛病, 可勝歎息."

은 주류 지식인 모두를 가리킨다. 구도상 장씨가 호인(好人)이면 독서인들은 모두 비호인(非好人)일 수밖에 없다.

시 (70)은 1, 2구의 비유와 3, 4구의 지시 대상 각각을 파악하는 것도, 두 부분을 잇는 고리를 찾는 것도 힘든 작품이다. 편의상 4구부터 보면, 적심(賊心) 적장(賊腸)은 도적의 마음보와 배짱을 의미한다. 그것은 비웃음이나 조롱당하면 자연스럽게 생기는 것이다. 언표만 본다면 도적의 마음보와 배짱을 두둔하고 있는 것으로 보인다. 적심(賊心) 적장(賊腸)의 더 구체적인 의미는 또한 『수호전』에서 찾을 수 있다. 『수호전』의 주인공들은 종종 비도덕 관료들로부터 적골(賊骨), 적두(賊頭), 적검(賊臉), 적미(賊眉) 등의 말로 비난받는다. 특히 무송은 자기를 간계로 함정에 빠트린 장도감으로부터 적심(賊心) 적간(賊肝)으로 비난받은 뒤 분노를 이기지 못해 그의 일가를 몰살한다. (29회) 운자 때문에 적간(賊肝) 대신 적장(賊腸)을 쓴 것이라면, 조롱과 비웃음의 의미도 도적의 마음보와 배짱의 의미도 조금 더 분명해진다.[56]

이렇게 본다면 기녀와 부스럼과 지분의 의미를 조금 좁혀볼 수 있겠다. 관습 용법에서 거리가 있긴 하지만 1, 2구와 3, 4구가 은유 관계라면, 세 가지는 각각 소외계층과 상처와 윤리적 수양을 가리키는 것이 아닐까? 이 해석이 유효하다면 이 시는 유가의 분수론(分數論)에 대한 도전을 담고 있다. 남녀, 군신, 주노(主奴), 적서(嫡庶), 중외(中外) 사이에 존비 귀천을 엄격하게 구분하는 유가의 예법은 조선에서 더 철저하게 적용되어, 차별이 강요되고 내면화되었다. 분수론은 그러한 차별에 대한 순종을 내면화시킨다. 그러한 부당한 차별과 억압에 대하여 물리적이고 집단적인 저항을 형상화한 소설이 바로 『수호전』이다. 『수호전』의 주인공들은 그러한 분수와 예법을 인정하지

---

56 이언진은 『수호전』의 인물 중에서 무송을 좋아했던 것으로 보인다. 앞서 제시한 시 (36)도 그렇고, 다음 시도 무송이 十字坡의 張靑 주막에서 인골 염주와 무쇠 계도를 얻는 장면(26회)에서 소재를 가져온 것이다. 시 (113). "해골을 깎아 만든 염주 몇 알과, 무쇠로 빚어 만든 한 자루 계척. 구품의 연화대를 뺏을 생각에, 계족산도 높여 기리지 않으려 하네. 幾顆頂骨數珠, 一條生鐵戒尺. 念念奪九品蓮, 不欲稱尊雞足."

않고, 모욕당하면 즉각 분노하고 폭력으로 응징한다. 그들은 이러한 행동을 일삼으며 호걸로 자처하지만, 주류 문사나 관료의 관점에서 보면 그들은 질서와 체제를 깨뜨리는 도적에 지나지 않는다. 이념과 윤리를 소거시키고 나면 그건 매우 자연스러운 현상이다. 이언진은 단지 그 자연스러운 현상을 말하고 있을 뿐이며, 여기서 부정과 저항을 읽어내는 것은 독자의 몫이다.

이언진은 낱낱 작품의 차원에서는 반게법으로 주지를 은폐하면서 드러내고, 전체의 차원에서는 곡절법으로 꼭 짚어 말하지 않으면서 커다란 의미망을 만들어 나간다. 「호동거실」은 170수의 작은 텍스트들이 서로 불규칙적으로 관계하면서 만들어진 커다란 텍스트이다. 이 텍스트 속에서 작동하는 사유의 방향 중 하나는 잘못된 인식으로 만들어진 우상(偶像)을 청진(聽診)하고 도덕의 허위를 부정하는 것이다. 이 세상을 하나의 거대한 감옥으로 설정하거나, 인생 자체를 연극으로 비유한 시, 선가의 어법으로 관념의 구속을 타파할 것을 암시하고, 주류 세계를 직접 공격한 시들을 동원하면 그 의미망이 훨씬 커지고 풍부해진다. 이 장에서는 그중 이야기(소설)를 소재로 삼은 몇 수만을 모아 그 양상을 살펴본 것이다.

6. 결어

지금까지 살펴본 것들은 모두 이언진이 포착하고 그려낸 골목길의 실상, 미의식, 풍경, 지향 등과 관계된다. 그의 골목길은 더럽고 좁고 시끄러우며 냄새나는 곳이다. 이 골목길에는 거지와 바보와 장사치와 거간꾼과 매파와 좀도둑과 광대와 노름꾼과 무당과 종과 수의와 점쟁이와 미장이와 병자와 아낙들이 모여 산다. 이들은 이익을 다투고, 감정을 노래와 울음으로 표현하고, 남을 놀리고 속이기를 일삼는다. 이언진은 이들의 인정세태에 잘게 잘게 관심을 보내 시로 그려냈다. 골목길의 인정세태는 인식의 대상이면서, 그 삶의 근거이자 반성의 대상이기도 했다. 골목길을 응시하는 그의 시선은 밖을 향하면서 동시에 안으로 거두어진다. 가까운 이웃의 삶을 바라보면서 자신의 내면을 성찰하는 독특한 시선이 빚어낸 것이 「호동거실」 170수이다. 그의 말을 빌리면 「호동거실」은 한시 전통의 우아미에서 벗어난 털보에 곰보에 혹부리 같은 못난 시들이지만, 그렇기에 남들에게 깊은 인상을 남기는 개성 넘치는 작품들이다.[57]

「호동거실」 화자의 위치는 이 좁고 더럽고 시끄러운 골목길 속에 있다. 골목이 깊어 독 안에 갇힌 듯하다 했으니 대로에서 먼 곳이고, 지붕이 갓보다도 낮다 했으니 살림이 가난했다. 붓과 벼루가 부뚜막에 놓여 있고, 서책이 쌀과 소금 사이에 협주(夾註)처럼 끼어 있다고 했으니, 정신과 관념이 남루한 살림과 뒤섞여 살았던 정황을 말함이다.[58] 그런 가운데서도 화자는 차분하고 세심한 관찰자의 태도를 견지한다. 골목길은 그가 향 사르며 수양하고,[59] 면벽승처럼 정신을 단련하는[60] 곳이다. 뿐만 아니라 골목길 가장 깊은 곳은 누구나 부처를 걸고 보살같은 거룩한 사유에 빠져드는 곳이다.[61] 골목길에 대한 태도는 다음 두 시가 잘 보여준다.

臭穢時如糞艘	더럽고 냄새 날 땐 똥수레같고
黑暗時爲漆桶	어둡고 칙칙할 땐 칠통이 되네
方寸地亦如是	사방 한 치 마음도 이와 같으니
吾不嫌門前巷	나는 문 앞 골목이 싫지 않다오 (18)

57 시 (40). "三人面貌奇醜, 一鬍一麻一癭. 過來後每在眼, 平常的百不省."

58 시 (73). "巷深如入甕裏, 屋低不及帽簷. 筆硯雜置烟爨, 書卷夾註米塩."

59 시 (39). "十笏房精進定, 半篆香吉祥眠. 不做頑仙才鬼, 自稱散聖野禪." "歷穢巷入淨室, 燒淸香掛繡佛. 疥痔者癰膿者, 亦皆作菩薩想."

60 시 (8). "車馬丁丁當當, 婦女叨叨絮絮. 我則如面墻僧, 一生煉神閙處."

61 시 (17). "歷穢巷入淨室, 燒淸香掛繡佛. 疥痔者癰膿者, 亦皆作菩薩想."

巷裡屋多天少	골목은 지붕 빼곡 하늘이 좁아
恰像渾身着帽	온몸에 모자를 푹 뒤집어 쓴 듯
一片土踏如杵	한 조각 땅 달구질하듯 밟으니
百年來無寸草	백년 이래 풀 한 포기 나지를 않네 (83)

시 (18)에서 분소(糞艘)는 '똥수레' 정도의 의미를 지닌다. 원굉도는 한 글에서 온갖 아름다운 꽃이 핀다는 이름을 지닌 곳에 똥수레만 즐비하다는, 모순의 세계상을 은밀히 풍자한 바 있다.[62] (흑)칠통((黑)漆桶)은 선가의 용어로, 무명(無明)이 굳게 교착되어 있어 깨뜨리기 어려운 상태나 일체의 차별과 대립을 초월한 절대 경계를 비유하는 말이다. 분소(糞艘)와 칠통(漆桶)은 꽃향기와 똥 냄새, 미망과 초월을 모두 담고 있는 말로, 여기 따르면 더러운 것과 깨끗한 것, 인간의 미망과 초탈이 둘로 나뉘는 것이 아니다. 골목길을 육안으로 보면 초라하고 시끄럽고 더러운 곳이지만, 거기에는 부처가 살고 있기 때문에 청정하고 향기롭고 신성한 곳이기도 하다. 둘의 동거는 외양을 보면 불편할지 모르지만, 내관하면 조화롭다. 양가성과 이타성을 지닌 것이 존재의 본질이며, 그 대립적인 가치나 이질적인 것들 사이의 거리가 멀수록 그 깊이는 심원해진다는 면에서, 골목길과 마음은 동질적이다. 그러니 이언진은 마음을 들여다보고 골목길에 관심을 두지 않을 수 없었다. 골목길에 대한 성찰은 곧 자신에 대한 성찰이었기 때문이다.

시 (83)에서 다닥다닥 붙은 집, 기둥이 낮아 출입하려면 허리를 90도로 숙여야 하는 문은 가난한 살림살이가 군집해 있는 형상이다. 터는 좁고 사람은 많으니, 이들의 발길이 닿지 않는 곳이 없어 땅은 맨질맨질하게 달아 풀 한 포기 나지 않는다. 풀 한 포기 나지 않는 조각 땅은 최소한 100년을 이

---

62 심경호 외 역주, 『袁仲郎集』 제2책 73면 「百花洲」, 소명출판, 2004. 이언진과 원굉도 문학의 관련에 대해선 이동순, 「이언진 문학과 원굉도 문학의 상관성」, 『어문논집』 60, 민족어문학회, 2009 참조.

어져 온 골목길 사람들의 활력 넘치는 삶의 상징이다. 이 공간은 성현들이 살아가면서 고통받는 곳이며, 현세의 부처가 머물며 향을 사르는 곳이다. 또 생생(生生)의 역(易)이 쉼 없이 약동하는 곳이다. 성현들은 책이 아닌 이 골목에서 만나야 하고, 예불은 절집이 아닌 자기 방에서 해야 하며, 생생의 역을 살피려면 역시 이들의 삶을 유심히 살펴야 한다. 이 골목길 건너편에는 허위와 가식의 독서인과 도인과 선생들이 살고 있는 대도가 있다. 골목길 삶의 풍경을 동거자의 시선으로 다채롭게 포착하였으며, 그 인식의 근저에 주류 세계에 대한 확실한 저항과 부정의 사유를 작동시키고 있음은 좀처럼 다른 유례를 찾기 힘든 「호동거실」의 미덕이자 성과이다.

「호동거실」 170수의 시선은 거의 모두 가까운 삶의 현장이나 자신의 내면을 향한다. 간혹 자신을 설명하기 위해 옛사람들을 끌어오기는 하지만 그건 예외적인 경우이다. 이는 제목에서부터 이미 의도된 것이다. 그 시선이 닿는 곳들을 이으면 하나의 원이 만들어지고 그 원 안이 「호동거실」의 골목 풍경이다. 시선의 거리 제한은 「호동거실」을 관류하는 제 1의 연작 원리인데, 그것은 이미 제목에 포함되어 있다. 이와 달리 시 (170)은 연작을 아우르는 특성과 분위기를 자평한 것이다. 진부하고 번쇄하기가 어록, 주각(註脚) 같다 함은 구어체(백화체)의 특성을, 비유가 낮을수록 기이한 것은 전기(傳奇), 사곡(詞曲, 희곡) 같다 함은 속문학적 취향을 말한 것이다.[63] 구어체의 속문학이 그리는 세계는 시정의 일상일 수밖에 없다. 그곳은 곧 이언진과 이웃들의 삶이 이루어지는 장소였고, 이언진은 그 사실을 부정하지 않았으며, 자기에 대한 성찰과 관심의 차원에서 골목길을 주목했던 것이다.

하지만 그 골목이 이언진에게 마냥 편안한 곳은 아니었다. '반대도(反大道), 비여항(非閭巷)'의 뜻을 머금은 '호동'에 이미 그 불편하고 울울한 심사가

---

63 시 (170). "진부함은 비유하면 어록과 같고, 번쇄함은 예를 들면 각주와 같네. 그 비유 낮을수록 더욱 기이해, 문장은 전기 또는 사곡 같다오. (腐爛譬如語錄, 煩瑣譬如註脚. 其譬愈下愈奇, 文如傳奇詞曲.)"

배어 있다. '호동'이라는 멀고도 낯선 도시의 골목을 자기 이름으로 삼은 데에는, 이미 친숙한 것들에 대한 강한 거부감이 내재되어 있다. 이름과 실지가 어그러졌으니, 그는 한양의 골목에서 살았지만 그 공간에 용해될 수 없었다. '호동거실'이라는 이름은 언제나 그에게 그런 사실을 환기시켜 주었다. 골목 안 삶의 풍경에 보낸 시선에 이미 대상화의 거리가 내포되어 있다. 더구나 주류 계층의 도덕을 거부하고 해체하려는 저항의 정신은 이미 자기 처지의 부조리에 대한 혹독한 성찰을 통해 탄생한 것이니, 골목과의 조화 또한 애초부터 불가능했던 것이다. 「호동거실」이 보여주는 골목의 삶은 근본적으로 추상적이다. 거기에 더 강하게 작동하는 것은 인물과 사건이 아니라, 그것들을 포착하여 추상화시키는 인식이다.(이는 갈래 특성이기도 하다.) 이것이 이 글에서 골목 풍경이 아닌 '인식'을 주목한 이유이다.

전기적 사실로 본다면 이언진의 '호동'에는 두 차례 체험한 연행로(燕行路)와 한 번 다녀온 해행로(海行路)가 포함되어 있다. 당시로서는 가장 크고 멀었던 길이 낯선 '골목 안'에 갇혀 있었던 것이다. 「호동거실」 연작에는 겉으로 드러나는 것보다 훨씬 더 강하고 많은 갈등과 충돌들이 작동한다. 한양의 골목과 북경의 호동이 충돌하고, 좁고 구불구불한 길과 넓고 평탄한 먼 길이 충돌하고, 이언진의 처지와 식견이 충돌한다. 「호동거실」의 골목 인식에는 수많은 충돌로 인한 균열과 파탄이 있다. 따라서 골목에 대한 그의 정서 또한 양가적이다. 이 글은 그 중 일단을 떼어 내 살펴본 작은 결과에 지나지 않는다.

『관촌수필』의 제목과 포진법(布陣法)

1. 서언

이 절은 『관촌수필』의 독법 두 가지를 시론(試論)하여 텍스트의 경계와 지평을 확장하고, 나아가 고전서사론의 활용 가능성을 탐색하는 것을 목적으로 한다.

『관촌수필』은 1977년 간행 즈음부터 평단의 높은 주목을 받았으며, 2000년대 들어서도 여러 각도에서 활발하게 연구되고 있다. 평가는 포폄이 엇갈린다. 대개 토속어와 한자어가 융합된 생동감 넘치는 입말 문체는 고평되고, 엉성한 플롯과 빈약한 사건 구성은 약점으로 지적받았다. 리얼리즘 문학론의 차원에서도 농촌 삶의 생생한 재현은 높은 점수를 받았지만, 복고적이며 보수적인 경향은 물음표를 받곤 했다. '소설 미달이거나 소설 초월'이라는 평가는 서구의 소설론에 입지를 두고 있는 현대소설 연구자의 당혹감의 표현이며 평가의 유보인데,[64] 이러한 유보의 태도는 여전히 이어지고 있다.

21세기 이후의 논의에서도 『관촌수필』의 미감은 시원스럽게 해결되지 못하고 있다. 문학사의 차원에서 연작의 의미,[65] 6, 70년대 사회 구조의 변화와 농촌 현실,[66] 회고의 방식과 고향의 성격,[67] 언어의 의미와 문체가 만들어지는 방식[68] 등이 심도 있게 논의되었고, 이를 통해 보이지 않던 여러 부면들이 드러났다. 하지만 이러한 점들을 『관촌수필』의 소설다움, 또는 예술성으로 보기에는 주저된다. 근래 최시한은 전(傳) 서사의 전통에 주목하여 이문구 연작을 일관하는 서술 특성과 그 내력을 해명하여 고착 형국을 타개하기 시작했으며,[69] 구자황[70]과 장영우[71]는 각각 구술 서사의 특성과 중국 소설의 기법으로 『관촌수필』의 내부를 조명하였다. 이 글은 최시한과 장영우

---

64 김윤식, 「「모란꽃 무늬와 물빛 무늬」」, 『김윤식 선집』, 솔출판사, 2005, 198~248면.

65 김재영, 「연작소설의 장르적 특성 연구: 1970년대 연작소설을 중심으로」, 『현대문학의 연구』 26집, 한국문학연구학회, 2005, 333-365면

66 박찬효, 「1960-1970년대 소설의 '고향' 이미지 연구」, 이화여대 박사학위논문, 2010, 1-223면.

67 용석원, 「이문구 『관촌수필』에 나타난 고향의 양상과 의미」, 『겨레어문학』 58집, 겨레어문학회, 2017, 243-274면; 신재은, 「토포필리아'로서의 글쓰기: 이문구의 『관촌수필』연작을 중심으로」, 『한국문학이론과 비평』 20집, 한국문학이론과비평학회, 2003, 116-133면; 강찬모, 「'떠남'과 '돌아옴'을 통한 고향의 재인식 과정: 이문구의 『관촌수필』연구」, 『한국문학이론과 비평』 28집, 2008, 345-368면.

68 진정석, 「이야기체 소설의 가능성」, 『1970년대 문학 연구』, 문학사와비평학회, 1994, 164-192면; 전정구, 「이문구 소설의 문체 연구」, 『현대문학이론연구』 9집, 현대문학이론학회, 1998, 253-277면; 우찬제, 「포괄의 언어와 복합성의 생태학: 이문구의 『관촌수필』론」, 『문학과 환경』 10집, 문학과환경학회, 2011, 83-109면; 유승환, 「사투리는 어떻게 문학어가 되는가?: 언어의 아카이빙과 한국어 문학어의 재편: 이문구 소설에 나타난 '방언'의 문제」, 『구보학회』 18집, 구보학회, 2018, 377-422면.

69 최시한, 「이문구 소설의 서술 구조: 연작소설을 중심으로」, 『한국문학이론과 비평』 40집, 한국문학이론과 비평학회, 2008, 57-84면.

70 구자황, 「이문구 소설 연구: 구술적 서사전통과 변용을 중심으로」, 성균관대 박사학위논문, 2001, 1-196면; 「이문구 소설의 이야기성에 관한 두 가지 고찰」, 『한국문학연구』 58집, 2018, 137-164면.

71 장영우, 「傳과 소설의 관련 양상: 이문구 소설을 중심으로」, 『한국문학연구』 38집, 동국대 한국문학연구소, 2010, 327-356면.

의 논의를 입론의 토대로 삼는다.

『관촌수필』은 고향을 떠올리게 하고, 유년 시절을 돌아보게 하며, 이런 방식의 글쓰기를 추동한다. 이는 관촌수필이 자아내는 재미와 감동이다. 재미와 감동은 소설 평가의 가장 중요한 미덕이다. 플롯의 정밀함, 사건 구성의 역동성, 허구성 등의 여부는 부차적·종속적 사안이다. 허구가 아니어도, 플롯이 엉성해도, 서사가 빈약해도 깊은 감동을 자아낸다면 그 예술성을 높이 평가할 수 있다. 감동을 일으키는 힘과 장치, 이것이야말로 문학의 성취이자 생명이며 실존이다. 그 힘은 작품에 내재해 있고, 거기서 작동한다. 이 힘은 여러 가지 요소로 이루어지는데, 이 요소들은 유기적으로 연결되어 있고 통합적으로 상승작용을 일으킨다.

서사에서 재미와 감동을 발휘하는 힘의 원천은 배치와 구성, 즉 구조이다. 서사는 구조이다. 구조는 스스로 많은 것을 말하며, 또 자기 안에 많은 것을 숨긴다. 이 구조는 작가의 계산 안에서만 만들어지는 것이 아니며, 작가의 의도를 넘어 구조의 속성과 작동 방식을 밝히는 것이 곧 비평의 역할이다. 문학의 본질은 형식이며, 작품은 하나의 세계인데, 여기서 중요한 것은 그것이 조직·작동되는 방식이다. 소설의 준거를 설정하고, 거기에 견주어 무엇이 다르고 어떤 점이 부족한가를 따지는 행위가 전혀 무가치한 것은 아니지만, 보다 중요한 것은 작품 안에서 그 자체의 기준과 근거를 찾아내는 일이다. 이 글은 텍스트 안으로부터의 해석과 평가를 시도한다.

해석의 방편으로 『사기』, 「열전」의 구성과 기법, 이를 변용한 김성탄의 소설론, 그리고 이 둘을 배워 자기 것으로 만든 박지원의 문장론을 활용할 것이다. 『관촌수필』에 관한 방대한 연구사는 최근의 논문에 미루고, 이 글에서는 논의를 펼쳐가는 가운데 필요한 부분을 거론할 것이다. 1977년 초판으로 발행되고, 2019년 4판 2쇄로 발행되었으며, '연작소설집'이라는 부제가 붙어 있는 문지클래식 1, 『관촌수필』(문학과지성사)을 논의의 텍스트로 삼는다. 이 책에는 초판에 실린 「작가의 말」(1977)은 물론, 해설과 어휘 사전이 부록으로 실려 있어 이용에 여러 편의를 제공한다. 이 글로 『관촌수필』

에 대한 이해가 한 치 넓어지기를 기대한다.

2. 파제(破題)와 서정, 제목으로 암시하며 서정미[72]를 구현하다

『관촌수필』은 연작 각 편에서 이들을 아우르는 통편에 이르기까지 네 글자의 한자어를 제목으로 내세우고 있다. 이는 근현대 소설사에서 매우 이례적인 현상이다. 여기에 주목하는 것은, 이 제목들이 그저 장식에 그치지 않고 서사의 미감 형성에 능동적으로 작용하고 있는 것으로 여겨지기 때문이다. 작품에 따라 제목은 소설의 매우 비중 높은 요소인데, 이 경우 그 제목의 의미와 기능을 해독하는 것은 이해와 감상의 관건이 된다.

한문 작법에서 제목으로 전체 글의 내용을 함축하여 암시하는 방법을 파제(破題)라고 하였다. 파제는 당나라 이후 청나라에 이르기까지 과체시나 문장에서 첫 두 구절에 글의 요지를 함축하여 제시하는 작법의 하나로, '주제를 설파한다'는 뜻이다. 후대에는 함축적인 제목으로 글의 방향과 주지를 담아내는 방법, 또는 위치와 상관없이 한두 글자로 구절에 한 편 글의 핵심을 드러내는 방법으로 의미가 확장되었다.[73] 박지원은 작문법을 병법에 견주면서, 제목을 적국으로 비유하고 먼저 성벽에 올라 적장을 사로잡는 것을 '제목으로 설파하여 단단히 묶어둠 파제결속(破題結束)'으로 설명하였는데,

---

72 서정성은 『관촌수필』의 여러 미적 요소 중 하나이며, 이를 고려하면 조금 더 다채로운 읽기가 가능하다. 서정미가 『관촌수필』 미감의 핵심이라는 의미는 아니다. 또 이러한 독법이 서양 소설론을 비판하거나 부정하려는 의도의 산물도 아니다. 심사과정에서 여기에 대한 지적이 있어, 오해를 막기 위해 밝혀 둔다.

73 이건창은 「백이열전」을 비평하면서 '名'과 '聖人'을 각각 入題와 破題로 설명했는데, 이는 문중의 글자나 구절을 파제로 이해한 사례이다. 이건창, 『明美堂集』 권 14, 「伯夷列傳批評」. "君子疾沒世而名不稱焉, 名字是入題而未破題. … 聖人作而萬物覩, 此聖人二字是破題."(조선시대 개인 문집 인용은 고전번역원 DB에 의거함, 이하 같음.)

이는 제목의 중요성을 언급한 것이다.[74] 작자가 제목에 많은 것을 담았다면, 반대로 그것을 간파하는 것은 감상과 비평의 첫 번째 과제가 되겠다. 파제는 설파(說破)와 간파(看破)의 두 의미를 지니는 셈이다.

비평의 차원에서 파제를 심미적으로 실천한 인물은 김성탄이다. 김성탄은 "제목이야말로 글을 지음에 있어 가장 먼저 고려할 사항이고, 제목만 좋다면 글을 짓는 행위 자체가 어렵지 않을 것"[75]이라고 했다. 『수호전』 비평에서는, 108명에 들지 않는 왕진(王進)이 먼저 등장한 뒤 종적을 감추고, 108명의 인물 중에서 비중이 그리 높지 않은 사진(史進)이 제일 먼저 출현하며, 108 호걸들이 나오기에 앞서 고구(高俅)를 앞세우는 이유를 낱낱이 설명했다. 또 '수호(水滸)'의 의미를, 뛰어난 능력을 지녔지만 조정에도 쓰이지 못하고 재야에서도 평화를 누릴 수 없는 인재들이 어쩔 수 없이 모여드는 '주류 질서의 외부 공간'으로 풀이했다. 나아가 "이것이 누구의 허물인가?"라고 반문하여, 그 책임을 조정으로 돌렸다. 김성탄의 비평은 심상해 보이는 『수호전』의 제목과 초반의 서사를 긴장과 의미로 팽만하게 한다.[76]

연작을 아우르는 전체 제목인 '관촌수필'은 '관촌'과 '수필'로 나누어 살펴야 하는데, 여기에 대해서는 수준 높은 논의가 축적되었다. "과거와 마주함으로써 트라우마에서 벗어나는 동시에 고향의 체험들은 긍정적인 우월한 가치를 지닌 노스탤지어가 되었으며, 그것은 환상과 미문(美文)으로 뒷받침된다"[77]는 설명이나, "외상을 지닌 공간에 대한 애착적 욕망이 반복·강박

---

74 박지원, 『연암집』 권 1, 「騷壇赤幟引」. "善爲文者, 其知兵乎! … 題目者, 敵國也. … 破題而結束者, 先登而擒敵也." 여기서 사용된 제목이 현대적인 의미에서의 '표제'를 가리키는지, 본문의 첫 한두 구절을 가리키는지는 논란의 여지가 있다. 다만 근대 이전과 이후의 글쓰기 양식이 크게 달라진 점을 고려하면, 글의 시작을 알리는 서두 부분의 특별한 기능을 지시하는 것으로 보면 무방하다. 소설의 제목은 기실 글의 시작이기도 하다.

75 『제오재자서수호전』 권 3, 「讀第五才子書法」. "題目是作書第一件事. 只要題目好, 便書也作得好."

76 여기에 대해서는 2장 2절 참조.

77 용석원, 앞의 논문, 248, 251면.

으로 추동되어 연작 글쓰기로 나타났다"[78]는 설명은 모두 적절하다. 동의한다. 이 제목은 『관촌수필』을 관류하며 거기에 편재하는 것은 '관촌'이라는, 이 소설은 장소에 대한 이야기라는 의미를 담고 있다. 다만 이 지시어에는 '내 유년 시절, 즉 1940년대 후반 - 1950년대 초'라는 서술자(또는 작가)와 시대가 생략되어 있음도 간과해선 안 된다.

'수필'에 대해서는 장르로 이해하려는 경향이 있다.[79] 이러한 입장은 모두 장르론에서 출발했기 때문에 나타난 현상으로 보인다. 이문구는 소설을 썼으며, 장르로서 이 사실을 재론하는 것은 부질없다. 문제는 '수필'을 장르 개념으로 받아들일 때 생기는 혼란이다. 동아시아 문학사에서 수필은 장르 또는 문체 규범에서 어디에도 귀속시키기 어려운 유형의 글을 의미했다. '수(隨)'에는 기존의 명칭으로 설명되지 않는 비규범의 성격이, 나아가서 어떤 질서에도 구속되지 않는 자유의 정신이 내재하고 있다. 이는 '산(散)'문(文), '만(漫)'필(筆), '잡(雜)'록(錄) 등의 글자에도 적용된다. 이문구는 당대 소설에 대한 묵언의 규범을 거부한 것이다. 근대 이전 '수필'이 정형화된 문체에 대한 반발이었다면, 관촌수필의 '수필'은 당대 소설 규범에 대한 거부의 표현이었던 것이다.

8편의 제목 중에는 내용 안에 그 의미가 명시적으로 표현된 것도 있고, 여러 단계의 추론을 거쳐야 내용과의 연결선이 드러나는 것도 있으며, 복선이나 암선의 구실을 하며 내용 안에 은밀하게 서정적으로 구현되는 경우도 있다. 방향을 지시하고, 주제를 함축하며, 분위기를 조성하는 등, 어떤 경우든 제목들은 작품의 주요 기관으로 미감을 자아내는 역할을 한다. 시야를

---

78 신재은, 앞의 논문, 128, 9면.

79 최시한은 허구와 비허구의 경계가 희미한 이문구 서사의 전반적 특성을 들어 장르 수필로 읽어도 무방하다고 했으며,(앞의 논문, 66면) 장영우는 소설을 가리키는 중국 소설의 하위 장르로 보아야 한다고 했다. (앞의 논문 13면) 하지만 가족 제외 『관촌수필』 등장 인물과 사건이 모두 사실인지 여부를 가리는 논의는 없었으며, 수필을 중국 소설의 하위 양식으로 본 것은 지나치게 단순한 해석이다.

좁혀 이 제목들의 의미와 기능을 따져보자.

「일락서산(日落西山)」은 연작 중 가장 먼저 발표된, 할아버지와 아버지를 통해 자기 내력을 밝힌, 『사기』의 「태사공자서」에 비견되는, 일종의 서시(序詩)나 서곡(序曲)에 해당하는 작품이다. '일락서산'은 네 층위에서 해석된다. 첫째, 서술자가 고향 옛집에서 지난 일을 회고하는 시점의 분위기를 가리킨다.[80] 서술자는 정월 초사흘, 오후 4시 즈음부터 대략 1시간 정도 옛집 근처를 서성이는데, 그 사이에 점점 땅거미가 지고 있었다. 둘째, 고색창연한 이조인이었던(46면) 할아버지의 죽음, 그 사상과 정서의 몰락을 의미한다. 셋째, 옛 모습은 모두 사라진 고향의 풍경을 암시한다. 서술자는 실향 감각에 젖어 있다. (13면) 넷째, 돌아갈 수 없는, 추억 속 잔영으로만 남아 있는 '그 시절'을 의미한다. 이 작품은 온통 석양의 감각에 싸여 있다.

「화무십일(花無十日)」은 한국전쟁이 한창이던 1951, 2년 관촌 집에 한동안 머물렀던 윤영감 일가에 대한 회고담이다. 서사는 형식상 「일락서산」의 회고가 끝나는 시점에서 시작된다. 본문에는 '화무십일'의 의미를 가리키는 표현이 보이지 않는다.[81] 며느리의 가출과 아들의 자살로 하루아침에 깨진, 윤영감 가족이 누렸던 전쟁통의 한때 단란함이 표면상의 '화무십일'이다.[82] 하지만 이 해석은 표면을 본 것에 그친다. 여기서 주목할 것은 이 작품에 등장하는 가족, 즉 이야기의 배객(陪客)은 어머니가 유일하다는 사실이다. 전

---

80 '일락서산'은 본문에서 다음의 문장들로 구현된다. "영원히 되찾을 수 없이 된 옛터를 굽어보며 어린 시절에 묻혔던 자신을 깨닫고 나니, 어느덧 하늘엔 구름이 물러나고 온 마을 안팎과 들판이 온통 타는 놀에 젖어 있었다."(29면) "황혼에 잠긴 옛집을 먼발로만 기웃거리다 말기는 너무도 서운했던 것이다."(34면) "하지만 모두가 꿈이었다. 나는 해거름녘에 들른 길손처럼, 땅거미가 깃들이는 추녀 밑에 하염없이 서 있을 뿐이었다."(35면) "다시 한 번 옛집을 되돌아보았을 때, 그 너머 서산마루에는 해가 지고 있었다. 지는 해가 있었다." (62면, 마지막 문장)

81 윤영감 며느리의 꽃다운 자태에 대한 묘사가 짧게 있지만, 화무십일이 그것을 가리키는 것으로는 보이지 않는다.

82 서술자는 "너무도 애틋한 패가망신이었다. 남의 가문을 순식간에 파멸시킬 수 있었던 그 가증스러운 것—그것은 곧 여인의 마음이었다."(83면)라고 하여, 그 원인을 단순하게 며느리에게 돌리고 있다.

쟁의 와중에 할아버지, 아버지, 두 형이 거의 한 번에 목숨을 잃었기 때문이다.[83] '화무십일'은 1차로 윤영감 가족의 비극을 가리키고 있지만, 궁극에 의미하는 것은 전쟁으로 인한 자기 가족의 파국이다. 이는 외물(外物)을 통해 내아(內我)를 보이고, 빈객(賓客)을 내세워 주인을 비추는 방법이다. '화무십일'의 의미는 밖으로 드러나는 실체와 음영(陰影)의 관계를 뒤바꿔 읽을 때 온전히 드러난다.

「행운유수(行雲流水)」의 의미는 비교적 명확하다. 이 작품은 모성[84]의 누이이자 친구였으며, 총명하고 드세고 솜씨 있고 인정이 많았으며 줏대가 곧았던, 행랑살이 옹점에 대한 회고담이다. '행운유수'는 보통 정처 없이 떠도는 삶을 가리키며, 승려를 수식하는 말로도 자주 사용된다. 물론 작품에서는 옹점의 삶을 지칭한다. 옹점의 떠돌이 삶은 ①태생적 조건이었고, ②그의 기질이었으며, ③어떤 지향이기도 했다. ①은 불안정한 잉태와 출생 및 남의 집에 맡겨진 상황에 나타난다. ②는 노래하는 삶으로 그려졌다. 옹점은 노래 부르기를 좋아했으며, 결국은 시골 장을 떠도는 약장수 패거리의 일원이 된다.[85] ③은 지나가는 열차를 유난히 넋 놓고 바라보는 모습으로 암시된다.[86] 남의 집에 맡겨진 채 노래하며 먼 곳을 그리워하는 사람 옹점, 그것이 '행운유수'이다.

---

83 그 사실과 당시의 심경은 피난민의 상경 행렬 묘사에 이은 다음 구절에 잘 보인다. "삼대에 걸친 네 분의 신명을 하루아침에 잃은 폐허 속에서 겨우 살아남아 외롭게 된 나로서는, 그네들 한 가족이 소꿉장난하듯 움직이는 꼴이 여간 부럽지 않았다."(69, 70면)

84 『관촌수필』에서 서술자에게 따스한 모성을 느끼게 해주는 인물은 옹점이나 대복어메이다. 실제 어머니는 늘 얼마간의 거리를 둔 곳에 있는 것으로 그려진다.

85 「황하다방」(1941), 「자명고 사랑」(1949), 「대지의 항구」(1941), 「애수의 소야곡」(1938), 「아침해 고울시고」(1945), 「독립행진곡」(1945) 등의 노래 제목과 여러 가수의 이름, 그리고 끝자락에 인용된 노래 가사(「선창」(1941년)가 이러한 주제를 밑받침한다.

86 "나잇살이나 먹은 옹점이도 지나가는 기차 쳐다보는 것을 취미로 하고 있었다. 논밭에서 하던 일도 멈추고 연장 자루를 쥔 채 허리 세워 지나가는 열차에 넋이 빠지는 아낙네들은 지금도 기차 여행에서 흔히 보지만, 옹점이는 그중에서도 유별났던 것으로 기억한다."(115면)

「녹수청산(綠水靑山)」의 회고는 ①대복과 함께 한 행복한 시절, ②격랑의 시대 대복의 타락과 성장 두 가지로 교직되어 있다. 이 작품 어디에도 순수 자연이 그려져 있지 않으니, 제목은 은유일 수밖에 없다. 두 가지 해석이 가능하다. 대복과 함께 한 시절, 실락원을 의미한다. '녹수청산'에는 번민과 갈등이 가득한 속진(俗塵) 세계 저편의 이상향 또는 그 경계라는 의미가 들어 있다.[87] 본문에는 대복과 함께 했던 시절의 관촌이 인생의 낙원이었음을 드러내는 어구가 반복적으로 제시된다.[88] 한편 녹수청산은 머무는 것(청산)과 떠나는 것(녹수)의 대조 또는 어긋남을 의미하기도 한다.[89] 나아가 둘 사이의 그리움과 원망 등을 나타내기도 한다.[90] 대복의 이야기에서 중요한 것은 그의 변화이며, 그중에서도 가장 인상 깊은 것은 순심과의 관계에 따른 선변(善變)인데,[91] 두 사람의 인연은 파국이 암시된다. '녹수청산'은 '잃어버린 낙원'과 '어긋나버린 인연' 두 이질적인 의미를 포괄하고 있는 것으로 해석할 수 있다.

---

87 먼 예를 들 것도 없다. "굽어보니 千尋綠水 돌아보니 萬疊靑山 / 十丈 紅塵이 얼마나 가렸는고 / 江湖에 月白하거든 더욱 무심하여라." (이현보(1467~1555), 「漁父歌」)

88 그중 몇 예만 들어본다. "아, 대복이 뒤만 따라다니면 모든 것을 맘대로 해도 겁날 게 없었던 시절의 그리움." (137면) "아무리 세월이 무상하다 한들 다시 어디서 그렇듯 흐뭇한 놀이터를 만나볼 수 있으랴." (144면) "대복이 뒤만 따라다니면 모든 걸 내 맘대로 장난해도 겁날 게 없던 그리운 시절 -." (147면) "그해 겨울은 너무나 쓸쓸하고 삭막했다. … 대복이가 없는 겨울을 혼자 보낸 탓이었다." (167면)

89 몇몇 예만 제시하고, 설명은 생략한다. "青山有約長當戶, 流水無情自入池."(蘇軾) "青山相對嘿何言, 流水無情過我門."(권덕주, 『逋軒集』 권 1, 「大谷移寓感吟十三絶 5」) "山嫌水去千重護, 水亦憐山百折回."(주세붕, 『武陵雜藁』 권 4, 「三足堂」) "白鳥無情隨水去, 靑巒不改待人還.(민형남, 『浣亭集』 권 8, 「浣石亭題詠」) "珍重山長在, 無情水注東."(송순, 『면앙집』 권 3, 「柳村復用前韻惠詩五首走筆答之」).

90 아래는 이산해, 「松浦雜咏」(『아계유고』 권 2)의 마지막 네 구절이다. "가을 물은 별 뜻을 두지 않건만, 가을 뫼는 깊은 정 품고 있는 듯. 물은 흘러 잠시도 아니 쉬는데, 뫼 그리메 배와 함께 떠나가누나. 秋水太無意, 秋山如有情. 水流不暫住, 山影共船行." 야담집 『靑野談藪』에 실린, 무명 소년이 기녀의 치마폭에 써 준 시의 앞 두 구절도 여기에 해당한다. "물은 먼 나그네 같아 흘러 머물지 않고, 산은 미인처럼 보내고 그리는 정 머금었네. 水如遠客流無住, 山似佳人送有情."

91 이는 어머니의 말, "대복이가 인저서 사람 되었구나 ……" (180면)에 잘 표현되어 있다. 이런 변화는 대복의 아버지 조중찌에게서도 나타나, 호응을 이룬다.

「공산토월(空山吐月)」에서 제목의 의미는, 인사를 치르고 인사 온 석공에게 어머니가 한 말 "빈산에 달이 뜨기루 저런 아들을 뒀단 말여 ……." (241면)로 분명하게 제시된다. 그런데 제목의 의미는 이것으로 한정되지 않는다. 석공의 혼인을 기점으로 서술 과정에서 '달'에 대한 아름다운 묘사가 단속적으로 나타난다.[92] 이러한 표현들은 완연 소설 속의 시(詩)로, 만상의 경계가 사라진 환상의 분위기를 자아내며, 물아(物我)와 주객(主客)이 하나가 되는 서정미를 구현한다. 석공의 형상은 온통 달빛으로 채색된다. 그는 빈산에 뜬 달인 것이다. 하지만 달은 해가 뜨면 사라지기 마련이다. 달에 대한 묘사는 석공의 병명이 밝혀지면서 끝이 난다. 해가 뉘엿뉘엿 할 때 선고가 내려졌고,(274면) 이화대학 뒤 산등성이 마루로 붉은 햇덩이가 떠오를 때 거의 다 죽은 몸으로 퇴원한다. (277면) 「공산토월」은 달로 그린 한 사람의 시적 일생인데, 이처럼 달빛을 아름답게 그린 소설은 그 앞뒤로 「메밀꽃 필 무렵」(1936)과 「달빛 밟기」(임철우, 1987)가 있다.

「관산추정(關山芻丁)」은 서술 시점에서 여전히 고향을 지키고 있는 유복산의 삶을 조명하고 있는데, 그 제목의 의미는 작품 속 아래 설명으로 충분하다.

> 고향을 지키고 있어 고향에 가려면 반드시 거치지 않을 수 없는 산을 관산(關山)이라 일컬어온 것은 마사(馬史) 이래의 일이었다. 내게는 이제 복산이가 관산이었다. 그가 그곳에 남아 있지 않았다면 나는 그곳이 고향이라는 증거를 한 가지도 지니지 못한 셈이 될 터였다. 그는 그곳에 남아 있었다. 옛 문장을 빌려 말하면 목우즐풍(沐雨櫛風) - 비로 목욕하고 바람에 머리 감는

---

92 몇 예만 제시한다. "연지나 곤지가 씻겨 달무리에 싸인 달처럼 흐려진다면",(229면) "석공네 마당의 앙상한 오동나무 가지에 달이 열리고",(229면) "기러기 떼 그림자가 달빛을 한웅큼씩 훔치며 달아나고 있었다.", (232면) 하게 남아 있다. (233면), "달은 어느덧 자리를 거의 다 내놓아 겨우 앞치마만 한 하늘을 두른 채 왕소나무 가지 틈에 머물고 있었으며", (236,7면) "용궁에서 살다 금방 빠져나와 그런지 바닷물결을 노저어 다가온 달은". (239면)

신산고초를 견디고 이겼으니 그를 관산으로 여김은 지극히 당연하다고 믿는다. (326, 7면)

그 의미를 풀기 가장 어려운 제목은 '여요주서(與謠註序)'이다. 주서(註序)는 문제 될 게 없다. 주석에 대한 서문으로 풀이하면 된다. 용례도 적지 않다. '여요(與謠)' 풀이의 어려움은, 명사로서의 용례가 없다는 데 있다. 한국은 물론 중국을 망라해도 근대 이전 사용된 '여요(與謠)'에서 '여(與)'는 부사 '함께'나 '더불어', 또는 접속조사 '와'나 '과'의 기능[93]으로만 사용되었으며, 그 숫자도 몇 건 되지 않는다.[94] '여요'의 뜻은 '함께 부르는 노래'로 좁혀진다. 무슨 노래를 함께 불렀던 말인가? 작품 안에 노래에 대해서는 일절 나오지 않으니, 내용에 대한 은유로 읽어야 한다. 이 작품은 억울하게 죄를 뒤집어쓴 소심하고 단순한 고향 친구 신용모가, 판사 앞에서 당당하게 시시비비를 따지며 일탈성 호기를 부렸다가 대가로 2만 원 벌금 폭탄을 맞는 이야기다. 노래란, 폭압의 시대 나와 신용모가 함께 부르는, 나아가 같은 처지에 있는 우리가 함께 부르는 슬픈 노래를 의미한다. 신용모가 겪은 사연은 슬픈 노래에 대한 주석이며, 이 소설은 그 주석의 서문인 셈이다.[95]

「월곡후야(月谷後夜)」는 서술자가 관촌에서 20리 떨어진 월곡면 알바디[種採里]에서 하룻밤을 겪은 이야기이다. 월곡면과 알바디는 상상의 지명이며, 본문에 제시된 되새·터들·어치마을·도래실·갓바이·도루머리·뗏둑·보루목 등의 지명도 확인되지 않는다. 후야(後夜)의 사전 의미는 '밤의 후

---

93 '與謠俗汁協(민요 풍속과 어울린다)', '與謠通(謠 자와 통한다)' 정도의 용례가 있을 뿐이다.

94 형태가 비슷한 '輿謠'에 민요란 뜻이 있는데, 출판 과정에서 '輿'가 '與'로 오식되었을 가능성은 낮다. 단행본 출간 과정에서도 작가가 글자를 수정하지 않았기 때문이다.

95 본고의 텍스트에서는 "'여요주서'의 의미를, '별 것 아닌 일에 대한 설명' 또는 '그저 그런 이야기에 관한 해설'을 뜻하는 말로 보인다"고 풀이했다. (348면) 의미상으로는 큰 차이가 없지만, 그 근거에 대한 설명이 부족하다.

반부'이니, '늦은 밤'이나 '깊은 밤' 정도로 풀이할 수 있다. 제목은 월곡면의 하룻밤 중에서도 깊은 밤에 벌어진 일을 지시한다. 깊은 밤에 벌어진 일이란 수찬을 비롯한 일대 4H 청년들이 아동 성폭행을 저지른 김선영을 마을 회관에 잡아다 놓고 징치하며 훈계하는 내용이다. 분량으로는(414-418면) 전체의 1/3 남짓한 정도이다. 「월곡후야」는 8편 연작 중에서 풍자가 의도된 허구의 성격이 가장 짙으며, 조롱의 화살은 국가 이념의 세례를 받은 4H 청년들의 설익은 언행을 향하고 있다.

제목은 작품의 얼굴로, 중요한 일부이며 때론 전체이다. 『관촌수필』은 연작 8편 제목에 통합 제목까지 모두 9개의 제목이 네 글자 한자어이다. 처음부터 이렇게 기획된 것인지, 도중에 이렇게 조정된 것인지는 알 수 없지만, 여기에는 일정한 의도가 작용한 것이라고 볼 수 있다. 소재와 내용은 제목의 설정에 영향을 끼치지만, 일단 만들어진 제목은 반대로 소재의 취사와 내용의 구성, 서사의 방향과 수사의 선택을 결정한다. 이문구는 매우 신중하게 제목을 설정했고, 제목이 내용과 심미적 상승작용을 일으킬 수 있도록 세심하게 고민하였으며, 그것을 다채롭게 구현하였다. 이 절에서는 그 일단을 짚어본 것이다.

3. 분배와 포진(布陣), 한 인물을 분산 배치하고 진법(陣法)으로 구성하다

『관촌수필』을 포함한 이문구의 연작소설을, 최시한은 이문구의 일종의 현대판 열전으로 이해했다. ①한 편의 글은 대개 한 명 인물 중심으로 짜여 있고, ②등장 인물들 중에 사회적 약자는 많아도 악인은 거의 없고, ③사건이 아닌 인물 중심이기 때문에 서술이 평면적이고 단성적이며, ④작가는 소설가이기 이전에 일종의 기록자 혹은 증언자의 성격을 지닌 공적 자아에 가깝다는 점 등을 그 근거로 제시했다. 그의 견해에 따르면 이문구의 연작소설은 전의 기본적 서술 정신을 이어받고 지향하는데, 이 연작의 경향 자체가 평면적이고 단조로운 전 양식의 한계와 문제점들을 극복하기 위한 노력의 결과라는 것이다.[96] 이문구의 연작을 열전이라고 할 수는 없지만, 그런 속성을 상당 부분 지니고 있다는 지적에 동의한다.

최시한의 논의는 넓은 시야에서 이문구 연작소설의 문학사적인 위치를 잡아주고 그 서사 본질을 간파한 것으로 판단된다. 이로써 전반적인 특징은 파악되었으니, 이제 논의는 조금 더 구체적인 차원으로 진입할 필요가 있다. 『관촌수필』이 열전의 미학을 계승·활용하고 있다면 그 창의적·현대적 실현 양상은 어떠한가? 열전의 미학 전통이나 자장은 『관촌수필』의 기원이나 토대이지만, 소설로서의 독특한 개성과 새로운 성취라고 볼 수는 없다. 열전에 머물렀다면 이 소설은 독자들의 사랑을 받지도, 평단의 주목을 받지도, 이 논문의 대상이 되지도 못했을 것이다. 이 작품의 가치는 열전이 아닌 곳에 있는 셈이다. 이 절에서는 서사 구성의 차원에서 '『관촌수필』 다움' 몇 가지를 해명하고자 한다.

배치와 구성만으로 많은 것들을 감추고 드러나게 한 작법은 사마천 서사의 특장이다. 그 구성의 묘미는 『사기』(특히 열전) 도처에서 빛난다. 「백이열전」과 「화식열전」를 각각 처음과 끝에 배치한 것은, 열전이 인의(仁義)와 재화(財貨) 사이에서 펼쳐지는 이야기라는 사실을 의미한다. 「백이열전」은 인용문과 의문문의 직조 가운데, 백이보다는 공자가 더 중요하고 궁극적으로는 사가(史家) 즉 자신의 역할이 제일 중요하다는 사실을 감추었다. 한비(韓非)의 삶을 다루면서는 「세난(說難)」의 장황한 인용 끝에 그가 유세 한 번 못 해보고 허무하게 죽임을 당한 사실을 배치하여 그 삶의 아이러니를 증폭시켰다. (「신한노장열전(申韓老莊列傳)」) 「이사열전(李斯列傳)」에서는 「간축객서(諫逐客書)」 다음에 20년 세월을 생략하고 진나라의 천하통일을 언급하였으니, 이는 이사의 사상이 진나라 통일의 원동력이었음을 말하지 않고 말한 것이다.

---

96 최시한, 앞의 논문, 64, 5면 참조.

사마천의 글은 많은 경우 구조가 스스로 말을 한다.

『관촌수필』에는 『사기, 열전』의 독법으로 읽은 만한 요소들이 있다.[97] 첫 번째로 눈길을 끄는 것은 「일락서산」의 자서(自序) 성격이다. 사마천은 열전 70권은 물론 『사기』 130권의 맨 마지막에 「태사공자서」를 두었다. 사마천은 이 글에서 가문의 자랑스러운 내력과 아버지의 유지, 그리고 공자와 『춘추』를 반복적으로 언급하여, 『사기』 저술의 의의와 입장을 밝혔다. 이 글은 『사기』의 서문이면서 사마천의 '자전(自傳)'이다. 할아버지를 내세웠지만 아버지를 병치한 「일락서산」은 이문구의 기원과 내력은 물론 거기에 포함된 지향과 귀결을 담고 있어, 『관촌수필』은 물론 이문구 문학 전체의 자서 성격을 지닌다. 이 글은 이문구의 삶과 문학이 극단으로 상반되었던, 그러면서 묘하게 공존하면서 조화를 이루었던 조부와 부친의 삶과 세계관 사이에서 펼쳐질 것임을 암시한다.[98]

두 번째로 눈여겨볼 것은 한 인물의 분산 배치이다. 사마천은 독립 서술의 원칙을 견지하면서, 전체의 구도를 고려하여 중첩과 편중이 발생하지 않도록 배치와 비중을 세심하게 조절하였다. 「관안열전(管晏列傳)」은 관중(管仲)과 안영(晏嬰)을 하나로 묶고 서넛의 일화만을 동원했을 뿐인데, 이는 두 사람의 정치 행보와 업적이 「제환공세가」 등에서 비중 있게 자주 다루어지고 있음을 감안한 것이다. 하나의 사안에 지속적으로 연루된 소진(蘇秦)과 장의(張儀)는 각각 독립시켰는데, 이는 당시 국제질서를 입체적으로 설명하기 위

---

97 이는 이문구의 소설과 『사기』의 영향 관계를 말하는 것이 아니다. 『사기』로 『관촌수필』을 이해하거나 설명할 수 있다는 의미이다. 심사과정에서 『관촌수필』의 구성이 발자크 소설의 영향을 받은 결과일 수도 있는 의견이 제시되었다. 영향 관계를 떠나, 발자크 소설의 형식으로 이문구를 독해하는 시도 또한 가능할 것이다. 다양한 시각의 접근이 시도되기를 기대한다.

98 이문구도 어느 정도 그러한 사실을 의식했다. "읽는 분에게 참고가 될까 하여 대강 잡기하면, 내가 이 나이 먹도록 벗어나지 못하는 것의 하나가 이미 유년 시절부터 몸에 밴 조부의 훈육이기도 하지만, 이야기를 늘어놓기 전에 먼저 나부터 소개함이 바른 순서 같아 말머리를 삼은 것이 「일락서산」이다."(「작가의 말」)

한 방법이었다. 공자의 두 제자인 안연(顏淵)과 자공(子貢)에게는 독립 항목을 부여하지 않는 대신 각각 「백이열전」과 「화식열전」에 주요 배객(陪客)으로 등장시켰는데, 이를 통해 두 사람의 성격은 살리는 것은 물론 각 편의 주제를 강화시켰다.

『관촌수필』에서 여러 편에 분산 배치된 인물은 옹점과 아버지이다. 옹점의 본전(本傳)이라 할 작품은 「행운유수」이다. 그런데 옹점의 내력이 소개된 곳은 「일락서산」이다. 서술자는 할아버지 얘기를 하다가 뜬금없이 화제를 옹점에게로 옮겨간다. 그런가 하면 「녹수청산」에서 대복어메를 소개하는 가운데 다시 묻어 나오기도 하고,(139-144면) 「공산토월」에서는 대복과 협력하여 '나'의 학질을 떼는 이방을 하던 이야기가 길게 펼쳐진다. (144-148면) 이는 옹점이 서술자의 유년 시절 도처에 있었던 인물임을 알려주면서, 여러 연작들을 하나로 이어지는 고리 역할을 한다. 나아가 「행운유수」의 기술을 평면적으로 늘어지지 않게 하는, 몇 개의 특징적 사안들이 입체적으로 부각될 수 있도록 한다. 아래는 옹점이 시집간 직후에 대한 회고이다.

> "왜 갈 때는 나 없을 때 갔니?"
> 내가 곱게 단장하고 얌전 떨던 옹점이한테 달려들어 그녀 어깨에 손찌검까지 하며 떼를 썼던 일도 안 잊히는 기억이다. (123면)

> 그녀가 우리 집을 떠난 것은 혼인 이틀 전, 참게 잡는 복산이를 쫓아다니며 메뚜기를 두 꿰미나 잡아 들고 돌아오니 그녀는 이미 떠나고 없었던 것이다. 나 모르게 달아난 그녀가 얼마나 미웠던가. 집 안에서는 그런 내색을 할 수 없어 멀찌감치 떨어진 어느 논두렁에 쭈그리고 앉아 논 고랑물에 마구 눈물을 흘렸었다.
> 눈물 한 번 닦고 세수 한 번 하고, 다시 눈물짓고 한 번 더 세수하고 ……
> 말갛게 흐르던 논 고랑물, 도랑물에 빠져 흘러가던 어린 메뚜기 새끼 ……
> (124면)

인용문은 옹점이 서술자의 유년 시절에 차지한 비중이 얼마나 컸으며, 거기에 비례하여 옹점의 혼인으로 인한 상실감이 얼마나 깊었는지를 잘 보여준다. 혼인 직후 집에 온 옹점에게 손찌검하며 떼를 쓰는 장면(123면)은 박지원의 「큰누이 추증 정부인 박씨 묘지명 伯姉贈貞夫人朴氏墓誌銘」의 한 장면을 떠올리게 한다. 옹점이 시집간 날 논도랑 물에 세수를 하며 눈물을 씻고, 그 사이 잡아 온 메뚜기 꿰미가 물에 떠내려가는 장면(124면)은 서정미의 일품으로, 어떤 단어로도 전달할 수 없는 심리적 충격의 은유이자, 시적 기억[99]이다. 이러한 효과는 적절한 분산 배치에 따른 집중화의 산물이다. 옹점에 관한 모든 기억을 한곳에 모았다면 「행운유수」는 상투적인 평면성을 면키가, 『관촌수필』은 입체성을 지니기가 어려웠을 것이다.

같은 차원에서 주목할 인물은 아버지이다. 아버지는 보령, 서천, 청양 지역의 남로당 지하조직의 총책이었으며, 한국전쟁 초기에 희생되었다. 작가는 『관촌수필』에 아버지를 위한 번듯한 자리를 만들지 않았으며, 아버지의 이름조차도 밝히지 않았다. 자식으로서 아버지를 입전(立傳)하는 것 자체가 어려운 일이기도 했지만, 이념으로 인해 받은 트라우마가 워낙 깊었기 때문일 것이다. 하지만 트라우마는 안에서 반복적으로 재생되며 자아를 괴롭힌다. 『관촌수필』에는 이 아버지가 세 군데 등장한다. 이 아버지는 균형을 잡아주는 저울추로, 그림자로 넌지시, 감추어진 구슬처럼 그려진다. 『관촌수필』에는 명패가 붙어 있지 않은 '아버지의 방'이 있다.

「일락서산」에서 아버지는 할아버지의 짝으로 등장한다. '고색창연한 이조인' 할아버지와 '남로당 지하 총책' 아버지는 극단으로 상반되는[100] 동시

---

99 '시적 기억'은 은유를 가리키는 밀란 쿤데라의 말이다. 송동준 역, 『참을 수 없는 존재의 가벼움』, 민음사, 256면.

100 할아버지와 아버지의 면모는 대조적으로 그려져 있어 서로 그 색깔을 뚜렷하게 만든다. 김성탄은 이러한 인물 묘사 방법을 '背面鋪粉法'이라고 했으며, 이런 예를 들어 설명한 바 있다. "송강의 간사함을 드러내고자 했는데 자기도 모르게 이규의 진솔함을 그려내고, 석수의 예리함을 드러내려 자기도 모르게 양웅의 어리숙함을 그려낸다. 如要襯宋江奸詐, 不覺寫作李逵真率 ; 要襯石秀尖利, 不覺寫作楊雄糊塗是也." (

에 서로 묵인하면서 존중하는 절묘한 조화의 관계였다. 분량으로 보면 아버지에 대한 소개는 전체의 일부에 지나지 않지만 그 색채가 강렬하다. 또 이야기는 할아버지의 나른한 환영으로 시작되어 아버지의 모습이 환기하는 공포의 현실로 마무리된다.[101] 이는 아버지에 대한 기억이 이 이야기의 치중(輜重)임을 말해준다.[102] 기억 속 할아버지의 면모는 봄바람이자 환상임에 반해 아버지의 인상은 가을 서리이며 공포이다. 「일락서산」은 할아버지와 아버지의 합전(合傳)인 셈이다. 겉과 앞이 할아버지라면, 속과 뒤는 아버지이다. 서술자는 할아버지의 지대한 영향을 말했지만,[103] 깊은 곳에서 그의 삶을 지배한 것은 아버지인지도 모른다.[104] 서술자의 기억 속에서 아버지는 할아버지의 무게를 재는 저울추처럼 존재하며, 그렇게 그려져 있다.

「공산토월」에는 또 다른 방식으로 아버지의 형상이 뚜렷하게 그려져 있다. 서술자는 석공 신현석—소설의 기술이 사실이라면 1926년에 태어나 1962년에 타계한—의 일생을 몹시 아름답게 회고하는데, 기억이 집중되는 곳은 그의 혼인 장면이다. 그런데 이야기의 흐름을 따라가면, 석공의 삶에는 언제나 아버지가 연루되어 있고, 석공의 혼인이 그토록 선명하고 아름답게 기억되는 이유는 아버지가 그날 보여준 모습 때문이며, 석공과 '나'(또는 우리 집)의 남다른 정분도 아버지와의 인연에 기인한다는 사실을 알 수 있다. 석공이 뿜어내는 빛은 아버지의 후광이었던 셈이다. 「공산토월」을 "'신석공전'

『제오재자서수호전』 권 3, 「讀第五才子書法」)

101 "지팡이에 굽은 허리를 의지한 할아버지가 당신의 헛묘[假墳墓]를 굽어보고 서 있었던 것이다." (16면) "치욕이요 망신이었다. … 어린 마음에도 얼마나 치열하게 붓과 싸웠던가." (61,2면)

102 아버지의 면모는 46-48면, 56-62면에 걸쳐 두 차례 소개되며, 아버지에 대한 기억을 끝으로 회고가 정리되며 이야기가 끝난다.

103 "그분은 내가 살아가면서 잠시도 잊을 수 없도록, 내 심신의 통치자로서 변함이 없으리라 믿어지는 것은 무엇에 연유하는지 모르고 있다." (46면)

104 "그때의 그 철없는 이력을 밑천으로 삼고 해보는 것이었다." (62면) 붓글씨를 말하고 있지만, 단지 글씨에 그치는 것으로 여겨지지 않는다.

과 '아비전' 두 겹의 텍스트이며, 신석공을 빌려 아버지를 말하고, 이야기를 빌려 자신의 내면을 발견한 소설"이라는 해석은 탁견이다.[105] 공자가 훌륭한 인물일수록, 비례하여 공자가 먼 길을 가 예를 물은 노자는 더 훌륭한 인물이 되는 격이다.[106] 아버지는 『관촌수필』의 숨은 주인공이다.[107]

진법(陣法)을 짜듯 서사 단락을 배치하고, 본전(本傳)에 들어가기 전에 객설(客說)을 늘어놓아 형세를 조성하는 방법도 눈여겨볼 만하다. 「공산토월」은 아버지를 감추고 있는 서사의 중층성 외에, 전개 방식도 눈여겨볼 필요가 있다. 이 작품에는 주인공 석공의 사연에 진입하기 전 20면에 걸쳐 객담한화(客談閒話)(195-214면)가 놓여 있다.[108] 신문사에서 영화 원고를 청탁받은 일, 자기 성격 반성, 백제 유민 박용래·임강빈 시인과의 인연, 곁들여 박재삼 등의 작가에 대한 소개, 신문 기사의 소년 강도 사연, 거지도 예우했던 어머니, 1·4후퇴 당시 남의집살이, 시인 한남철과 소년 강도에 대해 나눈 이야기가 이어진다. 얼핏 보면 두서가 없는 듯하지만, 인과의 고리가 꼬리를 물고 이어져 있으며, 아래 목표를 향해 움직이고 있다.

> 그것은 자기 자신이 희생되더라도 이웃과 남을 위해 몸을 버릴 수 있었던, 진실로 질고 갸륵한 하나의 구원한 인간상이 내 정신 속에 자리 잡고 있었기 때문인지도 모를 일이었던 것이다. (214면)

---

105 김윤식 앞의 글. 이에 대한 해석은 구자황 (218) 146면 참조.

106 사마천은 「노장신한열전」에서 노자를 소개하며, "공자가 周나라에 가서 노자에게 예를 물었다."고 했는데, 이 한마디는 노자의 전부를 말해주고도 남는다. 장영우는 이 기법을 烘雲托月로 설명하였다. (신현석의 의리를 치켜세우면서 다른 한편으로는 그에게 커다란 영향을 미친 선친의 평등주의 사상을 기리고자 했다. (앞의 논문, 35,6면) 가능한 해석이다.

107 이밖에도 아버지의 면모는 「행운유수」에서도 옹점의 똑부러지고 담대한 성격을 보여주는 배경으로 설정된 불시 가택 수색 상황으로 그려졌는데, 여기에 대한 분석은 생략한다.

108 이야기는 "역시 객담이지만"이라는 구절로 시작된다. 이 말은 소설은 본래 객담이고, 초두에 소개하는 사연은 객담 속의 객담임을 의미한다.

석공은 이 '구원(久遠)한 인간상'에 해당하는 인물이다. 반대로 석공에게서 이러한 '인간상'이 만들어진 것일 수도 있다. 어쨌건 20면의 서술은 '구원한 인간상'을 꾸며주는 긴 수식어이며, 그런 인간상이 드러나지 않을 수 없도록 쌓은 형세이다. 작가의 마음속에서 석공은 누구와도 견줄 수 없는 특별하게 훌륭한 인물인데, 이런 인물을 이름 석 자로 드러내는 것은 비례(非禮)이며 미안한 일이고, 뒤에 서술할 본전의 내용만으로는 충분치 않다. 그러니 20면의 객담한화는 소박하지만 위대한 석공을 본격 소개하기에 앞서 드리는 헌사이다. 본격적인 공연을 알리는 길놀이며, 진귀한 요리에 앞서 진설되는 전채이며, 곧 있을 일출을 알리는 붉은 노을이다.

『사기』, 「열전」에서 이런 방법이 잘 구사된 작품은 「자객열전(刺客列傳)」과 「유협열전(游俠列傳)」이다. 「자객열전」은 형가(荊軻)의 이야기 앞에 조말(曹沫), 전저(專諸), 예양(豫讓), 섭정(攝政)의 사연으로 전진을 삼고, 뒤에는 고점리(高漸離)를 배치했다. 「유협열전」은 주가(朱家)와 극맹(劇孟)을 배치하여, 뒤따를 본진(本陣) 곽해(郭解)의 성세를 예고하였다. 김성탄은 『수호전』 비평에서 이런 서사 구성을 농인법(弄引法)으로 설명했다.[109] 농인법이란 일단의 대문자를 바로 드러내지 않고 그 앞에 여러 소문자들을 배치하는 방법이다.[110] 박지원은 「옥갑야화」(『열하일기』)에서, 허생의 이야기를 펼치기에 앞서 역관들 사이에서 오간 비슷한 성격의 7개 이야기를 배치했다. 이 7개의 이야기는 허생의 물줄기를 만드는 여러 개의 지류이다. 허생의 이야기가 대문자라면 7개 이야기는 소문자인 셈이다. 방법이 정확하게 부합하는지는 조금 더 따져볼 여지가 있지만, 대체상 「공산토월」의 초반 구성은 「자객열전」이나 「옥갑야화」의 그것에 견주어 이해할 수 있다.

「관산추정」은 「공산토월」과 비슷하면서 다른 방법이 구사된 작품이다.

---

109 장영우는 앞의 논문에서 Andrew H. Plaks의 견해를 인용하여, 「공산토월」을 농인법으로 본 바 있다. (27면)

110 김성탄, 앞의 책, 같은 곳. "有弄引法. 謂有一段大文字, 不好突然便起, 且先作一段小文字在前引之."

진법으로 비유하면 이 작품은 척후(斥候, 281-300면), 전진(前陣, 301-324면), 본대(本隊, 325-346면)로 등분 구성되어 있다. 척후의 내용은 유년 시절의 기억 중 밤바다, 안개, 도깨비불과 여우 울음, 애장터, 학질, 꽃상여 등의 인상과 분위기이다. 전진은 복산의 아버지 유천만의 생애이다. 유천만은 피비린내가 늘 배어 있고, 쉰 막걸리에 생으로 이긴 마늘 내가 섞인 것으로 기억된다. 그는 마을의 돼지 새끼 거세, 개 잡기, 소와 돼지 도살, 닭 목 비틀기, 초상집 밤샘, 부고 돌리기, 상여 공포 잡이, 사잣밥 치우기 등을 도맡아 했던, 죽음의 금기를 넘나들었던 하여 죽음의 분위기를 풍기던 사람이다. 유년 시절의 복산은 이 유천만의 서사 속에 들어 있다. 마지막 본대가 이 작품의 주인공 격인 유복산의 이야기인데, 이 유복산은 이미 장년이 된, 서술 시점의 인물이다. 맨 뒤에 배치되어 있지만 어쩐지 '관산추정' 유복산의 이야기는 끝에 밀려나 있는 느낌이다.

3단의 포진(布陣)에 주의할 때, 「관산추정」은 두 가지 해석이 가능하다. 첫째, 유복산의 존재는 그를 둘러싸고 있는 여러 미지의 것들, 돌아오지 못할 것들, 신비한 채로 남아 있는 기억들의 토대 위에 있다. 그가 아름다운 이유는, 그를 휘감고 있는 안개, 소문, 기억들 때문이다. 그렇기에 작가는 그 안개와 소문과 기억들을 그리는 데 온 정성을 기울였다. 나머지 그 사람을 그리는 건 일도 아니다. 서술 시점 유복산의 이야기는 앞 두 이야기의 산물이자 결과이고, 매개이며 통로인 셈이다. 다른 하나의 해석은 유천만, 유복산 부자에게서 과감하게 시선을 거둘 때 가능해진다. 척후와 전진의 내용은 온통 죽음과 관련되어 있다. 도깨비불, 여우 울음, 애장터, 유천만의 기침소리 등은 모두 '죽음'을 가리키며, 이는 유년 시절의 공포와 닿아 있으며, '상여 행렬'의 이미지로 집약된다.

그것은 먼 산을 찾아가는 꽃상여 행렬이었다.

명정(銘旌)과 공포(功布)를 길잡이로 세우고 펄럭이는 앙장(仰帳)이 하늘을 신고 가는 꽃상여였다. 어깨로 장강(長杠)을 들썩이며 구성지게 저승을 부르는 상여꾼들의 소리가 머리를 에워싸고 있었다. 개펄에 여우가 빠졌다고 북새를 피운 날은 내 그림자가 발밑으로 기어들 만해져서 반드시 상여가 지나가던 것을 나는 알고 있었던 것이다. … 그때마다 나는 이승을 버리고 가는 이가 누구인지도 모르면서도 공연히 심란해져서, 큰 구경거리라도 발견하기 전에는 온종일 신명을 낼 수가 없었다. (299, 300면)

그 안개 속으로 상여를 뒤따르던 복산 어머니 울음소리가 개펄에 빠진 여우의 그것처럼 새벽 소리로 들여왔다. 그 소리는 멀고 가늘었으며 자주 끊어지고 있었다. 안개, 여우 우짖는 소리, 꽃상여의 행렬, 저승을 부르는 구성진 합창—그것은 너무도 여러 번 보고 들었던 아주 낯익은 풍경이었다. (325면)

서술 시점 유복산이 등장하기 전까지, 「관산추정」에 편만하고 일관된 정서는 '죽음에 대한 공포'이다. 그것은 유년 시절 죽음의 감지, 여기에 기인한 막막한 우수이다. 두 해석을 아우르면, 복산의 삶이 아름다운 것은 "복산이도 좋은 아이였다. 그것이 대복이에 미치지 못했던 것은 나이 탓이었을 뿐, 마음 씀씀이는 작은 대복이라고 해도 무방할 만큼 너그럽고 자상했다." (314면) 때문이 아니라, 그 토대가 온통 '죽음과 상실'이기 때문이다. 아이의 탄생과 관련하여 복산 아내가 일으킨 해프닝, 버려진 콘돔으로 표상된 생명의 본능 또한 '죽음과 상실'의 과거 위에서 구축된 것이기 때문에 소중하고, 또 그것과 대조되기 때문에 우습다. 세상과 삶은 얼마나 아이러니한가! 유천만의 상여 광경과 콘돔을 찾는 유복산의 몸짓 사이에는 넓고 긴 시간의 강이 흐르고 있다. 「관산추정」은 이 강을 건너 오간 여행이다.

세월은 지난 것을 말하지 않는다. 다만 새로 이룬 것을 보여줄 뿐이다. 나는 날로 새로워진 것을 볼 때마다 그만큼 낡아졌음을 터득하고 때로는 서글

> 퍼하기도 했으나 무엇이 얼마만큼 변했는가는 크게 여기지 않는다. 무엇이 왜 안 변했는가를 알아내는 것이 더 중요하겠기 때문이다. 그리고 그것은 관촌 부락을 방문할 때마다 더욱 절실하게 느껴졌다. (325면)

강을 건너갔다가 되 건너오는 여행을 끝내면서, 유년 시절 유천만의 상여를 보는 장면에서 당대의 유복산으로 넘어가는 사이에 놓인 구절이다. 이는 유복산에 대한 회고가 끝났음을 말하는 것이 아니라, 관촌의 유년 시절에 대한 여행이 일단락되었음을, 끊임없이 작가를 압박하던 유년 시절의 트라우마와 애착으로부터 일정한 거리를 두게 되었음을 의미한다. 이는 작가의 행보에서는 물론, 한 개인의 삶에서도 매우 중요한 전환의 계기이다. 실제 이 뒤에 창작된 「여요주서」와 「월곡후야」는 창작 당대를 배경으로 하고 있으며, 그 뒤로도 이문구는 더 이상 1940년대 후반 50년대 초의 관촌에 집착하지 않는다.

「공산토월」과 「관산추정」의 포진 구성과 초반의 장황한 객담은 간결한 문장미의 관점에서는 군더더기에 불과하다. 사건과 사건의 정밀한 인과관계, 인물과 인물의 유기적 연결을 기준으로 하면 수준 미달의 소설 서사로 보일 수도 있다. 하지만 소설의 형식은 정해진 것이 없다. 또 서사는 많은 경우 쓸모없는 것들에 의해 지탱되기 마련이니, 덜 중요할수록 더 중요하다는 역설이 성립되기도 한다. 여기에 대상(大象)은 무형(無形)이고 대음(大音)은 무성(無聲)이라는 오래된 격언을 적용할 필요가 있다. 외관상 거칠고 투박한 짜임새는 때로 형식 이상의 형식미를 자아내기도 하는데, 이는 종종 평가자들을 당혹스럽게 한다. 그것은 어떤 유형에도 들지 않는 유일한 형식이며, 그것을 설명하거나 평가할 수 있는 근거는 오직 자기 안에만 들어 있기 때문이다.

석공과 복산은 특별한 행적을 남긴 것도 아니고, 기이한 사연의 주인공도 아니다. 세상에 특별하고 기이한 사람이 과연 몇이나 될 것인가? 평범하다고 하여 소설의 주인공이 될 만한 가치가 없는 것도 아니다. 이문구가 그리고 싶었던 것은 평범한 비범이며, 일상의 기이였다. 억지로 이야기를 꾸며내는 것이 아닐진대, 그들의 삶은 그 자체로는 비범과 기이가 되기 어렵다. 그렇다면 어떻게 이들의 삶을 특별하게 할 수 있을까? 이들의 내력과 주위를 정성스럽게 조성하고, 주인공을 깊은 곳에 감추고 거기에 이르는 길을 아름답게 꾸며주는 것이다. 구름을 잘 그려 달을 신비롭게 만드는 방식이다.

4. 결어

인간의 어떤 언행에 직면하여, 흉내 내고 싶은 생각이 이는 것은 감동의 주요 표지이다. 『관촌수필』은 작가의 삶·관촌 풍경·등장 인물들에 대한 관심을 넘어, 독자로 하여금 자신의 유년 시절·자기 삶의 현장·주변의 사람들을 떠올리게 한다. 나아가 나도 이런 글을 써볼 수 있지 않을까 하는 생각을 일으킨다. 엄청난 상상력이나 기묘한 문필이 아니어도 시도할 수 있을 같은 느낌, 소설 쓰기는 대단한 재능이 아니어도 할 수 있는 영역이라는 생각을 들게 한다.[111] 이것은 『관촌수필』이 지닌 최대의 미덕이며, 지속적으로 독자들의 사랑과 연구자들의 관심을 받는 근거이다.

지금까지 몇 개 고전 서사론은 동원하여 『관촌수필』의 형식미를 살펴보았다. 하지만 고전 서사론으로 이 작품을 완벽하게 설명하는 것은 불가능하며, 현대의 소설이 고전 서사론의 개념에 포섭되는 것도 바람직하지 않다. 서사론은 서사에서 추출된 것이고, 서사는 언제나 새로운 형식을 만드는 쪽으로 움직이기 때문이다. 소설은 소설론을 부정하며, 소설론의 지배로부터 자유로워졌을 때만 생명력 있는 창조물로 존립하게 된다. 서사론으로 서사

---

111 이는 누구나 『관촌수필』 같은 소설을 쓸 수 있다는, 또는 『관촌수필』은 그리 대단한 작품이 되지 못한다는 뜻이 아니라, 그런 충동을 일으킬 만큼 친숙하게 다가간다는 나아가 소설과 인생의 거리를 없애 주는 효과를 발휘한다는 의미이다.

를 설명하려는 시도는 이미 시작부터 실패인 셈이다. 비평은 창작을 앞지르지 못한다.

그럼에도 이 논의를 시도한 것은, 고전 서사론이 『관촌수필』의 고유한 미감에 일보 접근하는데 유효하다고 판단했기 때문이다. 또 비평은 창작을 앞지르지 못하지만, 그 뒷자리에서 창작을 수습하며 완성하는 것은 비평이기 때문이다. 창작물의 입지와 기원, 기관과 작동, 실현과 효과, 무의식과 시대정신, 시공간의 좌표와 위상은 비평에 의해서만 설명될 수 있다. 비평은 창작의 의도와 계산을 초월하며, 감상과 이해의 방법을 안내하고, 가치 평가의 준거를 제공한다. 예로부터 시를 알기가 짓기보다 어렵고,[112] 특별한 감식안이 없으면 시를 설명할 수 없다고,[113] 비평을 어렵게 생각한 이유이다. 한계를 느끼면서도 무리하게 비평을 시도한 이유이다.

이 논의가 『관촌수필』의 이해에, 나아가 시대에 갇히지 않는 문학 연구(또는 비평)의 방향에 작은 디딤돌이 되기를 기대한다. 『우리 동네』(1981), 『내 몸은 너무 오래 서 있거나 걸어왔다』(2000)는 『관촌수필』과 무엇이 같으며 어떻게 달라지는지, 이들 작품 및 이문구의 문학세계를 조명하는데 본고의 관점이 얼마나 유효할지 자못 궁금하다.

---

112 김득신, 「小華詩評序」. "知詩之難, 甚於爲詩之難."

113 유득공, 「청비록서」. "自古有作詩者, 有說詩者. 作詩者, 雖委巷婦儒, 無所不可, 說詩者, 非明睿特達有鑑識者, 不能焉." (이덕무, 『청장관전서』 권 32)

[부록 1] 김성탄 연보*

해	나이	주요 행적, 작품	역사 사건
이름은 채(采), 인서(人瑞). 자(字)는 약채(若采), 호는 성탄(聖嘆), 창경자(唱經子), 창경선생(唱經先生), 대역학인(大易學人), 열반학인(涅槃學人). 당호(堂號)는 침음루(沈吟樓), 학사당(學士堂), 창경당(唱經堂), 두보당(杜甫堂). 살았던 곳은 소주(蘇州) 게교항(憩橋巷)			
1608	1	출생, 혜영인(嵇永仁), 『가추당시(葭秋堂詩)』에 실린 김성탄 편지로 추정.	
1609	2	돌날에 할머니가 옥고리[玉鉤] 선물, 명문거족이 아니었음.	
1614	7	섬약하고 예민한 감성을 지녔음.	
1617	10	학숙에서 독서, 학숙 독서에 대한 회의.	후금(後金), 무순(撫順) 함락
1618	11	질병으로 학숙 나와 『법화경(法華經)』, 『이소(離騷)』, 『사기(史記)』, 『수호전』 읽음. 친족 중 죽은 사람 많음. 뒷날 유년기 학불(學佛) 고백.	
1619	12	『수호전』 비열(批閱) 시작, 『서상기』에 탐닉.	사르후(薩爾滸) 전투
1620	13	과문 학습, 구양수 문장 읽음.	
1622	15	왕사임(王思任) 종사, 두시(杜詩) 읽기 시작.	
1627	20	왕환(王瀚)과 교유 시작. 부계강신(扶乩降神) 활동 시작 늑법사(泐法師), 늑암(泐庵)으로 불림.	정묘호란
1632	25	아들 옹(雍) 출생	
1635	28	요희맹(姚希孟), 엽소원(葉紹袁) 집에서 부계강신.	
1636	29	아들 교육 시작, 4월 엽소원 집에 가서 부계강신.	병자호란
1637	30	상성(庠姓) 장(張)으로 장읍(長邑)의 제생(諸生)이 되다. 부계 활동 점차 그침.	조선, 청(淸)에 항복
1640	33	신원방(申垣芳), 왕희(王希)의 남경 행 전송	
1641	34	성탄(聖嘆) 호 사용 시작, 『제오재자서수호전』 간행,	강남 지역 큰 가뭄
1642	35	『천하재자필독서(天下才子必讀書)』 완성.	
1644	37	봄, 혜경사(慧慶寺)에서 서증(徐增)과 만남, 남명 정부의 폐정 풍자. * 서삭방(徐朔方) 견해	청 입관, 5월 숭정제 애조(哀詔) 도착
1645	38	8월 벗 대지준(戴之儁)、심자병(沈自炳) 기병항청(起兵抗淸), 12월 왕희(王希) 자결.	5월 양주(揚州) 학살, 윤6월 치발령 공포
1647	40	4월 대지준(戴之儁) 피살, 『서역풍속기(西城風俗記)』 완성.	
1648	41	2월에 대련 글씨 쓰다. "消磨傲骨惟長揖, 洗發雄心在半酣." 서증(徐增)과 성묵(聖默), 관화당(貫華堂)으로 김성탄 방문.	

1649	42	5월 왕학이(王學伊), 김창(金昌), 유은여(劉隱如)와 함께 『성인천안(聖人千案)』 찬술.	
1651	44	6월 두보의 「담주를 떠나다 發潭州」를 읽고 슬퍼하다. (『창경당두시해(唱經堂杜詩解)』) 딸 법연(法筵) 출생.	
1652	45	3월 서증의 「회감시(懷感詩)」에 서문 지어줌.	
1656	49	『제육재자서서상기』 간행, 왕한, 왕이, 한주(韓住) 등 참여.	
1657	50	겨울, 왕사운(王仕雲) 비평본 『제오재자서』 간행. "나는 수호전이 아니라 김성탄이 평한 수호전 읽기를 좋아한다. 余不喜閱水滸, 喜閱聖歎之評水滸."	문자옥(文字獄) 발생, 정유과장안(丁酉科場案)
1658	51	진강(鎭江)에서 염약거(閻若璩)와 만남.	
1659	52	와병. 순치제, 김성탄 비평 『수호전』·『서상기』 극찬.	
1660	53	「춘감(春感)」 8수 창작, 황은에 감읍. 2월, 삼이생(三耳生)의 김성탄 방문. 5월에 『선비당재자시(選批唐才子詩)』 간행.	
1661	54	2월 5일 곡묘(哭廟). 4월 26일 피체 강녕(江寧, 남경) 압송, 7월 13일 참형, 7월 18일 가산 적몰, 처자 영고탑(寧古塔) 유배.	2월 1일 순치제 서세, 곡묘(哭廟) 사건 발생
1662		『천하재자필독서(天下才子必讀書)』 간행 (서증의 서문)	남명(南明) 정권 붕괴
		제자 심영계(沈永啟) 유골 수습 오봉산(五峰山) 서산오(西山塢)에 안장.	

* 육림(陸林)의 「김성탄 연보 간편(金聖嘆年譜簡編)」(『김성탄 전집』 제6책)의 내용을 간추린 것임.

[부록 2] 「침음루시선(沉吟樓詩選)」 일람표

시체	제목	내용	장소	인물, 기타
古樂府 (20제 41수)	望城行(2)	경성 찬미		
	前有一樽酒行(傅元曲) * 傅玄	인생 찬미		
	天行篇	현재의 중요성		* 扶乩 활동
	招商歌(漢靈帝曲)	가을맞이?		
	秋蘭篇(傅元曲)	태평동락 (여성화자)		
	飛塵篇(傅元曲)	원망		
	車遙遙篇(傅元曲)	상사(相思) (여성화자)		
	雜歌(傅元曲) * 雜言詩	상사(相思)		
	日升歌	연주(戀主)		
	三光篇(劉孝綽曲)	일월성신		
	夜坐吟	한밤의 고독감		
	秋思引(湯惠休曲)	가을의 상사(相思)		
	悲落葉(4)	가을의 비감		
	楊花曲(3)	봄날의 상사(相思)		
	升平歌(10)	태평성세		
	永明樂(釋寶月曲, 5)	태평성세		
	日出東南隅	부부애정 * 나부(羅敷) 고사		
	驚雷歌(傅元曲 · 沉吟樓逸詩)	예악(禮樂)의 중요성		
	雲歌(傅元曲 · 沉吟樓逸詩)	구름 (시름)		
	古歌銅雀辭(魏文帝曲.沉吟樓逸詩)	의고		
5絶 (3제 3수)	深秋即事	늦가을 풍경, 무너진 제비집		
	賦得春江花月夜	봄날 풍경		
	清明前一日集香薰	청명 감회		
5율 (61제 78수)	佛燈	깊은 밤 산사 풍정	寺院	
	贈戴雲葉	교유		戴鎬(扶乩 참여)

시체	제목	내용	장소	인물, 기타
5율 (61제 78수)	婦病	가족 (아내)		
	訪魏德輔 不值	교유 (유마힐 의식)		魏德輔(승려, 扶乩)
	深秋即事(4)	늦가을 정회(산승, 거사의 삶)		
	送維茨·公晉秋日渡江之金陵(12)	교유	남경	申垣芳(1589~1652) 王希(약 1610—1646)
	賦得二月流鶯入建章	모의 (봄날 풍경)		
	病中承貫華先生遺旨酒糟魚各一器, 寄謝(1659, 추정)	교유		貫華堂 韓住
	貫華先生病寓寒齋, 予亦苦店不已(1659)	교유 * 유마힐		貫華堂 韓住
	外甥七日	가족, 조카의 탄생과 죽음		
	釋玉忽然作詩 佳甚 寄此相勖(2)	교유		韓藉琬 (승려)
	喜見境哥(訛傳被虜)	전란		境哥
	憶舍弟	가족 (아우)		
	病起過道樹樓下	교유		王伊
	改兒子詩吟此	가족 (자녀)		
	婦病	가족 (아내)		
	兵戰	전란		
	春雨, 同德輔雲葉舍	교유		魏德輔
	春末, 懷周粟仲	교유		周粟仲 (승려)
	同升妙泛舟, 訪粟仲於東城僧舍, 不值, 悵然即返	교유	東城僧舍	升妙, 周粟仲
	元暉渡江一首	교유		葉奕荃(1608~1645)
	女兒曲	가족 (자녀)		
	夢見泌齋	교유		泌齋
	小史婚 (小史, 嗣也. 去年婚, 未有詩, 今補作)	일상사 (주변인의 혼인)		小史
	鴛鴦誦	경물 (부부)		
	住天池別業	여행의 한정	天池山	

시체	제목	내용	장소	인물, 기타
	獨坐詠懷	자화상 (독서인)		
	雨夜喜沈方思見過	교유		沈永啓(1621~1699)
	銅甁(以下十八首俱擬杜少陵作)			
	可惜(擬杜少陵)			
	寄高三十五詹事(擬杜少陵)			
	李監宅(擬杜少陵, 2)			
	熟食日 示宗文·宗武(擬杜少陵)			
	又示兩兒(擬杜少陵)			
	湘夫人祠(刺亡國諸臣·擬杜少陵)			
	上巳日 徐司錄園林宴集(擬杜少陵)			
	宴胡侍禦書堂(公自注:李尚書之芳, 鄭秘監審同集賢歸字韻·擬杜少陵)			
5율 (61제 78수)	吾宗(擬杜少陵)	擬杜甫詩		
	麂(擬杜少陵)			
	天寶初, 南曹小司寇舅, 於我太夫人堂下 累土爲山, 下簣盈尺以代彼朽木, 承諸焚香瓷甌甌甚安矣. 傍慈竹蓋茲數峰岑嬋娟 宛有塵外數致, 乃不知興之所至而成詩(擬杜少陵)			
	王十五司馬弟出郭相訪兼遺營草堂貲(擬杜少陵)			
	提封(擬杜少陵)			
	王十五前閣會(擬杜少陵)			
	新月(擬杜少陵)			
	黃魚(擬杜少陵)			
	效西昆體	은밀한 애정		
	獄中見茉莉花 (1661)	옥중 후회	남경	

시체	제목	내용	장소	인물, 기타
5율 (61제 78수)	夜與無動語 因及德輔雲葉(沉吟樓逸詩)	교유	揭橋巷 樂橋	無動 (승려) 魏德輔, 戴鎬
	閑坐舍邊小橋上, 思德輔不知在何處(沉吟樓逸詩)	교유		魏德輔
	野行(沉吟樓逸詩)	일상, 만년의 어긋난 삶		
	訛傳境哥被虜(逸詩)	전란		境哥
	懷聖默法師(逸詩)	교유 (전란)		聖默法師
	住般公持院 旬日有虛 粟仲見訪(逸詩)	열흘의 산중 생활	僧院	般公, 周粟仲
	浩蕩(逸詩)	자아, 만년의 망가진 삶		
	題徐松之詩(逸詩, 2)	시국(망국과 서송지의 지절)		徐崧(1617~1690)
	元暉來述得生事一首(逸詩)	전란, 교유		叶奕荃
	對雪次韻(逸詩)	설경		
	陳定齋太僕, 辛丑(1661)春初索得雄, 正值普門誕日,(2. 19) 是日郡縣恭接今上登極詔書適至, 賦詩紀瑞 文莊藏書, 悉在潛確居, 故五有“不拔”之句(逸詩)	교유. 강희제 등극(2월), 운명의 아이러니		陳濟生(1618~1664)
	定齋敬奉靈岩法旨生子不得殺生合十再賦(逸詩)	교유, 불살생 계율		陳濟生, 靈岩
	有感呈諸同學(逸詩)	전란, 산중 은거 의식		
	遊龍門奉先寺 借杜(逸詩)	모의 (불우감)		
5배 (2제 2수)	長夏讀杜詩, 有懷明人法師, 卻寄二十四韻	교유		明人法師
	和李頎‘長壽寺粲公院新甃井’之作(擬唐王維)	교유(佛僧), 보제(普濟) 의식	長壽寺 (太倉)	李頎(?~1654)
5고 (10제 11수)	讀十五國風吟此	讀 시경 유감		
	池上篇	가을 풍정 (萬物爲一 세계관)		
	客從東方來 * 위응물, 「長安遇馮著」	불우감		

시체	제목	내용	장소	인물, 기타
5고 (10제 11수)	敬生誦經寶林寺訪之作	교유(제자)	寶林寺[1]	吳愉(1620~1689)
	除夜彈琴(擬唐常建)	제야의 고독감		
	貧士吟	자화상		
	貧婦吟	가족 (아내)		
	孤兒吟(2)	고아의식 (?)		
	古墓吟	무상감		
	長夏作(沉吟樓逸詩)	여름날 한사(寒士)의 체념		
6절 (2제 2수)	新晴上午, 躑躅無侶, 獨坐舍邊小橋, 看天四垂(逸詩)	저물녘의 고독감	樂橋	
	暮春到虎邱, 看石觀音像, 與門人釋曾坐樹陰中最久(逸詩)	호구산의 석관음상	虎丘山	顧參
7절 (86제 129수)	燕子	경물(제비)		
	清明	청명 감회		
	聞笛 借杜詩	피리소리 애상		
	癡叔	바보 숙부		
	關門	문사의 자화상		
	秋夜, 宿雲法師房	교유 (禪機)	僧房	雲法師
	早涼	새벽 풍경		
	春江	봄 강의 이별 사연		
	宿堯峰下院	산사의 잠 못 드는 밤	曉峰山	
	贈友	교유		
	銅雀台	동작대 조조(曹操) 고사		
	境智二童子	교육		境·智
	晝寢女道士	희작(낮잠에 든 여도사)	道觀	
	訪周粟仲不遇 四章 (4)	교유 (僧院)	虎丘山	周粟仲

1 蘇州市 姑蘇區 吳趨坊에 '寶林寺前' 지명 있음.

시체	제목	내용	장소	인물, 기타
7절 (86제 129수)	訪周粟仲不遇之二 (逸詩, 2)	교유 (僧院)	虎丘山	周粟仲
	三吳 (吳郡·吳興·會稽–필자)	2월 소주 풍경		
	睡足	일상(낮잠 뒤의 한경한정)		
	效李義山絕句 (8)	이상은의 시상과 형식을 빌려 지음.		
	效李義山絕句 逸詩[2] (8)	이상은의 시상과 형식을 빌려 지음.		
	微生	시인의 자화상		
	甲申秋興 (4) (1644)	전란		
	甲申秋興之二 逸詩 (2) (1644)	전란		
	上元詞(擬唐崔液, 2) 1646 (추)	망국의 비애, 도연명		
	上元詞之一(擬唐崔液, 沉吟樓逸詩)	망국의 비애, 도연명		
	題畫	제화시 (서왕모)		
	村婦鼈	불우감		扶乩 활동
	桃源	도화원 풍경		
	閻子牛叟遊鄧尉, 有懷故園梅花, 因送之歸學山(2)	교유	鄧尉山	閻修齡(1617~1687)
	牛叟閻子遊玄墓, 有懷故園梅花, 因送之歸學山之六(逸詩) (6)	교유	玄墓山	閻修齡(1617~1687)
	同姚山期, 滯雨虎邱八首之一(逸詩)	교유	虎丘山	
	同姚山期, 閻牛叟·百詩喬梓, 滯雨虎邱甚久, 廿三日既成別矣, 忽張虞山·邱曙戒·季貞諸子連翩續至, 命酒重上臥石軒, 快飲達旦, 絕句記之(7) (1661. 2. 22,3)	교유 (淮安의 벗들)	虎丘山	姚山期, 閻修齡, 閻若璩(1636~1704), 張養重(1617~1682), 丘象升(1629~1689), 季貞
	板橋	단교의 봄 풍경		
	送僧	교유 (승려)		
	白晝	한낮의 한경		

2 劉春景, 論金聖嘆對李商隱詩的接受, 江蘇科技大學學報(社會科學版) (2020).

시체	제목	내용	장소	인물, 기타
	夜夢到西施故村, 口吟一首	기몽(記夢)	西施故村	
	戲作, 留贈女冠	희작(여도사)	道觀	
	蘇台懷古	역사 회고	姑蘇臺	
	荷花	새벽 연못의 연꽃 향기		
	病中無端極思成都, 憶得舊作, 錄出自吟	成都에 대한 그리움	成都	* 杜甫
	柳	경물(버드나무)		
	丁酉深秋, 重觀雪塘法師遺筆(1656)	교유, 회고		雪塘法師
	題畫, 憶與在翁法師相知逡二十餘年矣, 老去無歡, 題此畫見意也	제화, 교유		在翁法師
	贈馮鳴節	교유	佛堂	馮鳴節(승려)
	蘇台夏詞	역사 회고	姑蘇臺	
	春雨	낙화 상심		
7절 (86제 129수)	夜宿月氏堂	노년의 상실감과 우울증	月氏堂?	
	糟筍	가난과 음식 취향		
	割肉餉老妻	가족(아내)		
	春宵	봄밤의 탄식		
	滿眼	청루의 풍정		
	思山	산거에 대한 선망		
	月夜獨坐	승려의 자화상	古寺	
	窗前古梅	경물(매화)		
	從韋二明府實處, 覓綿竹三數叢(擬杜)	교유(관리)		
	詠桐	경물(寓意)		
	贈僧(沉吟樓逸詩)	교유(승려)		
	癸未秋興(逸詩, 5)(1643)	가을 감흥		
	題畫梅	제화. 노승의식		

시체	제목	내용	장소	인물, 기타
7절 (86제 129수)	豔辭(逸詩)	미희의 내력		
	十六日三弟岸先手劄, 並詩率答(逸詩, 2)	가족 (형제), 승려 의식		아우
	懷盛柯亭(逸詩)	교유 (관리→승려)		盛王贊(1588~1652)
	題聖默法師畫梅(逸詩)	교유		聖默法師
	題文彥可畫陶淵明撫孤松圖(逸詩)	제화, 도연명		文從簡(1574~1648)
	爲斫山題菊花(逸詩, 3)	교유, 경물, 老僧과 維摩		王瀚, 文恪의 현손
	題大士像(逸詩)	제화 (관음보살)		
	題邵僧彌畫(逸詩)	제화, 교유		邵彌 (명말청초 화가)
	過慧慶西林[3], 聖月兄出宣遠瓶中雜花圖, 吟此(逸詩)	제화, 교유	慧慶寺	聖月, 錢光繡
	斫山喜食鵝, 戲爲絕句, 嘲之(逸詩)	교유, 희작		王瀚
	冬夜讀徐懸瀑詩(逸詩) (1646 추)	교유		徐增(1603~1673)
	上巳日天暢晴甚, 覺蘭亭天朗氣清句爲右軍入化之筆, 昭明忽然出手, 豈謂年年有印板上巳耶, 詩以紀之 (逸詩, 2)	난정집서 감회		
	病中見諸女玩月, 便呼推窗一望, 有懷貫華(逸詩) (1659, 추정)	노년의 병중 감회, 교유		韓住
	中秋夜, 戲贈女道士(逸詩)	희작, 여도사	道觀	
	微疴得起, 恰值首春, 乃聞同袍四五高會南城, 不蒙見容, 悵然離群, 日之夕矣, 猶徙倚街巷, 遙念主人, 朗吟請呼心歡之句, 其樂未央, 戲作二絕, 怨之 (1660)	교유, 유마힐 의식		
	春日坐西林別院, 有以畫鶴索題, 書此自笑(逸詩)	노년의 궁핍	西林	
	今春(逸詩) 借杜	은자 지향		

3 육림은 西林을 般公이라는 승려의 별호일 것으로 추정했다. (사실연구 197쪽)그런데 西林에는 절집이라는 뜻이 있으며, 「贈趙居士」에도 보인다.

시체	제목	내용	장소	인물, 기타
7절 (86제 129수)	作詩(逸詩)	자화상, 유마힐과 도연명		
	閨怨(逸詩)	가족 (아내)		
	憑韋少府班松樹子栽(借杜.逸詩)	경물		
	病中寄懷解師(逸詩)	교유 (승려)		解師
	哭劉伯玉(逸詩)	교유, 애도 (승려)		劉伯玉
	寒夜(逸詩)	심야 산사의 풍정, 유마경		
	春睡(逸詩)	봄날 낮잠 뒤의 감회		
	贈閔康之(逸詩)	교유	僧舍	閔康之
	絕命詞(逸詩.以下三首皆先生臨難時作也)	비평 미완의 탄식		金昌
	與兒子雍(吾兒雍, 不惟世間真正讀書種子, 亦是世間本色學道人也)	아들 위로, 죽음 앞의 대각		金雍(1632~?), 釋弓
	臨別又口號 遍謝彌天大人謬知我者	아들 부탁		周令樹(1634~1688)
7율 (89제 111수)	送朱子莊赴任宜春	교유 (관리)		朱茂暻(1618~1647)
	送李寶弓司里欽召考選 (4) (1641)	교유 (관리)		李瑞和(1614~1693)
	送李寶弓司里內召 (2) (1642)	교유 (관리)		
	送徐爾贊赴京補選	교유 (관리)		徐爾贊
	吳邑黃明府新婚	교유 (관리)		
	贈舒伯順	교유		舒伯順
	代友責姬人之作	?		
	乙酉又病 (1645)	전란, 질병, 비관		
	寄總持法師	교유, 전란		總持法師
	道樹道人送醬醋各一器	가난, 가족, 교우		王伊
	般若·解脫二法師, 來住數日, 竟失晤	교유		般若, 解脫
	雲在法師西山讀莊子	교유	西山	雲在法師
	和關使君署桂冬花之作	교유, 경물 (동계화)		關使君
	前題並贈次公	교유		次公

시체	제목	내용	장소	인물, 기타
	周順蘆先生生日	교유		周順蘆
	休問	전란, 낙망		
	聞德輔病, 却寄一律, 時予亦小疾在臥	교유, 유마힐 의식		魏德輔,
	丁亥仲冬, 過松陵訪來止 (1647)	교유	松陵	沈永辰(1616~1674)
	贈萍洲師	교유	南朝寺	萍洲師
	題淵明撫孤松圖 (1650 ?)	제화 (寓意), 도연명		徐慶公(1585~1658) * 徐增의 부친
	徐慶公生日	교유	青芝山	徐慶公
	題申蕊文像	교유		申垣芳
	戊子春, 積雨如晦, 久不晤草座先生, 天甫晴便忽睹書此爲樂也 (1648)	교유		草座先生
	念舍弟	가족 (아우)		아우
	雲法師生日和韻	교유, 유마힐 의식		雲法師
7율 (89제 111수)	後訪	?		
	王子文生日	교유		王子文(1611~1691)
	無題 (5)	염정(艶情)		
	塞北今朝	전란		
	贈李興符(2)	교유 (관리)		李興符
	吳明府生日	교유 (관리)		
	吳明府生日	교유 (관리)		吳夢白
	壽吳明府之一	교유 (관리)		
	詠松	경물 (寓意)		
	眞僧	교유 (도잠과 혜원)		
	贈楊公路郊居	교유		楊公路
	暮春早草坐, 小女折花勸簪, 謝之	가족 (자녀)		
	贈夏廣文	교유 (관리)		夏鼎
	元日懷西音	교유		西音

시체	제목	내용	장소	인물, 기타
7율 (89제 111수)	人日, 孫鶴携酒過, 看予新選唐人律詩, 率其二子來, 予二婿亦適至	교유, 『選批唐才子詩』		韓俊(아들 雍의 장인) 두 사위
	彈琴	시국 (憤世)		
	人日懷揔持法師	교유		揔持法師
	迎春日, 還西林般公	교유	西林	般公
	立春日, 又懷般公	교유		
	聞聖壽寺遭騎兵所躪	전란, 聖壽寺(金華市) 소실		
	侵早	전란, 불우감		
	贈趙居士	교유	西林	趙居士
	天雨法師生日	교유 (스승, 추정)	寒山寺	天雨法師
	夢游虎丘	기몽 (千人石, 雙劍池)	虎丘山	
	殿下雙松	경물 (소나무)		
	除夜有感	제야 감회		
	懷山居	병중 감회, 산사 생활 선망		
	苦客投詩	일상, 두보 존숭		
	驟寒有感	겨울의 노쇠감		
	失題	안심 탈속객		扶乩 활동
	春感 (8) (1660)	순치제의 언급에 감읍		金昌, 邵點, 陳垣
	辛丑春感 (1661)	불우 자탄		
	人日大明宮宣賜彩縷人勝應制擬唐常嗣立	우의 (출사의 꿈)		
	寄常徵君 擬杜	모의 (은거 의식)		
	愁, 擬杜 張戲爲吳體	우의 (불우 탄식)		
	燕子來舟中作	우의 (은자의 삶)		
	效李商隱詩 (3)			
	昨夜, 夢看德輔庭中野樹, 記之	기몽, 우의(망국 탄식 ?)		魏德輔
	元日代若蘭, 寄贈失庵	모의(模擬, 구애 또는 구직)		* 蘇若蘭 고사

시체	제목	내용	장소	인물, 기타
7율 (89제 111수)	送吳兹受赴任永州司理 (1640)	교유 (관리)		吴晋锡(?~1662) 兆骞의 부친
	辛巳大饑, 無動惠米, 誌謝 (1641)	교유, 가난, 도연명 (승려)		無動
	登壇一首, 戱示同學 (20대)	부계(扶乩) 의례의 효험		
	于敎院屏風, 得讀慧開兄詩, 喜而有作	교유	敎院	慧開
	擬唐王季友鸚鵡洲詩	시국 탄식 * 이백, 「鸚鵡洲」		
	贈許升年	교유 (은자 또는 승려)	吳淞	許定升(1623~1700)
	頌聞琴先生	교유 (은자, 승려)		聞琴先生
	賀吳縣汪明府涵夫攝篆長洲	교유 (관리)		汪爚南
	翼明大士, 看梅不赴, 詩以思之	교유 (승려)		翼明大士
	周茂蘆生日	교유		周茂蘆
	看梅 思知至先生在病	교유		徐增
	贈周直夫	교유		周直夫 (은자)
	讀休老近稿 賦贈	교유 * 吳地風流		休老 (시인)
	壽詩 (2)	교유 * 韓老 (陸飛 추정)		고모부, 韓住부친(?)
	對雪	눈오는 날 풍정		
	丁蕃卿生日 (2)	교유		丁子偉 (2차 哭廟)
	立春日送二策入學	교육 (제자)		
	不寐	불면의 괴로운 밤		
	庚子秋感 (1660)	가을밤의 탄식		
	秋雨甚, 田且壞	홍수 피해, 정치 비판		
	題杭若棟小像	교유 (불우 처지 공감)		杭若棟
	贈季秋文	교유 (비평 동료)		季秋文
	失題	교유 (도잠과 혜원)		
	贈青蓮法師	교유		青蓮法師
	楊花 (3)	경물		

시체	제목	내용	장소	인물, 기타
7고 (7제 7수)	桃源行	어부의 도화원 체험		
	下車行 (1653)	양리(良吏) 선정에 대한 기대		*高文芳(蘇州知府)
	靑溪行	남녀 이별 고사 * 최호(崔護)		
	孫鶴生日, 試作長歌, 贈之	교유		韓俊
	百草	왕화(王化)에 대한 소망		
	酬高三十五適人日見寄	의고 (영락한 신세 탄식)		*高適
	贈顧君猷 (1644)	교유, 登壇扶乩心通人		顧君猷
		280제 384수		
집일 (14제 16수)	無題 (5율, 유년기 작)	인생무상		
	降乩聯句	扶乩 의례 시 문답		
	虎丘竹亭看雨 (7절)	비오는 날 호구산 풍경	虎邱山	
	濟公贈秦美人落霞 (7율	?		
	題太素宮 (5고)	체소궁의 위엄, 동경	黃山?	
	和王丈秋園晚興 (5고)	교유		王秋園
	登繡嶺 (5고)	수령 등정, 仙去 의식	陝西?	
	古游俠 (5고)	모의 (유협 의식)		
	無題 (7율, 3)	風流閑情		
	無題 (5고)	가족 (딸)		
	題平圻沈君善木影	교유		沈自繼(1585~1651)
	寓慈雲寺旬日留別	교유	慈雲寺 (震澤鎭)	
	歲暮, 懷瀑懸先生, 兼寄聖默法師	교유		徐增, 聖默
	宿野廟	산사 유숙		
6聯	聯語 (4)			
	贈句 (2)			
		296제 407수		

참고문헌

자료

고려대장경연구소 홈페이지 (http://www.sutra.re.kr/)

한국고전번역원 홈페이지 (https://www.itkc.or.kr/main.do)

金聖嘆, 『第五才子書水滸傳』, 上海古籍出版社 간 고본소설집성 507~512책, 1992.

艾舒仁 編次, 冉苒 校點, 『金聖嘆文集』, 巴蜀書社, 1997.

羅德榮 校點, 『金聖嘆批評本 水滸傳』(2책), 岳麓書社, 2006.

孟昭連 외 校點, 『毛宗崗批評本 三國演義』, 岳麓書社, 2010.

孫中旺 편, 『金聖嘆研究資料匯編』, 廣陵書社, 2007.

陸林 편, 『金聖嘆全集』(6책), 鳳凰出版社, 2008.

阿波, 有井範平 補標, 『史記評林』.

兪晩柱, 『欽英』, 서울대 규장각 영인본, 1997.

이문구, 『관촌수필』, 문학과지성사, 2019.

박정일 외 옮김, 『수호지』, 삼성출판사, 1994.

李彦瑱, 『松穆館燼餘稿』(한국문집총간).

이언진, 『松穆閣詩稿』(개인소장, 필사본).

이언진, 『松穆閣遺稿』(개인소장, 필사본).
김정희, 이가원 역주, 『서상기』, 일지사, 1974.
張建一 校注, 『第六才子書西廂記』, 三民書局, 1999.
박지원, 『燕巖集』(한국문집총간), 고전번역원 홈페이지 원문 DB.
박지원, 『열하일기』.
양회석, 『역주 서상기』, 진원. 1996.

논저

강명관, 『조선후기 여항문학 연구』, 창작과비평사, 1997.
______, 「한 지식인의 독서 체험과 조선후기 문학」, 『대동한문학』 13, 대동한문학회, 2002.
강찬모, 「'떠남'과 '돌아옴'을 통한 고향의 재인식 과정-이문구의 『관촌수필』연구」, 『한국문학이론과 비평』 28집, 2008.
高日暉·洪雁, 『水滸傳接受史』, 齊魯書社, 2006.
曲家源, 「水滸傳中粗疏殘忍與精細尖刻的一對」, 『漢中師範學報(철학사회과학)』, 1989.
龔維英, 「石秀綽號考釋」, 『明清小說研究』, 1988.
구자황, 「이문구 소설 연구: 구술적 서사전통과 변용을 중심으로」, 성균관대 박사학위논문, 2001.
______, 「이문구 소설의 이야기성에 관한 두 가지 고찰」, 『한국문학연구』 58집, 2018.
김경미, 『소설의 매혹』, 월인, 2003.
김동석, 「열하일기의 인물형상화 수법」, 『동방한문학』 25, 동방한문학회, 2003.
______, 「호질후지의 분석」, 『한문학보』 9, 우리한문학회, 2003.
김동준, 「이언진 한시의 실험성과 동호거실」, 『한국한문학연구』 39, 한국한문학회, 2007.
김명호, 『熱河日記 研究』, 창작과비평사, 1990.
김상수, 「자끄 데리다와 해체」, 『서양사연구』 33, 한국서양사연구회, 2005.
김영진, 「유만주의 한문단편과 기사문에 대한 일고찰」, 『대동한문학』 13, 대동한문학회, 2002.
김윤식, 「모란꽃 무늬와 물빛 무늬」, 『김윤식 선집』, 솔출판사, 2005.
김재영, 「연작소설의 장르적 특성 연구: 1970년대 연작소설을 중심으로」, 『현대문학의 연구』 26, 2005.
김정기, 「水滸傳人物之形象硏究」, 『동방학』 5, 한서대학교 부설 동양학연구소, 1999.
김종철, 「玉匣夜話 이해의 시각」, 『선청어문』 28, 서울대 국어교육과, 2004.
김진곤, 「中國 民間 古典文學의 記錄 傳統과 公演 傳統-水滸 이야기의 생성, 전래, 정착, 공연화를 중심으로」, 『중국소설논총』 9, 한국중국소설학회, 1999.
김학주, 『조선시대 간행 중국문학 관계서 연구』, 서울대출판부, 2002.
김형효, 「J.Derrida와 莊子」, 『정신문화연구』 45, 한국학중앙연구원, 1991.
김효민, 「水滸傳 構造의 特徵에 대한 考察」, 『중국어문논총』 14, 중국어문연구회, 1998.
남덕현, 「김성탄의 『수호전』 인물비평 소고」, 『중국학』 15, 대한중국학회, 2000.
盧潔, 「金聖嘆詩歌中的魏晉人物探析」, 『陝西理工大學學報』, 제38권 제1기, 2020.
______, 「論金聖嘆詩歌中的陶淵明」, 『江蘇科技大學學報(社會科學版)』, 2019.
老了, 『水滸十一年-1112年-1122年』, 山東畵報出版社, 2008.
鲁仪·宋耀, 「論, 『水滸傳』中盧俊義形象及其悲劇成因」, 『文學教育(下)』, 2015.
니체, 김훈 옮김, 『선악을 넘어서』, 청하, 1982.
니체, 송무 옮김, 『우상의 황혼 / 반 그리스도』, 청하, 1986.
潭家健, 「評論水滸傳毛太公惹的風波」, 『百年潮』, 2005.
潭武群·侯紹庄, 『水滸傳名物典章硏究』, 江西出版集團·百花洲文藝出版社, 2007.
戴慶華, 「水滸敗筆: 公孫勝」, 『書屋』, 2019. 1.
데이비드 롤스톤, 조관희 옮김, 『중국 고대소설과 소설 평점』, 소명출판, 2009.
鄧瑞, 「金聖嘆詩學精神與創作實踐交叉硏究」, 遼寧師範大學 석사학위논문, 2008.
劉世德, 「金聖嘆的生年」, 『文匯報』, 1962.
劉勇剛, 「金聖嘆的詩歌創作」, 『懷化師專學報』, 21권 1기, 2002.
劉元蓉·林棣, 『金聖嘆傳奇』, 黃山書社, 1991.
劉傳彔, 「時遷爲什麽被排在倒數第二位」, 『水滸爭鳴』 16, 2015.
劉晶光, 「偷甲記 管窺」, 『濮陽職業技術學院學報』, 2012. 10.
劉仲華, 「清初學者劉獻廷的游歷與交友」, 『唐都學刊』, 제29권 제5기, 2013.

劉春景, 「論金聖嘆對李商隱詩的接受」, 『江蘇科技大學學報(社會科學版)』, 2020.
陸林, 『金聖嘆史實研究』, 人民文學出版社, 2015.
李丹, 「從三打祝家莊之淺層敍事看『水滸傳』的深層內涵」, 『學理論』, 2012, 75-76면.
李燕青, 「公孫勝在水滸傳中的敘事作用」, 『菏澤學院學報』, 2016. 12.
李殿元 · 王珏, 『水滸傳之謎』, 中國廣播電視出版社, 2006.
李姝雯, 「金人瑞『沈吟樓試選』詩歌流傳與編訂過程考略」, 『文教資料』 2014년 제 11기.
미야자키 이치사다, 차혜원 옮김, 『중국사의 대가 수호전을 역사로 읽다』, 푸른역사, 2006.
미하일 바흐찐, 전승희 외 옮김, 『장편소설과 민중언어』, 창작과비평사, 1988.
민경욱, 「잔혹과 당혹 사이-水滸傳 石秀 故事의 解釋史(上), 『중국소설논총』 35, 2011.
______, 「『水滸傳』 石秀 故事의 해석사-근대편」, 『중국소설논총』 41, 2013.
민관동, 「『수호전』의 국내 수용에 관한 연구」, 『중국소설논총』 8, 한국중국소설학회, 1998.
민혜란, 「김성탄 연구」, 전남대학교 박사학위논문, 1993.
밀란 쿤데라, 권오룡 옮김, 『소설의 기술』, 책세상, 1998.
______, 송동준 역, 『참을 수 없는 존재의 가벼움』, 민음사.
박찬효, 「1960-1970년대 소설의 '고향' 이미지 연구」, 이화여자대학교 박사학위논문, 2010.
박희병, 『저항과 아만』, 돌베개, 2010.
潘銳, 「論水滸傳中時遷的人物形象」, 『文學教育(下)』, 2016.
潘知常, 『說水滸人物』, 上海文化出版社, 2008.
房瑩, 「石秀形象的塡補與顚覆」, 『蘭臺世界』, 2015.
벵상 주브, 하태환 옮김, 『롤랑 바르트』, 민음사, 1994.
薩孟武, 『水滸傳與中國社會』, 북경출판사, 2005.
尙燁, 「《水滸傳》中"三打祝家莊"的故事論析」, 『文學教育』, 2010.
서정희, 「水滸傳의 구조 연구-梁山泊으로의 집결과정을 중심으로」, 『중국학연구』 9 중국학연구회, 1994.
石昌渝, 「春秋筆法과 紅樓夢의 敍事方略」, 『대동문화연구』 40, 성균관대 대동문화연구원, 2002.

葉郎,『中國小說美學』, 北京大學出版社, 1982.
성현경,「虎叱의 구조와 원작자」,『韓國學報』 31, 일지사, 1983.
신재은,「'토포필리아'로서의 글쓰기 : 이문구의『관촌수필』연작을 중심으로」,『한국문학이론과 비평』 20, 한국문학이론과비평학회, 2003.
심영신,「고려시대 毘沙門天像 연구」,『미술사연구』 15, 미술사연구회, 2002.
嶽煒,「柴進的任性」,『中小學心理健康教育』, 2019. 6.
艾軍,「金聖嘆詩風初探」,『贛南師範學院學報』 제5기, 1990.
楊基寧,「金聖嘆的傳奇人生」,『同舟共進』, 2021.
양주동,「김성탄 명문선」(1)(2)(3),『수필문학』 24·25·26. 1974년 4, 5, 6월.
에릭 홉스봄, 이수영 옮김,『밴디트-의적의 역사』, 민음사, 2004.
吳子林,「金聖嘆與吳中文化」,『浙江学刊』, 2005. 5.
吳正嵐,「金聖嘆與明清之際江南佛學—以"月愛三昧"說爲視角」,『中山大學學報』, 2022.
______,『金聖嘆評傳』, 南京大學出版社, 2006.
王同舟·陳文新,『水滸傳-豪俠人生』, 武漢大學出版社, 2002.
王學泰,「水滸傳江湖人物論(三), 目不清晰宗教代表公孫勝」,『名作欣賞』, 2010.
______,「水滸傳江湖人物論(四), 貴族中的邊緣人柴進」,『社會科學論壇』, 2010.
王鴻卿,『水滸傳與義』, 遼海出版社, 2005.
王曉禕,「清傳奇水滸劇偷甲記價值觀念述略」,『河南科技大學學報』, 2011.
용석원,「이문구『관촌수필』에 나타난 고향의 양상과 의미」,『겨레어문학』 58, 겨레어문학회, 2017.
虞云國,『水滸亂彈』, 中華書局, 2008.
우찬제,「포괄의 언어와 복합성의 생태학: 이문구의『관촌수필』론」,『문학과 환경』 10, 문학과환경학회, 2011.
유승환,「사투리는 어떻게 문학어가 되는가?: 언어의 아카이빙과 한국어 문학어의 재편: 이문구 소설에 나타난 '방언'의 문제」,『구보학회』 18집, 구보학회, 2018.
윤지양,「江天閣鎖夏綠 所載 李載運의 문장에 나타나는 金聖嘆에 대한 인식」,『대동한문학』 44, 대동한문학회, 2015.
李贄, 김혜경 옮김,『焚書』, 한길사, 2004.
李金恂,「김성탄 서상기 평점의 인물결구론 고찰」,『중국어문학논집』 16, 중국어문학연구회, 2001.
이동순, 「이언진 문학과 원굉도 문학의 상관성」, 『어문논집』 60, 민족어문학회, 2009.
______, 「이언진 시의 백화 수용 양상」, 『고전과 해석』 8, 고전문학한문학연구학회, 2010.
이등연, 「고전소설비평 중의 虛實論 小考」, 『중국소설논총』 1, 중국소설연구회, 1992.
李尙燁 역주, 「讀第六才子書西廂記法」, 『중국어문역총』 7, 영남대 중국문학연구실, 1997.
이상진, 「이언진의 동호거실 고」, 『한국한문학연구』 12, 한국한문학회, 1989.
이승수, 「공자에 대한 사마천의 의문과 반어적 확신: 「伯夷列傳」의 讀法 散論-」, 『한문교육연구』 42, 2014.
______, 「이방인에 대한 공포와 환대의 이중심리와 神의 탄생」, 『한국언어문화』 54, 한국언어문화학회, 2014.
______, 『사마천의 마음으로 읽는 사기』, 돌베개, 2018.
______, 『600년 문명의 통로 연행로를 걷다』 한양대 출판부, 2022.
李殿元 · 王珏, 『水滸傳之謎』, 中國廣播電視出版社, 2006.
이창재, 「도덕계보학 - 니체의 생리 - 심리학과 프로이트의 정신분석학」, 『철학』 64, 한국철학회, 2000.
이혜순, 『水滸傳 硏究』, 정음사, 1985.
張小芳 · 陸林, 『話說金聖嘆』, 江蘇人民出版社, 2011.
장영우, 「傳과 소설의 관련 양상: 이문구 소설을 중심으로」, 『한국문학연구』 38집, 동국대 한국문학연구소, 2010.
狄馬, 「李巧奴爲誰而死」, 『雜文月刊』, 2011.
전정구, 「이문구 소설의 문체 연구: 「관촌수필(冠村隨筆)」과 「우리 동네」를 중심으로」, 『현대문학이론연구』 9집, 현대문학이론학회, 1998.
정민. 「고전문장이론에서 法의 문제에 대하여」. 『고전문학연구』15. 한국고전문학회, 1999.
정훈, 「虞裳 李彦瑱의 漢詩 연구」, 전북대학교 석사학위논문, 1995.
丁利榮, 「金聖嘆美學思想硏究」, 武漢大 박사학위논문, 2007.
정선희, 「조선후기 문인들의 金聖嘆 評批本에 대한 독서 담론 연구」, 『동방학지』 129, 연세대 국학연구원, 2005.

______, 「조선후기 소설비평론과 문예미학의 발전-金聖嘆의 小說評批本 독서와 관련하여-」, 『어문연구』 35-1, 한국어문교육연구회, 2007.

정옥자, 『조선후기 조선중화사상 연구』, 일지사, 1998.

諸葛志, 「"逼上梁山"具體涵義考論」, 『浙江師大學報(사회과학판)』, 1997.

조관희, 「金聖嘆의 소설 評點 연구 1」, 『중국어문학논집』 30, 2005.

______, 「中國 古典小說 評點 硏究」, 『중국소설논총』 16, 한국중국소설학회, 2002.

조수동 역, 『유마경』, 지만지, 2008.

조숙자, 「第六才子書西廂記 硏究」, 서울대 박사학위논문, 2004.

竹內好 역주, 김정화 옮김, 『魯迅文集 1』, 일월서각, 1985.

陳蕾, 「論金聖嘆的扶乩降神活動及其影響」, 『南京師範大學文學院學報』, 2020.

陳飛, 「關于金聖嘆與"哭廟案'的兩點辨正」, 『華南師範大學學報』, 2018년 제6기.

______, 「金聖嘆幼年家難探測-相關詩文讀解」, 『상해사범대학보』, 제46권 제5기, 2017.

______, 「金聖嘆早年事探測-相關詩文讀解」, 『화남사범대학보』 2016년 제6기.

______, 『金聖嘆』, 知書房出版社, 1993.

陳洪, 『金聖嘆傳』, 人民文學出版社, 2012.

陳登原, 『金聖嘆傳』, 香港太平書局, 1935.

진정석, 「이야기체 소설의 가능성」, 『1970년대 문학 연구』, 문학사와비평학회, 1994.

최시한, 「이문구 소설의 서술 구조: 연작소설을 중심으로」, 『한국문학이론과 비평』 40, 한국문학이론과 비평학회, 2008.

최용철, 「中國의 역대 禁書小說 연구」, 『중국어문논총』 13, 중국어문연구회, 1997. 191~225면.

피정희, 「이언진의 자아의식과 시에 대하여」, 『성신한문학』 1, 성신한문학회, 1988.

韓梅, 「朝鮮後期 金聖嘆 文學批評의 受容樣相 硏究」, 성균관대 박사학위논문, 2002.

許庚寅, 「金聖嘆 水滸傳 評點 硏究」, 『중국문학연구』 10, 1992.

胡彥飛, 「析水滸傳小旋風柴進形象」, 『文學界(理論版)』, 2012. 8.

洪克夷, 「從'沈吟樓詩選'看金聖嘆」, 『杭州大學學報』 11권 1기, 1981.

이승수 휘어진 시간 위의 여행자이다. 미래를 기억하고 과거를 상상한다. 곡선의 숭배자이다. 멈춰 서 돌아보고, 작은 소리를 들으며 느리게 에둘러 간다. 몇 명의 인물, 몇 곳의 장소, 몇 편의 시문에 대한 글을 지어 발표했다. 여전히 의문을 가득 품은 위험한 짐승이며, 캄캄한 미지(未知)의 동굴이다. 한양대학교 국어국문학과에서 잿빛 늑대들과 함께 우주를 항행하고 있다.

HANYANG UNIVERSITY PRESS

시심詩心과 문정文情
: 김성탄과 함께 수호전 읽기

펴낸날 2023년 11월 30일 초판 1쇄
지은이 이승수 · **펴낸이** 이기정
펴낸곳 한양대학교출판부 · **출판등록** 제4-7호(1972.2.29)
주소 서울 성동구 왕십리로 222 · **전화** 02.2220.1432-4 · **팩스** 02.2220.1435
홈페이지 press.hanyang.ac.kr · **이메일** presshy@hanyang.ac.kr
본문디자인·편집 김민지 · **표지** 안광일 · **인쇄** 네오프린텍

© 2023 이승수
이 책은 저작권법에 따라 한국 내에서 보호를 받는 저작물이므로 무단전재와 무단복제를 금합니다.
정가는 뒤표지에 있습니다. 잘못된 책은 구입하신 곳에서 교환해드립니다.

ISBN 978.89.7218.791.2 (93820)